Emil Ermatinger

Gottfried Keller

Eine Biographie
Mit sechzehn Bildtafeln,
drei Faksimilia
und einem Register

Diogenes

Die vorliegende Ausgabe
folgt der 8. Auflage des 1950 beim
Artemis Verlag Zürich erschienenen Bandes
›Gottfried Kellers Leben. Mit Benutzung von
Jakob Baechtolds Biographie
dargestellt von Emil Ermatinger‹.

Umschlagillustration: Karl Stauffer-Bern,
›Bildnis Gottfried Keller‹, 1886

Veröffentlicht als Diogenes Taschenbuch, 1990

60/90/43/1
ISBN 3 257 21813 3

Diogenes Taschenbuch 21813

INHALT

VERZEICHNIS DER ABBILDUNGEN

TAFELN

nach Seite

HANDSCHRIFTFAKSIMILIA

Seite

VORWORT ZUR ACHTEN AUFLAGE

Jakob Baechtolds Werk «Gottfried Kellers Leben. Seine Briefe und Tagebücher» ist von 1895 bis 1897 in erster Auflage erschienen. Es ist im wesentlichen eine Sammlung von Briefen und Tagebüchern mit eingeschobenem Text. Nach dem Vorbild des einfachen Buches, welches einst die Witwe Uhlands ihrem Manne gestiftet hatte, wollte Baechtold Gottfried Keller «selbst reden lassen... Nur wo keine Briefe oder sonstige Aufzeichnungen vorhanden sind, wie in gewissen Abschnitten der Jugendzeit, nimmt der Biograph das Wort.»

Meine Neugestaltung des Stoffes, 1915/16 in erster Auflage erschienen, sollte eine eigentliche, grundlegende und abgerundete Biographie sein mit psychologischer Vertiefung, eingehender Darstellung von Kellers geistiger Entwicklung, ausführlicher Aufdeckung der literarhistorischen Zusammenhänge und Bereicherung der kritisch-ästhetischen Charakteristik. Das Werk mußte so etwas ganz anderes werden als Baechtolds Buch, dessen schlichte Knappheit vor allem durch die geziemende Rücksicht auf den erst wenige Jahre vorher verstorbenen Dichter geboten war.

Es ist bisher, wie Baechtolds Werk, im Cotta'schen Verlage in Stuttgart erschienen, und dieser plante auch die Herausgabe dieser neuen, achten Auflage, die längst nötig geworden war. Da er sich aber dann doch dazu außerstande sah, trat er in freundlicher Weise das Verlagsrecht an den Artemis-Verlag in Zürich ab, dessen Leiter, Dr. Friedrich Witz, sich sofort bereit erklärt hatte, die neue Auflage zu betreuen. Ich bin ihm, wie Herrn Dr. Robert Kröner, dem Inhaber des Cotta'schen Verlages, für ihr Entgegenkommen zu großem Danke verpflichtet.

Es ist vorgesehen, nur diesen ersten Band des ursprünglichen Gesamtwerkes, das Leben des Dichters enthaltend, in neuer Auflage erscheinen zu lassen, nicht aber die Bände 2 und 3 mit den Briefen und Tagebüchern; denn da diese in die Kritische Ausgabe der Nachlaßverwaltung aufgenommen werden sollen, so wäre ein Neudruck im Rahmen unserer Ausgabe eine überflüssige Doppelspurigkeit gewesen.

Selbstverständlich ist der Text aufs neue sorgfältig geprüft, und wo Berichtigungen und Nachträge sich als notwendig erwiesen haben, sind diese eingefügt worden.

Zürich, 25. Oktober 1949. *E. E.*

An die Natur.

Hüll mich in deine grünen Decken
Und lulle mich mit Liedern ein,
Bei guter Zeit magst du mich wecken
mit einem jungen Frühlingsschein!
Ich hab mich müd in dir ergangen,
mein Aug ist matt an deiner Pracht,
Nun ist mein einziges Verlangen,
im Traume zu ruhn in deiner Nacht.

Der Kinderwangen freudig Leuchten
Schon fingest du mit Blumen auf
und wollte junger Gram sie feuchten
du legtest ~~be~~ weiche Linderung darauf.
Ob wildes Hassen, ob stilles Sehnen
mich seither auch gefangen nahm
bin ich doch immer Kind geblieben
Wenn ich zu dir ins Freie kam!

GOTTFRIED KELLERS LEBEN

I
KINDHEIT

«Mein Vater war ein Bauernsohn aus einem uralten Dorfe.» So beginnt Gottfried Keller die Jugendgeschichte seines grünen Heinrich. Er selber betonte das Bauernblut in seinen Adern. Als der zürcherische Stadtrat ihm 1878 das Ehrenbürgerrecht verlieh, bekannte der Dichter: «Ich habe mich stets als Angehöriger der Landschaft glücklich gefühlt und, ohne der Anhänglichkeit an die grundlegende Stadt und den Sinn für ihre geschichtliche Bedeutung zu entbehren, kein Bedürfnis empfunden, gerade auch Bürger derselben zu heißen.» Doch bereits die Eltern hatten sich in der Stadt niedergelassen, und so wurde dem Knaben das unvergleichliche Gut zuteil, daß sich neben der frischen Unbefangenheit in Empfindung, Gefühl und Intellekt, wie sie die ländliche Abstammung gab und stete Berührung mit dem heimischen Dorfleben nährte, auch der Blick für die reicheren und mannigfaltigeren Formen städtischen Zusammenlebens in ihm bildete, Natur und Kultur als fruchtbarster Gegensatz in ihm wirkte.

Schon in Kellers Großeltern beiderseits traten die zwei Welten sich gegenüber. Die Familie des Vaters ist urkundlich schon zu Beginn des 17. Jahrhunderts in Glattfelden, einem Dorf in der nordwestlichen Ecke des Kantons Zürich, nachgewiesen. Die Keller von Glattfelden waren wohl ursprünglich Beamte, die für den Bischof von Konstanz, welcher bis zum Jahre 1805 den Zehnten und die Kollatur hier besaß, die Gefälle einzuziehen hatten. Der Großvater des Dichters, Rudolf Keller, war Küfer. Am 24. November 1765 geboren, vermählte er sich am 8. Juni 1790 mit der am 6. Oktober 1771 geborenen Elisabeth Amberg und starb schon am 2. Juni 1795. Seine Witwe heiratete später den Küfer Rudolf Denzler in Glattfelden. Ihrer Ehe entsprossen drei Kinder: Hans Rudolf, der Vater des Dichters, Regina (geb. 5. Mai 1793), die 1816 den Landwirt Hartmann Meyer, genannt Mehli, in Glattfelden heiratete, und Elisabeth (geb. 8. November 1795).

Während die Vorfahren väterlicherseits in Glattfelden seßhaft waren und dort den Beruf von Landwirten und Handwerkern ausübten, war die Familie der Mutter in das bürgerliche Leben der Hauptstadt verflochten und zählte unter ihren Gliedern eine ganze Anzahl von Frauen aus der welschen Schweiz, aus der Waadt, von Neuenburg und Bern. Ihr

Vater, Johann Heinrich Scheuchzer, war in Zürich am 24. März 1751 geboren. Wenn seine Erzählungen in dem Festspiel «Die Johannisnacht», wo ihn der Dichter auftreten läßt, auf wirklichen Erlebnissen beruhen, so hat er in Halle studiert und sich da, wie ihm das Geld ausging, als Feldscherer für das preußische Heer anwerben lassen, ohne seine republikanische Gesinnung preiszugeben. Nach der Rückkehr in die Heimat ließ er sich als Arzt in Stadel und Glattfelden nieder. 1784 heiratete er die temperamentvolle Elisabeth Margareta Rägis aus Neuenburg (1754 bis 1818), deren Familie ursprünglich aus Erlach im Kanton Bern stammte. Später bekleidete er neben seinem ärztlichen Berufe das Amt eines Präsidenten des Zunftgerichts Stadel, war ein gefürchteter Verhörrichter und Mitglied des Bezirksgerichtes Bülach. Er starb am 23. März 1817. Aus seiner Ehe gingen zwei Kinder hervor: Heinrich (1786–1856), der als vielbeschäftigter Arzt in Glattfelden wirkte und Gottfried Kellers Vormund war, und Elisabeth, die Mutter des Dichters, die am 7. Dezember 1787 geboren wurde.

Hans Rudolf Keller, des Dichters Vater, wurde am 3. Juli 1791 in Glattfelden geboren. Nach dem frühen Tode seines Vaters verließ er das Heimatdorf, trat bei einem Drechsler in die Lehre und zog 1812, kurz vor der Zeit des deutschen Befreiungskrieges, auf die Wanderschaft. Beinahe vier Jahre lang stand der junge Schweizer bei dem Drechslermeister Johann Düno zu Wien in Arbeit, nachdem er bis Breslau gekommen. Im Mai 1816 begab er sich auf die Heimreise über Linz, Passau, Regensburg, Nürnberg, wo er einen Monat lang blieb. Dann kehrte er, in seinem Beruf aufs tüchtigste ausgebildet, über Augsburg und Lindau nach Glattfelden zurück.

Von seiner Kunstfertigkeit zeugen noch vorhandene Arbeiten: sein sogenanntes Meisterstück, ein Schachspiel; ein zierliches Nadelbüchschen; die als Aufsatzfiguren über die Stockuhr der Familie gedrechselten kenntlichen Büsten Goethes, Schillers und des im November 1818 gestorbenen Salomon Landolt, des Landvogts von Greifensee.

Das Erscheinen des halb Verschollenen erregte in der Heimat nicht geringes Aufsehen, zumal das ganze Wesen des fünfundzwanzigjährigen Mannes etwas fremdartig Schwungvolles hatte. Er trug einen grünen Frack und feine Wäsche und sprach immer schriftdeutsch. Frischweg warb er um die Tochter aus dem Doktorhause, Elisabeth Scheuchzer, die, am 7. Dezember 1787 geboren, also dreieinhalb Jahre älter als Rudolf Keller, damals ins dreißigste Jahr ging. Am 6. Mai 1817 wurde das Paar, nachdem das «Zürcherische Wochenblatt» am 28. April das Aufgebot gebracht, im Kirchlein zu Glattfelden getraut. Dann siedelte es nach der Kantonshauptstadt über und nahm eine kleine Wohnung in dem dicht am Kronentore gelegenen «Goldenen Winkel» am Neumarkt, wo einst Johannes Hadlaub ein Haus besessen hat. Bald darauf mietete sich Drechsler Keller in dem hundert Schritte entfernten «Greifen» am Rindermarkt ein, bis er zu Ostern 1821 das am 12. Dezember 1820 um 6550 Gulden erworbene benachbarte Haus «Zur Sichel» bezog. Alle diese Häuser stehen heute, äußerlich wenigstens, noch ziemlich unverändert da, wie denn das ganze Quartier mit seinen turmhohen, oft fünfstöckigen Gebäuden bis auf diesen Tag den altertümlichen Charakter behalten hat. Nur der Wolfbach, der den Neumarkt vom Rindermarkt trennte, ist jetzt überwölbt, und seitdem das alte Kronentor mit seinem malerischen Turm niedergerissen ist, haben Luft und Licht freieren Zutritt in die Gasse bekommen.

Rudolf Keller war nicht nur ein tüchtiger Drechslermeister, er hatte aus der Fremde auch eine gute Bildung mitgebracht, die er in der Heimat zu erweitern strebte. Ein Bild, das sich erhalten, zeigt eine junge schlanke Gestalt mit braunen Augen und Haaren, feinen Zügen und einer energischen Nase. «Es war um die Mitte der zwanziger Jahre», schreibt der Dichter im «Grünen Heinrich» in der Charakteristik des Vaters, der die Mutter selber Wirklichkeitstreue nachgerühmt hat, «wo in der Schweiz eine große Anzahl gebildeter Männer aus dem Schoße der herrschenden Klassen selbst, die abgeklärten Ideen der großen Revolution wieder aufnehmend, einen frucht- und dankbaren Boden für die Julitage vorbereiteten und die edlen Güter der Bildung und Menschenwürde sorgsam pflegten.» Zu ihnen bildete Kellers Vater mit seinen Genossen, an seinem Orte, eine tüchtige Fortsetzung im arbeitenden Mittelstande, den er sittlich und gesellschaftlich zu heben suchte. Als gemeinnütziger Bürger war er überall bei der Hand. Sein Blick ging weit über den Gesichtskreis des gewöhnlichen Handwerkers jener Zeit hinaus. Ein Jahr vor seinem Tode trat er an einem feierlichen Sonntagabend im «Sihlhölzli» mit zwei gleichgesinnten Freunden zu der Stiftung einer geheimen wohltätigen Brüderschaft zusammen. Die mit ihm Verbündeten waren Männer, welche die fünfziger Jahre schon überschritten hatten. Bei dem einen, dem Armenschullehrer Hans Kaspar Meisterhans, erhielt Gottfried Keller nachmals den ersten Unterricht; der andere, der die Bundessatzungen entwarf, war der Seidenweber und Nudelmacher Kaspar Unholz. Die Vereinigung bezweckte gegenseitige Unterstützung auf Leben und Tod: «Witwen und Waisen der Brüderschaft haben bei derselben einen Zufluchtsort; bei Absterben eines Gatten oder Vaters verpflichtet sich dieselbe, die Besorgung der Hinterlassenen zu übernehmen und diesen mit Rat und Tat, soviel in ihren Kräften liegt, beizustehen!» Die Freunde gelobten sich ferner, einander freudig in vorkommenden Fällen Gevatterschaft zu leisten und das übliche Geschenk für den Täufling in Geld anzulegen, endlich, einander unter «dem lieblichen Titel Du» zu nennen. Nur wohlgeprüfte Männer sollten Zutritt haben.

Der Drang zu helfen ließ Rudolf Keller auch über die Grenzen der Heimat hinausblicken. Es ist der Anfang einer Rede überliefert, die er in einer der im «Grünen Heinrich» geschilderten gemeinnützigen Gesellschaften für die Sache der Griechen hielt. Er mahnt darin zu werktätiger Teilnahme, «auf daß das Wort des türkischen Heerführers Lügen gestraft werde: die Hellenen würden eher Erbarmen beim türkischen Sultan als bei der Christenheit finden».

Dazu kam das Interesse an der eidgenössischen Politik. Zu einer Zeit, wo der schweizerische Staatsgedanke noch bei den meisten vor der kantonalen Souveränität zurücktreten mußte, war Keller ein Vertreter der nationalen Einheitsidee. Im Jahr 1822 wurde bei Anlaß eines Zollkrieges mit Frankreich von einigen Kantonen der Schweiz die Einführung einer Handelssperre geplant, die dann zu dem sogenannten Retorsionskonkordat führte. In Zschokkes «Schweizerboten» entspann sich seit der Nummer vom 3. Oktober jenes Jahres ein lebhafter Streit für oder gegen diese Maßregel. Selbstsüchtig gingen die Meinungen der einzelnen schweizerischen Orte auseinander. Da beabsichtigte auch Rudolf Keller das Wort zu nehmen. Der Entwurf seines Briefes an den «Schweizerboten» in dieser Angelegenheit ist noch da, scheint jedoch nicht abgesandt worden zu sein, weil inzwischen andere Stimmen in gleichem Sinne sich hören ließen. «Es schmerzt manchen redlichen Schweizer», ruft er aus, «daß unter all den zutag geförderten Ansichten für und wider so wenige sind, denen man es nicht ansähe, daß andere als rein eidgenössische Interessen ihre Federn leiteten. O des tiefgewurzelten Übels! Soll der Züricher ewig als Züricher und der Berner als Berner reden? Hat die Geschichte noch nicht genug gewarnt? Haben nicht schon Weise genug gegerufen: seid eins, dann nur durch Einheit könnt Ihr bestehn! Mit dem Mund wird zwar diese heilige Wahrheit anerkannt, aber durch die Handlungen widersprochen; dann bei allen großen und wichtigen Vaterlandes-Angelegenheiten kann man sich nicht fügen. Hier sieht einer seinen Kanton, dort einer seine Stadt, ein dritter seine Klasse, oder ein vierter sein Gewerbe durch dieses oder jenes benachteiligt. Wieder andere sind redlich genug, das allgemeine Wohl ins Auge zu fassen.»

Vor allem aber lag ihm die sittliche und religiöse Erziehung der Jugend am Herzen. Er gehörte zu den Vorstehern der Armenschule zum «Brunnenturm» und scheute sich nicht, auch bei den Prüfungen an anderen Schulen frei seine Meinung zu äußern. Es war, so erzählt ein Lehrer in der «Neuen Zürcher Zeitung» (23. April 1863), ein Examentag zu Anfang der zwanziger Jahre. Das «Namen-» sowie das «Waserbüchlein», der «Lehrmeister», Gebete, Lieder und Abschnitte aus dem Testament waren mit der üblichen Geläufigkeit heruntergeschnabelt. Damit war die Prüfung abgetan. Der Herr Pfarrer, der Herr Inspektor und die Herren Vorsteher hatten, wie nicht minder üblich, ihre Zufriedenheit mit den Leistungen der Schüler und des Lehrers ausgesprochen. Nun wurde einer der anwesenden Gäste – es war Rudolf Keller – vom Geistlichen noch um seine Meinungsäußerung gebeten. Leider könne er nicht, so begann er, wie die übrigen Herren, seine Zufriedenheit über das Vernommene ausdrücken. Jeder Mensch habe von dem Schöpfer eine Summe von Anlagen und Kräften empfangen, die den Menschenbildnern nicht gleichgültig sein sollten. «Bloß *eine* derselben herausheben und die andern vernachlässigen, wirkt auf die wahre Bildung des Menschen einseitig, ja zerstörend. Der wahrhaft gebildete Mensch wird immer der sein, in welchem alle Anlagen und Fähigkeiten möglichst gleichmäßig geweckt und geleitet worden sind. Eine solche harmonische Ausbildung halte ich für die Aufgabe eines wahren Erziehers. Die höchste und schönste Anlage aber ist die sittlich-religiöse, welche denn auch am sorgfältigsten gepflegt und genährt sein will. Ich muß aufrichtig bedauern, daß gerade in dieser Schule das Religionsfach zu einer bloßen Gedächtniskrämerei, zu einem Lippenwerke herabgewürdigt wird, wobei Geist und Gemüt leer ausgehen.» In dieser Weise ging der Redner über auf Sprache, Zahl, Form und Gesang und schloß etwa mit den Worten: «Kurz, ich habe gesehen, was ich nicht sehen, und mußte nicht sehen, was ich sehen wollte: eine allseitige, naturgemäße, fortschreitende Entwickelung des kindlichen Geistes und Gemütes. Helfen Sie, Herr Pfarrer, Herr Inspektor, an Ihrem Orte und in Ihrer Stellung dazu, daß die Jugend wahrhaft christlich-religiös erzogen werde und sich in den übrigen Kenntnissen und Fertigkeiten immer mehr bereichere! Nur daraus wird Friede, Glück und Wohlstand im Hause, in der Gemeinde und im ganzen Staate erblühen. Ich bin überzeugt, wenn ich's auch nicht mehr erlebe, diese Zeit wird und muß kommen!»

Unausgesetzt arbeitete der Mann, der so die menschliche Bildung der Jugend zu heben suchte, an der Förderung seines eigenen geistigen Lebens. In seiner kleinen Bibliothek standen unter anderem Zschokkes «Stunden der Andacht», ein Konversationslexikon und die sämtlichen Werke Schillers, der im «Grünen Heinrich» als Lieblingsschriftsteller des Vaters erwähnt wird. Theateraufführungen, an denen Rudolf Keller sich gerne beteiligte, dienten der Erweiterung der Bildung. So wundert man sich nicht, daß zu einer Zeit, wo metrische Hantierung noch nicht jedermanns Sache war, der idealgerichtete Drechslermeister sogar recht flüssige Verse zu bauen verstand. Als im Sommer 1820 ein Hochgewitter in Glattfelden schweren Schaden stiftete, trug am darauffolgenden Berchtoldstage (2. Januar) Keller ein selbstverfertigtes Gedicht auf den Zunfthäusern vor und erntete für die Notleidenden ein ziemliches Stück Geld. Auch zu einer gewissen Übung im Zeichnen und Tuschen brachte er es, wie das von ihm entworfene Titelblatt seines Stammbuches – eine gemauerte Gruft an einem Flusse – zeigt.

Rudolf Kellers Frau, Elisabeth Scheuchzer, hatte die gewöhnliche Bildung der damaligen Bürgertöchter erhalten. In ihrer Jugend hatte sie für Poesie geschwärmt und nach der Sitte der Zeit eine «Liedersammlung» angelegt, in die sie Gedichte von Hölty, Schiller, Salis und anderen eingetragen. An ihrem Manne hing sie mit zärtlicher Liebe und ergänzte ihn aufs beste. Seinen weitgespannten Idealismus stützte sie mit der praktischen Nüchternheit des Landvolkes, und die Kunst der Sparsamkeit, die sie nach dem frühen Tode des Mannes zur Virtuosität ausbildete, hat sie schon als junges Weib geübt. Praktisch war auch ihre Religiosität. Gott war ihr der himmlische Versorger und Proviantmeister. Ihre Intelligenz ragte durchaus über das Gewöhnliche hinaus. Ihre Briefe zeigen eine Klarheit in der Ordnung der Gedanken, eine Gewandtheit der Sprache, eine Treffsicherheit in der Charakteristik und einen trockenen, etwas gesalzenen Humor, die, bedenkt man Zeit und Milieu, stets aufs neue zur Achtung zwingen. Vor allem verfügte sie über die schlagende Bilderkraft des Volkes. Im Herbst 1840 berichtet sie dem Sohne nach München: «Die Weinlese ist diese Woche angegangen, aber die Trauben sind nirgends zur Reife gekommen ... überall gibt's einen sauern Landsturm.» Zehn Jahre später, wie der Spezereihändler Dietrich, der in ihrem Hause gewohnt, in der Nachbarschaft ein Haus kauft und auf die Frage, warum er nicht das Kellersche erstanden, sagt, so einen Misthaufen wolle er nicht, schreibt sie: «Ich ärgerte mich über diesen, hat er doch sein Glück in diesem Misthaufen gemacht ... aber so geht's, wie's im Sprichwort heißt: wenn's der Geiß zu wohl wird, so scharret sie.» Die Herbheit ihres Wesens hat sich erst nach dem Tode ihres Mannes zur Schärfe gesteigert. Dem Sohne war sie, wie ihre Briefe an den in Glattfelden weilenden aus dem Sommer 1834 zeigen, eine strengere Erzieherin als die weiche und zurückhaltende Mutter dem grünen Heinrich. Mit Klugheit und Energie hat sie, den Vater ersetzend, auch die Rechte Gottfrieds gewahrt, wo es nötig und möglich war. Seine Ausweisung aus der Industrieschule hat sie zwar nicht rückgängig machen können, aber Rudolf Meyer, dem «Römer», hat sie nicht «verlegen» geschrieben, als sie ihn mahnte, das Geld zurückzugeben, das er zuviel für seinen Unterricht erhalten, sondern mit bäuerlicher Diplomatie und rascher Gewandtheit. Und doch ist ihre Nüchternheit nie zur Gemütskargheit geworden. Das zeigen die spätern Briefe an den Sohn, die von einer tiefen, nimmermüden und stets opferwilligen Liebe erfüllt sind. Aber einer Liebe, die ihre Zärtlichkeit niemals in Liebkosung und schwärmerischer Gefühlsweichheit zeigt, vielmehr in Trübsal und Elend moralisch-lehrhafte Färbung bekommt; Gedankenreihen und Wendungen erinnern an das protestantische Kirchenlied. Man bekommt angesichts dieser Frau das Gefühl einer herben, manchmal auch derben Wahrhaftigkeit, die wie der weiße Zürcher Landwein gewisser Orte den Mund zusammenzieht, aber erfrischend, charaktervoll und gesund ist wie jener. Diesen Sinn für das unbedingt Wahre, die klare Abneigung gegen alles Geflunker in Gefühl und Wort hat der Sohn von ihr erhalten, wie anderseits der Zug ins Große und Ideale und die künstlerische Anlage wesentlich durch den Vater bedingt sein mögen.

Der junge tüchtige Drechslermeister mit seinem Wirken ins Breite und Weite wußte sich bald bei seinen Berufsgenossen Ansehen zu verschaffen. 1823 wurde er von der Drechslerinnung zum Obmann gewählt. Sein Gewerk dankt ihm nützliche Neuerungen, die freilich auch bei rückschrittlichen Genossen Anstoß erregten. Und sein eigenes Geschäft blühte: das Inventar, das bei seinem Tode aufgenommen wurde, zeigt einen ansehnlichen Vorrat von Tabakspfeifen, Spinnrädern, Nadelbüchsen, Spazierstöcken und anderen zierlichen Drechslerkunststücken.

Dennoch ging es zunächst knapp zu in der Familie, zumal in den sieben Jahren der Ehe sechs Kinder geboren wurden, die, mit Ausnahme Gottfrieds und seiner drei Jahre jüngeren Schwester Regula, alle in zartestem Alter starben. Das älteste, ein Mädchen, wurde vier, die anderen ein bis zwei Jahre alt. Zwei Mädchen starben kurz hintereinander im Mai 1822.

Als zweites Kind wurde Montag, den 19. Juli 1819 im Hause zum «Goldenen Winkel» Gottfried Keller geboren.

Ein glücklicher Zufall hat den zartsinnigen Brief erhalten, mit dem der Vater sich an den angesehenen Zürcher Junker Gottfried von Meiß wandte und ihn um Patenstelle bei seinem ersten Sohne bat. Junker Meiß (aus der Linie der Meiß im Chamhaus stammend, geboren 1791, gestorben als Obergerichtspräsident in Zürich 1851) hatte vor Jahren eine zarte Neigung für Jungfer Elisabeth Scheuchzer, die jetzige Drechslersfrau, gefaßt, ja beabsichtigt, sie als Gattin heimzuführen, war sie doch selbst dem seit 1810 auf dem Schloß Teufen in der Nähe von Glattfelden wohnenden Landvogt Salomon Landolt ans immergrüne Herz gewachsen. «Alte Liebe rostet nicht» heißt es auf einem ihr gewidmeten, am Elisentage 1812 «zu einer kleinen Erinnerung an die Tage trauter Freundschaft» von Gottfried Meiß geschriebenen Stammbuchblatte. Eine leise Hindeutung hierauf ist aus dem folgenden Schreiben Rudolf Kellers vom 21. Juli 1819 vernehmlich:

«Hochgeachtetster Junker Oberamtsschreiber! Letzten Montagabend erfreute mich meine liebe Gattin außerordentlich mit einem gesunden Knaben. Gerne möchte ich ihr auch eine ungewöhnliche Freude machen. Schon seit Montag denke ich immer, mit was ich dann auch ihr eine ungewöhnliche Freude machen könne; allein mit dem, was ich mein heiße, kann ich das nicht erzwecken. In diesem Fall haben wir nur *ein* Interesse. Auch durch bloße Gefälligkeiten kann ich nichts finden, indem wir gewohnt sind, in gewöhnlichen Fällen das mögliche einander zu leisten.

Nun erinnerte ich mich, daß sie einmal auf meine Frage, warum sie mich nie bei meinem Taufnamen nenne, antwortete: Rudolf sei nicht schön. Wann ich Gottfried heißen würde, wollte sie mich immer nach dem Namen nennen. Daß nun der Name Gottfried angenehmer lautet, finde ich selbst. Allein auch aus andern achtungswerten Gründen weiß ich, daß ihr dieser Name besser gefällt. Wann ich den Knaben so taufen lasse, bin ich überzeugt, daß das ihr schon nicht geringe Freude macht. Aber unendlich mehr würde die Freude erhöht, wann das Knäblein diesen Namen durch den Umstand, daß Sie, hochgeehrter Junker Oberamtsschreiber, Patenstelle bei ihm vertreten würden, erhielt.

Darf ich Sie, hochgeachtetster Junker Oberamtsschreiber, desnahen bitten, zu den früheren vielen edlen Freundschaftsbeweisen gegen meine liebe Gattin noch diesen zuzusetzen, daß Sie gütigst Patenstelle übernehmen wollten. Sie werden dadurch mich nicht allein nur in den Stand setzen, die gewünschte Freude meiner lieben Gattin zu verschaffen: auch ich selbst würde mir Glück wünschen, so einen edlen Paten meinem Kind gefunden zu haben.

Darf ich Sie, hochgeachtetster Junker Oberamtsschreiber, im Fall, daß Sie meinen Bitten gütigst entsprechen wollen, bitten, durch Überbringerin dieses die Erlaubnis zu geben, Ihnen noch persönlich bitten zu dörffen, und zugleich von Ihnen vernehmen, ob die in Gedanken getroffene Wahl einer Mitpatin anständig, auch zu vernehmen, ob Sie die Mühe nehmen wollen, persönlich der Taufe beizuwohnen oder nicht.

Meiner lieben Gattin sage ich von meiner kühnen Bitte nichts, bis ich weiß, ob Sie mir gütigst entsprechen. Sie würde eigentliche Angst ausstehen, bis sie den Entscheid wissen würde.»

Acht Tage später (28. Juli) meldete Rudolf Keller dem Junker, der sogleich mit einem schönen Geschenke zugesagt, daß Jungfer Kleophea Ammann an diesem Abend in der Predigerkirche der Taufe des Kindes als Patin beiwohnen werde, wozu auch der Junker Pate geziemend geladen sei. Die Jungfrau Kleophea (1781–1854) war die Tochter des Nachbars, des alt Freihauptmanns Hans Jakob Ammann, Goldarbeiter im «Palmbaum» am Rindermarkt. Die Familie gehörte zu den Sommergästen des Scheuchzerschen Hauses in Glattfelden.

Was Gottfried Keller von dem Vater des grünen Heinrich berichtet, stammt meist aus den späteren Erzählungen der Mutter. Aber zwei Erlebnisse sind in seiner eigenen Erinnerung haften geblieben. Eines Sonntags trug ihn der Vater durch ein blühendes Kartoffelfeld, zog eine Staude aus der Erde und zeigte ihm die anschwellenden Knollen, «schon bestrebt, Erkenntnis und Dankbarkeit gegen den Schöpfer in dem Kinde zu erwecken». Auch die Erscheinung des Vaters in der vollen Waffenrüstung eines grünen Scharfschützen hielt das Gedächtnis des Dichters fest; wirklich weist das Inventar eine Scharfschützenuniform auf. Wie er, wenn der Vater länger gelebt, mit ihm ausgekommen wäre? Wie Baechtold bezeugt, hat Gottfried Keller selber mehr als einmal erklärt, er wäre voraussichtlich früh mit dem harten Kopfe des Vaters in Konflikt geraten, denn der «Herr Obmann» habe keinen Spaß verstanden und in seinem Jähzorn widerspenstige Lehrbuben oft jämmerlich geprügelt.

Am 12. August 1824, erst dreiunddreißigjährig, starb der Vater an der Lungenschwindsucht und ließ die «goldene Lebensschnur» in den Händen seines fünfjährigen Gottfried und der zweijährigen Regula zurück. Ein weiteres Kind, das die Witwe noch unterm Herzen trug, kam im Oktober zur Welt, wurde aber nur ein Jahr alt.

Das waisenamtliche Inventar vom 12. August zeigte ein Aktivvermögen von 9503 Gulden (das Haus mit inbegriffen), dagegen 9973 Gulden Passiven. Als Beistand der Witwe und der Waisen trat jetzt, jenem edlen Gelübde der geheimen Brüderschaft getreu, der Armenlehrer Hans Kaspar Meisterhans in die Lücke; später wurde der Oheim Scheuchzer Vormund der Kinder. Den Hinterlassenen blieb als fast einziges Vermögen das Haus «Zur Sichel». Bei umsichtigster Sparsamkeit gewährte es ihnen ein bescheidenes Auskommen. Es war von oben bis unten vermietet. Ein Weinschenk, ein Schuster und ein Büchsenmacher bewohnten 1824 mit ihren Familien die verschiedenen Stockwerke. In demjenigen, das der Eigentümerin blieb, mußte während der nächsten Jahre jeder irgendwie entbehrliche Raum nutzbar gemacht werden. War schon bei Lebzeiten des Vaters die Gesellenkammer von drei oder vier Gehilfen und Lehrlingen bevölkert, so gab die Mutter nach wie vor Zimmer an Arbeiter ab, welche zugleich bei ihr aßen. Auch einige Polenflüchtlinge, unter anderen ein Dr. Bogatzky, waren ihre Mietsleute. Noch 1834 hatten ein Zimmermanns- und zwei Schlossergesellen hier Quartier. Sie verursachten in Sonntagnächten der Frau Elisabeth oft tüchtigen Ärger. Für Gottfried dagegen bot sich hinlängliche Gelegenheit, die köstlichen Geheimnisse seiner gerechten Kammacher zu ergründen. Die Drechslerwerkstätte wurde von der Mutter für die nächste Zeit noch beibehalten. Ein schwerer Irrtum sollte ihr nicht erspart bleiben. Sie reichte 1826 ihrem ersten Gesellen, Hans Heinrich Wild von Oberstraß, die Hand. Die unglückliche Ehe mußte aber schon 1834 gerichtlich wieder geschieden werden.

Die Schwester Regula (geb. 26. April 1822) blieb lebenslang ein bescheidenes Wesen, das man sich aber doch nicht aus der Umgebung des Bruders wegdenken mag. In der Jugend war sie so munter und lebenslustig wie Pankraz des Schmollers Estherchen, und der Bruder mußte ihr auf Geheiß der Mutter einmal von München aus wegen allzu großen Dranges nach Vergnügungen den Kopf zurechtsetzen. In Wahrheit opferte sie ihm ihr Lebensglück und schlug ihm zuliebe mehrere annehmbare Partien aus. Während der langen Lehrjahre Gottfrieds zu Hause und in Deutschland verdiente sie sich als Schneiderin ihr Brot, ging ins Kundenhaus oder arbeitete daheim. Als der Beruf ihrer Gesundheit nachteilig zu werden drohte, versah sie bis zur Heimkehr des Dichters aus Berlin die Stelle einer Verkäuferin in einem Schirmladen.

Wer will es ihr verargen, wenn diese andauernde, ihr aufgezwungene Entsagung schließlich mit mürrischer und säuerlicher Barschheit bezahlt werden mußte? In ihrem Äußeren unschön, plump, mit starkem Unterkiefer und dickem Hals, wurde sie schließlich die typische alte Jungfer und setzte durch Vernachlässigung ihres Äußeren den Bruder oft in Verlegenheit. Ohne genügende Schulbildung, in ihrem geistigen Leben durch die Pflicht der Arbeit früh verkümmert, die Nüchternheit der Mutter ins Trockene steigernd, machte sie sich aus dem Dichter weniger als aus dem Staatsschreiber. Sie habe, schrieb Keller 1878 an Marie Melos, «niemals aus den himmlischen Quellen der oberen Bergpartien getrunken, wo die Schafherden der Dichtersippschaften weiden und die Musen auf kleinen Melkstühlen sitzen». Von des Bruders täglicher Arbeit nahm sie wenig Notiz. Seine Bücher pflegte sie erst zu lesen, wenn sie dauerhaft gebunden waren. Lieber führte sie sich einen spannenden Roman zu Gemüte. Nach dem Tode der Mutter hielt sie die einfache Wirtschaft in Ordnung, ohne das Verständnis, das Leben gemütlich zu machen oder gar freundlich zu schmücken. In der sparsamen Ängstlichkeit, die ihr in den Jahren der Not zur zweiten Natur geworden, war sie nicht zu bewegen, für die niedere Arbeit eine Magd zu nehmen. «Die gute Schwester», schreibt Keller 1882 an Storm, «nimmt alles viel zu schwer und zu disputierlich ... sie ist punkto alte Jungfer auf die unglücklichere Seite dieser Nation zu stehen gekommen.» Storms Grüße muß er jedesmal «mit einer gewissen Trockenheit anbringen», wenn sie wirken sollen. Hatte er mittags sein unansehnliches Stücklein Rindfleisch mit etwas Gemüse auf dem zinnernen Teller vor sich liegen, so äußerte er etwa gegen einen zufällig anwesenden Bekannten, er werde dafür am Abend im Wirtshaus zehn Fränklein vertun, dann habe sie den Profit. In dem harten Winter 1879/80 ließ sie ihn frieren, um nur noch ein schönes Restchen Holz übrig zu behalten. Und doch lebte sie nur für ihn; und er wußte das. Bei aller Trockenheit des Verkehrstones hing er an ihr, und nach ihrem Tode hat er sie tief betrauert.

In seinem Aufsatze «Autobiographisches» bekennt Gottfried Keller, daß die Darstellung der eigentlichen Kindheit des grünen Heinrich, sogar das Anekdotische darin, so gut wie wahr sei, hie und da bloß, in einem letzten Anfluge von Nachahmungstrieb, von der konfessionellen Herbigkeit Rousseaus angehaucht, obgleich nicht allzu stark. Also müssen die Unarten und Jugendsünden des grünen Heinrich auf ein unschuldigeres Maß zurückgeführt werden, will man das geschichtliche Bild des jungen Keller gewinnen. Aber auch die Zusätze des auf Wesen und Fülle ausgehenden Dichters sind vom Kern der Wirklichkeit zu lösen.

Das Zürich der zwanziger Jahre war eine Kleinstadt von nicht viel mehr als zehntausend Einwohnern und mit den engen und krummen Gassen der heutigen Altstadt. Der Pranger, der bis 1831 am Fischmarkt stand, erinnerte an mittelalterliche Rechtszustände. Der Rindermarkt gehörte zu den angeseheneren Quartieren. Noch war die Stadt mit Ringmauern, Schanzen und Türmen umgeben. Noch standen einige der malerischen Tore und die sogenannten Porten. Nachts, ein Viertel vor zehn Uhr, läutete die Torglocke, die Porten wurden geschlossen und mit militärischen Wachen besetzt. Die Bürger, die noch draußen waren, eilten heimwärts. Wer sich verspätete, erhielt nur mit Bewilligung des Offiziers der Hauptwache Einlaß, hatte zudem am nächsten Morgen auf dem Rapport zu erscheinen und kam leicht in den Ruf der Liederlichkeit.

Bezeichnend für die damaligen Zustände war etwa das Lesezimmer auf der Chorherrenstube. In einem kleinen, spärlich durch zwei Fenster erhellten, mit zwei langen Tischen versehenen Raume waren einige politische Zeitungen und literarische Zeitschriften aufgelegt. Abends, wenn sich ein Mitglied der Chorherren die steile Treppe hinauf und über den dunkeln Flur zurechtgefunden, pochte er bei der Frau Verwalterin an, erhielt da ein trübes Kerzenlicht und betrat damit das finstere Lesezimmer. Nach geschehener Erbauung nahm er das Licht wieder mit bis zur Treppe, stellte es hin, löschte es und tastete sich die finstere Stiege hinunter.

Im politischen und gesellschaftlichen Leben war das aristokratische Element in der Restaurationszeit wieder mächtig geworden. Nur während des alljährlichen Frühlingsfestes, des Sechseläutens, herrschte auf einen oder zwei Tage Freiheit und Gleichheit zwischen Junkern und Bürgerlichen. Sonst ging man streng geschieden nebeneinander. In den Konzerten der Musikgesellschaft zum Beispiel galten feste Rangunterschiede. In den vordersten Reihen saßen die Junkerschaft, die Familien von Bürgermeister und Räten, dann folgten die reichen Kaufleute, zuhinterst einzelne Kunstfreunde aus dem geistlichen oder dem höheren Lehrerstande. Die vornehmen Dilettanten, die im Orchester mitspielten, hatten ihr besonderes Stübchen mit einem runden Tische; nebenan befand sich das Zimmer der bezahlten Musiker und der mitwirkenden bürgerlichen Musikfreunde. Wer von den letzteren sich besonderer Gunst erfreute, durfte sich etwa unter die Zwischentüre stellen und zu dem runden Tisch hinübersehen, woher ihn hie und da ein gnädiges Wort traf.

Aber bereits gärte in fortschrittlichen Köpfen die neue Zeit, und ein gesteigertes Verkehrsbedürfnis hatte sich Ellbogenfreiheit zu verschaffen gewußt. Schon vor Kellers Geburt hatte man einzelne Teile der mittelalterlichen Befestigungen abgetragen. Nun mußten 1824 das Tor am Niederdorf, 1827 das Neumarkttor und das Kronentor, 1829 der Äbtissinturm weichen, und 1833 wurde, nach heftigem Kampfe zwischen den Vertretern des Alten und des Neuen, die Schleifung der Schanzen beschlossen. Zürich habe, so meinte Jeremias Gotthelf damals, seinen Busen dem ganzen Lande entblößt. 1835 befuhr das erste Dampfboot den See. Zehn Jahre später wurde der Bau der ersten Eisenbahn von Zürich nach Baden beschlossen. Zur gleichen Zeit vollzog sich die politische Umwälzung. Die kantonale Verfassung von 1831 verwirklichte die liberalen Forderungen und machte Zürich aus der aristokratischen Republik zum modernen Verfassungsstaat, in dem das gesamte Volk durch seine Repräsentanten seine Souveränitätsrechte ausübte. Die Gewalten wurden geschieden. Der Große Rat der 212 war die gesetzgebende Behörde und führte die Aufsicht über die Verwaltung. Dem Regierungsrat, der von zwei Bürgermeistern geleitet wurde, kam die vollziehende Gewalt zu. Die oberste richterliche Behörde wurde das Obergericht. Besondere Wichtigkeit erlangte der Erziehungsrat, dem das gesamte Schulwesen unterstellt wurde. So fallen in Gottfried Kellers Kindheit die ersten Vorstöße des Freisinns.

Zunächst spann er das traumhafte Dasein des Kindes. Stundenlang betrachtete er das häusliche Leben der kleinen Höfe von der hochgelegenen mütterlichen Wohnung aus und vergnügte sich in dem eigenen Höfchen mit dem kleinen Rasenplatze, den zwei Vogelbeerbäumchen und dem nimmermüden Brünnchen, das seinen Strahl in das ganz grün gewordene Sandsteinbecken ergoß. Den Kranz der Schneeberge, der den Horizont abschloß, hielt er für eins mit den Wolken, und da ihm die Wolken als der Inbegriff des Wunderbaren und Mächtigsten erschienen, so nannte er auch die erste weibliche Gestalt, die ihm wohlgefiel, die weiße Wolke. Früh setzte das kindliche Grübeln über Gott ein. Unter der Antwort der Mutter: «Gott ist ein Geist», konnte er sich nichts denken; dafür ward ihm der in der untergehenden Sonne blitzende goldene Hahn auf dem nadelspitzen Dachreiter der Predigerkirche, später ein bunter Tiger in einem Bilderbuche Gott.

Mit sechs Jahren kam er nach dem Willen des Vaters in die Armenschule (zum «Brunnenturm» ?) unter die Kinder der Geringen zu sitzen. Sie war 1786 von einigen wackeren Männern mit dem gemeinnützigen Zwecke gestiftet worden, daß in ihr der großen Anzahl dürftiger Kinder unentgeltlicher Unterricht erteilt werde. Die Elementar- und die mit ihr verbundene Repetierschule zählte 1830 gegen 200 Kinder. Hier erlebte der kleine Gottfried gleich am ersten Tage den ersten Zusammenstoß mit den Schulgewalten – ein böses Omen für sein späteres Verhältnis zur Schule. Auf der Tafel waren große Buchstaben geschrieben, die die Kinder benennen sollten. Gottfried kam an das P, und da er kurz vorher das rätselhafte Wort Pumpernickel gehört hatte, erklärte er mit Entschiedenheit den Buchstaben für den Pumpernickel. Sofort hielt ihn der Lehrer für einen durchtriebenen Schalk, und seine üble Meinung von dem Kinde stieg, als dieses die Züchtigung stumm ertrug. Auch mit seinem ersten Feinde, Johann Heinrich Meyer aus Regensdorf, dem Meierlein des «Grünen Heinrich», saß er hier auf der gleichen Bank. Ein geborener Praktiker und Geschäftemacher, wußte er den harmlosen Gottfried zu immer neuem Geldausgeben und schließlicher Plünderung seiner Sparbüchse zu verlocken. Er fand am 9. November 1835 seinen Tod beim Herabräumen des Schnees vom hohen Dache des Manessehauses an der Münstergasse, das seinem Vater, einem Buchdrucker, gehörte.

Zu des Dichters liebsten Jugendgespielen gehörten die wackeren Söhne des Schustermeisters Rordorf, der erst schief gegenüber in dem Hause zum «Ritter Sankt Georg», dann jenseits der Gasse in der «Gelben Gilge» wohnte. Namentlich seinem Konrad Rordorf, dem nachmaligen Klavierbauer, war Keller anhänglich. Auf dem Dachboden des Rordorfschen Hauses, der den Kindern oft als Tummelplatz diente, hing ein Bild aus dem siebzehnten Jahrhundert. Es stellt ein kleines Mädchen dar. Auf dem ebenmäßig gestalteten Körper sitzt ein unförmlicher blonder, mit einer schwarzen Mütze bedeckter Kopf. Die starren Augen sind weit geöffnet, und ein schmerzlicher Zug spielt um das rote Mündchen. Um den Hals trägt das Kind eine große vielgefältelte Mühlsteinkrause. Sein Kleidchen besteht in einem roten Rock und einer weißen Spitzenschürze. In der rechten Hand hält es einen grinsenden Totenschädel, in der linken eine rote Nelke. Das Alter ist angegeben: aetatis 3½ mit der Jahrzahl 1623. Nach dem Wappen gehörte das Kind der bekannten Zürcher Familie Werdmüller an. Das Gemälde, das sich heute im Gottfried-Keller-Museum befindet, muß auf den Knaben einen tiefen, mit Grauen gemischten Eindruck gemacht haben, und als er später die Meretleinepisode des «Grünen Heinrich» schuf, hat das Bild dieses frühverstorbenen Kindes ihm vorgeschwebt.

Im Jahre 1828 zog ein seltsames Ehepaar in das mütterliche Haus, eine Bettmacherin mit ihrem eisgrauen Männchen. Er hieß Jakob Hotz, stammte aus Küsnacht, war 1757 geboren und seines Zeichens Feilträger, das heißt Trödler, sie Anna Meyer und war 1772 in Uster geboren –

Frau Margret und Vater Jakoblein aus dem «Grünen Heinrich». Sie hatten sich 1793 geheiratet. Berge von Betten waren in ihren Räumen aufgeschichtet, daneben allerlei Trödelkram. Frau Hotz, eine ungewöhnlich dicke Person in weißen Hemdärmeln und weißer Spitzenhaube, führte hier das Regiment und handhabte beständig ihre Kreide, mit der sie ihre römischen Ziffern auf den Tisch schrieb und so ihr Rechnungswesen mit unvergleichlicher Kunst führte. Sie besaß eine große Sammlung «Heiden- und Götzenbücher», das heißt alter fabelhafter Reisebeschreibungen, apokrypher Evangelien und Prophezeiungen, kurioser Chroniken und volkstümlich theosophischer Schriften. Ihre Stube war der Sammelplatz einer kleinen Welt. Am Abend fanden sich die engeren Gäste ein und tauschten mit dem Ehepaar die Betrachtungen eines wunderseligen Volksaberglaubens aus: der Schreiner Schaufelberger, ein neuer Hausgenosse; der Schuster Wepfer, zuweilen auch einige Juden, die beiden Guggenheim und der große Weiler, welche während der Messe bei Witwe Keller wohnten. Unvermerkt wurde hier auch der junge Gottfried als erklärter Liebling der Frau Hotz heimisch. Da lauschte er bei den nächtlichen Zusammenkünften ihren geheimnisvollen Erzählungen aus dem Reiche der Ahnungen, Träume und Geister, hörte von schreckhaften Erscheinungen am Himmel und unter der Erde und schauerte vor Lust, wenn die Rede auf Hexen, Gehängte, Männer ohne Kopf, die der Frau in ihrer Jugend manchmal begegnet waren, auf Scharfrichter und Teufelsbanner kam. Nachts spähte Frau Hotz bei offenem Fenster nach Gespenstern aus und geistete im Hause herum. Vater Jakoblein war das unnütze spaßhafte Männchen, das sich mehr mit Vorbringen lächerlichen Spukwesens befaßte. Sonst besorgte er, die Schürze umgebunden und eine altmodische Pelzmütze aufgestülpt, die Küche oder strich Salbe für sein krankes Bein. So wurde zu einer Zeit, wo die entstehende germanistische Wissenschaft eifrig nach Volkssagen und -märchen spähte und die Dichter in ihrem Schaffen sich durch literarische Sammlungen derart befruchten ließen, dem jungen Gottfried Keller das unvergleichliche Glück zuteil, das Entstehen von Sagen und Märchen im Schoße des Volkslebens selber zu belauschen. Wie viel ursprünglicher mußte sein Verhältnis zu den Urquellen dichterischer Phantasie werden!

Später nahm das Leben der Eheleute Hotz eine tragische Wendung. Seitdem der Mann bei Lebzeiten beider eine Teilung des ansehnlichen, von der Frau erworbenen Vermögens durchgesetzt hatte, herrschte zwischen ihnen ingrimmige Erbitterung. Eines wartete auf den Tod des anderen, in dunklen Herbstnächten hörte man über die schmale Gasse die furchtbaren Verwünschungen, mit denen sie sich bekämpften, und wenn dann am Morgen die sonst gutmütige Frau vom Zank erschöpft weinte, buk sich der Mann irgendeine kleine Leckerei und murmelte beständig das Altersjahr der Gattin vor sich hin. An der ehelichen Fehde beteiligte sich auch die beidseitige erbberechtigte Sippschaft.

Frau Hotz starb im Juli 1840, als Gottfried Keller in München weilte, und die Mutter hat ihm getreulich die Vorgänge bei ihrem Ableben berichtet. Die Trödlerin hatte ihren Vetter und Vogt Meyer von Uster zum Universalerben eingesetzt. Wie die Nachricht sich in Uster und dem benachbarten Gutenswil bei den zahlreichen Verwandten verbreitete, wurden diese wütend und wollten das Testament angreifen. Auch Gottfried Keller ging leer aus, obgleich Frau Hotz noch auf ihrem Sterbebette versprochen, der «gute Bub» müsse etwas haben. Und ähnlich ging es anderen Bekannten. Der einen hatte sie die goldene Uhr, den Sonnenschirm und einen Rock versprochen, dem anderen hatte sie ihre Uhr als Patengeschenk für sein Kind verheißen. So umtobte der Streit ihre Bahre, und der lachende Erbe sah sich genötigt, damit das Testament nicht angefochten wurde, dem Manne der Verstorbenen 200 Gulden zu geben und die übrigen Erben mit kleineren Summen abzufinden. Im August verließ der blind gewordene Hotz das Haus mit rührendem Abschied von Kellers Mutter und Schwester und zog zu der Frau des Knopfmachers Kramer am Rindermarkt, einer Adoptivtochter der Eheleute Hotz. Noch Ostern 1841 wußte die Mutter Gottfried zu berichten, daß der Greis täglich über seine Frau klage und räsonniere, die ihn in die Armut gestoßen.

Gute Kameradschaft verband Gottfried Keller lebenslang mit dem Kupferdrucker Eduard Münch, der einige Jahre in Zürich arbeitete, bei der Mutter in der Kost war und den jungen Gottfried dann und wann aus der Glattfelder Sommerfrische abholte. Am 15. Dezember 1834 schrieb ihm «Geoffroi Keller» ins Stammbuch: «Ehre die Pfaffen, die guten und bösen; die ersten, weil sie Gottes Gebote verkündigen, die letzteren, damit du sie nicht fürchten darfst.» Kurz darauf, 1835, ging Münch nach Darmstadt, wo ihn Keller von Heidelberg aus besuchte. Im Frühjahr 1854 wanderte er, unzufrieden mit den Dingen der Alten Welt, nach Neuyork aus und wurde Drucker bei der amerikanischen National-Banknotengesellschaft. Er knüpfte, nachdem der Verkehr zwanzig Jahre lang gestockt, den Briefwechsel 1877 wieder an. Von Kellers Werken gefiel ihm, wegen seiner persönlichen Erinnerungen, der «Grüne Heinrich» am besten. «Das Buch versetzt mich immer, wenn ich es lese», schrieb er im Juli 1885, «einundfünfzig Jahre zurück. Erst kommt die Schulgeschicht', dann der berühmte Marder, Onkel, Tante, Lisette, Caton; zu Hause Frau Hotz und Herr Hotz, sogar Frau Lisabeth bei Deiner Konfirmation sind mir sehr gut im Gedächtnis [gemeint ist die Witwe, die dem festlichen Weihnachtsessen nach Heinrichs Konfirmation beiwohnte und nach Tisch ein Tänzchen aufführte; es war die sogenannte ‚Große Lisbeth', die ab und zu bei der Mutter arbeitete]; sogar den berüchtigten ‚Wurmlinger' glaubte ich zu erkennen.» Münch kam noch als Siebzigjähriger herüber aus Neuyork und verlebte bei seinen Freunden Gottfried und Regula vergnügliche Tage auf dem «Bürgli».

Seit 1832 wohnte im Hause eine Familie Marti aus Wagenhausen im Thurgau. Der Mann, Konrad, war Küfer, stammte von vermöglichen Eltern, hatte jedoch wider deren Willen eine arme brave Magd geheiratet, die bei Freihauptmann Ammann, dem Vater von Gottfrieds Patin, gedient. In der Heimat des Mannes war es den Leutchen so schlecht ergangen, daß Anna, die junge Frau, bei der überdies herrschenden Teuerung sich sogar einmal genötigt sah, eine Katze zu kochen. Sie kehrten durch Vermittlung von Frau Ammann nach Zürich zurück und fanden bei Kellers Mutter Unterkunft. Das Handwerk des Mannes brachte häufigen Durst mit sich. Er starb 1848, und Gottfried Keller hat dem guten Konrad Marti das Leichengeleite gegeben. Eines der beiden Mädchen, Bäbeli (1832–1918), war kurz nach seiner Geburt der Witwe Keller als Pflegekind übergeben worden, indessen seine eigene Mutter einem kärglichen Verdienst nachging. Über zwanzig Jahre lang blieb es dort. Mutter und Tochter gehörten zu der Sekte der Neutäufer, in die sie einst in schwerer Bedrängnis in der Waldeswildnis am Albis aufgenommen worden waren, wie in dem «Verlorenen Lachen» Ursula und Agathchen. Später zogen sie nach St. Anna und hatten dort von einem bösen Weibe viel zu erleiden, das die Wohnung mit ihnen teilte. Bäbeli Marti hat ihre Jugendfreundin, die Schwester des Dichters, in ihrer letzten Krankheit verpflegt; auch am Sterbelager Gottfried Kellers hat sie wochenlang gesessen, ihn durch ihre kluge, treue Art erheiternd und entschwundene Jugendtage ihm zurückzaubernd.

Ins mütterliche Haus kam ferner ein munterer, ewig durstiger Schreiner zu wohnen, namens Schaufelberger, in dessen Werkstätte mancher Unfug verübt wurde. Eine Hauptbelustigung bildete das Schießen mit Blasröhren auf nachbarliche Katzen, im Winter das Einfangen junger Spatzen. Man färbte diese aufs bunteste, leimte ihnen seltsame Federbüschlein auf und ließ sie wieder unter die anderen bestürzten Vögel fliegen. Wenn der Meister einen Sarg fertig hatte, holte er die Pechpfanne mit den Worten: «Die Leiche wird rinnen wollen.» Und wenn der junge Keller in späteren Jahren bisweilen unmutig in den blanken Hobelspänen lag und sich endlich eine feste Anstellung wünschte, dann richtete ihn der lustige Schreinersmann auf, lehnte ihn an die Wand und meinte, jetzt habe er eine Anstellung. Schaufelberger, der den heranwachsenden Jüngling in die vaterländische Politik einführte und den in der Fremde Abwesenden zuweilen mit einer seiner radikalen Zeitungen versorgte, hätte zuerst im «Fähnlein der sieben Aufrechten», obschon er der Gesellschaft nicht eigentlich angehörte, mit seinem wirklichen Namen auftreten sollen. Erst nachträglich taufte der Dichter den schnurrigen Schreiner in Bürgi um.

Unverlöschliche Eindrücke erhielt der Knabe in dem an der Neustadt gelegenen Hause des Schneidermeisters Konrad Wuhrmann aus Hegi bei Winterthur (1791–1858). Dieser war mit Kellers Vater befreundet gewesen und betrieb neben seinem Handwerk leidenschaftlich radikale Politik. Sein Bild lebt in der Gestalt des Meisters Hediger im «Fähnlein» fort.

Aber auch mit den anderen Bewohnern des Rindermarktes hielt man treue Nachbarschaft. Im Hause zur «deutschen Schule am Bach» wohnte der Lehrer Abraham Wirz, im «Gießfaß» (jetzt eine Apotheke) die Familie Hegi, deren Sohn, der Maler Johann Salomon, in München einer der nächsten Freunde Kellers wurde, in der «gelben Gilge» der Schwiegervater von Meister Rordorf, der Pastetenbäcker Schweizer. Der mütterlichen Wohnung gegenüber, im «Judenhut», hauste der Bäcker Steinfels, wo das Kind öfters dankbarlich sein Stück «Wähe» (Fladen) in Empfang nahm; nebenan im «Palmbaum» wohnte die Jungfer Gotte (Patin) Kleophea.

Im ganzen darf man sich die Umgebung, in der Gottfried Keller aufwuchs, nicht allzu fein vorstellen. Bei aller bürgerlichen Tüchtigkeit und Ehrbarkeit herrschte ein derber Ton, und das Ohr des Kindes traf manches Wort, das eine ängstlichere Mutter behutsam ferngehalten hätte. Aber von dem Dichter selber gilt, was Keller von seinem «Grünen Heinrich» sagt: Wenn der Stoff auch nicht so rein und zierlich unbefangen war und nicht für eine so unschuldige kindliche Moral berechnet, so enthielt er nichtsdestoweniger immer eine wesentliche Wahrheit und machte seine Einbildungskraft freilich etwas frühreif und für starke Eindrücke empfänglich, etwa wie die Kinder des Volkes früh an die kräftigen Getränke der Erwachsenen gewöhnt werden, ohne zu verderben. Vor allem aber: das Zusammenleben mit den scharf ausgeprägten Gestalten der Bevölkerung einer Gasse, durch die noch nicht der abschleifende Strom des modernen Verkehrs geleitet war, bot seinem Menschenhunger unvergleichlichen Stoff und nährte unbewußt in jenem zarten Alter, wo sich die Vorstellungen im Menschen bilden, den Sinn für das Originelle und Eigenwüchsige.

Von 1831–1833 besuchte Gottfried Keller als Sohn eines Ansassen das sogenannte Landknabeninstitut auf der benachbarten Stüßihofstatt. Es war eine Anstalt, welche 1791 von einigen Angehörigen der Landschaft aus eigenen Mitteln gegründet worden war, seitdem ihren Knaben – wie es in der Stiftungsurkunde heißt – der Zutritt zur Realschule wegen Platzmangels nicht mehr gestattet war und Väter von hoffnungsvollen Söhnen sich «kummerhaft und ängstlich» hören ließen, «daß sie nun beinahe nicht mehr wissen, wie sie ihren Kindern fernerhin den ihnen zu ihrer künftigen Bestimmung so nötigen weitern Unterricht in Sprachen und Wissenschaften» angedeihen lassen könnten. Dieser erstreckte sich auf Deutsch, das sich besonderer Sorgfalt erfreute, Französisch und Italienisch, Rechnen, Buchhaltung und Religion mit täglich vier Stunden, zwei freie Nachmittage ausgenommen. «Dafür bezahlt ein Knabe einen halben Neutaler Monatslohn, ebensoviel Gutjahr- und Namenstaggeschenk, nicht mehr und nicht weniger.»

Wir sind über Kellers Leistungen in der Armenschule und im Landknabeninstitut nicht unterrichtet. Daß er in den Sprachen sich ausgezeichnet, kann aus dem Jugendleben des grünen Heinrich geschlossen werden, dem vor allem das Lernen im Deutschen ein Vergnügen und keine Arbeit war. Aber ein Musterschüler war er nicht. Dafür besaß er schon frühe eine allzu ausgeprägte Eigenart: bei großer Gutmütigkeit eine trotzige Verschlossenheit, die in Wahrheit die Schutzhülle eines überzarten Gefühls war. Außerdem bildete sich, ein Erbteil der Mutter, schon früh eine herbe Wahrhaftigkeit gegen sich und andere aus. Wenn im «Grünen Heinrich» erzählt wird, wie der Knabe sich beharrlich weigert, das Tischgebet laut zu sprechen, das die Mutter einführen will, so ist man geneigt, diese Episode auf ein wirkliches Erlebnis zurückzuführen. Jedenfalls charakterisiert es den Dichter wie sein poetisches Ebenbild, seine in tiefer Innerlichkeit und Gemütsfeinheit begründete Scheu, Gefühle in Redensarten auszukramen.

Nur einen scheinbaren Widerspruch zu diesem Bedürfnis herber Wahrhaftigkeit bildet der Hang zum barocksten Lügenwesen. Keller erzählt von seinem grünen Heinrich, wie er einst eine Anzahl Mitschüler in einer hochnotpeinlichen Untersuchung verdächtigt, sie hätten ihn in den Wald mitgeschleppt, Spitznamen auf die Lehrer ausgerufen, Diebstahl von Feldfrüchten und andere Untaten begangen und ihn zuletzt an einen Baum gebunden und durchgeprügelt. Die Missetäter werden von den kurzsichtigen Lehrern bestraft, obgleich es sonst unbescholtene Jungen sind; die ganze Geschichte aber ist ein Phantasiegebilde des grünen Heinrich.

Das Ereignis wird sich kaum genau so abgespielt haben, wie Keller es erzählt; sein Kern aber dürfte eine wahre Begebenheit sein. Jedenfalls darf man die Episode als charakteristischen Beitrag zur Psychologie des werdenden Dichters nehmen. Goethe erzählt in «Dichtung und Wahrheit» von seinem kindlichen Hange, seinen Freunden Märchen als angebliche Erlebnisse zu erzählen, und Grillparzer beschuldigt sich noch im Jünglingsalter des Wohlgefallens an der Lüge. Dieser Hang zur Lüge bei künstlerisch begabten Kindern ist nicht ein sittlicher Mangel, vielmehr die erste, noch ungebärdige Äußerung des Kunsttriebes.

Von den frühesten Betätigungen dieses Kunsttriebes im kindlichen Spiele können wir uns eine klare Vorstellung machen. Die Kunst erschien dem Heranwachsenden, wie er selber bezeugt, als das Buntere und Lustigere. Schon seiner äußeren Erscheinung gab er daher gern einen phantastischen Aufputz. Auf dem spitzen Kopf saß verwegen ein Barett; das grüne Röcklein mit übergeschlagenem, ungewöhnlich breitem Hemdenkragen, ein buntes, um den Hals geschlungenes Tuch verliehen ihm etwas Auffallendes, Jahrmarktburschenhaftes. Die ersten künstlerischen Versuche zeigen den Dichter im Bund mit dem Maler. Was an Nürnberger Kinderfarben aufzutreiben war, benutzte der Knabe zur Nachbildung von Morgen- und Abendrot und andern «gesprenkelten» Himmelserscheinungen. Aus einem von ihm verfertigten Bilderbuch sind einige Blättchen erhalten. Eines stellt einen Jungen dar, der, von Raben und Eulen verfolgt, durch den Wald rennt. Ein anderes zeigt den «Schnepfenkönig»: eine auf langen, mit Pumphosen bekleideten Beinen an einer Keule dahinstelzende Schnepfe mit einem Krönlein auf dem Kopfe, Vatermördern, gelbem Frack und rotem Mantel. Auf der Rückseite stehen zwei Strophen aus einem offenbar selbstverfertigten Gedichte:

5

Das Männchen nun in Zorn entbrannt,
Es rafft sich aus der Flut;
Mit Wut es nach dem Hause rannt'
Und holt den Zauberhut.

Und es beschwört die Geistermacht,
Zur Rach' zu leihen ihre Kraft.

6

Was schimmert dort mit Höllenglanz,
Was blendet meine Augen?
Was raset dort in wildem Tanz
Den gelben Todesreigen?
Horch! welch Getöse höret man?
Der Schnepfenkönig naht heran.

Andere Bildchen zeigen zwei vor einer Gartenlaube spazierende Fräulein, auf die ein Herrchen zugeht usw.

Aus dem Jahre 1833 ist ein offenbar selbst zusammengekleistertes grünes Notizbüchlein erhalten, überschrieben «Meine Launen». Es enthält spaßhafte Verse, wie:

In der Schlacht bei Austerlitz,
Da gab es saure Rübenschnitz,

polyglottische Übungen, auch die kurze Beschreibung einer Streiferei in die Umgebung Zürichs.

Früh wurde die Kunst des kindlichen Verseschmieds und Koloristen in den Dienst eines Puppentheaters gestellt. Der Dichter selber hat in seinem Aufsatze «Autobiographisches» mit sichtbarer Liebe von seinem kindlichen Theaterspielen berichtet. Die Stücke, die er nennt, sind fast alle noch vorhanden. Die Aufführungen fanden entweder bei den Nachbarskindern Rordorf oder in dem hochgelegenen Stübchen des Direktors Gottfried Keller selbst, unter Mitwirkung der Brüder Rordorf, statt. Hintergründe, Kulissen, Figuren wurden von Keller und Kaspar Rordorf gemalt. Noch lange bewahrte die Familie Rordorf einen stattlichen Vorrat dieser Dekorationen auf, so zu «Wilhelm Tell», «Freischütz», «Graf von Flandern», «Mordnacht von Zürich», in denen der durch zerrissenes Gewölk hervorstechende Mond als Transparent stets das Haupteffektstück bildete.

Ein Manuskriptheft aus dem Jahre 1832, überschrieben: «Kleine Drama I», enthält ein Stück: «Der Hexenbund. Nebenspiel für kleine Theater.» Urbino, der Sohn des Grafen Ottokar von Hohenburg, ist in die Hände eines teuflischen Zauberers Sakratio geraten. Eben soll er von Hexen zur Hölle geschleppt werden, da stürzt sein Vater herbei und erlegt die Satansbrut. Des Teufels Reich ist zerstört, und klagend singt der Böse zum Schlusse:

Die Höll' ist verloren,
Das Unglück geboren,
Zum Verderben erkoren
Sind ich und mein Reich.
Die Geister der Finsternis sind tot,
Und auf der Welt ist Herrscher jetzt Gott.
O weh, da liegen die Furien, die Drachen,
Sie sind gefallen unter schrecklichem Krachen
Und mein Glanz ist erloschen, o weh, huhu!

Ein anderes Heftchen, das der Schrift nach in die Mitte der dreißiger Jahre gehört, enthält das Personenverzeichnis und den Anfang eines Dramas «Fernando und Berta oder Geschwistertreue». Der erste Auftritt ist im Saal des Schlosses des Grafen von Fondi auf Sizilien. Fernandos, seines Sohnes Schildknappe, tritt auf und begrüßt den Reitknecht Otto mit den Worten: «Nun willkommen also noch einmal, alter Waffenbruder ... nun laß uns doch wieder einmal fröhlich zusammen den vollen Becher leeren, wie wir vor sechs Jahren taten.» Eine weitere Rede Hugos schließt mit der «vorläufigen Bemerkung», daß der Herr Graf «einen recht guten Markgräfler im Keller führt». Das gleiche Heft enthält den Plan zu einer Tragödie «Elinzene», der sich aber auf das Personenverzeichnis beschränkt.

In seinem Aufsatze «Autobiographisches» spricht Keller auch von einer Dramatisierung des «Ganges nach dem Eisenhammer». Das Stück ist unter dem Titel «Fridolin oder der Gang nach dem Eisenhammer» erhalten. Es scheint aus dem Jahre 1834 zu stammen. Fridolin, der Sohn des Grafen von Falkenstein, dient als Knappe bei dem Grafen von Savern. Von dem Jäger Robert und dem Kammerdiener Bernhard wird er bei Graf und Gräfin verleumdet. Die Gräfin weist die Verdächtigungen zurück, der Graf dagegen läßt sich überzeugen, daß Fridolin ihm große Summen veruntreut und ihn an seine Feinde verraten habe. Statt des braven Fridolin wird dann wie bei Schiller der böse Robert in den Ofen gestoßen. Dabei entspinnt sich (IV. Akt) folgendes Zwiegespräch zwischen den Schmiedeknechten: «*Erster Gesell:* Heut bekommen wir einen Braten in unsern Ofen. *Zweiter:* Aber Johann, wir wollen dem Kerl zuerst noch die Kleider recht durchsuchen – – und wenn er gar gute oder schöne Kleider anhat, nehmen wir die auch; er kann im Hemde seinen Einzug in die Hölle halten. *Erster:* Ja, ja, natürlich! Ich habe so ein paar Hosen nötig.» Nachdem die Mordknechte Robert in den Ofen gestoßen, kommt

Fridolin und spricht: «Habt ihr getan nach des Herrn Worten? *Knechte:* Dort seht Ihr's, er bratet schon nach der Mode. Der Graf wird seine Diener loben.» Robert fängt plötzlich im Ofen mit ächzender Stimme zu reden an: «Ja, Fridolin – ich verleumdete – dich – ich – ach – vergib mir – Fridolin!» *Die Knechte:* «Der Kerl ist ja noch lebendig!» Als er gestorben, begeben sie sich zum Schmause, nachdem der eine erst Roberts schönen roten Mantel und dessen Kastorhut angezogen hat. Schließlich kehrt Fridolins verschollener Vater, der Graf von Falkenstein, entstellt durch das heiße Klima und dreijährige Sklaverei in Palästina, zu seiner Gattin und dem Sohne heim, worauf das Stück im Hinblick auf den geretteten Fridolin wirksam mit den Worten endet: «Hoch lebe die Unschuld und die Tugend! *Alle:* Sie leben hoch!»

Ähnliche drollige Züge erscheinen in dem dreiaktigen Drama «Der Tod Albrechts des römischen Kaisers», das ebenfalls aus dem Jahre 1834 stammt und ganz unter dem Einfluß von Schillers «Tell» steht. Der Kaiser erhält auf dem Stein zu Baden die Nachricht von der Empörung der drei Länder Uri, Schwyz und Unterwalden. Bevor er mit Heeresmacht gegen sie aufbricht, mahnt ihn Johann von Schwaben an das ihm vorenthaltene väterliche Erbe. «*Albrecht:* Beruhige dich ein wenig! Ich werde dir hundert schöne Pferdchen schenken, mit diesen kannst du dich herumtummeln nach Herzenslust und dein Feuer stillen. Was aber deine Länder betrifft, so sind sie bei mir ... gut aufgehoben! *Johann* (ungeduldig): Bei mir als dem rechtmäßigen Eigentümer am besten! *Albrecht:* Bst! Bst! Ich bin der Kaiser.» Der Knabe des armen Weibes, auf dessen Holzbündel Albrecht nachher stirbt, vernimmt beim Anblick des glänzenden Trosses, daß der im Purpurmantel der Kaiser sei. «*Der Knabe:* Ach pfui! Dem bin ich schon nicht mehr hold, er hat uns ja alles weggenommen, sogar meine schönen Bilderbücher und hat sie den Kindern seiner Soldaten gegeben. Es ist schade für die schönen Kleider, die er hat.» Nachdem Albrecht in das Schiff der Verschworenen gestiegen, tritt Eschenbach zutraulich zu ihm mit den Worten: «Wir haben heute sehr schönes Wetter», worauf der Kaiser entgegnet: «Es ist wahr. Die Sonne scheint schön zu meinem Vorhaben, die drei Ländchen für ihren Frevel zu bestrafen.» Nach der Ermordung Albrechts ruft der Knabe aus: «Wie dauert mich doch der arme Herr da! Nun bin ich ihm nicht mehr böse.» *Weib:* «Das ist brav, mein Kind, man muß seinem Feinde keinen Groll nachtragen, am wenigsten wenn er gefallen ist.» Prinz Leopold und die Kaiserin Elisabeth erscheinen und sinken an der Leiche nieder. Dann läßt der jugendliche Dramatiker die barmherzigen Brüder aus dem «Tell» auftreten und einen Mönch feierlich die Verse sprechen: «Rasch tritt der Tod den Menschen an usw.» Bei der Krönung des Luxemburgers erscheint unter Donner und Blitz der Geist Albrechts und ruft, nach dem Vorbilde von Hamlets Vater, dreimal seinen Hinterlassenen zu: «Rächet mich!» Alle schwören Rache, worauf der neue Herrscher begütigend spricht: «Doch nun wenden wir uns, edle Fürsten und Ritter, vom Krönungssaale zum Speisesaale, um uns beim frohen Mahle und beim perlenden Rheinweine zu erfreuen, und auch Ihr, verehrteste Frau Elisabeth, und Ihr, hohe Agnes, seid freundlich eingeladen! *Alle:* Es lebe Heinrich VII.!» Keller hielt übrigens später noch König Albrechts Tod für einen großen, fast antiken Stoff. Junge fröhliche, untereinander in Freundschaft verbundene Männer ermorden ihren Kaiser, und sofort tritt das Verhängnis ein, und keiner hat den andern je wieder gesehen.

Von einem weiteren Drama, von dem Keller in seinem autobiographischen Aufsatz spricht, «Herzog Bernhard von Weimar», hat sich im Nachlaß des Dichters nichts erhalten.

Die Aufführungen auf dem Puppentheater weckten das Interesse für die richtige Bühne. Den ersten Theaterzettel sah Gottfried Keller an der «Schmiedstube angeschlagen»: «Die Schubkarrenpromenade oder das war ich» von Hutt. Die Aufführung fand durch eine Wandertruppe in Oberstraß statt. Im «Grünen Heinrich» wird berichtet, daß der Knabe bei einer Faustaufführung als Meerkatze mitgewirkt habe. In Wahrheit handelte es sich um die «Zauberflöte», die die Linggsche Truppe am 26. Oktober 1832 im sogenannten Militärschopf in der Bärengasse aufführte. Eines Abends standen die Knaben neugierig vor dem Lokale, als ein Schauspieler heraustrat, um einige der Buben als Statisten zu holen, darunter auch den kleinen Gottfried Keller. Er sollte eine Meerkatze darstellen, gebärdete sich jedoch bei der Aufführung so komisch steif, daß ihm unter seinen Kameraden eine Weile der Spitzname «de stiif Züriaff» (der steife Zürcheraffe) blieb.

Am 10. November 1834 wurde, wenige Schritte von Gottfried Kellers Elternhaus entfernt, in der zu einem Theater umgebauten Barfüßerkirche die erste stehende Bühne eröffnet. Hier wohnte der Knabe einer Aufführung des «Freischütz» bei. Wenn der Dichter später, berichtet Baechtold, von dieser Vorstellung sprach, unterließ er es nicht, eine der Arien zu singen und den Jägerchor oder die Hornbläser in seiner überwältigend komischen Weise nachzuahmen. Auch weitere Stücke mag Keller hier gehört haben. Das Schauspiel des ersten Winters brachte zum Beispiel Schillers Dramen, Goethes «Egmont», Lessings «Emilia»,

Kleists «Käthchen von Heilbronn», Calderons «Leben ein Traum», daneben aber auch Stücke der Frau von Weißenthurn, von F. W. Ziegler, Babo, Holtei, Raupach, Kotzebue, Nestroy, Carl usw. Das Hauptereignis dieser ersten Saison war die Darstellung des vaterländischen Dramas «Hans Waldmann» von dem vorübergehend in Zürich weilenden Romandichter Karl Spindler. Das Repertoire des nächsten Jahres wies «König Lear», «Hamlet», «Wallenstein», «Faust», «Donna Diana» usw. auf. Der Winter 1836 sah Grillparzers «Sappho», Bauernfelds «Musikus von Augsburg», Raimunds «Alpenkönig» usw. Von 1837 bis 1843 führte Charlotte Birch-Pfeiffer die Direktion der Zürcher Bühne.

Ein Schauspiel anderer Art brachte die eidgenössische Tagsatzung. Sie fand jeden sechsten Sommer in Zürich statt. Am Eröffnungstage schritten die Abgeordneten der Stände durch die aufgestellten Militärspaliere in feierlichem Zug zum Großmünster. Voran ging der Großweibel mit der schweizerischen Fahne, dann folgten die Tagsatzungsherren im schwarzen Frack, den Degen an der Seite, von den Kantonsweibeln in Standesfarben und Dreimastern begleitet. Die Gesandten der fremden Mächte fuhren in Wagen nach. Einmal bei einer außerordentlichen Wintertagsatzung begab es sich, daß die jungen Politiker vom Rindermarkte, Keller und die Brüder Rordorf unter ihnen, die basellandschaftlichen Tagsatzungsherren, die gerade ihr Mißfallen erregt hatten, mit Schneebällen bewarfen.

Zu Ostern 1833 trat Gottfried Keller in die erste Klasse der neueröffneten kantonalen Industrieschule ein. Diese war eine Schöpfung der liberalen Verfassung von 1831, und es fanden in ihr Knaben Aufnahme, die sich technischen Berufsarten, dem Gewerbe- und Handwerkerstande zu widmen beabsichtigten. Der Unterricht fand in dem ehemaligen Chorherrengebäude zum Großmünster statt. Die Anstalt zerfiel in eine untere und eine obere Abteilung. Die untere, die drei Klassen umfaßte, zählte bei der Eröffnung 95 Schüler.

An der Schule wirkten, neben den üblichen di minorum gentium, eine Anzahl vortrefflicher Lehrer. Am meisten fesselten Keller auch jetzt wieder die Sprachen. Karl Wilhelm Hardmeyer (1803–1857) gab Unterricht im Deutschen, ließ indes meistens Geschäftsaufsätze anfertigen. Herkules Daverio (1804–1849) lehrte Italienisch. Johann Schultheß, verbi divini minister (1798–1871), von dessen Unterricht sich Keller besonders angezogen fühlte, Französisch. Das Heft des «Geoffroi Keller» enthält größtenteils Übersetzungen historisch-biographischen Inhalts aus Fénelon, Voltaire, Ségur, Daru, Guizot, Sismondi und Mignet. Bei Schultheß beschäftigt er sich eifrig damit, den Don Quichotte, der rasch sein erklärtes Lieblingsbuch wurde, stückweise aus dem Französischen des Florian ins Deutsche zu übertragen. Die Arbeit, die ihm wie dem Lehrer Freude machte, wurde gewaltsam unterbrochen. Den Englischunterricht, den der bekannte Historiker Ferdinand Keller (1800–1881) erteilte, besuchte der Dichter nicht. Geschichte und Geographie gab Dr. Julius Fröbel (1805–1893), der kurz zuvor mit Empfehlungen Alexanders von Humboldt nach Zürich gekommen war, Chemielehrer war Karl Ludwig Löwig (1803–1890), der lange Kellers Gönner blieb. Pflanzenkunde dozierte Dr. Rudolf Schultheß (geb. 1802), ein «stiller edler Mann», und als dieser schon 1833 starb, «überfiel» der Prorektor Johann Ludwig Meyer (1782–1852), der sonst Leutpriester am Großmünster und Religionslehrer war, aber auch in Naturwissenschaften dilettierte, die Klasse mit Zoologie, oder vielmehr mit einem «Heere wilder Bestien». Gesanglehrer war der Schwabe Johann Espenmüller (geb. 1810), Rechenlehrer Johann Heinrich Egli (1790–1849). Auch in die mit der Industrieschule verbundene Jugendwehr, das Kadettenkorps, trat Keller als – Tambour ein.

Er kam sich zuerst in der neuen Umgebung etwas unsicher vor. Aber er scheint sich rasch seinen Platz erobert zu haben. Die Hefte, die er aufbehalten, sind fleißig und sauber geführt, und die Zeugnisse am Ende des ersten Schuljahres weisen lauter erste und zweite Noten auf. Aber wieder legte der eine und andere Lehrer sein verschlossenes, ungelenkes Wesen als übeln Willen aus: im Zeugnis wird ihm «angesinnet, sich eines bescheideneren Tones gegen die Lehrer zu befleißen». Unter den Lehrern ist wohl hauptsächlich Prorektor Meyer zu verstehen. Schon in der Industrieschule tat sich die Kluft zwischen Keller und den Vertretern der offiziellen Kirche auf. Meyer wird als ein im Herzen gütiger, aber äußerlich schroffer Mann geschildert, der als Lehrer vor allem auf den Verstand seiner Schüler zu wirken suchte und aller Mystik und Gefühlsweichheit abhold war. Für Kellers herbe Art gebrach ihm der Sinn. Durch einen harmlosen Vorfall hatte der Knabe seine Gunst verscherzt. Meyer hatte ihn einst nach der Hauptstadt Italiens gefragt. Ein übermütiger Mitschüler flüsterte dem mit der Antwort Zögernden ein: «Camera obscura.» Gottfried Keller platzte mit diesem Worte heraus und galt seitdem in den Augen des Lehrers als ein verstockter Sünder, mit dem kurzer Prozeß gemacht werden müsse.

Der Anlaß bot sich bald. Seit Anfang des Jahres 1834 herrschten zwischen dem Rechenlehrer Egli und den Schülern der zweiten Klasse der unteren Industrieschule (Keller saß noch in der ersten Klasse) arge Mißhelligkeiten. Ihre erste Ursache war der Gegensatz zwischen Stadt und Land, oder, was ungefähr das gleiche bedeutete, zwischen Konservativen und Radikalen. Egli hatte das Unglück, von Küsnacht zu stammen, einem Hauptherde der radikalen Bewegung; er hatte selber bei der Verfassungskampagne der Jahre 1830 und 1831 zugunsten der Revision gesprochen. Neben seiner Stelle an der Industrieschule bekleidete er das Amt eines zweiten Sekretärs des (radikalen) Erziehungsrates. Tatsachen genug, ihn bei den meist altbürgerlichen Eltern der Schüler verdächtig zu machen. Und mit den Eltern natürlich auch bei den Söhnen. Diese hatten rasch aus dem Küsnachter Dialekt des Mißliebigen einen Spitznamen gebildet. Wenn beim Kopfrechnen ein Schüler mit der Lösung zögerte, pflegte Egli ihn aufzumuntern mit den Worten: «Heschi bald?» («Hast sie bald?») Nach dem Dialekt der Stadt hätte er sagen sollen: «Häscht sie bald?» So wurde er «Hesibalg» getauft, und auch Gottfried Keller hat diesen Spitznamen in sein Notizbuch neben eine Karikatur des Lehrers eingetragen.

Ein guter Lehrer scheint Egli nicht gewesen zu sein. Eine Zuschrift, die von zwölf Vätern der Behörde eingereicht wurde, beschwert sich über Dunkelheit des von ihm gegebenen Unterrichts, über Parteilichkeit in Erteilung und Erlassung von Strafnoten, rohen Ton und tätliche Mißhandlungen. Wenn der Pamphletist Locher, der ein Mitschüler Kellers gewesen ist, die Wahrheit berichtet, so hätten sich freilich auch die Schüler in übelster Weise an dem Lehrer vergriffen. Auf fortgesetzte Klagen Eglis sah sich der Konvent wiederholt genötigt, mit Strafen gegen einzelne Schüler einzuschreiten, was jedoch nur die Unbändigkeit und Widersetzlichkeit vermehrte. Am 28. Februar teilte Egli der Aufsichtskommission mit, daß auch die erste Klasse rebellisch werde und daß er vollends in der dritten den Unterricht ganz habe einstellen müssen. Zu Ende Mai beschloß der Erziehungsrat, an den die Angelegenheit gelangte, es sei wünschenswert, Herrn Egli so schnell als möglich seiner Funktion als Lehrer zu entheben. Drei von sechs Stunden wurden ihm sofort abgenommen. Die Sitzung der Aufsichtskommission vom 30. Juni – ihr Präsident war der kaiserlich russische Hofrat J. C. Horner – wurde mit der Anzeige eröffnet, daß neuerdings bedeutende Unruhen in den Stunden des Herrn Egli vorgekommen seien.

Einmal, im Sommer 1834, hatte der Lehrer in der dritten Klasse die Schreibhefte eingefordert, um sie zu Hause zu korrigieren. Da beschlossen die Schüler, sie in corpore wieder abzuholen in der Wohnung des Lehrers an der Fortunagasse am Lindenhof. Als der Zug aufbrach, war

Gottfried Keller, der in die zweite Klasse ging, gerade auf dem Heimwege. Man forderte ihn auf mitzugehen. Da die Aufforderung von Schülern einer oberen Klasse kam, mußte er sich geschmeichelt fühlen. Er schlug die Bildung eines geordneten Zuges und die Absingung eines Vaterlandsliedes vor. Als man vor der Wohnung des Lehrers angekommen war, gingen zwei Deputierte hinein, um die Hefte zurückzufordern. Kaum waren sie eingetreten, so wurde die Haustür geschlossen, und die beiden erwachsenen Söhne Eglis prügelten die Abgesandten durch. Darauf fürchterlicher Tumult und Bombardement des Hauses mit Steinen, Holzstücken und dergleichen.

Als Prorektor Meyer in der Sitzung der Aufsichtskommission über den stürmischen Vorfall berichtete, äußerte er sofort die Ansicht, Gottfried Keller möchte der Anstifter dieser Geschichte gewesen sein, da er ohnehin auf seine Mitschüler einen mächtigen Einfluß habe und über sie hervorrage. Außerdem seien dreiundzwanzig Schüler, drei aus der zweiten, zwanzig aus der dritten Klasse, dabei «impliziert». Es wurden zwei Briefe Eglis über das fatale Ereignis verlesen. Nach langer Beratung erfolgte der Beschluß, eine schleunige Untersuchung über den Vorfall, besonders über die Schuldigsten, zu veranstalten, zu welchem Ende eine Kommission, bestehend aus den Herren Hofrat Horner, Prorektor Meyer und Johann Schultheß, erwählt wurde. Außerdem wurde Egli von seinen Stunden dispensiert. In der Sitzung vom 9. Juli 1834 wurde, laut Protokoll, der Bericht der bestellten Komission verlesen und darauf nach gepflogener Beratung auf den «motivierten Antrag von Prorektor Meyer, welcher (!) als Beilage zum Protokoll aufbewahrt werden soll [sie ist heute verschwunden], beschlossen: *Gottfried Keller ist aus der Schule gewiesen* und dieses seiner Mutter von Seite der Aufsichtskommission anzuzeigen». Fünf andere mit Namen genannte Schüler wurden vor die Kommission gestellt und erhielten einen Strich: «unsittlich». Dieser letztere sollte auch den übrigen Knaben erteilt werden.

Gottfried Keller hat das bittere Gefühl der ungerechten Relegation nie ganz verwunden. Er pflegte die gewaltsame Ablenkung von der Bahn als die erste Ursache seines «verhunzten» Bildungsganges zu bezeichnen und meinte, daß die Erziehungsanstalt sich durch Wegweisung eines Schülers, sofern dieser nicht ganz unbrauchbar sei, stets selber das erste Armutszeugnis ausstelle. Die Selbstausbildung, auf die er künftig angewiesen war, betrieb er mit dem größten Eifer, nicht ohne öfter «schmerzlich durch die verschlossenen Gitter in den reichen Garten der reiferen Jugendbildung zu sehen».

In jenen Julitagen 1834 fand in Zürich ein eidgenössisches Ehr- und Freischießen statt. Da mag der relegierte Schüler draußen auf dem Festplatz in der «Ägerten» sich umgetrieben haben und wohl auch in patriotischer Begeisterung erglüht sein. Kurz zuvor hatte sich aus Anlaß des Savoyerzuges die Schweiz die mahnenden oder drohenden Noten der fremden Mächte gefallen lassen müssen. Eine kräftige Proteststimmung beherrschte das Fest, und als das eidgenössische Schützenbanner in Empfang genommen wurde, da fiel das Wort: noch jetzt sei es Sitte des Schweizer Schützen, zwei Pfeile in seinem Köcher zu führen, einen, um seine Kunst zu zeigen, und einen andern gegen fremde Anmaßung, für die Unabhängigkeit und Freiheit des Vaterlandes. Die Proteststimmung mag in der Brust des Knaben einen kräftigen Widerhall gefunden haben.

2
AUF DEM WEGE ZUM MALER

Im «Grünen Heinrich» erzählt Keller, wohl aus eigenem Erleben, wie des Knaben häusliche Beschäftigung vor seiner Ausweisung aus der Schule beinahe ausschließlich in Zeichnen und Malen bestanden habe. Es war eine wildgewachsene Kunst, die mit dem Nachbilden von kolossalen Köpfen oder mageren Ornamenten, wie es in der Schule geübt wurde, nichts zu tun haben wollte. Ein dunkles Verlangen, was in Bildern in seinem Inneren wogte, in klaren Linien und bunten Farben vor das Auge zu stellen, ließ ihn zu Stift und Pinsel greifen. Es war das Bedürfnis nach jener Anschaulichkeit, die in den Werken des Dichters mit so erstaunlicher Kraft wirkt.

So ist die Richtung zur bildenden Kunst durch seine besondere Empfindungsbegabung bestimmt. Auch für Keller war, wie für Goethe, hauptsächlich das Auge das Organ, wodurch er die Welt in sich eindringen ließ. Den Anstoß aber gaben das von Selbstgefälligkeit nicht freie Gefühl der Vereinsamung, das die wiederholten Zusammenstöße mit der Umgebung hervorriefen, und die Sehnsucht nach einem reicheren und bunteren Leben, als es die Wirklichkeit ermöglichte. Und zugleich bedingten diese Erlebnisse auch die Wahl des besonderen Arbeitsfeldes innerhalb der bildenden Kunst. Der Knabe und Jüngling, dem die angeborene Herbheit seines äußeren Wesens bei größter Weichheit und Tiefe des Fühlens den Verkehr mit den Menschen erschwerte, wandte sich nicht etwa der Figurenmalerei zu, vielmehr trug er seine Sorgen und Träume in die Natur hinaus; fand er doch in ihr keinen Widerstand, bestrebten sich doch die Bäume mit ihrem Rauschen, die Quellen mit ihrem Sprudeln, der Wald mit seinem Schatten und die freie Landschaft mit der Weite ihres Blickfeldes den farbigen Bildern und sehnsüchtigen Träumen seines Inneren ein getreuer Spiegel zu sein. Der grüne Heinrich komponiert in diesem Zeitpunkt Gemälde, in denen eine Figur in einem grünen, romantisch geschnittenen Kleide, eine Reisetasche auf dem Rücken, in Abendröten und Regenbogen starrt, auf Kirchhöfen, im Walde oder in glückseligen Blumengärten wandelt. Es sind keine derartigen Bilder des jungen Gottfried Keller erhalten, aber zur Charakteristik des Gemütszustandes des Jünglings und zum Verständnis der Entstehung von Kellers Kunstschaffen besitzt der Zug unvergleichlichen

Wert; er zeigt, wie der schöpferische Trieb in jenem sentimentalen Alter sich aus der menschlich bewegten Wirklichkeit hinausflüchten, der Traum der *Landschafts*malerei in ihm entstehen mußte. Ein seltsamer Irrtum bei einem Künstler, der, wie kaum ein anderer, mit den Organen ausgestattet war, neben der träumenden Natur die menschliche Wirklichkeit kraftvoll und tief zu erfassen.

In jenen trüben Tagen, die auf die Ausweisung aus der Industrieschule folgten, erstarkte der tastende Spieltrieb des Knaben zu dem festen Entschlusse, Landschaftsmaler zu werden. Damit der Plan nach allen Seiten überlegt, vor allem auch mit dem Vormund besprochen und inzwischen mit Muße ein Lehrer gesucht werden konnte, begab sich der Knabe vorerst für einige Wochen zu den Verwandten mütterlicherseits nach Glattfelden.

Die Schilderung des «Grünen Heinrich» legt die Vermutung nahe, daß der Dichter bei diesem Anlasse zum erstenmal den Weg nach dem Heimatdorf unter die Füße genommen habe. Diese Darstellung entspricht nicht der Wirklichkeit. Keller erzählt nichts von früheren Besuchen Heinrichs im Heimatdorf, weil er das Befreiende und Erquickende der Natur dem Quälenden und Beklemmenden, was Heinrich in der Stadt erlebt, so mit ungleich größerer Wucht entgegenstellen kann, wenn es nach dem letzten bittersten Zusammenstoß mit der Wirklichkeit zum erstenmal einsetzt, als wenn Heinrich diesen Erfrischungstrank schon vorher in einzelnen Schlückchen genossen hätte. Der Dichter selber aber ist früher bereits öfter in dem Heimatdorfe gewesen; nach dem Berichte einer seiner Basen, Verena Meyer, hätte er sogar regelmäßig seine Ferien in Glattfelden verbracht. Jedenfalls bezeugt der Aufsatz «Sommerferien 1832», daß er schon zwei Jahre vor der Ausweisung aus der Schule über die Sommerferien auf dem Lande war.

Glattfelden liegt in einer der schönsten Gegenden des Kantons Zürich. Die Glatt, von der das Dorf den Namen hat, schlängelt sich als spiegelklares Flüßchen durch das hier geweitete Tal und mündet etwa eine halbe Stunde nördlich von Glattfelden in den Rhein. Durch breite, langgedehnte Hügelkuppen ist die Landschaft aufs anmutigste gegliedert. Südlich des Dorfes erhebt sich die Buchhalde, nördlich der Laubberg. Da und dort sind die Laub- und Nadelwälder durch gäh abfallende Nagelfluhwände unterbrochen. Über die Buchhalde oder um sie herum kam man zu dem heute vertrockneten Stadlersee, an den Keller wohl bei dem See des Schulmeisters und seines Töchterchens Anna dachte. An dem rheinwärts gekehrten Hange des Laubberges befinden sich die sogenannten

Heidenstuben. Jenseits des Laubberges schmiegt sich das malerische Städtchen Eglisau an die rechte Rheinhalde, einst durch eine gedeckte Holzbrücke mit dem südlichen Ufer verbunden und zur Zeit von Kellers Jugend noch mit einem stattlichen Schlosse geziert, in dem von 1795 bis 1798 Salomon Landolt als Landvogt residierte. Rheinabwärts, etwa zwei Stunden von Glattfelden entfernt, liegt das alte aargauische Städtchen Kaiserstuhl, dessen mächtigen, aus derben Blöcken gefügten Turm der junge Keller einmal gezeichnet hat, und von hier gelangte der Knabe nach kurzer Wanderung flußabwärts zu dem Schlößchen Schwarz-Wasserstelz, das, auf einem Inselfelsen des Rheins gelegen, erst 1875 abgebrochen wurde. Gegenüber grüßte ihn, schon damals eine Ruine, Weiß-Wasserstelz, das 1363 in den Besitz des Bischofs Heinrich von Konstanz kam.

Glattfelden selber, das heute etwa sechzehnhundert Einwohner zählt, war in der ersten Hälfte des neunzehnten Jahrhunderts noch ein reines Bauerndorf. Ein paar kunstvoller gebaute Häuser, der «Hof» und der «Steinhaufen», ragen herrenmäßig über das Volk der Bauernhäuser empor, die zu Kellers Knabenzeit wohl meist noch mit Stroh bedeckt waren. Die Kirche, deren Turm ein Dach in der Form einer sogenannten Käsbisse trägt, verbindet das Oberdorf mit dem Unterdorf. Um die Kirche schmiegt sich der kleine Friedhof. Hier fand der Knabe rechts vom Eingange in die Mauer eingelassen den Grabstein eines Kindes mit der Aufschrift: «Dorothea von Muralt/starb am 12. Augusten 1736/seines Alters 12 Wochen.» Der Name von Muralt, der Tod des Kindes in so zartem Alter und das Jahrhundert mögen dem Dichter Züge zu dem Bilde seines Meretlein gegeben haben, das auch aus einer Familie von M. stammt.

In der Bevölkerung, die aus keltischen, römischen und alemannischen Elementen gemischt ist, sind die Namen Keller und Lee besonders zahlreich vertreten. Die Lee stammen aus der Nähe von Eglisau und tragen den Namen vielleicht nach ihrem Stammsitze Lee (= sonnige Berghalde), an der Straße nach Rafz im sogenannten Eigen gelegen. Auch der Name Heinrich erscheint mit Lee verbunden. Im Rechnungsbuche von Kellers Vater findet sich zum Beispiel öfters ein Weinkonto von Heinrich Lee in Glattfelden.

Kellers Verwandtschaft in Glattfelden väterlicher- und mütterlicherseits war sehr zahlreich. Noch lebte, als der Knabe seine Ferien in dem Heimatdorfe zubrachte, die Mutter seines Vaters, in zweiter Ehe mit dem Küfer Denzler verheiratet. Auch im Hause der mit dem Landwirt

Hartmann Meyer verheirateten Schwester seines Vaters, Regina, weilte er oft zu Besuch, sowie bei einem Vetter Manz und einer Tochter von Regina Meyer, Verena Meyer im sogenannten Steini, bei der es alle vierzehn Tage herrlich nach frischem Brot duftete und auf den Treppenstufen wohlschmeckende Kuchen zum Verkühlen lagen. Auch eine Judith Keller, die später nach Amerika auswanderte, war mit dem Dichter entfernt verwandt. Die nachhaltigsten Eindrücke aber empfing er im Hause seines Oheims mütterlicherseits, des Doktors Scheuchzer.

Das Doktorhaus liegt nahe bei der Glatt. Wer aus der Schilderung des «Grünen Heinrich» die Vorstellung eines behäbigen Gebäudes gewonnen hat, etwa nach Art von Gotthelfs Herrenbauernhöfen, und damit vor das ehemalige Scheuchzersche Haus tritt, erlebt etwelche Enttäuschung. Einen besonders stattlichen Eindruck kann das Gebäude auch in seinen Glanzzeiten nicht gemacht haben. Es ist ein Bauernhaus, dessen hinterer Teil als Ökonomiegebäude dient, und unterscheidet sich höchstens durch seine Größe etwas von den gewöhnlichen Bauernhäusern. Die innere Einrichtung ist die einfachste, die Stuben von bescheidenen Maßen, das Kämmerchen unterm Dach, wo der junge Gottfried Keller zu hausen pflegte, von der Größe eines Taubenschlages. An der einen Wand war noch jahrzehntelang ein Zeichen seiner Kunstbeflissenheit und seines Priesterhasses zu sehen, die Zeichnung des gehörnten Kopfes eines Geistlichen mit den Versen:

Schwarz ist der Teufel,
Schwarz ist die Nacht,
Schwarz sind die Pfaffen
In frommer Pracht.

Eine muntere Familie bevölkerte zu Kellers Jugendzeit das Haus. Der am 26. Juni 1786 geborene Johann Heinrich Scheuchzer betrieb neben seinem ärztlichen Berufe auch Landwirtschaft und war, wie der Oheim des grünen Heinrich, ein leidenschaftlicher Jäger, der zur Jagdzeit lieber den Tieren des Waldes als seinen Kranken nachging. Er war seit 1809 mit Regula Frey von Glattfelden verheiratet, einer tüchtigen und resoluten Frau. Um die Eltern scharten sich sechs Kinder, vier Söhne, Heinrich, Jakob, Siegmund, Fritz, und zwei Töchter, Elisabeth («Setti») und Katharina (Caton oder Gatung genannt). Und zu den Menschen gesellten sich die Tiere, eine ganze Meute von Jagdhunden, ein zahmes Reh, der Marder «Hänsi», eine prachtvolle graue Katze, lauter Bekannte aus dem «Grünen Heinrich». Auch das philosophierende, kirchenfeindliche

Schulmeisterlein gehörte zur Familie. Es war der spätere Fürsprech Johann Rudolf Spillmann, der sich mit Caton Scheuchzer verheiratete und in der demokratischen Bewegung der sechziger Jahre eine bescheidene Rolle spielte.

Von Kellers Leben in Glattfelden mag man sich zunächst aus dem Ferienaufsatz von 1832 ein Bild machen. Die Verwandten werden besucht. Man unternimmt Streifzüge in die Nähe und Ferne. In Rheinsfelden, der Häusergruppe an der Einmündung der Glatt in den Rhein, wird der Stollen besichtigt, durch den man das Flüßchen, zum Schutz gegen die gefürchteten Überschwemmungen, die «Glattgrößen», zu Anfang der zwanziger Jahre direkt in den Rhein geleitet hatte. Man wandert nach Kaiserstuhl und Eglisau. Daneben wird gebadet, Fischfang getrieben und bei den Feldarbeiten geholfen. So tun sich dem Knaben eine Reihe neuer Lebensgebiete auf, und zu den Eindrücken städtischer Kultur treten die des Landlebens und der Natur. 1834, nachdem Keller sich entschlossen hatte, Künstler zu werden, durchstreifte er zeichnend und malend Feld und Flur und übte seine Kunst etwa auch durch Konterfeien der Häuser und Gesichter der Verwandten. Aber man muß sich hüten, die Schilderungen des «Grünen Heinrich» unmittelbar in die Wirklichkeit zu übertragen; das Ferneblau einer entschwundenen und sehnsüchtig betrachteten Jugend und die künstlerische Absicht typischer Herausbildung der Lebenserscheinungen haben Menschen und Zustände in Glattfelden im «Grünen Heinrich» idealisiert.

Aus den zwei Briefchen an die Mutter, die sich erhalten haben, und noch mehr aus ihren Antworten auf verloren gegangene kann man entnehmen, daß der Knabe sich am Busen der «Mutter Natur» von seinem Kummer über das Schulunglück zunächst rasch wieder erholt hat. Um so sorgenvoller schaute die Mutter in die Zukunft, und ihre Briefe an das Söhnchen sind ziemlich gesalzen: «Aus Deinem Brief», schreibt sie Gottfried Anfang August 1834, «merke ich wohl, daß es Dir in Glattfelden gut gefällt; und daß Du sehr flott Dich befindest, beweist mir der Inhalt des Briefes. Schon der Anfang, der Titel: ‚Guten Tag!' An wen? Ist es an mich, so darfst Du, hoffe wohl, den Mutternamen nennen.» Dann erzählt sie von ihren vergeblichen Gängen zu allerlei Beratern. «Bei Junker Meiß bin ich freilich gewesen, aber wie er mir früher gesagt, die Malerei sei nichts. Kupferstecher wäre ja besser. Er wies mich an einen sehr ordentlichen und geschickten Mann, mit welchem Herr Münch reden will. Allein, wie man sagt, soll diese Kunst sehr kostspielig sein und sich bis auf tausend Gulden belaufen, bis einer als ein geschickter Künstler agieren kann; weil nicht bloß die Lehr-, sondern auch die Fremdezeit muß bezahlt werden, und wenn's so wäre, so weißt Du wohl, daß unsere Finanzen nicht hinreichend sind. – Indes wird man bald zu etwas schreiten müssen, da die Zeit einmal vorhanden ist.» Selten spart sie die Warnung, Kleider und Schuhe zu schonen. «Kamelen wird Dir lieber sein» (als arbeiten), bemerkt sie einst, «allein verkamele nur Deine Hosen nicht.» Gottfried hat unter diese Ermahnung ein Kamel gezeichnet! Gelegentlich scheint er in seinen Ferienberichten etwas renommiert zu haben, wofür ihm die Mutter wiederum den Text liest. So schreibt sie am 8. August: – – «In Deinem Schreiben machst Du mir sehr große Aufschnitte von Spaziergängen und Ritten. Ich rate Dir, zum Reiten Dein Steckenpferd zu nehmen, welches weder Haber noch Heu frißt ... Daß es an der ‚Pflegelhenken' (= Erntefest) lustig mag zugegangen sein, dies glaube ich schon. Beiliegend erhältst Du ein Böckli (= 10 Schillinge) von mir, damit kannst Du haushalten und nicht mehr viel badisches Bier trinken ... Wie es mit der Kunstausstellung steht, kann ich Dir heute nicht sagen ... Sollst Du dieselbe auch diesmal nicht zu sehen bekommen, so wird der Fehler auch nicht groß sein ... Von der Aarauer Reise habe ich nie keine Notiz erhalten und von der Hauptsache, eines Meisters für Dich, weiß ich leider noch nichts. Es macht mir genug Kummer, angst und bang, bis Du eine Versorgung hast. Der wichtige Zeitpunkt ist nur allzu schnell erschienen, von welchem Dein ganzes zukünftiges Glück oder Unglück abhängt. Willst Du auf Deiner Malerei bleiben, so findet sich in ganz Zürich ein einziger, wo man sagen kann geschickter Maler, und dies ist der Wetzel, welcher aber keinen Lehrjung' annimmt: die andern sind Koloristen. Wenn Du nun dies willst, so ist die Sache bald in Ordnung. Der geschickte Kupferstecher in Oberstraß, von dem Herr Münch gesagt, verreist auch wieder fort und ohne den Lumpen Eßlinger sind die anderen Pfuscher! Was ist nun zu machen? Entweder auch ein Pfuscher werden oder Dein Köpfchen brechen und einen andern Beruf wählen.»

Im September erfolgte die Heimkehr nach Zürich. «Gottfried», so schrieb der Oheim an die Mutter, «hat nun seine Bestimmung; ich hoffe, er werde alles anwenden, um nun in dem angefangenen Berufe ein wackerer Mann zu werden; an Kenntnissen fehlt es ihm nicht. *Eifer*, *Geduld* und Folgsamkeit seinen Herren wird ihn zum Ziele führen.» Die künstlerische Ausbeute, die der Jüngling nach Hause brachte, war wohl nicht allzu groß. In den regelrechten Gang einer entsprechenden Ausbildung hatte er natürlich keine Einsicht. Auch war niemand zur Hand, der ihm verständig riet, geschweige denn jemand, der ihn auf den richtigen Weg der Kunst geführt hätte. Der Aquarellist Jakob Wetzel starb 1834, und so war die Mutter gänzlich ratlos. Noch in demselben Herbste tat sie ihn zu einem sogenannten Kunstmaler, dem «Habersaat» des Jugendromans, in die Lehre. Er hieß mit seinem eigentlichen Namen Peter Steiger, war 1804 geboren, stammte aus Altstetten bei Zürich und wohnte damals mit seiner Frau, einer Baslerin (der «zungenfertigen Dame» des «Grünen Heinrich»), und seiner Tochter, die Schauspielerin geworden ist, am Predigerkirchhofe. Ein Sohn von Schneidermeister Wuhrmann, Ferdinand (gest. 1860), besuchte die nämliche Schule.

Über diese Zeit ist wenig bekannt. Keller mochte später nicht gern davon reden. Im neuen «Grünen Heinrich» führen die Kapitel, die von der Lehre bei Meister Habersaat handeln, die Überschrift: «Schwindelhaber.» Dieser scheint damals in der Tat üppig ins Kraut geschossen zu sein. Der ungeschickte Mann, der einen Kolportagehandel mit lithographierten und kolorierten Schweizer Ansichten betrieb, ließ seinen Zögling landschaftliche Vorlagen nach beliebiger Auswahl kopieren und brachte ihm eine oberflächliche Technik und eine freche Manier bei, mit der Keller ohne Bedenken Blätter von Claude Lorrain und Salvator Rosa nachtuschte. Es war für den angehenden Maler von vornherein ein Verhängnis, daß er nie die Elemente seiner Kunst lernte und ohne verständigen Unterricht meist sich selbst überlassen blieb, wobei ihn, bevor er etwas Gründliches eingeübt hatte, ein großes natürliches Talent dazu verleitete, der Erfindungslust voreilig die Zügel schießen zu lassen. Denn alsogleich verfiel er auf die Komposition womöglich heroischer Landschaften großen Stils. Nicht minder stark bildete sich der Hang zum Grotesken und Barocken aus. Am liebsten zeichnete er abenteuerliche Weidenstöcke, ungeheuerliche Felsen, menschliche Mißgestalten, grasse Räuberszenen. An einem nächtlicherweile auf dem «Krautgarten»-Kirchhof geraubten, besonders schön erhaltenen Totenschädel studierte er Anatomie. Nach und nach wurde er des Steigerschen Unterrichts, der durch einige Blatt- und Baumstudien in Tusch- und Kreidemanier sowie mehrere aquarellierte Vordergrundstudien belegt ist, überdrüssig, blieb ganz aus und schlug in der mit seinem Totenschädel und seiner Flöte ausstaffierten Dachkammer ein eigenes Atelier auf. Salomon Geßners «Brief über die Landschaftsmalerei» wurde auf eine Weile sein Evangelium. Alles das, was seinem malenden und dichtenden Vorfahren zugestoßen war, bedrängte auch ihn. Zeichnete er nach der Natur, so sah er sich in hundert störende Kleinigkeiten verwickelt; kopierte er nach älteren Künstlern, so empfand er seine eigene Schwäche als doppelte Demütigung. Zweierlei ließ er sich von Geßner gesagt sein: nicht bloß auf Spaziergängen, sondern auch zu Hause zu beobachten und dann viel in Dichtern zu lesen, da die Poesie die wahre Schwester der Malerkunst sei.

Der geistliche Unterricht, der zur Konfirmation vorbereitete, mag dem der regelmäßigen Schulordnung entwöhnten Gottfried Keller ebenso sauer geworden sein wie seinem grünen Heinrich. Zu Weihnachten 1835 wurde er in der Predigerkirche konfirmiert. Sein Konfirmationszettel trägt den Spruch: «Die Gottseligkeit ist zu allen Dingen nütze.» In der Predigerkirche besaß die Familie zwei «Kirchenörter», welche mit dem Kaufe des Hauses seinerzeit übernommen worden waren. Den seit Jahren herrenlosen Kirchenstuhl des Vaters mochte er beim Empfang des Abendmahls zum erstenmal einnehmen, wobei es dann leicht geschehen konnte, daß der Jüngling, wie sein grüner Heinrich, einen anderen, der den jahrelang leer gebliebenen Stuhl als den seinen ausgab, seiner Wege wies. In dem Jugendroman knüpft der Dichter an den Akt der Konfirmation eine große und gründliche Auseinandersetzung mit den Grundlehren des Christentums. Ähnlich mag es damals in dem Kopfe des Jünglings gegärt haben, wenn die Kritik an der orthodoxen Dogmatik auch nicht so schulgerecht ausgefallen sein dürfte, wie sie der philosophisch gebildete Dichter seinen grünen Heinrich durchführen läßt. Aber zur Auflehnung gegen die Katechismuslehren mit ihrer teils veralteten, teils äußerlichen Deutung metaphysischer Ideen mußte den Jüngling, neben der tiefen Wahrhaftigkeit seiner Natur, schon die üble Erfahrung reizen, die er mit dem geistlichen Oberhaupt der Industrieschule gemacht. Einzelnes läßt sich nicht mehr feststellen. Aber darauf weisen spätere Zeugnisse, daß er – unähnlich dem philosophischen Schulmeister im Heimatdorf – mit der Dogmatik nicht auch die Religion an sich preisgab, vielmehr den Gottes- und Unsterblichkeitsglauben des Christentums und den tief sittlichen Gehalt aller Religion festhielt. Ja, er ließ sich damals geradezu von einer mystisch-pantheistischen Welle durchströmen. Am 19. Februar 1836, also etwa zwei Monate nach der Konfirmation, notiert er sich in einem Skizzenbuch Auszüge aus dem ersten Teil von Karl von Eckartshausens «Aufschlüssen zur Magie aus geprüften Erfahrungen über verborgene philosophische Wissenschaften und verdeckte Geheimnisse der Natur». Das Werk, das in vier Bänden von 1788 bis 1792 erschien, ist ein Sammelsurium von naturphilosophischen Betrachtungen, Anleitungen von naturwissenschaftlichen Experimenten und bloßen Zauberstückchen. Der naturphilosophische Standpunkt Eckartshausens ist der dynamische Pantheismus Herders, der öfters zitiert wird. Die Gottheit wirkt als eine nicht logisch begreifliche, sondern nur durch das Gefühl wahrzunehmende Kraft in der Natur und prägt sich in den individuellen Wesen aus, die eine Kette fortlaufender Entwicklung zur Vollkommenheit darstellen. Keller notierte sich in seinem Skizzenbuch unter anderen folgende Sätze: «Alles lebt in der Natur; nichts ist tot: das was wir Tod nennen, ist Übergang zum Leben. – Ein totes Wesen ist etwas Unmögliches in der Natur – ein Unding der gröbsten Art. – Jedes Geschöpf hat sein Leben; nur wirken die Lebenskräfte verschieden, und dieses hängt von den Bestandteilen der Körper und der Art ihrer Zusammensetzung ab. Alles eilt zu seiner Vollkommenheit, alles zu seiner Bestimmung; nur eines früher, das andere später. – Durch unendliche Bande ist alles in der Natur verschlungen ... Körper zerstören sich; aber sie vernichten sich nicht; sie verändern nur ihre Formen.» (Eckartshausen I, S. 86ff.)

In seinem Aufsatze «Autobiographisches» spricht Keller von religionsphilosophischen Aufsätzen, die er in Gestalt Jean Paulscher Traumbilder in ein dickes Schreibbuch eingetragen habe. Einer dieser Aufsätze, die Schilderung einer Nacht auf einem Berge, offenbar dem Ütliberg, hat sich erhalten. Er stammt aus dem Jahre 1837. Beim letzten Strahl der Sonne kommt der Jüngling auf der Höhe des Berges an. Er wirft sich unter eine Fichte, um hier die Wunder der Nacht zu genießen. Unnennbare Gefühle, sehnsüchtige Phantasien, leuchtende Bilder der Hoffnung drängen sich in seine Seele. Allmählich schläft er ein. Ein freundlicher, majestätischer Greis erscheint ihm im Traume und verspricht, ihm den zu zeigen, der die Herrlichkeit der Natur geschaffen. Nun wandelt sich das Felsenhaupt des Berges in einen flammenden Altar, um den die ganze Menschheit anbetend liegt. Vom Altar strahlt ein geheimnisvolles Licht von unbestimmter Gestalt und unbekanntem Namen, aber erquickende und belebende Wärme geht von ihm aus, es verbreitet sonnigen Schein durch die ganze Natur. Der Anblick dieses Lichtes, das alle Völker verehren, jedes in anderer Gestalt und unter anderem Namen, bestärkt den Jüngling im Glauben an Gott, und er eifert gegen die Rotte der kurzsichtigen Freigeister und Gottesleugner, die den Gang des Weltenlaufs, des Lebens allein den verschiedenen Kräften zuschreiben, die in der Natur wirken; die in ihren Mäuseköpfen das große Uhrwerk zergliedern und die Verrichtungen der Natur vom ewigen Gange der Räder und Getriebe herleiten, ohne zu bedenken, daß eine Hand nötig ist, um das Ganze in Bewegung zu setzen. «Das Dasein eines Schöpfers zu leugnen,

HANS RUDOLF KELLER
Gottfried Kellers Vater

ELISABETH KELLER GEB. SCHEUCHZER

Gottfried Kellers Mutter

ist größerer Unsinn als der finsterste Aberglaube.» Dieser Schöpfer erscheint dem Träumenden dann in der Strahlenfülle des Lichtes und fordert ihn auf, ihn in seinen Werken zu erkennen.

Die letzten Worte Gottes verraten eine vernunftgemäße Färbung von Kellers damaligem Gottesglauben. Gott wird aus seinen Werken in der Natur bewiesen und erkannt. Aber dieser Vernunftglauben ist zugleich romantisch-gefühlsmäßig; er verbindet sich mit einer inbrünstigen, mystischen Naturseligkeit und verträgt sich mit pantheistischen Ideen. Denn es ist die Persönlichkeit eines Gottes, die dem Träumenden erscheint, nur poetische Personifikation des Gefühls, das Feuer aber – Licht, Liebe, Kraft –, das die ganze Natur durchstrahlt und durchwärmt, die eigentlich-philosophische Gottesvorstellung. Dieser ganze Gedanken- und Gefühlskreis weist in der Tat auf Jean Paul hin, bei dem sich Vernunftglauben und Pantheismus, ohne sich zu stören, verbinden, da Gott nicht verstandesmäßig, sondern mit hingebendem Gemüte ergriffen wird. Aber auch die Erinnerung an die Nachtseligkeit des Novalis erwacht, und jedenfalls zeigt uns der Aufsatz den Jüngling tief untergetaucht in romantischem Denken und Fühlen. Die innige Gottnaturverehrung war für den werdenden Künstler die ethische, ja metaphysische Grundbedingung seines Schaffens. Er konnte sich keine gedeihliche und wahrhafte Kunst denken ohne diese tiefreligiöse Liebe zu dem in der Schönheit und Weisheit der Natur sich offenbarenden Schöpfer.

Zur gleichen Zeit ungefähr, da Keller seiner Natur- und Gottesliebe in seiner Schilderung der Nacht auf dem Berge tiefgefühlten Ausdruck gab, fand er auch als Maler einen Lehrer, der bestrebt war, jener mystischen Liebe zur Natur die Pflicht nüchternster Treue gegenüber ihren Geschöpfen zu gesellen. Es war Rudolf Meyer, der «Römer» des «Grünen Heinrich», ein trefflicher Zeichner und Aquarellist. Geboren am 3. Oktober 1803 zu Regensdorf in der Nähe von Zürich, fing Meyer nach damaliger Übung als Kolorist bei Wetzel an und zog dann zu den beiden Lorys nach Bern. 1830 tauchte er in Paris auf. Um diese Zeit wurde er von einem ersten Anfall des Irrsinns (Dementia praecox) heimgesucht. Wieder geheilt, ging er nach Rom. Aber immer wieder quälte ihn Größen- und Verfolgungswahn. Er bildete sich ein, mit fürstlichen Häusern in Verwandtschaft zu stehen, ja sogar der Abkömmling hoher Ahnen zu sein. Eine zufällige Begegnung mit dem Prinzen Louis Napoleon, der sich während seines Aufenthaltes in der Schweiz öfters in Zürich sehen ließ, verrückte ihm den Kopf vollends. Seither wähnte er als Napoleonide sich von Louis Philipp verfolgt. Als die Königin von Neapel einst im «Schwert» logierte, ging Rudolf Meyer mit seinem Schüler unter geheimnisvollen Andeutungen vor den Gasthof, stieg – wie er jenem vorgab – zu einer wichtigen Unterredung mit ihr die Treppe hinauf und ließ den verdutzten Gottfried lange unten warten. Dieser merkte dann wohl an dem Duft, den sein Lehrer zurückbrachte, wo er gewesen war. 1843 finden sich die Spuren des Unglücklichen im Irrenhause in Lausanne und im alten Spital zu Zürich. Dann taucht er wieder im Berner Oberland und am Genfersee auf. Später kolorierte er für die Bleulersche Kunsthandlung am Rheinfalle Schweizerlandschaften, welche er stets ängstlich versteckte, wenn jemand in seine Nähe kam. 1845 mußte er endgültig in der Irrenabteilung des alten Spitals versorgt werden. Da starb er vergessen am 9. September 1857.

Im Irrenhause hat Meyer 1845 sein Selbstbildnis gezeichnet. Es zeigt ein hageres Gesicht mit gebogener Nase und gespanntem Ausdruck. Auf der Rückseite stehen die Worte: «In einem Spiegel von vier Zoll Höhe und zwei Breite gezeichnet, während ich mehrere Nächte ohne Schlaf bei großer Hitze (Juni 1845) zubrachte und zugleich einen bereits unertragbaren Schmerz im rechten Ohre zu erleiden hatte; – Magerkeit überhaupt, daher ein etwas leidenvoller Ausdruck. R. Meyer.» Kurz vorher hat er auch eine psychiatrisch sehr aufschlußreiche Zeichnung seines rechten Auges angefertigt: «l'œuil de 40 ans de R. Meyer, prison de l'hôpital Zurich 1843.»

Ein Urteil über Meyers Bedeutung und seine Einwirkung auf Keller ist deswegen sehr schwierig, weil die von ihm erhaltene künstlerische Habe fast völlig aus seiner späteren Irrenhauszeit stammt. Das im «Grünen Heinrich» beschriebene Gemälde: Ariosto, im Garten der Villa d'Este unter Zypressen und Lorbeerbüschen sich ergehend, soll nach einer Mitteilung Kellers der zürcherische Staatsmann Alfred Escher besessen haben. Ein kleines Bild von 1833 zeigt in seiner obern Hälfte zwei eben aufgebrochene Rosenknospen, mit der zartesten Genauigkeit gemalt, unten acht zierliche nackte Nymphchen, die Blumenkrönlein im Haar tragen und einen Ringeltanz aufführen. Auf dem Blatte steht von des Künstlers Hand: «R. Meyer, Fédéral, à la prison de l'hôpital, Zurich le 5 Juin 1833.» Aquarelle mit Blumen, Früchten, Insekten und anderem Kleingetier sind durch einen peinlichen Naturalismus gekennzeichnet. Die schleimige Bahn einer Schnecke, die Färbung einer Schale ist mit ängstlichster Genauigkeit wiedergegeben. Man darf in dieser übertriebenen Sorgfalt die krankhafte Steigerung jener Treue gegenüber der Natur sehen, zu der Römer den grünen Heinrich anhält und die er in seinen eigenen Arbeiten übt. Und so mag es denn wohl auch für Meyer zutreffen, daß er «durch Steine und Bäume zu sehen schien und jedem Striche anmerkte, ob derselbe gewissenhaft sei oder nicht», und auch er dürfte, wenn Keller die Flausen und Torheiten wiederholen wollte, die er unter Habersaat-Steiger getrieben, zu ihm gesagt haben: «Lassen Sie das gut sein! Die Natur ist vernünftig und zuverlässig!»

Keller arbeitete schon im Juni 1837 bei Rudolf Meyer; aber eigentlichen, bezahlten Unterricht bei ihm genoß er erst vom November bis Anfang März 1838. Erst ließ ihn der Lehrer einfache Bleistiftstudien kopieren, dann ging er mit ihm ins Freie und wies ihn an, Gegenstände der Natur mit dem Bleistifte nachzuzeichnen. Einige Studienblätter, die sich erhalten, stellen Partien an der Sihl und am Wolfbach, einen Brunnen auf dem «Stock» u.a. dar. Endlich gab Meyer seinem Schüler eigene Aquarelle als Vorlagen. Im Kellernachlasse befinden sich nur einige wenige Kopien der letzteren Art aus dem Jahre 1837, darunter ein Berner Häuschen aus der Gegend von Meiringen, ein südlicher Garten mit üppiger Vegetation und Kaskade und eine Felsstudie. Ebenso hat Keller ein Aquarell, das in Meyers Brief von 1838 (unten S. 53) erwähnte Wetterhorn, offenbar nach Meyers Anleitung gemalt. Der Jüngling verdankte diesem Lehrer auch die Bekanntschaft mit den Dichtungen des Ariost und Homer. Zum Schaden von Kellers künstlerischer Ausbildung wurde die ganze Unterweisung vor der Zeit abgebrochen. Wohl in einem neuen Anfall von Irrsinn verließ der Lehrer Zürich. Der Schüler hatte sich zur Entrichtung eines Lehrgeldes von achtzig Gulden für ein halbes Jahr verpflichtet, Meyer auch bereits sechzig Gulden daraufhin erhalten, dagegen nicht viel mehr als drei Monate, ziemlich unregelmäßig, unterrichtet. Er hätte also etwa zwanzig Gulden zurückerstatten sollen. Durch ein am 7. März 1838 aufgesetztes Schriftstück erklärte er jedoch, daß er durch den Empfang der sechzig Gulden die gegenseitigen Verpflichtungen als erfüllt betrachte:

«Laut gegenseitiger Übereinkunft verpflichtete sich Hr. Keller für den von mir zu erhaltenden Unterricht im Malen und Zeichnen zu zalen die Summe von 80 fl. für die von Uns bestimmte Zeit von 6 Monate, welche den Anfang genohmen den 26. Wintermonath 1837, und zum Theil, das heißt 4½ Monate bereits verflossen sind. Meine eilende Abreise, die nun vor der oben angesetzten Zeit stattfindet, laßt Uns gegenseitige Ausgleichung abfinden, durch welche Hr. Keller verpflichtet, die Summe von 60 fl. zu zalen und auch bereits entrichtet sind.

Zürich, d. 7. Merz 1838. R. Meyer.»

Er hatte aber die Rechnung ohne die eifersüchtige Sparsamkeit von Kellers Mutter gemacht. Sie, die sich jeden Bissen vom Mund abkargte, wenn es das Wohl ihrer Kinder, besonders des Söhnleins galt, scheute nicht vor lieblosem Beharren auf ihrem Rechte zurück, wo es sich darum handelte, hauszuhalten mit den Mitteln, die für die ohnehin so teure Ausbildung Gottfrieds zum Maler bestimmt waren.

So schrieb sie Meyer folgenden Brief:

«Geehrter Herr! Durch meinen Sohn habe ich vernommen, daß Sie heute verreisen; deswegen kann ich nicht anders, als Ihnen noch eine Bemerkung machen, die Sie mir nicht übelnehmen werden. Gottfried sagte mir nämlich erst heute, daß Sie ihm von dem Gelde, welches er Ihnen für den ihm zu erteilenden Unterricht entrichtet hat, nichts zurückgeben werden, welches mich eben nicht sehr an die Großmut erinnert, deren Sie sich gegen mich im Anfange versichert haben. Denn Sie werden gestehen, daß mit sechzig Gulden die Zeit ziemlich teuer bezahlt ist, die er bei Ihnen zugebracht hat, wenn man annimmt, daß er im ganzen kaum acht volle Wochen bei Ihnen gewesen ist, indem er vor und nach dem Neujahr mehrere Wochen ganz bei Hause geblieben ist und beinahe immer nur halbe Wochen bei Ihnen war. Sie haben sich also mehr den Umgang und die mündliche Unterhaltung überhaupt, als den eigentlichen Unterricht von ihm bezahlen lassen, und das ist denn keine großherzige Art, wie man einen unbemittelten jungen Menschen behandelt! Auch kann man nicht wohl die Zeichnungen, die er bei Ihnen gemacht hat, für eine Entschädigung ansehen, denn diese tragen ihm nichts ein.

Wenn man bedenkt, daß mehrere Versprechungen und Pläne, die Sie ihm vorgemalt haben, unerfüllt geblieben sind: indessen liegt die größte Schuld an diesem Vorfall an meiner Nachlässigkeit, indem ich meinen Sohn so eigenmächtig handeln ließ, da er doch noch nicht sein eigener Herr ist.

Verzeihen Sie meiner Freiheit, welche ich nur gebrauchte, um zu verhüten, daß Sie etwa allzu große Ansprüche auf die Dankbarkeit meines Sohnes mit fortnehmen möchten.

Zürich, den 7. März 1838. Ihre ergebenste Frau Keller.»

Dieses Schreiben ist genau so abgefaßt wie im «Grünen Heinrich» der Brief, den Heinrich selber an Römer schreibt. In höflicher Sprache berechnet es Meyers fixe Ideen, seinen Stolz und sein Ehrgefühl und wird erst zur Bitterkeit, wenn es unberücksichtigt bleibt. Der Dichter hat die diplomatische Schnödigkeit, die sich bei der Mutter verstehen läßt, in rousseauischer Herbigkeit als Herzensroheit dem Sohne angekreidet. In Wirklichkeit scheint der Sohn das Schreiben der Mutter zurückbehalten und durch eine mildere Fassung ersetzt zu haben. Wenigstens zeigt ein Brief, den Meyer aus Genf an den ehemaligen Schüler richtet, keinen Groll.

Der Brief lautet:

«Wertester Herr und Freund! Noch bin ich in Genf und werde wahrscheinlich noch einige Monate hier verbleiben. Die Umgebung dieser Stadt ist reizend und abwechselnd malerisch. Genf an sich hat viel Gleichartiges: das einer großen Stadt; überhaupt das Leben und Treiben der Bewohner hat mit Paris viel gemein. Ich habe die Absicht, wenn immer möglich eine kleine Reise in das nahe gelegene Chamounixtal zu machen und einige tüchtige größere Studien auszuführen. Es ist ein eigentliches Bedürfnis für mich, wieder einmal nach der Natur malen zu können; vielleicht mache ich mit frischen Augen etwas Ordentliches. Bis dahin habe ich alles erwogen, um Ihnen auch in Genf nützlich zu sein; jedoch von keiner Art Verhältnisse, die Vorteil bringen würden, haben sich gestaltet. Unbestimmtes, Unsicheres ist nicht ratsam zu ergreifen, daher ist es besser, ruhig abzuwarten das, was Vorteil bringen könnte. Ich habe zwei kleine Bilder auf die Ausstellung, die Sie bereits kennen, nach Zürich gesandt, nicht aber um etwas Ausgezeichnetes dem Züricher Publikum vorzulegen, sondern in der Hoffnung, eines derselben werde in die Verlosung fallen! Ohne Zweifel werden Sie Ihr *Wetterhorn* ebenfalls hingehängt haben, sehr wünschend, daß es verkauft werde. Gerne möchte ich Sie erinnern an das oft Gesagte: wo immer möglich den Antikensaal zu besuchen, nach Gips zu zeichnen, so alles das recht tüchtig einüben. Die Zukunft wird Sie von der Notwendigkeit überzeugen. Noch ist die Natur zu sehr zurück, um sie mit Vorteil malen zu können; daher benützen Sie die häuslichen Gelegenheiten, sie bieten sich ja gratis dar. Wie hat es Ihnen ergangen seit meiner Abreise, sind Sie wohl? Wie geht es mit Ihrem Freund Müller? Wenn Sie etwa nochmals *Ungünstiges* über meine Römergeschichte vernommen haben werden, so säumen Sie nicht, mir die handelnden Personen bekannt zu machen. – – –

Empfangen Sie meine freundschaftlichen Grüße, desgleichen für Ihre liebe Mutter, Herr Rordorf nicht zu vergessen.

poste restante à Genève.

den 27. ... 1838. Ihnen ganz ergeben

R. Meyer.»

Die Aufzeichnungen des Jünglings in seinen Skizzenbüchern – Lesefrüchte aus dem «Kunstblatt» und anderswoher – verraten, wie eifrig er bestrebt war, die Kenntnisse, die er Rudolf Meyer verdankte, durch selbständiges Studium zu vertiefen und zugleich seine allgemeine Bildung zu erweitern. Aus dem Sinne Meyers heraus gesprochen scheint die Formel: «Schönheit ist Natur, Natur ist Schönheit.» An sie reihen sich weitere Definitionen der Kunst. «Kunst im allgemeinen», lautet eine Eintragung vom 14. Mai 1838, «heißt jede Beschäftigung, jede Wissenschaft, deren Ausübung hauptsächlich eine Folge von höheren, ineinandergreifenden Systemen und zugleich mit einem technischen Teile verbunden ist ... *Schöne Kunst* ist diejenige, die das hohe Ziel hat, die Menschheit zu veredlen, ihr das Schöne, Wahre, Erhabene zu zeigen, ihren Sinn für die Natur zu wecken, das Laster in seiner ganzen Häßlichkeit darzustellen – mit einem Worte, den Menschen auf den Punkt zu erheben, für den ihn der Schöpfer bestimmt hat.» Der Jüngling bekennt die höchste Auffassung der Kunst: «Was dem Tiere das Atmen, das sei dem Künstler die Kunst.» Eine weitere Eintragung betont die Wichtigkeit eigener Erfahrung für den Künstler: «Die köstlichsten, ja die einzig festen Grundsätze sind die, welche man sich durch eigene Erfahrung, durch eigene Überzeugung erworben hat! So auch in der Kunst. Mit welcher Sicherheit, mit welchem Glück wendet man nicht die eigenen Erfahrungen an, indes die fremden, wenn noch so lange vorgepredigten, nur mechanisch, ohne lebhaftes Ergreifen, befolgt werden. Mit welcher Freude faßt nicht der Schüler eine Hauptwahrheit, zum Beispiel der Beleuchtung, des Reflexes und so fort auf, die er selbst und plötzlich entdeckt hat? Sie ist ihm neu, und wenn sie ihm schon hundertmal vom Meister vorgeleiert wurde, so begreift er sie erst jetzt recht; es ist ihm, als wär' er der erste, der das Geheimnis wüßte; er macht mit Enthusiasmus die Anwendung, und die Arbeit wird gut werden, denn er folgt vom Anfang bis zum Ende seinem klaren Bewußtsein; er fürchtet keinen Tadel, denn die Natur ist seine Stütze, während er vorher blind der Manier des Meisters folgte und die Arbeit nur halb gut machte.» In solchen Sätzen spricht sich die Erfahrung des Jünglings aus, der nach der kecken Nachahmung von Steigers handwerksmäßiger Manier durch Meyer auf die treue Nachbildung der Natur und auf scharfe Beobachtung gewiesen wird. Deutlich bilden sich die Grundlinien von Kellers künstlerischer Persönlichkeit. Einzelne Fragen der malerischen Beobachtung und Technik tauchen auf: «Studiere die Silhouetten der Bäume», notiert er sich 1837. (Aus dem Kunstblatt 1834, Nr. 63.) Zur gleichen Zeit gibt er sich den Wink: «Jeder Zug muß im Geist des Ganzen geschehen, und wenn ihm auch Leichtfertigkeit anklebt.» Auch die Abschrift eines Aufsatzes über die verschiedenen Wolkenarten aus dem Pfennigmagazin 1835, Nr. 113, dürfte der Ausbildung des Landschafters gedient haben.

Aber auch von Zweifel und Zerknirschung des Hochstrebenden wissen die Schreibbücher zu melden: «Preise der Tor sich glücklich, der nie den inneren Wert der Kunst empfunden hat; denn in seliger Trägheit fließen seine Tage dahin, während der andere, das Licht im Auge, seine Ruhe zerfetzt, rastlos sein Ideal verfolgt, das Leben verscherzt, sich durchringt, um am *Ziele zugrunde zu gehen.*» «O hätte ich dich nie gesehen, unerreichbares Ideal», heißt es in einer Eintragung vom 11. Juli 1837, «das ich mir schaffte mit aller Glut, die meine törichte Phantasie anzufachen vermochte! Täglich und stündlich streb' ich nach deinem Sonnenantlitz und wähne mich dir schon genähert, indes ich tief unten im Schlamme herumtappe und das Wahre nicht finde und das Leben versäume.» Am 19. Juli 1837 schreibt er: «Heute ist mein achtzehnter Geburtstag; von heute an über zwei Jahre gelob' ich mir, einigen Ruf zu gewinnen; wo nicht, so werf' ich die Kunst zum Teufel und lerne das Schusterhandwerk.» Darunter: «Den 19. Juli 1838. Heute ist mein neunzehnter Geburtstag und sehe ein, daß es dummes Zeug war, was ich vor einem Jahre geschrieben.» Ein anderes Mal: «Ich habe einen halben Gulden, ein ungeheures Ereignis! Was fang' ich damit an? Heute wird Goethes ‚Faust' gegeben, und doch hätt' ich längst gern den Wasserfall bei Erlibach gesehen! Die Wahl ist schmerzlich. Ein Meisterstück des menschlichen Geistes und eine erhabene Naturszene! Das erste kann ich ohne Geld nicht sehen; das zweite liegt so weit entfernt, daß ich notwendig einkehren muß. Doch es sei! Ich will den ‚Faust' sehen, der Wasserfall entläuft mir nicht.»

In einem «Aphorismus», offenbar aus dem Jahre 1837, schreibt Keller: «Du magst nirgends hinblicken, wo dir nicht die wichtigsten Aufgaben über Licht- und Farbenverhältnisse, Fragen über mögliche und unmögliche Darstellbarkeit entgegentreten.» Getreu dieser Aufforderung füllt er seine Skizzenbücher an mit kurzen Beschreibungen malerischer Gegenstände. Sie sind zuerst kurz, skizzenhaft, augenscheinlich nur als Gedächtnisstütze für den Maler berechnet. Zum Beispiel notierte er sich im Mai 1838 als «zu malende Gegenstände, auf Spaziergängen gefunden»: «Felsenpartie des Leiterli auf dem Ütliberg, mit Ferne im Morgenduft. – Verschiedene Felstrümmer hinter dem Gipfel des Uto. – Partie an der Sihl, linkes Ufer mit dem Albis, unfern der Höcklerbrücke» usw. Dann werden die Aufzeichnungen breiter, liebevoller und wachsen sich zu malerischen Schilderungen im Stile Jean Pauls aus. Der Stift gleitet aus der Hand des Malers in die des Dichters.

Schon bevor Keller Rudolf Meyer als Lehrer gewonnen, hatte er einen Freund gefunden, der einige Jahre der Vertraute seines künstlerischen und dichterischen Tastens und seiner menschlichen Selbsterziehung wurde.

In Kellers Lebensroman wird von einem Freunde des grünen Heinrich erzählt, einem feurigen und lebhaften Burschen, mit dem er zeichnet und poetisch schwärmt, ohne an dessen etwas wilder Lebenslust teilnehmen zu können, da ihn die Mutter äußerst knapp hält. Wie jener wegzieht, beginnt ein schwärmerischer Briefwechsel. Die beiden erheben ihr Verhältnis zu einer idealen Freundschaft und bieten in regelmäßigen Briefen die ganze Beredsamkeit jugendlicher Begeisterung auf. Aber so sehr Heinrich sich bemüht, seine unerfahrene Philosophie in Form und Zusammenhang zu bringen und seine Gedanken mit Jean Paulschem Humor zu verbrämen: die Antworten des Freundes übertreffen seine Ergüsse stets an Gedankentiefe und Witz. Er nimmt sich doppelt zusammen, um ebenbürtige Sendungen aufzubringen. Umsonst. Da fällt ihm einst Zimmermanns Buch «Über die Einsamkeit» in die Hände. Er stößt im Lesen auf die Stelle: «Auf deiner Studierstube möchte ich dich festhalten, o Jüngling.» Jedes Wort wird ihm bekannter, und er findet einen der ersten Briefe seines Freundes wortgetreu aus Zimmermann abgeschrieben. Eine Entdeckung folgt nun auf die andere. Der Freund hat seine Briefe aus Diderot, Rousseau, Goethes «Werther», Hippel usw. zusammengetragen.

Die Episode beruht auf Wirklichkeit, und die Schwindelbriefe sind noch vorhanden. Der Freund hieß Johann Müller und stammte aus Frauenfeld, wo er im gleichen Jahre wie Gottfried Keller als Sohn des Baumeisters David Müller geboren wurde. Mit vierzehn Jahren kam er nach Zürich. Künstlerisch veranlagt, warf er sich auf Malerei und Architektur, ging 1839 nach München, mußte aber im folgenden Frühling, als sein Vater starb, plötzlich heimkehren und gänzlich unerfahren das Baugeschäft übernehmen.

Der Briefwechsel der beiden Freunde beginnt 1835, als Müller durch eine Krankheit des Vaters genötigt wurde, fast ein Jahr in Frauenfeld zu weilen. Sie stellen sich gegenseitig malerische Aufgaben und beurteilen die eingegangenen Arbeiten, zum Beispiel die Darstellung von Gehängten, Fratzengesichtern, Räubern, Teufeln, Pfaffen. Hie und da wird auch eine Landschaft ausgetauscht. Müller, dessen Ton in den Briefen gesucht kraftgenialisch, nicht selten roh ist, reizt mit seiner wilden, bizarren Phantastik den romantischen Sinn des Freundes. «Wir werden eins phantasieren, daß die Eichen ihre tausendjährigen Wipfel schütteln, unter denen wir wandeln», schreibt ihm Keller einmal; er kann zunächst noch nicht unterscheiden, was echt ist an Müller und was unecht. Dieser, in seinem Bestreben, dem Freunde zu imponieren, sich über ihn ins Geniale emporzuschrauben, nimmt zu Anleihen aus Dichtern und Philosophen Zuflucht. Sein Brief vom 20. Juni 1837 beginnt mit den Worten aus J.G. Zimmermanns «Über die Einsamkeit» (III, 1785, S. 186): «Labsal ist nirgends als in der Einsamkeit für ein Herz, das noch nicht weiß, wo sich anschlingen, wie sich mitteilen» usw. Oben auf der zweiten Seite liest man die Worte (III, S. 218): «Auf deiner Studierstube möchte ich dich festhalten» usw.

Bildungstrieb, autodidaktische Unsicherheit und Wahrhaftigkeit veranlassen Keller, mit ernsthaftem Eifer auf das Geflunker des Freundes einzugehen. Die Anpreisung der Einsamkeit als der besten Schule persönlicher Bildung ist ihm aus der Seele gesprochen. Er kann nicht begreifen, wie man Anspruch auf Geistesbildung oder Seelengröße und Charakter machen will, ohne Gefühl für das Alleinsein zu haben. «Einsamkeit, verbunden mit dem ruhigen Anschauen der Natur, mit einem klaren, heiteren Bewußtsein seines Glaubens über Schöpfung und Schöpfer und verbunden mit einigen Widerwärtigkeiten von außen, ist ... die einzige wahre Schule für einen Geist von edeln Anlagen.»

Man möchte vermuten, daß Müller des Freundes Hang zur Einsamkeit wohl gekannt und darum ihm den Brocken aus Zimmermann hingeworfen habe, um ihn durch diesen Köder mit gaunerischer Bosheit auf sein Lieblingsgebiet zu locken. Aber bei aller Blindheit gegenüber den Lügenkunststücken des anderen spricht aus Kellers Worten ein instinktives Unbehagen gegenüber den Äußerungen Müllers: sein erster Brief ist gefüllt mit Betrachtungen über die Begriffe echt und einfach. Vom wahren Menschen fordert er hohe, große, majestätische Einfalt. Er sucht dem Wesen wahrer Freundschaft auf den Grund zu kommen. Er zankt den Freund, daß er geweint habe, und unterscheidet das weibische Weinen von der Mannesträne. Und endlich, er verweist Müller den Gebrauch des Wortes tugendhaft als eines kleinlichen, ärmlichen, frömmelnden Dinges. Wie prachtvoll rein und wahr hebt sich der Charakter des Achtzehnjährigen ab von dem Talmiglanze des Freundes! Wie zündet das Wort: «Der Mensch soll nicht tugendhaft, sondern nur natürlich sein, so wird die Tugend von selbst kommen» in den tiefsten Grund von Kellers sittlichem Wesen hinunter! Und welche Kraft der Sprache! Hier wo der Jüngling eigenste Gefühle und erarbeitete Gedanken formt, findet er eine Ursprünglichkeit und Eigenart, wie sie ihm in den «poetischen» Versuchen noch auf Jahre hinaus versagt sind.

Trotzdem ist der wahre Charakter des Freundes ihm noch lange verhüllt geblieben. Der Briefwechsel wird über die Münchener Zeit hinaus fortgesetzt. Noch im August 1840 tischt Müller einen Bissen auf, den er offenbar auf fremder Tafel gestohlen: «Rubens suchte nicht sowohl das Bedeutende, als daß er es jedem Gegenstande zu verleihen wußte. Claude Lorrain ist die ewige Natur; Poussin, möcht' ich sagen, behandelt die Kunst ins Heroische.» Dafür übte das Leben die Korrektur bei dem sittlich Haltlosen. Er war der Führung des väterlichen Geschäftes nicht gewachsen, kam wirtschaftlich zurück und siedelte nach Basel, dann als Eisenbahningenieur nach Ungarn über. Der Briefwechsel mit Keller, der ihn noch 1842 auf der Rückkehr von München in Frauenfeld besucht hatte, stockt 1843. Bald darauf scheint Keller die Unehrlichkeit des Freundes durchschaut zu haben. «Müller», schreibt er 1845 an Rudolf Leemann, «hat sein Vermögen in kurzer Zeit durch ungeschickte Praktik und Leichtsinn verloren ... und ist nun in den elendesten Umständen ... Gott helfe ihm empor; denn er ist noch jung. Wenn das Luder nur *selbst* Hand anlegen wollte!» Am 16. März 1848 wendet sich Müller nochmals aus Wien an den Freund, wünscht ihm Glück zu seinen dichterischen Erfolgen und bittet ihn um ein Exemplar der Gedichte für Saphir mit der Widmung: «An Herrn Saphir freundlichen Gruß durch Architekt Müller von Gottfried Keller.» Er redigiere, berichtet er, gegenwärtig bei Förster die «Bauzeitung», habe auch bereits eine Anstellung nach Bukarest und Jassy in der Tasche, aber es gehe ihm schlecht. Keller wird ihm kaum seinen Gedichtband mit der skurrilen Widmung geschickt haben. Müde Europas, wo er es nicht auf einen grünen Zweig gebracht, wanderte Müller später nach Amerika aus, wo er als Angestellter einer englischen Gesellschaft den Michigansee ausmaß; 1888 ist er in Washington gestorben.

Zur gleichen Zeit, da Keller in jenem inhaltreichen Briefe an Johann Müller das Wesen echter Freundschaft zergliederte, lernte er auch die Liebe kennen.

Gegenüber Adolf Frey hat der Dichter einmal die Gestalten der Judith und der Anna im «Grünen Heinrich» als freie Erfindungen bezeichnet. Aber doch wohl nur deswegen, weil es seiner Gefühlsherbheit und Verschlossenheit widerstrebte, aus seinen Dichtungen das Knochengerüst der Wirklichkeit herausseziert zu sehen. Gerade weil sein Schaffen so tief im Erleben wurzelte, war ihm beides völlig zur Einheit geworden, die er nicht mehr zu trennen wünschte, nachdem er ihr die tiefere und reichere Wahrheit des Kunstwerkes gegeben. Und all das um so mehr, als der Junggeselle sich hier dem Liebesleben seiner Jugend gegenübergestellt sah, das ihn gleicherweise in seiner ätherischen Zartheit wie in der kräftigen Sinnlichkeit genierte.

So bin ich überzeugt, daß sowohl die Gestalt der Judith wie die der Anna letzten Endes auf Wirklichkeit zurückgehen. Erlebnisse von der glühenden Wahrheitskraft wie Heinrichs Abenteuer mit Judith kann auch ein Keller nicht aus der blauen Luft herunterdichten. Mit dieser Erwägung, zu der noch die vage Tatsache von der nach Amerika verzogenen Base Judith kommt, müssen wir uns bei Judith begnügen. Bei Anna dagegen läßt sich der Beweis führen, daß ein Urbild vorhanden war. Nur haben wiederum die Sehnsucht nach der Jugend und die typenprägende Gestaltungskraft das Mädchen mit einem zarten Morgenglanze umwoben, nachdem sie schon der liebende Jüngling verklärt. Denn die Wirklichkeit, soweit wir sie kennen, trägt ein herbes Gesicht, dem sogar ein Zug der Gemeinheit nicht fehlt.

Anna hieß in Wirklichkeit Henriette Keller, war 1818 geboren und wohnte mit ihrer Mutter, die von dem Manne, einem verfahrenen Hafner, geschieden war, und ihren drei Geschwistern Eduard, Karoline und Luise in Kellers mütterlichem Hause am Rindermarkt. Die Familie ist später völlig verkommen. Der Sohn, der ursprünglich das Bäckerhandwerk gelernt, sprang von einem Berufe zum anderen, kam mit der Polizei in Konflikt, nahm neapolitanische Dienste und ging zugrunde. Das Sonett «An einen Schulgenossen» bezieht sich auf ihn: Der Dichter sieht beim Schimmer der Laterne einen zerlumpten Vagabunden mit einem Häscher scheu vorübergehen. Den Schwestern Karoline und Luise blühte ein nicht viel besseres Los. «Frau Keller ist», schreibt Gottfried der Mutter 1841 von München, «nicht sehr glücklich mit ihren Kindern. Karoline ist eben auch nicht solid versorgt als *Kellnerin!* – Was macht denn wohl die Luise Keller? Ich habe erst hier gehört, daß sie nicht viel mehr als eine H... sei.» So wird man denn wohl auch bei der Leserfamilie, die im «Grünen Heinrich» geschildert ist, an die Familie Keller denken dürfen. Die Töchter verwüsten sich die Phantasie durch eine massenhafte Lektüre schlechter Leihbibliotheksromane und das Leben durch stets wechselnde Liebhaber.

Henriette muß abseits von diesem Treiben gestanden haben, schon weil sie mit siebzehn Jahren an Lungenschwindsucht zu kränkeln anfing und mit neunzehn gestorben ist. In Richterswil lebte der Vater von Henriettes Mutter. Zu ihm ist die Familie später übergesiedelt; da liegt das Mädchen begraben, in *einer* Gruft mit dem Großvater. Nach dem Kirchenbuch von Richterswil wurden am 22. Mai 1838 beerdigt: Heinrich Gattiker, 69 Jahre alt, und Henriette Keller von Zürich, ihres Alters 19 Jahre, 6 Monate und 8 Tage. In ihren gesunden Tagen weilte Henriette oft mit Gottfried Keller in Glattfelden. Im ältesten Skizzenbuche trifft man dürftige Spuren dieser Liebe. Eine Seite trägt in der Mitte den lakonischen Vermerk: «Den 14. Mai 1838. Heute starb sie.» Ein Aquarell stellt den verschneiten Kirchhof von Richterswil dar. Rechts hinter der grauen Kirche ragt aus dem Schnee ein bekränzter Anker. Im Hintergrunde der See und die zu beiden Seiten abschließenden Höhenzüge. Auf den Eintrag des Todesdatums folgt das Gedicht:

Das Grab am Zürichsee

Wo die blaue Ferne dämmert
An dem hellen Wasserspiegel
Liegt ein flurenreiches Dörfchen,
Und im Dörfchen liegt ein Kirchhof.

Und im Kirchhof wölbt ein Grab sich
Frisch und weit, denn es umschließet
Eine früh verblichne Jungfrau,
Einen alt ehrwürd'gen Greis.

Auf dem teuren Grabe blühet
Eine keusche weiße Rose
Neben einem Lorbeerstrauche,
Von der Liebe drauf gepflanzet.

Und wenn ich das Grab erblicke,
Will es mir das Herz zerreißen:
Meiner Jugend schönstes Hoffen
Hat der Tod hineingelegt.

Den 29. *Mai* 1838. *G. K.*

Wie bezeichnend sind diese drei Äußerungen für Gottfried Kellers Persönlichkeit! Der Mensch begnügt sich mit der trockenen Notiz des Todesdatums und überläßt dem Maler und Dichter die Darstellung der Gefühle!

Als nach Jahren in Keller der Quell der Lyrik hervorbrach, bot ihm sein Erleben mit Henriette Keller, durch die Erinnerung verklärt und von dem Künstler vertieft und bereichert, den Stoff zu den «Siebenundzwanzig Liebesliedern» der Sammlung von 1846, wie er selber am 10. Mai 1846 Salomon Hegi anvertraute. Einzelne Motive mögen, wenn er auch das meiste erdichtet nannte, doch auf wirkliche Erlebnisse zurückzuleiten sein, etwa das Bild aus der Kirche, die beide Liebenden, wie ein Netz zwei Fische, eingefangen hat.

So verstrich dem Menschen und dem Maler allmählich die Jugend, ohne daß er dem Ziele näher kam. Was er schaffte, war ein uferloses Tasten. Nur wenige Bilder sind aus diesen Jahren erhalten. Die Federzeichnung einer Bastion in Zürich, der «Katz», mit dem Wasserturm, eine Ansicht der sogenannten Teufelsbrücke über die Glatt bei der alten Mangoldsburg (Frühjahr 1840) und zwei Veduten aus Richterswil. Neben der Malerei betrieb er eine ausgebreitete Lektüre. Und schon ging er ins zwanzigste Jahr. Wie er unter diesen Umständen den einundzwanzigsten Geburtstag verbrachte, schildert der Brief an Johann Müller vom 20. Juli 1839: «Nun bin ich volle zwanzig Jahr alt und kann noch nichts und stehe immer auf dem alten Fleck und sehe keinen Ausweg, fortzukommen, und muß mich da in Zürich herumtreiben, während andere in diesem Alter schon ihre Laufbahn begonnen haben.» Wie ein verdorrter und abgehauener Baumstrunk liegt sein bisheriges regelloses und oft schlecht angewendetes Leben hinter ihm im Dreck, und die Zukunft steht vor ihm wie ein unfruchtbarer Holzapfelbaum im Dreck. Aber was hilft das Grübeln? Es treibt ihn aus seiner Sorgenkammer heraus, seinen Jahrestag mit Glanz und Freude zu feiern. Da merkt er, daß er nur einen rostigen Batzen in der Tasche hat. Betrübt sinkt er wieder in den Sorgenstuhl. Doch anstatt der materiellen Erquickung beschert der Himmel seinem Künstlergemüte Freuden geistiger Art: der Föhn jagt einige Wolken über die Sonne und kündigt ein Gewitter an. Er eilt auf den Ütliberg und genießt, als Geburtstagsgeschenk, das Schauspiel eines grandiosen Gewitters.

Wohl schon seit geraumer Zeit war des Jünglings Wunsch auf den Besuch einer eigentlichen Kunstschule gerichtet. In München weilte eine Anzahl seiner Freunde als Kupferstecher, Koloristen und Maler. Auch Johann Müller war unter ihnen. Dorthin trieb es auch ihn. Ein bescheidener «Gültbrief» aus dem Erbe von Kellers Großmutter, das «Pergamentlein von 1539» aus dem «Grünen Heinrich», sollte dazu die kargen Mittel bieten. Aber noch galt es, die Zustimmung der Verwandten zu erkämpfen. Die Mutter mag rasch für den Plan gewonnen worden sein. Desto zäher aber war der Widerstand des Oheims und Vormundes Scheuchzer. Sein Vertrauen in die Begabung und Energie des Neffen scheint nicht allzu groß gewesen zu sein. Dazu haben Reibereien wegen einer der Töchter das Verhältnis zwischen Onkel und Neffen auf Zeiten getrübt.

Im Spätsommer 1839 weilte Keller in Glattfelden, wohl um die Angelegenheit mündlich zu betreiben, als ihn ein politisches Ereignis rasch nach Hause rief: der «Straußenhandel». Die Radikalen, die mit der Julirevolution im Kanton Zürich ans Ruder gekommen waren und die Verfassung von 1831 geschaffen hatten, dachten sich die Ausbreitung des Freisinns zu leicht. Man unterschätzte alteingewurzelte Vorurteile und verharzten Aberglauben. Die größere Beweglichkeit in Verkehr und Gewerbe, die Vermehrung der politischen Rechte ließ man sich auf der Landschaft gerne gefallen; aber jener alttestamentliche Prophetengeist, der in Jeremias Gotthelfs Büchern aus der Durchführung der liberalen Ideen den Untergang des echten, alten Schweizertums, seiner Sittenreinheit und Religion verkündete, wirkte auch unter den Bauern, vor allem des verkehrsfernen Zürcher Oberlandes. Da beging die liberale Regierung den unklugen Schritt, den schwäbischen Theologen David Friedrich Strauß, den kühnen Verfasser des «Lebens Jesu», auf den Lehrstuhl der neutestamentlichen Theologie an der jungen Universität zu berufen. Das war der zündende Funke. Nun hieß es, die Regierung wolle das Volk dem Antichrist verkaufen. Rasch griff die Bewegung um sich. Das ganze Volk schied sich in «Strauße» (Radikale) und «Antistrauße» (Konservative). Am 6. September führte der fanatische Pfarrer Bernhard Hirzel von Pfäffikon etwa fünftausend Bauern gegen die Stadt, um die Regierung zu stürzen und die Abberufung von Strauß zu erzwingen.

Gottfried Keller gehörte zu den «Straußen». Am Vormittage des 6. September war er eben mit dem Oheim beim Öhmden, als die Glocken Sturm läuteten. Er warf seine Gabel weg und eilte, ohne etwas zu genießen, nach der fernen Hauptstadt, der bedrohten Regierung beizustehen. Man riet ihm an, nicht auf offener Landstraße, sondern auf Fußwegen Zürich zu gewinnen, da er als ein «Strauß» von den Bauern totgeschlagen werden könnte. Der Putsch kostete der obersten Landesbehörde ihre Sessel. Der konservative Bürgermeister Heß, den Gottfried Keller seitdem grimmig haßte, wurde an die Spitze der neuen Regierung gestellt. Nur langsam kühlten sich die Gemüter ab.

Nach der Beschwichtigung des Aufstandes kehrte Keller nach Glattfelden zurück. Aber immer noch erwies sich der Oheim als unzugänglich, und der weibliche Teil des Hauses trieb sein Gespött mit dem Vetter Maler, der es mit seinen Künsten noch so wenig weit gebracht hatte. Die Mutter selber forderte ihn zur Heimkehr auf: «Das schöne Wetter zum Zeichnen wird wahrscheinlich vorbei sein. Wenn Du wegen dem Erbgut weiter Dich nicht aufzuhalten hast, so ist es besser, Du kommest nach Hause, um Dich der Kälte und dem Gespött der Frauenzimmer nicht länger auszusetzen. Deine Wärme gegen sie wird freilich gegenwärtiger Witterung gleich sein.»

Noch bis gegen das nächste Frühjahr ging es, bis der Gemeinderat von Glattfelden als Waisenbehörde einwilligte, einen Teil des in der «Schirmlade» aufbewahrten Gültbriefes versilbern zu lassen. Im Protokoll der Gemeinderatssitzung findet sich am 15. Februar 1840 folgender Eintrag: «Auf Ansuchen Herrn Doktor Scheuchzers als Kurator der Kellerschen Kinder, daß ihm möchte Bewilligung erteilt werden, auf das Erbe hin bei Herrn Rudolf Denzler [dem zweiten Mann von Kellers Großmutter] hundertfünfzig Gulden zu erheben, das er für Gottfried Keller zur Vervollkommnung seiner Malerkunst verwenden könne, hat der Gemeinderat mit Vorbehalt der Einwilligung des löblichen Bezirksrates dem dringenden Ansuchen entsprochen.»

3
IN MÜNCHEN

Gottfried Keller stand im einundzwanzigsten Lebensjahre, als er Zürich verließ, um seine Ausbildung zum Maler in München zu beendigen. Ohne die Ausfertigung seines Reisepasses abzuwarten, eilte er acht Tage nach Ostern, am 26. April 1840, fort, bare fünfzig Gulden, nicht ganz den vierten Teil seines väterlichen Erbgutes, in der Tasche. Dafür hatte die Mutter ihm einen bürgerlich-rechtschaffenen Vorrat von Kleidern und Wäsche mitgegeben. Die sonstigen Habseligkeiten, deren Verzeichnis Keller sorgsam aufbewahrt hat, charakterisieren den Maler, den Literaturfreund und den Menschen. Zu dem Handwerkszeug des Künstlers kamen theoretische Werke, wie Diderots Versuch über die Malerei, Denis' Manuel du peintre et du sculpteur, Bleichrodt: Über die Landschaftsmalerei, Salomon Geßners Briefwechsel mit seinem Sohne; außerdem Skizzenbücher, Mappen mit Studien, Kupferstichen und Vorlageblättern von Calame und andern. Literarische Interessen bekunden zwei Bände Goethe, Freieisens Buch über die beiden Friedriken, ein Heft des Journals für Literatur und Kunst. Und rührend naiv, daß sich zu diesen Zeugnissen eines höheren geistig-künstlerischen Strebens auch Knigges Umgang mit Menschen gesellte: der Einsame, der so oft schon durch sein knorriges Wesen mit den Menschen zusammengestoßen, verriet damit wenigstens den Vorsatz, sich zu ihnen auf den Fuß gefälliger Höflichkeit zu stellen! Auch der Schädel, der als Tabaksbehälter diente, sowie die Flöte wanderten mit.

Den ersten Aufenthalt machte der Jüngling in Frauenfeld bei Johann Müller, der gerade in der Heimat auf Besuch weilte. Dahin wurde der Paß nachgesandt; da dieser aber fälschlich nach Italien visiert war, verzögerte sich die Weiterreise bis zu Ende der ersten Maiwoche. Der Brief, den er der Mutter am 1. Mai schrieb, ist voll Selbstbewußtsein und Zuversicht: «Ich habe bereits hier gesehen, daß man in der Fremde weit mehr nach seinem wahren Werte geschätzt wird, als in der Heimat.» Aber auch sein tiefes Gefühl verrät sich, das die wortreiche Äußerung scheut: «Ich kann halt keine schönen Worte machen; aber deswegen empfinde ich gewiß alles, was ein rechter Sohn empfinden muß.»

Von Frauenfeld ging die Fahrt in Müllers Begleitung nach Konstanz. Der Erinnerung an sie entsprangen 1844 die heinesierenden Verse:

GOTTFRIED KELLER IN MÜNCHEN

Zeichnung von Joh. Rudolf Leemann, 1842

LUISE RIETER

Kreidezeichnung von Diethelm Stäbli, 1845

Bei Kostnitz drück' ich die Augen zu,
Das ist eine böse Stadt,
Wo lichterloh gebrunnen hat
Der Huß. Mein Schiff, fahr zu!

In Konstanz mußte «wegen neuer Unannehmlichkeiten mit dem Gepäck» vier Tage gewartet werden. Dann ging's mit dem Dampfschiff nach Rorschach, wo ein Maschinendefekt zum Übernachten zwang, darauf nach Lindau. Von da führte eine eben heimfahrende Münchener Kutsche die Reisenden ans Ziel. Kellers Gefährten waren ein Landsmann, der taubstumme Porträtmaler Ulrich Steffen aus Wülflingen, sodann ein flotter junger Lyoner Handwerker und ein norddeutscher Kaufmann. Bei der ersten Mittagsrast in Memmingen trug sich jener kleine Zwischenfall zu, der im ersten «Grünen Heinrich» erzählt wird. Königliche Beamte nehmen dem jugendlichen Reisenden, der beim Verlassen der Gaststube seine Mütze etwas verfrüht aufgesetzt, diese vom Kopf herunter, worauf der Graf den Gedemütigten in Schutz nimmt. Nur passierte die Geschichte dem Lyoner Jünglinge, welchem ein bayrischer Kreisrichter den Zylinderhut herunterriß, um ihm Respekt vor des Königs Rock beizubringen. Der norddeutsche Kaufmann, der seit zwanzig Jahren in Memmingen ankehrte, erklärte dem Wirt, er werde die grobe Stadt von nun an meiden.

In München bezog Gottfried Keller fürs erste Jahr das an der Neuhauser-Straße Nr. 22 rückwärts über drei Stiegen gelegene Zimmer, welches sein Freund Johann Müller kürzlich verlassen hatte. Der Mietsherr war ein ärmlicher Schneider. Im Oktober rückte ein Zürcher Bekannter, der Kolorist Fischer, nach, mit dem er bis zum nächsten Frühjahr zusammen hauste. Im Februar 1841 siedelte er in die Lerchenstraße Nr. 40 und im Frühling 1842 in die Schützenstraße Nr. 3 über.

Im «Grünen Heinrich» hat Keller den Eindruck festgehalten, den der erste Anblick Münchens in ihm hervorrief: «Da glühten im letzten Abendscheine griechische Giebelfelder und gotische Türme; Säulen der verschiedensten Art tauchten ihre geschmückten Häupter noch in den Rosenglanz, helle gegossene Bilder, funkelneu, schimmerten aus dem Helldunkel der Dämmerung, indessen buntbemalte offene Hallen schon durch Laternenlicht erleuchtet waren und von geschmückten Frauen durchwandelt wurden. Steinbilder ragten in langen Reihen von hohen Zinnen in die Luft, Königsburgen, Paläste, Theater, Kirchen bildeten große Gruppen zusammen, Gebäude von allen möglichen Bauarten, alle gleich neu, sah man hier vereinigt, während dort alte geschwärzte Kuppeln, Rat- und Bürgerhäuser einen schroffen Gegensatz machten. Es herrschte ein aufgeregtes Leben auf den Straßen und Plätzen. Aus Kirchen und mächtigen Schenkhäusern erscholl Musik, Geläute, Orgel- und Harfenspiel; aus mit allerlei mystischen Symbolen überladenen Kapellentüren drangen Weihrauchwolken auf die Gasse; schöne und fratzenhafte Künstlergestalten gingen scharenweise vorüber, Studenten in Schnürröcken und silbergestickten Mützen kamen daher, gepanzerte Reiter mit glänzenden Stahlhelmen ritten gemächlich und stolz über einen Platz, üppige Kurtisanen mit blanken Schultern zogen nach hellen Tanzsälen, von denen Pauken und Trompeten herniedertönten; alte dicke Weiber verbeugten sich vor dünnen schwarzen Mönchen, welche zahlreich umhergingen; unter offenen Hausfluren saßen wohlgenährte Spießbürger hinter gebratenen Gänsen und mächtigen Krügen und genossen den lauen Frühlingsabend; glänzende Wagen mit Mohren und Jägern fuhren vorbei und wurden aufgehalten durch einen ungeheuren Knäuel von Soldaten und Handwerksburschen, welche sich die Köpfe zerbleuten. Es war ein unendliches Gesumme überall.»

Das ist das München Ludwigs I., des Freundes Goethes und der Antike. Schon prunkten die großen Bauwerke. Die feierlich steife Ludwigstraße war angelegt. Hunderte von Künstlern arbeiteten für den König. In den Gießhäusern standen, liest man im «Grünen Heinrich», zwölf Ahnenbilder für den Palast des Königs, «jedes zwölf Fuß hoch und vom Scheitel bis zur Zehe im Feuer vergoldet.» Das sind Ludwig Schwanthalers Wittelsbacher Statuen für den Thronsaal. «In Fresko und Wachs waren schon unabsehbare Wände bemalt, ja in diesem Gebiete war ein Unerhörtes und Neues geschehen, indem ein schlichter Meister [Karl Rottmann] lange Hallen [die Arkaden] mit italienischen und hellenischen Landschaften auf eine maßgebende und bleibende Weise bemalt hatte.»

Das Leben in München behagte Keller zuerst gar wohl. «Man kann», schreibt er der Mutter, «über die Straße gehen, ohne daß man von allen Seiten begafft oder für stolz ausgeschrien wird ... Kommt man aber mit den Leuten in Berührung, so sind sie höflich und gefällig.» Daneben findet er aber auch die Weibsbilder von der bürgerlichen Klasse ungemein roh. «Sie fluchen und schimpfen, wie bei uns die Stallknechte, und sitzen alle Abend in der Kneipe und saufen Bier.» In unwirscher Erinnerung an solche Beobachtungen trug er 1843 als Anfang eines Sonetts die Verse in sein Schreibbuch ein:

Ein liederliches, sittenloses Nest
Voll Fanatismus, Grobheit, Kälbertreiber,
Voll Heil'genbilder, Knödel, Radiweiber.

So hielt er sich zunächst an den Kreis der Landsleute, Künstler, Studenten, auch etwa junge Handwerker. Dazu gehörten der spätere treffliche Arzt Ferdinand Wydler aus Aarau, der Kupferstecher J.C. Werdmüller von Zürich, der Maler Karl Eduard Süffert aus Basel (1818–1874), der 1841 (?) ein geistreiches Bildnis Kellers zeichnete, der spätere Stadtschreiber Karl Curti von Rapperswil, dessen Abschied von München Keller in einem langen Poem gefeiert hat, der spätere Ofenbauer D.H. A. Schlatter aus St. Gallen u.a. Die hervorragendsten waren die Maler Salomon Hegi, Hans Bendel, Rudolf Leemann und Emil Rittmeyer und der Architekt und Dichter Johann Georg Müller.

Johann Salomon Hegi, 1814 geboren, ebenfalls wie Keller aus dem Rindermarkt in Zürich stammend, war zuerst wider seinen Willen zum Kaufmanne bestimmt. Nun besuchte er seit drei Jahren die Münchener Akademie und lag der Historien- und Genremalerei ob. 1844 ging er nach Genf in die Schule Hornungs, ein Jahr später nach Paris. 1849 unternahm er eine künstlerische Entdeckungsfahrt nach Mexiko, von der er erst nach elf Jahren in die Schweiz zurückkehrte. Die Skizzenbücher, die er mitbrachte, enthalten ein namentlich in ethnographischer Hinsicht außerordentlich reiches Material. Später war er abwechselnd in Schaffhausen und Genf als Zeichner für naturwissenschaftliche Werke tätig. Mit Gottfried Keller blieb er bis zu dessen Tod in Briefwechsel. Die treue Hilfe, die Hegi dem Freunde in den Nöten und Fährlichkeiten seiner Wanderjahre erwiesen, hat Keller ihm im Alter redlich vergolten. Hegi starb in Zürich 1896.

Ein anderer begabter Landsmann war Hans Bendel von Schaffhausen. 1814 geboren, war er mit zwanzig Jahren als Flachmaler nach München gewandert und bei Hofvergolder Spahn in Arbeit getreten. In der Residenz oder in der Leuchtenbergischen Galerie arbeitend, pflegte er während der Mittagspause fleißig Bilder zu kopieren. Dabei überraschte ihn einst Wilhelm Kaulbach und verwunderte sich über die Fertigkeit des Handwerkers, dem seine bescheidenen Mittel die Ausbildung der lange gehegten Neigung bis jetzt nicht gestattet hatten. Er ermunterte ihn, ganz zur Kunst überzugehen, und erteilte ihm selbst Privatunterricht. Auf des Lehrers Rat komponierte Bendel die Hauptereignisse der Appenzellerkriege. Er gehörte zu den vier Schülern, welche Kaulbach im Oktober 1834 mit auf seine zweite italienische Reise nahm. Nach seiner Rückkehr wurde er Kaulbachs Gehilfe beim Illustrieren von Goethes und Schillers Werken. Ebenso verfertigte er Zeichnungen zu Hebels Gedichten, zu Pestalozzis «Lienhard und Gertrud», zu Jeremias Gotthelfs «Uli der Knecht», zu den «Enkeln Winkelrieds» von Salomon Tobler. Ein Totentanz in sechsunddreißig Blättern erschien 1852. 1851 ging er nach der Vaterstadt zurück, um die neuerbaute Villa Charlottenfels mit Szenen aus der Schweizergeschichte auszuschmücken. Nach Vollendung dieser Arbeit erkrankte er und starb am 28. November 1853 in Schaffhausen.

Rudolf Leemann, der allezeit lustige «Ruedi», geboren 1812, stammte aus einem Aargauer Pfarrhause. 1831 war er nach Zürich, 1835 nach München gekommen, wo er vierzehn Jahre lang blieb und namentlich von Schwanthaler, vorübergehend von Kaulbach, beschäftigt wurde. Nachher hielt er sich an verschiedenen Orten der Schweiz auf, von 1854 an dauernd in Zürich. Hier ist er im Januar 1865 gestorben. Er hatte sich mühselig mit Porträtieren und Illustrieren durchs Leben geschlagen, ohne sein bedeutendes Talent zu einem dauernden Werke zusammenzunehmen.

Gottlob Emil Rittmeyer, ursprünglich aus Lindau in Bayern stammend, ist 1820 in St. Gallen geboren. Keller trat er 1841 nahe. Eine Handzeichnung, die Bekämpfung eines Stieres darstellend, verfertigte er als Staffage für eine Landschaft Kellers. Rittmeyer, der seine künstlerische Ausbildung hauptsächlich Kaulbach zu verdanken hatte, wurde später vor allem durch seine Zeichnungen zu H. A. Berlepschs «Bildern aus dem Alpenleben» und Fr. v. Tschudis «Tierleben der Alpenwelt» bekannt. Er starb 1904 in Freudenstadt im Schwarzwald.

Bei einer Zusammenkunft der Schweizer im «Buttermelchergarten» zur Sempacher-Schlacht-Feier 1840, bei deren Eröffnung ein Luzerner, zum Ärger des Wirtes, die üblichen zweiundzwanzig Kanonenschläge mit dem Maßkrug auf einen polierten Tisch niedersausen ließ, fühlte sich Gottfried Keller lebhaft von einem Jünglinge von kaum achtzehn Jahren gefesselt, der auf einen Stuhl stieg und mit anständigem Schwung und edler Begeisterung ein Schlachtlied vortrug, das mit der kräftigen Strophe einsetzte:

Zu St. Jakob an der Birs,
Da haben zehnhundert Eidgenossen
Ihr rotes Blut nicht wohlfeil vergossen;
Nicht dem Feind, sie ergaben sich nur Gott
Und schlugen der Feinde Zehntausende tot.

Das macht' auf einen just ihrer zehn,
Um den bleichen Weg in Gesellschaft zu gehn,
Zu St. Jakob an der Birs.

Der Verfasser und Sprecher dieses Gedichtes war der geniale Architekt und kraftvolle Dichter Johann Georg Müller von Wil im Kanton St. Gallen. Geboren 1822 zu Mosnang im Toggenburg, bei Baumeister Kubli in St. Gallen vorgebildet, ging Müller im November 1839 zu Friedrich Ziebland nach München und stand, als Keller ihn kennenlernte, eben im Begriffe, den ersten Schritt in die Öffentlichkeit zu tun, indem er sich an dem Wettbewerb für den Bau einer Kirche in Mühlhausen mit Erfolg beteiligte. Ein stiller, ernster Mensch, lebte er nur seiner Kunst. Er verließ München schon im Herbst 1841 und sah sich unverhofft in die glückliche Lage versetzt, eine Reise nach Italien anzutreten. Dort schuf er seinen Entwurf zur Vollendung der florentinischen Domfassade. Als er 1846 die Pläne der schmucken Stationsgebäude und Bahnwärterhäuschen der Strecke von Winterthur bis Weinfelden entwarf, erneuerte Keller die kurze Bekanntschaft. Müller weilte damals in Winterthur, wo er für den Industriellen Friedrich Imhoof-Hotze den Plan für ein Landhaus auf dem «Bühl» entwarf. Im darauffolgenden Frühjahre ging er nach Wien, schuf den nach seinem Tod ausgeführten Plan zur Altlerchenfelder Kirche, wurde Professor der Baukunst an der Ingenieurschule und Mitglied der Akademie der schönen Künste, starb jedoch schon mit siebenundzwanzig Jahren am 2. Mai 1849.

Auch wer nicht genauer mit Gottfried Keller befreundet war, behielt den drolligen, kurzen Gesellen, der von einer merkwürdigen Behendigkeit war, zum Beispiel blitzartig schnell auf einen Stuhl sprang, wenn er etwas vorbringen wollte, in bester Erinnerung. So beglückwünschte ihn ein ehemaliger Münchener Medizinstudierender, der Arzt J. M. Zürcher-Deschwanden aus Menzingen (Zug), im August 1846 nach dem Erscheinen der Gedichte mit den Worten: «Es hat mich manchmal höchlich gefreut, Dich in Deinen Gedichten bisweilen ganz in figura und in der ganzen Weise Deines Benehmens wiederzusehen, unter anderem zum Beispiel wo es heißt, daß Du Dich ‚davongetrollt mit ihrem röm'sch-kathol'schen Segen' (Gedichte 1846, S. 258), oder wenn es bei der Feuersbrunst heißt: ‚der Dichter watschelte auch hinaus' (S. 212); ich sehe Dich dann, den leichten Mantel umgeschlagen, mit dunkler, ernster Miene, ohne Dich umzusehen, davonrennen. Und wenn ich erst den ‚Kürassier' lese, so sehe ich Dich gar etwa durch das Sendlinger Tor in München hereingehen, just von der Kneipe kommend.»

Unter den in München studierenden Schweizern herrschte damals nicht der feinste Ton. Lärmende Kommerse, Holzereien und oft roher Schabernack waren an der Tagesordnung. Im November 1840 schlossen sich die Gesitteteren zu einer festeren Landsmannschaft mit Vorstand und Ehrengericht zusammen. Die Stammkneipe war das «Wagnerbräu». Alle roheren Elemente wurden ausgeschlossen; diese fanden sich im «Spitzerbräu» zusammen. Die Trennung war die Ursache zu endlosen Reibereien zwischen den «Wagnerianern», an deren Spitze der hochangesehene Curti stand, und den «Spitzerianern». Auch die Kämpfe in der Heimat zwischen den Konservativen und Radikalen erregten die Gemüter. Die Zeitungen, die man sich hielt, sorgten stets für Kenntnis des Laufenden. Auch Gottfried Keller griff gelegentlich leidenschaftlich in den Streit ein. Seinen Briefen an Hegi spürt man an, wie eifrig er sich in dem studentischen Leben tummelte. Aber er muß sich unter den besonneneren Mitgliedern der Schweizergesellschaft eines starken Ansehens erfreut haben. Anfangs 1841 wurde er ins Ehrengericht gewählt und zugleich zum Redakteur der «Wochenzeitung» ernannt, die die Schweizergesellschaft herausgab.

Am engsten schloß sich Keller an Hegi, Wydler, Leemann und etwa noch Süffert an. Hegis Aufzeichnungen, von Baechtold veranlaßt, geben von seinem Verkehr unter den Landsleuten ein anschauliches Bild, das nur da und dort, wie die Briefe an Hegi zeigen, der leisen Berichtigung bedarf.

«Wie üblich», erzählt Hegi, «saß ich eines Abends im Mai 1840 mit Ferdinand Wydler in der Exkneipe der Schweizer, im «Wagnerbräu», beim Kruge, als ein junges Männchen hereintrat, dessen Gestalt ziemlich unter mittlerer Größe geblieben war. Auf dem schmächtigen Körper saß ein großer Schädel, mit einem aufs linke Ohr gedrückten Barette geschmückt. Ich erkannte in dem auffallenden Ankömmling sogleich meinen Nachbar aus dem Rindermarkt in Zürich, den Gottfried Keller, und rief ihn zu uns. Der Unterschied des Alters sowohl als der Besuch verschiedener Schulen hatte uns zu Hause nie zusammengeführt. In München dauerte es keine vierundzwanzig Stunden, so waren wir drei [Keller, Hegi und Wydler] fest zusammengewachsen. Jeden Abend und gewöhnlich auch mittags trafen wir uns.

Den obligatorischen Kneipabenden der im Verfalle begriffenen Landsmannschaft wohnten wir gewissenhaft bei. Hier machte sich Gottfried oder – wie wir ihn nannten – ‚Strabo' rasch bemerkbar. Entspann sich eine Diskussion, so erregten seine trocken hingeworfenen Witze Gelächter; indessen rief er durch derbe, ja beleidigende Reden nicht selten recht stürmische Auftritte hervor. Als Liebhaber des Gesanges war er sehr erfreut, auf meinem Zimmer im Leipziger Kommersbuche die Melodie des Liedes ‚Wohlauf noch getrunken' zu finden. Wir mußten sie mit unseren rauhen Kehlen sofort einstudieren. Abends wurde der Kantus auf der Kneipe mit Beifall aufgenommen und blieb seitdem eingebürgert. Als man beschloß, eine sogenannte Kneipzeitung aufzulegen, fiel die Wahl des Redaktors selbstverständlich auf Gottfried Keller, dessen Fähigkeit hierfür allgemein anerkannt war. Trotzdem er die Bedingung stellte, daß ihm auch fremde Beiträge geliefert werden sollten, blieb er so ziemlich einziger Mitarbeiter. Am Mittwoch abend mußte das Blatt vorgelesen werden. Gewöhnlich hatte er am Nachmittage noch kein Wort, erschien dann auf meinem Zimmer und griff zu Papier und Feder. Abends bekamen wir unsere Zeitung voll ergötzlicher Geschichten und satirischer Ausfälle. Ich erinnere mich besonders einer Vision, in welcher ihn der Geist Bierschaum in einer Nacht durch Himmel und Hölle leitet, wobei die Persönlichkeiten beschrieben wurden, denen er da begegnete. Die Charakteristik war jedesmal so schlagend, daß man die Betroffenen sogleich mit Jubel erkannte.

Nach der abendlichen Sitzung zeigte er sich oft übermütig und hätte wie David einen Goliath nicht gefürchtet. So gingen wir einmal, nachdem der Wirt um elf Uhr sein gestrenges ‚Feierabend!' geboten, heimwärts. Unter dem Karlstor erreichten wir einen Philister, einen großen korpulenten Mann, der auf dem Haupte einen ehrsamen Zylinderhut trug. Strabo fing dicht hinter ihm an, mit seinem spanischen Rohr zu fuchteln. Dieses hatte seinem Großvater, einem Feldscherer in Diensten Friedrichs des Großen, gehört. Wir sahen, daß er sich anschickte, dem Unbekannten den ‚Felber' anzutreiben. Denn plötzlich hob er sich auf die Zehen, schlug eine Prim, und der Hut sank dem Manne bis auf die Nase. Dann blieb Gottfried stehen und erwartete den Fortgang des Kampfes. Der wäre nun für unseren neuen David mißlicher ausgefallen als für den alten, da Goliath weiter keinen Schaden gelitten hatte, sondern, seinen Hut schnell wieder zurechtsetzend, auf seinen Angreifer einstürmte. Ich stellte mich dazwischen und brachte es dazu, daß die feindlichen Parteien auseinandermarschierten.

In der Landsmannschaft mißfiel es uns allmählich. Die alten Kommilitonen reisten ab; der Nachwuchs jedoch bestand größtenteils aus Schweizern der Urkantone, rohen, unbändigen Gesellen, tauglicher für Landsknechte als für studierende Jünglinge. Wir blieben daher weg und suchten uns eine ruhige Philisterherberge, die wir bei Schumann in der Nähe des Karlstors fanden. Da wurzelte nun das Kleeblatt fest. Wir hatten unsere bestimmte Ecke, in der wir zu Nacht speisten. Rudolf Leemann, Rittmeyer und Hans Bendel kamen zuweilen zu uns.»

Es ist eine kleine Bleistiftskizze von Hegi vorhanden, welche die damalige äußere Erscheinung Gottfried Kellers festhält. Er liegt friedlich schlummernd auf einem Sofa, die eine Hand unter den Kopf, der mit der Mütze bedeckt ist, die andere in die Tasche geschoben; die Brille ist ihm leicht entglitten. Ein dünnes Bärtchen bedeckt das Kinn. Die hohe Stirn und die energische Nase entsprechen seinem späteren Aussehen. Die Zeichnung trägt das Datum des 7. August 1840. Eine zweite ähnliche dasjenige vom 24. August 1841. Etwa ein Jahr darauf hat J. C. Werdmüller eine außerordentlich komische Radierung angefertigt: der kleine bärtige Mann, in einen ungeheuren Radmantel mit hohem Kragen gehüllt, die Mütze mit dem langen Schirm auf dem Haupte, schreitet aus, sein schweres spanisches Rohr vor sich haltend. Das Wappen stellt ein Bierfäßchen dar. Ein Spruchband enthält die Inschrift: «Hier steht Herr G. Keller.»

Doch nicht zu Kommers und Radau mit den Landsleuten war Keller nach München gekommen, sondern zu seiner Ausbildung als Künstler. Der Glanz Münchens als der aufstrebenden Kunststadt Ludwigs I. hatte ihn angelockt. Erfüllten sich seine Hoffnungen?

Einige Zeit, nachdem Keller nach München gezogen war, entstand in Frankreich durch die Schule von Fontainebleau eine neue Art der Landschaftsmalerei. Überdrüssig der alten idealistischen Schönfärberei, der nach einer konventionell gewordenen Technik «zusammengestellten» und mit Idealwesen ausgeschmückten Landschaften, studierten jene Maler die wahre Natur, um ihre intimen Reize, ihre eigentliche «Seele» zu erlauschen und wiederzugeben und den wirklichen Landmann als Geschöpf der Scholle, die er bebaut, zu fassen. Millets «Angelus», die ergreifende Darstellung des Bauernpaares, das auf dem Kartoffelacker das Abendgebet spricht, bedeutet den Wendepunkt dieser im tiefsten Sinne realistischen Malerei, die Abkehr von einem falsch verstandenen, äußerlich gewordenen Idealstil. Was wäre aus Kellers Malerei geworden, wenn er, den sein Charakter auf Wahrheit, Natur, Schlichtheit wies, in jener Zeit, statt nach München, nach Paris gegangen wäre!

In Frankreich ist der Realismus durch die Romantik entbunden worden, in Deutschland hat sich der Realismus in bildender Kunst und Literatur im Kampfe gegen die Romantik durchsetzen müssen. Denn der Grundzug der deutschen Romantik ist idealistisch. Sie ging darauf aus, ihre Stoffe jenseits der sinnlichen Außenwelt zu holen, stets aufs neue in die Schächte der Innenwelt zu tauchen, ohne sie mit den Schätzen der Außenwelt immer wieder zu füllen. Und da man doch ohne Vorstellungen nicht auskam, so wurden sie allmählich immer blasser, immer mehr der individuellen Anschauung entkleidet. Abstrakte Ideen mußten an die Stelle der farbigen Sinnenbilder treten.

Als Gottfried Keller nach München kam, stand diese romantische Ideenmalerei noch in voller Blüte. Peter von Cornelius, ihr Führer, war seit 1825 Direktor der Akademie. Er hatte an der Decke der Vorhalle der Pinakothek die Geschichte der Malerei vom Mittelalter bis zur Neuzeit dargestellt und die Ludwigskirche mit Fresken aus der heiligen Geschichte geschmückt, gedankenreich im Inhalte, energisch in der Linienführung, aber blaß in der Farbengebung, gezeichnete Geschichte oder vielmehr Geschichtsphilosophie mit metaphysischem Einschlag. Bereits regte sich der Widerspruch gegen diese historische und philosophische Gedankenmalerei, hervorwachsend aus der allgemeinen realistischen Zeitströmung. Cornelius fühlte es und ließ sich 1841 von Friedrich Wilhelm IV. nach Berlin berufen, wo Reaktion und Romantik, von König und Staat geschützt, noch länger gediehen als in Süddeutschland, und an der Akademie wurde der phantasiearme, kühle Architekt Friedrich Gärtner Cornelius' Nachfolger. Ein großer Bahnbrecher für die realistische Kunst aber fehlte, und vor allem der Landschaftsmalerei gebrach bedeutende Anregung. Das war auch Kellers Verhängnis. Romantik und Realismus, geistreiche Spielerei mit den gegebenen Formen nach den Zwecken persönlicher Willkür und demütige Hingabe an das natürlich Gewordene bestritten sich in ihm. Aber er sah sich umsonst in München nach einem Meister um, der das erlösende Wort in diesem Zwiespalt sprach. Freilich, auch der tüchtigste Meister hätte den zum Dichter Bestimmten nicht zum großen Maler gemacht.

Der Mutter schrieb er, er sei «Eleve der Königlichen Akademie». Eingeschriebener Schüler aber war er nicht. Reinhard Sebastian Zimmermann (1815–1893) erzählt in seinen «Erinnerungen eines alten Malers» von dem damaligen Künstlerleben in München: «Man macht sich kaum einen Begriff, was für junges Volk sich damals (1840–1842) auf der Akademie herumtrieb ... Die Akademie war ein Rendez-vous für eine große Menge jugendlicher Müßiggänger, welche nur bei schlechtem Wetter oder etwa an bösen Wintertagen hier, bei gutem Wetter aber viel eher an der Isar aufwärts in der Menterschwaige, in Hesselohe und Pullach zu treffen waren ... Ich konnte nicht begreifen, wie man so ohne Wahl beinahe jeden, der sich meldete, aufnahm.» Man hörte viel von Streben, Kompositionen und Konturen sprechen. Ein ehrliches und methodisches Studium der alten Meister in der Pinakothek fehlte. Wer nicht gerade Bestellungen hatte, laborierte Jahr und Tag an einem Bild herum. Gewöhnlich wurde nur vormittags gearbeitet, nachmittags wurde gebummelt und gekneipt. Daneben spürte man auch, daß die Zeit der Klassiker und Romantiker, die Herrschaft von Karton, Stift und Kohle vorbei sei und daß der Maler nicht nur zeichnen und erfinden, sondern vor allem malen müsse. «So sehr auch die Schüler ihre Lehrer, und gewiß auch mit Recht, verehrten, so sehnten sie sich doch nach etwas anderem, was noch in der Luft schwebte. Am allermeisten fühlten dies vielleicht wir Zöglinge der Akademie; denn wir saßen zwischen zwei Stühlen und wußten bald nicht mehr, sollten wir uns nach links oder nach rechts wenden, sollten wir mehr zeichnen oder malen. Da war aber guter Rat teuer. Mit der jüngsten Vergangenheit schien man abschließen zu wollen, und für eine glückliche Zukunft gab es noch keine Schule. Es war die allerschlimmste Zeit.»

So war mancher unschlüssig, ob er überhaupt noch auf der Akademie bleiben solle. Wer Geld hatte, ging aufs Land und malte Landschaften. Andere sperrten sich mit ihren Farben ein und malten Stilleben; «jeder mußte für sich die Malerei erfinden. Ich besuchte einige von diesen Einsiedlern, die sich schrecklich abmühten, auf ihre Leinwand etwas Farbe zu bringen.»

Ganz gleich ist das Bild, das Friedrich Pecht (1814–1908) in seinem Buche «Aus meiner Zeit» (I, S. 232ff.) entwirft. Auch er spricht von dem «tastenden und suchenden Autodidaktentum» damaliger Münchener Künstler.

Liest man diese Schilderungen, die in Kellers Briefen an Hegi ihre peinliche Bestätigung finden, so meint man einen Abschnitt aus dem «Grünen Heinrich» vor sich zu sehen. Dort fühlt man sich, vor allem in der ersten Fassung, an die geschichtliche Auseinandersetzung zwischen der geistreichen Historienmalerei und der zaghaft tastenden, noch am Kleinlichen hangenden Naturdarstellung erinnert bei dem Gegensatz von Lys und Erikson, zwischen denen Heinrich in der Mitte steht. Sein Verhältnis zu der Historienmalerei mag der Zweikampf mit Lys bezeichnen, der an den Folgen stirbt; aber der mit der prachtvoll gesunden Rosalie ins Weite ziehende Erikson spricht über Heinrichs Malerei das Verdammungsurteil aus. Das ist das Fazit, das Keller aus seinem eigenen Streben in München zog.

Auch er gehörte zu der großen Schar der Unberatenen, ohne Führung haltlos Tastenden. Was dem Dichter später in Heidelberg die Bekanntschaft mit Feuerbach gab, den entscheidenden Gesichtspunkt zur grundsätzlichen Klärung des Verhältnisses von gedanklicher Innenwelt und sinnlicher Außenwelt, das fehlte dem suchenden Maler in München. In den ersten Wochen arbeitete er unter der Leitung seines Landsmannes Wilhelm Scheuchzer (1803–1863), der die Rottmannschen Arkadenfresken wiederholt kopiert, das illustrierte Werk «Das malerische Bayern» herausgegeben und für König Max sechs Wandgemälde, orientalische Landschaften, in Hohenschwangau ausgeführt hat. Keller malte mit ihm nach der Natur, dann blieb er plötzlich weg. Aber wohl nicht nur, weil Scheuchzer in den höchsten gesellschaftlichen Kreisen Dilettanten unterrichtete, sondern weil er sich durch ihn nicht gefördert fand in dem, was seine Natur bedurfte. Ein anderer Zürcher, Konrad Hitz (1798–1866), Porträt- und Genremaler, der in den sechziger Jahren ein Bildnis Kellers gemalt hat, wurde ihm erst später befreundet. Zu den trefflichen schweizerischen Kupferstechern Samuel Amsler, Heinrich Merz, Karl Arnold v. Gonzenbach verschaffte er sich keinen Zutritt. Später besuchte er das Atelier des einen und anderen Künstlers, so besonders das des Darmstädter Landschaftsmalers Julius Lange. Aber sie konnten ihm alle nicht helfen, da sie sämtlich keine führenden Persönlichkeiten waren, und die Mittelmäßigkeit, auch wo sie Tüchtiges leistete, besaß für Keller keine erlösende Kraft, da auch der noch Unfertige sie potentiell überragte und ihre Unzulänglichkeit durchschaute.

Nicht fruchtbarer war der Einfluß der Sammlungen. In den Ausstellungen des Kunstvereins mochte ihm 1841 Riedels Judith begeistertes Lob entlocken. In der Pinakothek sprachen die großen Meister eine beredte Sprache; aber sein eigenes Können reichte nicht hin, auszudrücken, was er fühlte und wollte.

Eines Tages lief er König Ludwig I. flüchtig über den Weg. Im Lokale des Kunstvereins betrachtete er Bilder, als die Majestät mit einigen Herren erschien. Keller flüchtete von Zimmer zu Zimmer, bis im hintersten kein Ausweichen mehr möglich war. Hier vertiefte er sich anscheinend eifrigst in ein Gemälde. Der König nahte, und jener trat ehrerbietig zurück. «Auch Künstler?» fragte ihn jener. «Ja, Majestät», antwortete er tapfer. Immerhin habe ihm das Herz mehr als gewöhnlich geklopft, meinte er abends zu den Freunden. Der anwesende Rudi Leemann hielt die Erzählung für Schwindel. Als sie jedoch am nächsten Vormittage zusammen in die Schwanthalerstraße einlenkten, stießen sie auf den König. Ludwig schritt an Keller vorbei und schlug ihm leicht auf die Achsel mit den Worten: «Haben uns auch schon gesehen!»

In den Bildern, die in München entstanden, können wir, soweit wir sie noch kennen, das hin und her schwankende Tasten des Unberatenen sehen. Eine in Öl gemalte ossianische Landschaft aus dem Jahr 1841, die sich jetzt, samt dem Karton, in Zürich befindet, beschreitet den Weg der großen romantischen Landschaft. Malerisch zerklüftete Felsen im Vordergrunde rechts und links. Dann folgt, als schmales Band das Bild quer durchziehend, ein Streifen Föhrenwald, dahinter ein See, dessen Ufer rechts zu einem gigantisch zerrissenen Felsenhaupt ansteigt, vor dem zwei Steinzähne als Grabzeichen melancholisch aus der Halde ragen. Weiterhin endlos gedehnte Föhrenwälder und Wiesen, von Felsblöcken überragt, und das Meer. Der Horizont ein schön geschwungener Hügelsaum. Darüber machtvoll geballtes Gewölk. Das Ganze von kraftvoller Stimmung und im einzelnen trefflich durchgebildet, aber zu reich an Motiven. Der Felsen rechts, so imponierend er sich erhebt, vermag die Fülle von Stein- und Baumgruppen nicht zur Einheit zusammenzuzwingen.

Noch 1843 suchte Keller sein Heil auf diesem Wege. Damals entstand der Karton einer mittelalterlichen Stadt. Deutlich ist Dürers Einfluß zu spüren. Ein Städtchen baut sich auf einer Höhe auf. Man tut einen Blick in die steile Hauptgasse, die von spitzgiebligen Häusern umrahmt ist. An den Fassaden und Giebeln ein reiches Zierwerk von Malerei und Bildhauerei. Einzelne Partien sind von Staffagefiguren traulich belebt. Das Ganze voll schönster Stimmung und fabulierender Phantasie, etwa den Bildern Albert Weltis gleichend, aber infolge des Zuviel auseinanderfallend. Die Gasse, die das Mittelstück des Städtchens selber bilden soll, wird von dem allzu reichen Rahmen erdrückt. Schwind und Ludwig Richter, die ähnliche Motive behandeln, sind sparsamer gewesen.

Diesen Versuchen im romantischen Idealstile stehen dann reine Landschaften gegenüber. So eine idyllische Partie an einem Waldsee aus dem Jahre 1841. Auf dem felsigen Ufer rechts sitzt ein Fischer mit der Angelschnur. Hinten mündet ein Bach in das stille Gewässer. Dann, aus der gleichen Zeit stammend, ein reizvoller Blick auf das Limmattal von der Höhe des Zürichberges hinter dem «Schlößli» und «Susenberg». Im Vordergrund erheben sich zwei mächtige, sorgfältig modellierte Föhren mit fast pinienartigen Kronen, in denen das schwindende Abendrot verglüht. Beide Bilder aber sind nicht vor der Natur selber geschaffen. Das erste ist eine komponierte Landschaft, wie Berlepsch nachweist: hätte Keller nach der Natur gemalt, so hätte er gesehen, daß «Objekte, die am Rande ruhiger Gewässer stehen, sich nicht bloß im Vordergrunde spiegeln», und er hätte das Schilfgebüsch nicht aus steinigem Grunde wachsen lassen. Ebensowenig ist der Blick ins Limmattal eine gesehene Landschaft. Da sie in München entstanden ist, muß Keller nach einer alten Skizze gearbeitet haben.

Angesichts solcher Bilder gewinnt eine Stelle des «Grünen Heinrich» tiefere Bedeutung als Zeugnis für Kellers eigenes Verhältnis zur Natur und Landschaftsmalerei: «Da Heinrich seine Jugendjahre meistens im Freien zugebracht, so bewahrte er in seinem Gedächtnisse, unterstützt von einer lebendigen Vorstellungskraft und seinen alten Studienblättern, eine ziemliche Kenntnis der grünen Natur, und dieser Jugendschatz kam ihm jetzt gut zustatten; denn von ihm zehrte er diese ganzen Jahre. Aber dieser Vorrat blaßte endlich aus, man sah es an Heinrichs Bäumen; je geistreicher und gebildeter diese wurden, desto mehr wurden sie grau oder bräunlich, statt grün; je künstlicher und beziehungsreicher seine Steingruppierungen und Steinchen sich darstellten, seine Stämme und Wurzeln, desto blasser waren sie, ohne Glanz und Tau, und am Ende wurden alle diese Dinge zu bloßen schattenhaften Symbolen, zu gespenstigen Schemen, welche er mit wahrer Behendigkeit regierte und in immer neuen Entwürfen verwandte.»

Um so lebhafter empfand Keller die Notwendigkeit, aufs Land zu gehen, unmittelbar vor der Natur zu malen. Er werde, schreibt er der Mutter schon am 21. Mai 1840, mit dem Maler Scheuchzer, welcher sich viele Mühe mit ihm gebe, etwa für vier Wochen aufs Land gehen. Der Ausflug kam zustande, aber schlechtes Wetter trieb die Maler nach kurzer Zeit wieder in die Stadt zurück. Zwei Jahre später, am 21. März 1842, meldet er der Mutter wieder, er werde den ganzen Sommer über ins Gebirg gehen, um nach der Natur zu zeichnen (was er nun schon zwei Jahre nicht mehr getan habe und sein größter Schaden gewesen sei), damit er im Herbst und über den Winter Stoff zu Bildern habe. Also zeichnen, nicht malen, um für die schlechte Jahreszeit Stoff zu Gemälden zu haben! Das spricht deutlich genug für die Kunstauffassung, die damals unter den Landschaftern in München im Schwange war.

Und zu dieser künstlerischen Ratlosigkeit kam nun noch die menschliche Not. Seit dem Eintritt in den neuen Lebenskreis befand sich der junge Künstler unausgesetzt in Bedrängnis.

«Ich habe am Anfange», schrieb er der Mutter am 27. Juni 1840, «gewaltig gegeizt und bin nirgends hingegangen. Wann ich an einem Tag etwas übers bestimmte Maß hinaus gebraucht habe, so fraß ich den andern gar nichts; allein das war sehr dumm. Ich muß mir die Fremde nicht nur in Hinsicht der Kunst, sondern auch in anderer gesellschaftlicher Beziehung zunutze machen; denn ich war von Hause aus in vielen Sachen noch sehr ungeschliffen und schüchtern, und das ändert sich nicht, wenn man in der Fremde hinter dem Ofen hockt. Ich mische mich also unter die Leute und lerne von jedem, was zu lernen ist.»

Dieser Grundsatz, so sehr er für den Bildungsernst Kellers spricht, war für seinen Geldbeutel verhängnisvoll; denn daß das Leben in der Welt Geld kostet, mußte schon Lessing in Leipzig erfahren. Das aber wollte der Mutter zu Hause, hinter der wohl der Oheim Vormund stand, nicht so recht in den Kopf, und schließlich wußte sie ja auch, daß ihr Sohn das Sparen nicht erfunden hatte. So verabreichte sie ihm die 150 Gulden, die die Glattfelder Waisenbehörde unwillig herausgegeben, in kleinen Portionen. Wenn dann so ein Sümmchen mit den üblichen «Lebenspredigten» eintraf, wurde es von den vorhandenen Schulden verschlungen oder reichte vielmehr in der Regel nicht einmal zu ihrer Deckung hin. Die Briefe Kellers an seine Mutter sind eine qualvolle und peinliche Lektüre; unablässig rauscht durch sie das graue Regengeriesel der Not.

Schon Ende Juni 1840 hatte er der Mutter von dem ungesunden Klima Münchens geschrieben; viele Schweizer seien am Nerven- und Schleimfieber krank. Mitte August warf es ihn selber darnieder. Vier Wochen mußte er an Typhus das Bett hüten. «Nach der Beschreibung meiner Köchin», schreibt er am 9. September 1840, «muß ich schreckliche Sachen gemacht haben. Ich bin aber selbst schuld, daß es solang gegangen ist; denn ich klebte im Anfang immer umher und wollte mich nicht entschließen, einen Doktor zu nehmen, bis es die höchste Zeit war. Man sagte mir erst nachher, es hätte mich bald genommen.» Vierzehn Tage lag er meist ohne Besinnung und erinnerte sich später nur noch, wie zuweilen ein Landsmann vor sein Bett trat mit der teilnehmenden Frage: «Hat's dich, Strabo?» Hegi, der selbst kurz zuvor einen ähnlichen Typhusanfall überstanden, wachte einst eine Nacht bei ihm. Noch lange machte Keller sein Kahlkopf Sorge. Zur gleichen Zeit, da der Sohn krank darniedergelegen, hatte ihm die Mutter geschrieben: «Mir träumte letzthin von Dir, nämlich Du seiest heimgekommen in zerrissenen Kleidern und so mager und blaß, daß ich erschrak über Deinem fürchterlichen

Aussehen. Trage doch Sorge und Ordnung für Deine Gesundheit und Kleider, daß ich nicht so etwas erleben muß!»

Apotheker- und Arztrechnung verschlangen ein hübsches Sümmchen, und als Gottfried Keller nach Hause um Geld schrieb, meinte der Oheim mißtrauisch, der Neffe sei etwa in Schulden geraten und habe dafür eine Krankheit angegeben. Zu Ende September waren die 150 Gulden aufgebraucht, und unter mühsamen Schwierigkeiten konnte die Mutter den Rest von Gottfrieds Vermögen, 86 Gulden, von den Glattfeldern erhalten. Das mußte wieder bis zum nächsten Frühjahr reichen.

Inzwischen aber ließ Keller sich, als seine Kraft wiedergekehrt war, von seinem Humor und seinem unverwüstlichen Jugendmut und nicht zum wenigsten von seinem starken Persönlichkeitsbewußtsein über die Misere tragen. Er weigerte sich beharrlich, mit Kolorieren sein Brot zu verdienen. Er besuchte mit seinen studentischen Freunden den Fechtboden, der Bewegung wegen und um sich in Respekt zu setzen. Im Frühjahr 1841 gab er dem nach Hause reisenden Curti mit den Freunden auf der neueröffneten Eisenbahn das Geleit bis Augsburg. Aber die Lustigkeit, die er zum besten gab, war oft genug bitterster Galgenhumor, und Verzweiflungsstimmungen über seinen verfehlten Beruf waren nicht selten. Als er nach der Augsburger Fahrt wieder einmal «auf dem räudigsten und schäbigsten Hund ritt, den es je gegeben», gestand er Hegi, er gebe keinen Pfifferling mehr um seine Kunst, und es koste ihn nicht die geringste Überwindung, nach Hause zu gehen und Grempler (Trödler) zu werden. Der Oheim hatte nicht so ganz Unrecht. Der Neffe lebte zeitweise recht flott aus eigenem und fremdem Geld und genoß das Künstlerleben samt der edlen Kunst zu faulenzen in vollen Zügen. Der «lustige Keller», wie er sich in einem Briefe an Hegi unterschreibt, dürfte unter den Schweizern in München sprichwörtlich gewesen sein. Dennoch lag ihm alle Windbeutelei fern, und im Grund seiner Seele war ein tiefer Ernst und das redliche Streben des Rechten. «Das einzige, was mir Angst macht», gesteht er Hegi in einer Verzweiflungsstimmung nach der Augsburger Fahrt, «ist die Furcht, ein gemeines, untätiges und verdorbenes Subjekt zu werden, und ich muß mich ungeheuer anstrengen, bei dem immerwährenden Peche dies zu verhüten; und nur durch gute Lektüre habe ich mich bisher noch solid erhalten.» Der treue Hegi mußte ihm ernstlich den Kopf zurechtsetzen: «Verhält sich aber die Sache so: ist Kellerchen trotz Moral und guter Lektüre doch auf'm Weg ins tiefste Kot. Denn allem Anschein nach lebst Du so fort ohne Plan; denn Deine Hoffnung von einem Bild zum andern wirst Du nicht Plan nennen wollen, und lässest, wie man sagt, gute Vögeli sorgen, lebst unterdessen, fast glaube ich aus Unmut und Zerstreuung suchend, lustig fort, immer von der Zukunft die Lösung des Knotens erwartend. Wie aber, wenn die Lösung nicht käme? Oder wenigstens länger ausbliebe, als Du es aushalten kannst? Denn daß sie nie kommt, glaube ich gar nicht. Da könnte es am Ende doch noch trotz aller Moral sehr unmoralisch ausläuten und das erfolgen, wovor Du Dich jetzt noch fürchtest. Meine Ansicht war sogleich die: Keller muß sich zuerst *genau* prüfen, ob ihm die Kunst von Herzen lieb ist, buchstäblich, wie sein eigenes Leben. Findet er nach genauer Prüfung, daß, wenn er harte Proben, und zwar weit über den Anfang hinaus, zu bestehn hat, er solche nicht ertragen möchte und ihm die Kunst ganz entleiden würde, so tut er viel besser, er führt sein Wort aus, und zwar so schnell als möglich, indem er nach Haus geht und entweder ein Schwengel gibt oder sonst was, wozu ihn Neigung und Verhältnisse treiben ... Oder aber: mein Freund ist überzeugt, nur in der Kunst könne er das erstreben, wonach er zeitlebens trachtet; dann biete ich ihm die Hand und sage: so wirst Du auch die nötige Kraft finden, Mühe und Ungemach zu ertragen, die Dir vielleicht den Anfang Deines Strebens sauer machen. Wäre nicht mit Lithograph etwas zu machen für den Anfang? Rede doch einmal mit Herrn Scheuchzer. Auf jeden Fall bitte ich Dich, gib der Kunst nicht Abschied, ehe Du alles mögliche getan hast! Wenn ich mir denken müßte, Du stündest von Deinem Vorhaben, Künstler zu werden, ab, es täte mir in der Seele weh; denn ich freute mich Deiner, seitdem ich Deine Studien gesehen habe, und hoffte keinen ordinären Landschafter an Dir zu erleben.»

Hegis Cerevisname «Morgenstunde» hatte sich wieder einmal bewährt: es strotze von Gold, meinte Keller, was er aus seinem Munde habe fließen lassen. Wieder raffte er sich auf. Er sah ein, daß er das Seinige nicht genügend getan, arbeitete eine Zeitlang von morgens sieben Uhr bis abends sieben Uhr und vergaß vor seiner Staffelei alle Kümmernisse. «Wenn ich abends wieder ein gutes Stück meiner Leinwand beschmiert habe, so mache ich mit meiner Gitarre einen so tollen Lärm, als ob ich zehn Kapaunen zu Mittag gespeist hätte anstatt der Hundemahlzeit.»

Aber immer wieder fuhr «der Teufel des Müßigganges» in ihn, so sehr er sich anstrengte, ihm «das Loch zu vermachen». Im Oktober nahm er an einer zweiten Suite nach Augsburg teil. Diesmal galt es, dem in die Schweiz reisenden Hans Bendel das Ehrengeleite zu geben. Rittmeyer, Leemann, Werdmüller, der Schaffhauser Mediziner Wepfer und andere gingen mit. Die Gesellen waren eben, im Begriff zur Heimfahrt aufzubrechen, mit der Berichtigung der Zeche beschäftigt, da bestellte Gottfried Keller einen Ehrenpunsch, dessen Kosten mit den vereinigten Mitteln nicht mehr bestritten werden konnten. Hegi schrieb eilends um Geld nach München. Durch einen Irrtum gelangte es verspätet in seine Hände, und er eilte selbst in die Residenz zurück, die Freunde auf einige Tage als Pfänder dem ehrenwerten Herrn Gastgeber Johann Friedrich Mußbeck «Zum Mohrenkopf» in Augsburg zurücklassend, bis sie ausgelöst werden konnten.

In sein Schreibbuch trug Keller im Jahre 1841 die Verse ein:

Ich treibe wie ein Schiff auf wilder Flut
Das, günst'gen Wind entbehrend, nicht dem Strome
Zu widersteh'n vermag. So bin ich täglich
Entschlossen, meinen Lastern zu entsagen:
Gewohnheit, Umständ' und Versuchung schleudern
Mich wiederum ins Meer. – O Himmelshauch!
Mögst du des schwachen Schiffes Segel schwellen,
Das ohne dich den Hafen nie erreicht!

Im August faßte er einen energischen Entschluß. Seit Neujahr hatte er zwei fertige Bilder auf der Staffelei stehen, allein kein Geld, um Rahmen zu kaufen. Seine Absicht, mit erfahrenen Malern ins Tirol zu reisen und unter ihrer Leitung nach der Natur zu arbeiten, war bis jetzt vereitelt worden. Verkauft hatte er noch nichts, obwohl zwei Aquarelle, die er anfangs 1841 im Kunstverein ausgestellt, als «keck gemacht» und «artig komponiert» gerühmt worden waren. Jetzt legte er der Mutter am 13. August seine Lage offen dar und bat um radikale Hilfe. «Ich weiß alle Hauptsachen und habe auch Ideen und Auffassungskraft, habe hier vieles gelernt; aber es fehlt mir immer noch an Übung und derjenigen Vollkommenheit, die notwendig ist, um ein gutes Bild, das von Kennern gekauft wird, zu malen.» Um aber etwas Rechtes werden zu können, muß er sich auch ein rechtes Ansehen geben können und die Hände frei haben. «So schäbig an der Sonne herumzusteigen, ist mir einmal nicht möglich ... immer nur mit Wenigem hausen müssen, jeden Kreuzer zusammenstecken, damit man am Ende des Monats den Zins geben kann, ist mir durchaus nicht gegeben ... Unter solchen Lumpenumständen kommt man zu nichts ... Jetzt ist schon der zweite Sommer, wo ich keinen Strich nach der Natur machen kann, und das gereicht mir zum größten Nachteil.» Wenn er nur *ein* Jahr noch sorgenlos seiner Ausbildung leben kann, so kann er getrost der Zukunft entgegensehen. So bittet er die Mutter, 500 Gulden auf das Haus aufzunehmen und sie ihm für sein Studium zur Verfügung zu stellen. Und um seinen Bitten mehr Nachdruck zu geben, weist er die Mutter an den Zürcher Historienmaler Ludwig Vogel. Er will Bilder nach Zürich schicken und sie ausstellen lassen, damit man sich ein Urteil über ihn bilden kann.

Die Mutter empfing den Brief nach der Rückkehr von Glattfelden, wo sie einige Wochen mit Regula geweilt. Sofort begab sie sich zu Ludwig Vogel. «Ich schilderte ihm», erzählt sie dem Sohne am 26. August, «Deine Lage und sagte ihm alles. Er fragte, bei wem Du hier gelernt? Ich sagte: bei Steiger und – auf welche Weise – bei Meyer. ‚Ach, ersterer', sagte er, ‚war ja gar nichts! Ich kann nicht begreifen, wie so viel junge Leute, die etwa Talente zum Zeichnen haben, sogleich die Idee fassen, Künstler zu werden, und dann unvorbereitet auf die Akademie ziehen, wo es so viel Geld kostet. Ja, da braucht es ein großes, ausgezeichnetes Genie zu haben, welches nur eine Seltenheit ist. Ein solches Genie braucht dann noch eine Reihe von Jahren, bis es sagen kann: ich bin Künstler. Es gibt freilich auch genug mittelmäßige Künstler, die aber heutzutage immer nach Brot gehen und sich mühselig und schwer durchbringen müssen. Sollte Ihr Sohn einer von letzteren sein (ich kenne ihn zwar nicht), so möchte ich ihm gutmeinend raten, etwas anders anzufangen, weil er noch jung ist. Wenn er gut zeichnen kann, so ist dieses ja zu vielen Fächern nützlich und gut.' Ferner sagte er mir: ‚Ich bin sechs Jahre auf einer Akademie gewesen und konnte noch wenig oder nichts. Ja, ich weiß, was ich meine Eltern gekostet habe, und dennoch habe ich mich eingeschränkt, bin nirgends in Gesellschaft, in keine Wirtshäuser und immer in einem alten abgeschabenen Rock umhergegangen' usw. Ich sagte ihm endlich, daß Du geschrieben, Du wolltest zwei Bilder herschicken und ihn ersuchen, seine Meinung mir darüber zu sagen und womöglich die Bilder ausstellen lassen. ‚Ja, sie müssen recht schön und gut gemacht sein', sagte er, ‚wenn sie ausgestellt werden! Dann schreiben Sie nur Ihrem Sohn (wenn Sie ihm schreiben), er soll nicht an mich schreiben, denn das Schreiben ist mir schrecklich verhaßt. Ich lasse mich nie in gar keine Korrespondenz ein; ich muß sozusagen recht in der Not sein, bis ich mich zum Schreiben hinsetze. Wenn ich die Sache sehe, so will ich Ihnen meine Meinung darüber sagen. Übrigens könnten Sie auch noch zu andern Künstlern gehen, welche dieses Fach noch besser kennen, zum Beispiel Herr Meyer im Meyershof, oder Herr Ulrich. Kennen Sie diese nicht?' Nein, sagte ich, ich kenne keinen von beiden. Ich empfehlte mich nun bei ihm und ging. So freundschaftlich und geschwätzig er mir vorgekommen, so schien es mir doch, als wollte er sich gerne ablehnen. Noch etwas sagte er mir, ob Du inzwischen nichts verdienen könnest, zum Beispiel etwa kolorieren. Nein, sagte ich, diese Arbeit sei Dir verhaßt. – ‚Daß Ihr Sohn nicht gern koloriert, dünkt mich kurios. Es soll sich keiner schämen zu arbeiten, sei es, was es wolle. Ich kenne einige große Künstler, welche keine Mittel von Hause hatten, welche solche Arbeit taten, nur um sich momentan Geld zu verdienen. Einer ging sogar auf der Akademie in eine nahegelegene Fabrik und malte auf Tabakdosen, Teebretter usw.' Ich ging endlich fort, und zwar mit schwerem Herzen. –

Du hast nun in kurzer Zeit vieles erfahren, hast auch einen Vorschmack von Not und Mangel; allein es könnte mit der Zeit noch schlimmer kommen. Nicht, daß ich Dich von Deiner Kunst abhalten will, aber meine mütterliche Meinung darf und muß ich Dir doch sagen – – – Was hast Du doch von einem Leben, wenn Du mit Not und vielen Schwierigkeiten Dich durch die weite Welt schleppen mußt, um höchstens Dir nach dem Tode ein bißchen Lob und Ruhm zu erwerben! während Du in Deiner Heimat ein bequemes Leben und Deiner Mutter Freude und Erleichterung machen könntest. Herr Vogel sagte als ein erfahrener Kenner und Künstler, daß er niemals imstande wäre, seine Familie von seiner Kunst zu ernähren; obgleich man überall sagt, daß die Leute sehr einfach und hauslich leben. Bedenke daher Deine Zukunft! Gott leite Dein Schicksal zu Deinem und meinem Glücke!»

Die Auskunft Vogels gab der Mutter keinen Mut, für den Sohn ihr Haus zu belasten; sie begnügte sich mit einer Spende von vier Louisdor, denen ihre Freundin, Frau Dekan Schinz, noch zwanzig Franken beifügte, ohne Vertrauen auf Kellers Talent gegeben und von ihm mit saurer Miene angenommen. So unterließ er, um die großen Spesen zu sparen, auch die Sendung der Bilder nach Zürich und schlug sich durch, so gut es ging. Die Mutter suchte er durch kühne Pläne über sein Elend hinwegzutäuschen. Er werde, schrieb er ihr im November, in einem Jahre nach Berlin und Düsseldorf gehen und hoffe, «wenn er kein besonders schlechtes Schicksal habe», in zwei Jahren nach Italien ziehen zu können. Er nahm auch wirklich Italienischunterricht. Indes kam der Winter. Es fehlte an Holz und warmen Kleidern. Zudem war er die Miete noch schuldig. Seine Hausfrau verklagte ihn, und die Münchener Polizei sandte derjenigen von Zürich eine Note. «Letzten Samstag», berichtet die Mutter am 7. Dezember, «wurde ich auf das Stadthaus berufen. Herr Stadtpolizeisekretär Wild war da und fragte mich folgendes: ‚Haben Sie einen Sohn?' Ja. – ,Wo ist er?' In München. – ,Was ist er?' Ein Maler studiert er. – ,Hat er Ihnen erst geschrieben?' Ja. – ,Hat er Ihnen um Geld geschrieben?' Ja. – ,Schicken Sie ihm?' Ja. – ,Haben Sie keine Gründe, ihm keines zu schicken?' Nein, ich weiß keine. – ,Hat er noch väterliches Vermögen?' Nein. Ich bitte Sie, was bedeuten diese Fragen? – Ich stand dort voll Schrecken und konnte kein Wort mehr sprechen. Er bemerkte dieses und sagte weiter: ,Es ist nicht so gefährlich. Ich will Ihnen sagen: die Polizei von München hat an die hiesige geschrieben, daß er einige Schulden habe, die er pflichtmäßig anerkannt und angegeben, daß er Geld von Hause erwarte; desnahen will die Polizei dort wissen, ob es wahr ist. Denn sonst machen sie es kurz. Man nimmt ihm weg, was er hat, und schickt ihn fort zur Stadt hinaus. Drum sag' ich Ihnen, wenn Sie Gründe gegen Ihren Sohn haben von Leichtsinn und Liederlichkeit, so müssen Sie ihm kein Geld schicken. Sie können ihn der Polizei überlassen. Ich kenne Ihren Sohn. Hier hat er mit leichtsinnigen Burschen Umgang gehabt; wann er dort auch solche hat, so mag er wohl in Schulden gekommen sein! Sie können aber machen, was Sie wollen.' Mit künftiger Woche, sagte ich, werde ich Geld schicken. ,Nun, so wird die hiesige Polizei berichten, daß er kein väterliches Vermögen mehr habe; hingegen werde er von seiner Mutter Unterstützung erhalten, womit er die Schulden decken könne.'»

Die arme, tödlich erschrockene Mutter tat jetzt den Schritt, vor dem sie sich im Innersten scheute. Sie entlehnte «mit nicht geringer Mühe und Umtrieb» bei Frau Dekan Schinz dreihundert Gulden. Auf Seitenwegen trug sie die Hälfte dieser Summe als großes, unförmliches, überall mit Schnüren und vielem Siegellack befestigtes Paket in ihrem Ridikül auf die Post und eilte dann, wie wenn sie etwas Unrechtes verübt hätte, wieder heim auf ihr Sorgenstühlchen am Spinnrad. Ganz wie im «Grünen Heinrich», dessen Schuldenwesen keine dichterische Erfindung ist.

Unter der schweizerischen Malerkolonie scheint damals eine bedenkliche Armut geherrscht zu haben. Keller erzählt in einem Briefe von einem Bekannten, der in schlechte Gesellschaft gefallen sei und lange nichts mehr gearbeitet habe. Dieser sei so übel daran, daß er kein eigenes Zimmer mehr besitze, sondern sich auf der Bude eines andern versteckt halten müsse, weil seine Gläubiger ihn polizeilich aufsuchen ließen. Die beiden brächten den ganzen Tag mit Spielen zu, was ihnen fürs Essen gehe.

Im Februar 1842 winkte dem armen Kerl ein bescheidener Glücksstern. Der Münchener Kunstverein, dessen Mitglied er im Juli 1840 geworden war, hatte zum Ankauf von Bildern für die Verlosung noch eine Summe zur Verfügung und lud eine Anzahl Maler, darunter auch Gottfried Keller, ein, kleinere Bilder im Werte von sechzig bis achtzig Gulden einzureichen. Vergnügt lief er nach Hause, holte eine fertige Landschaft und zeigte sie vor. Man nahm sie an und einigte sich auf den Preis von sechs Louisdors. Nur sollte er noch eine kleine Abänderung machen. Er eilte heim, pinselte schnell an dem Bild herum, stellte es, weil die Verlosung schon in zwei Tagen vor sich gehen sollte, zum raschen Trocknen an den Ofen und verfügte sich darauf in die Kneipe, um ein Glas Bier auf den glücklichen Handel zu trinken. Wie er am folgenden Morgen das Gemälde vom Ofen wegnehmen wollte, war seine arme Landschaft von oben bis unten angebrannt! Sie prangte aber später doch in den Sälen des Kunstvereins, wenn auch nicht von ihm selbst gemalt. Keller erzählt im «Grünen Heinrich», wie Heinrich einst ein Bild ersonnen habe, um es auszustellen. Er ersucht einen bekannten Künstler, einen erfahrenen Meister der Technik, um sein Urteil. Dieser verfertigt, vor dem Bilde stehend, eine verbesserte Zeichnung von Heinrichs Werk und steckt sie dann ruhig ein, indes Heinrich sein Bild nach den Ratschlägen des andern zu verbessern sucht. Wie er an einem Sonntagmorgen in die Ausstellung kommt, hängt in einem Saale, mit flinker Technik von dem Meister gemalt, derselbe Gegenstand, den er behandelt. Der skrupellose Konkurrent war Julius Lange aus Darmstadt (1817–1878), der spätere Münchener Hofmaler.

Eine Episode in den Aufzeichnungen Hegis wirft ein grelles Licht auf Kellers Gemütszustand in dieser Zeit.

«Am ersten Mai», so erzählt Hegi, «ziehen die verschiedenen Künstlergesellschaften in corpore aufs Land, das Frühlingsfest zu feiern. Es war im Jahre 1842. Gottfried und ich (Wydler war inzwischen nach Gießen abgegangen) verabredeten mitzugehen. Wir gehörten zwar – außer dem Kunstverein – keiner Gesellschaft an, hatten aber überall Bekannte. Mein Freund trug sein spanisches Rohr als Waffe bei sich, ich den Ziegenhainer. Außerhalb der Stadt schlossen wir uns dem Zuge an.

Ein wonniger Frühlingsmorgen brachte die Teilnehmer in die entsprechende Stimmung. Die erquickende Luft, das Knospen des jungen Laubes ließ jegliche Mühsal des Lebens vergessen. Das Ziel unserer Wanderung bildete der Wald von Großhesselohe. Über den Bäumen lag erst ein grüner Hauch, der den Sonnenstrahlen nicht verwehrte, uns kräftig warm zu halten. Auch für die leiblichen Bedürfnisse war bestens Sorge getragen. Gefüllte Bierwagen standen unter den Bäumen, und ganze

Hämmel schmorten am Spieße. Wir versahen uns mit einem schäumenden Kruge und ließen uns an einem hübschen Plätzchen nieder. Man pflanzte die Stöcke hinter sich in die Erde, hängte Rock und Mütze daran, steckte die Pfeife in Brand und gab sich gemütlicher Plauderei hin. Nach genügender Erfrischung erhoben wir uns zu einem Gange durch den Wald und zum Besuche der verschiedenen malerisch gelagerten Gruppen. Aber was ist denn meinem Gottfried? Er steht da und starrt tödlich erschrocken seine auf dem Boden liegenden Kleidungsstücke an. Kein Zweifel: sein Meerrohr ist verschwunden. Er wirft sich in seinen Rock, stülpt die Mütze auf und ist plötzlich weg. Ich ihm nach, Krakeel befürchtend. Der blieb denn auch nicht aus. Denn wie ein Adler auf seine Beute schießt, stürzte er auf alle Stöcke, die einem Rohr ähnlich sahen, los, riß sie den Trägern ohne ein Wort der Entschuldigung aus den Händen und gab sie ihnen ebenso zurück. Die Erklärung resp. Besänftigung fiel überall mir zu. Glatt lief's nicht immer ab. Der eine nahm es für einen übermütigen Streich, der andere für eine Grobheit und mußte beschwichtigt werden. Dann schnell dem Ergrimmten wieder nach, um neuen Spektakel zu verhüten. Zwischenhinein wurde immer wieder eine Maß getrunken. So ging die wilde Jagd fort, bis alle Hoffnung, den gestohlenen Stock zu entdecken, geschwunden war. Noch eine kurze Rast, aber in gedrückter düsterer Stimmung. Die Lust zu dem saftigen Hammelbraten war durch die Aufregung längst vergangen. Zu guter Zeit ordnete sich der Zug der Künstler und setzte sich in fröhliche Bewegung nach der Stadt zurück. Wir zwei aber schlugen stumm einen Nebenweg ein, der über eine Anhöhe längs der Straße hinlief. Noch eine Weile sahen wir die flatternden Banner und hörten Gesang und Musik. Dann wurde es still. Am Abendhimmel stand ein Gewitter. Gottfried Keller setzte sich an den Rand des Weges und fing heftig zu weinen an. Ich suchte ihn lange vergeblich zu trösten und hatte schließlich Mühe, ihn zur Rückkehr nach München zu bewegen. Da ich nicht von seiner Seite wich, erhob er sich endlich und schritt mit mir durch die Nacht der Stadt zu.

Damals konnte ich mir nicht erklären, daß der Verlust des Stockes ihn so gänzlich außer Fassung gebracht hatte. Später begriff ich es. Es war nur der letzte Tropfen in den übervollen Becher des Kummers. Seine unsichere ärmliche Lage, fehlgeschlagene Künstlerhoffnungen bedrückten und bestürmten sein aufgeregtes Gemüt, und die Wellen warfen das Schiffchen nach allen Seiten.»

Kurz darauf versuchte Keller sein Heil mit einem Bilde auf der Zürcher Ausstellung. Am 11. Mai sandte er es ab. Woche um Woche verging, ohne daß er Nachricht erhielt über die Ankunft und Aufnahme des Bildes. Da bat er am 10. Juni die Mutter um Auskunft. Sie schrieb ihm am 11. über das Schicksal der Sendung, das Bild sei seit acht Tagen ausgestellt. «Statt dreizehn Tag war es achtzehn auf der Reise. Den 28. Mai ist es hier angekommen und blieb in einem Zimmer, wo die angekommenen Bilder alle ausgepackt wurden, liegen bis den 4. Juni. Alle, die Dich kennen, waren begierig, dieses Stück zu sehen, weil Dein Name im Katalog, das Bild mit der Nr. 104 bezeichnet war, allein über drei Wochen fand sich diese Nummer nirgends. Ich selbst war ärgerlich über Dich und dachte, was wohl die Herren von Dir denken werden. Endlich vernahm ich eben heute acht Tag von einem Abwart bei der Ausstellung, daß Dein Bild dort in einem Zimmer sei, erstens wegen Mangel an Platz, zweitens weil es, ganz voll Dreck und Mist, auf der Fuhre von Regen verdorben sei und nicht konnte ausgestellt werden. Das war mir ein nicht geringer Schrecken. Ich fragte diesen, ob ich das Bild nicht sehen könnte. Ja, sagte er, ich soll nur mit ihm kommen, indem er ein Schlüssel bei sich hatte. Ich ging und sah mit Bedauern die Kotspritze und Mist auf dem Gemälde. Auf dem Heimwege ging ich zu Frau Dekan und sagte ihr dieses Mißgeschick. Sie gab mir den Rat, zu einem gewissen Herrn Bernhard im Bleikerweg zu gehen. Dieser sei auch in der Künstlergesellschaft und ein guter Sachkenner; obgleich kein Künstler, so könne er ganz verdorbene Bilder wieder in Ordnung bringen. Ich säumte nicht und ging hin; er hatte schon Kenntnis von Deinem Bilde; er habe es selbst ausgepackt, sagte er, allein bis anhin habe er noch kein Auftrag erhalten, es in Ordnung zu machen; es seien noch mehrere Sachen, welche dann mit diesem noch ausgestellt werden.

Ich bat ihn dringend, er möchte doch heute noch hingehen, weil mir viel daran gelegen sei, wenn das Bild könnte in die Verlosung genommen werden. Er versprach mir diese Gefälligkeit zu tun, allein in die Verlosung könne er mir keine Hoffnung machen. Er habe an dem Bilde viel Gutes bemerkt; aber besser wäre es, wenn's viel kleiner und etwas nach der Natur wäre; so wäre es viel verkäuflicher. Die Herren, welche in der Kommission bei der Auswahl seien, wählen nur die ausgezeichnet schönen Bilder, und überdies gehe es sehr schlecht mit den Aktien, da bis dahin bloß vier Stück in die Verlosung genommen wurden, und diese seien noch nicht bezahlt.

Ich studierte nun immer, durch welche Quelle ich Dich noch empfehlen könnte. Ich ging zu Herrn Oberkugler, welchen ich kenne, und bat ihn etwas beizutragen. Er versprach sein möglichstes zu tun, sagte dabei aber das gleiche, daß es sehr schlecht gehe, weil eben kein Geld vorhanden sei. Das Bild habe er gesehen: es habe recht gute Stellen; allein die Herren wählen ausgezeichnete Stücke.

Ich wagte noch ein Schritt und ging mit Zittern zu Herrn Burgermeister Heß, welcher bei der Auswahl ist. Ich wurde sehr freundschaftlich empfangen. Ich ersuchte ihn, wenn das Bild untadelhaft sei, daß es möchte in die Verlosung aufgenommen werden. Er sagte, er habe es noch nie gesehen, wolle mir nur sagen, daß man die schönsten Gemälde auswähle; freilich habe man auch schon von jungen Künstlern, welche Talent verraten, angekauft; aber eben beklagte er sich wie die vorigen Herren über Geldmangel. Er wolle nachsehen; aber er könne mir keine Hoffnung machen.

Gestern ging ich auf die Ausstellung mit Regula und noch mehreren Bekannten, weil bloß die Freitage in der Woche frei sind. Dein Bild befindet sich an einem schönen Platze im zweiten Zimmer (es sind fünf Zimmer voll Gemälde); es wurde mit großen Augen von uns *Nichtkennern* bewundert. Ich stand lange mit Nachdenken dabei und berechnete eben die Kosten der Rahme und die Zeit der Arbeit. Und dann wieder die Besorgnis, wenn es hier nicht verkauft wird! *Freude* und *Kummer* wechselten stets meine Gedanken.

Ich ging wieder zu Frau Dekan, weil sie auch etwa Einfluß hat. Sie sagte, daß sie Donnerstag den ganzen Nachmittag dort gewesen. Das Bild habe ihr ziemlich gefallen. Herr Burgermeister nebst den andern Herren seien gerade auch dort [gewesen]. Sie hörte, daß der Herr Burgermeister den Herren einen sehr artigen Antrag gemacht, indem er sagte, dieser junge Künstler sei ihm indirekt empfohlen worden; er wünschte, wenn es möglich wäre, daß dieses Gemälde in die Verlosung gewählt würde. Es freute Frau Dekan sehr, besonders weil er mich als Mutter nicht genannt hatte. Es wurde zwar wenig darüber gesprochen; sie zweifle, daß es gehen werde. Also von keiner Seite her kann man Hoffnung haben. --- Im Fall ich vernehme, daß das Glück noch kommt, so will ich Dich berichten; wo nicht, so werde ich das Mißgeschick mit Stillschweigen tragen. --- Noch fällt mir ein, daß ich Dir die Ursache nicht gesagt, warum Dein Bild auf der Fuhre verdorben wurde. Weil der Deckel auf der Kiste von dünnem schlechtem Holz gewesen und in der Mitte zerrissen, mithin Regen und Staub durchfließen konnte. In Zukunft mußt Du solchen Sachen besser nachsehen!»

In der nämlichen Angelegenheit schrieb die Mutter am 8. Juli: «Obgleich Dein Bild hier leider nicht in die Auswahl gekommen, so muß ich

Dir doch noch einmal darüber schreiben. Das eine wird Dich ermutigen, das andere wird Dich ärgern. Die Ausstellung wurde also für acht Tage verlängert bis Mittwoch den 22. Juli. Ich faßte noch den Mut und ging Montag den 20. zu Herrn Vogel im ‚Berg', hauptsächlich, ein richtiges Urteil über Dein Bild zu vernehmen. Er war sehr freundschaftlich und sagte: ‚Mit Freuden kann ich Ihnen sagen, daß mir das Ganze sehr gut gefallen bis auf die Luft. Das Gewölk ist viel zu schwer und zu dick. Es sollte viel leichter und reiner sein. Bemerken Sie ihm dieses, wenn Sie schreiben! Sonst verrät das Bild sehr viel Fassungskraft und Erfindungsgeist. Ich kann Ihnen sagen, daß ich dieses nicht von ihm erwartet habe. Ich habe mich beim Anschauen des Bildes sehr verwundert usw. Ich hoffe, daß er später schöne Sachen liefern könne.' Auf dieses erfreuliche Urteil empfahl ich Dich, wenn er etwas zum Verkauf beitragen könnte. ‚Ja, das hängt einzig nur von den Herren der Auswahl ab', welche er mir nannte, unter welchen einer war, den ich nicht wußte: Herr Ziegler (‚Hasenschart') im ‚Egli', welchen ich gut kenne. Dies bereute ich, so spät noch zu vernehmen, ging aber sogleich noch hin. Er war auch sehr höflich, suchte Dich auf im Katalog und fragte nach dem Preise des Bildes. ‚Da steht nichts, und bei dem Bilde ist auch nichts. Wenn man etwas verkaufen will, so muß man doch ein Preis beifügen; sonst nimmt man an, es sei nicht zum Verkaufe da.' Ich sagte, daß gewiß ein Preis müsse da sein; wenn ich nur wüßte, wo ich mich erkundigen könnte. ‚Gehen Sie zu Herr Hardmeyer und sagen, Sie seien bei einem Herrn von der Auswahl gewesen und gewiesen worden, er möchte so gut sein und nachsehen und dann den Preis noch dem Bilde beifügen. Freilich (sagte er) kann ich Ihnen keine Hoffnung mehr machen. Es kommt darauf an, wieviel Aktien noch fallen bis Mittwoch. Bis dahin ging es eben sehr schlecht. Nun, ich will mein möglichstes tun!'

Als ich zu Herrn Hardmeyer kam, wußte er auch nichts: er habe gar nichts bei Handen als Deine frühere Anzeige. Dieser wies mich zu Maler Huber, welcher die Kisten geöffnet. Ich rennte wieder zu diesem, wurde aber auch wieder leer abgespiesen: er wisse von keinem Preise; es sei sonst gebräuchlich, daß jeder Künstler ein Brief oder etwas an die Künstlergesellschaft schreibe; allein da sei nichts. Ich stutzte und konnte dies nicht begreifen. Es muß etwas hier sein, sagte ich. Er wurde böse und schnurrte: ‚Dies Bild ist nicht einmal fertig; es hat gute Stellen darin, aber zum Verkaufe ist es gar nicht vollendet.' Ich ging ärgerlich fort und dachte nun weiter. [Da] fiel es mir ein, daß ich von einem Angestellten, welcher bei der Eröffnung der Kisten gewesen, gehört, das verdorbene

Bild habe den Wert von fünfzehn Louisdor. Diesen suchte ich auf und fragte, woher er dieses wisse. ‚Es ist auf einem Papier am Deckel', sagte er. Ich verlangte in das Zimmer, und siehe! an der Wand stand der Dekkel mit Deiner Schrift, anpetschiert.

Ich nahm dieselbe sachte hinweg, ging wieder zu Herrn Ziegler und zeigte ihm die neidische Bosheit von Maler Huber. Dieser sagte, es sei nicht schön von Huber. Ich schimpfte, daß dies sehr gering sei, ein junger Anfänger in der Fremde, der seinen Gewinst so notwendig hätte, auf solche Art zurückzusetzen. ‚Ja, dies war auf jeden Fall nachteilig für ihn', sagte er, ‚aber es ist vielleicht auch übersehen von ihm.' Natürlich! Er wollte ihm nicht wehe tun. Ich brachte die Schrift Herrn Hardmeyer und sagte ihm das gleiche. So bin ich den ganzen Tag herumgelaufen und hat am Ende nichts genützt, als daß die falsche Hintergangenheit noch durch mich ans Licht gekommen. Ohne mein Treiben wäre vielleicht Dein Bild samt Staub und Mist nach Bern gereist und in Zürich unbeachtet geblieben. Wenn es nur dem Himmel gefällt und dort besser geht! Aber eben, dort ist niemand, der Dich kennt und empfehlen könnte. Hingegen glaube und hoffe ich, wenn Du wieder einmal etwas auf Zürich senden wirst, daß es gewiß angenommen wird. Nur mußt Du Dich dann befleißen, auf bestimmte Zeit zu schicken. Das war eben ein Fehler, von welchem alles herstammt. – Herr Vogel sagte mir noch, daß ich Dir bemerken soll, doch recht fleißig ins Freie zu gehen, um nach der Natur zu zeichnen. Dies sei die beste Lehrerin.»

In trübem Harren und erfolglosem Tasten verging der Sommer. Ein neues Bild entstand. Aber die Hoffnung, es dem Münchener Kunstverein verkaufen zu können, schlug fehl. Man hatte hier so wenig Geld wie in Zürich. Als gegen den Herbst die Not wieder aufs höchste stieg, wurde der stolze Maler mürbe. Beinahe seine ganze Künstlerhabe, die schönen Aquarelle und Skizzen, die ungeheuren Kartons mit ossianischen Landschaften wanderten zu einem Trödler, der seine Bude in der Verbindungsgasse zwischen Kaufingerstraße und Promenadenplatz hatte, und jedes Stück wurde zu vierundzwanzig Kreuzern losgeschlagen.

Aber auch dieser Erlös war rasch aufgezehrt, und aufs neue kehrten Not und Hunger ein. Einmal blieb er, von allen Mitteln entblößt, zwei Tage lang, ohne zu essen, im Bett. Er stand nur auf, weil er befürchtete, die Hausleute möchten seine gar zu armselige Lage merken. Nach irgendeinem Wertgegenstande stöbernd, stürzte er ein Kästchen um und fand ein goldenes Ringlein, das er auf die Münze trug, wo ein Herr vor einer großen Wanne blanker Gulden saß. Er bekam für seinen Ring drei nagelneue Stücke, eilte damit in eine Kraftsuppenanstalt und nahm dankbar mehrere Süpplein zu sich. Zuletzt verkaufte er jenem Trödler seine Flöte für dreißig Kreuzer, nachdem er ihm zuvor eine Arie darauf hatte vortragen müssen. Das «Flötenwunder» des neuen «Grünen Heinrich» ist buchstäblich erlebt.

Im Oktober 1842 hielt der Kronprinz Max Hochzeit mit der preußischen Prinzessin Marie. Auf dieses festliche Ereignis hin plante das Trödelmännchen ein großartiges Geschäft. Er ließ zum voraus Hunderte von Fahnenstangen und Fahnen anfertigen, die beim feierlichen Einzuge der Braut die Straßen der Residenz schmücken sollten. Gottfried Keller, der im hohen Künstlerbewußtsein stets das Kolorieren verabscheut, war jetzt durch die Not gezwungen, es im großen und groben zu betreiben. Unter Fluchen und Seufzen zog er in der dunklen Bude des Trödlers die endlosen blauweißen Spiralen um die Flaggenstangen und verdiente sich mit der sauren Arbeit täglich zwei Gulden. Aber der Verdienst reichte nicht lange. Die Wohnung wurde dem gänzlich Mittellosen gekündigt. Er war auf die Straße gesetzt.

Damit war sein trotziger Mut, dem Schicksal in der Fremde länger die Stirne zu bieten, gebrochen. Selbst sein unerschütterliches Vertrauen in den himmlischen Proviantmeister hielt nicht länger stand. Er hatte nun reichlich Gelegenheit gehabt, den Sinn jenes späteren Wortes im «Grünen Heinrich» an sich zu erfahren: «Die Schulden sind für den modernen Menschen eine ordentlich hohe Schule, in welcher sich sein Charakter auf das trefflichste entwickeln und bewähren kann.» Heftiger als je zuvor peinigten ihn Elend und Heimweh. Immer dringender mahnte die Mutter zur Rückkehr. Mit ihr vereinigten sich Bekannte, die etwa, wie die Hochzeitspaare Kern und Wolf aus Zürich, den Landsmann aufsuchten. Ein Jugendfreund, Matthias Spinner, ein armer, kränklicher Bursche, Sohn einer Näherin, seines Berufes Kolorierer, schrieb ihm am 15. Oktober: «Du mußt kommen auf Zürich; denn Deine liebe Mutter spricht immer nur von Dir, wann Du kommest. Sie schaue vielmal auf die Straße, und wenn sie irgendeinen so kleinen Bursch sehe, sagt sie, so meine sie, sie müsse rufen: ‚Regeli, der Gottfried kommt!' Sie sind beide ganz wohl. Deine Mutter war schon mehreremal bei uns und meine auch schon bei Deiner. Deine Mutter sagte gestern zu mir, sie habe gehört, Du habest einen so großen Bart; sie wolle Dir aber schreiben, Du sollest diesen in München lassen. Ich aber sage Dir: bringe ihn mit! Es wäre schade, wenn Du ihn abschneiden würdest. – – – Wenn Du nach Zürich kommst, so mache mir die Freude, daß Du mich besuchst! Wenn ich schon nur der Matthis bin, so glaube mir, ich fühle dannoch mehr, daß Du mein Freund, mein einziger, bist, obschon ich mir wohl denken und Dir nicht zumuten kann, daß Du so viel mit mir gehen sollst wie früher. Du gehörst jetzt den größern Männern zu!»

Nach dritthalbjähriger Abwesenheit verschwand Keller im November 1842 plötzlich aus München. Ein Handlungsreisender von Solingen half ihm unterwegs zur Fahrt von Lindau nach Konstanz. Dort mußte er warten, bis ihn Johann Müller abholte. Und wie Heinrich in der ersten Fassung des Jugendromans drei Tage am Schützenfest in Basel bleibt, bevor er zur toten Mutter geht, oder Martin Salander nach der Rückkehr in die Heimat mit Möni Wighart zu einem Nachmittagsschöppchen einkehrt, ehe er die armen Scinigen begrüßt, so hielt sich auch Gottfried Keller erst einige Tage bei dem Freund in Frauenfeld auf, bevor er kleinlaut den völligen Heimweg zur Mutter zurücklegte, deren banger Traum so ziemlich genau in Erfüllung gegangen war.

4
DIE ANFÄNGE DER ERZÄHLUNGSKUNST

Das geistige Bild der Zeit, in deren literarisches Leben der junge Gottfried Keller hineinwuchs, zeigt eine gewisse Ähnlichkeit mit der Stimmung zur Zeit des Auftretens des jungen Goethe. Beide Epochen bedeuten eine Wendung vom Rationalismus zum Realismus. Ums Jahr 1770 ging in Deutschland ein individualistischer Naturalismus darauf aus, die logische Weltbetrachtung eines Christian Wolff zu überwinden; in Denken und Dichten gab man die künstliche Konstruktion der Welt nach den Gesetzen einer durch Nützlichkeit bestimmten Vernunft preis und suchte mit leidenschaftlicher Innigkeit den einzelnen Gegenstand in der Besonderheit seiner Gestalt und in der eigentümlichen Atmosphäre seines Lebens ohne Rücksicht auf konventionelle Logik und allgemeine Moral zu erfassen und darzustellen. Ebenso empfand man um 1840 die Notwendigkeit eines Umschwunges. Die Romantik war Idealismus gewesen. Von der Überzeugung, daß der Geist das Wesen und die sinnlichen Dinge nur der Schein der Wirklichkeit seien, war sie ausgegangen. Das Genie hatte sie auf den Thron ihrer Welt gesetzt und seinen Geistesblitzen und Donnerworten sich gebeugt. Dann hatte Hegel – zur gleichen Zeit, da im politischen Leben der Absolutismus das tatsächliche Leben sich unterjocht hielt – den idealistischen Gedanken zu seinem großartigen System ausgebaut, mit ihm die Welt umspannt und ihren Gang als den vernünftigen Willen Gottes nachgewiesen. Aber was ihm schöpferische Urkraft bedeutete, die Vernunft, das offenbarte sich den jüngeren Zeitgenossen mehr und mehr als bloßer menschlicher Verstand, der sich despotisch die Herrschaft über die unendliche Vielgestaltigkeit der Dinge angemaßt hatte. Der Dichtung hatte sich in der Hegelschen Zeit ein schneidend kalter und überlegener Verstandesstil bemächtigt, den man aus den grundgescheiten Romanen Immermanns und den journalistischen Erzählungen und Dramen der Jungdeutschen kennt.

Ein naturnaheres Geschlecht fühlte hier nur die blutleere Unwirklichkeit und Unlebendigkeit. «Die Luft schwirrt von Seelen, die keinen Leib finden», klagte ein geborener Realist wie Otto Ludwig, und ein Naturmensch wie Jeremias Gotthelf führte mit wachsender Leidenschaft seinen Kampf gegen den neuen Rationalismus. Überall regte sich der Durst nach Körperlichkeit, Sinnlichkeit. Man war des unermessenen Schweifens der Gedanken im schrankenlosen Reich des reinen Geistes müde und drängte in die Grenzen individueller Wirklichkeit zurück; denn man lernte wieder einsehen, daß nur sie werdende Natur ist und den bunten Glanz und die sinnliche Wärme atmenden Lebens ausströmt.

Nicht von heute auf morgen ließ sich das Gefühl jener souveränen Herrschaft, die sich der menschliche Geist über die Wirklichkeit angemaßt, durch die strenge Pflicht der Unterordnung unter die sinnliche Welt in den Hintergrund drängen. Bis über die Mitte des Jahrhunderts hinaus dauert das Sterben der Romantik. Heines «Romanzero» (vom Oktober 1851) ist das letzte funkensprühende Aufflammen ihrer Lebenskraft, die Sammlung von Tiecks Novellen, die von 1844 bis 1854 erschien, das breite Sichausschwatzen der eindämmernden Greisin.

Sieht man von einer leisen realistischen Nebenströmung ab, wie sie etwa die Schriften Ulrich Hegners zeigen, so steht die ganze Erzählungsliteratur vom Anfang des neunzehnten Jahrhunderts bis in die dreißiger Jahre hinein unter dem ausschließlichen Einflusse der idealistischen Welt- und Kunstanschauung. Sie äußert sich in der Übermacht des subjektiv-geistigen Elementes über das objektiv-sinnliche. Stofflich in ausschweifender Phantastik, Erfindung von seltsamen Situationen und originellen Motiven, Vorliebe für die «Nachtseite» des Lebens, ausführlicher Erörterung geistiger Probleme. Psychologisch einerseits in dem rücksichtslosen Spiel mit den Gefühlen des Lesers (der sogenannten Stimmungsbrechung oder beabsichtigten Störung der ästhetischen Illusion), anderseits in einer großen Innigkeit und Weichheit der Stimmung. Formal in bizarrer Gesuchtheit der Komposition, in blasser Abstraktion und verschwommener Allgemeinheit der Charakteristik. Diese Merkmale sind bedeutsam für die Erzeugnisse der hohen wie der niederen Literatur. Was in den Schöpfungen eines Tieck, Achim von Arnim, Fouqué, Brentano, Eichendorff als Ausstrahlung persönlichen Gehaltes und originalen Geistes erscheint, zeigt sich in den Werken der breiten Unterhaltungsliteratur als grobe Effekthascherei und konventionelle Mache.

Von frühester Jugend an betrieb Gottfried Keller eine ausgebreitete Lektüre. Im Kreise der Eheleute Hotz, die in des Knaben neuntem Jahr in das mütterliche Haus zogen, ward ihm Gelegenheit, «unmittelbar aus der Quelle zu schöpfen, was man sonst den Kindern der Gebildeten in eigenen Märchenbüchern zurechtmacht», und sein Geist wurde mit romantischen Vorstellungen befruchtet. Ein scharf ausgeprägter Zug rationalistischer Nüchternheit, den der Knabe von der Mutter geerbt zu haben scheint, arbeitete der Phantastik frühe entgegen und bewirkte, daß sich der werdende Dichter bei aller Freude an romantischer Geistesspielerei und allem Interesse für die Mystik doch von förmlichem Aberglauben fernhielt.

Der sprachliche Unterricht an dem Landknabeninstitut und der Industrieschule brachte einige Ordnung in die regellose Lektüre und bot der eigenen Schaffenslust gewähltere Muster. Diese begann bald nach dem zwölften Jahre sich literarisch in Gedichten, Dramen und Prosaarbeiten zu betätigen. «Mein deutsches Lernen», sagt der Dichter, offenbar aus eigenem Erleben berichtend, im «Grünen Heinrich», «konnte gar keine Arbeit, sondern nur ein Vergnügen genannt werden. Schon vor Jahren in der ersten Schule hatte ich Orthographie und Interpunktion mir vollkommen angeeignet, und wie man sprechen lernt. Nachher hielt meine kleine Schreibkunst mit meiner Erfahrung Schritt und was ich sagen wollte, konnte ich richtig niederschreiben und wunderte mich, wie gerade dies so viele Schüler in Verzweiflung setzte. Stilkünste und Wendungen merkte ich aus den gelesenen Büchern; was mir nach meinem jeweiligen Geschmacke auffiel, das wandte ich aus Nachahmungstrieb an, bis ich besser unterscheiden lernte. Daher fielen meine Aufsätze umfangreich und überschwenglich aus, ich schriftstellerte förmlich darin mit großer Liebhaberei und erschöpfte jedesmal den Stoff nach allen Seiten, soweit der Verstand reichte.»

Die älteste Prosaarbeit des Dichters, die sich erhalten hat, ist der Ferienaufsatz aus dem Jahre 1832. Vier Jahre später, im Sommer 1836, treffen wir dann in einem Tagebuch Kellers auf einmal mehrere novellistische Versuche. Sie mögen mit der Wendung zusammenhangen, die seine Ausbildung als Maler damals nahm. Der Unterricht bei Peter Steiger, dessen Schüler Keller im Herbst 1834 geworden, war ihm bald verleidet, da er fühlte, daß er durch ihn nicht gefördert wurde. So suchte er sich auf eigene Faust durchzuschlagen. In seinem «Brief über die Landschaftsmalerei» weist Salomon Geßner, selber halb Dichter, halb Maler, den werdenden Künstler energisch auf das Studium der Poesie hin, der wahren Schwester der Malerei. Diesen Rat hat Keller wie sein grüner Heinrich eifrigst befolgt, indem er statt zu zeichnen im Walde oder zu Hause las; schöpfte er doch später in München noch Trost und Klarheit, indem er «alle zwei Stund' etwa die Nase in ein Buch steckte». Gelegentlich trifft man in den Schreibbüchern einen Versuch, die Lektüre zu charakterisieren. So schreibt er im Juli 1838: «Habe zum erstenmal gelesen: Hauffs ‚Gedichte', ‚Lichtenstein', ‚Märchen', ‚Mann im Monde', ‚Phantasien im Bremer Ratskeller'. *Hauff* scheint mir ein wahres Genie, ein *Dichter* zu sein. Er hat jenen einfachen, naiven und doch so tiefen und bezaubernden Stil, der an Goethe so hinreißt, wenigstens mich. Da ist nichts Gesuchtes, nichts Geschrobenes, die Ausdrücke und Bilder sind einem aus der Seele gegriffen, man weiß keine andern passenden zu finden. Und dann die liebliche, immer mit neuen Farben blühende Phantasie! Nachdem ich den ‚Mann im Monde' gelesen, will ich nächstens den Clauren lesen, um zu sehen, inwieweit er recht hatte.» Wie einst in der Schulzeit wächst auch jetzt aus der eifrig betriebenen Lektüre das eigene nachahmende Schaffen.

Der erste novellistische Versuch, «Die Freveltat», trägt das Datum des 6. Juni 1836. «Auf einem abgefaulten Eichenstamme», so beginnt er, «saß Wulf, der boshafteste und verwegenste Räuber des Waldes, und brütete, was Grausames er heute beginnen würde. Sein knotichter Stock noderte in Gras und Kräutern am Boden, und zerquetschte grausam umherirrende Ameischen; der lange schwarze Manchesterkittel (ein noch schwärzeres Herz bergend) hing in Fetzen um die schmutzigen, ledernen Beinkleider. Sein rotes, struppichtes Haar, vom breitkrempigen Hut beschattet, berührte die finstern, buschigen Augenbrauen, harmonierte mit dem verwilderten Schnurrbarte, der den wüsten, von stinkenden Tabaksblättern vollgestopften Mund umkränzte. So saß er, und konnte keinen Stoff zu neuen Verbrechen finden, als plötzlich hinter ihm etwas aufrauschte.» Sein Spießgeselle Arno, «ebenso kühn, doch minder grausam», tritt zu ihm. Er hat von dem Wipfel des Baumes Myrrha, des Eremiten Theobald Pflegetochter, erblickt und glühende Liebe zu ihr gefaßt. Auch Wulf liebt das Mädchen, ohne daß Arno etwas von seiner Neigung ahnt, und sie beschließen nun, am folgenden Morgen die Hütte des Eremiten zu überfallen und das Mädchen zu entführen.

«Es graute der Morgen. Die ganze Landschaft schwamm im grauen Nebelmeer, aus welchem allmählich die Wipfel der Bäume hervortauchten; die Eule klagte ihre letzten Töne, und die frühen Rebhühner verkündeten mit hellem Rufe den Tag. Zerstreute Hirtenfeuer glimmten noch auf nahen Hügelspitzen, vom fernen Klösterlein erschallte das Glöcklein der Frühmesse. Allmählich verbreitete sich matter Rosenschimmer hinter dem waldigen Berggrate herauf, bis zuletzt glühendes Rot die Spitzen der höchsten Tannen, der nadlichten Fichten rötete, während das Tal noch im grauen Schatten lag. Wie lustig hob sich die schmetternde Lerche über dem Berg empor und tauchte sich wonnetrunken ins Glutmeer, während den hohlen Stamm der hundertjährigen Eiche noch lichtscheue Fledermäuse umschwirren. – Feuriger und feuriger färbt sich der Horizont, glühend durchschimmert er den lichten Fichtenwald, der den Berg bekränzt, aber jetzt steigt sie plötzlich herauf, in großer, goldener Scheibe, majestätisch, die Königin des Tages. Ihr erster Strahl leuchtet hinüber zu Theobalds heiliger Wohnung und beglänzt sein silbernes Schilfdach, und erwärmt das freundliche Gärtchen, reich an bunten Blumen und heilsamen Kräutern.» Reue erfaßt Arno in diesem stillen Morgenfrieden. Wulf stachelt seine Eifersucht und treibt ihn vorwärts. Sie sehen Myrrha vor der Hütte in frommem Gebet. In seiner Kapelle kniet der Eremit. Arno, von Wulf aufgehetzt, ermordet den Einsiedler. Myrrha stürzt herbei und sinkt ohnmächtig auf den Vater hin. «Starr stehen die Mörder. Verzweiflung im Blick, ruft Arno: ‚Du Satan, hast mich verführt!' und will Wulfen erstechen, doch dieser weicht kalt und teuflisch lachend aus und sein mordgeübterer Stahl steckt in Arnos Brust. Heulend sinkt der Unglückliche und flucht seinem Mörder, der jetzt auf Myrrha hinstürzt, sie als Beute davonzutragen, aber – Schrecken faßt ihn! – ihre Glieder sind kalt, der Tod hatte die Unschuld gerettet.» Verzweiflung treibt Wulf fort. Ein wütender Eber reißt ihn in den Abgrund, wo sein Körper vermodert.

Das ist Romantik. Die gleiche Romantik, wie sie sich damals in den Zeichnungen des mißleiteten Jünglings breitmachte mit ihren Baumkrüppeln, menschenähnlichen Steinblöcken, Vagabunden, Räubern und Fratzengesichtern. Und doch enthält bereits dieser naiv-unbehilfliche Versuch persönliche Züge. Einmal meldet sich, noch in derber Verzerrung, in der grotesken Charakteristik des Räubers Wulf am Anfang Kellers Humor. Sodann kündigt sich in der allzu breiten Schilderung der Morgenstimmung sein Naturgefühl an.

Eine andere Spielart des romantischen Stiles zeigt die zweite Skizze, «Der Selbstmörder», vom 10. Juli 1836. Der Jägerbursche Görg bezichtigt sein geliebtes Hannchen, des Müllers Töchterlein, der Untreue, weil er sie mit einem fremden Jäger unterm Nußbaum in trautem Gespräch erblickt hat. In glühender Eifersucht will er sich im schäumenden Mühlbach ertränken. Da sieht er die Ungetreue am Bache mit ihrem Buhlen wandeln. Die beiden verschwinden im Schilf und Weidengebüsch. Darauf leuchten Busen und Arme der Geliebten durch das Schilf. Auf einmal rutscht der Stein, auf dem Görg sitzt, und er fällt ins Wasser. Die Wellen tragen ihn zu dem Schilfgebüsch. «Da guckt ein niedliches Köpfchen unter den Ästen hervor, unter denen der schiffende Görg jetzt seinen Einzug hält. Ein lauter Schrei entfährt Hannchens Lippen. ‚Gott, Georg!' und sie umfängt ihn mit weichen Ärmchen und hilft dem Erschrockenen auf die Beine und drückt ihn an den nassen Busen.» Romantisch ist hier der geistreich zugespitzte Gegensatz zwischen dem vermeintlichen Todessturze Görgs und seiner Rettung durch die Geliebte, die durch ihre Aufklärung ihn aus der tiefsten Verzweiflung ins höchste Glück emporschnellt. Romantisch auch das Motiv, daß der Liebende die Geliebte im Bade sieht: in Jean Pauls Titan, in Tiecks Novelle «Der Runenberg», in Eichendorffs «Marmorbild» finden sich ähnliche Situationen. Keller hat das Motiv später tiefer und bedeutungsvoller im ersten «Grünen Heinrich» wieder aufgenommen.

Reiner und eigentümlicher entfaltet sich die werdende Persönlichkeit des Dichters in kurzen Naturgemälden. Sie sind ursprünglich dazu bestimmt, den Blick des Malers an dankbare Vorwürfe zu fesseln. Eine dieser Schilderungen lautet:

«Ein kleiner, von schwarzgrauen Felsen umgebener Teich, der sich hinten im düstern Gebüsche verliert. Der Hauptgegenstand ist ein überhangender mächtiger Felsblock, dessen zerrissene Oberfläche die bizarrsten Charaktere bildet, und durch Zufall, nachdem man sie eine Weile betrachtet, etwa ein grinsendes Antlitz oder dergleichen zeigt. Verwelktes braunes Gestrüpp hängt wild über seinen Scheitel herunter, der sich hoch über den andern Felsen in die melancholisch blaue Luft taucht. Er neigt sich mit schwerer, kühner Masse über den dunkeln, tiefen Wasserspiegel, und wirft sein verkehrtes Bild in denselben, welcher überhaupt in schwermütiger totenstiller Ruhe alle Umgebungen wiedergibt, ausgenommen wo er sich im finstern Schatten des Hintergrundes verliert, aus welchem Tannenspitzen hervorragen. Alles ist so ruhig und still gehalten, daß man das Murmeln einer kleinen Quelle zu hören glaubt, die hinter dem großen Felsen hervor in den Teich rieselt. Dies sei die einzige Bewegung im Bilde, ein Häher ausgenommen, der hoch mitten über dem Teiche hinschwebt. Tiefer Schatten, nur am Felsen bricht sich ein spärlicher Sonnenstrahl, welcher auch einige Lichtspuren im Gesträuche zurückläßt, durch welches er in diese abgeschlossene Einsamkeit gedrungen ist. Keine Figuren.»

Andere Skizzen enthalten Staffagefiguren. So ist das Bild einer heiß von der Sonne beleuchteten Erntelandschaft von einer Gruppe von feiernden und essenden Landleuten belebt. Es braucht nun nur noch die Natur mit ihren Wirkungen in ursächlichen Zusammenhang mit der Menschenwelt gebracht zu werden, so ist aus der bloßen «gesehenen» oder «komponierten» Landschaft das menschliche Bild, aus dem einheitlichen Gemälde die Reihe von Vorgängen, die Novelle herausgewachsen.

Dies zeigt besonders anschaulich die kraftvolle Schilderung eines Gewitters vom 3. Februar 1838. Mit feiner Beobachtung sind die sichtbaren und hörbaren Erscheinungen des heranziehenden Gewitters geschildert: «... mit hohlem Getöse rollt der Donner an den Gebirgen umher, welche in ihrer tiefvioletten Farbe dem Auge meilenweit nähergerückt scheinen, als da sie am hellen Mittage in fernem azurblauem Tone verschwammen ... Jetzt reckt, wie eine ungeheure Hand, eine neue Wolke ihre flutenbergende Masse über die Sonne hin, und plötzlich überzieht kalter Schatten die weiße Mauer der kleinen Kapelle, die bis jetzt noch freundlich geschimmert, und plötzlich verschwindet der letzte silberne Fleck, der noch auf dem Flusse geglänzt hat.» Lange verweilt dann der Blick des Dichters auf dem gewaltigen Kampfe einer riesenhaften, uralten Eiche mit dem Sturm, und ungesucht stellen sich symbolische Parallelen aus dem menschlichen Leben ein: wie der Blitz den Baum nicht zu fällen vermag, sondern nur das schmarotzende Efeu und das wuchernde Moos von seinen Seiten streift und die hungrigen Raben verscheucht, die im Baumwipfel nisten, so kann auch das Unglück den großen Mann nicht fällen, nur den Schwarm unverschämter Freunde vertreibt es. – Wilder, greller und häufiger zucken die Blitze. Ein Landmann hat sich unter das Vordach der alten Kapelle geflüchtet. Auf einmal sieht er's im heimatlichen Dörfchen qualmend aufsteigen. Geläute ertönt. Es ist sein Haus, das brennt. Er eilt hin und sieht es in rauchenden Trümmern. Sein Weib hat der Schlag getroffen. In ihren Armen ruht der tote Säugling, das älteste Mädchen ist in den Flammen erstickt. Mit ungewöhnlicher Kraft ist diese Szene geschildert. Die Darstellung des abziehenden Gewitters bildet den Schluß der Novelle. Die erquickte Natur atmet auf. «Die scheuen Rehe trippeln aus ihren Schlupfwinkeln hervor und jagen sich fröhlich über die offene Waldwiese, um den angeschwollenen Bach zu besuchen ... Aus dem hohlen, moosbeschlagenen Stamm der königlichen Linde schleicht roten Haares und schlauen Blickes ein Fuchs hervor und recket den tückevollen Kopf forschend in die Runde ... Am Sumpfe stelzt gravitätisch ein Störchepaar auf und nieder ... Frohe Menschen schwärmen wieder über die Felder ... Nur auf der beglänzten Straße zieht eine Gruppe heimatloser Leute durchnäßt und traurig dahin.»

Neben solchen Darstellungen allgemein menschlichen Geschehens steht dann jene Schilderung eigenen Erlebens, der Baechtold den Titel «Eine Nacht auf dem Uto» gegeben hat. Dem Jüngling offenbart sich in der auf dem Berge verbrachten Nacht die Größe des lebendigen Gottes. Eindrucksvoll ist wieder die malerische Schilderung der Naturstimmungen. Aber statt der Natursymbolik, die im «Grünen Heinrich» später eine Gestalt von so hinreißender Lebendigkeit wie die Judiths geschaffen, vermag uns der Jüngling hier nur eine kühle Naturallegorie zu geben. Gott erscheint ihm als Greis und zeigt ihm die vor einem flammenden Altare kniende Menschheit.

Die dichterischen Versuche aus Kellers Münchener Zeit weisen einen völlig andern Charakter auf als die schwärmenden Ergüsse des achtzehn- und neunzehnjährigen Jünglings. Sie sind auf den Ton gestimmt, der in der Gesellschaft schweizerischer Künstler, Studenten und junger Handwerker herrschte, worin Keller verkehrte. Dem glühenden Interesse an der Gestaltung der politischen Zustände in der Schweiz gesellte sich überschäumende Jugendlust, der auch ausgelassene Derbheit nicht fremd war. Kellers Beiträge in dem «Wochenblatt der Schweizergesellschaft» aus dem Jahre 1841 sind Gelegenheitserzeugnisse, nach Inhalt und Stil durch den Zweck bestimmt, in einem Kreise kneipender Landsleute vorgetragen zu werden. Sie bewegen sich, wenn wir von dem interessanten patriotischen Aufsatze «Vermischte Gedanken über die Schweiz» absehen, alle im Kreise spezifisch studentisch-künstlerischen Lebens. In drastischen Bildern voll barockem Witz und komischer Übertreibung werden die Nöte des Durstes und seiner überreichlichen Befriedigung, die Qualen des Hungers und des Geldmangels geschildert. Einmal läßt der angehende Dichter zwei Uhren im Pfandhause sich unterhalten. Die eine mit zerschmettertem Glase ist in dumpfe Verzweiflung versunken, während ihre Genossin noch mit schwachen Tönen piept und mit jämmerlichen Gebärden ihre Zeiger bewegt. Und dann erzählen sie einander die Schicksale ihrer einstigen Besitzer. Grotesker sind die «Phantasien eines Redakteurs in den Hundstagen». Mit der drohenden Mahnung, seine Schulden zu bezahlen, aus der Exkneipe vom Kellner entlassen, geht der Redakteur nach Hause und ergibt sich, zum Fenster hinausstarrend, wehmütigen Phantasien. Er träumt sich in die Heimat zurück. Gleich einem glänzenden Meteor schimmert ihm die enorme Bratpfanne seiner Mutter entgegen, während sein zuckender Magen an die elenden Würste im «Wagner» erinnert. Lieblich spielen die Wellen um seines Oheims wohlgefüllten Fischbehälter, aus welchem er so manchen fetten Aal gezogen und selbst gebraten hat, während jetzt die stinkende Haut eines miserablen Herings vor ihm liegt. Dann kehrt sein Blick wieder zur Gegenwart zurück. «In den neblichten Wolkenbildern schwebten die Schatten aller meiner Gläubiger vorüber und wiesen mir ihr grinsendes Antlitz. Der ungelöschte Durst fuhr, ein grauenhaftes Gespenst, langsam bei mir vorbei, und der krasse Hunger zeigte sich in Form eines ungeheuern, aber durchlöcherten Magens, der mit einem Kopfe und zwei Beinen versehen war. Meine zerrissenen Hosen trieben ein höhnisches Spiel im Winde.» Schließlich schläft er ein. Ein Klingeln weckt ihn am Morgen. «‚Der Wechsel, der Wechsel!‘ rief ich freudig erschreckt und riß dem dienstbaren Geist das Papier aus der Hand: – es war nur eine Zitation von der Polizei!»

Das geistreichste Erzeugnis der Phantasie des Bierzeitungsredakteurs hat sich nur in einer späten Niederschrift des Malers Emil Rittmeyer erhalten. Keller wird von seinem guten Geist, dem Bierschaum, um Mitternacht aus der Kneipe nach Hause und ins Bett gebracht. Nachdem er wohl eine halbe Stunde geschlafen, träumt er, es poche etwas ans Fenster. Das Pochen wiederholt sich. Er geht schließlich ans Fenster. Der Geist Bierschaum schwebt draußen und fordert ihn auf, nun mit ihm die längst geplante Himmel- und Höllenfahrt zu unternehmen. Der Dichter protestiert, er könne nicht fliegen. Darauf beseitigt der Geist die Hemmnisse, die ihn an die Erde fesseln, Durst und Liebe, indem er ihm Magen und Eingeweide zum Mund herauszieht und an den Kleiderrechen hängt. Nun wird dem Dematerialisierten wohl und leicht zumut. In schwindelnder Fahrt geht es über Dächer und Bäume weg in den nächtlichen Äther hinaus. Eine rotgefärbte Sternschnuppe begegnet ihnen. Der Geist erklärt sie für die rote Nase eines Kneipgenossen Kellers. Ein weiterer feuriger Körper ist dessen Hund Schnauzel. Am Ministerium geht's vorbei, wo die tugendsamen Wächter des Rückschrittes in der Nähe der allerhöchsten Person im Staate bei geschlossenen Gardinen ihre Sitzungen halten und protestantenfeindliche Steuerbeschlüsse fassen. Dann kommen sie zur Kaserne. Keller erkennt den Kürassier wieder, der ihn neulich um ein paar Kreuzer angesprochen (vgl. Gedichte 1846, S. 269). Auf dem rechten Isarufer angelangt, kriechen sie in die Hölle hinein, deren Eingang dort gähnt. Der Dichter trifft Bekannte: Lehrer, Kollegen, hohe Würdenträger; diese bekommen, wie ihn der Geist belehrt, hier in der Hölle ihre Befehle, die sie dann droben ausführen. Da die teuren Staatsuniformen in der Glut anbrennen könnten, so tragen sie hier ihre «Normalmontur». Passepoils, Kragen und Spiegel sind auf die leibhafte Haut aufgenäht, die bayerische Helmraupe ist das stehengebliebene natürliche Haar, das sie sträuben können, wie die Katzen ihren Pelz. Ein großes helles Gemach mit hohen Gewölben ist die Küche. Überall brennen hier Feuer, dampfen Kessel, schmoren Braten. Bekannte Persönlichkeiten, die in des Teufels Küche gut Bescheid wissen, bilden das Küchenpersonal.

Napoleon I. zum Beispiel, ganz in Weiß gekleidet, muß immerfort Hühnchen rupfen. Seine drei Hauptwidersacher müssen Rübchen und Kartoffeln schälen; sie seien zu nichts anderm zu gebrauchen, erklärt ein Kochteufel, der Metternich aufs Haar gleicht und den andern fortwährend Befehle gibt.

Aber neben solchen grotesken Erzeugnissen des Bierwitzes und der politischen Satire sind in München auch harmlosere dichterische Versuche entstanden. So zwei Fabeln. Beide handeln bezeichnenderweise von echtem und falschem Lichte. Die Leuchtwürmchen – so erzählt die eine – veranlassen die Sterne, sich hinter den Wolken zu verbergen, und meinen nun, sie hätten an ihrer Statt die Erde erleuchtet. In der zweiten prahlen ein Fichtenbaum, ein Teich und die Wolken mit dem herrlichen Glanze, den die Sonne ihnen verleiht, als ob es ihr eigener wäre, so daß diese ihnen unwillig das Licht entzieht. «Es gibt oft Menschen», lautet die Moral, «und Ortschaften, welche von einem einzigen ausgezeichneten Manne, der unter ihnen lebt, einen vorübergehenden Ruhm und Glanz erhalten. Vor der Welt nun brüsten sie sich damit und tun sich viel darauf zugute, während sie unter sich selbst meistens den, der ihnen diesen Glanz gab, verleugnen und verfolgen; denn dies ist die Gewohnheit aller derjenigen, die keinen eigenen Wert haben.»

Ein halbes Jahr nach der Rückkehr aus München macht das kräftig hervorsprießende lyrische Schaffen dem Schwanken zwischen Dichtung und Malerei ein Ende. «Ich habe nun einmal großen Drang zum Dichten», schreibt Keller am 11. Juli 1843 ins Tagebuch, «warum sollte ich nicht probieren, was an der Sache ist?» Am gleichen Tage wird «eine leichte Erzählung, die erste, erfunden und angefangen ... Zwei reisende Freunde finden im Irrenhause einer Stadt am Rhein einen originellen Wahnsinnigen, den ein großes Schicksal verfolgt hat. Sie gewinnen sein Vertrauen, besuchen ihn in seinem Kerker, und das gibt den Raum zu dem Hauptzwecke der Erzählung, zu märchenhaften, phantastischen und traurigen Szenen.» Am 12. und 13. Juli schreibt er weiter. Dann erstickt die Arbeit «in der Unruhe und im Gefusel des Hauses» und wird nicht mehr aufgenommen.

Die zehn Seiten, die von dieser Novelle «Reisetage» erhalten sind, geben nur ein Stück der Einführung. Die beiden Freunde heißen Plankof und Nestele. Der eine ist Norddeutscher, «Sohn eines wohlhabenden Kaufmanns, von feurigem Geiste und beredter Zunge», sicher und gewandt in allen Verhältnissen. Der andere, «ein lieber, stiller Schwabe», von mittlerer, etwas beleibter Statur, mit milden, bescheidenen Augen,

Sohn einer kinderreichen Beamtenfamilie. Beide haben sich als lustige Studenten in Berlin beim rauschenden Gelage gefunden und, da sie beides ernstere, nach tieferer Bildung strebende Jünglinge sind, auf der stilleren Stube näher kennen und lieben gelernt. Nun benutzen sie die Herbstferien zu einer Reise nach dem deutschen Süden, um in Nesteles Vaterhaus einzukehren. Bis Köln sind sie mit der Post gefahren, von da zu Fuß rheinaufwärts gewandert und kehren nun an einem schönen Septemberabend in einem altertümlichen Städtchen im Gasthause zur blauen Lilie ein. Eine Flasche Affentaler wird rasch erledigt. Dann lassen sie sich auf ihr Zimmer führen, kleiden sich um und betrachten vom Fenster aus das Leben auf der Hauptstraße des Städtchens. Sie beschließen, einen Spaziergang durch das malerische Nest zu machen und geraten dabei in ein Gespräch über Großstadt- und Kleinstadtmenschen und -sitten, das beide als schwärmerische Verehrer des gemütlichen alten deutschen Wesens und als Feinde der neuen Parisermoden zeigt. In einem Kramladen, «in welchem alle menschlichen Bedürfnisse wie in einer Arche Noäh für den Fall einer zweiten Sintflut aufgetürmt zu sein scheinen», entdecken sie eine schlanke Jungfrau, die emsiglich alte Chroniken in Tüten umwandelt. Hier bricht die Handschrift ab.

So dürftig das Niedergeschriebene ist, es genügt in Verbindung mit der Tagebuchnotiz zum Beweise, daß der angehende Dichter, der in dieser Novelle mit Verleugnung seiner früheren Versuche die «erste Erzählung» niederschreiben will, zur Erlernung der Erzählungstechnik damals die Novellen eines Dichters studiert hat, der zu jener Zeit als ein Meister der deutschen Novelle galt: Ludwig Tieck. Auf ihn weist Kellers Bruchstück im Motiv der Haupthandlung, in Einrahmung und Stil.

In seiner aus dem Jahre 1834 stammenden Novelle «Eine Sommerreise» erzählt Tieck: Zwei Reisende, Walter und Ferdinand, die sich zwischen Frankfurt a.d.O. und Crossen getroffen und Gefallen aneinander gefunden, haben ihre Reise gemeinsam fortgesetzt. In Dresden schließt sich ihnen ein Freund Ferdinands an, Wachtel. Sie reisen über Nürnberg, Heidelberg, Heilbronn nach Bad Liebenstein bei Meiningen, und hier erfährt Wachtel von seinem Freunde, dem Romanschriftsteller Karl Gottlob Cramer, die unglückliche Geschichte eines aufgeklärten Theologen, namens Wackelbein, der im Narrenhause an der Kette verendet. «Er war zu genialisch und wollte immer Werther und Guelfo in den ‚Zwillingen' von Klinger zugleich sein. Als er in der Stadt lebte und der Superintendent ihn zum Adjunktus in sein Haus nahm, hatte er seine höchste genialische Zeit. Was er damals schrieb oder sagte, war klassisch.

Er selbst aber immer besoffen. Das Schwärmen hätte ihn aber doch nicht so sehr daran gehindert, daß der große Geist wäre in eine gute Stelle gesetzt worden; – aber, wie nun sein schönstes Buch sollte gedruckt werden (eine Nachahmung meines Erasmus, wo er zugleich den Bambino Klingers hineingebracht hatte), kam es heraus, daß die Köchin im Hause von ihm schwanger und die Kirchenkasse bestohlen, ja eigentlich ganz weggeraubt sei. Von beiden war er der Täter, und er konnte es nicht leugnen; schon täglich besoffen, wurde er vom Kummer verrückt und fuhr so dahin. – So habe ich manche so echte Genies, die die Zierde unseres Vaterlandes werden konnten, zum Teufel fahren sehen. Ich habe mich gehalten, so viel ich auch erlebt, so viel ich auch erduldet habe. Der Dienst der Musen ist kein leichter. Mit dem Teufel ist nicht zu spaßen.»

Die Übereinstimmung von Kellers Bruchstück mit Tiecks Novelle beruht einmal in der die eigentliche Novelle einrahmenden Reiseerzählung. Der Inhalt der Novelle bildet sich, indem Reisende in eine Ortschaft kommen und etwas erleben. Es ist dasjenige Einkleidungsmotiv, das ums Jahr 1830 in der deutschen Erzählungsliteratur unter der Einwirkung des Verkehrsaufschwungs vielleicht am häufigsten verwendet wird; es sei auf Heines «Reisebilder», Laubes «Reisenovellen», Mundts «Madonna» usw. verwiesen. Im besonderen ist es auch bei Tieck beliebt. Er wendet es nicht nur in der «Sommerreise», sondern auch in den «Reisenden» (wo das Motiv des Wahnsinnigen wieder auftaucht), «Der Jahrmarkt», «Der Mondsüchtige» usw. an. Bei Tieck in der «Sommerreise» führen die Reisenden gemeinsame Kasse; auch Keller weist in den einführenden Betrachtungen auf diese Gepflogenheit seiner Reisenden hin.

Die Geschichte des Wahnsinnigen sollte bei Keller die eigentliche Handlung der Novelle bilden; bei Tieck stellt sie nur eine kleine Episode in der Kette der Erlebnisse der Reisenden dar. Daß sich Keller aber diese von Cramer erzählte Episode besonders tief einprägte, dazu mag einmal die Erinnerung an seinen unglücklichen Freund und Lehrmeister Rudolf Meyer, den Römer des «Grünen Heinrich», mitgewirkt haben. Bedenkt man sodann die Art, wie seine spätern nachgewiesenen Quellen beschaffen sind, wie er z.B. in den «Sieben Legenden» gerade kurze, resümeeartige Berichte in Kosegartens Legenden mit Vorliebe aufsuchte und aus ihnen seine Legenden entwickelte, so entspricht dieser Gepflogenheit, eine Vorlage zu benutzen, das Verhältnis von Tiecks Episode zu der geplanten Novelle «Reisetage» aufs genaueste.

Ebenso bewegen sich Erzählungsstil, Charakteristik und Dialog im Geleise von Tiecks Novellentechnik. Die Erzählung zeigt durchweg den glatten Fluß einer papiernen Schriftsprache. Gelegentlich schmückt sie sich mit romantischen Bildungsflittern. «Nestele», so heißt es einmal, «lebte und webte ganz in dem mittelalterlichen Paradiese seines schönen Schwabenlandes; und wenn Plankof den sangerfüllten Trinksaal in Walhalla umschuf, sich als heldenseligen Einherier und das schlanke Kellnermädchen als mutige Walküre dachte, die ihm den Met reiche: so versetzte sich Nestele gern als Minnesänger auf die Zinnen einer alten schwäbischen Burg.» Die Charakteristik strebt nach Schärfe in der Erfassung des Individuellen; aber es ist bezeichnend, daß sie sich bei der Zeichnung der Menschen noch, wie bei Tieck, durchaus im Geleise des Konventionellen hält, während bei der Schilderung von landschaftlichen Gegenständen, wie der trauten Gemütlichkeit des alten Städtchens, sich sofort der geübte Blick des Malers verrät. Der Dialog ist, wie bei Tieck, im wesentlichen eine bläßliche Erörterung allgemeiner Probleme; die beiden Freunde sprechen über den Gegensatz von Groß- und Kleinstadt und über die Öde des Gesellschaftslebens. Nur ganz vereinzelt trifft man eine Wendung, die man als eigentümlich Kellerisch erkennt: wie die beiden Reisenden die Flasche geleert haben und der Wirt eine neue bringen will, verbitten sie sich's vorderhand, indem der eben eingenommene «Bissen und Trunk» nur so «eine Art Vorläufer und Quartiermacher gewesen sei».

So lehrt die Analyse des Versuches die merkwürdige Tatsache, daß Keller in dieser «ersten» Novelle minder eigenartig erscheint als in den früheren Erzählungen. Nun er zum ersten Male bewußt auf eine kunstmäßige Darstellung ausgeht, leitet er sein Temperament am straffen Zaume fremder, als mustergültig bestaunter Kunstfertigkeit.

Im Sommer 1846 hat Gottfried Keller mit Xaver Schnyder von Wartensee eine Reise nach Graubünden gemacht. Dabei lernte er in Chur den Advokaten und Buchdruckereibesitzer Friedrich Wassali (1820 bis 1882) kennen, den Verleger des «Bündner Kalenders». Nach der Rückkehr nach Zürich, am 6. Juli, machte Keller Wassali das Anerbieten, ihm für seinen Kalender eine kleine Novelle zu schreiben, und jener nahm den Vorschlag freudig an.

Dieser Kalenderbeitrag Kellers ist der Schwank «Die mißlungene Vergiftung». In einem benachbarten Kanton lebt ein Apotheker mit seiner Frau. Beide leiden in hohem Grade an dem Fehler, daß sie zwar sich selber alle Herrlichkeiten an Speise und Trank gestatten, anderen aber jeden Bissen mißgönnen. Kein Dienstbote hält es bei ihnen aus. Ihr ganzes Personal besteht aus einem Lehrling, Hans, der schon längst ausgerissen wäre, wenn ihn nicht der Lehrkontrakt hielte. Je knapper Hans von seiner Herrschaft gehalten wird, um so üppiger entwickelt sich seine Gefräßigkeit. Kein irgendwie eßbarer Vorrat im Magazin ist vor ihm sicher. Eines Sonntagmorgens beauftragt ihn die Apothekerin, während sie mit ihrem Mann zur Kirche geht, ein Spanferkel am Spieße zu braten. Wie sich der Braten immer appetitlicher bräunt, erliegt Hans der Versuchung und führt ihn sich, Stück für Stück, zu Gemüte, bis von dem Tiere nur noch das nackte Skelett übrig bleibt. Als er das Ergebnis vor sich sieht, beschließt er, Gift zu nehmen. Im Magazin stehen zwei große Flaschen mit eingemachten Früchten, die aber, nach einer auf der Flasche angebrachten Etikette, durch Sublimat vergiftet sind. Er schlingt den Inhalt hinunter und erwartet den Tod. Statt seiner erscheint das Apothekerpaar. Es erfolgt die Entdeckung des Schadens und die Aufklärung. Die Früchte sind nur zum Schutze vor Hansens Gefräßigkeit mit der Etikette versehen worden. Hans fliegt «mit einem tüchtigen Gerbemittel im Leib und einem wohlapplizierten Tritt zur Haustür» hinaus.

Keller hat die Schnurre den 1838 erschienenen Vorlesungen über die Eßkunst von Antonius Anthus (d.i. Gustav Blumauer) S. 179f. nacherzählt. Nur ein paar Motive hat er geändert; am bedeutsamsten ist, daß sein Theologenhaß den Apotheker, der bei Anthus ein «Mann ohne Religion» ist, zu einem frommen Kirchengänger macht, der mit seiner Frau der Andacht pflegt, während der Lehrling das Spanferkel braten muß. Im ganzen beschränkte er sich aber auf die Steigerung des komischen Gehaltes der überlieferten Situationen. Ganz Kellerisch ist die Art, wie das Motiv des Essens im einzelnen poetisch ausgebeutet ist. Wie in den «Phantasien eines Redakteurs in den Hundstagen» die Eß- und Trinkfreuden der Heimat dem hungrigen Redakteur in drastischem Glanze erscheinen, wie in «Kleider machen Leute» Strapinski sein leckeres Mahl verspeist und in «Spiegel das Kätzchen» der Hexenmeister der Katze die appetitlichsten Gerichte vorsetzt, so weiß auch hier der Dichter durch die verblüffende Anschaulichkeit, mit der er etwa das gar werdende Spanferkel und seine Verspeisung durch den ewig hungrigen Lehrling schildert, uns förmlich den Mund wässerig zu machen. Zum Beispiel: «Die lieblichen Düfte, die gleich himmlischem Weihrauch seinen Geruchsinn bezauberten, machten endlich seinen Gaumen derart lüstern, daß seine Unterkiefer wieder in das unwillkürliche Kauen gerieten; immer brauner und saftiger wurde das Säulein und hunderttausend kleine Fettbläschen gleich echten Perlen hüpften und tanzten jubelnd, sich vereinigend und zerplatzend und wieder gebärend, auf der glatten Fläche umher, und es knisterte und knapperte, und spritzte und zischte, als wälze sich eine kleine Welt voll Leben am Spießdorn um und um.»

Wann der Schwank entstanden ist, wissen wir nicht. Wohl 1846 und, darauf läßt die bequeme Verwendung der Vorlage schließen, in drangvoller Eile. Jedenfalls konnte der Dichter nicht wünschen, bei derartigen Kalenderschwänken festgehalten zu werden. Sein Streben ging auf die Ausbildung einer Erzählungskunst, in der der Reichtum seines persönlichen Temperamentes sich zur Einheit verschmolz mit der Kunstform der eigentlich literarischen Novelle. Sein Weg führte ihn über den «Grünen Heinrich» zu den «Leuten von Seldwyla», auf die die novellistischen Abschnitte des Traumbuches von 1847, etwa die liebliche Erzählung von den beiden Mädchen, einen verheißungsvollen Ausblick eröffnen.

5
DIE ANFÄNGE DES LYRIKERS UND DIE GEDICHTSAMMLUNG VON 1846

Die Entstehung von Gottfried Kellers Lyrik bietet ein ähnliches Bild wie die Entwicklung seines epischen Schaffens. Nach dem dilettantischen Tasten langer Jahre, das neben der Ausbildung des Malers hinläuft, erfolgt im gleichen Sommer, der den ersten bewußten Versuch des Novellisten, die «Reisetage», zeitigt, der Entschluß zur Lyrik. Nur bringt dieser, während das epische Schaffen vorderhand nicht über unbehilfliche Anfänge hinauswächst, nun sofort Gedicht um Gedicht hervor und führt das Talent des Lyrikers rasch zu einer vorläufigen Reife.

Vielleicht verrät, außer dem Irren des Malers, nichts so schmerzlich die Unberatenheit des Autodidakten, als ein Blick auf die lyrischen Vorbilder und Lieblinge des Siebzehn- und Achtzehnjährigen. Neben Heines «Fichtenbaum und Palme», drei kleinen Liedern von Karl Mayer und Wilhelm Müllers «Der Einsame» schreibt Keller in sein Tagebuch Gedichte von Friedrich Haug, Ferdinand Haas, Wilhelm Hensel, Paul von Haugwitz, Friedrich Krug von Nidda, Wilhelm von Schütz, August Kahlert, J.C. Nänny und Friedrich Besselt. Künstlerisch in den ausgefahrenen Geleisen des spätromantischen und klassischen Epigonentums sich bewegend, bieten diese Dichtungen entweder Vorfälle und Probleme des Malerlebens, die den jungen Gottfried Keller beruflich interessierten, Episoden aus dem romantisch-konventionell aufgefaßten Ritter- und Sängertum (Friedrich Krugs «Nordteutscher Heldengesang in zwölf Romanzen, Heinrich der Eiserne» hat dem Achtzehnjährigen so gut gefallen, daß er ihn in extenso abschrieb!) oder Bilder aus der Natur. Schüchtern schleichen sich, ängstlich den Vorbildern nachgestammelt, zu denen man auch Matthisson und Salis zählen mag, eigene Versuche ein, die ersten, dreiviertel Jahre nach den ersten epischen Versuchen, im März 1837:

Beim Entwurf einer kleinen Landschaft

Die Abendröte malet
Schon See und Flur und Hain;
Das ew'ge Lichtlein strahlet
Still vom Kapellelein!

Es strahlt so sanft,
Es strahlt so mild,
Als wär's der ew'gen Treue Bild,
Als wär's das Bild der Liebe!

Auf dem gleichen Blatt:

Luna! Leuchte sanft und lieblich,
Geuß dein Licht, so klar und rein,
In des kleinen Hüttchens Fenster,
Mache Liebchens Äuglein hell!

Sag' ihr, was ich jetzt wohl denke,
Was ich tracht' und was ich tu',
Und nach ihrem Herzen lenke
Du des Himmels goldne Ruh!

Zeig' in rosenroten Träumen
Ihr des treuen Schäfers Bild,
Führ' nach deinen lichten Räumen
Ihre Seele, klar und mild!

Stärkeren Wellenschlag eigenen Gefühls, bei freien Rhythmen und ohne die Fessel des unbequemen Reims, zeigt der am 7. Juli 1837 entstandene

Abendsegen

Senk' hernieder
Heilige Nacht!
Dein Rabengefieder
Auf Berg und Tal!
Senk' hernieder,
Schweigende Ruh,
Kühlenden Balsam
Auf ihrer Glieder
Schwellendes, zartes Rund,
In ihr wallendes, göttliches Herz!
Duftende Rosen
Streu' auf den rosigen Mund.
Mir aber gib den sehnenden Schmerz,
Den nächtlichen Freund,
Der die Stunden des toten,

Eisernen Schlafs mir ersetzt
Und mit eisiger Glut
Die klopfende Brust zerreißt.
Mondloses Dunkel
Auf Hain und See,
Drückende Wolken
Auf Berg und Tal,
Heimliche Schauer,
Phantastische Schatten
In mein Herz;
Aber morgender Sonne goldenen Strahl
In ihr Herz
Senke hernieder,
Undurchdringliche, stumme, heilige Nacht!

Es ist die Liebe zu Henriette Keller, die die sinnige Sehnsucht dieser Verse geschaffen. Zwei weitere Gedichte aus dem Jahre 1838 beschäftigen sich mit ihrer Krankheit und ihrem Tod.

Ein anderer Versuch aus der gleichen Zeit stellt einen Doppeltraum dar. Zuerst führt die Phantasie den Jüngling nach Grönland. Dann erscheint die Mutter und ruft «das Söhnlein» zur Suppe hinunter. Eh' er aber geht, umwebt ihn ein neues Traumbild, das ihn nach einem Zedernwald auf den Libanon entführt. Im ersten Bilde zeigen sich Spuren heinesierenden Witzes. Die kleinen harmlosen Grönländer braten einen Fisch am Feuer:

Ich plaudre mit den Leutchen
Und stecke ein Pfeifchen an,
Sie geben mir Tran und lachen,
Weil ich ihn nicht trinken kann.

Wie in Kellers epischen Versuchen, so tritt auch in seiner Lyrik nun eine mehrjährige Pause ein. Die nächsten Verse sind in München entstanden. Kellers Wirklichkeitssinn ist inzwischen erstarkt. Zum Teil sind es Kneippoesien, Gegenstücke zu den Prosaaufsätzen des Redakteurs der Wochenschrift. Zum Beispiel:

Hei, wie wollen wir jetzt trinken,
Bis die alte Welt sich dreht,
Bis die Sterne taumelnd blinken
Und kein Berg mehr aufrecht steht.

Hochaufjubelnd, engverschlungen
Lachen wir vergangnem Leid,
Und der Zukunft Dämmerungen
Deckt der Freude blendend Kleid.

Doch damit der flücht'gen Stunde
Bleibend eine Frucht entkeimt,
Geht ein Trinkspruch in die Runde,
Wie der Augenblick ihn reimt.

Dir, o Wahrheit, soll es gelten!
Freie Wahrheit, streng und hart!
Jedem Braven soll es gelten,
Der dich kühn und mutig wahrt!

Das ist immerhin so gut oder besser als die durchgängigen Trinklieder der dreißiger und vierziger Jahre. Jedenfalls hat kein schweizerischer Dichter jener Zeit kraftvoller und formfertiger gesungen.

Eine Ballade im Bänkelsängerton berichtet von den Untaten eines flotten Burschen. Er hat des Bürgermeisters Sohn im Zweikampf totgestochen und darauf die Musenstadt verlassen, um beim Großen Fritz Dienste zu nehmen:

Und Schneiderlein,
Hebräerlein
Schaun trauernd in die Bücher.

Am Tore trauert sein Liebchen ihm nach. Das Kind, das sie von ihm bekommen, stirbt, und endlich sinkt sie selber ins Grab. Die Ballade klingt aus in das Kirchenlied «Hin geht die Zeit, her kommt der Tod». Ein derbes Gedicht besingt die nächtlichen Abenteuer eines «alten Rechtsverkäufers und tollen Säufers». Dem Freunde Karl Curti, der im Frühjahr 1841 nach der Schweiz zurückging, widmet Keller einen Nachruf:

Fahr hin, du altes Haus, zu den Philistern!
Die Sterne deiner Jugend sind erbleicht.
Ein kalter Wind begann um dich zu flüstern,
Seit wir die Hand zum Abschied dir gereicht.
Dir folgen unsre traurig stillen Klagen
Nach so viel schönen, froh verlebten Tagen.

Zum anderen Teile behandeln die Münchener Gedichte rührende Vorfälle des täglichen Lebens. Im Englischen Garten zu München singt ein liebliches Mägdlein zur Harfe. Wie sie einsammelt, lächeln die Damen höhnisch und «erröten mit keuschem Sinn, die Herren werfen ihr einen Kreuzer hin». Schließlich tritt sie zu einem bleichen Burschen. Der wird rot und stottert: «Ich habe nichts, mein Kind!»

Er konnte ihr auch nichts geben,
Es verließ ihn schon lang das Glück;
Doch hat er die Arme erquicket
Mit einem freundlichen Blick.

Ein weiteres Stück schildert unter dem Bilde von Rose und Falter ein Liebeserleben. Die Rose schaut unverwandt in kindlich-süßen Träumen in den Äther.

Da naht es sich mit goldnen Liebesschwingen;
Der Schmetterling wiegt sich im Glanz der Sonne.

Das Herz der Blume erschließt sich dem schönen Fremdling. Dann entschwindet er. Die Rose verblüht. «So wird» – schließt das Gedicht mit romantischem Klang – «auch unser Jugendstern verglühen. Wir träumen nur, wir lieben und wir wandern.»

Man muß sich hüten, auf diese Reimereien allzuviel Gewicht zu legen. Es sind Verse, wie sie jeder begabte Jüngling macht. Aber sie zeigen uns neben einer achtenswerten Formfertigkeit immerhin die Stoff- und Stimmungssphären, in denen der Geist des Werdenden sich bewegte, und beleuchten sein Leben. Hie und da aber blitzt doch schon die Sprache von Kellers eigener Seele auf. So bricht das spätere bewußte Schaffen wenigstens nicht ganz überraschend hervor.

In seinem Aufsatz «Autobiographisches» erzählt Keller über seine Wandlung zum Schriftsteller: «Ohne [in München] etwas geworden zu sein, mußte ich nach fast drei Jahren zurückkehren [1842] und gedachte mich in der Heimat neu zu kräftigen und durch kühne Erfindungen emporzubringen. Die Kartons zu ein paar poetischen Landschaften waren so umfangreich, daß ich dieselben in meinem alten Malkämmerchen nicht aufstellen konnte, sondern genötigt war, außer dem Hause einen eigenen Raum dafür zu mieten. Es war gerade Winter und jener Raum so unheizbar, mein inneres Feuer für die spröde Kunst auch so gering, daß ich mich meistens an den Ofen zurückzog und in trüber Stimmung über meine fremdartige Lage, hinter jenen Kartonwänden versteckt, die Zeit wieder mit Lesen und Schreiben zuzubringen begann.» Es entsteht der Plan zu einem kleinen traurigen Roman – dem späteren «Grünen Heinrich». «Als jedoch ein Dutzend Seiten geschrieben waren – wohl die Novelle

«Reisetage» –, gab es unversehens eine klangvolle Störung. Wie früher die Erzeugnisse der letztvergangenen Literatur, las ich jetzt diejenigen der zeitgenössischen. Eines Morgens, da ich im Bette lag, schlug ich den ersten Band der Gedichte Herweghs auf und las. Der neue Klang ergriff mich wie ein Trompetenstoß, der plötzlich ein weites Lager von Heervölkern aufweckt. In den gleichen Tagen fiel mir das Buch «Schutt» von Anastasius Grün in die Hände, und nun begann es in allen Fibern rhythmisch zu leben, so daß ich genug zu tun hatte, die Masse ungebildeter Verse, welche ich täglich und stündlich hervorwälzte, mit rascher Aneignung einiger Poetik zu bewältigen und in Ordnung zu bringen. Es war gerade die Zeit der ersten Sonderbundskämpfe in der Schweiz; das Pathos der Parteileidenschaft war eine Hauptader meiner Dichterei, und das Herz klopfte mir wirklich, wenn ich die zornigen Verse skandierte. Das erste Produkt, welches in einer Zeitung gedruckt wurde, war ein Jesuitenlied, dem es aber schlecht erging; denn eine konservative Nachbarin, die in unserer Stube saß, als das Blatt zum Erstaunen der Frauen gebracht wurde, spuckte beim Vorlesen der greulichen Verse darauf und lief davon. Andere Dinge dieser Art folgten, Siegesgesänge über gewonnene Wahlschlachten, Klagen über ungünstige Ereignisse, Aufrufe zu Volksversammlungen, Invektiven wider gegnerische Parteiführer usw., und es kann leider nicht geleugnet werden, daß lediglich diese grobe Seite meiner Produktionen mir schnell Freunde, Gönner und ein gewisses kleines Ansehen erwarb. – Dennoch beklage ich heute noch nicht, daß der Ruf der lebendigen Zeit es war, der mich weckte und meine Lebensrichtung entschied.»

Gottfried Kellers Rückkehr aus München fällt in eine bedeutsame Epoche der Geschichte Zürichs. Durch den Putsch von 1839, den die Berufung von D. Fr. Strauß zur Folge gehabt, war zwar nach der ersten Ära des Liberalismus in den dreißiger Jahren eine neue Reaktion begründet worden. Allein schon am 22. November 1840 stellte eine Volksversammlung in Bassersdorf ein von durchaus freisinnigem Geiste erfülltes Programm auf, und die Großratswahlen im Mai 1842 schufen das Gleichgewicht zwischen der konservativen und der radikalen Partei, das sich dann, vor allem durch das bedeutende Wirken von Jonas Furrer aus Winterthur, 1845 endgültig zugunsten der Liberalen verschob. Gleichzeitig mit diesem Kampf um die politische Machtstellung im Kanton spielte sich in Zürich auch ein wichtiges Stück des internationalen Ringens für geistige Aufklärung und der sozialistischen Propaganda ab. Hier ließen sich, durch die Demagogenhetze der deutschen Regierungen vertrieben, zahlreiche

Flüchtlinge nieder oder hielten sich vorübergehend auf. Hervorragende Deutsche, wie der Naturforscher Lorenz Oken, der Anatom Jakob Henle und der Kliniker Karl Pfeufer, wirkten neben bedeutenden einheimischen Lehrern an der 1833 eröffneten Hochschule.

Am wichtigsten wurde für Gottfried Keller August Adolf Ludwig Follen. In Gießen am 21. Januar 1794 geboren, hatte der feurige Jüngling als Freiwilliger an den Befreiungskämpfen teilgenommen, war dann als Student der Rechte in Heidelberg Burschenschafter gewesen und hatte das Wartburgfest (18. Oktober 1817) mitgemacht. Wegen Demagogie war der «deutsche Kaiser», wie Follens Cerevisname war, 1819 in Untersuchungshaft gesetzt worden, hatte zwei Jahre auf der Berliner Stadtvogtei gesessen und war 1821 gegen das eidliche Versprechen, sich auf Verlangen dem Gerichte wieder zu stellen, freigelassen worden. Er war darauf nach der Schweiz gegangen, wo bereits sein Bruder Karl weilte, der 1839 beim Brande eines Dampfers in Amerika ertrank, hatte hier die Stelle eines Lehrers der deutschen Literatur an der Kantonsschule in Aarau bekommen und war in Effingen Bürger geworden. Zur gleichen Zeit hatte er sich durch eine romantische Heirat völlige Unabhängigkeit gesichert. Er hatte einst, so erzählte Keller später, an einer Gasthoftafel in Pfäfers gesessen. Erst am Ende des Schmauses bemerkte er, daß er kein Geld bei sich hatte. Eine schöne, ihm unbekannte Nachbarin bat ihn, er möchte sich ihrer Börse bedienen. Das Mädchen hieß Susette Ritzmann und war die Tochter eines reichen Müllers auf Schloß Altikon an der Thur. Sie fand Gefallen an dem hochgewachsenen und geistvollen Jüngling, und bald waren die beiden ein Paar. Inzwischen war von Preußen aus 1824 an die aargauische Regierung das Begehren auf Auslieferung Follens gestellt worden. Dieser war infolge der Aufregungen in schwere Krankheit verfallen und hatte sich Preußen nicht gestellt. Bis 1827 hatte er noch sein Amt an der Kantonsschule bekleidet, dann war er nach Schloß Altikon gezogen. Später war er in den Zürcher Großen Rat gewählt worden, hatte sich an der liberalen Bewegung beteiligt und war nach Zürich übergesiedelt, wo er die alte Geßnersche Buchhandlung übernahm und zuerst das auf einer Anhöhe über der Limmat gelegene Haus «Zum roten Ackerstein» bewohnte. Julius Fröbel erzählt in seinem Lebenslauf (I, S. 76), wie er einst Follen hier besucht habe. Bei seiner Ankunft war dieser nicht zu Hause. Darauf stieß die in Samt gekleidete Frau in das an silberner Kette um ihre Hüften hängende Horn, und Follen, durch das Signal herbeigerufen, stieg, in seinen mittelalterlichen Talarschlafrock gekleidet, das edle Haupt mit einem Barette bedeckt, aus seinem Weinberge herab, den Ankömmling zu empfangen. Die Erzählung gibt ein charakteristisches Bild des ehemaligen Burschenschafters, dessen Freiheitsschwärmerei viel mittelalterliche Romantik anhaftet. Immerhin scheint Fröbels Phantasie das Erlebnis ausgeschmückt zu haben. Die Wahrheit ist, daß im Gange des Hauses zum «Ackerstein» ein großes Steinbockhorn hing, mit dem man den Dienstboten rief.

Vom «Roten Ackerstein» siedelte Follen gegen 1840 nach Zürich über, wo er u. a. das Haus zum «Sonnenbühl» bewohnte und es mit Gemälden schmücken ließ. Auf einem davon hat er sich selber als «deutschen Kaiser» darstellen lassen. Nach der Übersiedlung seines Freundes Karl Pfeufer nach Heidelberg beabsichtigte auch er, sich dort niederzulassen. Die badische Behörde hinderte ihn daran, und nun plante er den Ankauf eines alten Palastes in Venedig, kehrte indes nach Zürich zurück. Hier sammelte er eine Tafelrunde um sich, der vorübergehend Georg Herwegh, Hoffmann von Fallersleben, Freiligrath, Philipp oder – wie er sich damals nannte – Roßlieb Wackernagel, die Professoren Henle, Pfeufer, Hitzig, Löwig, der Russe Bakunin, Wilhelm Schulz und viele andere angehörten. Hier ging alles ein und aus, was Verse schrieb, politisch oder wirtschaftlich bedrängt war und für Freiheit schwärmte. An den Tagesereignissen, der Freischarenbewegungen des Jahres 1845, der Befreiung Dr. Robert Steigers aus dem Kerker in Luzern, war Follen stark beteiligt. Im Herbst 1847 erwarb er das Schloß Liebenfels im Thurgau, um wie Faust als Landwirt im großen zu wirken. Der alte Turm, in dem Edelfalken horsteten, hatte es ihm angetan. Auch hierhin nahmen deutsche Flüchtlinge zuhauf den Weg und fanden eine allezeit gastliche Herberge. Das große Vermögen seiner liebenswürdigen Frau ging darüber zugrunde. Im Frühjahr 1855 veräußerte Follen seine Besitzung und zog nach Bern zu einer seiner beiden Töchter, die mit dem späteren Professor Gustav Vogt verheiratet war. Dort ist er nach schweren Enttäuschungen am 26. Dezember 1855 fast verschollen gestorben. Ein Plan seines Freundes Wilhelm Schulz, mit Hilfe Gottfried Kellers eine Auswahl von Follens Poesien und sonstigen Schriften nebst einer Biographie herauszugeben, kam nicht zustande.

Follen war eine hochsinnig angelegte Natur, aber ohne Selbstbeherrschung, gewalttätig, launenhaft, bequem, verschwenderisch, nicht frei von Eitelkeit, unklar in Politik und Religion. Wie als Mensch und Politiker, so vereinigte er auch als Dichter die Ideale eines spätromantischen Teutschtums mit den Ideen der Demokratie der dreißiger Jahre. Halb Fouqué, halb Uhland, veröffentlichte er nach Demokratenliedern, die er in den «Freien Stimmen frischer Jugend» (Jena 1819) hatte erscheinen lassen, 1829 den Ritter- und Zauberroman «Malegys und Vivian», sodann ein Stück einer metrischen Bearbeitung von «Tristan und Isolde». Er übersetzte Teile aus Tassos «Befreitem Jerusalem», das «Nibelungenlied» und alte lateinische Kirchengesänge. Nach seinem Tode erschien dann noch (1857) das Epos «Tristans Eltern». Seine Balladen, in denen er in wortreichem Pathos, gelegentlich mit rhythmischer Kraft und treffender Bildlichkeit schweizerische Stoffe behandelt, sind heute fast völlig vergessen, obgleich Gottfried Keller für «Arnold Struthan von Winkelried bei Sempach» hohes Lob hatte und eine Strophe wie die folgende aus «Büttisholz» nicht genug zu rühmen wußte:

Und wie die schlanke Gemse bergab vom Wetterhorn
In allerkühnsten Schwüngen herstürzt durch Kluft und Dorn,
Und ritzt kein Fels den edlen Leib, und stößt den Fuß kein Stein:
So springt in die allererste Schlacht jung Entlibuch herein.

Mit Follen befreundet war Dr. Julius Fröbel, ein Neffe des bekannten Pädagogen. 1805 zu Griesheim bei Stadtilm geboren, hatte er in München, Jena und Berlin studiert und war 1833 Lehrer an der Industrieschule in Zürich, später Professor der Mineralogie an der Universität geworden. An der Industrieschule war er Kellers Lehrer in der Geschichte gewesen. 1840 hatte er einen Verlag für freisinnig-revolutionäre Literatur, das Literarische Comptoir Zürich und Winterthur, gegründet. Der junge Verlag war rasch eine Hochburg aller zensurflüchtigen deutschen Schriftsteller geworden, bis ein Bundestagsbeschluß den gesamten gegenwärtigen und künftigen Verlag der staatsgefährlichen Firma verbot. 1842 hatte Fröbel zugleich die Redaktion des «Schweizerischen Republikaners», des Organs der zürcherischen Liberalen, übernommen. Ende 1846 siedelte er nach Deutschland über, nachdem die Buchhandlung nach Leipzig verlegt worden war.

Außer Follen und Herweghs Schwager Dr. Gustav Siegmund beteiligte sich auch Arnold Ruge an Fröbels Literarischem Comptoir. 1803 auf der Insel Rügen geboren, hatte er wegen Beteiligung an dem sogenannten Jünglingsbunde eine fünfjährige Festungshaft in Colberg durchmachen müssen, war dann Lehrer und Privatdozent in Halle geworden und hatte 1838 mit Ernst Theodor Echtermeyer die «Halleschen», später «Deutschen Jahrbücher für deutsche Kunst und Wissenschaft», das angesehenste kritische Organ der junghegelianischen Richtung, gegründet. Als die Zeitschrift 1842 wegen ihrer radikalen Tendenzen unterdrückt wurde, ging Ruge nach Paris und im April 1845 nach Zürich. Mit der Verlegung des Literarischen Comptoirs nach Leipzig siedelte auch er nach Deutschland über. Seine «Gesammelten Schriften», die 1846 zu erscheinen begannen, hat Gottfried Keller 1848 in den «Blättern für literarische Unterhaltung» besprochen.

Im April 1840 war Georg Herwegh in Zürich aufgetaucht. Der damals Dreiundzwanzigjährige war vor dem drohenden Heeresdienste aus seiner Heimat Württemberg geflohen und hatte ein Jahr lang als Journalist in Emmishofen im Kanton Thurgau gelebt. In Zürich nahm sich vor allem Follen, für Außerordentliches stets begeistert, des armen Flüchtlings an, gewährte ihm ein Asyl auf seiner «Kaiserburg» und pflegte den Leidenden. Hier in Zürich entstand die Gedichtsammlung, die Herwegh durch das tönende Pathos ihrer Freiheitsbegeisterung und die blendende Rhetorik ihrer Sprache für kurze Zeit zum gefeiertsten Lyriker machte, die «Gedichte eines Lebendigen», deren erster Band im Sommer 1841 als erstes Verlagswerk des Literarischen Comptoirs erschien, in den nächsten zwei Jahren sieben Auflagen erlebte und dem Verfasser gegen viertausend alte Zürchergulden Honorar eintrug. Er ging damit im Herbst 1841 nach Paris, wo er Börnes Grab besuchte und Heine und Dingelstedt kennenlernte. Enttäuscht vom Regiment des Bürgerkönigs, kehrte er im Februar 1842 wieder nach Zürich zurück und mengte sich mit dem unklugen Eifer eines politischen Kindes in die zürcherische Politik. In dem Streite, der zwischen Fröbel und dem Juristen Johann Kaspar Bluntschli, dem Haupte der konservativen Regierung, wegen der Persönlichkeit des ehemals freisinnigen, dann ins Lager der Konservativen herübergezogenen Publizisten Friedrich Rohmer ausgebrochen war, ergriff er die Partei Fröbels und richtete in der «Augsburger Allgemeinen Zeitung» und im «Schweizerischen Republikaner» so heftige Angriffe gegen Bluntschli und Rohmer, daß diese ihn wegen Beleidigung einklagten. Ehe der Prozeß entschieden war, trat er im Herbst 1842 seine berühmte Reise durch Deutschland an, angeblich um für eine von Fröbel geplante Zeitschrift, den «Deutschen Boten», Mitarbeiter zu werben, in Wahrheit, um sich als Apostel der Freiheit feiern zu lassen. Bei Freunden und Feinden durch die komödiantenhafte Audienz bei Friedrich Wilhelm IV. und seinen offenen Brief an den König aufs schwerste kompromittiert, kehrte er im Januar 1843 wieder nach Zürich zurück, um seine Verurteilung im Prozeß gegen Bluntschli und Rohmer und zugleich den Befehl zur Ausweisung aus dem Kanton Zürich entgegenzunehmen. Er mußte trotz der Petition, die Oken an den Großen Rat richtete, den Kanton am 3. März verlassen, worauf ihm am 10. April die Gemeinde Liestal das Bürgerrecht verlieh. Herwegh jedoch reiste mit seiner ihm im März zu Baden im Aargau angetrauten Frau Emma, geborene Siegmund aus Berlin, nunmehr über sechstausend Taler jährliche Rente gebietend, nach Italien und Frankreich. Immer widerlicher trat seine hohle Gespreiztheit hervor. Der poetische Revolutionär gab sich äußerlich als Geck, der nur den auserlesensten leiblichen Genüssen nachging, bloß Champagner trank («das kommt mir zu», pflegte er später noch, als er bereits in tiefen wirtschaftlichen Verlegenheiten stak, zum Ärger Kellers zu sagen), Livreebediente hielt und daneben mit Schuster- und Zimmermannsgesellen in Revolution machte.

Tüchtiger war die Persönlichkeit des kleinen Hauptmanns Wilhelm Schulz. Der «alte Ehren- und Freiheitsmann», wie ihn Keller einmal genannt hat, war 1797 zu Darmstadt geboren, hatte den Feldzug gegen Frankreich mitgemacht und dann in Gießen studiert. 1834 war er wegen Preßvergehen von dem hessischen Kriegsgericht entgegen einem Heidelberger Rechtsgutachten zu fünfjähriger Festungshaft verurteilt worden, nachdem ihm schon 1819 sein famoses «Frag- und Antwortbüchlein» Entlassung aus dem hessischen Militärverband und einjährige Untersuchungshaft zugezogen hatte. Es war ihm gelungen, im Dezember mit Hilfe seiner vortrefflichen Gattin Karoline nach Straßburg und dann – 1836 – nach Zürich zu fliehen, wo er sich dauernd niederließ und eine fruchtbare, nicht immer glückliche literarische Tätigkeit, vor allem als Militärschriftsteller, entwickelte. Er schrieb u. a. für die «Augsburger Allgemeine» und die «Deutsche Zeitung». Im Sonderbundskriege trat er in die eidgenössische Armee ein. 1848/49 war er Mitglied des Frankfurter Parlamentes. Seine hochbegabte Frau Karoline, an die eines der «Gedichte eines Lebendigen» gerichtet ist, hat sich als treue Pflegerin des in Zürich 1837 verstorbenen Dichters Georg Büchner verdient gemacht. Sie starb am 29. Januar 1847, von allen, auch von Gottfried Keller, tief betrauert. Nach ihrem Tode verband sich der gutmütige, aber unpraktische und etwas unklare Mann zu nicht weniger glücklicher Ehe mit einer Freundin der Verstorbenen, Katharina Bodmer, und gründete mit ihr ein Erziehungsinstitut für Mädchen. Er starb am 9. Januar 1860 in Hottingen. Seine zweite Frau, die Keller eine ebenso treue Freundin wurde wie die erste, zog 1880 nach Zurzach, wo sie 1883 starb.

Im März 1845 setzte Ferdinand Freiligrath seinen Wanderstab auf schweizerische Erde. Den Sommer verbrachte er in der Nähe von Rapperswil, in dem anmutigen Landhaus Meyenberg nahe am Zürichsee, gegenüber der Zufluchtstätte Ulrichs von Hutten. Hier besuchten ihn

Franz Liszt, der ihm auf einem «jammervollen Rappelkasten» seine Komposition zu dem Liede «O lieb, solang du lieben kannst» vorspielte, der amerikanische Dichter und Übersetzer Bayard Taylor, der aus Italien heimkehrende Heinrich Stieglitz usw. Als die Regierung von St. Gallen ihn auszuweisen drohte, ließ sich Freiligrath im Spätjahr im «Sonnental» in Hottingen, dem Hauptquartier der deutschen Flüchtlinge aus der vormärzlichen Zeit, nieder. Umsonst sah er sich in der Schweiz nach einer bleibenden Tätigkeit um. Als ihm daher die Stelle eines Korrespondenten in dem Bankhause Friedrich Huth in London angeboten wurde, verließ er Zürich im Juli 1846.

Während seines Schweizer Aufenthaltes ließ Freiligrath die revolutionären «Ça-ira»-Lieder erscheinen, daneben war er mit Übersetzen beschäftigt. Er verkehrte mit Oken, Follen, Regierungsrat Eßlinger, namentlich aber mit Wilhelm Schulz. «Die beiden Wohnhäuser», berichtet Freiligraths Biograph Wilhelm Buchner, «waren nur durch einen schmalen Weg getrennt; so war der erste Blick des Morgens aus den Fenstern schon ein Gruß, dem alsbald ein helles Lachen folgte; denn wenn Freiligrath die edle Gabe des herzlichsten Lachen zuteil geworden, so besaß Wilhelm Schulz dieselbe in ganz wunderbarem Maße. Häufig erzählten sich die Freunde am Fenster ihre Träume, worauf denn Freiligrath gleich sein Traumbuch herbeiholte, die Deutung über die Gasse hinüberrief und das Lachduett aufs schönste anhub.»

Neben diesen Dichtern und Politikern national-demokratischer Richtung hielten sich damals in Zürich auch Vertreter der internationalen kommunistischen Propaganda auf. Im Jahre 1843 erschien, von Paris herkommend, der russische Agitator Michael Alexandrowitsch Bakunin (1814–1876), im gleichen Jahre Wilhelm Weitling aus Magdeburg (1808 bis 1871). Ursprünglich Schneider, entfaltete er in der Schweiz eine gewaltige sozialistische Tätigkeit. In der Schrift «Garantien der Harmonie und Freiheit» (Vevey 1842) stellte er seine Theorien dar. Die Gesellschaft sollte dem Individuum gegen eine sechsstündige tägliche Arbeitsleistung die für seine Existenz notwendigen und nützlichen, gegen eine weitere Arbeitsleistung die angenehmen Produkte liefern. Als Weitling eine zweite Schrift «Das Evangelium des armen Sünders» (Bern 1843) veröffentlichte und darin den Nachweis zu leisten suchte, daß seine Lehren mit den Grundanschauungen des Christentums übereinstimmten, wurde er im November 1843 der Anstiftung zum Aufruhr und der Übertretung des Fremdengesetzes schuldig erklärt und zu zehn Monaten Gefängnis nebst fünfjähriger Verweisung aus der Schweiz verurteilt.

Das waren die Männer, die in der ersten Hälfte der vierziger Jahre das geistige und politische Leben Zürichs befruchteten und durch die ausgreifende Kühnheit ihrer Ideen in allen fortschrittlichen Köpfen eine gewaltige Gärung erregten. Je energischer in Bund und Kantonen, im Inland und Ausland alles Bestehende unterwühlt wurde und mit der Beschleunigung und Erweiterung des Verkehres, mit dem Aufblühen von Technik und Industrie jahrhundertealte Formen des Lebens und Denkens gesprengt wurden, um so hinreißender war die Werbekraft der neuen Ideen, um so stürmischer der Drang nach Freiheit, um so schwieriger die Unterscheidung zwischen dem praktisch Erreichbaren und dem phantastisch Ausschweifenden, zwischen nationaler und internationaler Politik, Bürgerstaat und kommunistischer Gesellschaftsordnung.

Schon vor seiner Reise nach München hatte Gottfried Keller das regste politische Interesse bekundet. Es war ein Erbteil seines Vaters, daß er sich dabei in die Reihen der Fortschrittsmänner stellte, auch wenn seine Jugend und seine persönliche Bedrängnis ihn nicht für die Gedanken politischer und geistiger Befreiung und sozialer Besserstellung empfänglich gemacht hätten. Während Jeremias Gotthelf in seinem Tendenzroman «Jakobs des Handwerksgesellen Wanderungen durch die Schweiz» (1846) Zürich als einen Mittelpunkt der Gottlosigkeit und Sittenverderbnis brandmarkte, schlug in dem Freiheitssturm, der in Zürich wehte, Gottfried Kellers Begeisterung für die neuen Ideale der Zeit rasch in hellen Flammen auf. Den Winter 1842–1843 hatte er, nach der Schilderung in dem Brief an Hegi vom 1. April 1843, genau so verbracht wie die Jahre in München. Er hatte mit den Studenten der jungen Universität in der Kneipe gesessen; neue Bilder geplant, zum Beispiel eine Gebirgsaussicht vom Ütliberg; genossen, was der Tag an Kurzweil zutrug; massenhaft gelesen und inzwischen auf einen Mäzen gewartet, der ihn zu einer neuen Fahrt nach München flügge machen sollte. Was er bis dahin etwa gedichtet, war das idyllisch-harmlose Spiel eines spätromantischen Dilettanten gewesen. Jetzt wurde die Revolution seine Muse und das große geistig-politische Freiheitserlebnis der Zeit die Triebkraft, die seine stockende Gefühls- und Ideenmasse in Schwung brachte und den Maler zum Dichter machte.

In seinem Tagebuch vom Sommer 1843, seinen drei Gedichtmanuskriptbänden, die Eintragungen vom Mai 1843 bis zum Januar 1846 in lückenloser Folge enthalten, endlich den Briefen aus jener Zeit läßt sich die Entstehung seines lyrischen Schaffens mit seltener Genauigkeit verfolgen.

Am 9. Juli 1843 äußert er sich in einer längeren Eintragung des Tagebuches über E. T. A. Hoffmann, dessen Biographie von Hitzig er fertig gelesen. Man spürt, wie mächtig ihn das Problem von Hoffmanns künstlerischer Begabung ergriffen hat: war er doch – neben dem Musiker – Maler und Dichter, wie Keller selber. Jedes Wort, das er über Hoffmann schreibt, hat seine tiefe Nebenbedeutung für Keller selber: «Da Hoffmann ein Genie war und großen Drang zur Malerei hatte, so zweifle ich keineswegs, daß er ein großer Maler geworden wäre, wenn er die strenge und berufsmäßige Bildung erhalten hätte, welche die bildende Kunst verlangt. Ein Genie, das viel gelesen hat, kann auch gewiß etwas Gutes schreiben, ohne seine Jugend auf Universitäten zugebracht zu haben ... Von Hoffmann zu verlangen, daß er die Malerei aufgeben und alle seine Kräfte der Dichtkunst zuwenden solle, wäre eine Philisterei gewesen; denn der Evangelist Johannes sagt: ‚Der Wind wehet, wo er will, und du hörest sein Tosen; aber du weißt nicht, von wannen er kommt, noch wohin er fahren wird. – Also ist ein jeder, der aus dem Geiste geboren ist!'» Solche Geständnisse lassen uns einen Blick tun in den Kampf, der sich in Kellers Innern abspielt. Der Dichter ringt sich los von dem Maler, und es ist göttliche Bestimmung, was ihn treibt.

Am 10. Juli meldet er die Arrestation von Weitling, die bei der liberalen Partei Unwillen erregt hat, und setzt sich dabei mit dem Kommunismus auseinander, der ihn «konfus macht». Einesteils erscheint er ihm, in Anbetracht des vielen Elends auf Erden, sympathisch, andernteils kann er ihm keine gute Seite abgewinnen, da er aus Hirngespinsten besteht und die Folge einer um sich greifenden Genuß- und Bequemlichkeitssucht ist. «Wenn ihr ganz gleichmäßige Erziehung vom Staate aus, Sorge für allgemeinen Verdienst vom Staate aus, allgemeine Versorgung der Verdienstunfähigen und Hülflosen vom Staate aus verlangt: dann bin ich mit Leib und Seel' bei euch!»

Am 1. Mai ist das erste Gedicht dieses Schicksalsjahres entstanden, das «Fahnenlied»:

Die Fahne, der ich folgen muß,
Ist weiß und purpurrot!
Ein Augentrost und Himmelsgruß
Dem Vaterland in Not.

Darauf scheint der Quell wieder gestockt zu haben, um dann im Juli mit um so kräftigerem und dauerhafterem Strahle hervorzuschießen. In seinem Samtfräcklein begab sich, erzählt Baechtold, der Dichter jeden schönen Morgen nach dem sogenannten Platzspitz, der Halbinsel am Zusammenfluß von Limmat und Sihl. Unter einem der schönen, von Rosen hecken eingefaßten Bäume richtete er sich wohnlich ein. Eine Menge Gedichte ist hier entstanden. Mit den vorbeirauschenden Wassern zogen auch die Verse heran. Am 11. Juli kann er, wie das Tagebuch meldet, plötzlich den Entschluß fassen, einige Gedichte zusammenzupacken und einer Zeitschrift, etwa Lewalds «Europa», zuzusenden mit einem sentimentalen Katzenjammerbriefe. «Ich habe zwar die ‚Europa' lange nicht mehr gelesen und weiß nicht, was sie für eine Tendenz hat; aber ich muß einmal etwas wagen, um den Karren aus dem Schlamm zu bringen.» Am 14. Juli bekommt er Anastasius Grüns «Schutt» (1835) in die Hände, Dichtungen, in denen die Freiheitssehnsucht des Vormärz noch die Züge eines müden Pessimismus trägt. Keller macht dabei die «schüchterne und furchtsame» Bemerkung, daß die Zeit der Balladen, niedlichen Romanzen und wenig sagenden Tändeleien in elegantem Stil vorbei sein dürfte und daß der Dichter mit tiefen Gedanken, großer, nobler Phantasie und schlagender, überquellender Sprache auftreten muß, mehr als je. Besonders aber muß er sich nun mit den großen Welt-Fort- oder Rückschritten beschäftigen, mit den ernsten Lebensfragen, die die Menschheit bewegen. Am 15. Juli findet er, daß er die Balladen und Romanzen unabsichtlich mit den niedlichen Tändeleien zusammengestellt hat. Er meint, es möchte doch schwerer sein, eine Ballade, wie Schiller und Goethe sie gemacht, hervorzubringen, als das schönste Gedicht, wo der Dichter nur innere Zustände und Gefühle ausspricht. «Denn hier braucht er nicht aus sich herauszugehen und darf nur den Schnabel auftun, um die Melodien herausströmen und überschwellen zu lassen, wie sie wollen, während er dort sich mit dem Stoff, Kostüm und Sitten abarbeiten muß.» Am 16. Juli zankt er sich mit dem Schneider Wuhrmann und anderen zwei Stunden über den Kommunismus.

Daß er trotz dem ausdrücklichen Bekenntnis seiner dichterischen Sendung – er habe nun einmal großen Drang zum Dichten, hatte er am 11. Juli geschrieben – daneben seinen alten Malerberuf zunächst nicht aufzugeben gewillt ist, zeigt ein Eintrag vom 17. Juli. Er hat eine alte Föhre nach der Natur zu zeichnen angefangen und nimmt sich vor, sich eine hübsche, genaue Zeichnung anzugewöhnen. Auch am 15. Juli zeichnet er. Man wird diese Fortführung des alten Berufes mit innerer Unsicherheit erklären dürfen. War er wirklich ein Dichter? Am 5. August schreibt er, der Beschluß, etwas an Lewald zu schicken, sei schon längst wieder kassiert. Und dann – was für ihn ebenso wichtig war –, wie konnte er sich als Dichter über Wasser halten? War es am Ende nicht doch besser, er blieb bei der Malerei? Allenfalls ließ sie sich, nach der guten Zürcher Tradition eines Salomon Geßner, David Heß und Martin Usteri, mit der Dichtung vereinigen! So begeht er seinen vierundzwanzigsten Geburtstag in nichts weniger als zuversichtlicher Stimmung: «Meine Hoffnungen sind um nichts besser geworden ...; in der gedrückten, kummervollen Lage, in welcher ich mich fortwährend befinde, kann ich wenig mit meinen armen Händen arbeiten und mutig zutage bringen. Schreiben oder lesen kann ich immer, aber zum Malen bedarf ich Fröhlichkeit und sorglosen Sinn.» Ein rührendes Geständnis, daß der Dichter über den Maler mächtig geworden ist. «Die Zeit ergreift mich mit eisernen Armen. Es tobt und gärt in mir wie in einem Vulkane. Ich werfe mich dem Kampfe für völlige Unabhängigkeit und Freiheit des Geistes und der religiösen Ansichten in die Arme; aber die Vergangenheit reißt sich nur blutend von mir los.» Er tritt in die «Union fédérale», einen Verein von jungen Leuten, ein, in dem über Fragen der Zeit diskutiert wird. Am 8. August sieht er ein, daß er die Malerei für einige Monate in den Hintergrund stellen muß, wenn er in der Dichterei etwas tun will. Trotzdem merkt er sich einige Ideen zu landschaftlichen Kompositionen. Vom 9. August an schrumpft das Tagebuch für einige Tage zu kurzen Eintragungen über angefertigte Gedichte zusammen. Am 14. regen ihn die Berichte über Zensurgeschichten und Bücherkonfiskationen, wovon er im Kaffeehaus gelesen, «alle die Wutanstrengungen der dunklen Brut», «baß» auf und «schwängern ihn mit neuen Entschlüssen zum heißen Kampfe». Auseinandersetzungen mit Börne folgen. Am 16. August bricht der Faden vorläufig ab.

Die Manuskriptbücher bekunden für den Juli und die erste Hälfte des August einen fast ununterbrochenen Fluß lyrischer Produktion und ein rasches Wachstum der Sprachkraft und des Geschmackes. Am 15. Juli, am 13. und 15. August schreibt er das «Pfingstlied», eine gedankenreiche Verherrlichung des ursprünglichen freien Pfingstgeistes des Christentums im Gegensatz zum kirchlichen Muckertum. Von den weiteren Gedichten des Juli enthalten zwei elegische Rückblicke auf die Jugend und die entschwundene Liebe:

Am grünen Ufer, am fernen See,
Da liegt ein Grab so stumm verschlossen.
Brich auf, brich auf nur, du altes Weh!
Sind deine Tränen nicht all vergossen?

\- - - - - - - - - - - - - - - - - -

Du hochaufblühender Maientag,
Wie bist so bleich du hingeschwunden!
Die Blüte, so dir am Busen lag,
Liegt nun wie ein Eisfeld auf meinen Wunden.

Der 31. Juli zeitigt ein begeistertes Bekenntnis zur neuen Zeit und ihren radikalen Tendenzen und zugleich einen Angriff auf «die Schlangenbrut und das heuchlerische Gewürm» der Rückschrittler. Auch in Versen vom 1. und 2. August wettert er gegen die «Potentaten» und die Pfaffen. Einem Wüstenwinde werden diese verglichen:

So keuchet ihr daher, im Sündenpfuhl ersterbend,
Und, was l e b e n d i g ist, erschrocken vor euch flieht.

Das ist eine deutliche Anspielung auf die «Gedichte eines Lebendigen». Am 3. August entsteht das «Jesuitenlied» «Hussa! Hussa! Die Hatz geht los!» Am 6. wird ein «Morgenlied» niedergeschrieben; es verrät den Einfluß von Herweghs «Morgenruf» («Die Lerche war's, nicht die Nachtigall, die eben am Himmel geschlagen»). Sonette vom 8. und 10. August preisen denn auch den Sänger der «Gedichte eines Lebendigen». Am 10. August entsteht weiter ein «Aufruf», am 12. ein erstes Sonett «An die protestantischen Theologen», am 14. «Die Feier der deutschen Unabhängigkeit seit 843» und das Sonett «Die deutschen Freiheitskämpfe». So bringt fast jeder Tag ein Gedicht, mancher zwei. Bis zum 14. August zählt man einundzwanzig, fast alles feurige Freiheitsbekenntnisse in dem zornigen und blendenden Stile Herweghs.

Schon am 29. Juli hatte Keller seinem Freunde Hegi nach München seinen Entschluß gemeldet, es mit der Dichtkunst zu versuchen, und ihm zugleich zwei Proben seines Könnens gesandt. Darauf schrieb ihm Hegi am 25. August: «Daß Du Dein länger schon blühendes Talent für Dichtkunst willst Früchte tragen lassen, finde ich ganz gut und wünsche nur den besten Erfolg in geistiger wie in materieller Hinsicht. Warum schreibst Du nie was über München, ob Du bald kommst oder nicht? Deine zwei Dichtungen gefallen mir recht gut ... Durch die Poesie kannst Du nun Deines Herzens Gefühle besser ergießen und mancher Plage los werden, die Du sonst nicht los wurdest, da Du sie niemand mitteilen konntest.» Ehe Hegis zustimmende Antwort eintraf, faßte Keller einen entscheidenden Entschluß. Er legte am 17. August eine Anzahl seiner Gedichte – es werden die besten der bis zum 14. entstandenen einundzwanzig gewesen sein – seinem ehemaligen Lehrer Julius Fröbel vor und bat ihn um sein Urteil, da einerseits seine Verhältnisse ihm nicht gestatteten, sich mit absichts- und zwecklosen Tändeleien herumzutreiben, anderseits er über die Tauglichkeit dieser Versuche und überhaupt über seine Fähigkeit dazu in einem trostlosen Dunkel sei. Bis Fröbels Antwort eintrifft, läßt er sein Dichten ruhen. Ein am 28. August entstandenes Stück «Totentanz» klingt wie ein Stoßseufzer. Am 30. ließ Fröbel sich vernehmen, und seine Antwort hebt charakteristischerweise neben Kellers dichterischer Begabung seinen politischen Liberalismus hervor. Er setze voraus, Keller sei Schweizer. Ja, es würde ihm leid tun, wenn dem nicht so wäre, da es für die weitere geistige Entwicklung der Schweiz von höchster Wichtigkeit sei, daß sie in der allgemeinen Bewegung der Zeit sich auch literarisch geltend mache, was bisher durchaus nicht geschehen. «Die bedeutendsten Dichter und Belletristen der Schweiz, Fröhlich, Reithard, Bitzius, gehören der Reaktion, der einfältigern christlich-germanischen Richtung an und sind unfähig, etwas Frisches zu produzieren. Möchte es Ihnen gelingen, sich auf einen Standpunkt hinaufzuarbeiten, auf dem Sie sich können geltend machen und einen Einfluß auf den öffentlichen Geist der Schweiz ausüben!» Am 10. September erhielt Keller von Julius Fröbel dann den Rat, seine Gedichte dem Publizisten Emanuel Scherb in Basel mitzuteilen, welcher auf das nächstjährige eidgenössische Freischießen ein Schützenbuch herausgebe, das schweizerische Gedichte, Novellen usf. enthalten werde. Im übrigen verwies ihn Fröbel auf einen ebenso einsichtigen als liebevollen Kritiker in unmittelbarster Nähe, Follen.

Kellers Manuskriptbuch sagt uns, welche Wirkung Fröbels Aufmunterung auf den Dichter gehabt. Der September 1843 gehört zu den fruchtbarsten Monaten. Am 13. zum Beispiel entstehen nicht weniger als drei Gedichte. Zwei davon: «An das Vaterland» und das Sonett «Ja, du bist frei, mein Volk» konnten später in die Gedichtsammlung von 1846 aufgenommen werden. Ebenso das am 4. Oktober entstandene «Du willst dich freventlich emanzipieren». An dem Vaterlandsgedicht hatte Keller später manches auszusetzen. So änderte er das ursprüngliche «mein banges Stündlein» in «die letzte Stunde». «Banges Stündlein» töne muckerhaft und feige zugleich. Arnold Ruge und Karl Heinzen hätten ihm dasselbe mit Hohn vorgehalten und gefragt, ob er unter die Stündeler gegangen sei. Keller liebte das Lied überhaupt nicht und behauptete stets, es verdanke seine Volkstümlichkeit bei den Schweizern zunächst der Melodie Wilhelm Baumgartners. Diese letztere entstand im Juni 1846 und wurde öffentlich zuerst vom Zürcher Studentengesangvereine beim Frühjahrskonzert im März 1851 gesungen. Die Wendung:

«Als ich ... Königsglanz mit deinen Bergen maß» schalt der Dichter als einfältig. «Das Kaisertum Österreich und das Herzogtum Savoyen hätten noch höhere Berge als die Schweiz», pflegte er halb scherzhaft zu sagen. Von Kritikern bemängelt wurde wohl die auch in der Form nicht glückliche zweite Hälfte der ersten Strophe:

Schönste Ros', ob jede mir verblich,
Duftest noch an meinem öden Strand!

Das sei zu individuell empfunden und treffe doch nur auf die ganz besondere Zuständlichkeit eines einzelnen zu. Ein ganzes Volk singe nicht von seinem «öden Strand». – Auch der Dezember zeitigte eine erkleckliche Zahl Gedichte, so das in die erste Sammlung aufgenommene: «Ja, das ist der alte Kirchhof.» Im folgenden Jahre sind besonders reich der Januar, Februar, April, Juni, Juli und vor allem wieder August und September. Im März und April 1845 wurden die schönsten der «Siebenundzwanzig Liebesgedichte» niedergeschrieben. Die «Feueridylle» entstand im Mai dieses Jahres. Den Anlaß dazu bot, nach des Dichters eigener Angabe, eine große Feuersbrunst, durch die am 27. April 1844, morgens vier Uhr, im sogenannten Vogelsang in Oberstraß Wohnhaus und Scheune des Gemeindeammanns zerstört wurden. Die «Feueridylle» erschien zunächst im zweiten Jahrgange des «Deutschen Taschenbuchs» (1846) mit der aufdringlichen, von Arnold Ruge herrührenden Bezeichnung «eine Allegorie», wogegen der Dichter lebhaft protestierte. Über die Entstehung des anderen Zyklus, «Gedanken eines Lebendig-Begrabenen», machte Keller Baechtold folgende Mitteilung: Spitalpfleger Leonhard Ziegler «Zum Egli» (1782–1854), eine in Zürich wohlbekannte Persönlichkeit, besaß nebst einem guten Tokaier eine unüberwindliche Angst vor dem lebendig Begrabenwerden. Er bot dem Dichter eines Tages hundert Flaschen seines edlen Weines an, wenn ihm jener ein allgemein nützliches Gedicht über das Thema verfertige. Keller machte sich ans Werk, wobei freilich etwas ganz anderes herauskam, als der Besteller gewollt hatte. Bedeutsam für Entstehung und Grundgedanken ist, daß im März 1844 sich Keller im Tagebuch die Verse Uhlands notierte:

Lebendig sein begraben,
Es ist ein schlimmer Stern,
Doch kann man Unglück haben,
Was jenem nicht zu fern.

Wenn man bei heißem Herzen
Und innern Lebens voll,

Vor Kümmernis und Schmerzen
Frühzeitig altern soll.

Eine ganze Liederreihe verdankt ihre Entstehung einem Aufenthalte in Glattfelden im Juli, August und September 1845, so: «Einkehr unterhalb des Rheinfalls» (Gedichte 1846, S. 285); «Auf der Landstraße» (S. 257); «Im Wald» (S. 43–48); «Am Wasser» (S. 49, ursprünglich «An der Glatt»); «O Kirchhof, du gedrängtes Meer» (erst in den «Gesammelten Gedichten» S. 82); «Abendlied an die Natur» (S. 1).

«Bei einer Kindesleiche» stammt aus dem November 1845. Die Nachbarsleute Dietrich brachten ihr krankes Kind, das um diese Zeit starb, oft zu Kellers Mutter. Dann lag es still auf dem Tisch und schaute den Dichter, der sich mit ihm zu schaffen machte, wenn es niemand sah, mit seinen großen Augen gar «barmherzig» an. Den «Apostatenmarsch» bezogen schon die Zeitgenossen auf den St. Galler Landammann Baumgartner, der in der Aargauer Klosterfrage mit seinen bisherigen radikalen Ansichten brach und ein Vorkämpfer des Sonderbundes wurde. «Der neunzigjährige Landmann vom Zürichsee» (Gedichte 1846, S. 331) war nach einer Mitteilung des Dichter aus Itschnach gebürtig und verlebte seine letzten Jahre in Zürich. Als 1799 die Russen im Lande waren, verlief sich ein Kosakenrößlein in seinen Stall am Küsnachterberg. Die Sache wurde ruchbar. Da bestieg seine Frau kurz entschlossen das Pferd und ritt damit vor das Haus «Zur Krone» in Zürich, das Hauptquartier des russischen Generals, der ihr lachend das Tier zum Geschenk überließ. Die meisten Gedichte der ersten Sammlung stammen aus den Jahren 1844/45, nur wenige von 1843 und aus dem Januar 1846.

Genau ein Jahr scheint Keller nach Fröbels Briefe gewartet zu haben, bis er seine Gedichte Follen vorlegte. Dies dürfte im September oder Oktober 1844 geschehen sein. Im Oktober weilte Hoffmann von Fallersleben auf der Rückreise von Italien in Zürich in Follens Hause, nachdem im «Literarischen Comptoir» eben seine «Hoffmannschen Tropfen» erschienen waren. Er soll, nach Kellers Mitteilung an Baechtold, nach Fröbel sein Dichtertalent zuerst entdeckt haben. Eines Morgens habe er in leichtem Katzenjammer nach Kellers Manuskripten gegriffen und zu Follen gesagt: «Diesen Menschen mußt du mir einmal herholen lassen!» Am anderen Tage wurde der Urheber der Gedichte in die Kaiserburg beschieden. Hoffmann lag noch im Bette, und der neue Dichter wurde feierlich an dem Lager des illustren Kollegen vorübergeführt.

Danach scheint Follen durch Hoffmann von Fallersleben den Anstoß bekommen zu haben, sich eingehender mit Kellers Gedichten zu befassen. Zugleich aber war dem Beschützer aller hilfsbedürftigen Liberalen der neu auftauchende Stern willkommen als Ersatz für Herwegh, der Follens Güte mit Undank lohnte und ihn durch seinen Atheismus abstieß. «Das Auftauchen des jungen Poeten Gottfried Keller», schrieb Follen am 7. Februar 1845 an seinen Schwiegersohn, den Professor Vogt in Bern, «kam mir um so erwünschter, als meine Freundschaft mit Herwegh dem Erbleichen nahe zu sein scheint. Er hat geruht, durch seinen Sekretär Emma mir einen Brief voll so abgestandener Altklugheit und blasierter Belehrungen schreiben zu lassen, daß es mich wirklich angewidert hat. Ich komme mehr und mehr zur Einsicht, daß Atheisten Leute sind, mit welchen kein dauernd inniges Freundschaftsverhältnis möglich ist. So wahr und selbst schön mir der Atheismus als Negierer und Zerstörer der niederträchtigen Armensünder-Unsterblichkeitsdoktrin erscheint, so bodenlos und im Innersten egoistisch erscheint er mir in seiner zum positiven Prinzip erhobenen Verwirklichung. Es ist und bleibt in letztem Stücke ein bedenklicher Unsinn und Wortphilosophendünkel, das Bewußtsein aus der Bewußtlosigkeit zu erklären, die Nichtunsterblichkeit aus der Endlichkeit zu beweisen. Vollends Abgeschmacktheit aber ist's, dergleichen Doktrinen zu predigen, wenn man politisch, praktisch zu wirken sich aufwirft.»

Dieses interessante Bekenntnis, das Follens spätere Stellungnahme gegen Ruge und Heinzen vorbereitet, wirft auch ein bedeutsames Licht auf Follens Verhältnis zu Keller und auf dessen damalige religiöse Anschauungen. Auch er hatte zu jener Zeit aus dem politischen Liberalismus noch nicht den Schluß gezogen, es sei auch der Glaube an Gott und Unsterblichkeit preiszugeben. Diese Halbheit (wie er später urteilte) empfahl ihn Follen.

Ein erster Brief Follens vom 3. November 1844 findet in Kellers Gedichten viel lyrisches Feuer, auch Ohr für den Vers, rät aber zu einer gründlichen Umarbeitung des gesamten bisherigen Liederbestandes, bevor ihn der Dichter dem Druck übergebe; zugleich lädt er Keller zu einer Besprechung ein. Undatierte Zettel mit Einladungen oder kritischen Randglossen, dazu Korrekturen in den Handschriften Kellers zeigen den regen Anteil, den Follen an dem Schaffen seines Schützlings von da an nahm. Die Korrekturen sind, was die Steigerung der Anschaulichkeit und die formale Reinheit anbelangt, oft glückliche Griffe und von Keller endgültig beibehalten worden. So wenn, im dreizehnten Liebesliede, Follen Kellers «Mir ist ein Rival aufgewacht» verbessert in: «Mir ist ein

Nebenbuhl' erwacht», oder wenn Keller im zehnten Gedicht der Feueridylle den Anfang «Der Flammenkelch ist endlich ausgeglüht» nach Follens Vorschlag in «Die Flamm' ist tot, der Krater ist verglüht» umändert. Unermüdlich spornt Follen an, «da die unsterblichen Götter den Schweiß vor die Pforte des Nachruhms postiert». «Ich komme mir», schreibt er am 9. April 1846, «bald bei Ihnen vor wie Jean Pauls Schoppe, als der Münzstock, der dem Albano nachläuft und ihn ausprägt.» Ein andermal ruft er herrisch aus: «Gelegentlich verbitte ich mir Ihre Bemerkung, daß an Ihren Gedichten nichts zu verschlimmern und viel zu verbessern sei, als Majestätsverbrechen gegen mein Geschmacksurteil.»

Keller hat sich später sehr kühl über Follens und der anderen Freunde kritischen Rat geäußert und ihnen vorgeworfen, daß sie einen zu wenig feinen Maßstab an sein Schaffen angelegt; lediglich die tendenziös-politische Seite seiner Produktionen habe ihm schnell Freunde und Gönner verschafft. Das konnte der gereifte Künstler rückblickend sagen, dem werdenden aber war Follens Urteil und Hilfe eine unschätzbare Förderung, wie sie nicht häufig jungen Dichtern zuteil wird.

Die erste größere, von Follen gesichtete Auswahl der Gedichte erschien in den beiden Jahrgängen des «Deutschen Taschenbuches», die 1845 und 1846 im Literarischen Comptoir in Zürich und Winterthur herauskamen. «Lieder eines Autodidakten (Gottfried Keller von Glattfelden bei Zürich)» lautet die Überschrift der Sammlung von 1845. Die beiden Jahrgänge enthalten zusammen ungefähr den Bestand der Gedichte von 1846. Der großmütige Follen versicherte seinem Schützling bei Übersendung des ersten Honorars am 28. November 1844: «Für Ihre allerdings notwendige künftige Subsistenz werde ich mit aller Freude am Gedeihen eines ausgezeichneten Talentes dauernde Sorge tragen.»

Die erste öffentliche Stimme über die Gedichte des «Taschenbuches» ließ sich in einer Zürcher Korrespondenz des Stuttgarter «Morgenblattes» vom 1. Februar 1845 (Nr. 28 und 29) hören, wo Keller als «das bedeutendste lyrische Talent, das in der Schweiz laut geworden», gelobt wurde. Ein Gönner, Regierungsrat Melchior Eßlinger, sandte hierauf den noch ungedruckten Zyklus «Einundzwanzig Liebeslieder» dem «Morgenblatt» zum ersten Abdruck. Dieses brachte jedoch zu Kellers Ärger nur eine Auslese daraus. Der «Schweizerische Republikaner» vom 14. Februar 1845 (Nr. 13) meinte: Zürich dürfe auf seinen Sohn, der sich aus eigener Kraft emporgeschwungen, stolz sein. Enthusiastisch begrüßten Schweglers «Jahrbücher der Gegenwart» (1845, S. 542 ff.) den neuen Ankömmling auf dem Parnaß. «Da tritt», heißt es unter anderem, «ein junger Schweizerdichter auf und schüttet mit einem Male ein Füllhorn voll der herrlichsten Blüten und Früchte vor uns hin, daß wir überrascht stehen und nicht wissen, ob wir zuerst nach den zarten, lieblichen Blumen greifen sollen, deren Duft uns bis ins Herz dringt, oder ob wir jene kernigen Erzeugnisse, die nur einer wahrhaft naiven und vollkräftig gesunden Natur entsprießen konnten, näher betrachten sollen.» Dichter und Maler zugleich, sei Keller durch eine Muse der andern abgenommen worden. Gedichte wie «Die Spinnerin» sind mit der Lyrik Goethes, andere, volkstümliche, mit der Uhlands verglichen. Daß der Dichter nicht ein volles Gehör für den reinen Reim besitze, findet leisen Tadel. Das, wie er meinte, überschwengliche Lob schüttelte der Begossene, der in der anonymen Feder unschwer diejenige seiner fürsorglichen Beschützerin Karoline Schulz erkannte, mit drolligen Versen ab: wenn aus dunklen Tannenbüschen kritisch lungerndes Gesindel auf den harmlos wandernden Poeten seine schlechten Witze sendet, wirft er mit dem ersten besten Reim nach ihm.

Aber wenn der gute Dichter
Nächtlich durch die Straßen wandelt,
Träumerisch im Mondenlicht,
Und von blumigem Balkone
Hinter Ros'- und Myrtenstöcken
Oder gar aus kleinem Fenster
Mit romant'schen Efeuranken
Lauschende verborgne Frauen
Überschwenglich ihres Lobes
Eine ganze Sündflut gießen
Auf den Dichterling herab:
Rosenöl und Kölnisch Wasser,
Mandelmilch und Limonade
Und dergleichen süßes Zeug:
Ach, dann bleibt ihm gar nichts übrig,
Als den nassen Kopf zu schütteln,
Dumm verblüfft emporzuschauen,
Rufend: «O ich bitte sehr!»

Zu Anfang 1846 gelang es Follen, in seinem Freunde Anton Winter in Heidelberg Keller einen Verleger für eine besondere Ausgabe seiner Gedichte zu verschaffen. Sie wurden in Zürich bei Orell, Füßli & Co. auf Kosten des Dichters gedruckt, der auch die Ausstattung überwachte, und dann in zwölfhundert fertigen Exemplaren an die Verlagshandlung zum Preise von fünfundfünfzig Kreuzern rheinisch das Stück abgeliefert. Follen hatte nicht nur die Bedingung festgestellt, sondern auch das endgültige Manuskript gesichtet und bei der Korrektur geholfen.

Gottfried Keller hat 1876 geäußert, daß seine erste Gedichtsammlung zu früh erschienen sei. Sie enthalte nichts als etwas Naturstimmung, etwas Freiheits- und etwas Liebeslyrik, entsprechend dem beschränkten Bildungsfelde, auf dem sie gewachsen. Man begreift das Urteil aus dem Reichtum seines epischen Schaffens in den siebziger Jahren heraus; sein geschärftes Kunstgefühl mußte sich auch an tauben oder geschmacklosen Wendungen stoßen. Und doch muß gesagt werden, daß dieses erste Bändchen Gedichte seine Physiognomie schon in scharf ausgeprägten Zügen enthält. Im «Grünen Heinrich» hat der Dichter später dem Lichte ein Preislied gesungen: es hat den «Sehnerv gereift und ihn mit der Blume des Auges gekrönt; es hat das Auge scheinbar selbständig sich gegenüber gesetzt; wenn ein Auge sich schließet, so weiß es: noch ist das Licht da und genug Augen, es zu sehen. Das Licht hat den Gesichtssinn hervorgerufen, die Erfahrung ist die Blüte des Gesichtssinnes, und ihre Frucht ist der selbstbewußte Geist; durch diesen aber gestaltet sich das Körperliche selbst um, bildet sich aus, und das Licht kehrt in sich selber zurück aus dem von Geist strahlenden Auge.» Das ist das Goethische Bekenntnis von der Sonnenhaftigkeit des Auges, von Keller nicht Goethe nachempfunden, sondern aus der Tiefe seiner eigenen Natur entwickelt.

Denn auch bei ihm steht der Gesichtssinn im Mittelpunkt seines sinnlich-geistigen Wesens. Daher glaubte er sich zuerst zum Landschaftsmaler berufen. Daher seine Neigung, ja das zwingende Bedürfnis, in anschaulichen Bildern zu denken und auch abgeschliffene Redensarten sich in eigentlicher Bedeutung vorzustellen. Wie er Hegi von München aus einmal schreibt: «Du kannst Dir vorstellen, in welcher Angst ich schwebe», zeichnet er ein Bildnis von sich, wie er, an einem Stricke aufgehängt, in Angstwolken schwebt. Nach den Wahrnehmungsformen des Gesichtssinnes gestaltet sich also auch das Bild, das Keller sich von der Welt macht und dichtend entwirft. In seinen Werken herrscht eine hohe Klarheit. Sie stehen in der vollen, warmen, oft glühenden Beleuchtung eines hellen Tages. Daher – sinnlich betrachtet – die Schärfe der Konturen, die leuchtende Buntheit der Farben, die blendende Fülle des Lichtes. Die Schatten haben sich vor den Strahlen der hochstehenden Sonne auf den kleinsten Raum zurückgezogen, um von hier aus durch den Gegensatz ihrer tiefen Schwärze die Kraft der Lichtwirkung zu steigern. Daher – geistig betrachtet – der philosophisch-didaktische Einschlag, die helle Intelligenz in der Beurteilung von Welt und Menschen, die geradezu fanatische Leidenschaft für Wahrheit und Freiheit, die von reiner Intelligenz untrennbar sind, aber auch die Wärme, ja Glut einer freudigen Hingabe an alles Gewordene.

Alle diese Grundzüge von Kellers Künstlerseele findet man schon in seiner ersten Gedichtsammlung. Kein größerer Unterschied als der zwischen ihr und Mörikes 1838 erschienenen Gedichten. Hier ein idyllisches Dahinleben neben den Zeitkämpfen, die wundersame Süße einer unvergleichlichen seelischen Harmonie in Stimmung und Ausdruck, das geheimnisvolle Zwielicht einer träumenden Innigkeit, eine Unmittelbarkeit, die den leisesten Hauch der Natur mit feinstem Ohr aufgefangen zu haben scheint und restlos, rein gefühlsmäßig, ohne die mindeste Hilfe eines formelnbildenden Verstandes wiederzugeben vermag. Bei Keller dagegen führt in erster Linie ein hoher, reiner, männlicher Verstand das Zepter und herrscht eine bewußte Klarheit, die mit ihrem Lichte auch die dunkelsten Winkel der Lebensrätsel zu enthüllen strebt. Man spürt seinen Gedichten an, daß ihr Verfasser zu jenem Geschlechte gehört, das auch die verstandesmäßige Trockenheit jungdeutscher Erzeugnisse und den grübelnden Tiefsinn eines Hebbel hervorgebracht hat. Wie dieser *Ideen* gestaltet, so kann man aus fast allen Gedichten Kellers eine *Lehre* ziehen. Und mit den Jungdeutschen und Hebbel teilt er auch das leidenschaftliche Interesse für die aktuellen Probleme der Zeit, vor denen Mörike sich scheu verkriecht. Aber er besitzt dazu zwei Dinge, die den Jungdeutschen abgehen und über die auch Hebbel nur bedingt verfügt: Reichtum der Anschauungen und den liebenden Sinn für das Besondere in den Äußerungen des atmenden Lebens. Und beides rückt ihn doch wieder an die Seite Mörikes.

Die feurige Geisteshelle, wie ich den Grundzug von Kellers Lyrik nennen möchte, zeigt sich in seinem Verhältnis zu früheren Dichtern. In den sogenannten Einflüssen. Wobei aber zu bedenken ist, daß solche bei wirklichen Dichtern nur da stattfinden, wo eine gleiche Richtung des Seelenlebens ist, innere Verwandtschaft, so daß in solchen Nachahmungen immer neben dem fremden Gut zugleich doch ein Stück der eigenen Persönlichkeit des Nachahmenden steckt. Daher ist es auch gleichgültig, ob diese Nachahmungen bewußt oder unbewußt geschehen.

Verschwindend sind die Spuren, die die klassische Dichtung in Kellers ersten Gedichten hinterlassen hat. Wichtiger schon die Nachwirkungen romantischer Lyrik. Mit Eichendorff berührt er sich in der Innigkeit seines Naturempfindens. Aber während der musikalisch veranlagte Eichendorff verschwimmende Farben und das Zwielicht verschwebender Stimmungen liebt und seine Lyrik so einen stark vergeistigten Charakter bekommt, so gibt Keller überall scharfe Konturen und kräftige Farben. Näher als Eichendorff steht ihm, auch der Gesinnung nach, Heine. Ihm bildet er den aus der romantischen Ironie geschärften Witz nach, der oft die reinste Stimmung zerstört, als ob man mit einem scharfen Messer ein schönes Gemälde zerschnitte. Ein Beispiel aus den «Siebenundzwanzig Liebesliedern». In feierlich-stimmungsschweren Worten stellt er im sechzehnten Gedichte die Veränderung dar, die mit der Geliebten vorgegangen. Wie er sie im Walde trifft, grüßt er sie ehrfurchtsvoll im Weitergehn,

Weil ich sie, seit ich liebte, nie
So still und schön gesehn.

Im folgenden Gedichte gibt ihm ein lustiger Mediziner mit zynischer Offenheit die Aufklärung.

Die Rosen sind eitel Hektik
Auf ihrem schmalen Gesicht;
Ich hörte sie heute husten,
Und das gefiel mir nicht.

Aber – und darin äußert sich Kellers eigene Art – das Zwiespältig-Schillernde der Ironie ist durch Spaltung der Personen ausgedrückt. Der Liebende selber ist voll inniger Verehrung für die schöne Geliebte, dem Mediziner ist die derbe Offenheit in den Mund gelegt. So ist wohl Stimmungsbrechung da, aber sie wirkt im Sinne realistisch-ehrlicher, nicht romantisch-spielerischer Kunst. Ähnlich ist das Gedicht «Modernster Faust» in dem gewollt nachlässigen Ton gewisser Gedichte Heines gehalten, Konversationsstil, Alltagswendungen, mit Fremdwörtern und modischen Schlagern gespickt:

... mit der Freiheit hab' ich tapfer kokettiert,
Hab' Saint-Simon, Cabet und Fourier studiert
Und schrie ganz leise: Ja, der Mensch ist frei!
Ich trug ein trikolor feinseidnes Taschentuch
Und schneuzte heimlich drein: denn nie in Widerspruch
Geriet ich mit der Polizei.

Aber auch hier wieder ist das Blasphemische eingekleidet, künstlerisch gestaltet. Das Gedicht gehört zur sogenannten Rollenpoesie, wie der Schluß deutlich zeigt:

Kokett ist dies Gedicht, Naivetät erlogen
Und nur das Schnöde wahr! ich hab' euch arg betrogen,
Denn zwei geworden sind mir Herz und Mund;
Ich bin ganz euer Bild: selbstsüchtig, falsch und eitel
Und unklar in mir selbst; vom Fuße bis zur Scheitel
Tut sich an mir Salon-Europa kund.

Durchaus selbständig zeigt sich Keller auch, bei aller Nachfolge, in der Verwendung zweier stofflicher Motive, die den Dichtern der Romantik geläufig sind: Dichtertum und Nacht.

Die Romantiker haben mit der Persönlichkeit des Dichters und Künstlers einen Kultus getrieben, der in der späteren Zeit zur blaustrümpfigen Sentimentalität oder – bei den Jungdeutschen und ihren Nachfolgern – zur Koketterie mit dem «Kainszeichen des Dichters» ausartet. Auch in Kellers Gedichten spielt das Motiv des Dichters eine große Rolle, vgl. Subjektives Dichten S. 97; Aus ihrem Leben, I und II, S. 291 ff.; Poetentod, S. 311; Im Wald, S. 43 usw. Aber stets spricht Keller dabei schlicht und ehrlich aus seiner eigenen Erfahrung, nirgends erscheint der Poet in romantischem oder jungdeutschem Faltenwurfe und mit wallenden Künstlerlocken. Gelegentlich rückt er mit starker Ironie den «Dichter» zurecht. In der Feueridylle «watschelt» er auch mit hinaus und «sendet seinen Kennerblick voraus». In dem Gedicht «Aus ihrem Leben: Dichtung und Wahrheit» stellt er einen Dichter bloß, der immerdar von Lerchensang erzählt, indem er gebratene Lerchen verschlingt, und einen anderen, der das Dichten wie ein Zuckerbäcker treibt.

In das Leben der Nacht haben sich von den Romantikern vor allem Novalis und Eichendorff versenkt. Novalis feiert sie in seinen «Hymnen an die Nacht» als den brütenden Urschoß aller Dinge und den Urgrund aller Offenbarung. Eichendorff fängt die weiche Sehnsuchtsstimmung der Nacht auf. Kellers Band enthält sechs wundervolle Nachtgedichte. Drei von ihnen (I, V, VI) verraten deutlich den Zusammenhang mit der Romantik, im besonderen mit Novalis. Die Nacht wird dem Dichter zur Offenbarerin des Weltgeheimnisses:

Heilig ist die Sternenzeit,
Öffnet alle Grüfte,
Strahlende Unsterblichkeit
Wandelt durch die Lüfte.

Mag die Sonne nun bislang
Andern Zonen scheinen!
Hier fühl' ich Zusammenhang
Mit dem All und Einen.

Aber auch in diesen tiefen Gesängen von der Offenbarerin Nacht atmet der Geist hoher, ja strenger Klarheit, sie enthalten nichts von der brütenden Schwüle eines Novalis oder von der sehnenden Weichheit eines Eichendorff:

Sie ist eine alte Sibylle
Und kennt sich selber kaum;
Sie und der Tod und wir alle
Sind – Träume von einem Traum.

Das weist aus der Romantik hinaus in den pessimistischen Skeptizismus des Jungen Deutschland. Noch deutlicher der ursprüngliche Schluß des: «Wende dich, du kleiner Stern»:

Lieblich diese Sonne lacht
Und der Tag wird heiter:
Doch, wer nächtlich einsam wacht,
Kennt noch etwas weiter.

Sehr nahe steht Keller in seinem Erstlingsbande, der Entstehung seines Dichtens entsprechend, den politischen Lyrikern. Unter dem Eindruck der ersten Abteilung von Anastasius Grüns «Schutt», «Der Turm am Strande», entstanden offenbar die «Gedanken eines Lebendig-Begrabenen». «Der Turm am Strande» schildert in einem Zyklus von siebzehn Gedichten die Gedanken eines politischen Gefangenen. Kellers Zyklus, der neunzehn Gedichte umfaßt, schraubt den Begriff des Gefangenen, indem er ihn zum Lebendig-Begrabenen macht. Aber die Beziehung auf seine eigene Lage – auch er war mit seiner Beruflosigkeit, wie das oben S. 126f. angeführte Uhlandzitat deutlich sagt, ein Gefangener der Not – und auf den Freiheitskampf der Zeit ist auch bei ihm deutlich. In beiden Zyklen finden sich gleiche stoffliche Motive, so die Rose (Grün 9, Keller XIII). Vor allem aber wecken Strophenbau und Tonfall der Gedichte des einen Zyklus die Erinnerung an den anderen. Hier und dort sind Strophen mit fünfhebigen jambischen Versen, deren Klang meist elegisch gedehnt ist, aber gelegentlich auch zu zorniger Leidenschaft schwillt. Man vergleiche die beiden folgenden Stücke:

Grün:

Ich zog aus meinem Strohbett eine Ähre
Und hielt sie lang' vors Aug' in meinen Händen;
Als ob in ihr ein stiller Zauber wäre,
Konnt' ich die Blicke nimmer von ihr wenden.

Ein Feld voll Garben stieg vor meinen Blicken!
Ha, wie sie flüsternd durcheinander gaukeln,
Geschäftig mit den goldnen Häuptern nicken,
Und weithin ihres Meeres Wogen schaukeln!

Keller:

Da hab' ich gar die Rose aufgegessen,
Die man mir in die starre Hand gegeben!
Daß ich noch einmal Rosen würde essen,
Ich hab' es nie geahnt in meinem Leben. – –

Wie vielen Gärten voller Knospenprangen
Bin ich gedankenlos vorbeigezogen!
Voll Geigen hat der Himmel mir gehangen –
Nur fand ich nicht den rechten Fiedelbogen.

Aber auch hier wieder ein bedeutsamer Unterschied. Kellers Verse klingen, trotz der elegischen Grundfärbung, kraftvoller, trotziger, dramatischer. Er hat auch im Gegensatz zu Grün, der stets weibliche Reime verwendet, sehr oft männliche eingeflochten.

Auffallend gering ist, in Betracht der persönlichen Freundschaft, der Einfluß Freiligraths. Das mag einmal davon herkommen, daß Freiligraths Spezialität, die exotische Poesie, Kellers mehr nüchterner Art nicht zusagte. Ganz vereinzelt steht ein Gedicht da wie: «Es wiegt die Nacht mit sternbesäten Schwingen Sich auf der Südsee blauen Wassergärten» (S. 23). Sodann weist Freiligraths politische Lyrik sehr viel Ähnlichkeit mit der Herweghs auf. Endlich war Keller, als er Freiligrath kennenlernte, bereits künstlerisch erstarkt und fremden Einflüssen weniger zugänglich.

Bedeutend dagegen war der Einfluß von Herwegh. In zwei Sonetten hat er ihm 1843 und 1844 gehuldigt, von denen eines in den «Gedichten» Aufnahme fand. Es charakterisiert Kellers Verhältnis zu dem Freiheitssänger vortrefflich. Herwegh ist ein schäumender junger Wein. Ein Wecker des Frühlings. Sein Bestes soll er erst singen, wenn der Lenz einmal da ist. Das ist ein sehr bedingtes Lob, aber eine richtige historische Einstellung. Nur daß Herweghs Lyrik die verheißene Frühlingsschönheit nie erreicht hat. Eine große Zahl in die Sammlung nicht aufgenommener Gedichte von 1843 und 1844 verrät die gewaltige Wirkung Herweghs. Viele sind weniger aus dem Gefühl des Schweizers als aus dem Herzen des deutschen Flüchtlings, der Herwegh war, heraus geschrieben. Zum Beispiel «Die gute Sache» (8. August 1843):

Sie [die Tyrannen] haben wohl auch Kerker
Und Wächter g'nug dazu,
Drin mögen viele Blumen
Verblühn in guter Ruh!
Wir aber ha'n die Freiheit usw.

Zwei Gedichte wiederholen das Motiv von Herweghs «Reiterlied». Wie Herwegh eifert er in feurig-rhetorischen Worten gegen politische und geistliche Reaktionäre und preist die Freiheit («Loyolas wilde verwegene Jagd», S. 237f.; «Pietistenwalzer», S. 239; «Apostatenmarsch», S. 241; «Überall», S. 247). Wie Herwegh (und Freiligrath) bringt er viele Gedichte, die statt wirklicher poetischer Anschauung leidenschaftdurchglühte Reflexion, statt geschlossener Bilder anaphorische Ketten von Gedanken enthalten, die beliebig verlängert werden könnten, zum Beispiel «Denker und Dichter» (S. 277ff.), «Überall» (S. 247), «Frühling» (S. 37f.). Auf Herwegh weisen auch die vielen Sonette. In dieser Form konnten sich dessen äußerliche Sprachkunst und seine geistreiche Charakterisierungskraft ausleben. Sie mochte Kellers Verstand zusagen und ihre Schwierigkeit seine Sprachkunst reizen. Wie Herwegh verwendet er das Sonett zu politischen Invektiven und Betrachtungen (S. 87ff.) und vor allem auch zur scharfgeschliffenen Charakteristik von Persönlichkeiten (S. 79ff.; 96). – Die in die «Gesammelten Gedichte» nicht aufgenommenen Sonette enthalten noch Charakteristiken von Cornelius, Fröhlich, Overbeck.

Aber rasch lernte Keller sich Herweghs Macht zu entziehen und ihm seine eigene Persönlichkeit gegenüberzustellen, wie er in dem gedruckten Sonett den Freiheitsänger sehr nüchtern charakterisierte. Man wird bei ihm nirgends jenes Rhetorisch-Verblasene finden, das bei Herwegh häufig ist, jene glänzende Gehaltlosigkeit und sentimentale Verlogenheit (etwa in dem zweiten Gedichte der «Strophen aus der Fremde»). Kellers zornige Leidenschaft ist echt, und auch hinter der rhetorischen Übertreibung steht die Tüchtigkeit einer kernhaften Mannesseele. Wenn Herwegh den windgebauschten Mantel seiner glänzenden Sprache in weiten, schöngeschweiften Bogen in die Lüfte schwingt, sich an geistreichen Bildern und lang hinschwellenden Rhythmen berauscht und den unterscheidenden Maßstab völlig verliert, so schärft in Kellers Gedichten der politische Zorn im Gegenteil die Charakterisierungskraft des geborenen Realisten, sein Gesicht wird ingrimmig, der Takt seiner Verse kurz, ein klirrendes Stampfen von Eisenschuhen, und seine Bilder bekommen ätzende Treffsicherheit. Man halte etwa eine Strophe aus Kellers Gedicht «Loyolas wilde verwegene Jagd» neben eine Strophe aus Herweghs «Morgenruf». Keller dichtet:

Von Kreuz und Fahne angeführt,
Den Giftsack hinten aufgeschnürt,
Der Fanatismus als Profoß,
Die Dummheit folgt als Betteltroß.
Sie kommen, die Jesuiten!

Und Herwegh singt:

Die Lerche war's, nicht die Nachtigall:
Kein Küssen gilt es und Kosen,
Sie singt von nahendem Donnerhall,
Sie singt von des Schlachtfelds Rosen,
Den Rosen, damit in Todeslust
Die Brust,
Die Brust der Helden sich schmücket.
Drum auf und wohlan: bis frei die Welt,
Sei der Himmel ein einig Kriegergezelt
Und der Dolch der Rache gezücket!

Herwegh sendet einen Schauer gefiederter Pfeile ins Blaue, Keller schlägt mit dem Morgenstern drein, daß jeder Hieb sitzt.

Denn Herwegh ist ein rhetorischer Phantast, Keller ein gestaltungsmächtiger Dichter. Dies tritt am klarsten zutage in den Gedichten, in denen er, dem Bann der politischen Tendenz entzogen, sein Eigenstes gibt: in den Naturschilderungen, den Siebenundzwanzig Liebesliedern, der Feueridylle und einigen Stücken der Vermischten Gedichte. In den Naturgedichten ist jene seit langem geübte Kraft des Landschaftsmalers, ein Stück Natur in seiner individuellen Bedeutung aufzunehmen, zu höchster Kunst ausgebildet. Kellers Landschafts- und Naturschilderungen sind nicht jene ermüdenden Beschreibungen eines Matthisson oder Haller, in denen eine Anzahl zusammengehöriger Naturgegenstände aufgezählt und mit wissenschaftlicher Genauigkeit charakterisiert werden. Es sind auch nicht – bis auf wenige Ausnahmen, zum Beispiel «Winterabend» – jene subjektivistischen Naturdarstellungen Heines und Lenaus, in denen das eigene Seelenleben des Dichters in die Natur hineingedacht wird, so daß wir statt des besondern Wesens der Landschaft nur verzogene Spiegelbilder menschlicher Schicksale oder Launen in geistreichen Personifikationen erhalten. Vielmehr folgen Kellers Naturgedichte in der Regel Goethes klassischem Stile. Zwischen der unpersönlichen Beschreibung und dem subjektivistischen Naturbild in der Mitte schwebend, verbinden sie Schärfe und Wahrheit in der Beobachtung der äußeren, sinnenfälligen Gestalt der Naturerscheinung mit Klarheit und Tiefe in der Erfassung ihrer Bedeutung und einer kraftvollen Wärme, die den Gegenständen erst quellendes Leben gibt. In Kellers Naturlyrik herrscht jene Doppeldurchdringung von Subjekt und Objekt, die das Kennzeichen aller echten Dichtung ist. Dieses beseelende und gestaltende Sich-eins-Fühlen mit der Natur spricht das erste Morgenlied aus:

So oft die Sonne aufersteht,
Erneuet sich mein Hoffen
Und bleibet, bis sie untergeht,
Wie eine Blume, offen;
Dann schlummert es ermattet,
Geduldig mit ihr ein:
Doch fröhlich wacht es wieder auf
Mit ihrem ersten Schein.

Ein Ausfluß dieses innerlichen Parallelismus von Ich und Natur, nicht verstandesmäßige Pedanterie, ist denn auch die stoffliche Vollständigkeit dieser Naturlieder. Keller hat nicht, wie etwa Karl Mayer, jedes Fleckchen und Insektchen besungen, aber er hat die wichtigsten typischen Naturzustände festgehalten. Er gibt je einen Zyklus Morgen, Abend und Nacht; Frühling, Sommer, Herbst und Winter.

Von den Liebesliedern hat Keller selber im Mai 1846 Hegi gestanden, er habe, als er sie machte, geglaubt, sie seien so ziemlich erlebt. Diese Jugendliebe (zu Henriette) sei eine ferne, unbestimmte und verblaßte Geschichte, ein verblichenes Bild, dessen Farblosigkeit er erst bemerkt, als er sich nicht lange nach Beendigung der Lieder wirklich mit aller Macht verliebt habe. In der Tat ist das Kolorit dieser Gedichte, in denen Heinrichs Erleben mit Anna im «Grünen Heinrich» vorgebildet ist, durchaus seraphisch-ideal, nicht kraftvoll-sinnlich. Es sind Schöpfungen der Sehnsucht oder der Erinnerung. Die Judithstimmung fehlt. Keller besingt eine Liebe, die keinen Mittag kennt, sondern nur einen Morgen, der unmittelbar in die Nacht des Todes versinkt. Auch in den Naturgedichten sucht man umsonst nach Darstellungen der Mittagstimmung.

Charakteristisch ist die zyklische Anordnung dieser Gedichte. Goethe hatte in dem Divanbuch «Suleika» den Verlauf seiner Liebe zu Marianne v. Willemer in einer zusammenhängenden Folge von Gedichten geschildert und so das erste Beispiel eines novellistischen Zyklus von Liebesliedern gegeben. Auch Heine hat in dem «Neuen Frühling» seiner «Neuen Gedichte» (1844) sich dieser Form bedient. Aber während bei Goethe und Heine der stoffliche Zusammenhang der einzelnen Stücke meist sehr lose ist, so gibt uns Keller in seinen größtenteils 1845 entstandenen «Siebenundzwanzig Liebesliedern» ein lückenloses Bild der Entwicklung einer Jugendliebe. Wir erleben ihr Aufwachen im zweiten Gedichte. Drei bis fünfzehn schildern die Erlebnisse mit der Geliebten in dem freudigen Glanz des Frühlings und Sommers. Das sechzehnte kündigt die Umkehr an: der Herbst ist da und die Geliebte krank. Im Winter sitzt er an ihrem Krankenlager (18). Im Frühling stirbt sie (19) und wird begraben (20, 21). Die folgenden Gedichte schildern, wie ihn das Leben von ihr fortreißt und nur seine Erinnerung manchmal zu ihr zurückkehrt.

In dieser Neigung zur zyklischen Aneinanderreihung von Erlebnissen kündigt der Erzähler sich an. Noch reineren epischen Charakter als die Liebeslieder zeigt die Feueridylle. Die Reihe von Augenblicksbildern aus der Feuersbrunst gibt eine wohlgeschlossene Gesamtschilderung des Ereignisses, die an sinnlicher Fülle und realistischer Charakteristik über die Liebesgedichte emporragt. Und zugleich sind diese Bilder tief lyrisch. Die Seele des Dichters atmet in der wundervollen Symbolik, die den Zyklus beseelt, indem sie die einzelne sinnlich wahrgenommene Erscheinung in einen größeren, geistig empfundenen Zusammenhang einreiht. Der Brand, der berechtigt und notwendig erscheint («Es brennt der Hof dem reichen Bauersmann» usw.), wird zum Bilde des Revolutionsbrandes der vierziger Jahre, der die Armen rächt (II), alles dunkle Gelichter vertreibt (III) und den geknechteten Geist befreit (V). Wohl wird auch unschuldiges Leben zerstört, das der Hauch des Feuers ergriffen (VI), aber unentwegt und ewig neu strömt der Quell des Lebens weiter, indem seine Formen wechseln (VIII). So wird dem Zeitgenossen der großen Revolutionen die nächtliche Feuersbrunst zum Bild einer großen Läuterung, und freudig begrüßt das Schlußgedicht den anbrechenden Morgen.

Episch gestaltet sind auch zahlreiche Stücke der «Vermischten Gedichte». Scharf umrissene, wohlgeschlossene Bilder mit Einheit der Zeit und des Ortes, Landschaftsmalerei in den Stil der Dichtung übertragen. Zu diesen epischen Bildern gehören u. a. «Loyolas wilde verwegene Jagd», «Pietistenwalzer», «Apostatenmarsch», «Im Meer», «Der Kürassier».

In den Darstellungsmitteln herrscht die größte Einfachheit. Es ertönt weder die Janitscharenmusik von Freiligraths exotischen Reimen, noch gleißt der rhetorische Glanz eines Herwegh in Kellers Gedichten. Nur vereinzelt trifft man Anaphern und Antithesen (zum Beispiel im zweiten Morgenlied, S. 6), gelegentlich einen Refrain («Frau Michel», S. 266). Auch kunstvolle Strophengebilde sind selten; den Strophenbau in dem ergreifenden «Jugendgedenken» verdankt er Goethes «Braut von Korinth»; nur der Vorschlag in der sechsten Zeile ist Kellers Erfindung. Klangnachahmungen machen nicht den Eindruck gewollter Spielerei, sondern unmittelbaren Sicheinlebens in den Naturvorgang, wie in dem «Waldliede» (S. 43). So verraten auch die Bilder und Vergleiche nicht bewußte Kunstübung, sondern sie fließen ungesucht aus einem reichen Schatze eigener Anschauung und gehen nicht aus auf rhetorischen Glanz, der oft konventionell wirkt, in der Regel auch nicht auf Geistreichigkeit der Beziehungen, sondern auf scharfe Charakteristik und lebendige Anschauung. Vereinzelt erscheint ein nur geistreicher Vergleich, wie der des Mondes mit einem Pfaffen und seiner Silberglatze (S. 61). Wo einmal ein altes Bild gebraucht wird – und es geschieht dies oft –, da schenkt ihm der Dichter, mit seiner Gabe des eigentlichen Schauens, durch Auffindung einer neuen, im Bildkreis liegenden Vorstellung neue Leuchtkraft, zum Beispiel:

Voll Geigen hat der Himmel mir gehangen –
Nur fand ich nicht den rechten Fiedelbogen (S. 196).

So strömen auch abgebrauchte Bilder den Duft eigenen Erlebens aus. Den häufigen Personifikationen fehlt in der Regel das trocken Allegorisierende dieser Ausdrucksform; manchmal besitzen sie eine unmittelbare Veranschaulichungskraft, zum Beispiel:

Strahlende Unsterblichkeit
Wandelt durch die Lüfte (S. 33).

Mitten drin, am jähen Hang,
Schläft ein Trumm von Nagelfluh (S. 35).

Die starke Befrachtung mit Gedanken macht die Sprache mehr körnig, schwer, gediegen, als flüssig und elegant. Manchmal erhält man geradezu durch Auflösung der Verse bare Prosa, zum Beispiel: «Ausgestorben scheint die Stadt, weil, was Freude fühlt und Leben und ein gläubig Herz sich heben, sich hinausbegeben hat auf den See und auf die Berge.»

All diese Merkmale des Stiles bestätigen den vorwiegend optisch-hellbewußten Charakter von Kellers künstlerischer Veranlagung, wie denn auch die eigentlichen Lieder völlig fehlen. Von den musikalischen Darstellungsmitteln ist der Rhythmus am kraftvollsten und reichsten ausgebildet. Er ist meist hell, munter, lebendig-bewegt, mehr jambisch als trochäisch, entsprechend dem Charakter der ganzen Gedichtsammlung, den die Schlußverse andeuten:

Flattre hin, mein Liederflug,
Klingend durch die Frühlingsdüfte!

Verse wie:

Kam es her in mächt'gem Zuge, schwoll es an zu breiten Wogen,
Hoch sich durch die Wipfel wälzend kam die Sturmesflut gezogen (S. 43).

oder: *Hell im Silberschaume flimmernd,*
Zieht und singt des Baches Welle (S. 49).

zeigen einen fein ausgebildeten rhythmischen Sinn.

Nimmt man die erste Gedichtsammlung als Ganzes, so gibt sie sich als die Schöpfung eines hochbegabten Dichters, aber nicht eines ausgesprochenen Lyrikers. Sie steht etwa an lyrischem Charakter zwischen Mörikes und Hebbels Gedichten und teilt mit diesen, im Gegensatz etwa zu Herwegh und Geibel, die mehr tiefe als breite Wirkung. Über den Erfolg gesteht der Dichter selber: «Ein freundlicher Kreis, in welchem ich aufgetaucht war, schlug, wie es zu gehen pflegt, weitere Wellen und Wellchen und fütterte mich mit den schönsten Hoffnungen.»

Die erste Besprechung der Gedichte brachte die «Neue Zürcher Zeitung» (8. Juni). Der «Schweizerische Republikaner» folgte am 26. Juni. Er rühmt die Ursprünglichkeit des Dichters, sein reines Gemüt und seine unverdorbene Phantasie. Man habe den Schweizern oft bemerkt, daß ihr Boden nicht dazu tauge, Poeten hervorzubringen. Nun sei einer erstanden, der sich ganz kühn neben die Ersten der Gegenwart stellen dürfe. In der nämlichen Nummer steht sogar ein Gedicht an Gottfried Keller von J. J. Homberger; darin die Strophen:

Mit solchen Pinseln muß man wieder malen,
Mit solchem Griffel einmal wieder schreiben!
Gelt! der versteht sich schlecht auf eure Zahlen,
Und weit von eurem Witz sind seine Scheiben.

Ein Aug' fürs Schöne und ein Herz fürs Gute,
Ein männlich Lieben und ein männlich Hassen:
Bei solchen Liedern ist mir wohl zumute,
Sie sind der Freiheit ausgelegte Gassen.

Auch außerhalb der Schweiz fanden die Gedichte bedeutsame Beachtung. Vor allem in den «Blättern für literarische Unterhaltung». Hier verkündete 1846 Wilhelm Schulz, nach einer kurzen Vorbesprechung in Nr. 78, in zwei langen Artikeln (Nr. 305 und 306) Kellers Ruhm. Freilich seien, meint er zum Schlusse, die Poesien zu gedankenreich, zu fein und tief, um die Herzen im Sturme zu erobern; um so sicherer würden sie sich den Weg zu allen wirklich Denkenden und Fühlenden bahnen. «So mache denn der junge Dichter seinen Weg! Wenn irgendeiner, so hat er eine Gegenwart, die ihm die Zukunft verbürgt.» In der gleichen Zeitschrift ergriff dann nochmals 1847 (Nr. 111) Wilibald Alexis das Wort: «Es ist ein voller, frischer Klang, eine heilige Morgenluft, die uns entgegentönt. Haß und Bitterkeit sprechen zwar mit, aber sie sind nur sekundäre Stimmungen, die ursprüngliche ist Liebe, Begeisterung; es ist keine negierende, destruktive, es ist eine schaffende Kraft ... Es ist in seiner Sprache vieles, was an A. Grün aus dessen bester Zeit erinnert ... Die Reize der Schweizer Natur haben noch keinen Dichter gefunden, der sie so anschaulich und warm wiedergegeben hätte.» Dagegen rügte der reaktionäre Wolfgang Menzel in seinem Literaturblatt (1847, S. 291) das radikale Eisenfressertum der politischen Gedichte.

Besonders wertvoll mochte dem Dichter die ausführliche briefliche Würdigung Varnhagens von Ense sein, dem der Verleger, ohne Wissen Kellers, das Bändchen gesandt hatte:

«Verehrtester Herr! Sie haben mich gütigst mit einem Geschenke bedacht, das zugleich ein gewöhnliches und ein seltenes heißen kann, mit einem Bändchen Gedichte, was oft genug vorkommt, aber auch mit einem Bändchen *Poesie*, und das ist eine Seltenheit, sogar in unsern Tagen, die so reich sind an wirklich schönen poetischen Talenten und doch verhältnismäßig nur wenig Poesie erzeugen. Empfangen Sie in dieser Anerkennung den bündigsten Ausdruck meines aufrichtigsten wärmsten Dankes!

Ich fand Ihre werte Gabe hier bei der Heimkehr von einer ziemlich mißratenen Badereise und konnte darin sogleich eine Mithilfe erproben, verdrießlichen und kranken Stimmungen erfrischende Aufheiterung zu gewinnen. Die Neigung zum Düstern, die sich in Ihren Gesängen hin und wieder zeigt, hat dieser Wirkung insofern keinen Eintrag getan, als jene Neigung mir weniger wesentlich und mehr aufgetragen erschien, so daß ich glauben muß, Ihr Sinn wird solche von selbst ausscheiden und abwerfen. Sie erlauben meinem wahren Anteil gewiß das offene Bekenntnis, daß ich die Lieder des Lebendigbegrabenen für einen Mißgriff im Stoffe halte: der schauderhafte Gegenstand kann die Poesie kaum einen Augenblick anziehen, aber nicht festhalten, außer indem er sie selber mitbegräbt. Dabei verkenne ich nicht, daß Sie die einzig erträgliche Seite der Vorstellung, die sittlich-religiöse Kraft einer auch diesem Unglück überlegenen Seele, weislich hervorgehoben haben: indes bleibt die Behandlung überhaupt noch immer ungenügend, und würde es meines Erachtens immer bleiben, sooft ein Dichter sich vornähme, diesen Gegenstand ausdrücklich und abgesondert zu bearbeiten. Gerstenbergs ‚Ugolino' gibt hievon Zeugnis, während die episodischen gedrängten Zeilen Dantes in einer Art von Fug und Recht bestehen. Auch die hektische Geliebte wünscht' ich aus Ihrer Sammlung zu verbannen; die in diesen Stoff verschwendete dichterische Kraft würde jedem andern besser zugute gekommen sein. Wie glücklich sind Sie in Auffassung der Natur, in den Bildern, die ihr zum Ausdruck dienen! Fahren Sie fort in dieser Richtung: die schönsten Kränze harren Ihrer da! – Alle Poesie und Kunst hat den Beruf, zu erheben, zu erheitern; auch des Entsetzens und der Verzweiflung bemächtigt sie sich nur zu dem Zweck, diese zu überwinden, zu beherrschen. Dies ist oft gesagt und erörtert, aber dem dichterischen Bewußtsein selten tief genug eingeprägt.

Verzeihen Sie, daß ich Ihre poetische Gabe durch eine kritische erwidere. Sie bedürfen derselben nicht, das glaub' ich gern; ich aber bedarf ihrer, als des sprechendsten Beweises meiner aufmerksamen Teilnahme und dankbaren Gesinnung.

Leben Sie wohl, und möge der Himmel Ihnen Gedeihen und Erfolg gewähren auf der poetischen Bahn und auf jeder andern!

Mit dankbarer Hochachtung verharrend, Ihr ergebenster

Varnhagen von Ense

Berlin, den 19. August 1846»

6
GÄRUNGEN UND BILDUNGSKÄMPFE

Als Gottfried Keller im Sommer 1843 den Entschluß faßte, sein Heil als Dichter zu versuchen, da tat er es in der Voraussetzung, seine Malerei weiter zu betreiben. Er zeichnete noch nach der Natur, merkte sich in seinem Tagebuch malerische Motive und entwarf landschaftliche Kompositionen, wie das interessante und phantasiereiche mittelalterliche Stadtbild. Er habe, schrieb er am 16. September 1845 an Leemann, damals nur den Entschluß gefaßt, seine Gedichte herauszugeben, um eine Summe zu erschwingen, um nach München zu kehren, wohin alle seine Gedanken noch gerichtet gewesen seien. Noch im Oktober bat er Salomon Hegi, ihm Staffagefiguren in ein Landschaftsbild zu malen. Je mehr aber der Dichter in ihm erstarkte und je größer die Anerkennung war, die er bei Sachverständigen mit seinen Gedichten fand, um so klarer erkannte er die Unfruchtbarkeit eines künstlerischen Doppelberufes. Der Dichter trug endgültig den Sieg davon, wenn auch der Maler noch später gelegentlich dilettierend den Pinsel führte.

Die folgenden Jahre sind für die Schweiz wie für das persönliche Leben Kellers eine Zeit wildester Gärung gewesen. Die liberale Politik hatte den Lyriker erweckt, die Sache des Freisinns war fortan seine eigene, der Kampf zwischen dem Alten und dem Neuen, der das ganze Volk, die ganze Zeit entzweite, zugleich sein eigenes Ringen. Wie dem ganzen mit ihm kämpfenden Geschlechte, so hing ihm selber noch zu viel des Alten an: politischer Übereifer, religiöse Unklarheit, sittliche Unfreiheit, gesellschaftliche Unbildung. Die Mängel kamen zum Teil von seiner autodidaktischen Entwicklung her. Er selber kannte sie wohl und arbeitete eifrig, in der Glut eines ehrlichen Wollens und leidenschaftlichen Erlebens das Edelmetall einer reinen menschlichen Bildung und klaren Überzeugung von den Schlacken roher Übertreibung und dumpfer Mystik zu säubern.

Zunächst machte er mit feuriger Begeisterung die Flegeljahre des schweizerischen Liberalismus mit, um seinen politischen Liedern die Taten folgen zu lassen. Der konfessionelle und politische Hader war üppig ins Kraut geschossen. Am 13. Januar 1841 hatte der Große Rat des Kantons Aargau auf den Antrag des radikalen Seminardirektors Augustin Keller die Klöster aufgehoben. Drei Jahre später, als man in Luzern mit dem Gedanken umging, die Jesuiten zu berufen, hatte Augustin Keller in der Tagsatzung einen weiteren Antrag des aargauischen Großen Rates auf Ausweisung des Jesuitenordens aus dem ganzen Gebiete der Schweiz mit beredten Worten verteidigt. Darauf beantwortete man in Luzern, wo die konservative Partei am Ruder saß, im Oktober 1844 die Herausforderung damit, daß man die Jesuiten mit dem theologischen Unterricht am Seminar betraute. Rasch steigerte sich die Erbitterung. Die radikal gesinnten Reformierten fürchteten eine neue Gegenreformation, die konservativ gesinnten in Zürich, Bern und Basel reichten den Ultramontanen die Hände. In Luzern selber bekämpften sich die beiden Parteien bereits mit den Waffen in der Hand. Da eilten, während die Regierungen von Bern, Aargau und Baselland Truppen rüsteten, liberale Freischaren aus Aargau, Solothurn und Baselland den bedrängten Parteigenossen in Luzern im Dezember 1844 zu Hilfe. Auch ein Trüpplein Zürcher war ausgezogen, darunter Gottfried Keller. Doch kam man nur bis in das eine Stunde von Zürich entfernte Albisrieden. Auch der Zug der andern Freischaren verlief ergebnislos.

Dafür hatten in Luzern nun die Liberalen zu büßen. Schuldige und Unschuldige wurden verfolgt. Auch der Führer der Luzerner Liberalen, der Arzt Dr. Robert Steiger, wurde verhaftet. Durch einen Erlaß des Großen Rates vom 4. Januar 1845 wurden Anführer von Freischaren mit der Todesstrafe bedroht und jedermann die Erlaubnis gegeben, fremde Freischärler als Räuber und Mörder niederzumachen. Darauf veranstalteten die Liberalen an verschiedenen Orten Protestversammlungen. So tagten die Zürcher am 26. Januar in Unterstraß. Gottfried Keller wohnte der Tagung bei und feierte sie in einem Gedichte. Ebenso die Befreiung Dr. Steigers, der im Juni unter ungeheurem Jubel in Zürich ankam (Gedichte 1846, S. 245 – das Gedicht erschien zuerst am 27. Juni 1845 im «Boten von Uster»).

Ein neuer Freischarenzug war auf Ende März 1845 geplant. Sonntag den 31. rotteten sich die Teilnehmer im Kanton Zürich zusammen. Der Erfolg war noch kläglicher als beim ersten Zuge. Statt der erwarteten achthundert Mann fanden sich nur wenige Freiwillige ein, die auf dem Marsch über den Albis allmählich auf siebzig bis achtzig Mann anwuchsen. Im Zuge schritt neben den später bekannt gewordenen Volksmännern Grunholzer, Sieber, Treichler, Boßhard-Jacot und anderen wiederum Gottfried Keller, trotzdem er gegen Freiligrath damals die Äußerung tat, er sei zu arm, um sich für das Vaterland totschießen zu lassen. Bei dem Haupte der «Aufrechten» hatte er sich feldmäßig ausgerüstet mit

Gewehr, Hirschfänger, Freischarenhut und Tabakspfeife. Der nachmalige schweizerische Bundespräsident Dr. Jakob Dubs von Affoltern, damals Substitut beim Verhörgericht, ritt an dem sonderbaren Gewaltshaufen vorbei, als er im Knonauer Amt angelangt war, und rief dem Freunde lachend zu: «Gottfried, du hast ja einen hölzernen Feuerstein!» In der Tat befand sich an der Stelle, wo dieser sein sollte, das übliche Sperrhölzchen, das in Friedenszeiten am Gewehrschloß angebracht war! Die Zürcher zogen über Ottenbach und Mettmenstetten nach Maschwanden, wo Statthalter Hegetschweiler den Weitermarsch verhinderte. Die Bauern zeigten sich über die tatendurstigen Krieger sehr ungehalten: es sei eine Schande, an einem Sonntage mit Waffen im Lande herumzulaufen. Die also Gescholtenen kehrten größtenteils, nachdem sie den Tag über beim Weine umsonst auf Zuzug gewartet, nachts kleinlaut und verfroren auf Leiterwagen heim. Am nächsten Morgen fand in Zürich bei schönstem Frühlingswetter das Sechseläuten statt, während die Hauptmacht der Freischaren vor den Toren Luzerns durch die Kopflosigkeit der Führer und den Mangel an Disziplin eine völlige Niederlage erlitt. In den Erlebnissen dieser Tage wurzelt eine bekannte Episode von «Frau Regel Amrain und ihr Jüngster». Die Mutter hatte Gottfried lächelnd gewähren lassen, war aber doch froh, als ihr Einziger mit heiler Haut zurückkehrte.

Eine köstliche Karikatur aus dieser Zeit, von einem Freunde Kellers, dem Kupferstecher Johannes Ruff, 1845 gezeichnet und koloriert, stellt dar «Wie eine wohlorganisierte Freischar ausziehen tät». Im vorderen Gliede der kleine Gottfried Keller mit Brille und Bocksbärtchen; er trägt einen Zylinderhut und ein grünes Mäntelchen und rührt eifrig eine große Trommel. Neben ihm der noch etwas kleinere Maler Johannes Thomann, die blauweiße Fahne mit dem überschäumenden Bierglas im Wappen tragend. Im zweiten Gliede geht Ruff selbst, ebenfalls im Zylinder, ein Fläschchen Scheidewasser in der Hand. Ihm zur Seite der himmellange Porträtist Irminger in voller Grenadieruniform. Die Truppe wird kommandiert von dem Lithographen Grimminger, der eben den Befehl: «Rechts schwenkt euch!» erteilt, da die Mannschaft nämlich nicht übel Lust zu bezeigen scheint, in die zur linken Hand geöffnete Tür des Bierhauses zur «Häfelei» einzuschwenken. Die wohlgetroffene Figur Kellers wirkt überwältigend komisch.

Die genannte gemeinnützige Gesellschaft der «Aufrechten» – sie selbst legte sich keinen Namen bei – bestand aus einem Kreise von sieben bewährten Freunden, lauter Handwerksmeistern, die, fast sämtlich im achtzehnten Jahrhundert geboren, unverwüstliche Politiker, Aristokraten-, Pfaffen- und Jesuitenfeinde, zur Zeit des Freiheitsjahres 1830 zusammengetreten waren. Einige davon gehörten noch zu den Freunden von Gottfried Kellers Vater. So der eifrigste dieser ehrlichen Demokraten, der Schneidermeister Konrad Wuhrmann, bei dem Gottfried Keller seit seiner Kindheit ein- und ausging. Das Hinterstübchen des wackeren Meisters, wo in einem Glasschranke der «Schweizerische Republikaner» in zahlreichen stattlichen Foliobänden, Rottecks Weltgeschichte und andere Schmöker beisammen standen, war oft der Schauplatz erregter politischer Debatten, namentlich zur Zeit, da der Kommunist Weitling noch seine Beine auf den Schneidertisch bei Wuhrmann streckte. Als bei dem Prozesse des Jahres 1843 die Polizei unvermutete Hausdurchsuchung hielt, schob die entschlossene Meistersfrau rasch ein Häuflein verdächtiger Papiere in den Ofen, verbrannte sie und bemerkte den Dazutretenden, sie räuchere Speck, damit ihn die Mäuse nicht fressen.

Zu den «Aufrechten» zählten ferner Zunftgerichtspräsident und Kantonsrat Bäumler zum «Bäumli» in Außersihl, damals Wirt, früher Troupier in holländischen Diensten, der Steinmetz Rudolf Tempelmann im «Kratz» (geb. 1793), der Wirt Jakob Wunderli am Rennweg (geb. 1804), Posamenter Wilhelm Werdmüller an der Brunngasse (geb. 1796), Glashändler Fehr in «Gassen» und Schneider J. Meyer in der Winkelwiese. Allwöchentlich zweimal versammelten sich die Bundesbrüder bei einem der beiden wirtenden Mitglieder und besprachen ihre eigenen und die öffentlichen Angelegenheiten. Im Sommer 1842 waren die Mannen zum eidgenössischen Sängerfeste nach Aarau gefahren, wo Augustin Keller gegen die Jesuiten donnerte und Heinrich Zschokke nachts ein Ständchen erhielt. Der junge Karl Wuhrmann trug das Fähnlein der sieben Aufrechten, dessen Stange knickte, als sie unter dem Torbogen des Städtleins Mellingen hindurchfuhren. Unwillig ließen sie es zurück, allein beim Einzug in die Feststadt mußte es Karl doch noch holen. 1844 beschloß man, an das große Freischießen nach Basel zu reisen. Da keiner die Rede übernehmen wollte, kam es zu einer gelinden Schlägerei unter den handfesten alten Krachern. Auch zum zweiten Freischarenzuge waren einige der Aufrechten, Wuhrmann, Tempelmann und Bäumler, mit Keller ausgerückt.

Zu Anfang des Jahres 1846 trug der Dichter seinen Spieß in einer unblutigen, aber nicht weniger leidenschaftlichen Fehde ins Feld. Arnold Ruge, der im April 1845 in Zürich aufgetaucht war, hatte in seinem Buch «Zwei Jahre in Paris» (1845) über das erwachende deutsche Nationalgefühl und über den Glauben an Gott und Unsterblichkeit gespottet und dadurch den heiligen Zorn des alten Romantikers und Burschenschafters Follen erregt. Nicht minder Ruges Gefolgsmann Karl Heinzen (1809–1880), der, ein leidenschaftlicher Revolutionär und durch üble Erfahrungen mit der preußischen Bureaukratie verbittert, im Begriffe war, Briefe über den Atheismus zu veröffentlichen. Der dritte im Bunde war Karl Grün, der spätere Biograph Feuerbachs. Ruge und Heinzen hatten in Follens Hause verkehrt, und dieser hatte sich dafür bemüht, ihnen eine Aufenthaltsbewilligung bei den Zürcher Behörden zu erwirken. Jetzt aber, in seinen höchsten Idealen verletzt, verfaßte er gegen die Verächter des Gottesglaubens eine Reihe von sechs Sonetten, die er 1845 unter dem Titel «An die gottlosen Nichts-Wüteriche. Fliegendes Blatt von einem Verschollenen» im Winterschen Verlage in Heidelberg erscheinen ließ. Der Angriff war ebenso gut gemeint, wie plump und derb. Die Sonette dröhnen von hahnebüchenem Gepolter. «Kalberschwänze» zum Beispiel wurden die Gegner betitelt. Trostlosester Nihilismus, gröbster Materialismus und rücksichtslosester Egoismus ward ihnen vorgeworfen. Die Befehdeten antworteten mit einem Zyklus von nicht minder klobigen Epigrammen: «Blätter zu dem Lorbeerkranze eines ‚Verschollenen'. Eine fromme Neujahrsgabe von einigen Nichts-Wüterichen» (Zürich 1846). Mit «Klotz», «Null», «Tropf», «Stallknecht» wurde Follen darin regaliert, «schwarz-rot-goldene Wanstesfüll' und Kopfesleere» ihm vorgehalten und ihm als Grund seines Angriffes die Absicht der Denunziation bei der Zürcher Polizei untergeschoben.

Zu Anfang 1846 trug Follen den Kampf in die «Neue Zürcher Zeitung». Er habe (17. Januar) nur die Lehre, nicht die Person der Gegner angegriffen. Heinzen und Ruge antworteten am 20. Januar: schon 1839 bei der «Straußenjagd» habe Follen in der Hitze seiner Phantasie seine Person mit dem geschlagenen Prinzip verwechselt; er habe sich für einen «Strauß» gehalten, den die Frommen erlegen wollten, und sich selbst über Hals und Kopf ins Exil nach Baden gesandt. Darauf ließ am 22. Januar Follen ein «öffentliches Schlußverfahren» erscheinen. «Ruge», heißt es darin, «haushälterisch kurz, schickt sieben Schuh rheinisch Holzmaß (Anspielung auf den langen Heinzen) voraus zur Attacke und hält im Hintertreffen.» Den Gegnern wird «nichtswüteriche Seichtigkeit und schweinefütternde Konsequenz» vorgeworfen. Zum Schluß wird Tiecks «Gestiefelter Kater» zitiert: «Sein Poet, auf die Bühne gerufen und von den Parterrekritikern mit den treffenden Gründen fauler Äpfel widerlegt, zieht sich zurück mit der Erklärung: Die Herren da unten sind mir zu stark in dieser Dichtungsart.» Was Follen aber nicht hinderte, eine «zweite, aufs Vierfache vermehrte Ausgabe» des «Fliegenden Blattes von einem Verschollenen» erscheinen zu lassen. Neben derbsten Angriffen auf Hegel und die Neuhegelianer Ruge, Heinzen, Feuerbach, Strauß und Bruno Bauer enthalten diese Sonette auch positive Bekenntnisse von Follens Gottesglauben. Gegen Strauß' und Bruno Bauers Bibelkritik wenden sich die Verse:

Doch jenes Bild, das wir im Geiste tragen,
Von einem Menschensohn, der, rein von Sünden,
Durch Opfertod der Liebe Reich will gründen –:
Das hat kein Kritikus ans Kreuz geschlagen.

Für sich selber bekennt Follen:

Die Menschheit ist ein Mensch; die einzlen Glieder
Schied Ichsucht, eint die freie Liebe wieder:
Das ist der einzig echte Humanismus.
Das ist die Demut mit dem stolzen Hoffen,
Der Freien Glaube, dem der Himmel offen;
Das ist – mein Kommunismus und Theismus.

Heinzen gab die Antwort auf diese letzte Anrempelung Follens in seinen 1846 erschienenen «Politischen und unpolitischen Fahrten und Abenteuern» (II, S. 297 ff.), indem er da den ganzen Feldzug einer höhnischen Beleuchtung unterzog.

In dem ganzen Streite leisteten Freiligrath und Schulz ihrem Freunde Follen treue Gefolgschaft. Immerhin mit Wahrung ihres persönlichen Standpunktes. Freiligrath schrieb einem Freunde: «Kuriose Kerle, die Deutschen, sich über den lieben Gott zu zanken, solange es noch Könige zu entthronen gibt.» Und Wilhelm Schulz ersparte in der besonnenen Darstellung des Atheismusstreites, die er am 14. April 1846 in den «Blättern für literarische Unterhaltung» gab (unter dem Titel: «Eine literarische Fehde über den neuphilosophischen Nihilismus»), Follen den Vorwurf des Barocken, Gesuchten und Unklaren nicht. Schärfer zog er in seinem 1846 erschienenen «Briefwechsel eines Staatsgefangenen mit seiner Befreierin» gegen den Feuerbachschen Atheismus vom Leder, wofür ihn Ruge in einer heftigen Besprechung in Heinzens «Opposition» (1846, S. 293 ff.) züchtigte. Als Schulz sich verteidigte, warf Ruge ihm höhnisch vor, er habe seinen biederen, schlichten Volksglauben, für den er eintrete, im Jahre 1839 so kräftig bekundet, daß er mit Follen als «Strauß» es für rätlich befunden habe zu fliehen. Darauf sandte Schulz an Ruge eine Forderung auf Pistolen. Gottfried Keller sollte Schulzens Sekundant sein. Ruge aber zog es vor, den Streit mit der Feder auszutragen.

Für Keller war die Parteinahme für Follen in dem ganzen Handel nicht nur eine Pflicht der Dankbarkeit gegen seinen hilfreichen Gönner, sie war ihm auch innerste Überzeugung. Ungelockert wurzelte der Glaube an Gott und Unsterblichkeit noch in seiner Seele als ein heiliger Teil seines Künstlertums. Noch 1843, in der ersten Entfaltung bewußter Dichterkraft, hatte er das feierliche Bekenntnis ins Tagebuch geschrieben, er werde ein positives religiöses, aber für den Menschen unerklärliches Element festhalten. Im Januar 1846, als der Atheismusstreit am höchsten tobte, schrieb Ruge an Robert Prutz: «Wenn Follen es dahin bringt, daß ihm einer eine populäre Philippika gegen die Philosophie und gegen mich speziell fabrizierte (er sucht den Gottfried Keller, einen guten, unbefangenen Kerl, dahin zu bringen, wahrscheinlich ohne Erfolg), so wäre ich die längste Zeit hier Abt gewesen.» Ruges Prophezeiung traf nicht ein. Am 17. Januar erschien Follens erster Artikel in der «Neuen Zürcher Zeitung». Schon am Tage vorher hatte Keller zwei Sonette gedichtet, in denen er zu dem Kampfe gegen die «Ichel» – das war der Spottname, den Follen den nihilistischen Egoisten gegeben – Stellung nahm. Es sind Nr. 1 und 2 des Zyklus «Auch an die Ichel» der Gedichte von 1846. Das dritte entstand am 17. Januar. Das Entstehungsdatum des vierten ist unbekannt. Im ersten Sonett bekennt er:

Auch ich glaub' wandellos: Hier [im Diesseits] ist gut wohnen;
Auf! laßt uns sehn, wie wir zurecht uns finden:
Die Menschenseele ist zum Glück bestimmt.

Was aber ward und wird aus den Millionen,
Die unversöhnt, bleich, siech von hinnen schwinden? –
Wie pitoyabel euer Lichtlein glimmt!

Also das Jenseits ist nötig zum Ausgleich der Ungerechtigkeiten des Diesseits.

Im zweiten Sonett preist er den Segen ringenden Zweifels:

Euch ist der eigne Leichnam noch nicht klar,
Ihr kennet kaum den Wurm zu euren Füßen,
Die Blume nicht, die sproßt aus eurem Grab;

Und dennoch krönt ihr schon mit Stroh das Haar,
Als Eintagsgötter stolz euch zu begrüßen –;
Der Zweifel fehlt euch –: das bricht euch den Stab!

Das dritte gesteht:

Es ist nicht Selbstsucht und nicht Eitelkeit,
Was sehnend mir das Herz grabüber trägt;
Was mir die kühngeschwungne Brücke schlägt,
Ist wohl der Stolz, der mich vom Staub befreit.

Sie ist so kurz, die grüne Erdenzeit,
Unendlich aber, was den Geist bewegt!
's muß wenig sein, was ihr im Busen hegt,
Da ihr so satt hier, so vergnüglich seid.

Das ist der auch von Follen erhobene Vorwurf des schnöden Materialis mus, den Keller hier den Atheisten macht.

Das letzte Sonett endlich nimmt den Unsterblichkeitsglauben für den Künstler als Berufsnotwendigkeit in Anspruch: «Der Atheist von Profession, der nur vom Atheismusknochen lebt», ist «eine eingefleischte Blasphemie».

Follen hat Keller mit der handschriftlichen Strophe gedankt:

Gottfried von Straßburg war ein Liebessänger,
Gottfried von Bouillon war ein Gottesstreiter:
Gottfried von Zürich, sei du – und so weiter –
Sei du für uns zweifach ihr Doppelgänger!

Karl Heinzen aber bedachte Keller in seinen «Fahrten und Abenteuern» (II, S. 320ff.) mit einer hochfahrenden Abfertigung: «Nachdem der Burschenkaiser vom Kampfplatz zurückgewichen, ist neuerdings ein von ihm erzogener Schildknappe, der sonst ganz talentvolle und ehrenwerte Züricher Poet Keller, in seinen Gedichten (Heidelberg bei Winter) gegen die ‚Ichel' aufgetreten. Schade, daß der junge Keller in so üble Hände geraten ist und nicht bessere Gelegenheiten benutzt, seinem großen Mangel an geistiger Bildung abzuhelfen, statt ihn durch so beschränkte Diatriben gegen Leute vorzukehren, die er nicht zu beurteilen versteht. Möge er einen Antrieb zum Bessern in einem Sonett finden, das ich ihm nach dem Erscheinen seiner Gedichte zustellen ließ, und welches den Schluß dieses gereimten Federkrieges bilden mag:

Du klagst, daß uns der Glaube kam abhanden;
Dann aber heißt's, daß uns der Zweifel fehle!
Weißt du, was dir fehlt? Logik, gute Seele,
Und Rettung aus des Mystizismus Banden!

Du schiltst uns lieblos, weil wir uns entwanden
Dem «Schmerz» der alten Weiber und Kamele.
Doch, Freund, wir haben «Schmerz» und Schmerzquerele,
Wenn – wir am Pegasus ein Langohr fanden.

Glaub mir, wer vom Prinzip der Geistesfreiheit
Ein Haar nur weicht, der zeugt Unsinn und Blindheit,
Denn Freiheit und Vernunft sind keine Zweiheit;

Und wer dazu im Dienste fremder Rindheit
Sinn oder Unsinn hält für Einerleiheit,
Der schäme sich ob seiner Freigesinntheit!»

Gottfried Keller hat dafür im «Apotheker von Chamounix» dem «langen Karl», das ist Heinzen, dem «theoretischen Kopfabschneider mit dem friedvollen Herzen», einen Eiszinken am Montblanc zum kühlen Aufenthalt nach dem Tode reserviert. Den Angriff Heinzens hat er aber auch 1846 nicht tragisch genommen, wie sich denn auch seine Sonette im Ton und Inhalt von denen Follens merklich unterscheiden. Er stand in dem Streite mehr auf Seite von Schulz. Jedenfalls aber wollte er auch nicht zu den «Frommen» gerechnet werden, und als ein schwärmender Dichterjüngling seinen Angriff in diesem Sinne pries, wies er solchen Lorbeer mit entschiedener Deutlichkeit zurück.

Der junge Schwärmer war Konrad Meyer aus Winkel bei Bülach (1824 bis 1903). Er lebte damals als Kanzlist des Bezirksstatthalters in Bülach, wo er 1844 «Gedichte in schweizerischer Mundart» (3. Aufl. 1900) und (1847) «Geistliche Lieder» herausgab. Von 1848 bis 1859 Gemeindepräsident in Winkel, von 1859 bis 1862 Bezirksrichter, siedelte er 1862 nach Zürich über und wurde Versicherungsagent. 1848 gab er «Jubellieder», 1854 das romantische Heldengedicht «Die Jungfrau von Orleans» heraus. Gottfried Keller hatte er vermutlich bei dessen Aufenthalt in Glattfelden im Sommer 1845 kennengelernt. Er hatte sich vergeblich bemüht, ihn für den «Rosenbund», sein sentimentales Dichterkränzchen, zu gewinnen. Zu Heinzens Angriff schickte er Keller ein Trostgedicht. Dieser lehnte dankend ab. «Ihre Entrüstung», schrieb er Meyer am 4. Dezember 1846 nach langem Schweigen, «ist sehr gerecht und wohltuend; indessen legen Sie in Ihrem edlen Zorn derselben nur allzuviel Gewicht bei.» Seine Wahrhaftigkeit sträubte sich gegen alles übertriebene und kindische Lob. So mag ihn auch eine Neuauflage hainbündlerischer Schwärmerei eher zum Spott gereizt haben, von der Meyer ihm im August 1847 schrieb: «Wir Jünglinge des Rosenbundes haben eine Eiche

Ihnen geweiht. Kellers Eiche taufte ich sie.» Oder gar die Einweihung des Bundesbechers, des heiligen Grals, die Meyer am 25. Oktober meldete: «Dieser Becher hat eine tiefe Bedeutung: die Auferstehung der Schweizer Poesie. Bei diesem Feste haben wir in effigie verbrannt: Feuerbachs Werke, Ruges Werke, Heinzens Schriften, Viktor Hugos ‚Le roi s'amuse', Heines Schöpfungslieder und G. Sands sämtliche Romane. Das gab einen Rauch, Satanas fuhr aus!»

Die Urteile, welche Ruge und Heinzen über Gottfried Keller abgaben, lassen erraten, daß er sich damals in dem literarischen Zürich nicht nur als Dichter, sondern auch als Mensch Ansehen zu verschaffen gewußt hatte. Seitdem er als Dichter anerkannt sei, schrieb er mit fühlbarem Stolz am 16. September 1845 an Leemann, sei er in ausgezeichnete, ehrenvolle Gesellschaft gekommen. Besonders herzlich hatte sich seit Ende 1845 die Freundschaft mit dem kleinen Hauptmann Wilhelm Schulz und seiner feinsinnigen Frau Karoline gestaltet, die den jungen Dichter unter ihre Fittiche nahmen und den Bären zu zähmen suchten. Sie brachten ihn mit Herwegh zusammen. Auch in Freiligraths Familie führten sie ihn ein. Dieser erkannte mit seinem scharfen Blick bald den edlen Kern des damals noch Namenlosen, und Keller selber gab sich dem verehrten Manne ohne Rückhalt hin. Er nahm an den täglichen Spaziergängen der beiden Familien teil und tauschte mit den Hausherren bald das freundschaftliche Du aus. «Der famose Poetensommer» des Jahres 1846 blieb ihm in angenehmer Erinnerung. Aufs beste stellte er sich zu den Frauen. Wie sehr ihm der Tod von Karoline Schulz zu Herzen ging, zeigt sein Brief an Freiligrath vom 5. Februar 1847. Von seinen warmen Gefühlen für Ida Freiligrath, mit der er dann vier Jahrzehnte später, nach dem Tode ihres Mannes, in regen Briefwechsel trat, zeugt der schöne «Wandersegen» in den «Neueren Gedichten» (S. 154).

In naher Beziehung zu des Dichters Verkehr im Freiligrathschen Hause steht ein leidenschaftliches Liebeserlebnis, das er 1845 und 1846 durchzumachen hatte. Am 23. August 1846 schreibt ihm der Maler Johannes Ruff: «Wie ich höre, bist Du noch immer in einem von Liebe umgarnten Zustande; da ist freilich guter Rat teuer, und am allerwenigsten sind Vernünfteleien hier am Platz. Daß Du aber durch Wein Dich zu heilen glaubst, ist ebenso unrichtig ... Die Abreise Freiligraths ist unter diesen Bewandtnissen eine Fatalität für Dich. Du treibst es aber mit der Zurückhaltung zu weit, und wenn Dir der nächste Sauser keinen Mut macht, so bist Du verloren.» Salomon Hegi, dem Keller am 10. Mai eine erste Andeutung über die «hitzige Affäre» gemacht und am 13. August eine ausführliche Schilderung seines Zustandes entworfen, schrieb ihm am 24. Oktober: «Nun zum interessantesten Teil Deines Briefes, zur Liebesgeschichte nämlich, welchen Titel ich aber nie gewählt, wäre es von mir ausgegangen. Überhaupt muß ich Dir gestehen, daß es mir gar nicht gefallen, daß Du Deine ernste Erzählung mehrere Male durch Ausfälle unterbrichst, die das Ganze fast wirklich nur zur Liebesgeschichte stempeln, wenn es nicht zu klar wäre, daß diese Ausfälle gezwungen sind. Ich konnte Dir nur verzeihen, indem ich darin eine List von Dir sah; wäre ich nämlich platt genug, die Sache ins Profane zu ziehen, so wäre damit Dein Rückzug gedeckt, Du würdest im nächsten Brief Dich noch mehr gezwungen haben, den Gleichgültigen zu spielen, und so hätte man die Geschichte der Vergessenheit anheim fallen lassen. So konnte ich mich also nur über das kleine Maß Deines Zutrauens beschweren, mußte aber Deine Feinheit rühmen. Nun aber versichere ich Dich, diesen Bericht las ich mit der größten Teilnahme, und wo Du wahr bist, riß es mich so hin, daß ich mich ganz in Deine Lage versetzen konnte. Um so mehr fühle ich nun auch das Schmerzliche und Drückende Deiner Lage. Ich glaube fast, es ist wieder der Moment zu einer entscheidenden Tat, sei es Ergreifung oder Entsagung der Sache, beide fordern Kraft, sehr viel Kraft; aber in Deinem jetzigen Zustand kannst Du nicht verharren. Dies ist wenigstens das Resultat, nachdem ich Deinen Brief gelesen. Möge ich nur nicht in eine solche bittersüße Lage vor der Zeit geraten, ich weiß nicht, was ich täte. Würde auch die Vernunft siegen, trüge ich doch einen Stoß davon, dessen Mal lange sichtbar wäre. Nur schon durch Deine Beschreibung dieses Wesens werde ich von der äußern Welt abgeschlossen und verliere mich in Träume; wohin geriete ich, wenn ich erst eine solche holde Gestalt zu sehen bekäme ... Ich bin nun sehr begierig zu hören, wie Du die Sache zuhanden nimmst; Du sprichst von einem Plan, bist also schon entschieden, ernstlich einzuschreiten.»

Auch zwei weitere Äußerungen Kellers spielen auf diese Liebe an. In dem Briefe an Frau Orelli vom 21. Oktober 1847 sagt er zur Erklärung seines Verhaltens gegenüber Luise Rieter, er habe bei den zwei anderen Mädchen, die er in seinem Leben schon geliebt, sich so gesträubt, etwas zu sagen, und es sei sein gesunder Takt gewesen. Das eine dieser beiden Mädchen ist Henriette Keller, das andere die Geliebte von 1845/46. Sodann scheint eine Tagebuchbemerkung vom 15. Januar 1848 auf das Erlebnis hinzuweisen. Bei der Erzählung eines Traumes von einem silbernen Armband sagt er, er erinnere sich wirklich eines silbernen Armbandes von zwei Jahren her, an welches sich Beziehungen knüpften.

Der Name der Geliebten ist, soweit ich sehe, nirgends aufgezeichnet. Am nächsten liegt der Gedanke an Marie Melos, die am 19. Juli 1820 geborene Schwägerin und damalige Hausgenossin Freiligraths, die als Tochter eines weimarischen Professors noch auf Goethes Knien gesessen und ihm an seinem Geburtstage 1826 das Lied «Uf 'm Bergli» hatte vorsagen müssen. Auf sie weist deutlich die Bemerkung in Ruffs Brief: es muß eine Persönlichkeit gewesen sein, die Keller nicht mehr sehen kann, wenn Freiligrath abgereist ist, also ein Glied seiner Familie, und als solches kommt einzig Marie Melos in Betracht. Daß diese Keller damals wirklich nahegestanden, deutet eine Stelle in einem Briefe der Freundin vom 10. Februar 1877 an. Sie ruft ihm das Jahr 1845 auf 46 ins Gedächtnis: wenn der Freundeskreis, der ihn damals umgeben, in ihm wieder auftauche, dann werde vielleicht auch ein flüchtig Erinnern zuteil «dem Fräulein Möros mit dem Dolch im Gewande»; «dem Hauskreuz Ferdinands», wie Keller sie so gern genannt, der «Maruschel Marunkel» und was sie sonst noch für liebliche Namen geführt. Diese Witze erinnern an den ähnlichen Verkehr mit Luise Rieter. Endlich gibt für die warme Altersfreundschaft, die Keller Jahr für Jahr die Geburtstagsbriefe von Marie Melos geduldig beantworten läßt, das Erlebnis der Jugend die einleuchtendste Erklärung: in der Freundschaft mit der Gealterten mochte ihm die einstige Liebe als schönes Abendrot erglänzen, und die freie Freundschaft Heinrichs mit Judith am Schlusse der zweiten Fassung des Jugendromans erhält so eine ergreifende Wirklichkeit.

Die Freunde, in deren Kreis Keller sich damals in solchen leidenschaftlichen Anfechtungen auszutoben liebte, scheinen meist Maler gewesen zu sein. Neben Irminger, Thomann und dem genial liederlichen Kupferstecher Lukas Weber von Oberstraß trat ihm vor allem der talentvolle Kupferstecher Johannes Ruff nahe. 1813 in Oberstraß geboren, hatte er seine Kunst bei C. Rordorf in Zürich gelernt und eine Zeitlang in Heidelberg, Wien und München ausgeübt. 1853 siedelte er nach Meiringen über, wo er neben seinem eigentlichen Beruf auch die Aquarellmalerei betrieb. Er hat reizende Genrebildchen hinterlassen, die bei seinen Lebzeiten niemand zu Gesicht bekam. Sonst stach er florentinische Veduten nach Salomon Corrodi, Bühlmann, Ulrich, Vogel und anderen. Ein witziger, geistreicher, aber auch etwas nörgelnder und überkritischer Mann, gehörte er vom Herbst 1845 bis 1847 zu den vertrautesten Freunden Kellers, der ihn einmal – nach dem Tagebuch vom 15. September 1847 – gegen die Angriffe Webers energisch in Schutz nahm. Als er 1846 auf einige Monate nach München gegangen war, entspann sich zwischen ihnen ein regelmäßiger Briefwechsel, der bis 1856 anhielt. Ruff war ein eifriger Politiker und versorgte Keller während der Heidelberger und Berliner Zeit mit Nachrichten aus dem öffentlichen Leben. Infolge eines Konfliktes in der Ruffschen Familie kamen sie später auseinander. Ruff ist am 21. April 1886 in stiller Zurückgezogenheit zu Weiningen bei Zürich gestorben. Kellers Briefe an ihn sind leider vernichtet.

Die Wirtschaften, in denen die Freunde vor allem verkehrten, waren zur Sommerszeit der «Muggenbühl» und sonst das «Café littéraire», die «Attingerei» oder das «Künstlergütli». «Mit Irminger und Ruff», berichtet Keller am 16. September 1845 an Leemann, «bin ich oft am Abend zusammen. Wir lachen und reißen schlechte Witze, daß sich die Stiefel unter den Tischen schämen. Ruff ist just auf meinem Zimmer, raucht aus einer schmählichen Hundepfeife, die er aus dem Freischarenfeldzug (das heißt als eidgenössischer Soldat) zurückgebracht hat.» Das Tagebuch (15. September 1847) berichtet von einem Streit zwischen Keller und Weber: Keller hatte den Freund nachts in der Kneipe gehöhnt, daß er immer sauren Wein söffe, was Weber fürchterlich aufbrachte. Beim Nachhausegehen gibt er Keller einen Stoß, so daß er auf den Hintern purzelt, worauf Keller ihm an den Kragen springt. Die anderen vermitteln. Polizeier und Nachtwächter erscheinen. Kaum aber erkennt einer der letzteren Keller, so schreit er seinen Gesellen zu: «Fort mit uns! Das ist einer von den ‚Freien Stimmen' (ein heftiges demokratisches Oppositionsblatt, seit 1843 von Dr. Elmiger herausgegeben). Da werden wir in dem Saublatt herumgezogen.» Dieser übrigens ungerechtfertigte Verdacht bewog die Wächter der öffentlichen Ordnung, sich zurückzuziehen. Ein Aquarellbildchen von Johannes Ruff aus dem Jahre 1846 hält die höchst dramatische Situation fest: Keller, im grünen Röckchen, liegt am Boden. Zylinder und Brille sind ihm entfallen. In der Linken schwingt er den Stock, mit dem rechten Fuße gibt er Lukas Weber, der mit verbissenem Gesichtsausdruck vor ihm steht, einen Stoß. Ruff faßt Weber begütigend am Arm. Thomann sieht nach den zwei herbeieilenden Scharwächtern aus, die ein dritter mit den Worten zurückhält: «Chum äweg da, es git sunst wider öppis it Sauzitig.» Im Hintergrund sieht man die Fassade des Café Frieden. Über dem Bilde stehen Worte Webers: «Du Hägel bruchst mir nüd de wolfeil Wii vorzha, will du gute vergebe z'suffe überchunst.» Unten – offenbar eine zornige Drohung Kellers –: «Wenn me nu na Schwerter träge tät, i wett is denn scho zeige, ihr Herrgottsdunner!»

Auch außerhalb Zürichs ließ Keller gelegentlich seinem Temperament die Zügel schießen. Als er im Juni 1846 das Freischießen in Winterthur besuchte, rissen ihn Zorn und Wein hin, den Schaffhauser Publizisten und Juristen Ammann zu beohrfeigen.

In edlere Regionen führten ihn seine beiden Freunde Wilhelm Baumgartner und Eduard Dößekel. Baumgartner war am 15. November 1820 als Sohn der wackeren Wirtsleute zum «Grünen Baum» in Rorschach geboren. Er zeigte frühzeitig ein bedeutendes Musiktalent, welches seit 1833 ein schwäbischer Geistlicher, der Pfarrvikar Josef Waldmann zu Meßkirch und Überlingen, auf drei Jahre in Pflege nahm. 1836 bis 1838 besuchte er das Gymnasium in St. Gallen, im Frühjahre 1839 die Universität Zürich, wo er sich indessen unter der Leitung Alexander Müllers ausschließlich der Musik widmete. 1842–1844 war er als Musiklehrer in St. Gallen tätig, ging dann im Winter 1844 nach Berlin, um sich unter Taubert weiter auszubilden, und wählte im April 1845 Zürich zum dauernden Wohnsitze. Seit 1851 leitete er als Nachfolger Franz Abts den Stadtsängerverein. 1859 wurde er Musikdirektor der Universität, starb aber schon am 17. März 1867. In Zürich gehörte er zu Richard Wagners nächsten Freunden. Er war eine schlichte, treuherzige, gesellige, humorvolle Natur. Seine Männerchöre leben heute noch in voller Jugendfrische. 1891 ist dem «guten Spielmann» in der Nähe Salomon Geßners am «Platzspitz» ein bescheidenes Denkmal errichtet worden.

Ein Meister des Klaviers, entzückte Baumgartner mit seinem oft improvisierten Spiel die Freunde am liebsten bei einem Glase Wein. Das Tagebuch vom 16. September 1847 meldet, wie sehr er Keller zu packen wußte. Für die Kunst, mit der er so manches Lied des Dichters vertont, hat dieser ihm 1867 durch sein Gedächtnisgedicht gedankt:

Unser Spielmann war er, treu und klug,
Meister Wilhelm mit der rechten Weise,
Und sein Sinn wie froher Fahnenflug,
Und sein Herz ertönte laut und leise!
Lenz- und sommerlang, sein Spiel zur Hand
Ging er treulich mit dem Vaterland.

Mit Eduard Dößekel, dem Aargauer Dichter (1810–1890), wurde Keller durch dessen Schwager Irminger 1846 bekannt. Von Hause aus Jurist, in Seon wohnend, Mitglied des Aargauer Obergerichtes, gab er 1851 ein Bändchen Gedichte heraus, worin sich ein artiges Formtalent und eine sinnige, wenn auch nicht starke Poetennatur kundgibt. Um Kellers Freundschaft, dessen geniale Art ihm wie eine Offenbarung war, warb er in frauenhaft sich anschmiegenden Briefen: «Die Bekanntschaft mit Dir, mein Freund», schrieb er ihm nach einem Besuche in Zürich am 2. Februar 1846, «ist für mich eine Epoche. In Deinem Umgange finde ich, was ich bisher immer und immer vergeblich gesucht, jenes ernste Auffassen der Poesie als einer einzigen hohen Lebensaufgabe.» Nach einer zweiten Zusammenkunft im März 1848 machte er die treffende Bemerkung: «So einsilbig auch öfters Deine Unterhaltung ist, so habe ich Auge genug zu gewahren, daß es das Schweigen der Fülle und nicht der Leerheit ist.» Keller besuchte den Freund, der ihn oft dringend nach Seon einlud, auf der Reise nach Heidelberg. Auch einige Briefe gingen an ihn. Allein schon mit dem Jahr 1849 brach die Korrespondenz ab. Ein geringfügiges Darlehen, das Dößekel dringender als notwendig, und zwar, als der gemahnte Schuldner ein hartnäckiges Schweigen beobachtete, in drei ziemlich ungestümen Briefen von Kellers Mutter zurückforderte, führte zum Bruche.

Das liebenswürdigste und friedlichste Erlebnis, das Keller der leidenschaftliche Sommer 1846 beschied, war die Reise nach Graubünden, die er mit dem Honorar der Gedichte in Gesellschaft eines Neffen Follens, des spätern Schuldirektors G. Frölich aus Bern, und des Dichters und Musikers Xaver Schnyder von Wartensee (1786–1868) ausführte. Schnyder war 1844 von Frankfurt a. M., der Stätte seiner Tätigkeit, auf einige Jahre nach Luzern übergesiedelt. Als Schnyders Gedichte erschienen, hat sie Keller zu Beginn 1869 in der «Neuen Zürcher Zeitung» angezeigt und zugleich die Persönlichkeit des Verfassers aufs anschaulichste charakterisiert: «Halb Weltmann, halb Sonderling, allem Guten und Schönen lebendig zugewandt, ... ein lächelnder feiner Mann in seinem unsterblichen Nanking sommerlich gekleidet, die Nankinggamaschen mit artigen, aber soliden Messingkettchen unter den Sohlen befestigt, wandelt er vor uns über blühende Auen und darf über ein Wiesenbächlein springen, ohne daß ihm die Stegreife reißen.» Bei diesem Anlaß hat Keller auch die Sommerfahrt geschildert, die er mit Schnyder und Frölich unternommen:

«Es war etwa um das Jahr 1846, als ich in Schnyders und eines Dritten Gesellschaft den Zürich- und Walensee hinauffuhr, um einen Gang durch die Viamala zu tun, welche noch keiner von uns gesehen hatte.

Das Wetter war herrlich, bis wir an Ort und Stelle, das heißt am Eingange der Schlucht waren; dort wurde es trübe, und da meine beiden Gefährten sich schon an dem bisher Gesehenen satt bewundert hatten, so schien ihnen jetzt jener Zweck erreicht und die wohl unterhaltene Straße zwischen den nahen Felswänden gerade bequem, sich in musikalischen Gesprächen darauf zu ergehen. Keines Blickes wurde der tief unten schäumende Rhein, keiner Bemerkung die kühnste Form in der Höhe, die schönste Vegetation gewürdigt; nur spezifisch musikalische Streitreden hörte man unter öfterem Stillestehen und Gestikulieren. Auf meine Zerstreutheit endlich aufmerksam geworden, sagte Schnyder: ‚Kommen Sie, lassen Sie uns jetzt aber auch ein anderes Thema berühren! Lassen Sie sich mein Zusammensein mit Rückert erzählen!‘ Nun beschrieb er uns, wie er vor langen Jahren eines Tages auch bei dem Dichter gewesen, zur Zeit, als Matthisson noch lebte; wie da gerade eine Art Huldigungsgedichtchen von diesem an den Meister der Lieder und der Sprachen angekommen sei, Rückert es stumm gelesen, Schnydern gezeigt und das Papier dann langsam mit zwei spitzen Fingern in seinen Papierkorb habe sinken lassen. Ein Schauder habe ihn, Schnyder, beim Anblick dieses Wechsels der Dinge, dieser Vergänglichkeit durchrieselt. Mich erboste die nachträglich erzählte Exekution vollends, und ich rief: ‚Nun, da kann man von Rückert jetzt schon ganze dicke Dramen, zum Beispiel seinen ‚Kolumbus‘ (der unlängst erschienen war), in den Papierkorb werfen; denn der Papierkorb deutscher Nation ist tief wie dieser Abgrund hier!‘ Wir hatten eben das verlorne Loch passiert und standen gerade zur Seite des tiefsten Absturzes der Viamala. ‚Sehen Sie, so wird der ‚Kolumbus‘ hinuntersäuseln, gerade wie jenes arme Gedichtchen!‘ Ich nahm eine fußlange Steinplatte, wie man uns in Chur geraten hatte, vom Gerölle am Weg und ließ dieselbe über die Brustwehr hinunterfallen. Wir guckten dem Stein alle drei nach, und wirklich war das Loch so tief, daß der Stein zuletzt langsam wie ein von der Luft getragenes Papier zu schweben schien, eh’ er, an einen Fels schlagend, über dem Rheinschaum unten zerstäubte.

‚Gut‘, rief nun Schnyder, ‚dieses verlorne Loch, dieser schlechte Weg, Viamala, soll der deutsche Papierkorb sein; da wollen wir gleich eure ganze Dramatik, euren Herrn so und so und den und den, euere Modernsten allesamt hinuntertun! Und hier euere Gedichtchen, euere Zeitungsartikel, euren ganzen Schmerz, so tief wie ein Papierkorb!‘ Damit ergriff er Steine und Steinchen, dieselben lustig in die Tiefe sendend und jeden mit dem Namen eines modernen Geräuschemachers benennend, wozwischen ich dagegen nicht säumte, eine Zahl Autoren aus seiner Jugendzeit oder einzelne Erzeugnisse derselben nachfolgen zu lassen. Durch diese Posse waren wir jedoch alle auf die Größe der uns umgebenden Natur aufmerksam geworden, und es wurde ihr von nun an die gebührende Aufmerksamkeit gewidmet.

Aber als wir, auf dem Rückwege, am nächsten Tage in Ragaz übernachteten, beschloß Schnyder, die Naseweisheit der Jugend noch extra zu bestrafen. Zahlreiche Gäste befanden sich schon an der Heilquelle. Hinten in Pfäfers badete Lamartine, vorn in Ragaz waren auch zwei oder drei oft genannte Personen, so daß eine gewisse Neugierde und ein Getue in der Luft steckte. Namentlich war da irgendeine berühmte Sängerin oder Schauspielerin, welche im ‚Hof' logierte und die Schnyder zu kennen behauptete. Dieser versprach er uns nun vorzustellen; aber es müsse, sagte er, auf originelle Weise geschehen, durch das Mittel eines Ständchens, das er bestreiten wolle. Nachdem in der Dunkelheit das erleuchtete Fenster der berühmten Schönen aufgesucht war, stellte sich Schnyder mit uns darunter, zog plötzlich ein Flageolettchen von Ebenholz, von dessen Vorhandensein wir keine Ahnung gehabt, aus der Tasche und blies eine allerliebste Weise auf dem kleinen Instrument. Verwundert über diese unverhoffte Kunst, gafften wir jedoch fleißig in die Höhe: das Fenster tat sich auf, und die Dame schaute gleichfalls verwundert auf uns hernieder vom ersten Stockwerk. Wir sahen uns nach unserm Schnyder um, daß er das Wort ergreife; allein der Schalk hatte sich schon mit größter Gewandtheit im Dunkel verloren und ließ uns beschämt im Stiche, so daß wir plötzlich Reißaus nahmen und mit langen Sätzen um die Ecke flohen.

In den gleichen Sommermonaten hörte ich ihn noch ein selteneres Instrument spielen, das vielleicht zu dieser Stunde niemand mehr spielt.

Ich saß in einer schönen Mondnacht in Luzern auf dem Balkon des Gasthauses zur ‚Waage', dicht über der Reuß, mit ein paar Freunden meines Alters und beschäftigt, einer Bowle nicht gar schwachen heißen Getränkes die Schwindsüchtigkeit des Daseins zu beweisen. Der freundliche Schnyder, der bei Luzern seinen Sitz und außerdem noch eine Wohnung in der Stadt besaß, suchte mich bei der beschriebenen Beschäftigung auf und setzte sich eine Weile zu uns, ohne jedoch zu trinken, da er meistens nur ein Glas Milch oder dergleichen zu sich nahm. Hier wußte er mich nun etwas auf die Seite zu locken und flüsterte mir ins Ohr, wir wollten einen Geniestreich machen (denn er nannte allerhand schalkhafte, aber harmlose Einfälle gern Geniestreiche), ich solle mit ihm nach seiner Stadtwohnung kommen. Ich hegte den Verdacht, daß Schnyder nur bezwecke, mich von dem Gelage zu entfernen und mich an würdigeres Tun zu fesseln, vielleicht im Einverständnisse mit gewissen andern würdigen Grauköpfen; dennoch ging ich neugierig mit ihm nach Hause, wo er mir erklärte, daß er mir ganz allein auf seiner Harmonika vorspielen wolle, was ich für etwas Rechtes halten könne. Es war dies nämlich die damals schon zur größten Seltenheit gewordene Harmonika von Glasglocken, welche an einer sich drehenden Walze klaviaturartig aufgereiht waren und mit den Fingerspitzen, aber durch Reibung, wie ein Klavier zum Tönen gebracht und gespielt wurden, das Instrument, auf welchem weiland die schöne Angelika Kauffmann in Rom ihre Verehrer entzückte und rührte.

In jüngeren Jahren hatte Schnyder etwa noch öffentlich darauf konzertiert, allein mit Vorsicht, da namentlich zarte Frauen gerne in Tränen ausbrachen oder gar Nervenzufälle bekamen beim Anhören der ergreifenden Töne.

So wurde nun das Geräte, ein klavierartiges Möbel, abgedeckt, und es zeigte sich die ineinandergeschobene Glockenreihe, an welcher sich Rand an Rand legte, von der Größe einer Waschschüssel bis zu derjenigen eines kleinen Täßchens. Durch sachte Fußtritte drehte sich die Walze langsam unter der Serviette, mit welcher Schnyder die Glocken zart sorglich abrieb und vom letzten Hauche befreite. Dann wusch er, immer leise und andächtig sich bewegend, die Hände und trocknete sie mit Kleie, bis auch sie in religiöser Reinheit erglänzten.

Jetzt erst setzte er sich an die Harmonika, lang und hübsch, wie er war, in fast ganz weißem Hausgewand, mit seinen silbernen Locken. Durchs offene Fenster strahlte der im Mondlicht ruhende See, schaute der mächtige geheimnisvolle Umriß des Pilatusberges herüber, und nun begann das Spiel mit den geisterhaftesten Tönen, die ich je gehört, bis sie in voller Harmonie zusammenflossen und mit wunderbar sanfter Gewalt von einem schönen Adagio ins andere gingen, bis fast eine Stunde vorüber war.

‚So!‘ sagte er, endlich abbrechend, und stand auf. Gütig legte er mir die Hand auf die Schulter und sagte: ‚Nun wollen wir aber zu Bett gehen! Gehen Sie jetzt auch schlafen, hören Sie! und träumen Sie was Gutes!‘

Ich schritt wieder nach der ‚Waage‘, wo ich wohnte, durch die stillen Gassen, glücklich über das Genossene, aber auch berechnend, ob die Bowle wohl schon ganz geleert sein möge. Denn Jugend hat nicht viel Tugend, obwohl nicht weniger als das Alter. Als ich ankam, war die Bowle leider zu Ende; allein vorsorglich hatten die Freunde noch eine andere bestellt, die eben aufgetragen wurde, und nun spielten wir auf unsere Weise auch noch ein kleines Allegro auf der Glasharmonika. Deswegen aber vergaß ich jene Stunde bei Schnyder doch nicht mehr.

Es war, dicht vor dem Sonderbundskriege und dem Jahr 1848, wie der scheidende, melodisch klagende Gruß einer früheren Kultur.»

Das komische Ständchen in Ragaz hat Keller auch sonst bisweilen geschildert. Er pflegte dann die umständliche Art, mit der Schnyder das Flötlein zusammensetzte und blies, mit seinen unnachahmlichen Gebärden zu begleiten. Auf dem Wege nach der Viamala zwang ein Regen die Wanderer, in einem Wirtshäuschen Schutz zu suchen, wo eine alte, immerfort spinnende Frau saß. Beim Berichtigen der Zeche gab sie alte Blutzger heraus, und auf die Frage, ob sie wisse, welchem Lande ihr Tal angehöre, antwortete sie: «Ich denke, wir sind gut kaiserlich.» –

Follens Neffe Karl Vogt berichtet in seinen «Erinnerungen aus meinem Leben» (S. 183): Der junge Keller knurrte und belferte in einem schauderhaften Züricher Dialekt ... und zeigte überhaupt ein so störriges Wesen, daß mein Vater ihn mit einem Frischling verglich und ihn nur «ein wildes Säuding» nannte.

Je tiefer der Eindruck war, den Schnyders feine und anmutige Bildung in dem ungestümen und ungebärdigen Freiheitsschwärmer und Trinkkumpan erzeugte, um so stärker war sein Verlangen, sich auf die Höhe einer solchen harmonischen Bildung und gefestigten Charaktertüchtigkeit emporzuringen. Er wollte der besseren Gesellschaft, in die ihn sein dichterisches Talent gehoben, sittlich und auch an äußerem Schliff ebenbürtig werden. Es gibt zu denken, daß in Briefen, Tagebüchern und Zeitungsaufsätzen jener Jahre immer wieder als höchstes Ideal das Wort «nobel» erscheint.

In diesem Bildungsstreben förderte ihn aufs mächtigste ein neues leidenschaftliches Herzenserlebnis, indem es ihn zugleich den Nachteil seiner Ungelenkheit empfinden ließ.

Am 29. Januar 1847 war Karoline Schulz gestorben. Um die Einsamkeit des Witwers «zu teilen oder vielmehr aufzuheben», zog Keller am 1. März für ein paar Monate zu Schulz in das «Sonnental» an der Gemeindestraße in Hottingen. Das Haus gehörte dem Professor Konrad Orelli-Breitinger (1788–1854), der Lehrer des Französischen am Gymnasium, ein Meister des Schachspiels und ein geistreicher und behaglicher Gesellschafter war. Hier im «Sonnental» trat dem Dichter Luise Rieter nahe.

Das Ehepaar Orelli hatte das junge Mädchen bei einem Kuraufenthalt in Seelisberg kennengelernt. Am 18. Juli 1828 in Winterthur geboren, stand sie damals in der Blüte der Jugend. Sie besaß eine schlanke, wohlgebildete Gestalt, hübsche, wenn auch nicht regelmäßige Züge, Geist und Schalkhaftigkeit. Mütterlicherseits stammte sie aus einem Hause, in dem eine künstlerische Bildung seit langem heimisch war; ihre Mutter war eine Enkelin des Kupferstechers J. R. Schellenberg, ihre Großmutter Esther hat Erinnerungen an Ulrich Hegner und Gedichte herausgegeben. So waren ihre reichen Anlagen aufs sorgfältigste entwickelt worden. Sie verstand es, den Zeichenstift zu führen und hübsche Verse zu schreiben, ohne sich freilich im ganzen über das Mittelmaß eines gebildeten Dilettantismus zu erheben. Den größten Zauber aber muß sie im persönlichen Umgang ausgestrahlt haben. In Seelisberg wie in Albisbrunn, wo sie mit ihrer Mutter im Sommer 1847 und öfter in der Sommerfrische war, nahm sie durch die natürliche Grazie ihres Wesens jung und alt, Männer und Frauen, gefangen. Man begreift, daß das Ehepaar Orelli das junge Mädchen ins Herz schloß. Aber auch Luise schmiegte sich eng an die alten Leutchen an. Sie nannte sie Philemon und Baucis und vertauschte gern das an Abwechslung nicht sehr reiche Leben in ihrer kleinen Vaterstadt mit dem bewegteren und geistig angeregteren Zürich. So erschien sie im Frühjahr 1847 einige Wochen, nachdem Gottfried Keller bei Wilhelm Schulz seinen Einzug gehalten, bei Orellis. Im Mai lernten sich die beiden kennen. Luise berichtet am 8. ihrer Mutter zum erstenmal von ihm: Philemon überwache sie mit Argusaugen. «Er schwebt in beständiger Furcht wegen Herrn Keller, und wirklich bin ich noch gar nicht in seine Nähe gekommen. Wenn wir nachmittags im Garten sind, so will er immer hinter das Haus, aus Furcht, er würde mich vom Fenster her erblicken, oder er macht mit mir kleine abschweifende Spaziergänge.» Ein paar Tage später traf sie trotzdem mit Keller zusammen. Am 12. meldet sie der Mutter: «Keller spricht wenig und scheint eher phlegmatischen Temperaments zu sein. Er hat sehr kleine, kurze Beine, schade! Denn sein Kopf wäre nicht übel, besonders zeichnet sich die außerordentliche hohe Stirn aus. Es war ihm nicht ganz wohl, hoffen wir, daß es nicht mich war, die ihm Weh verursachte, und er verließ uns bald wieder. – In der Nähe fast vis-à-vis von meinem Fenster haust in einem Dachstübchen ein noch junger Maler, zu dem eben Herr Keller gehüpft. Ich sehe sie dann und wann am Fenster leuchten, ob sie mich wohl als eine Madonna abkonterfeien? Kein übler Gegenstand!»

Was Gottfried Keller an Luise Rieter anzog, das war außer ihrer Anmut und ihrem Geist vor allem die frische Natürlichkeit, mit der sie dem ungelenken Dichter entgegenkam. Eine tiefe Leidenschaft erfaßte ihn und zehrte nach Luises Rückkehr nach Winterthur den ganzen Sommer an ihm. Er habe einen traurigen und müßigen Sommer verlebt, gestand er später in dem Werbungsbriefe. Und zugleich spürte er, daß er mit dem bisherigen Wesen auf keinen grünen Zweig kam, daß die politischen und geselligen Allotria ihn als Künstler und Menschen nicht förderten. Ein Zeichen der innern Gärung jener Zeit ist das Traumbuch, das er am 15. September beginnt, und seine tiefen Bekenntnisse verkünden den energischen Drang nach innerer Läuterung. Einmal leitet er aus einer Beobachtung, die er an Schulz gemacht, den Satz her, daß auch der vortrefflichste Mensch gewisse schlechte Eigenschaften haben müsse, gleich einem stolz segelnden Schiffe, welches Ballast braucht, um zu einer Fahrt gehörig schwer zu sein, und gesteht: «Was habe *ich* für Ballast! – O weh, mir armen Treckschuite! Eigentliche Kalkblöcke, die noch so greulich brausen, wenn das Meerwasser hereindringt! Als mein Lebensschiff aus Ostindien zurückging, nachdem es seine Ladung abgegeben, wurden ihm als Ballast ausgestopfte Krokodile und wüste Seetiere, Tiger und Hyänen mitgegeben für die Raritätensammlung in Europa, um wenigstens einigen Nutzen mit der Fracht zu verbinden. Schwere Kisten voll wunderlicher Schnecken und Muscheln und Stachelpflanzen pfropfte man in die tiefen Räume, und als man das Schiff immer noch zu leicht befand, nahm man noch eine Truppe sündhafter nackter Bajaderen in die Kajüte, welche nach Paris bestimmt war. Aber es fällt mir ein, daß es ein schlechter Spaß ist, mit seinen schlimmen Eigenschaften und Fehlern und gar mit seinen Sünden zu kokettieren; denn es ist kokettiert, wenn man witzige Bilder braucht, um sie zu bezeichnen, und vor einer höheren Einsicht verschwinden diese Seifenblasen der Phantasie.» Und weiter die Mahnung: «Studiere dich selbst, jetzt und immer, deine Vergangenheit und Gegenwart! Vergleiche deine strengen Betrachtungen mit dem, was andere, Freunde und Feinde, von dir halten, und du wirst zu zweierlei Resultaten kommen: entweder wirst du milder und friedlicher und umgänglicher – oder feiner und strenger und gewinnst an Stärke über die Gedankenlosen, je nach deinem Grundcharakter! In beiden Fällen aber wirst du, wie mich dünkt, nur gewinnen.»

Durch all diese Kämpfe des Menschen und durch die Gesichte des Künstlers, von denen das «Traumbuch» erzählt, begleitet ihn das Bild Luise Rieters. Seine Liebessehnsucht gestaltet jenes wundersame Traumbild von den beiden Mädchen, die der Dichter in ihrem Dachkämmerchen besucht und deren Küsse «von ihren Lippen fallen, wie neue goldene Denkmünzen auf ein wollenes Tuch, ohne zu klingen.» – «Ich glaube, ich träumte von der Winterthurerin» – schreibt er am 15. September – «weil mich immer noch eine Sehnsucht treibt, diese Träume auszugrübeln; aber es ist vergebens.» Mit Ruff besucht er die Weinschenke eines

Neapolitaners. Bei den grellen Bildern südlichen Lebens und südlicher Natur, die an den Wänden hangen, bei dem schweren Wein und dem Gedanken an die Weiber des Südens schleicht sich in sein Herz das Verlangen «nach einem feinen heimischen Liebesglücke in bestimmtester nobelster Form». Das Spiel seines Freundes Baumgartner weckt in ihm die Sehnsucht, wunderschön spielen und singen zu können der Luise Rieter wegen: «Mein armes Dichten verschwand und schrumpfte zusammen vor meinen inneren Augen. Ich verzweifelte an mir, wie es mir überhaupt oft geht. Ich weiß nicht, was schuld ist; aber immer scheint mir mein Verdienst zu gering, um ein ausgezeichnetes Weib zu binden. Vielleicht kommt das von der wenigen Mühe, welche meine Produkte mir machen. Strenge Studien, wenn sie mir auch nicht unmittelbar nötig sind, würden mir vielleicht mehr Gehalt und Sicherheit geben. Ein Herz allein gilt heute nichts mehr.»

Am 17. September erhält er von einem Verehrer an der Ostsee ein artiges Huldigungsgedicht. Er wünscht, die Winterthurerin möge es wissen. Je mehr der Sommer sich seinem Ende zuneigt, um so leidenschaftlicher umfaßt sein Geist die geliebte Gestalt. Im Wald, auf den schönen, einsamen Wegen denkt er fort und fort die Luise an seine Seite. Eine junge Birke vergleicht er in ihrem schlanken und tadellosen Wuchs mit ihr. Am 19. September findet er im Botanischen Garten eine Georginenart, deren Blumen ihm ganz ihr Wesen auszudrücken scheinen. Die Liebe regt seine Gestaltungskraft an: «Heute im Wald (20. September) wünschte ich ein gewandter Jäger zu sein; ich schoß ein junges zartes Reh in Gedanken und überschickte es ihr, wozu ich mir ein Sonett ausdachte: Ich möchte sie nähren und kleiden mit allem, was die Erde trägt, und ihr Leben allein tragen. Sie solle aber von der wilden, blutigen Gabe nicht auf ein rauhes, hartes Herz schließen. Im Liebesunmut schoß ich, fern von ihr, das junge Reh. Da sie, wie ich höre, auch dichtet, so dachte ich mir ein Antwortsonett aus. Wenn ich auch nicht gerade wünsche, daß sie sehr schöne Verse mache, so fiel das Sonett doch sehr gut aus, von der Gegenliebe eingegeben. Hierauf kehrte ich zurück und traf sie auf dem Wege an: die Begegnung, ihre und meine Kleidung, die erste Verlegenheit, alles wurde aufs ausführlichste ausgeheckt und eine artige Novellette gemacht.»

So wächst der Gedanke an die Geliebte aus dem Luftreich der Phantasie immer tiefer in den Boden einer gehofften Wirklichkeit hinein, und am 1. Oktober 12 Uhr nachts gesteht er, daß er sich auf die ehrbarste Weise an der lieblichen Braut eines Quidam gefreut und an die X. (Luise

Rieter) gedacht habe. «Ich bin auch nicht von Stroh. Gute Nacht, mein liebes Herz! Du verlierst sehr viel, wenn du nicht aushältst.»

Aber zugleich treibt ihn sein Temperament, allen Bildungsvorsätzen zum Trotz, in ein maßloses Wirtshausleben. «Ich komme», meldet die gleiche Tagebuchnotiz, «soeben aus der Gesellschaft, ziemlich gebeugt von achttägiger Liederlichkeit, die doch wiederum höchst unschuldig ist, wenn ich andere Personen und Verhältnisse betrachte. Ich glaube mich immer schlechter und schwächer als andere und finde mich am Ende immer ein klein wenig besser. Wahrscheinlich aber werde ich mit meiner naiv beschaulichen und müßiggängerischen Weise zugrunde gehen, während die praktischen und emsigen Korruptions- und Schlendriansmenschen florieren.»

Indes, was hatte er Luise Rieter zu bieten? Immer noch lag er Mutter und Schwester zur Last, die für ihn arbeiteten. Und nun fiel Regula im Spätsommer 1847 noch in eine schwere Krankheit, die sie nicht nur körperlich niederwarf, sondern auch ihren Geist verwirrte. Während die Mutter sich in der Pflege der Kranken fast aufrieb, ganz allein vierzehn Nächte bei ihr wachte, konnte der Bruder nichts tun als müßig zusehen, in der bitteren Empfindung, die «unnütze Pflanze, die geruchlose Tulpe zu sein, welche alle Säfte dieses Häufleins edler Erde, das Leben von Mutter und Schwester aufsaugt.» Wie die Krankheit sich Woche um Woche hinzog, riet der einsichtige Arzt zu einem Landaufenthalt, und Mutter und Tochter begaben sich Ende September zu Heinrich Scheuchzer nach Eglisau. Der Luftwechsel tat seine Wirkung bei der Kranken. Am 27. September kann die Mutter dem Sohne melden, daß es mit jedem Tag bedeutend vorwärts gehe. Am 30. September schreibt sie: «Wegen Regula könnte ich jetzt schon wieder nach Hause gehen, indem es meine Hülfe nicht mehr bedarf, es schläft die ganze Nacht, ißt und trinkt, spaziert alle Tage, arbeitet wieder etwas, spielt auch Gitarre und tanzt mit dem Mineli Galoppade! Allein ich denke, der längere Aufenthalt hier werde auch für mich und meine Gesundheit zuträglich sein.»

Am 14. Oktober kündigte die Mutter die Rückkehr an. Es war gerade die Zeit des Ausbruchs des Sonderbundskampfes, jenes Bürgerkrieges, der den jahrelangen Hader zwischen den Radikalen und Konservativen zugunsten der radikalen Kreise der Schweiz beendigte. Am gleichen 14. Oktober wählten die konservativen Stände Salis-Soglio zum Oberbefehlshaber der Sonderbundstruppen, und auch in den liberalen Kantonen traf man eifrig Kriegsvorbereitungen. «Ich sehne mich keineswegs», schrieb die Mutter, «nach Zürich zu kommen, da ich hin und wieder von

Leuten, welche von Zürich kommen, höre, was für Kriegstumult, Klagen und Jammer dort walte! Hier ist alles ruhig, außert etwa die Frauen sind ängstlich, denen ihre Männer zum Auszuge aufgeboten sind. Heinrich hat auch ziemlich Geschäfte, diese Woche erhielt er auch Aufträge, zur Bereitschaft, nun soll er ein Pferd kaufen, und findt in dieser Gegend kein passendes für ihn, entweder sind sie zu alt oder zu jung! Überhaupt fürchtet er sich auch nicht wenig vor einem Auszuge. Es wäre freilich auch ein großes Unglück für unser ganzes Land, und jeder Haushaltung zum Schaden und Verlust gereichend. Gott leite zum Frieden.»

Die Kriegswirren des Vaterlandes waren gerade der rechte Hintergrund für die Kämpfe, die sich im Innern Gottfried Kellers abspielten. Auch hier drängte alles zur Entscheidung. Etwa am 8. Oktober war Luise wieder bei Orellis eingerückt. Unvermutet traf sie, als sie in Begleitung von Professor Orelli die Kunstausstellung besuchte, mit Gottfried Keller zusammen. «Er war», schreibt Luise ihrer Mutter am 12. Oktober, «so verblüfft, daß er, anstatt artig und höflich als Cicerone uns zu dienen, sich sobald als möglich davonstrich.»

Nun aber beschloß er zu handeln. Luises Rückkehr nach Winterthur war auf den 16. Oktober festgesetzt. Bevor sie ging, mußte er Klarheit haben. «Ich hatte», gestand er später, «die Nacht schlaflos zugebracht und befand mich am Morgen sogar körperlich unwohl, das Herz war mir fortwährend wie zugeschnürt und der Kopf heiß. Auch der demütigste Mensch glaubt und hofft innerlich immer mehr als er auszusprechen wagt, und ich bin keiner von den demütigsten, vielmehr habe ich manchmal einen recht sündlichen Hochmut in mir zu bändigen. Ich erging mich an jenem Morgen in den glühendsten Hoffnungen, ich spann einen Roman um den anderen aus, und mitten in meinem Rausche erinnerte ich mich gehört zu haben, daß sie heute abreisen und ich sie also auf lange Zeit, vielleicht für immer, aus den Augen verlieren würde. Eine tiefe Angst kam über mich.» Am Morgen sandte er Luise das Geständnis seiner Liebe. «Ich bin noch gar nichts und muß erst werden, was ich werden will, und bin dazu ein unansehnlicher armer Bursche, also habe ich keine Berechtigung, mein Herz einer so schönen und ausgezeichneten jungen Dame anzutragen, wie Sie sind, aber wenn ich einst denken müßte, daß Sie mir doch ernstlich gut gewesen wären, und ich hätte nichts gesagt, so wäre das ein sehr großes Unglück für mich und ich könnte es nicht wohl ertragen. Ich bin es also mir selbst schuldig, daß ich diesem Zustande ein Ende mache; denn denken Sie einmal, diese ganze Woche bin ich wegen Ihnen in den Wirtshäusern herumgestrichen, weil es mir angst und bang ist, wenn ich allein bin. Wollen Sie so gütig sein und mir mit zwei Worten, ehe Sie verreisen, in einem Billett sagen, ob Sie mir gut sind oder nicht? Nur damit ich etwas weiß; aber um Gottes willen bedenken Sie sich nicht etwa, ob Sie es vielleicht werden könnten! Nein, wenn Sie mich nicht schon entschieden lieben, so sprechen Sie nur ein ganz fröhliches Nein aus und machen Sie sich herzlich lustig über mich; denn Ihnen nehme ich nichts übel, und es ist keine Schande für mich, daß ich Sie liebe, wie ich es tue. Ich kann Ihnen schon sagen, ich bin sehr leidenschaftlich zu dieser Zeit und weiß gar nicht, woher alle das Zeug, das mir durch den Kopf geht, in mich hineinkommt. Sie sind das allererste Mädchen, dem ich meine Liebe erkläre, obgleich mir schon mehrere eingeleuchtet haben; und wenn Sie mir nicht so freundlich begegnet wären, so hätte ich mir vielleicht auch nichts zu sagen getraut. Ich bin sehr gespannt auf Ihre Antwort, ich müßte mich über mich selbst verwundern, wenn ich über Nacht zu einer so holdseligen Geliebten gelangen würde. Aber genieren Sie sich ja nicht, mir ein recht rundes, grobes Nein in den Briefeinwurf zu tun, wenn Sie nichts für mich sein können; denn ich will mir nachher schon aus der Patsche helfen. Es ist mir in diesem Augenblick schon etwas leichter geworden, da ich direkt an Sie schreibe und ich weiß, daß Sie in einigen Stunden dieses Papier in Ihren lieben Händen halten. Ich möchte Ihnen so viel Gutes und Schönes sagen, daß ich jetzt gleich ein ganzes Buch schreiben könnte; aber freilich, wenn ich vor Ihren Augen stehe, so werde ich wieder der alte, unbeholfene Narr sein, und ich werde Ihnen nichts zu sagen wissen.»

Luise Rieter las aus dem großartigen Bekenntnis einer ungelenken Wahrhaftigkeit nur den Vorwurf, daß sie sich, ein bißchen Precieuse, die sie war, allzu frei hatte gehen lassen. Der Dichter stand ihrem Herzen völlig fern, das sie bereits an ihren Landsmann Dr. Jakob Sulzer, den späteren Stadtpräsidenten von Winterthur, verloren hatte. Von Winterthur aus schrieb sie dem ungefügen Werber ihre Antwort. Sie scheint ziemlich schroff gewesen zu sein. Keller hatte, indem er seine Dreistigkeit mit ihrer Freundlichkeit erklärte, ohne es zu wissen, einen wunden Punkt bei Luise Rieter getroffen. Ihre unbefangene Freiheit im Verkehr mit jungen Männern hat man ihr oft als Koketterie ausgelegt. Vielleicht hat sie auch Kellers Brief als bloßen Ausfluß einer tollen Laune und seine Liebe als «eine mutwillige und oberflächliche Neigung» genommen.

Jedenfalls las er diese Auffassung aus ihrem Antwortschreiben heraus. Er war nun wirklich so gründlich in die «Patsche» geraten, daß er nicht nur mit seiner Liebe abgewiesen, sondern noch dazu in das schiefe Licht der Zudringlichkeit und des Leichtsinns gestellt war. Um sich wenigstens als Mensch zu verteidigen, wandte er sich an Luise Rieters «Zürimuetterli», Frau Professor Orelli, und ließ auf den tollen Werbebrief einen Rechtfertigungsbrief folgen, der ebenso von der Wahrheit seiner Gefühle wie von seinem klugen Takt und tüchtigen Charakter zeugt. Zuerst klärt er die Geliebte auf wegen des Punktes der «Freundlichkeit»: «Ich wollte nichts anderes sagen, als daß ich ihr überhaupt ein gutes Herz zuschrieb, welches mich nicht so hart und schnöd abweisen würde, weil sie mich nicht so grob und nüchtern ansah wie andere Mädchen. Ich verlange gewiß nichts weniger, als daß diese kokettieren sollen, aber viele dürften dreinschauen, wie ihnen die Augen gewachsen sind, ohne daß sie befürchten müßten, ein Unglück anzurichten wie Luise Rieter.»

Dann rechtfertigt er sich wegen des Vorwurfes der mutwilligen und oberflächlichen Neigung: «Ich muß gestehen, daß es allerdings den Anschein hat, als habe ich mich auf eine leichtsinnige Weise in diese Liebe hineinphantasiert, allein es ist doch nicht so. Es ist hauptsächlich der Klang der Stimme, welcher an den Frauen für mich entscheidend ist, und ich erkenne ein wahrhaft schönes und gutes Frauenherz fast augenblicklich daran. Bei Fräulein Rieter hörte ich diesen Ton, welcher mir immer Heimweh erregt.»

Und bereits bricht siegreich aus dem schmerzlichen Erlebnis der menschlich-künstlerische Gewinn hervor: «Eine Menge Eitelkeiten und Oberflächlichkeiten habe ich in diesen bitteren Tagen abgelegt, und die Erschütterung hat mich aus einem heillosen Schlendrian herausgerissen. Es liegt etwas so unerklärlich Heiliges und Seliges in der Liebe, sie macht so nobel und lauter, daß in demjenigen, der fruchtlos und unglücklich liebt, etwas Unwahres und Unrechtes sein muß, sei es was es wolle, und dieses in mir aufzufinden ist jetzt eine Beschäftigung für mich, die mich zugleich hebt und beunruhigt. Sie sehen, verehrte Frau, daß ich die Sache schon ziemlich objektiv ansehen kann, und ich müßte lügen, wenn ich nicht sagte, daß ich mich bereits auf der Besserung befinde. Im schönen Mai erschien mir Luise Rieter, im Herbst entschwand sie mir für immer und ich kann wohl in jeder Beziehung und ohne alle Ausnahme sagen, daß es trotz allem Leid der schönste Sommer und der lieblichste Traum meines Lebens gewesen ist, und ich hoffe, denselben recht lang in ruhiger Seele festzuhalten; aber es wäre kindisch und unvernünftig von mir, im voraus zu behaupten, daß er sich niemals verwischen werde.»

Wie ihm ein weiterer Brief von Frau Orelli mitteilt, daß er bei Luise

Rieter rehabilitiert sei, hat er bereits sich selber wiedergefunden. Er sei bereichert aus der Verwirrung hervorgegangen, schreibt er Frau Orelli am 28. Oktober, und noch wenige Ereignisse hätten ihn so sehr veranlaßt, sich zusammenzunehmen, als eben das durchlebte. Mit voller Schärfe hat ihm das Erlebnis aufgedeckt, was ihm fehlt: «Obgleich ich recht gut weiß, daß ich Talent habe, so habe ich doch noch nichts getan, um mich in der Gesellschaft mit der nötigen Sicherheit bewegen zu können, wenn in zarteren Dingen Konflikte entstanden sind.» Liegt darin nicht zugleich auch ein versteckter Vorwurf darüber, daß er nach gesellschaftlichen Gesetzen gemessen worden ist, wo man nur auf sein ehrliches Herz hätte sehen sollen? Jedenfalls aber zieht er es vor, nun eine Zeitlang sich zu den Männern zu halten, «um sich an ihrer Härte zu stärken und sich bei ihnen selbst wiederzufinden». «Die beiden Geschlechter stehen gewissermaßen in einer Urfeindschaft ... Jedes, wenn es verletzt ist, flüchtet sich zu seiner Armee.»

Den gleichen Rat hat Luises Mutter der Tochter bald nach diesen Ereignissen gegeben: «Der Dichter», schreibt sie ihr, das Erlebnis resümierend, «fällt mir dabei in den Sinn, der so liebliche Lieder dichtet und so zart gefühlte Briefe schreibt. Du armes Kind, Du denkst nicht daran, daß Du der unschuldige Boreas warst, der seine Rose der Liebe und des Mai unbarmherzig erstarren machte. Du dachtest bei der ganzen Geschichte nur an Dich. Du frugst ganz erstaunt: Warum hat er es gewagt mich zu lieben? Ich gab ihm nicht die Erlaubnis dazu! ... Der Dichter hat nun resigniert, es ist eine edle Resignation. Ahme ihm nach in bezug auf andere Punkte, nämlich bleibe gut und rein, wirf Deinen Ehrgeiz auf etwas Rechtes und zersplittere Dich nicht an zu großem Welttand. Halte Dich an die Besseren Deiner Armee und fliehe das Geschwätz der Gewöhnlichen, stähle Dich gleich dem Dichter an der Kraft anderer. Dein Zürimuetterli ist dem Dichter sehr gewogen, und mit Recht.»

Gesehen haben sich die beiden nicht wieder. Nach dem Tode ihres Vaters (1855), wodurch veränderte Verhältnisse eintraten, bestand Luise Rieter darauf, sich selbst durch die Welt zu bringen, und ging nach Paris und England. In dem Hause eines Arztes zu Dublin unterrichtete sie einige Jahre lang dessen Töchter. Nach der Rückkehr lebte sie mit ihrer Mutter auf dem Gut von Verwandten bei Neukirch im oberen Thurgau. Nachdem 1868 auch die Mutter die Augen geschlossen, riefen Verwandte in Danzig Luise zu sich. Ihre letzten Jahre waren durch ein schweres Unterleibsleiden getrübt. Mit ruhiger Heiterkeit ging sie einer Operation auf Leben und Tod entgegen, der sie am 2. Juni 1879 erlag.

Gottfried Keller aber hielt sich, wie er angekündigt, zu den Männern. Schon am 20. September hatte er ins Tagebuch geschrieben, das Benehmen der zürcherischen Regierungsmänner, eines Jonas Furrer, J. J. Rüttimann und Alfred Escher, erfülle ihn mit der größten Achtung. Jonas Furrer gebe eine Einnahme von zehntausend Gulden preis, die er als Advokat gehabt, um als zürcherischer Bürgermeister eintausend Gulden zu beziehen. Er führe seine Aufgabe ruhig und standhaft durch, trotz der niederträchtigen und kleinlichen Opposition, gegen die er zu kämpfen habe, und den steten Anfeindungen der eigenen Parteiextreme. Rüttimann, der eine reiche Frau habe, zeichne sich durch eiserne Arbeitstätigkeit aus. Alfred Escher, der Sohn eines Millionärs, unterziehe sich den strengsten Arbeiten vom Morgen bis zum Abend und übernehme weitläufige Ämter in einem Alter, wo andere junge Männer von seinem Reichtum vor allem das Leben genössen. «Ich bin ganz im geheimen diesen Männern viel Dank schuldig. Aus einem vagen Revolutionär und Freischärler à tout prix habe ich mich an ihnen zu einem bewußten und besonnenen Menschen herangebildet, der das Heil schöner und marmorfester Form auch in politischen Dingen zu ehren weiß und Klarheit mit der Energie, möglichste Milde und Geduld, die den Moment abwartet, mit Mut und Feuer verbunden wissen will.»

Wie er den Winter 1847/48 verbracht, wissen wir nicht. Wohl müßig und traurig genug, mit der Erkenntnis der Mängel seiner Bildung, dem tiefen Bedürfnis nach großer Kunst, ohne Aussicht und ohne Mittel. Die Februar- und Märzrevolution elektrisiert ihn. Den Kunstbericht in der «Neuen Zürcher Zeitung» vom 11. und 12. Februar eröffnet er mit den Worten: «Wie sehr wir auch fühlen, daß die gegenwärtige Zeit zur öffentlichen Besprechung von Kunstgegenständen wenig geeignet ist ...» Im März lädt ihn Dößekel nach Seon ein. Aber er kommt nicht vom Museum, dem Zürcher Lesezimmer, fort. «Es gehen jetzt in der Welt Dinge vor, welche man gehörig und kühwarm studieren muß ... Ungeheuer ist, was vorgeht: Wien, Berlin, Paris hinten und vorn; fehlt nur noch Petersburg.» Am 1. Mai, da die Natur im schönsten Schmucke prangt, aber ein scharfer und rauher Ostwind weht, füllt er das Tagebuch mit politischen Nachrichten und Betrachtungen. Die Weltlage scheint ihm dem Wetter zu entsprechen. In einem Wachsfigurenkabinett auf dem Jahrmarkt betrachtet er sich die Gesellschaft der Potentaten; sie sieht «sehr liederlich und vernachlässigt» aus. Er berichtet von einer Erhebung der galizischen Bauern, von der Gärung in Polen und Italien, den Zuständen in Frankreich: überall «weht ein rauher, unfreundlicher Hauch durch den Geistesfrühling dieses jungen Jahres. Das Göttliche ist erwacht auf Erden und bricht in tausend goldenen Flammen hervor; aber zugleich sammelt sich alle menschliche Schwachheit und Unvollkommenheit in eine qualmende Staubwolke». Am 2. Mai, mit der golden und warm strahlenden Sonne, bricht auch der Jubel über den Weltfrühling des 19. Jahrhunderts in mächtigen Worten hervor: «Die goldenen Locken unserer Jugend werden in diesem Kampfe ergrauen ... Das ganze zarte Geschlecht der Jungfrauen von heute wird unter Sturm und Gewitter verblühen ... Die Mütter werden unter schweren Sorgen ihre Söhne aufziehen ... Die Greise aber werden noch am Rande ihres Grabes die Summe ihres langen Lebens verdoppeln können ... Mein Herz zittert vor Freude, wenn ich daran denke, daß ich ein Genosse dieser Zeit bin ... Wehe einem jeden, der nicht sein Schicksal an dasjenige der öffentlichen Gemeinschaft bindet, denn er wird nicht nur keine Ruhe finden, sondern noch dazu allen inneren Halt verlieren und der Mißachtung des Volkes preisgegeben sein, wie ein Unkraut, das am Wege steht. Der große Haufe der Gleichgültigen und Tonlosen muß aufgehoben und moralisch vernichtet werden; denn auf ihm ruht der Fluch der Störungen und Verwirrungen, welche durch kühne Minderheiten entstehen. Wer nicht für uns ist, der sei wider uns, nur nehme er teil an der Arbeit, auf daß die Entscheidung beschleunigt werde!»

Auch seinem eigenen Schicksal nahte die Entscheidung. Seit der Herausgabe der Gedichte war sein dichterisches Schaffen nicht weiter gediehen, und seine äußere Lage war nach wie vor unklar und bedrängt. Zwischen dem Sommer 1847 und dem Sommer 1848 arbeitete er eine Zeitlang unter Alfred Escher auf der Zürcher Staatskanzlei. Daneben war eine Anzahl neuer Gedichte entstanden, die da und dort in Zeitschriften und literarischen Jahrbüchern, wie in der «Europa» und den «Alpenrosen», erschienen. Aber die Arbeit an dem autobiographischen Roman, an dem er 1846 zu schreiben angefangen, stockte. Für den Bündner Kalender auf 1847 schrieb er «Die mißlungene Vergiftung». Dazu verfaßte er Kunstberichte und Bücheranzeigen. So besprach er im Cottaschen Kunstblatt vom 26. September 1846 die schweizerische Kunstausstellung in Zürich großzügig und einsichtig und zeigte in der «Neuen Zürcher Zeitung» 1847 Nr. 12 und 13 das Neujahrsblatt der Künstlergesellschaft an mit wohlerwogenen Urteilen über die «Blitz- und Knallkosakereien» von Salomon Landolt, über Martin und Paul Usteri, Ludwig Vogel, Hitz, Ulrich und andere. Am 2. März besprach er Kaulbachs Bilder zu Goethes Reineke Fuchs. Am 11. und 12. Februar 1848 würdigte er in einem

Kunstbericht der «Neuen Zürcher Zeitung» C. Boßhards Gemälde «Waldmanns Abschied von seinen Freunden, ehe er zur Richtstätte geführt wird». In den «Blättern für literarische Unterhaltung», bei denen ihn Wilhelm Schulz eingeführt, besprach er am 3. August 1847 den geschichtlichen Roman von Hans Lebrecht «Drei Tage aus dem Leben eines zürichischen Geistlichen», am 14. Juli 1848 Börnes «Französische» und «Nachgelassene Schriften». Aber was bedeutete das alles? Die Honorare, die er für solche Arbeiten einnahm, hielten ihn nicht über Wasser, und die Fronarbeit des Tagesliteraten war nicht seine Sache. Er strebte nach Höherem. Äußerungen von Konrad Meyer und Dößekel bezeugen, daß er in der Auffassung seines Künstlerberufes alle Mitstrebenden überflügelte. Wohl tat er zur Förderung seiner Bildung, was er vermochte, hörte etwa ein philosophisches Kolleg bei Bobrik und sah sich gründlich in der deutschen Literatur um. Aber er hatte doch das Gefühl, daß er die Jahre vergeude. Er war wieder in der gleichen Lage wie zu Ende der dreißiger Jahre, als er spürte, daß er als Maler in Zürich nicht auf einen grünen Zweig kommen könne. Er fühlte, daß er zur Vollendung seiner Bildung umfassender Studien im Ausland bedurfte.

In einem Brief an Emil Kuh hat Keller 1873 es an Grillparzer getadelt, daß er nie frisch und frei in die Welt hinausgesegelt sei. «Hätte er sich der Fremde anvertraut, so hätte sie ihn zu dem ihrigen gemacht und der Heimat als einen gemachten Mann zurückgegeben. Wer aber unter Heimatliebe nur die Zuhausehockerei versteht, wird der Heimat nie froh werden, und sie wird ihm leicht nur zu einem Sauerkrautfasse.» Genau so dachte er jetzt. Aber eigene Mittel für einen Aufenthalt in der Fremde besaß er nicht mehr. So mußte denn der liberale Staat, für den er so glühend eintrat, sich seiner annehmen und zugleich gutmachen, was eine einsichtsarme Behörde einst an dem Industrieschüler gefrevelt.

Schon längst hatte man auch in Kellers Umgebung mit Bedauern bemerkt, daß ein prächtiger Mensch und ein reiches Talent in regellosem Treiben seine Kraft zu vergeuden Gefahr lief. Einige deutsche Universitätsprofessoren, die ihn im Follenschen Hause kennengelernt hatten, wandten ihm ihre besondere Aufmerksamkeit zu. Keller hat die Namen dieser Männer später oft mit Dankbarkeit ausgesprochen. Es waren der Orientalist Ferdinand Hitzig (1807–1875) und der Chemiker Karl Jakob Löwig (1803–1890). Diese suchten einflußreiche Mitglieder der Zürcher Regierung, wie Bürgermeister Alfred Escher, die Regierungsräte Eduard Sulzer und Rudolf Bollier, für ihren Schützling zu gewinnen. Ende Juni 1848 beschied ihn Sulzer, der an Kellers poetischen Arbeiten verständnisvollen Anteil nahm, zu sich, und am 26. September boten ihm Erziehungsrat und Regierung ein Reisestipendium von achthundert Franken zur weitern wissenschaftlichen Ausbildung im Auslande an. Er griff mit beiden Händen zu. Eduard Sulzer war es, der ihm anriet, er solle sich zur Erwerbung sogenannter bedeutender Eindrücke nach dem Orient begeben. In einem Schreiben vom 6. Oktober dankte Keller der Behörde dafür, daß ihm «in einem Zeitpunkt, der sonst allen bloß schönwissenschaftlichen Bestrebungen höchst ungünstig sei, die Möglichkeit gegeben werde, seine geistigen Erfahrungen im Ausland zu bereichern, eine Tendenz, welche sonst nur in größeren staatlichen Verhältnissen öffentliche Berücksichtigung findet».

Den abenteuerlichen Plan einer Orientreise nahm er freilich nicht ernst. «Was wäre dabei herausgekommen? Einige lausige Verse und eine schlechte Reisebeschreibung», meinte er einmal. «Voraussichtlich jedoch wäre ich in der ersten östlichen Stadt bei liederlichen jungen Schweizern liegen geblieben.»

Das Ziel seiner Sehnsucht war Deutschland, zuerst eine deutsche Hochschule, dann vielleicht ein Jahr in Berlin oder Dresden in der Nähe eines großen Theaters. Denn sein Herz stand nach der Laufbahn des Dramatikers.

So verließ er denn nach sechsjährigem unbehaglichem Stillesitzen im Oktober des Sturmjahres 1848 zum zweitenmal seine Geburtsstadt, die er erst nach sieben Jahren schwerer Prüfungen wiedersehen sollte.

7
HEIDELBERG UND DIE ABKLÄRUNG DER WELTANSCHAUUNG

Die deutsche Universität, an der Keller seine Bildung zu vertiefen strebte, war Heidelberg. Die Reise, am 19. Oktober 1848 in dem Vollbewußtsein der Würde angetreten, die das außerordentliche Staatsstipendium verlieh, wurde in gemächlichen Stationen zurückgelegt. Am ersten Tag ging's bis Seon im Aargau, wo Dößekel wohnte, am zweiten mit dem Freunde nach Aarau, wo in Gesellschaft des Obergerichtspräsidenten und Lyrikers Karl Rudolf Tanner, des Chemikers Pompejus Bolley, der damals noch an der aargauischen Kantonsschule wirkte, und anderer die Stunden verbracht wurden. Am dritten Tage gedachte der Dichter von Basel mit der deutschen Eisenbahn nach Heidelberg zu fahren. Aber von einem alten Münchener Freunde, dem jungverheirateten Maler Eduard Süffert, aufgehalten, nahm er die französische Bahn über Straßburg, genoß «einen schönen Herbstsonntag hindurch das Münster auf alle Weise» und gedachte dabei Goethes, dieses «ungeschlachten vordringlichen Herren», von dem man «allzu leicht verdunkelt», doch auch «manchmal beleuchtet» wird. Am 22. Oktober abends kam er in der alten Neckarstadt mit der «schicksalskundigen Burg» und den «fröhlichen Gassen unter duftenden Gärten» an.

An der untern Neckarstraße mietete er sich bei armen Leuten namens Ewald ein kleines Zimmer mit einem Schlafkämmerchen, mußte aber schon nach einem halben Jahre sein Quartier wechseln, da die Wirtsleute «sehr unordentliches Volk» waren; im April zog er zu einem Kutscher Guland. Der erste Eindruck, den der an einen bürgerlich-geordneten Haushalt gewöhnte Schweizer von dem Heidelberger Leben erhielt, war unerfreulich. Es sei ein lumpiges, liederliches Volk hier, schreibt er der Mutter, «alles lebt ganz und gar von den Studenten, die halbe und dreiviertels Bevölkerung sind uneheliche Studentenkinder und läuft in Fetzen herum». So suchte er seinen Verkehr zunächst bei seinen studierenden Landsleuten, «zum großen Ärger der Deutschen», denen der Nationalismus der Schweizer «ein Dorn im Auge» war. Zu seinen Bekannten gehörten Simon Kaiser aus Solothurn, der nachmalige Landammann Kaspar Affolter (gest. 1861) und Josef Flury, später Gerichtspräsident in Balsthal. «Gottfried Keller war», so berichtete Kaiser später an Baechtold, «als fröhlicher Gesellschafter stets gern gesehen; besonderes Aufsehen machte er indessen nicht. Man wußte, daß er einen Roman schrieb. Aber er selbst äußerte sich nur dann darüber, wenn er vertraulich ausgeholt wurde, was zum Beispiel Affolter zuweilen tat.» Aber auch sonst hatte Keller immer noch seine Freude an dem Studentenvolk. Auf dem Café, wo die Schweizer nach Tisch hingingen, sah er unter den Vandalen, die hier ihre Kneipe hatten, prächtige Gestalten. Er wohnte einigen Duellen in der Hirschgasse bei und hatte das Glück, die renommiertesten Schläger zu sehen. Unter den Studenten herrschte bei weitem nicht der feine Ton, den er vermutet hatte: «Allnächtlich wird», berichtet er Hegi, «beim Nachhausegehen auf den Straßen kontrahiert mit großem Lärm und Gebrüll und nicht selten geholzt.»

Aber auch die Erinnerung an seine Malerzeit pflegte er. Er trieb «zur Vervollständigung seiner Umgebung» ein paar Künstler auf: Bernhard Fries und Christian Köster. Der aus Heidelberg gebürtige Fries (1820 bis 1879), einer der letzten und bedeutendsten Landschafter der Rottmannschen Schule, der Bruder des Landschafters Ernst Fries, ein großer, schöner Mann, voll Feuer und Leben, war lange in Italien gewesen und hatte aus der Schweiz «ganz grandiose Zeichnungen» mitgebracht. Jetzt plante er zwei kolossale Bilder zu Goethes Lied «Kennst du das Land», bei deren Untermalung Keller ihm an müßigen Nachmittagen zu Nutz und Vergnügen helfen wollte, wie er im Januar 1849 an Hegi schrieb. Die Freundschaft, die Keller damals mit Fries schloß, hielt bis zu dessen Tode an. Im Spätherbst 1849 zog Fries nach München. Er hatte eifrigen Anteil an der revolutionären Bewegung genommen, was 1852 als Vorwand zu einer vorübergehenden Ausweisung aus Bayern benutzt wurde.

Das gerade Gegenstück zu Fries und sein erbitterter Feind war Christian Köster (1783–1851), «ein Männchen von dreieinhalb Fuß, mit einem Höcker und eisgrauen Haaren». Er hatte die Boisseréesche Sammlung restauriert, malte Landschaften, wie sie noch vor Philipp Hackert üblich waren, schrieb über Kunst in einem goethesierenden Stile und dirigierte jeden Donnerstag Thibauts gemischten Chor. Ein Freund aufkeimender Talente, protegierte er auch Keller, der ihm mitunter ein Gedicht und zögernd auch etwa eine Landschaft vorlegte. «Ihre Skizzen», schrieb ihm Köster im Dezember 1848, «haben mir sehr wohl gefallen; Sie stehen hier der Natur einsam und allein gegenüber, ohne sich in fremden Manieren oder in nordischen Formeln zu bewegen, und das tut gemütlich so wohl; obgleich der Wunsch rege wird, durch mehr Vereinfachung und Gelenkigkeit des Traktaments einen Punkt zu erreichen, wo sich die kunstfreie Tätigkeit mit den Schranken der Naturtreue umschlungen hält, durch Gewinnung eines Stils – freilich leichter gesagt als getan.» Drei Jahre später ist Köster gestorben. Er hat sich die Grabschrift gesetzt: «Suchet mich nicht hier, suchet mich in euren Herzen!»

Man hatte Keller in Zürich angeraten, vornehmlich Geschichte zu studieren, weil diese ihn in seinen dramatischen Plänen am meisten fördern könne. In Heidelberg lehrten damals Geschichte der alte Friedrich Christoph Schlosser und sein Schüler Ludwig Häusser. Ihr Ruhm hatte ihn nach der Neckarstadt gezogen. Aber er erlebte eine Enttäuschung. Schlosser las die neuere Geschichte seit 1814, was ihm nichts nützte; so begnügte er sich damit, bei ihm zu hospitieren. Bei Häusser hörte er deutsche Geschichte; als jener aber in die badische Kammer gewählt wurde und seine Stunden auf den Vormittag verlegte, ging Keller nicht mehr hin, da er morgens keine Kollegien besuchte. Außerdem sah er sich in der Rechtswissenschaft um. Er hörte zuweilen bei Mittermaier Kriminalrecht. Eine Vorlesung bei Mohl über Enzyklopädie der Staatswissenschaften kam infolge der politischen Aufregungen, die der badischen Revolution vorausgingen, nicht zustande; Mohl erschien während des ganzen Winters nicht auf dem Katheder. Dafür ließ Keller sich von Schweizer Studenten, die die Rechte studierten, über juristische Fragen unterrichten; so mußte Simon Kaiser ihm, wenn der Pandektist Vangerow irgendein interessantes Kapitel angestochen, darüber berichten.

Vor allen Dozenten der Universität hielt Keller Hermann Hettner hoch. Dieser, 1821 in Schlesien geboren, hatte sich nach gründlichen Studien in Deutschland und Italien 1847 in Heidelberg für Ästhetik, Kunst- und Literaturgeschichte habilitiert. Kurz vor Kellers Ankunft hatte er an den «Anlagen» sich mit Marie von Stockmar einen behaglichen Hausstand eingerichtet. Hier wurde Keller bald täglicher Gast. Das tiefe Interesse für dramaturgische Fragen band beide zusammen; der Dichter wollte in die Bahn des Dramatikers einlenken, und der Gelehrte plante ästhetische Untersuchungen über das deutsche Drama. In Mannheim sahen sie zusammen Mosenthals «Deborah». In Hettners Hause traf Keller mit dessen intimem Freund Jakob Moleschott zusammen, der damals Privatdozent für Anatomie und Physiologie war. Auch andere angehende Dramatiker lernte er hier kennen, wie den Schweizer Karl Morel (1822–1866) und Eduard Locher, den Dichter eines Trauerspiels «Friedrich II.». Hettner, der 1851 als außerordentlicher Professor nach Jena und 1855 als Direktor der Königlichen Antikensammlung nach

Dresden ging, stand Keller auch später treulich mit Rat und Hilfe zur Seite. Ihr Briefwechsel, der über kunsttheoretische, vor allem dramaturgische Fragen gehaltvollsten Aufschluß gibt, erstreckt sich bis über die Mitte der sechziger Jahre. Wiederholt suchte Keller den Freund nach Zürich zu ziehen, so noch 1866, und als Hettner 1882 starb, erschütterte ihn sein Tod aufs tiefste.

In Heidelberg hörte Keller bei Hettner, dieser «vollkommenen Blüte unserer modernen Geisteskultur», über Spinoza und die aus ihm hervorgegangene neue Philosophie bis zur Mitte des neunzehnten Jahrhunderts sowie ein ästhetisches und ein literaturgeschichtliches Kolleg, Vorlesungen, die in Keller den Boden für die Feuerbachische Philosophie vorbereiteten.

Im selben Sinne wirkten die Vorträge Jakob Henles. 1809 geboren, hatte Henle von 1840 bis 1843 als Anatom und Physiologe in Zürich gewirkt, gleichzeitig mit seinem Freunde, dem Kliniker Karl von Pfeufer, und beide waren dann von hier nach Heidelberg gekommen. Henle war mit Wilhelm Schulz und Georg Herwegh befreundet gewesen. In Schulz' Hause hatte Keller 1848 ihn bei Anlaß einer Schweizer Reise kennengelernt. «Für uns», so charakterisierte Henle in seinen Reisenotizen den Dichter, «war es ziemlich dasselbe, ob ein junger, zahmer Bär oder ein Poet mit uns zu Tisch saß; denn außer einigem unartikulierten Gebrumme bekamen wir nichts von ihm zu hören.» In Zürich hatte Henle sich auch seine Frau geholt. Im Hause seines Kollegen, des Chemikers Löwig, bei dem er wohnte, hatte er dessen schönes, braves Dienstmädchen, Elise Egloff aus Gottlieben im Thurgau, kennengelernt. Sie verliebten sich ineinander, und Henle führte seine Lisette nach vielen Seelenkämpfen und Wirrnissen, und nachdem er sie in einer rheinischen Pension etwas hatte ausbilden lassen, im Frühjahr 1846 als sein Weib heim. Doch starb sie schon im Februar 1848. Zweifellos hat Gottfried Keller, der wenige Jahre später in Berlin bereits die Grundlinien zu einzelnen Novellen des «Sinngedichtes» zog, bei der rührenden Gestalt der Regine Elise Henle im Auge gehabt.

Fast zufällig, erzählt Keller Eduard Dößekel, besuchte er in Heidelberg Henles Vorlesung über Anthropologie. «Der klare, schöne Vortrag und die philosophische Auffassung fesselten mich, ich ging nun in alle Stunden und gewann zum erstenmal ein deutliches Bild des physischen Menschen, ziemlich von der Höhe des jetzigen wissenschaftlichen Standpunktes. Besonders das Nervensystem behandelte Henle geistreich und tief anregend.» Henle, wie alle Gelehrten jener Zeit aufs stärkste an den

Fragen des Tages interessiert, ging in seinen Vorlesungen von dem Gedanken aus, daß alle Kämpfe, die in unserer Zeit geführt werden, auf den Menschen zurückweisen, den Gegenstand der Physiologie, daß alle Fäden aus der Rechts-, Staats-, Religionswissenschaft sich in dem einen Punkte, dem Menschen, vereinigen. «Freilich bloß im geistigen Menschen, aber der Zusammenhang zwischen dem geistigen und körperlichen ist ein so inniger, daß eine vollständige Betrachtung des *ganzen Menschen* nicht nur einen Teil, sondern beide Teile gleich gründlich umfassen muß.»

Schon diese Worte, mit denen Merkel in seinem Leben Henles den Inhalt von dessen anthropologischen Vorlesungen andeutet, weist auf den Dualismus in dem Denken des Physiologen hin. Im «Grünen Heinrich», wo zu Anfang des vierten Bandes Henle in der Gestalt des beredten Universitätslehrers auftritt, berichtet Keller, wie er aus den Worten des Professors einen klaren Einblick in die «wunderbar scheinende Zweckmäßigkeit in den Einzelheiten des tierischen Organismus» gewonnen habe. Jede neue Tatsache deutet Heinrich, im Sinne seiner alten Teleologie, der auch Keller in seiner Jugend gehuldigt, als einen Beweis von der Scharfsinnigkeit und Geschicklichkeit Gottes, dessen Existenz er eben damit dartun zu können meint. Der Lehrer aber läßt tatsächlich, nachdem er die Trefflichkeit und Unentbehrlichkeit der Dinge aufs schönste geschildert, sie unvermerkt in sich selbst ruhen und so vollkommen ineinander aufgehen, daß die ausschweifenden Schöpfergedanken in den Kreis der Tatsachen gebannt bleiben. In Wirklichkeit hat Jakob Henle aus seiner Darlegung der physiologischen Struktur des tierischen Körpers den Schluß des reinen Materialismus und Atheismus nicht gezogen, sondern sich – das zeigen auch seine späteren «Anthropologischen Vorträge» (1876–1880), die Keller seiner Bibliothek einverleibte – mit dem Nachweis des innigsten Kontaktes der psychischen Vorgänge mit den physischen Bedingungen des Organismus begnügt. «Henle hat» – berichtet Keller Baumgartner am 21. Februar 1849 – «letzter Tage in seiner Anthropologie den lieben Gott wieder hergestellt, weil er vermutlich nicht in den Verdacht kommen will, mit dem Demokraten Feuerbach irgend etwas Gemeinsames zu haben.» Auch in seinem Vortrage über «Glauben und Materialismus» bekennt sich Henle zum Gottesglauben: «Wir stoßen bei allen Naturbetrachtungen», führt er da aus, «auf eine Grenze, an welcher die Kette bekannter Ursachen, nicht aber das Verlangen nach Ursachen ihr Ende erreichen ... Die letzte Ursache ist die Gottheit.»

Dualistisch, wie seine Ansicht über Gott und Welt, ist auch Henles Auffassung des Willensproblems. Auch in diesem Punkte unterscheidet sich Henle von dem Anthropologen im «Grünen Heinrich». Denn während dieser mit leidenschaftlicher Energie die Lehre vom freien Willen überall angreift und abtut und gegen das Dasein dieser moralischen Kraft in einem auf die Spitze getriebenen materialistischen Sinne eifert, so begnügt sich Henle damit, auf die vielen verschiedenen Möglichkeiten der Beeinflussung des Willens durch physiologische Bedingungen hinzuweisen: «Der Mensch», sagt er in den späteren anthropologischen Vorträgen, «liebt es, sich mit der Macht des Willens zu brüsten. Wir fördern die Selbstkenntnis, wie die Billigkeit in der Beurteilung anderer, wenn wir uns *auch* der *Ohnmacht* des Willens bewußt werden.» Nicht nur da, wo sich der Wille «in Funktionen der mehr körperlichen Organe, der Empfindungs- und Bewegungsnerven, umsetzt», auch wo es sich um das «Walten desselben in der rein geistigen Sphäre» handelt, ist er nicht absolut, sondern «abhängig von Stimmung und von der eigenen Entwicklung des Denkstoffs».

Die Einsichten, die Henle Keller in seiner Anthropologie vermittelte, gaben, wie der Dichter an Dößekel schrieb, «die beste Grundlage oder vielmehr Einleitung zu dem philosophischen Treiben ab». Unter dem «philosophischen Treiben» verstand er, neben dem Spinozakolleg Hettners, die Philosophie Ludwig Feuerbachs.

Kein Denker hat stärker als dieser auf Keller gewirkt. Die Bekanntschaft mit ihm ist neben der Leidenschaft zu Johanna Kapp das bedeutsamste Erlebnis des Heidelberger Jahres, an tief einschneidender Wirkung und nach der Dauer des Nachhalls das Liebeserlebnis weit überragend.

Ludwig Feuerbach, 1804 zu Landshut in Bayern geboren, ist der Sohn des Strafrechtslehrers, der Bruder des Archäologen und der Oheim des Malers Anselm Feuerbach. Zuerst der Theologie beflissen, hatte er mehr und mehr unter dem Einfluß des Rationalismus seines Heidelberger Lehrers Paulus den philosophischen Trieb in sich wachsen sehen und, von 1824 an in Berlin zu Hegels Füßen sitzend, sich der Philosophie im Sinne voller Freiheit des Denkens zugewandt. 1828 promovierte er zu Erlangen mit der Dissertation: «De Ratione una universali infinita.» 1830 veröffentlichte er anonym seine «Gedanken über Tod und Unsterblichkeit», worin bereits die Vorstellung der Beendigung des Lebens im Diesseits als Bedingung des Fortschrittes auf Erden auftritt. Die Folge dieser Veröffentlichung war denn auch die Konfiskation der «Gedanken» und, da die Anonymität nicht gewahrt blieb, die Verdächtigung des Philosophen bei der Staatsgewalt des Vormärz. Trotz ausgedehnter wissenschaftlicher Tätigkeit – er begann eine Geschichte der neueren Philosophie und schrieb Monographien über Leibniz und Pierre Bayle – sah er sich überall die akademische Laufbahn verschlossen, und nun wurde er Privatschriftsteller. 1837 ließ er sich in Bruckberg, einem ehemaligen markgräflichen Jagdschloß in Mittelfranken, nieder, wo sein Schwager eine Porzellanfabrik betrieb, an der seine Frau mitbeteiligt war. Hier begann er, in der Freiheit des Landlebens, sich völlig von Hegel abzulösen. 1839 erschien seine «Kritik der Hegelschen Philosophie» und 1841 «Das Wesen des Christentums». Sein Bruch mit Hegels Denken, das zugleich das Denken der damaligen offiziellen Welt war, ist damit vollzogen. Zugleich hatte er sein eigenstes Gebiet philosophischer Forschung gefunden, die Religionsphilosophie. Ihr sind seine weiteren Schriften, im besonderen «Das Wesen der Religion» (1845) und die «Unsterblichkeitsfrage vom Standpunkt der Anthropologie aus» (1846), gewidmet. Das Aufsehen, das diese Bücher erregten, rief eine Massenpetition an das badische Ministerium hervor, Feuerbach eine Professur in Heidelberg zu übertragen. Der Schritt blieb erfolglos. Nun lud ein Teil der Studentenschaft den Verfemten ein, auf eigene Faust in Heidelberg, außerhalb der Universität, eine Reihe philosophischer Vorlesungen zu halten. Diese Vorlesungen über das Wesen der Religion fanden, vor einer größtenteils akademischen Zuhörerschaft, vom 1. Dezember 1848 bis zum 2. März 1849 im Saale des Rathauses statt.

Gottfried Keller hatte schon bei Anlaß des zürcherischen Atheismusstreites die Gelegenheit ergriffen, gegen den kühnen Revolutionär im Reiche des religiösen Denkens Gott und Unsterblichkeit zu verteidigen. Aufs neue hatte er Feuerbach und seinen Kreis unmittelbar vor der Abreise nach Heidelberg bekämpft in seiner Besprechung der ersten sieben Bände von Ruges Gesammelten Schriften, die am 30. und 31. Oktober 1848 in den «Blättern für literarische Unterhaltung» erschien. Da hatte er mit ironischen Worten auf die seltsam verschiedenartige Brechung hingewiesen, die der Strahl von Hegels Denken in seinen Jüngern, wie Rosenkranz, Feuerbach, Strauß und Ruge, erfahren. Über Arnold Ruge hatte er die scharfe Äußerung getan, es sei für diesen «rein unbegreiflich, wie einer in menschlichen Dingen ein kulanter und liberaler Mann, ein reiner und energischer Republikaner sein und doch daneben noch diese und jene ‚Schrullen' von Gott und Unsterblichkeit im Kopfe haben könne; er wird vor Erstaunen darüber kraß und trivial, wie sein Freund

Feuerbach in den Epigrammen und Distichen im dritten Bande seiner sämtlichen Werke». Die gleiche Besprechung zeigt aber auch, wie sehr jenes spätere Wort Kellers an Wilhelm Baumgartner: «Mein Gott war längst nur eine Art von Präsident oder erstem Konsul, welcher nicht viel Ansehen genoß», auf wirklicher Wahrheit beruht. Derselbe Kritiker, der Ruge tadelt, weil er nicht zu begreifen vermöge, wie einer ein reiner und energischer Republikaner sein und doch an Gott und Unsterblichkeit glauben könne, zeiht Strauß der Inkonsequenz, daß er Gott «mit so viel Unerbittlichkeit das himmlische Mäntelchen von den Schultern genommen habe» und trotzdem den König von Preußen zum deutschen Kaiser machen wolle, statt konsequenterweise auch für das republikanische System auf Erden einzutreten, nachdem er es im Himmel eingeführt. Er, der selber politisch ein Demokrat und religiös ein Monarchist war, begreift nicht, wie Strauß, nachdem er als Theologe Gott entthront, politisch noch ein Monarchist sein kann! Er fühlt also bereits, daß der folgerichtige Freisinn für die Beurteilung der Dinge des Diesseits und des Jenseits nur *eine* Logik kennt. Aber noch scheut er sich, die Konsequenz für sich selber zu ziehen. Auch das Lob, das er sonst in der Ruge-Besprechung dem Verfasser des «Lebens Jesu» zollt, beweist, wie tief die junghegelianische Religionskritik bereits vor Heidelberg sein Denken durchsäuert hatte: selbst aus dem Tadel, den er gegen Strauß ausspricht, spricht die größte Hochachtung vor dem «so edlen und liebenswerten» Manne.

All das erklärt, daß Keller vor Heidelberg Feuerbach schon viel näher stand, als er selber zugeben wollte oder sich bewußt war. Er war bereits mitten auf der Fahrt in das freie Meer materialistischen Denkens. Nur das Doppeltau Gott und Unsterblichkeit verband ihn noch lose mit dem Festland der christlichen Überlieferung. Aber wie dünn gescheuert war dieses Tau bereits! Gott war ihm nicht mehr der Weltmonarch, sondern nur noch so «eine Art von Präsident oder erstem Konsul». So ist die starke Wirkung Feuerbachs, in Verbindung mit Hettner und Henle, aus dem Denken Kellers heraus nicht nur begreiflich, sie war notwendig.

Ludwig Feuerbachs Philosophie ist von Hegel ausgegangen. Für Hegel ist der Grund aller Dinge Gott oder die Weltvernunft. Gott als das absolute, von aller dinglichen Bestimmtheit losgelöste Denken bringt die Welt aus sich hervor. Er steht nicht jenseits der Welt; er lebt sich in ihr aus als der Inbegriff der logischen Gesetze oder Begriffe, auf die die Mannigfaltigkeit der sinnlich erscheinenden Dinge zurückzuführen ist. Das menschliche Vernunftdenken in Kunst, Religion, Wissenschaft und Philosophie vermag das Wesen des göttlichen Urgrundes der Welt unmittelbar zu erkennen. Die Weltgesetze sind wesentlich eins mit den Gesetzen der menschlichen Vernunft. «Alles, was ist, ist vernünftig.»

Es war nicht der ursprüngliche Sinn von Hegels Lehre, die sinnliche Außenseite der Welt als Schein zu erklären und nur das geistige Innere als wesentlich und wahr gelten zu lassen. Wohl aber führte der ungeheure Ernst und die erstaunliche Folgerichtigkeit, womit Hegel die ganze Wirklichkeit über sein System von Begriffen spannte, seine Philosophie schließlich geradezu zur Sinnenblindheit. Indem sein abstrakter Intellekt die Dinge unablässig auf ihren logischen Inhalt zurückführte, hatte er aus den Früchten der Natur den Geist destilliert und in Flaschen abgezogen, ohne sich darum zu kümmern, ob Gestalt, Farbe, Duft und Geschmack verlorengingen. Die Gefahr dieser Weltbetrachtung für die Dichtung ist bereits (S. 39 f.) angedeutet worden.

Es war die geschichtliche Aufgabe des Geschlechtes um die Mitte des Jahrhunderts, die Binde wegzunehmen, die Hegel um die Augen gelegt, und das Reich der sinnlichen Wirklichkeit aufs neue zu erschließen. Es mußte gesagt werden, daß der lebendige Gegenstand der Natur, Mensch, Tier und Pflanze, auch einen Körper hatte und nicht nur Geist war. Die Sinne mußten wieder zu ihrem Rechte kommen. Ludwig Feuerbach gehörte zu denen, die die Botschaft der Sinne zu verkündigen unternahmen. Wenn er dabei an Tiefe und Folgerichtigkeit des philosophischen Gedankens es mit seinem Lehrer Hegel nicht aufnehmen konnte, so hat er durch die volkstümlich-glänzende Form, in der er seine Lehre vortrug, um so gewaltiger in die Breite gewirkt. Er gilt als Materialist und Atheist; aber man darf den starken Einschlag Hegelschen Denkens, der in seinen Schriften fortwirkt, nicht vergessen und ihn nicht mit den Materialisten am Schlusse des Jahrhunderts zusammenstellen. Für den metaphysischen Idealismus, den er preisgab, hatte er einen nicht minder ernsten praktisch-politischen Idealismus eingetauscht.

Hatte Hegel die logischen Begriffe für wirklich seiend erklärt, so setzte Feuerbach die sinnlichen Dinge in ihr Wirklichkeitsrecht wieder ein und erklärte die Begriffe aus der Abstraktionstätigkeit des menschlichen Bewußtseins. Ihm ist nicht das Denken, wie für Hegel, das, was das Sein hervorbringt, das Subjekt des Seins, sondern nach ihm ist umgekehrt zuerst das Sein da, und dieses als Subjekt erzeugt das Denken. Daraus erwächst für den Philosophen die Pflicht, nicht die Summe individueller Dinge aus vorgefaßten Vorstellungen zu erklären, sondern die Vorstellungen aus den wirklich gegebenen Tatsachen abzuleiten. Und da machte er denn nun die Erfahrung, daß Denken und Sein sich niemals decken.

Das Sein ist nicht, wie Hegel gemeint, durch das menschliche Denken restlos zu erfassen, oder, wie Feuerbach einmal sagt, «das Wirkliche ist im Denken nicht in ganzen Zahlen, sondern nur in Brüchen darstellbar. Dies beruht auf der Natur des Denkens, dessen Wesen die Allgemeinheit ist, im Unterschied von der Wirklichkeit, deren Wesen die Individualität.» Das heißt, die Wirklichkeit ist irrational, nicht, wie Hegel gemeint, logisch. Daher das Unvermögen, die Wirklichkeit in einem philosophischen Systeme zu erschöpfen.

Aus diesem erkenntnistheoretischen Grundgedanken Feuerbachs ergeben sich die wichtigsten Folgerungen. Erstens wird, indem die Welt den absoluten Geist als ihren Urgrund einbüßt und das begriffbildende Vermögen in den urteilenden Menschen gelegt ist, der Mensch das Maß aller Dinge. Die Philosophie wird zur Anthropologie. Und zwar nimmt Feuerbach den Menschen als sinnlich-seelische Einheit; er ist ihm nicht eine reine Begriffsmaschine, sondern der «wahre, wirkliche, ganze Mensch», «der Augen und Ohren, Hände und Füße hat». Das führt zu einer starken Betonung der sinnlichen Seite des Lebens, im Gegensatz zu dem Hegelianismus, durch den alles Sinnliche in Geist verdünnt worden war. Als solche sinnlich-seelische Einheit steht nun der Mensch der Natur gegenüber als dem Gegenstand seines Denkens und Handelns. Die Natur ist nicht ein denkendes, von einem absoluten Geiste beseeltes Wesen, sie ist bloße sinnliche Wirklichkeit. «Natur ist», so betont Feuerbach in den «Vorlesungen über das Wesen der Religion» im Widerspruch zu Spinozas «Deus sive natura», «der Inbegriff aller sinnlichen Kräfte, Dinge und Wesen, welche der Mensch als nicht menschliche von sich unterscheidet ... Natur ist alles, was dem Menschen, abgesehen von den supranaturalistischen Einflüsterungen des theistischen Glaubens, unmittelbar, sinnlich als Grund und Gegenstand seines Lebens sich erweist. Natur ist Licht, ist Elektrizität, ist Magnetismus, ist Luft, ist Wasser, ist Feuer, ist Erde, ist Tier, ist Pflanze, ist Mensch, soweit er ein unwillkürlich und unbewußt wirkendes Wesen ... ich appelliere bei diesem Worte an die Sinne.»

Und eine weitere wichtige Folgerung. Das pantheistische Denken der idealistischen Philosophen zu Anfang des neunzehnten Jahrhunderts hatte die Gottheit, die der Theismus des Christentums als Schöpfer und Leiter der Welt gegenübergestellt und die Kant zum Postulat der praktischen Vernunft gemacht hatte, als das Absolute oder die Idee in der Welt selber wirkend angenommen. Dieses Absolute aber war von Hegel rein rational aufgefaßt, zur Summe der Begriffe erhoben und tatsächlich dem menschlichen Denken gleichgesetzt worden. Indem nun Feuerbach das begriffbildende rationale Denken als eine nur-menschliche Funktion nachwies, war damit Gott auch von dem Herrschersitze, den er in der Wirklichkeit eingenommen, vertrieben: die Wirklichkeit oder die Natur war ja nach ihm der Inbegriff nur-sinnlicher Kräfte, also gott-los. So ergibt sich aus dem Nachweis des *menschlichen* Ursprungs und Charakters der begriffbildenden Geistestätigkeit mit Notwendigkeit der Atheismus. Und tatsächlich lehrt auch, so legt Feuerbach dar, die Völkerpsychologie, daß bei allen Völkern der Gottesbegriff eine rein menschliche Abstraktion ist. Nicht das Wort der Bibel ist wahr: Gott schuf den Menschen ihm zum Bilde, sondern das Gegenteil: der Mensch schuf Gott nach seinem Bilde – aus seinen Wünschen und Bedürfnissen heraus. Wie der Mensch, so sein Gott; mit der Wandlung des menschlichen Kulturzustandes ändert sich auch der Gottesbegriff. Der moderne Mensch Feuerbachs, in dem das Geistige nur als menschliche Gehirntätigkeit erscheint, findet für die Existenz eines Gottes keinen Raum in der Welt mehr. Die Natur ist eine Republik, keine Monarchie. Alles ist durch Wechselwirkung in ihr bedingt; kein Oberhaupt steht an der Spitze. So schließen sich die theologischen Anschauungen jenes revolutionären Geschlechts mit den politischen harmonisch zusammen. Diese Weltanschauung findet auch keine Möglichkeit mehr für ein persönliches Fortleben des einzelnen nach dem Tode. Denn indem das Geistige unlöslich an das Sinnlich-Materielle gebunden ist und keine Sonderexistenz hat, muß die «Seele», als Inbegriff des Geistigen, auch mit dem Körper dahinsterben.

Im Christentum hat der Unsterblichkeitsgedanke die Aufgabe, die Vorstellung der sittlichen Weltordnung zu stützen. Das Jenseits wirkt als Himmel und Hölle ausgleichend auf die offensichtliche Tatsache der Ungerechtigkeit des Diesseits und regelt so zugleich das sittliche Verhalten der Menschen. Die Aussicht auf Bestrafung oder Belohnung im Jenseits schreckt vor Übeltaten ab oder spornt zum guten Handeln an. Wird nun, wenn die Existenz eines strafenden oder belohnenden Gottes und das persönliche Fortleben im Jenseits aufgegeben ist, die Menschheit nicht einer wilden sittlichen Anarchie verfallen? In der Tat ist das der schwerste Vorwurf, der von theistischer Seite gegen die Bekenner des Atheismus erhoben worden ist. Aber schon Lessing hat am Schlusse der «Erziehung des Menschengeschlechts» diesen Vorwurf entkräftet durch den Hinweis auf eine wahre Sittlichkeit, die das Gute tut, weil es das Gute ist, nicht weil willkürliche Belohnungen darauf gesetzt sind. Noch energischer betont Feuerbach, wie die Beseitigung des Jenseits eine rein menschliche Sittlichkeit nicht nur ermöglicht, sondern geradezu fordert und in ihren Wirkungen steigert. Erst der Atheismus hebt den Gegensatz auf zwischen den sittlichen Idealen des Christentums, die aus einer ganz andersgearteten Kultur entsprungen sind, und den Bedingungen des modernen Lebens. An die Stelle der jenseitig gerichteten Religion hat die rein menschliche Bildung zu treten, deren Inbegriff die Arbeit des Individuums im Dienste der Gesamtheit ist. Nicht schrankenlose Entfaltung der Kräfte des Ich, sinnliches Sichausleben heißt Atheismus; das Ich soll Rücksicht nehmen auf das Du, das Verhalten des Einzelnen ist geregelt durch die Notwendigkeit der Existenz der Gattung. Deren Glück ist das im Rahmen des Erdendaseins zu erfüllende ethische Ideal. «Der Atheismus» – so heißt es am Schlusse der Heidelberger Vorlesungen – «ist daher positiv, bejahend; er gibt der Natur und Menschheit die Bedeutung, die Würde wieder, die ihr der Theismus genommen; er belebt die Natur und Menschheit, welchen der Theismus die besten Kräfte ausgesogen ... Die Verneinung des Jenseits hat die Bejahung des Diesseits zur Folge; die Aufhebung eines besseren Lebens im Himmel schließt die Forderung in sich: es soll, es muß besser werden auf der Erde; sie verwandelt die bessere Zukunft aus dem Gegenstand eines müßigen, tatlosen Glaubens in einen Gegenstand der Pflicht, der menschlichen Selbsttätigkeit ... wir müssen an die Stelle der Gottesliebe die Menschenliebe als die einzige, wahre Religion setzen.»

Es war manches in diesen Gedankengängen, was Gottfried Keller, als er in Heidelberg Feuerbachs Vorlesungen hörte, unmittelbar ergreifen mußte, weil es sich mit bisherigen Vorstellungen von ihm deckte. Einmal die glühende Verehrung der Natur, die sich mit seinem alten Pantheismus berührte; natürlich sein heiße tugendhaft sein, hatte der Jüngling erklärt. Dann die demokratisch-republikanische Tendenz in Feuerbachs Weltbild, der die Entwicklung seiner eigenen Gottesidee parallel ging («mein Gott war längst nur eine Art von Präsident oder erstem Konsul»). Aber anderseits bangte der Künstler in ihm vor einer Verflachung des Weltbildes. Daher hatte er 1843 ins Tagebuch geschrieben, er werde ein positives religiöses Element festhalten. So trat er Feuerbach nicht ohne kritische Bedenken entgegen: «Ich ließ mir», schreibt er am 28. Januar 1849 an Baumgartner, «Schritt für Schritt das Terrain abgewinnen ... Obgleich ich den Scharfsinn seiner Gedanken zugab, führte ich doch stets eine Parallelreihe eigener Gedanken mit; ich glaubte im Anfange nur kleine Stifte und Federn anders drucken zu können, um seine ganze Maschine für mich selber zu gebrauchen. Das hörte aber mit der fünften oder sechsten Stunde allmählich auf, und endlich fing ich an, selbst für ihn zu arbeiten ... Für mich ist die Hauptfrage die: wird die Welt, wird das Leben prosaischer und gemeiner nach Feuerbach?» Keller bangte allen Ernstes vor der Entgeistung der Natur; er fürchtete (an Baumgartner 27. März 1851), daß «mit dem Aufgeben der religiösen Ideen alle Poesie und erhöhte Stimmung aus der Welt verschwinde». Diese Angst hob Feuerbach durch seinen kategorischen Imperativ diesseitiger Verantwortlichkeit und Pflichterfüllung. «Die Welt», gestand Keller Baumgartner nun, «ist mir unendlich schöner und tiefer geworden, das Leben ist wertvoller und intensiver, der Tod ernster, bedenklicher und fordert mich nun erst mit aller Macht auf, meine Aufgabe zu erfüllen und mein Bewußtsein zu reinigen und zu befriedigen, da ich keine Aussicht habe, das Versäumte in irgendeinem Winkel der Welt nachzuholen.» Zugleich zeigte ihm Feuerbachs Sinnenverehrung den Weg, aus der Blässe und Abstraktion des romantischen Stiles herauszukommen. Es wird alles «glühender und sinnlicher», schrieb er Baumgartner. Und was diese Erkenntnis für den Dichter bedeutete, das zeigt ein Blick auf den «Grünen Heinrich», eine Vergleichung der vor Heidelberg entstandenen Anfangspartien, zum Beispiel der Gespräche Heinrichs mit dem Grafen auf der Reise, mit der Jugendgeschichte, die nach der Bekanntschaft mit Feuerbach geschrieben wurde. Dort eine an Tiecks Novellen gemahnende Blässe, eine bloße dialektische Erörterung allgemeiner Gedanken ohne Individualisierung, ohne den Hauch des Erlebnisses, hier feinstes, lebenswarmes Wiedergeben sinnlich-individueller Wirklichkeit. Das Feuerbacherlebnis bedeutet also für den Dichter den Wandel vom Romantiker zum Realisten.

Noch mehr. Nicht nur die Angst vor rationaler und prosaischer Verflachung durch den Materialismus war grundlos, Feuerbachs Naturalismus ermöglichte im Gegenteil eine Vergeistigung und Vertiefung des Weltbildes bis zur Mystik. Feuerbach selber stellt in seiner siebzehnten Vorlesung über das Wesen der Religion die nahe Verwandtschaft fest zwischen seinem Naturalismus und der Mystik Jakob Böhmes, der seinerseits wieder auf die romantischen Naturphilosophen Franz Baader und Schelling eingewirkt habe. Böhmes Lehre bezeichnet er als «naturalistischen Supranaturalismus» oder «supranaturalistischen Naturalismus» oder «theistischen Atheismus». Und Keller weist am Schlusse des «Grünen Heinrich» auf einen anderen Mystiker, Angelus Silesius, hin. «Glaubt man nicht», bemerkt der atheistische Graf, «Feuerbach zu hören, wenn wir die Verse lesen:

Ich bin so groß als Gott, er ist als ich so klein:
Er kann nicht über mich, ich unter ihm nicht sein.

Ferner: *Ich weiß, daß ohne mich Gott nicht ein Nun kann leben,*
Werd' ich zunicht, er muß vor Not den Geist aufgeben.

Auch dies: *Daß Gott so selig ist und lebet ohn' Verlangen,*
Hat er sowohl von mir, als ich von ihm empfangen. – –

Alles dies macht beinahe vollständig den Eindruck, als ob der gute Angelus nur heute zu leben brauchte und er nur einiger veränderter äußerer Schicksale bedürfte, und der kräftige Gottesschauer wäre ein ebenso kräftiger und schwungvoller Nichtschauer und Feuerbachianer.»

Grillparzer sagt einmal in seinen Studien zur Philosophie und Religion: «Jeder, der sich der Literatur ... widmen will, sollte Kants Werke studieren ... Nichts ist mehr geeignet, an Deutlichkeit, Sonderung und Präzision der Begriffe zu gewöhnen als dieses Studium, und wie notwendig diese Eigenschaften selbst dem Dichter sind, leuchtet wohl ein.» Diesen Dienst hat Keller das Studium Feuerbachs getan. Es hat Kellers Gedanken, die zerstreut sich gegen eine diesseitige Naturfrömmigkeit hin bewegten, zum logisch organisierten System sich zusammenzuschließen gezwungen. In Feuerbachs Philosophie hat Keller eine Weltanschauung denkend erlebt, die ihm zusagen mußte, auch wenn er sie sich nicht in alle Folgerungen hinein zu eigen machte – er ist nie Feuerbachischer Atheist gewesen –, und eben deswegen übte sie auf ihn die gewaltige Wirkung, die eine bloß verstandesmäßige Annahme philosophischer Wahrheiten nicht haben kann. Sie hat sein dichterisches Schaffen auf Jahrzehnte hinaus aufs mächtigste befruchtet.

Das leidenschaftliche Interesse, das er an dem Denker Feuerbach gefaßt, führte ihn auch mit dem Menschen zusammen. Sie besaßen gemeinsame Freunde, so den Philosophen Christian Kapp und Bernhard Fries. Mit Fries und Feuerbach führte er einmal eine Partie nach Eberbach und Katzenbuckel aus. «Bringe», schrieb ihm Fries auf der Einladung zu der Fahrt, «Deine neuesten Gedichte mit! Ich habe Feuerbach davon gesprochen; er ist sehr begierig.»

Auch sonst erweiterte sich sein gesellschaftlicher Verkehr im Laufe des Winters. So lernte er Berthold Auerbach kennen. Er sei in mehreren Häusern eingeführt, berichtet er der Mutter im Frühjahr 1849, und gehe alle Wochen einmal hin. «Als Dichter muß ich immer neben der Hausfrau sitzen; denn die Deutschen ästimieren diese Menschengattung viel mehr als die Schweizer.» Weihnachten verbrachte er in Darmstadt, wo Wilhelm Schulz als Mitglied des deutschen Parlaments weilte.

Auf den Sommer spitzten sich in Baden die politischen Gegensätze, die auch in Kellers Bekanntenkreise gärten und zum Beispiel Henle und Feuerbach trotz enger Verwandtschaft der Lebensanschauung zu erbitterten Feinden machten, zum revolutionären Aufstand zu. Gegen die Aufrührer, die von Mieroslawski befehligt waren, wurden Bundestruppen von dem Großherzog zu Hilfe gerufen, die unter dem Befehl des Prinzen Wilhelm von Preußen standen. Mitte Juni stießen die feindlichen Streitkräfte an der Neckarlinie aufeinander. Gottfried Keller stand mit Kapp, Feuerbach und selbst dem maßvollen Hettner auf der politischen Linken und brachte den Doktrinären der «Deutschen Zeitung», Gervinus an ihrer Spitze, den ehrlichsten Haß entgegen. Scharmützel zwischen den beiden Parteien spielten sich in seiner nächsten Nähe ab. «Ein paarmal», berichtet er nach Hause, «kamen die Feinde bis vor die Stadt. Sie schossen in unsere Gassen herein, über zweitausend Schritt weit, und ein Soldat fiel tot um, nicht weit von mir, auf der Brücke. Hierauf fanden wir, die nichts da zu tun hatten, für gut, uns ein wenig zurückzuziehen ... Ich verfügte mich auf mein Zimmer, aber da war es noch ärger. Die Hausleute flüchteten ihre Habe, weil das Haus am Wasser steht, es waren Kanonen dicht unter meinem Fenster aufgefahren.» Am 23. Juni zogen die regulären Truppen in Heidelberg ein.

Tiefer als dieses Ringen der deutschen Parteien, das der Schweizer nur mit verwandtschaftlichen Gefühlen betrachtete, wühlte kurz darauf ein persönlicher Kampf Kellers Leben auf.

Jenseits des Neckars, an der Straße nach Neuenheim, wohnte in der schönen Besitzung zum «Waldhorn» Hofrat Christian Kapp, der vielseitige Philosoph und Politiker, der leidenschaftliche Gegner Schellings. Als Abkömmling einer fränkischen Theologen- und Philologenfamilie 1798 in Bayreuth geboren, hatte er in Berlin unter Schleiermacher, Neander und De Wette Theologie, bald aber, bestimmt durch Böckh, Solger und Hegel, Philosophie studiert und war 1824 Professor in Erlangen geworden. 1833 nach Heidelberg übergesiedelt, las er hier nur wenige Semester, nahm schon 1844 wegen Reibungen mit engherzigen Kollegen die Entlassung und beschäftigte sich seither mit Mineralogie und Botanik oder pflegte seinen schönen Garten. Daneben trieb er Politik im Sinne der Welckerschen Opposition und gehörte 1845 bis 1849 als radikales Mitglied der zweiten badischen Kammer, kurze Zeit auch dem Frankfurter Parlament an. Bei seinen Gegnern hieß er «die Reichshyäne», da er in seinen heftigen Reden den Bundestag als «Leiche» zu bezeichnen pflegte. Er war nahe mit Ludwig Feuerbach befreundet. In seinem gastfreien Hause verkehrten damals namentlich Moleschott, Hettner, Berthold Auerbach und der spätere Berner Historiker Karl Hagen. Christian Kapp ist 1874 gestorben.

Seit dem Sommer 1849 fand sich auch Gottfried Keller beinahe täglich im «Waldhorn» ein. Verwandte politische und philosophische Ansichten brachten ihn dem Hausherrn nahe; sodann begegneten sie sich in der Verehrung Jean Pauls, mit dem Kapp persönlich befreundet gewesen war. Gemeinschaftliche künstlerische Neigungen, nach und nach aber zartere Gefühle zogen ihn zu der hochbegabten Tochter Johanna. Sie ward seinem Herzen, was Feuerbach seinem Kopfe. Ohne von eigentlicher Schönheit zu sein – nach einem Bilde zu urteilen, eine hohe, üppige Gestalt –, hat sie mehr als einen Mann bezaubert. Hoffmann von Fallersleben schwärmte sie in seinen Gedichten an und warb um sie. Vom Vater besaß sie das hochgespannte, leidenschaftliche Temperament. Sie malte und war auch dichterisch begabt. Für den seltsamen Ankömmling aus der Schweiz hatte sie ein starkes Interesse gefaßt, seitdem ihr dieser nach und nach seine Skizzenbücher, das Traumbuch und seine neueren dichterischen Erzeugnisse anvertraut hatte. Sie teilte ihm ihre Gedichte mit. Fast täglich wanderten sie miteinander am Philosophenwege. Eine fröhliche Weinlese beschloß die schöne Jahreszeit.

Die Traube schwoll so frisch und blank,
Und ich nahm froh und frei
Aus ihrer Hand den jungen Trank –
Und als die letzte Traube sank,
Da war der Traum vorbei.

So singt Keller in den «Neueren Gedichten». Johanna hatte ihn mit einer gewissen Vertraulichkeit als guten Kameraden behandelt. Er aber hatte sein Herz so ganz an sie verloren, daß er ihr im November auf brieflichem Wege eine regelrechte Liebeserklärung machte. Sie erschrak. Ihr Herz gehörte in aussichtsloser Liebe Ludwig Feuerbach an. So mußte sie Keller abweisen.

«Lieber, lieber Freund!» schrieb sie ihm am 7. November 1849. «Ich bin so tief erschüttert, daß ich kaum weiß, wie ich Ihnen schreiben soll, und doch drängt mich's dazu. Ihr lieber Brief hat mich furchtbar traurig gemacht, obgleich Sie mir's verbieten. Ich möchte Ihnen danken und tu's auch aus vollem Herzen; aber es kommt mir schrecklich traurig vor, daß ich so viel Unheil anrichte. Es ist mir oft ganz unbegreiflich. In den letzten Tagen hab' ich wohl gefühlt, daß Sie mich gern hatten; aber ich hielt es für eine schöne menschliche Teilnahme und hätte mich auch gefürchtet, etwas mehr zu glauben. Nun aber liegt der Reichtum Ihres schönen Herzens plötzlich vor mir in neuem Glanze und ich hab' tief aufseufzen müssen! Ich hab's Ihnen schon gestern gesagt, daß ich ebenso glücklich wie unglücklich, weil ich getrennt bin, aber geliebt! Als ich Ihnen vor acht Tagen meine Gedichte gab, da nahm ich mir innerlich vor, Ihnen nie den Namen dessen zu sagen, in dem mein Wesen aufgegangen. Es schien mir selbst Ihnen gegenüber eine Profanation. Aber heute fühl' ich anders; auch anders wie gestern, da ich es Ihnen gegönnt hätte, aber doch um keinen Preis hätte sagen können. Jetzt aber sind Sie's gewiß wert, und ich fühl's, ich bin's Ihnen schuldig, damit Sie mich ganz begreifen und auch verstehen, wie nach so bittern Herzensqualen mir doch noch ein Leben möglich blieb, das bisher nur auf kurze Zeiten mich mit meinem Geliebten vereinte. Es ist allerdings ein tief tragisches Glück, wenn Augenblicke lange Trennung aufwiegen müssen; aber selbst wenn meine letzte Hoffnung noch schwinden sollte, ein dauerndes Vereintsein zu erreichen, glaube ich dennoch Kraft zu behalten, um die kurzen Momente als Momente zu erfassen und zu genießen, die mein vielbewegtes Leben erhellen. Sie haben in Ihrem schönen Briefe den geliebten Namen selbst ausgesprochen. Der Mann, der Ihrem Kopfe ward, was Ihr edles Herz in mir fand, dieser herrliche Mann ist es, und der wundersame Zufall, der Sie uns beide zusammenstellen ließ, hat mich mit stürmischer Freude ergriffen. So mag Ihnen denn das Rätsel gelöst erscheinen, das meine in Schmerzen erblühte Liebe Ihnen sein mußte. Wie verwickelt dieses tragische Verhältnis ist, können Sie aber nicht ahnen; doch glaub' ich noch an eine Möglichkeit, die aber mit saurem Kampfe errungen werden muß und nach meinem Gefühl die einzige Versöhnung wäre für das herbe Leid, darunter viele leiden, am meisten die arme edle Frau, deren Glück ich zerstören mußte.

Erstarren Sie nicht ob den Untiefen, die das Leben hinter anscheinend glücklichen Verhältnissen birgt, verkennen Sie weder mich noch ihn! Wo Sie nicht alles begreifen, glauben Sie das Gute doch, und lassen Sie mich für immer glauben, daß Sie nie irre an mir werden! Mein Herz ist unwandelbar; aber es ist nicht bloß dem Geliebten treu: es bewahrt auch seinen Freunden eine wahre Zuneigung mit Innigkeit. Ich werde Sie nie vergessen.

Die höchste Gabe, die der Mann einem Weibe bieten kann, ist seine Liebe, und für dies Geschenk muß ich Ihnen danken, so traurig mich's

JOHANNA KAPP

Bleistiftzeichnung von Erich Correns, 1844

AN DER SIHL

Aquarell Gottfried Kellers, 1837

auch macht. Ich hab' Sie wirklich lieb und glaube Sie zu verstehen in der tiefen Innigkeit Ihres Wesens ... Ich weiß, was Sie sind, und darum brauchen Sie mir nicht erst zu geloben, etwas Rechtes werden zu wollen ... Ihr wunderschöner Brief hat mich tief ergriffen.»

Diesem Briefe hatte Johanna Kapp folgendes Gedicht beigelegt:

Mir ist, als sei ein Zauber
Wohl über mich gesprochen,
Und wer ihn lösen wolle,
Des Herz sei bald gebrochen.

Mir ist, ich sei verwünschet,
Mein armer Leib verfluchet,
Ich könne nimmer finden
Die Ruh', die ich gesuchet,

Und müsse rastlos wandern
Mit einem toten Herzen,
Und dürfe keiner Seele
Vertrauen meine Schmerzen.

Denn wer mir Liebe biete,
Der sei dem Gram verfallen
Und müsse ohne Frieden
Wie ich durchs Leben wallen.

Noch einige Tage sahen sie sich und machten die gewohnten Spaziergänge. «Es ist mir ‚heimlich'» [schweizerisch heimelig, traulich], hatte sie ihm geschrieben, «wenn ich mit Ihnen auf die Berge gehe und wir wie alte langjährige Freunde rückhaltlos zusammen sprechen. Sie werden's nicht fühlen, wie herzlich ich Ihr edles Wesen erfasse und welche Achtung ich vor Ihnen habe. Sie sind ein Mann.»

Einige Wochen später verließ sie Heidelberg. Sie siedelte zu Verwandten und zu ihren Lehrern, Bernhard Fries und Berdelle, nach München über, um sich ganz der Kunst zu widmen. Am 6. Dezember 1849 nahm sie von Keller Abschied für immer. «Denken Sie nicht bloß *traurig* an mich!» rief sie ihm zu. «Wenn's mir auch *nie* gut gehen wird, kann mir's doch besser gehen. Bleiben Sie mir gut unter allen Lebensverhältnissen! Wer so reich an Liebe ist wie Sie, muß das finden, was er begehrt, muß geliebt werden.»

Allein diesmal vermochte er seine Liebe weniger rasch zu überwinden als einst seine Neigung zu Luise Rieter. Hatte er damals schon einige Tage nach der Abweisung seinen Zustand rein objektiv zu betrachten vermocht, so wirkte der Schmerz diesmal länger nach. Und das Mißtrauen, ob er überhaupt zum Liebesglück bestimmt sei, hatte sich tiefer eingefressen: «Meine Jugend», so schrieb er der Geliebten in dem einzigen erhaltenen, nie abgeschickten Briefe vom 7. Dezember, «ist nun vorüber, und mit ihr wird auch das Bedürfnis nach einem jugendlich poetischen Glücke schwinden; vielleicht, wenn es mir in der Welt sonst gut geht, werde ich noch ein fröhlicher Mensch, der diesen oder jenen Winterschwank aufführt. Mein Herz aber einem liebenden Weibe noch als bare Münze anzubieten, dazu, dünkt mich, habe ich es nun schon zu sehr abgebraucht und werde es noch ferner abbrauchen, bis es nur von *Ihnen* frei ist.» Wie er in der Nacht vom 6./7. Dezember ihren Wagen, der sie nach der Eisenbahn führt, über die Brücke rollen und bald darauf wieder zurückkommen hört, drückt er sein Gesicht in das Kissen und führt sich «so schlecht auf wie ein Kind, dem man ein Stück Zuckerbrot genommen hat». Ja, er ärgert sich über die kahlen Jahre, wo er über seinen jetzigen Schmerz lächeln wird. Im Gedenken an Johanna Kapp und den Weg, den er so oft zu ihr ins «Waldhorn» hinübergegangen, schreibt er das Gedicht «Heidelberg 1847»:

Schöne Brücke, hast mich oft getragen,
Wenn mein Herz erwartungsvoll geschlagen
Und mit dir den Strom ich überschritt.
Und mich dünkte, deine stolzen Bogen
Sind in kühnerm Schwunge mitgezogen,
Und sie fühlten meine Freude mit.

Weh der Täuschung, da ich jetzo sehe,
Wenn ich schweren Leids vorübergehe,
Daß der Last kein Joch sich fühlend biegt!
Soll ich einsam in die Berge gehen
Und nach einem schwachen Stege spähen,
Der sich meinem Kummer zitternd fügt?

Aber s i e mit anderm Weh und Leiden
Und im Herzen andre Seligkeiten,
Trage leicht die blühende Gestalt!
Schöne Brücke, magst du ewig stehen:
Ewig aber wird es nie geschehen,
Daß ein beßres Weib hinüberwallt!

Auch vier Lieder der «Neueren Gedichte» (S. 199–207) sind aus der Liebe zu Johanna Kapp entstanden, so:

Ich fühlte wohl, warum ich dich,
O teures Weib, so sehr geliebt!

mit der Schlußstrophe:

Und besser ging ich, als ich kam,
Von reinem Feuer neu getauft,
Und hätte meinen reichren Gram
Nicht um ein reiches Glück verkauft.

Jahrelang lebte Johanna Kapp in München. Im Oktober 1850 schrieb sie, daß ihr erstes Debüt als Malerin so ziemlich in dieselbe Zeit fallen dürfte, da Kellers «Zwölf Dramen» gleichzeitig allerwärts den deutschen Bühnen oktroyiert würden. Im April 1852 beklagte sie den Kummer, den sie ihrem gebeugten Vater mache. «Inzwischen schicken Sie mir Ihre Gedichte, auf die ich mich sehr freue, und so auch auf diejenigen, deren Entstehung ich verschuldet haben mag.» Der gegenseitige schriftliche Verkehr dauerte bis 1856. Inzwischen hatte sich Keller innerlich von ihr abgelöst. In einem Briefe an Hettner vom 18. Oktober 1856 schreibt er das harte Urteil, es sei, als ob Johanna sich selbst verzehre, wenn sie nicht andern Leuten die Köpfe verdrehen und Unheil anrichten könne. «Gewöhnlichen Koketten, wenn sie hübsch sind, kann man das zu gut halten. Wenn aber eine ungewöhnlich sein und ein großes Schicksal haben will, wie die Johanna, so wird eine solche Praxis elend und verdient direkte Grobheiten.» Ihre Exzentrizität war der Vorbote des unheilbaren Irrsinns, dem sie später verfiel und von dem sie erst nach langen Jahren traurigen Siechtums am 17. Mai 1883 der Tod erlöste. Die Briefe von Keller hat sie vernichtet. Nur zwei schöne Aquarelle von ihm hat sie aufbewahrt. Ein Brieftäschchen mit dem von ihrer Hand eingestickten Namenszuge Gottfried Kellers befindet sich in dem Nachlaß des Dichters.

Mit Beginn des Sommersemesters 1849 hatte Keller sich von der Heidelberger Gelehrsamkeit zurückgezogen, um ganz der poetischen Produktion zu leben. «Es ist wirklich Zeit», schrieb er Dößekel, «daß ich wieder einmal etwas von mir hören lasse; denn mein erster schnatternder Trompetenstoß bedarf sehr einiger reineren Nachfolger, sonst geht er mir gänzlich flöten.» Eine Anzahl neuer Gedichte entstanden: außer denen an Johanna Kapp «Melancholie» (Dezember 1848), «Heimweh» («An den schönen Limmatborden», 1849), «Die Schifferin auf dem Nekkar», das Lied «Ich bete in der Frühe» (November 1849; ohne Zweifel war es Feuerbach gewesen, der ihn auf den «Hafis» seines Freundes Daumer aufmerksam machte) sowie das reizende, nicht in die Gedichte aufgenommene «Plauderwäsche». Aus diesen Gedichten und älterem Gut redigierte er ein Bändchen neuerer Gedichte. Es sollte der Abschied von der Lyrik sein. Er habe, schrieb er Regierungsrat Eduard Sulzer, dieses subjektive Gebaren endlich satt, wozu er auch die Arbeit am «Grünen Heinrich» rechnete, und empfinde eine wahre Sehnsucht nach einer ruhigen und heitern objektiven Tätigkeit, welche er zunächst im Drama zu finden hoffe.

Der phantastische Plan einer Orientreise war endgültig aufgegeben. Keller, klarer als seine Gönner seine Bedürfnisse erkennend, hatte ihn überhaupt nie ernst genommen. Statt dessen empfand er die Notwendigkeit, noch einige Zeit in Deutschland zu bleiben, um durch die Nähe eines großen Theaters sein dramatisches Können zu fördern und zugleich von den heimischen Verhältnissen die nötige Distanz zu gewinnen.

Eine Zeitlang dachte er daran, sich an Gutzkow, den damaligen Dramaturgen des Dresdener Hoftheaters, zu wenden, um durch ihn näher mit der Bühne bekannt zu werden. Auch eine Rückkehr nach München erwog er, wozu ihn Johanna ermunterte, da er dort Rahl kennenlernen werde. Schließlich entschied er sich für Berlin, im Hinblick auf das dortige Theater. In der Umgebung Varnhagens von Ense, der ihm auf seine ersten Gedichte so zukunftverheißend geantwortet hatte, hoffte er wohl aufgenommen zu werden und die nötige Förderung für seine Absichten zu finden. Die Zürcher Regierung gewährte am 13. Oktober 1849 ein neues Stipendium von tausend Franken für ein weiteres Jahr, um ihm den Aufenthalt in Berlin oder Dresden zu ermöglichen.

Die Abreise, welche ursprünglich auf den Oktober 1849 angesetzt war, verzögerte sich um ein volles Semester. Erst zu Anfang April 1850 war er marschfertig. Die Fahrt sollte den Rhein hinab gehen, wo damals Ferdinand Freiligrath wohnte, der vor zwei Jahren aus London vorübergehend nach Deutschland zurückgekehrt war. Dieser begrüßte den «Gottfried von Glattfelden» jubelnd mit einer seiner fröhlichen Episteln, und an einen Düsseldorfer Freund schrieb er am 5. April, er werde ihm demnächst Gottfried Keller, den Schweizer Poeten, «einen trefflichen ganzen Kerl», vorführen. «Stäubet den Staub aus den Bratenröcken und sorget für ein überströmendes Seidel!»

Am 7. April traf Keller in Köln ein und fand bei der Familie Freiligrath die herzlichste Aufnahme. Das Haupt des Hauses zwar war ganz von politischen Geschäften in Anspruch genommen. Immerhin wurde die im Vergnügungsprogramme vorgesehene Fahrt nach Düsseldorf ausgeführt und reichlich dem feinen Jahrgange von 1846, dann, in Gesellschaft des gemütlichen Malers Hasenclever und des Dichters Wolfgang Müller von Königswinter, der Maibowle gehuldigt. Gottfried Keller soll, wie Adolf Strodtmann erzählt, bei Hasenclever den steinernen Gast gespielt, schweigend sein Glas geleert, verdrossen sein Roastbeef hinabgeschlungen und zwei geschlagene Stunden lang kaum ein Wort gesprochen haben. Den trefflichen Freiligrath, an dem er lebenslang mit wandelloser Treue hing, hat Keller erst im Herbst 1875 wiedergesehen, als jener, krank von einer Kur aus Graubünden heimkehrend, kurze Zeit in Zürich rastete. Als ihn die Kunde von Freiligraths Tod traf, schrieb er am 11. Mai 1876 an den gemeinschaftlichen Verleger Ferdinand Weibert: «Freiligrath gehört zu den wenigen, von denen man nicht glauben mag, daß sie wirklich fort und verschwunden sind, bei deren Tod man sich ängstlich fragt, ob man sich nichts vorzuwerfen, sie nie beleidigt habe, aber sofort ruhig ist, weil sie einem nicht den geringsten Anlaß dazu hätten geben können vermöge ihres wohlbestellten Wesens.»

8
BERLIN

Aus dem einen Jahre, das Gottfried Keller in Berlin zu verleben gedachte, sind ihrer beinahe sechs geworden.

Für den Dichter bedeutete dieser Aufenthalt die entscheidende Schaffenszeit, während welcher der längst angefangene Jugendroman zum größeren Teile geschrieben und in peinvoller Arbeit mit Widerwillen und Zögern vollendet, die Mehrzahl der Seldwyler Geschichten dagegen fast spielend ausgeführt wurde. Dazu kam anderes, das erst lange nachher erschien, so «Der Apotheker von Chamounix», ein Teil der «Sinngedicht»-Novellen und der «Legenden». Nur die dramatischen Pläne, um deretwillen er eigentlich nach der preußischen Hauptstadt ging, blieben Entwürfe.

Für den Menschen wurde Berlin eine strenge Leidensschule, sein Bußort und seine Gramspelunke, oder – wie er einst drastisch schrieb – «seine Korrektionsanstalt, die ihm vollkommen den Dienst eines pennsylvanischen Zellengefängnisses geleistet».

In Preußen war dem Revolutionsrausche von 1848 eine allgemeine Ernüchterung gefolgt, und die Reaktion hatte in Staat und Kirche um so kräftiger wieder eingesetzt. Schon zu Ausgang 1848 war der Treubund erstanden, jene Vereinigung, die Thron und Altar gegen die bösen Demokraten aufs neue schützen sollte. 1849 wurde das liberale Wahlgesetz wieder aufgehoben, das die Revolution der Regierung abgenötigt, und durch die Einführung des Dreiklassenwahlgesetzes die Majorität der Besitzenden gewährleistet. Die protestierende Stimmenthaltung der demokratischen Partei sicherte bei den Wahlen zur Zweiten Kammer der Regierung ein bedeutendes Übergewicht, das von ihr zur Revision der Verfassung im Sinne konservativer Reaktion ausgenutzt wurde. Das Ministerium Manteuffel sorgte für strengste Durchführung der persönlichkeitsfeindlichen Maßregeln. Der vielgehaßte Hinckeldey wurde Generalpolizeidirektor von Berlin. Die Zensur wurde verschärft, die Beamten zu strafferer Pflichterfüllung angehalten, religionsfeindliche Regungen unterdrückt und die Bevölkerung, vor allem der Hauptstadt, sorgfältiger überwacht und von staatsfeindlichen Elementen gesäubert. Max Ring, der wie Keller 1850 Berlin aufsuchte, erzählt in seinen «Erinnerungen» (II, S. 1), wie sich ihm gleich auf dem Bahnhof die Maßregeln der siegreichen Reaktion aufgedrängt hätten. Eine Abteilung Infanterie und eine Schar der neuen Konstabler empfingen den ankommenden Eisenbahnzug und ließen keinen Reisenden ohne strenge Kontrolle passieren. Wer sich nicht durch seine Papiere als vollkommen unverdächtig legitimieren konnte, wurde zurückgewiesen oder zur nächsten Polizeiwache gebracht. Selbst Frauen und Kinder waren von dieser lästigen Untersuchung nicht ausgenommen. Varnhagen füllte seine Tagebücher mit Aufzeichnungen der Polizeiwillkür. In der Nacht vom 3./4. Oktober 1851, berichtet er (VIII, S. 359), hielt die Polizei an mehr als dreißig Stellen Haussuchungen, nahm viele Waffen, Papiere, Listen, Pläne und Briefschaften weg und verhaftete viele Handwerksgesellen. Wie eine Bürgergesellschaft ein Konzert geben wollte, verbot es die Polizei, als sie hörte, ein Demokrat würde es leiten (VIII, S. 60). Auf jede Art sollte das Volk unten gehalten werden: «Die höheren Stände», erklärte der Kultusminister von Raumer, «sind im Besitz aller Bildungsmittel, die unteren sollen sie gar nicht haben, das Volk darf nicht weiter unterrichtet werden, als es zu seiner Arbeit paßt» (VIII, S. 63).

Auch Gottfried Keller hatte gelegentlich dieses Überwachungssystem zu spüren. «Die Konstabler haben mich sehr auf dem Korn und halten mich für einen Wühler», spottet er bald nach seiner Ankunft gegenüber Freiligrath. Die reaktionäre Bewegung in Preußen erfüllte ihn, der 1848 die Völkerbefreiung jubelnd begrüßt, mit gründlicher Verachtung. Aber er hatte weder die Lust noch die Unklugheit, sich durch radikale Äußerungen der Polizei verdächtig zu machen. Er war zu geistiger Ausbildung und dichterischer Arbeit, nicht zu politischer Propaganda in Berlin.

Mitte April 1850 war er in der preußischen Hauptstadt angelangt. Seine Herberge schlug er zunächst im dritten Stock des Hauses der Mohrenstraße Nummer 6, Ecke der Kanonierstraße, dicht neben der Dreifaltigkeitskirche, bei einem Maler Arndt auf. Im gleichen Hause wohnte damals Professor Gneist, ebenso ein Arzt mit zwei wundervollen Töchtern, die Keller alle Vierteljahre einmal flüchtig zu sehen bekam. Zu Anfang 1854 zog er nach Nummer 58 der Mohrenstraße. Vom April dieses Jahres an wohnte er Bauhof 2, in einem stillen Winkel zwischen Dorotheenstraße und Kupfergraben.

Gottfried Keller hat nie die emsige Beweglichkeit des geborenen Reisenden besessen. Auch hierin unterschied er sich von seinen jungdeutschen Zeitgenossen, die aus dem beschleunigten Verkehrsleben des neunzehnten Jahrhunderts das Bedürfnis nach einer neuen Literaturgattung, der «Literatur der Bewegung», ableiteten, und er hat 1860 sich in seinem Aufsatze «Am Mythenstein» kräftig gegen das ewige Hin- und Herrutschen der modernen Poeten geäußert, die durch ein «abgetriebenes Touristenleben» sich die höchste Weihe, den letzten Schliff zu geben suchten. Man möchte sagen, daß schon seine Gestalt mit den allzu kurzen Beinen, die ihm im Alter raschen Ortswechsel zur Qual machten, ihn zum Gegenteil eines beweglichen Reisenden bestimmt hatte. Dazu kam das tiefe Mißtrauen des in kleinbürgerlichen und ländlichen Verhältnissen Herangewachsenen gegen alles Fremde, die äußere gesellschaftliche Ungewandtheit, die auch durch Knigge nicht zu beseitigen war, bei dem klaren Bewußtsein seines inneren Reichtums, seiner Gemütszartheit und einer Verstandesschärfe, die mit untrüglich sicherem Blick allen Schein durchschaute. Endlich der Gegensatz des Schweizers gegen das spezifisch berlinische Literatentum. Knorrige Eigenwüchsigkeit, die bei verblüffendster Treffsicherheit des Urteils sich nur stockend und schwerfällig zu äußern wußte, sah sich einer Zungenfertigkeit gegenüber, die oft nur darum so rasch und leicht dahinglitt, weil sie in dem glatten Bette fertiger Urteile und hundertmal geübter Redensarten rollte.

All das wirkte zusammen, um Kellers Eingewöhnung in das Berliner Wesen und Gesellschaftsleben zu erschweren und ihn zu einer Erscheinung zu machen, die die Oberflächlichen ohne weiteres übersahen, die Tieferblickenden um ihres geistigen Reichtums und sittlichen Wertes willen achteten, indem sie zugleich den Mangel an gesellschaftlichem Schliff bedauerten, die aber kaum jemand in ihrer wahren Bedeutung erkannte. Es ist interessant, den Eindruck festzustellen, den Keller auf den gescheiteren Teil der literarischen Kreise Berlins machte; die Art, wie er sich gab, spricht daraus neben der Selbstcharakteristik, die in jedem Urteil liegt. Varnhagen von Ense nennt ihn einen eigentümlichen gehaltvollen Menschen, aber für die Welt etwas verschoben, nicht ganz brauchbar zugerichtet. Max Ring, dessen Urteile freilich oft an der Verschwommenheit allzu großer Gefälligkeit leiden, schildert ihn als körperlich unscheinbar, klein und untersetzt, mit einem Kopf, der auf den ersten Blick mehr Charakter als Geist verriet, dabei scheu, fast schroff, in sich gekehrt und schweigsam, aber still und scharf beobachtend. Bei oberflächlicher Bekanntschaft konnte er «leicht übersehen werden und eher abstoßen als anziehen. Erst wenn man ihm näher trat und er auftaute, was besonders im traulichen Zwiegespräch und bei einem Glase Wein geschah, überraschte und fesselte er durch die Originalität seines Geistes und durch einen liebenswürdigen, zuweilen schalkhaften Humor, den man am wenigsten unter dem knorrigen Äußeren gesucht hätte». Auch eine ideale Lebensanschauung, die ehrenwerteste Gesinnung, ein seltenes Zartgefühl, eifrige Gerechtigkeitsliebe und heftige Abneigung gegen jede Indiskretion rühmt Ring ihm nach.

So stand der Neuangekommene dem Berliner Leben zuerst fremd und ablehnend gegenüber, und seine Gedanken flogen sehnsüchtig nach Süden und verglichen preußisches Wesen und Berliner Natur mit dem Leben in der Heimat. Zwei Gedichte, die er aus seinen Versbüchern ausgeschlossen hat, drücken seine Stimmung aus:

Tief im Norden auf den sandigen Heiden
Geht ein Sohn von dir, o Vaterland,
Der zu deinen hohen Festesfreuden
Diese Liedertaube abgesandt.

Und es folgt sein Herz dem leichten Fluge
Hoch über das deutsche Land, hinauf den Rhein,
Fliegt voran dem trägen Wolkenzuge –
Halt – da blitzt der See im Morgenschein!

Aus den heitergrünen Fluten steigen
Hohe Linden, Münster und Abtei,
Und im Spiegelbild will zwiefach zeigen
Blühndes Uferland sich stolz und frei –

(März 1851)

Mühlenromantik

Als ich den Rhein heruntergefahren,
Haben bei Bonn die Windmühlen begonnen,
Haben mir Armen nun schon seit Jahren
Immer ihr trauriges Lied gesponnen.

Geh' in der Dämmrung ich über die Heide,
Sitzen im Nebel die gräulichen Spinnen,
Eine hier, eine dort! zum Totenkleide
Haspeln den Faden die Unholdinnen.

Einst sah ich Mühlen an grünenden Rainen;
Lieblich beschattet von Buchen und Erlen,
Sprang die Forell' in den fließenden Scheinen,
Stäubten die Räder Demanten und Perlen.

Rosen und Nelken vor klaren Fenstern;
Lustig am Gartenhag flattert' das Linnen;

Und durch die Büsche von weißen Gespenstern
Sah man im Mondschein ein Huschen beginnen.

Doch zu Berlin, im ästhetisch erweckten,
Da sah ich nagelneu und auf das beste
Ausgeführt vom Staatsarchitekten
Eine gewalt'ge normännische Feste.

Und es war eine Mehlfabrike,
Hoch und herrlich mit Zinnen und Türmen;
Schäumend und brausend unter der Brücke
Sehn die Berliner die Spree herstürmen!

Wie einst in München hielt sich der Dichter auch in Berlin zuerst an die Landsleute. Sein Umgang beschränke sich, schrieb er Hettner am 29. Mai 1850, auf das abendliche Zusammensein mit studierenden Schweizern und – preußischen Leutnants, nämlich Neuenburgern, die in der preußischen Armee dienten. «Sonst befinde ich mich insofern wohl hier, als man ungestört und anhaltend für sich sein und arbeiten kann, der großen Einsamkeit wegen in der großen Stadt.» Zu den Freunden aus der Heimat, mit denen er verkehrte, zählten Christian Heußer, der später als Arzt nach Argentinien auswanderte, Fridolin Anderwert, der spätere schweizerische Bundesrat, der nachmalige Nordostbahndirektor Alois Sailer (gest. 1883) und vor allem ein St. Galler Jurist, Edmund Moosherr (1826–1853), zu dessen Hochzeit Gottfried Keller ein großes, seltsames Poem lieferte.

Langsam nur bahnte sich ein Verkehr mit den literarischen Kreisen an. Als Keller nach Berlin kam, war die Stadt nicht mehr der Sitz ästhetischer Geistreichigkeit und genialer Libertinage, wie zu den Zeiten der Romantik. Die schöngeistigen Tees, die Heine verspottet hat, waren außer Mode gekommen und hatten in den Kreisen, die dem Hofe nahe standen oder seinem Vorbilde folgten, religiösen Konventikeln Platz gemacht. Aber der Glanz geistigen Lebens dauerte unverblaßt fort, und bereits galt die Hauptstadt Preußens, dessen König Friedrich Wilhelm IV. die ihm angebotene deutsche Kaiserkrone abgelehnt, wenigstens als der geistige Mittelpunkt Deutschlands. «Wer nur irgend vermochte», gesteht Julius Rodenberg, der im Herbst 1853 nach Berlin zog, «der wandte sich hierher, um seinen Studien gleichsam den Stempel aufzudrücken. Wer in Berlin gewesen, schien vor den übrigen etwas voraus zu haben.» An der Universität und in der Akademie wirkten Größen, deren Licht weithin strahlte. Allen voran Alexander von Humboldt, damals ein achtzigjähriger Greis. Dann die Brüder Grimm; Jakob in seinem rostbraunen Rocke begegnete Keller fast alle Tage im Tiergarten auf seinen einsamen Gängen, Wilhelm hörte er einmal über den «Erec» lesen. Weiter die Geschichtschreiber Leopold von Ranke und Friedrich von Raumer und der Sprachforscher Richard Lepsius, deren Vorlesungsstunden sich Keller merkte. Aber auch außerhalb der öffentlichen Anstalten flutete ein reiches geistiges, im besonderen literarisches Leben. Noch lebte als Fünfundsechzigjährige die Verfasserin von «Goethes Briefwechsel mit einem Kinde», Bettine von Arnim, die damals in phantastischen Träumen die Begeisterung für Goethe und die klassisch-romantischen Ideale mit den modernen sozialen Forderungen zu verbinden suchte. Noch lebte, von gleichem Alter wie Bettine, August Varnhagen von Ense. 1815 zum preußischen Ministerresidenten in Karlsruhe ernannt, war er schon 1819 wegen unbequemen Freisinns abberufen worden und lebte seitdem in grollender Abseitsstellung in Berlin, das Andenken Goethes und seiner vergötterten Gattin Rahel pflegend, feingedrehte Fäden mit der demokratisch-revolutionären Propaganda spinnend, an seinen Erinnerungen arbeitend und in täglichen Aufzeichnungen alle Mißgriffe der reaktionären Regierung und alle Torheiten des in Romantik und Freisinn schillernden Königs mit geistreicher Medisance aufschreibend.

Um diese einsamen Säulen, die aus der reichen Kultur der Romantik noch aufragten, wimmelte das geschäftige Treiben jüngerer Literaten. Fanny Lewald, die Freundin und nachmalige Gattin des Literarhistorikers Adolf Stahr, damals vierzig Jahre alt, lebte seit 1846 in Berlin und suchte in ihrem Salon alle literarischen Notabilitäten zu versammeln. Sie erstieg zu jener Zeit den Gipfel ihres Ruhmes und verbreitete durch geschwätzig-räsonierende Romane die Ideen einer gemäßigten Emanzipation in dem gebildeten Bürgerstande. Der Mittelpunkt der jüngeren Schriftsteller und Literaturfreunde aber war der 1827 von Saphir gegründete Dichterverein «Der Tunnel über der Spree», der in den vierziger und fünfziger Jahren seine Hauptblüte erlebte. Hier verkehrten zur Zeit, da Keller in Berlin lebte, unter anderen Fontane, Storm, Heyse, Geibel, Adolf Menzel, Scherenberg und auch ein Zürcher Landsmann Kellers, Heinrich von Orelli. Man versammelte sich jeden Sonntag und las und kritisierte neue Werke der Mitglieder. Ein originelles Zeremoniell gab den Sitzungen künstlerischen Anstrich: der Vorsitzende hieß «angebetetes Haupt», die produktiven Mitglieder «Makulaturen», die nichtproduktiven «Klassiker», die Gäste «Runen». Hier trug Scherenberg sein Epos «Waterloo», Heyse seine Novelle «L'Arrabiata», Fontane seine Balladen vor.

Nimmt man zu all diesen Zeugen eines reichen und vielgestaltigen, tief in einer glänzenden Vergangenheit wurzelnden wie kräftige Zukunft verheißenden literarischen Lebens noch die angesehenen Bühnen der preußischen Hauptstadt, so begreift man, warum Gottfried Keller Heidelberg mit Berlin vertauschte. Er hätte wirklich in keiner andern Stadt Deutschlands in seiner literarischen Entwicklung, nicht nur als Dramatiker, so gefördert werden können wie in Berlin. Dazu konnte gerade die völlige Verschiedenheit des Volkscharakters und der politischen Zustände in unvergleichlicher Weise zur Selbstbesinnung des Schweizers und zur Schärfung seiner Kenntnis der Heimat und ihrer Bevölkerung beitragen.

Aber in schwerfälligem Mißtrauen hielt er sich zunächst zurück. Hettner hatte ihm eine Empfehlung an Fanny Lewald gegeben. Etwa einen Monat nach seiner Ankunft in Berlin suchte er sie auf und fand sie verreist. Man sagte ihm, Fräulein Lewald werde bis zum Oktober wieder erscheinen. Er hatte nun, wollte er in Berlin in literarische Kreise kommen, keinen anderen Weg, als zu Varnhagen zu gehen, der ihm einst über seine ersten Gedichte wohlwollend und verständnisvoll geschrieben und sich seiner wohl noch erinnerte. Er ging aber nicht, und der Eigensinn setzte sich in ihm fest, den Sommer über ganz still und unbekannt zu bleiben; er dachte sich, Varnhagen werde ebenfalls verreist sein!

Noch im September schreibt er Freiligrath, er lebe in einer totalen Abgeschiedenheit, stumm und nüchtern wie eine Schildkröte. «Bringen Sie Wasser herein! Die Speisekarte! Ich habe keine Kerzen mehr! Ich wünschte ein Dutzend Zigarren!» seien so ziemlich die einzigen Worte, welche manchmal wochenlang über seine Lippen kämen. «Ich spekuliere aber desto mehr innerlich und lache in die Faust, wenn meine Gönner glauben, ich sei eingeschlafen. Es wird ein schreckliches Erwachen sein für dieselben, wenn meine schwarzen Taten endlich das Licht erblicken.» Von dem geschäftigen Treiben dichtender Kollegen fühlte sich seine nüchterne Ehrlichkeit abgestoßen. «Dichter», schreibt er Freiligrath, «gibt's eine Menge, an jedem Tische einen, welche überlaut vom Handwerk sprechen, ohne zu ahnen, daß in meiner Person ein gefährlicher und ehrgeiziger Nebenbuhler aus der gleichen Schüssel ißt. Sie essen ungeheuer viel, erscheinen jedoch unregelmäßig bei Tische, da sie oft geladen sind und es den Tag nachher erzählen: ‚Gestern bei Geheimrats' usw. Daher sieht man gegen ein Uhr eine Menge dieser Leute über die Gassen rennen, den wunderbaren Frack zugeknöpft, nur ein Endchen weißer Weste unten hervorragend, oft, wenn es warm ist, den Hut in der Hand tragend und die blonden Locken fliegen lassend. Als ich sie zum erstenmal sah, glaubte ich, es wären elegante Schneider, welche zu ihren Kunden gehen.»

So durchstreifte er, wenn er nicht mit Landsleuten zusammensaß oder arbeitete oder das Theater besuchte, am liebsten die Umgebung von Berlin. Er suchte etwa den kiefernumsäumten Tegelsee auf, wo im November 1850 das Lied entstand:

Liebliches Jahr, wie Harfen und Flöten,
Mit wehenden Lüften und Abendröten
Endest du deine Bahn!

Oder er schaute den auf der trägen Spree dahinziehenden «stillen Wendenschiffen» nach.

Gegen den Winter mehrte sich sein geselliger Verkehr. Er habe, schreibt er Freiligrath am 10. Oktober, noch ein Loch in seinen schwarzen Beinkleidern zuzunähen; Gustav Siegmund, der Bruder Frau Herweghs, sei über die Ferien nach Hause gekommen, und er müsse in seinem Hause essen. Um die nämliche Zeit machte er die Bekanntschaft des österreichischen Dramatikers Johann Nepomuk Bachmayr, auf den damals vieler Augen erwartungsvoll gerichtet waren. Bachmayr, 1819 in Neusiedl an der Zaya in Niederösterreich geboren, war mit Gedichten und Dramen hervorgetreten und hatte 1850 das Volksdrama «Der Trank der Vergessenheit» erscheinen lassen. An Keller hatte ihn Hettner gewiesen. In Berlin erschien er, um sein Drama auf die Bühne zu bringen. Er griff das Werk mit ungeschickter Betriebsamkeit an, lief den Kritikern nach, wandte sich an Gervinus, Rötscher und Kossak und suchte sich mit den Schauspielern, so mit Dessoir, auf guten Fuß zu stellen. Alles war umsonst. Zu Ende November 1850 verließ er Berlin und kehrte über Leipzig nach Wien zurück. Dort geriet er in Händel mit Laube und Friedrich Hebbel, der den «Trank der Vergessenheit» für hirnverrückt erklärte. Hettner und Keller legten zwei blanke Lanzen für das angegriffene Stück ein. Ein zweites Trauerspiel, «König Alfonso» (1860), fiel ebenso klanglos der Vergessenheit anheim. Im Sommer 1864 machte der Unglückliche, nachdem sein Streben völlig gescheitert war und auch seine Ehre Schaden gelitten hatte, allen Leiden ein freiwilliges Ende. Er soll sich in die Donau gestürzt haben.

Nach Neujahr 1851 suchte Keller endlich Fanny Lewald auf. «Sie gefiel mir gut», schreibt er Hettner am 17. Februar, «und war sehr freundlich, so daß ich nun öfter hingehen werde. Sie ist eine wunderliche Person.» Wirklich stellte er sich auch in ihren Zirkeln ein, aber das Gebaren, das er hier fand, stieß ihn ab, so daß er bald wieder wegblieb. Die Ostentation, mit der Fanny Lewald ihr freies Verhältnis zu Stahr zur Schau trug, und die Anmaßung, mit der sie von ihrer literarischen Bedeutung sprach, verdrossen den selber so tief Bescheidenen. Fanny Lewald stellte sich neben, ja über die George Sand, und als einst ein bescheidener und stiller Professor etwas über den neuesten Roman der Sand zu sagen wagte, erhob sie sich großartig vom Sofa und verkündete: «Ich dächte, mein Herr, ich hätte hier auch ein Wort mitzusprechen.»

Im Herbst 1853 schrieb Keller an Hettner, die märkische Landschaft habe etwas recht Elegisches, Schwächendes für den Geist. Er sei fest überzeugt, daß es an der Landschaft liege, daß die Leute hier unproduktiv würden; er würde hier auch eintrocknen. Gegenüber Freiligrath findet er, die Leute in Nordgermanien seien dermalen von schrecklich kurzem Gedärm, großer Konfusion und Gedankenlosigkeit, und jeder, Alte und Junge, sei Aktionär in der allgemeinen Pfuscherei. Er wünscht (an Hettner, 26. Juni 1854), Heyse möchte aus der unglücklichen Konstellation zwischen den beiden Süßwasserfischen Kugler und Geibel herauskommen.

Solche Urteile deuten an, warum Keller sich dem «Tunnel über der Spree» beharrlich fernhielt. Ein einziges Mal nur war er, wie er später Heyse erzählte, als Gast dort «obskur wie eine Schärmaus und ungefähr auch von ihrer Gestalt. Auf dem Präsidentenstuhl saß Franz Kugler und hieß Lessing; ein Gardeoffizier las eine Ballade vor; bei der Umfrage kam ich auch an die Reihe und grunzte: Wrumb!, worauf das Wort sofort dem Nächsten erteilt wurde.» Nur mit einzelnen Mitgliedern kam er in Berührung. Vor allem mit Christian Friedrich Scherenberg (1798–1881), dem er im Sommer 1851 nahetrat. Der Dichter von «Ligny», «Waterloo», «Leuthen» usw. versah damals die nichtige Stelle eines Unterbibliothekars im Kriegsministerium, wo er aus Mangel an Beschäftigung, auf einer hohen Leiter stehend, den einen Tag die Bücher der Oberregion von rechts nach links und am andern von links nach rechts aufzustellen hatte. Er stand damals auf der Höhe seines Ruhmes. Louis Schneider, der Privatsekretär des Königs und Scherenberg aus dem «Tunnel» befreundet, hatte sein Epos «Waterloo» am Hofe vorgelesen und eine förmliche Begeisterung für den Dichter in den höchsten Kreisen hervorgerufen; Friedrich Wilhelm IV. hatte sich sogar bereit erklärt, «Waterloo» und die übrigen noch unveröffentlichten Gedichte auf seine Kosten drucken zu lassen. Auch der Prinz von Preußen, der nachmalige Kaiser Wilhelm I., schenkte dem Dichter seine Huld. Man berauschte sich in der lahmen Zeit der Reaktion an den früheren Großtaten der preußischen Armee und stärkte sich an Scherenbergs Versen, deren kraftvolle Klänge freilich auch viel rhetorischer Wind schwellte, für künftige Siege.

Dem schweizerischen Dichter kam Scherenberg mit väterlichem Wohlwollen entgegen. Keller saß oft in seiner patriarchalischen Wohnung oder stapfte mit ihm hinaus in die Gegend der letzten Pappel dicht an der Potsdamer Brücke, wo hinter einem Bretterzaun ein Gartenwinkel verborgen lag, in dem man Kaffee trank. Das Theatralische, das Scherenberg anhaftete, übersah Keller zuerst und hielt sich an das Liebenswürdig-Kindliche in seinem Wesen und an die dichterische Kraft, die er schätzte – mit so manchem Zeitgenossen überschätzte. «Er ist ein ganzer und voller Dichter», schrieb er Hettner (29. August 1851). «Ich bin überzeugt, daß dieser Mann einer der größten Poeten der nächsten zwanzig und letzten zwanzig Jahre ist.» Die Einfachheit der Lebenshaltung und der Freisinn, die Scherenberg sich, als königlich preußischer Hofdichter und von Generalen besucht, bewahrte, hatten es ihm angetan. Im Laufe des Jahres 1853 aber zog er sich ernüchtert zurück. Als Scherenberg damals krank lag, besuchte ihn Keller einigemal. Da jener aber, obgleich er sich kaum rühren konnte, sich wieder in seiner ausgehöhlten unwahren Manier, wie Keller an Palleske schrieb, lustig erging und mit kokettem Rousseauspielen und erlogenem Wohlwollen um sich warf, wurde er wieder für eine Zeitlang abgeschreckt. «Er wird mir immer eine angenehme Erscheinung sein, wenn ich näher nichts mit ihm zu tun habe ... Inzwischen macht er sehr hübsche Sachen.» Ein Jahr später nennt er ihn gegenüber Freiligrath zwar ein Genie, aber einen alten unwissenden Hanswurst, der den Mangel an Selbstbeaufsichtigungs- und Bildungsfähigkeit durch allerlei Scharlatanerie zu verdecken suche.

Durch Scherenberg lernte Keller auch einige von dessen Freunden kennen. So seinen Rhapsoden Emil Palleske (1823–1880). Er hörte ihn «Leuthen» rezitieren und erinnerte sich ein Vierteljahrhundert später noch mit Genuß an die vollendete Wiedergabe des «Wintermärchens». Ebenso nahm er Interesse an Palleskes eigenen dramatischen Dichtungen, vor allem an «König Monmouth», den jener im engen Freundeskreise vortrug. Als der Rhapsode später im Thüringer Walde, in Ichtershausen bei Erfurt, sich ansiedelte, ermunterte er Keller, dieser möge ebenfalls in die Nähe ziehen, nach Arnstadt oder Dessau, wo man dann, da Gustav

Freytag, Wilibald Alexis und Friedrich Bodenstedt nicht weit entfernt wohnten, eine poetische Kolonie bilden könnte. «Sie sind», schrieb er ihm, «der einzige von allen mir bekannten Dichtern, der nicht die gesamte deutsche Zukunft allein verspeisen will, und das ist für unsereinen, die noch in miserablem Dunkel stecken, sehr tröstlich.» Palleskes späteres Schillerbuch war Keller sehr sympathisch, und als jener im Herbst 1875 auf einer Vortragsreise auch Zürich berührte, wurde die alte Bekanntschaft erneuert. Gottfried Keller widmete ihm damals zur Einführung einen schönen Aufsatz, von dem Palleske hocherfreut bekannte: «Das ist denn freilich keine Reklame, sondern ein Zeugnis, das mir nicht in der Flut neuer Stunden und Tage verloren gehen wird. Das soll man in meinem Nekrolog einmal abdrucken, und mehr braucht nicht drin zu stehen, damit ich sanft darauf schlafe.»

Scherenberg vermutlich war es, der Keller auch bei dem Kanzleirat March einführte. In dessen Hause an der Matthäikirchstraße versammelte sich jeden Dienstagabend eine kleine Gesellschaft, die bei einer Tasse Tee über Kunst, Wissenschaft und Politik sich unterhielt. Scherenberg, Eduard Friedberg (der Stadtrat, der Bruder des nachmaligen preußischen Justizministers), Rechtsanwalt Hiersemenzel und andere gehörten ihr an. Keller lernte da seinen originellen Landsmann Heinrich von Orelli (1815–1880), einen nahen Freund Scherenbergs, kennen. Die beiden Zürcher sind sich indes nicht näher gekommen. Orelli, aus einer aristokratischen Familie hervorgegangen, seinem ganzen Wesen nach vornehm konservativ, daneben ein edler Schwärmer, von tiefen philosophischen Interessen, hatte in Göttingen, dann bei Savigny in Berlin staatswissenschaftliche Studien betrieben und lebte seit 1844 ununterbrochen bis zu seinem Tod als freier Gelehrter in scheuer Zurückgezogenheit in Berlin. Jedem Brotberufe gründlich abgeneigt, nach und nach gänzlich mit dem norddeutschen Wesen verwachsen, Mitglied des «Tunnels», blieb er der Heimat, deren Zustände ihm zu frei schienen, hartnäckig fern und vertiefte sich in seine umfassenden Studien. Orelli ist namentlich durch ein Buch, «Das Wesen des Jesuitenordens» (1846), bekannt geworden. Er war ein begeisterter Schüler und Freund von Gervinus, den Keller nicht leiden konnte.

Zu Scherenbergs Vertrauten gehörten ferner Adolf Widmann und der Leutnant von Saint-Paul, mit denen Keller flüchtig verkehrte. Christian Adolf Friedrich Widmann (1818–1878), aus Maichingen in Württemberg gebürtig, hatte nach sozialpolitischen Schriften 1850 einen Roman «Der Tannhäuser» veröffentlicht, worin Heinrich von Orelli als Heinrich von

BETTY TENDERING

Zeichnung von Ludwig Pietsch, 1853

SCHREIBUNTERLAGE DES DICHTERS

während der Niederschrift des Grünen Heinrich (Ausschnitt)

Ekkert auftritt, und ließ bei Franz Duncker die Novellensammlungen «Am warmen Ofen» (1853) und «Für stille Abende» (1854) erscheinen, die Kellers Mißfallen erregten. Später verlegte er sich aufs Drama und gab unter anderem 1855 eine «Nausikaa» heraus. Der Leutnant von Saint-Paul, «eine reichangelegte Natur, eine schöne, frühzeitig prostituierte Menschenseele», aus einer preußischen Soldatenfamilie stammend, war selber Soldat, dann Zensor gewesen, führte nun in Berlin ein genialisierendes Bohemeleben, schlug sich kümmerlich durch journalistische Arbeiten und Pump durch und ergötzte die Freunde von Zeit zu Zeit durch seine zynischen Späße, mit denen er auch sich selber nicht verschonte.

Je mehr die Freundschaft mit Scherenberg sich abkühlte, um so eifriger suchte Keller anderen Verkehr. Eine Zeitlang gehörte er einem Kreise an, der sich um den Bildhauer Hermann Heidel (1810–1865) versammelt hatte. Gustav Siegmund mag ihn da eingeführt haben. Heidel, ein Schüler Schwanthalers, der Schöpfer der Händelstatue in Halle, war eine ernste Künstlernatur und ein Mann von klassischer Bildung, die er namentlich auch durch die Umrißzeichnungen zu Goethes «Iphigenie» bekundete. Mit ihm blieb Keller nach seiner Heimkehr einige Jahre hindurch brieflich in Verbindung. In Heidels Umgebung bewegten sich die Brüder Max und Fedor Jagor, letzterer der bekannte Reisende und Verfasser geschätzter Reisewerke, der Philosoph Adolf Helfferich, der vielseitige geniale Theodor Calide, der Musiker Vierling, Dr. Stort, Bibliothekar Dr. Bruns, Architekt Eduard Kaempffer und der Astronom Adolf Hirsch. Im «Kap-Keller», in der Weinhandlung von Papa Niquet an der Jägerstraße oder im «Schweren Wagner» fand man sich ziemlich regelmäßig ein.

Im Frühjahr 1853 traf Keller mehrmals mit Rudolf Gottschall zusammen, der damals in Berlin seine Dichtung «Carlo Zeno» vorlas, und lernte auch den Romandichter und Dramatiker Max Ring (1817–1901) kennen, der, aus Schlesien stammend und seines Berufes Arzt, 1850 nach Berlin gekommen war und sich rasch einen Platz in der literarischen Welt zu erobern gewußt hatte, indem er gewandt zwischen den reaktionären und den demokratischen Kreisen lavierte. Keller nennt ihn in einem Briefe an Hettner (3. August 1853) einen rührigen und talentvollen Burschen, später meinte er, er habe sehr mit der Gewöhnlichkeit zu kämpfen, neben großer Produktionsgewandtheit. Im Frühjahr 1854 führte Ring am Schauspielhause sein Lustspiel «Unsere Freunde» auf, zu dessen Besuch er Keller persönlich einlud. In seinen «Erinnerungen» erzählt er eine mysteriöse Geschichte, die er mit Keller erlebt habe. Dieser habe ihn eines Tages dringend ersucht, eine fremde Sängerin, die zufällig mit ihm in einem Hause wohne, gegen den ihr feindlich gesinnten Generalintendanten von Hülsen in Schutz zu nehmen. Sie hieß Fanny Oldi née de Bryans, und hatte durch ein nächtliches Ständchen die Aufmerksamkeit des romantischen Königs Friedrich Wilhelm IV. zu erregen gewußt. In einem Hofkonzert, zu dem sie Hülsen eingeladen, hatte sie kläglich Fiasko gemacht; ihr Gesuch, in der Oper Gastrollen zu geben, war ihr darauf von dem Intendanten abgeschlagen worden. Um nun durch die Presse einen Druck auszuüben, lud sie durch Keller den angesehenen Musikkritiker Dr. Lindner und Ring ein, um vor ihnen eine Probe ihres Talentes abzulegen.

Die bereits ziemlich angejahrte Sängerin hatte sich in theatralischer Weise herausgeputzt. Mit tremolierender Stimme und halsbrecherischen Trillern sang sie eine Arie ihres Lehrers Donizetti. Ihr Gesang verriet eine vorzügliche Schule, aber ihre theatralischen Gebärden, die rollenden Augen und schmachtenden Blicke wirkten so komisch, daß Lindner und Ring nur mit Mühe ihr Lachen zurückhalten konnten, während Keller voll Andacht zuzuhören schien. Erst auf der Straße stimmte auch er in das Lachen ein, verteidigte aber aus Rechtsgefühl und Mitleid die unglückliche Primadonna auch jetzt noch.

In den Winter 1853/54 fällt die erste Bekanntschaft mit Julius Rodenberg, der damals als Jurist die Berliner Universität bezogen hatte. In der Konditorei d'Heureuse wurde Rodenberg durch den Dichter Titus Ulrich auf Keller aufmerksam gemacht. «Er war», erzählt Rodenberg, «unter einer großen Zeitung gleichsam verborgen, doch so, daß ich ihn von der Seite sehen konnte: die kurze, gedrungene Statur, das markige Gesicht, die mächtig hohe Stirn, die treuherzigen Augen, die Nase, der Mund stark ausgebildet, aber edel geformt, und Wangen, Kinn und Lippen von einem stattlichen Vollbart umrahmt.» Oft, fast täglich traf er diesen Winter mit Keller zusammen, im Hause Franz Dunckers, in der Konditorei d'Heureuse, manchmal im eigenen Hinterstübchen. «Er sprach nicht viel und niemals von oder über sich. Auch von seinem Humor war kaum etwas zu bemerken. Man konnte nichts aus ihm herausbringen, und doch liebten wir Jüngeren den seltsamen, verschlossenen Mann und hatten einen instinktiven Respekt vor ihm, wiewohl wir noch nichts von ihm als ein paar Gedichte kannten.»

Zu Kellers damaligen Bekannten gehörte weiter der junge Mecklenburger Dramatiker Karl Schröder, Verfasser einer «Iphigenia in Delphi», eines «Catilina» sowie eines geistreichen komisch-satirischen Epos «Die

Krethiplethiade». Er ist schon am 3. April 1856 in München gestorben. Im Juni 1855 hatte er Keller auf seinen anmutigen Landsitz Wittenhagen bei Feldberg in Mecklenburg-Strelitz eingeladen: «Weg mit dem Tiergartenstaub und den verkrüppelten Linden – hier ist frische Luft und ein Wald voll hundertjähriger Buchen und Eichen. Ein paar Wochen in behaglicher Ungebundenheit zu vertollen, sich gehen zu lassen in Hemdsärmeln und Bummelhosen, glauben Sie mir, es tut einem wohl. – – Nur nicht lange besonnen! Gepackt und zur Post!»

So stand Keller, der anfänglich so zurückhaltende, trotz seinem Mangel an geselligen Talenten, im dritten Jahre seines Berliner Aufenthaltes mit den meisten jüngeren Dichtern in Beziehung. Und endlich faßte er sich auch ein Herz, sich wenigstens einem der Überlebenden aus der großen Vergangenheit der deutschen Literatur zu nahen: Varnhagen von Ense.

«Der Statthalter Goethes auf Erden» versammelte von Zeit zu Zeit in seiner stattlichen, aber bescheiden eingerichteten Wohnung in dem gräflich Königsmarckschen Hause Mauerstraße 36 eine auserlesene Gesellschaft zum Fünfuhrkaffee um sich. «Es war dann», erzählt Rodenberg, «in diesen Wintertagen sehr behaglich, hell und warm in diesem hohen und geräumigen Empfangszimmer, während die Sitze rings um den großen, runden Tisch in der Mitte sich allmählich füllten. Da die Gesellschaft stets eine sehr distinguierte war, so mußte sich ein junger Ankömmling aus der Provinz schon etwas zusammennehmen; aber dieser Zwang hatte doch auch, im besten Sinne des Wortes, etwas Erziehendes, und endlich empfand man ihn gar nicht mehr. Damen aus den ersten Familien und mit alten historischen Namen, hohe Staatsbeamte, Militärs, Schriftsteller, Künstler traf man hier, alle mit einer mehr oder minder hervortretenden Neigung zur Kritik, wodurch der Unterhaltung ihr Gepräge gegeben ward. – – Varnhagen zeigte sich von der anziehendsten Seite, nicht ohne zuweilen eine satirische Bemerkung und ein ironisches Wort, aber immer in einem verbindlichen Ton und mit einer gemessenen Haltung. Von äußerster Zuvorkommenheit gegen die Jugend, vergaß er nie, was er der Würde seines Alters schuldig war, so daß man, wenngleich in respektvoller Entfernung, doch auch das Gefühl der Sicherheit erhielt, welches jedem möglich machte, sich auf dem ihm angewiesenen Platze mit vollkommener Freiheit zu bewegen.»

Varnhagens Haushalt stand seine Nichte Ludmilla Assing vor. In Hamburg 1821 als die Tochter eines jüdischen Arztes und der Schwester Varnhagens, Rosa Maria, geboren, war sie in einer literarisch angeregten

Familie aufgewachsen, in der zu Ende der dreißiger Jahre Gutzkow, Hebbel, Amalie Schoppe und andere verkehrten. Beide Eltern waren poetisch tätig gewesen. Beiden hat Gutzkow sympathische Nachrufe gewidmet, während Hebbel sich skeptischer äußerte, Ludmilla und ihre Schwester krittelnde Geschöpfe von fanatisch jungdeutscher Gesinnung nannte, der Frauenemanzipation huldigend, George Sand als Hohepriesterin verehrend. Äußerlich unschön, klein, höchst beweglich, war sie von phantastischem, exzentrischem Wesen. An der oppositionellen Gesinnung ihres Oheims nahm sie eifrigen Anteil und schleppte nach dem Tode Varnhagens seine Tagebücher mit all ihrer Medisance schonungslos an die Öffentlichkeit.

Am 18. Dezember 1851 sandte Gottfried Keller Varnhagen seine «Neueren Gedichte». «Ich würde mir», schrieb er dazu, «längst die Freiheit genommen haben, mich Ihnen vorzustellen, wenn es mir nicht an aller Form für den norddeutschen Verkehr gebräche.» Im Januar gelang es Varnhagen, die Wohnung des Schweizer Poeten zu ermitteln. Keller stattete ihm auf seine Einladung hin im März einen Besuch ab, hielt sich aber dann wieder still, bis er durch Überreichung der ersten drei Bände des «Grünen Heinrich» das Gewicht seines literarischen Ansehens verstärken konnte. Am 30. März 1854 notierte Varnhagen in seinem Tagebuche den Besuch Kellers. «Sein ‚Grüner Heinrich' ist ein Roman, wie Rousseaus Bekenntnisse einer ist, voll Psychologie, unbeabsichtigter Pädagogik, frischer Naturbilder, alles in edler, höherer Haltung; zu den dort abgelegten dichterischen Bekenntnissen fügt er mündlich noch andere mehr prosaische ... Ich rief Ludmilla herzu. Er erzählte sehr merkwürdig von Scherenberg, dessen Wesen, und machte dabei die treffendsten Bemerkungen.» Von da an war Keller öfter in Varnhagens Kaffeegesellschaften zu finden. Er machte hier die Bekanntschaft von Kleists Freund, dem alten General Ernst von Pfuel; auch Ferdinand Lassalle, Adolf Stahr und Max Ring traf er hier.

Am 9. Mai 1856 schrieb Ludmilla an Keller: «Nach langer Stille haben wir nun auch wieder unsere kleinen Gesellschaften angefangen, nach denen Sie sich so freundlich erkundigen, und denen Sie leider nun fehlen. Der alte, noch immer gleich lebhafte General von Pfuel war öfters bei uns, dann die geniale, liebenswürdige Frau von Bock, die ehemalige Schröder-Devrient, deren noch immer bezaubernder Vortrag Schubertscher und Schumannscher Lieder beweist, daß das Genie ewig jung bleibt. Auch zwei artige Töchter von Liszt sehen wir zuweilen, muntere, unbefangene Französinnen, die hier der Obhut der Frau von Bülow übergeben sind. Fräulein Ney [die Bildhauerin, eine Freundin der Johanna Kapp] kommt mitunter ... Doktor Ring war sehr in Anspruch genommen durch seine Verlobung.» Von Varnhagen erhielt er Rahels Handexemplar des «Cherubinischen Wandersmanns» von Angelus Silesius in der Münchner Ausgabe von 1827 zum Geschenk. Es ist das Büchlein, welches der Pfarrer am Schlusse des «Grünen Heinrich» zum Entzücken der Gesellschaft ins Grafenhaus bringt. Hier findet Heinrich neben den übrigen tiefsinnigen Zweizeilern des «vehementen Gottesschauers» auf Seite 71 unter der Aufschrift «Jetzt mußt du blühen» jene schönen Verse:

Blüh auf, gefrorner Christ! Der Mai ist vor der Tür:
Du bleibest ewig tot, blühst du nicht jetzt und hier.

Für Varnhagen bewahrte Keller lebenslang große Verehrung, nicht zum mindesten für den vorzüglichen Prosaisten. Darstellungen wie «Das Fest des Fürsten von Schwarzenberg» hielt er für unvergleichliche Meisterstücke. Die Nichte Ludmilla hatte sich schon in Berlin «höllisch» für ihn erklärt. Sie porträtierte ihn, legte bereits die eleganten rosenroten und meergrünen Bogen Briefpapier in Bereitschaft und spitzte die Feder, um nach seiner Abreise ungesäumt einen höchst ausgiebigen Briefwechsel mit ihm zu eröffnen. Seine Antworten galten indessen sicherlich mehr dem Oheim als der Nichte, wie sie denn auch nach Varnhagens Tode (Oktober 1858) sehr einsilbig und ironisch werden. In den sechziger Jahren wohnte Ludmilla wiederholt und auf längere Zeit in Zürich, da ihr in dieser Stadt die Herausgabe der Tagebücher sowie ein Prozeß über dieselben mit einer Zürcher Buchhandlung zu schaffen machten. Im Herbst 1873 zeigte die Zweiundfünfzigjährige ihre Verlobung und Vermählung mit einem schmucken Bersaglieri-Offizier an. Das verspätete Herzensglück nahm ein Ende mit Schrecken. Im August 1879 stellte sich Ludmilla zum letztenmal in Zürich ein. Ein halbes Jahr darauf wurde sie geisteskrank. 1880 starb sie.

Wenn alle Berliner Bekannten über Kellers herbe und tiefverschlossene Art einig sind, so mag an diesem Wesen neben Temperament und Erziehung vor allem seine schwierige äußere Lage schuld gewesen sein. Sie hemmte ihn immer wieder an einer leichten und gefälligen Beweglichkeit und verbitterte ihm seine spärlichen Erfolge. In diesem Punkte gleichen die Berliner Jahre denen in München aufs genaueste.

Die Regierung hatte dem ersten Stipendium von achthundert Franken aus dem September 1848 im Oktober 1849 ein zweites von tausend

Franken folgen lassen. Auch diese Summe war, als der Dichter nach Berlin übersiedelte, schon zum großen Teil aufgebraucht. Am 21. März 1851 setzte ihm der Erziehungsrat auf den Antrag des damaligen Erziehungsdirektors Alfred Escher, an den sich Keller am 28. Februar gewandt, ein drittes Stipendium von fünfhundert Franken aus. «Freuen wird es mich», schrieb Escher ihm dabei, «wenn Sie nun bald, wie Sie es in Aussicht stellen, einige Ihrer literarischen Produkte übersenden wollen. Ich werde dann nicht ermangeln, dieselben auch dem Regierungsrate zur Einsicht aufzulegen. Sehr würde es mich freuen, bald einmal zu hören, daß ein Stück von Ihnen über eine bedeutende Bühne in Deutschland gegangen und daß der Dichter des Stückes, mein ehemaliger Waffengefährte in der zürcherischen Staatskanzlei, einen Lorbeerkranz davongetragen habe.» Ein Jahr später, am 28. Mai 1852, verabreichte ihm der Erziehungsrat ein viertes Stipendium von sechshundert Franken. Es war das letzte, und die Bewilligung geschah nicht ohne Bedenken; man hätte gern einmal etwas von Bühnenerfolgen gehört, da Keller doch zu seiner Ausbildung als Dramatiker nach Berlin gegangen war. «Es will», schrieb Escher, «dem Erziehungsrate überhaupt scheinen, daß Sie sich eher zu wenig, als zu viel zutrauen. Wenn dies auch Ihrer Bescheidenheit alle Ehre macht, so dürfen Sie auf der andern Seite nicht aus dem Auge verlieren, daß, wenn Ihre Erzeugnisse vor dem strengen Gerichte Ihrer selbst nicht vollständig bestehen, sie vielleicht dessenungeachtet bei andern viel mehr Gunst zu erwerben geeignet sind. Wir glauben im Erziehungsrate, Sie sollten mit Ihren Dichtungen etwas zuversichtlicher und mutiger ans Tageslicht treten.»

Im ganzen hat so Keller im Zeitraum von dreieinhalb Jahren von der Regierung zweitausendneunhundert Franken bekommen, von denen vielleicht die Hälfte auf den Berliner Aufenthalt fiel. Dazu kam sein schriftstellerischer Verdienst: an erster Stelle das Honorar des «Grünen Heinrich», 742 Taler, dann die Honorare für die Gotthelf-Aufsätze in den «Blättern für literarische Unterhaltung», für die «Neueren Gedichte», die «Leute von Seldwyla», der Vorschuß für die Galatea-Novellen. Es war, alles in allem genommen, bedeutend mehr als die Mittel, über die Keller in München zu verfügen gehabt; aber er hatte auch jetzt jene Kunst der Sparsamkeit, die die Mutter zur Virtuosität ausgebildet, noch nicht gelernt. Dazu waren seine Ansprüche gewachsen. Er bewegte sich nicht mehr nur in der Gesellschaft leichtlebiger Künstlerbohemiens, wo man unbekümmert von der Hand in den Mund lebte und einer dem anderen borgte; die höhere bürgerliche und literarische Welt, in der er in Berlin lebte und auf die er sich so viel zugute tat, verlangte auch eine entsprechende Lebenshaltung. Er konnte die leinenen Hemden, die ihm die Mutter mitgegeben, teils des Schnittes, teils der Grobheit wegen in der Gesellschaft nicht tragen. Einzig das Hemd, welches eine breite Brust ohne Falten habe, berichtete er der Mutter, trage er auch bei Einladungen, da es wegen seines wunderbaren Schnittes Aufsehen errege und er es als schweizerisches Nationalhemd ausgeben könne.

Und dann, er war nicht mehr der Zwanzigjährige der Münchener Jahre. Er stand nun in den Dreißigen, da man sich nicht mehr mit dem leichten Sinn der Jugend über die Nöte des Lebens hinwegtäuscht. Die bittersten Verlegenheiten und die damit verbundenen Demütigungen peinigten ihn unaufhörlich und steigerten die Schroffheit seines Wesens.

Mehr als einmal stand der nackte Hunger vor seiner Tür. In einem Briefe an Emil Kuh vom 8. Juni 1876 ist eine ergreifende Erinnerung an diese Tage der Not niedergelegt. Es war im ersten oder zweiten Jahre seines Berliner Aufenthalts, er selber bereits in guter Gesellschaft eingeführt. Eines Abends besaß er noch bare fünf Groschen, als ihn ein Bildhauer (wohl Hermann Heidel) in die Wagnersche Bierstube abholte, wo allerlei literarische Notabilitäten, unter ihnen auch Melchior Meyr, beisammensaßen. Keller trug bloß Sorge, daß er noch einen Groschen übrig behielt, um sich zum Unterhalt für den nächsten Tag ein Brötchen kaufen zu können. Am folgenden Mittag geht er mit seinem Groschen in einen großen Bäckerladen der Nachbarschaft. Die elegante Bäckerstochter besieht das Geldstück verächtlich und sagt: «Der wird nicht genommen!» Die Kellnerin vom vorigen Abend hatte ihm einen verrufenen Gröschling herausgegeben. Der Hungrige mußte sein Brot wieder hinlegen und sich tief beschämt aus dem Laden wegschleichen. Er brachte den Tag ohne Speise zu und sah sich dann am folgenden Morgen genötigt, Geld zu borgen, was übrigens leichter vonstatten ging, als er geglaubt hatte.

Der bekümmerten Mutter suchte er seine Lage solange als möglich zu verhehlen und verfiel dabei auf den grausamen Ausweg, zeitweilig gar nichts von sich hören zu lassen. Nicht bloß auf Monate oder halbe Jahre: einmal blieb er fast zwei Jahre lang stumm für das Mutterherz. Was sollte er schreiben, das dieses nicht noch mehr beschwert hätte? So mußte denn die arme Frau etwa von heimkehrenden Zürcher Studenten zu erfahren suchen, ob ihr Gottfried noch lebe. Oder sie ging bei seinen Freunden herum, um von irgendeiner Briefspur Kunde zu bekommen.

Um Weihnachten 1851 erkrankte er ernstlich und befand sich fast drei

Monate in leidendem Zustande. Sein Freund Christian Heußer stand ihm jetzt wie später wacker zur Seite. Am 28. Dezember setzte er sich endlich hin, an die Mutter zu schreiben. Er brachte den Brief nicht zustande. Statt dessen lösten sich aus der gepreßten Brust die ergreifenden Verse:

Während eines Briefes an die Mutter, nachdem ich anderthalb Jahre nicht geschrieben:

Ich schmiede Verse, schreibe Bücher,
Ich schreibe wochen-, mondenlang,
Lass' Helden große Worte sprechen,
Stets gibt die Schelle ihren Klang.

Ich schreibe an gelehrte Freunde,
An zier- und geistbegabte Fraun,
An lebensfrohe Witzgenossen,
Weiß alle leichtlich zu erbaun.

Nur wenn ich an die ungelehrte
Und arme Mutter schreiben will,
Steht meiner Torheit fert'ge Feder
Auf dem Papiere zagend still.

Da gilt es erstlich, groß zu schreiben
Und deutlich für das Mutterauge,
Daß für das alternd tränenblöde
Des Söhnleins Schrift zum Lesen tauge.

Und dann – o welche schmerzenvolle
Und schwere Kunst! – das Wort zu wählen,
Das schlichte Wort, das Hoffnung spendet
Und wahr ist mitten im Verhehlen!

O, wie gesteh' ich all mein Fehlen
Und töte ihren Glauben nicht?
Soll ich voll List den Trotz'gen spielen,
Zu locken ihre Zuversicht?

Brech' ich die alte schlichte Weise
Und nehme heißes Schmeichelwort,
Das ich so gerne spräche? Aber
Scheucht dies nicht ihr Vertrauen fort?

Schreib' ich in glänzenden Gedanken,
In reicher Hoffnung Lenzgefühl?

Wähl' ich der Demut enge Schranken?
O, immer bleibt's ein trüglich Spiel!

Wähl' ich Papier und Siegel köstlich?
Verletzt sie die Behaglichkeit?
Schrieb' ich an eine blasse Fürstin,
Wie klein wär' die Verlegenheit!

Lass' ich sie trüglich Wohlstand ahnen,
Um ihrem Herzen wohlzutun?
Tu' ich das Gegenteil, damit sie
Nicht meinem müsse unrecht tun?

Mich hat die Welt so oft betrogen,
So oft trog ich mein Mütterlein!
Die Welt gebiert stets neue Formeln,
Mir aber fällt bald nichts mehr ein.

Hemmt euren Lauf, geschwätz'ge Reime,
Die ihr mich meiner Pflicht entzieht! –
Bald lern' ich nun gefühlvoll dichten!
In Tränen schrieb ich dieses Lied.

Anfangs Februar weckte ihn ein bekümmerter Brief der Mutter aus seinem Schweigen, und ehrlich gestand er: «Ich wußte nicht, was ich schreiben sollte ... Ich habe öfters Briefe an Leute nach Zürich geschickt, die mir weit ferner stehen, aber dort hatte ich gut schreiben.»

Aufs neue wurde ihm das Schuldenwesen die «hohe Schule». «Das verworrene Netz von Geldmangel», schrieb er Hettner am 16. Juli 1853, «kleinen Sorgen, tausend Verlegenheiten, in welches ich mich unvorsichtigerweise mit meinem Eintritte in Deutschland verwickelte, wirft mich immer wieder zur Untätigkeit zurück; ... die fortwährende Aufregung, die man verbergen muß, diese tausend Nadelstiche absorbieren alle äußere Produktivität, während freilich das Gefühl und die Kenntnis des Menschlichen an Tiefe und Intensität gewinnen. Ich würde mir diese letzten drei Jahre später nicht abkaufen lassen.» Das Schuldenwesen ließ sogar zwischen Hettner und Keller eine zeitweilige Spannung eintreten. Hettner hatte dem Freunde eine Summe geborgt und hatte dann, in eigener Verlegenheit, um Rückzahlung gebeten, und Keller, unfähig, das Geliehene zurückzuzahlen, hüllte sich ein Jahr lang in Schweigen. Die Verstimmung wurde durch Hettners Großmut beglichen, ja dieser stand dem Freunde aufs neue mit einer größeren Summe bei.

Auch die Freunde in Zürich waren tätig. Keller hatte seine ganze Notlage dem heimgekehrten Christian Heußer im Herbst 1853 eröffnet. Dieser zog Männer wie Jakob Dubs und Alfred Escher ins Vertrauen. Keller sollte zunächst ein genaues Verzeichnis seiner Schulden in Zürich, Heidelberg und Berlin zusammenstellen. «Vergiß unter den Berlinern», mahnte Heußer, «auch Schneider W. nicht! Es ist immer ein verfluchter Lärm in Nummer 22 an der Dorotheenstraße, der Quelle der schweizerischen Fama in Berlin.» Das verlangte Register traf ein, worauf sich Dubs ans Werk machte und sechs Aktien zu dreihundert Franken bei vertrauten Freunden zum Zwecke der Loseisung des Bedrängten abzusetzen suchte. Das Unternehmen war für die Aktionäre mehr munter als gewinnbringend. Keller brauche nichts zurückzuzahlen, schrieb Heußer. Nationalrat Planta zum Beispiel, der den Poeten weder kenne noch sonst ein großer Dichterfreund sei, nehme eine Aktie auf die Bedingung hin, daß Dubs das Plantasche Lukmanier-Eisenbahnprojekt unterstütze und Keller seinerzeit eine Lukmanier-Ode verfasse. Es gelang unter großen Mühen, bis zum Frühling 1854 die Summe aufzubringen. Als sie bei Keller, der die Hauptaktionäre später insgesamt befriedigte, eintraf, reichte sie eben zur Tilgung der Passiven hin.

Um die nämliche Zeit schien sich ihm ein Weg aus allen Wirrnissen zu öffnen. Der genannte schweizerische Staatsmann Jakob Dubs, damals Zürcher Staatsanwalt und Nationalrat, schrieb dem Freund aus einer Sitzung der Bundesversammlung in Bern am 7. Februar 1854:

«Du hast wahrscheinlich in den Zeitungen von unserm Versuch, eine schweizerische Universität zu gründen, gelesen. Diese wurde zwar verworfen; hingegen wurde mit gestern erfolgter Zustimmung beider Räte ein Polytechnikum beschlossen, an das eine Art philosophischer Fakultät angeknüpft wird. Unter den hier zu lehrenden Fächern ist Literatur- und Kunstgeschichte besonders herausgehoben, und es scheint mir nun, Du wärest der Mann, diese Fächer gehörig zu repräsentieren. Wärest Du damit einverstanden, so würde ich sofort Schritte tun. Wenn die Stellung vielleicht anfänglich auch nicht glänzend dotiert würde, so ließe sich doch möglicherweise eine etwas höhere Summe aussetzen unter dem Titel von Übersiedlungskosten. Das Polytechnikum wird mutmaßlich auf Herbst 1854 eröffnet.»

Keller beriet sich mit dem in akademischen Dingen erfahrenen Hettner. Er kannte die Verhältnisse in der Heimat gut genug, um zu wissen, daß es sich bei der angetragenen Stelle nicht um eine Ehrenprofessur handle, wie sie etwa Geibel in München oder Redwitz in Wien innehatte, sondern daß «für den ausgesetzten Lohn wacker gepaukt werden» mußte. Mit zusammengeschwindelten Heften zu hantieren, gestand er, wäre ihm unmöglich und dürfte ihm schlecht bekommen, besonders gegenüber von jungen Technikern und Architekten. Deutsche Literatur getraue er sich schon vorzutragen; es sei aber mit dem Dozieren von Dichtern im eigentlichen Sinne des Wortes nie weit her gewesen, und es könne nicht seine Bestimmung sein, aus einem erträglichen Poeten ein schlechter Lehrer zu werden. Er fürchtete, bei aller Anerkennung der Vorteile, die die Stelle bringen konnte, aus dem Geleise geworfen zu werden, das er sich mühsam genug erkämpft hatte, und über dem Professor den Dichter zu verlieren. Ähnliche Bedenken haben Friedrich Hebbel, dem ebenfalls der Gedanke einer akademischen Laufbahn mehrmals nahegelegt wurde, sie einzuschlagen stets abgehalten.

Hettner, der Kellers ablehnende Haltung als allzu große Bescheidenheit auffaßte, riet zur Annahme der Stelle. Kellers feine Bemerkungen über dramaturgische Fragen hatten ihm den Beweis erbracht, daß er auch die nötige theoretische Schulung für das Amt besitze. Aber Keller kannte sich besser. Man hätte in der Tat Mühe, ihn sich auf dem Katheder vorzustellen. Nach einer gründlichen Selbstprüfung lehnte er die ihm zugedachte Professur ab und empfahl Hermann Hettner in Jena, welcher ungleich besser dazu tauge. Dieser wurde jedoch, bevor die Angelegenheit von Zürich aus zum Abschluß gelangt war, nach Dresden berufen. Nach Zürich ging Friedrich Theodor Vischer. Johanna Kapp schrieb dem Dichter am 31. März: «Erst tat mir's leid, daß Sie kein Professor würden; dann aber bin ich froh geworden: denn in Zürich wird ebensogut wie anderwärts der Professorenstuhl das Philisterium hervorlocken. Bleiben Sie eine frische freie Seele Ihr Leben lang!»

Warum hat Keller nicht einfach sein Zelt in Berlin abgebrochen, wie er es in München getan, statt sich kümmerlich von einem Tag zum anderen durchzuschlagen und stets aufs neue Schulden aufzuhäufen? Seine Dramen und Erzählungen konnte er doch zu Hause ebensogut schreiben, und in Zürich hatte er wenigstens die Mutter und Schwester, die ihm Wohnung und Unterhalt geboten hätten! Oft genug tauchten diese Fragen in ihm auf, und die Mutter sprach sie aus. Aber ebensooft wies er die Zumutung zurück. Er wußte, wie man in Zürich von ihm dachte. Mit und ohne Schuld war der «faule» Dichter bei seinen fleißigen und braven Landsleuten nachgerade in den Ruf eines leichtsinnigen Schuldenmachers und saumseligen Taugenichts gekommen. Diesem Ruf wollte er nicht Recht geben durch eine Flucht an den mütterlichen Herd. «Ehe ich heim komme, müssen meine Sachen heraus und mein Zweck wegen des Theaters in Berlin erreicht werden, damit ich gegenüber der Regierung, die auch dafür verantwortlich ist, etwas getan habe. Ich will überhaupt mit gutem Ansehen nach Hause kommen und als ein selbständiger Mann in jeder Hinsicht.» So schrieb er der Mutter am 24. Dezember 1853. Und ein halbes Jahr später: «Wenn ich hätte als ein ‚Hudel' heimkehren wollen, so hätte ich es längst tun können, da ich das Reisegeld schon manchmal in der Tasche hatte oder jeden Augenblick erhalten konnte ... Übrigens bin ich in dem großen Berlin geachtet und komme in sehr anständige Häuser; und die Zürcher werden mich wohl auch noch achten lernen, wenn ich schon bisher kein Geld hatte.»

Die Hoffnung, ein Drama zu schreiben und es in Berlin zur Aufführung zu bringen, ging nicht in Erfüllung. Die «Neueren Gedichte», die 1851 erschienen, wogen dem Dichter zu wenig, und die Vollendung des «Grünen Heinrich» verzögerte sich aus inneren und äußeren Gründen bis zum Frühjahr 1855. Jetzt hätte er heimkehren können, aber nun fesselte ihn ein anderes Band an Berlin. Nach fünfjähriger guter Ruhe hatte ihm «der Teufel eine ungefüge Leidenschaft auf den Hals geschickt», die ihn «neben dem übrigen Ärger, Zorn und mit den Schulden um die Wette zwickte und quälte».

Im Herbst 1853 hatte Keller den Verleger Franz Duncker kennengelernt, der mit Scherenberg, Heidel, Hirsch und anderen befreundet war und sich für seinen jungen Verlag nach Autoren umsah, und am 6. Oktober hatte ihn dessen Gattin Lina in ihr Haus geladen.

Dunckers wohnten damals in einem stattlichen Rokokobau, Johannisstraße 11. Der frühere Besitzer, der originelle Graf Johannes Roß, ein Verwandter Lina Dunckers, hatte die Räume in pompejanischem, türkisch-maurischem, chinesisch-japanischem und indischem Geschmacke ausgestattet und mit entsprechenden Möbeln und Kunstgegenständen geschmückt, die zu jener Zeit großenteils noch vorhanden waren. In den phantastisch gezierten Zimmern bewegte sich eine glänzende Gesellschaft von Literaten, Künstlern, Gelehrten, Politikern. Lassalle, der Maler Ludwig Pietsch, Rodenberg, Bogumil Goltz, Eduard Vehse, der Geschichtschreiber der deutschen Höfe, der Publizist Julius Frese und andere verkehrten hier. Franz Duncker (1822–1888), der Sohn des Verlegers Karl und der Bruder des Historikers Max Duncker, hatte sich mit Feuereifer auf die Seite der Demokraten gestellt, 1848 als Hauptmann der Bürgerwehr und Wahlmann für die preußische Nationalversammlung gewirkt und die «Nationalzeitung» gründen helfen. Sein Verlag war eine Hochburg demokratischer Ideen, seine «Volkszeitung», an der er selber mitarbeitete, das Organ der Kleinbürger- und Arbeiterkreise. Mit diesen volkstümlichen Neigungen verband er, ähnlich wie Lassalle, ein ausgeprägt aristokratisches Wesen. Schon seine äußere Erscheinung machte Eindruck, trotz der geringen Größe. Er war ein leidenschaftlicher Reiter und Jäger. Aber auch innerlich vornehm, großzügig bis zur Phantastik, zu wenig kühl rechnender Geschäftsmann.

Seine Gattin Lina Tendering (1825–1885) war die Tochter eines Gutsbesitzers bei Wesel, durch ihre Mutter eine Enkelin des hochgeschätzten und freisinnigen evangelischen Bischofs Roß in Berlin, der einem ursprünglich schottischen Grafengeschlechte entstammte. Ohne schöne oder nur hübsche Gesichtszüge, übte die zierlich gebaute Gestalt eine große Anziehungskraft aus durch ihren leicht sarkastisch gefärbten Humor, ihre große Natürlichkeit bei feinstem Sinn für das Echte und Unechte, durch die unbestechliche Nüchternheit des Urteils, das auch das schroffe Wort nicht verschmähte, wenn es am Platze war. Man begreift, daß Keller in diesem Hause sich bald heimisch fühlte. Hier fand er Menschen von der gleichen Richtung des politischen Denkens, von derselben Freiheit des religiösen Bekenntnisses – Franz wie Lina Duncker standen jenseits der Kirche – und einen gesellschaftlichen Ton, in dem der frei spielende Geist nicht durch die respektvolle Rücksicht auf einen bejahrten und berühmten Hausherrn gebunden war wie bei Varnhagen von Ense.

Im Dunckerschen Hause kam dem Dichter die «ungefüge Leidenschaft auf den Hals». Die Geliebte war Betty Tendering, die am 6. April 1831 geborene jüngste Schwester Lina Dunckers. Sie hatte die beiden Eltern schon in den ersten Kinderjahren verloren, die Mutter 1832, den Vater 1839. Nach dessen Tod hatte sie bei einer Tante in Koesfeld, später in Berlin bei ihrem Großvater und in Haus Ahr bei Wesel, dem väterlichen Gute, gelebt. An geistiger Lebendigkeit, Liebenswürdigkeit und Bildung ihrer Schwester ebenbürtig, überragte sie sie durch Schönheit ihres Wuchses und das Ebenmaß ihrer Züge. Wenn sie hoch zu Roß, in knapp anschließendem Reitkleid von Haus Ahr nach Wesel kam, um, die Reitpeitsche in der Hand, in den Läden Besorgungen zu machen, liefen ihr die Schulkinder nach. Ludwig Pietsch, der sie zu Anfang der fünfziger Jahre zeichnete, hat in seinem Buche «Wie ich Schriftsteller geworden bin» (S. 104f.) eine anschauliche Schilderung von ihr entworfen:

«Beide Schwestern zeigten in ihrer Erscheinung kaum eine Spur des Verwandten und Ähnlichen. Frau Lina, die Ältere, bildete in Gesicht und Gestalt den äußersten Gegensatz zu der Schwester. Als ein wahres

Elitewesen an Leib und Seele erschien mir letztere, wie es die Natur nur selten in ihren glücklichsten Momenten und in ihrer besten Gebelaune schafft. Für eine junge Dame von zwanzig Jahren ungewöhnlich groß und hoch gewachsen, fast heroinenhaft in ihren Körperformen und ihrer majestätischen Haltung, war ihr doch alles Mannweibliche, Walkürenhafte durchaus fremd. Mit der Hoheit ihrer Erscheinung waren ruhevolle Grazie und Anmut der Bewegungen innigst verbunden. Der schöne Hals trug ein von schwarzem, langem, reichem Gelock umwalltes Mädchenhaupt, mit einem Profil von klassischem Adel der Linien, unterhalb von dessen feingeschnittener, wie aus Marmor gemeißelter Nase sich die blühenden, schön geschwungenen Lippen über den weißen Zähnen öffneten.

Keine willkommenere, anziehendere Aufgabe hätte mir gestellt werden können, als die, diesen herrlichen Kopf und diese Gestalt zu zeichnen, die in der damals eben modisch gewordenen, sich auch um die Hüften schmiegenden langen Panzertaille ... die ganze edle Pracht ihres Wuchses entfaltete. Während der Sitzungen aber offenbarte sich mir im nie abreißenden lebhaften Gespräch mit dem schönen Fräulein über alle Dinge zwischen Himmel und Erde ein weiblicher Geist, der sich diese klassische Hülle nach seinem eigenen Bilde geformt zu haben schien.»

Gottfried Keller hat die «elegante Personnage», wie er Betty Tendering in einem Briefe an Hettner nennt, wohl bald nach seinem Eintritt in das Dunckersche Haus kennengelernt. Im Winter 1854/55 faßte er eine leidenschaftliche Neigung zu ihr, die sich gegen den Frühling steigerte und ihren Höhepunkt im Mai 1855 fand. Wieder zwangen ihn Naturell und Umstände, diese Liebe allein für sich zu verarbeiten. Die Zeugnisse dieses einsamen Verarbeitens hat er selber aufbewahrt. Es sind zwei Papierbogen, die er als Schreibunterlage benutzte, als er die letzten Kapitel des «Grünen Heinrich» schrieb, ein kleinerer weißer und ein großer blauer Doppelbogen. Der weiße Bogen zeigt in kunstvollen und schönverzierten, manchmal zum Monogramm verschlungenen Buchstaben unzählige Male die Initialen B. T.; dann wieder erscheint in ganzen Reihen der Name Betty. Einmal findet sich neben einem B die Frage: «Est-ce qu'il y a du sucre là dedans?» Darunter die Worte: «La partie n'est pas égale.» Aus den Initialen B. T. ist der italienisch-französische Name gebildet: (La) Bella Trovata, Belle Trouvée, zu deutsch (Dortchen) Schönfund, daneben auch der grüne Heinrich als Enrico nicht fehlt. Auf dem großen blauen Bogen hat der Verliebte das Kunststück geübt, den Namen Betty in langen Reihen mit Spiegelschrift zu schreiben. Oder er zeichnet einen kleinen bärtigen Mann – sein eigenes Konterfei –, der auf der Schulter eine lange Stange trägt, daran als Blumenranken gezeichnete B hangen. Ein Scherz wie:

Rheinlandländerin
Ting tang Tendering!

weist auf die Fröhlichkeit der Geliebten, ein B mit dem Wort Nachtigall daneben auf ihre schöne Stimme. Mehrmals liest man das Datum: «Mai 1855», einmal mit der hübschen Wendung: «Dies ist der Mai Betty.» Eine Zeichnung stellt eine blätterübersponnene, von schönen Bäumen überragte Mauer mit einem Gittertor dar, das oben den Namen Betty und unten zweimal die Buchstaben B. T. trägt. Darunter stehen die Verse aus dem Divan des Abu Nuwas:

Wer dieses Haus betritt, sei sorgenlos,
Nur Küsse muß er dulden und Gekos'. –
Sie sprach: «Wir kamen dieses Umstands wegen.»
Nun denn, so tretet ein mit Glück und Segen!

Doch das Liebchen, das so heiß ich lieb',
Schön und anmutsvoll ist's über Maßen!
Wahrlich, es verdienet keinen Spott
Der, dem solch ein Liebchen hat gefallen.

Zwischen zwei zierlich ausgeführten Spiegeln steht: «Spiegelinski, Spiegelberger, Guckinspiegel.» Eine andere Zeichnung stellt eine Glocke mit anschlagendem Hammer dar, darunter stehen die Worte:

Rheinländerchen,
Was schlägt die Glocke?

Von der Pein langen Harrens weiß der Bogen zu erzählen. «Wie lang sind diese Wochen!» lautet ein Stoßseufzer. «Ich sitze in der Wüste und mache Kalender!» ein anderer. Und über diesem Harren kommt der Entschluß zu verzichten: «abrenuncio» malt er mit feierlichen Buchstaben hin. Oder er schreibt schief über mehrere untereinanderstehende Reihen von «nein» den Satz: «Resignatio ist keine schöne Gegend.» Dann wieder wünscht er: «O wär' ich wo der Pfeffer!» und schreibt das wehmütige Schwarzwälder Volkslied hin:

Wenn einer eine Liebe hat
Und weißt's nit z'machen,
So muß er auf die Seite, Seite stehn
Und freundlich lachen.

Lachen das ist ein schweres Ding,
Viel leichter ist's Weinen,
Was ich am liebsten, liebsten hab',
Das muß ich meiden.

Eine Zeichnung stellt ein Gerippe dar, das auf dem kummervoll geneigten Schädel eine Hanswurstmütze trägt und betrübt die Bratsche streicht. Rechts daneben steht: «Der Tränenmeier – Herr Gottfried Tränensimpel.» Links: «Gottfried Tränenberger – Tränenmeier.»

Das Wort, er habe die letzten Seiten des «Grünen Heinrich» tatsächlich unter Tränen geschmiert, erhält durch diese Eintragungen auf den Schreibunterlagen eine ergreifende Bestätigung. Vor Lina Duncker und ihrer Schwester aber suchte Keller seinen Zustand zunächst aufs sorgsamste zu verbergen. «Es trafen», gestand er später Lina Duncker, «gleich von Anfang an, als Fräulein Bettys hohe Gestalt am Horizonte Berlins heraufschritt, so verrückte und verhexte und verdrehte Umstände zusammen, und zuweilen herrschte in Ihrem Hause selbst ein so schnurriger Ton, daß ich, als ein argloser Mensch an dergleichen nicht gewöhnt, eben alle Unbefangenheit verlor und mich in den Mantel meiner Tugend hüllte.»

In einem späteren Briefe vom 29. Februar 1856 hat Lina Duncker einen charakteristischen Vorfall dem Dichter in die Erinnerung zurückgerufen. Keller sei stets so unartig und mürrisch wie möglich gegen Betty gewesen. «Wir führen zuweilen, *Betty* und *ich*, eine kleine Szene auf, in der *ich* Keller spiele. Sie können denken, wie natürlich das ist. Es handelt sich um ein *Bijou*, das Sie *fallen* ließen. So nannten Sie wenigstens irgendein, einer Schale entfallenes Ding. – Meine Schwester hebt es auf – unerhört freundlich, huldvoll von einem schönen, großen, stolzen Mädchen. Sie präsentiert es Ihnen und Sie kratzen es ihr ungestüm und barsch aus der Hand und legen es an Ort und Stelle, ohne Dank, ohne irgendein schmeichelhaftes oder erstauntes Wort. – Betty steht erstarrt vor Ihnen.» Was dann Keller freilich berichtigte: «Übrigens stand Fräulein Betty nicht, sondern saß auf einem Stuhle, als ich jenen Knopf oder kleinen Kompaß suchte; und als sie so huldvoll war, mir ihn zu geben, trotzte – Keller hatte «trotzen» statt «kratzen» gelesen – «ich das Ding nicht ihr aus der Hand, sondern nahm es verblüfft und demütig in Empfang. Eine besondere Rede daran zu knüpfen, war ich freilich nicht behende genug.»

Wieder wie bei seiner Liebe zu Luise Rieter rächt sich das trotzige Verschweigen der Leidenschaft durch tolles Wirtshausleben und nächtliches Randalieren. Einmal erscheint er mit einem blauen Auge bei Dunkkers. Von der Hausfrau zur Rede gestellt, leugnet er ab, daß es von Prügeln komme. Zwei Jahre darauf legte er Lina Duncker das Bekenntnis ab, daß es dennoch von einer Schlägerei herrührte. «Ich hatte nämlich nicht nur den Schlivian geprügelt, sondern in der folgenden Nacht wieder einen, wegen dessen ich verklagt und von der Polizei um fünf Taler gebüßt wurde. In der dritten Nacht zog ich wieder aus, fand aber endlich meinen Meister in einem Hausknecht, der mich mit dem Hausschlüssel bediente, worauf ich endlich in mich ging. Es war eine Donnerstag-, Freitag- und Sonnabendnacht, wo ich so mit gebrochenem Herzen mich umtrieb und anderen Leuten mir zur Erleichterung an den Köpfen kratzte.»

Schlivian war ein Theaterreporter. Der Zusammenstoß fand in der Nacht vom 28./29. Juni statt und zog einen brieflichen Meinungsaustausch nach sich.

Als Kellers leidenschaftlicher Zustand sich in derartigen Randalszenen Luft machte, weilte Betty Tendering seit einigen Wochen in der Schweiz. Auf ihrer Durchreise durch Zürich wünschte sie auch des Dichters Mutter zu besuchen, die damals in der Gemeindegasse in Hottingen wohnte; er fand es aber klüger, die «elegante Personnage» nicht geradewegs zu der schlichten Frau zu schicken, sondern sie durch Wilhelm Schulz, der in der Nähe wohnte, bei ihr einführen zu lassen. Doch die unternehmende junge Dame kümmerte sich, wie sie nach Zürich kam, zunächst nicht um die Empfehlung, die ihr Keller für Schulz mitgegeben, sondern suchte die Wohnung der Mutter auf eigene Faust auf. Dabei geriet sie, wie Keller später schrieb, «an ein paar alte, stupide, mürrische Leute, die mit aller Welt im Zerfall leben und mit keinem Nachbar ein Wort sprechen. Diese verleugneten aus Dummheit oder Verstocktheit meine arme Mutter; kaum aber war die ‚Erscheinung' wieder verschwunden, so tauten sie auf, der alte Mann und die alte, sonst finstere Frau, und erhoben einen solchen Lärm von der Schönheit und Pracht und Leutseligkeit des fremden Fräuleins, daß es unter allen meinen Bekannten wie ein Lauffeuer herumging.»

Nicht mehr Glück hatte Betty bei Wilhelm Schulz und seiner Frau. Schulz berichtet am 28. Juli 1855 an Keller: «Es war gerade an einem Sonntag, als sie sich in der Hottinger Gemeindegasse einfand. Wir waren ausgegangen, schweiften auf dem Zürichberg und in den Wäldern umher, kamen spät abends nach Hause und fanden Dein offenes Schreiben nebst Visitenkarte. Am frühen Morgen stürzte sich meine Kätherle ins ‚Schwert', wo die ‚beifolgende junge Dame' in vornehmer adeliger und weiblicher Genossenschaft logierte. Sie war soeben zum Dampfschiff abgegangen. Die Meinige eilt nach, da reißt der Dampf die Deinige von dannen, und die Meinige hat nur noch das Nachsehen auf eine schlanke weibliche Gestalt im grauen Reisekleide.»

Jene alten stupiden Leute waren indessen nicht zu stupid, um sich ihren Kommentar zu machen zu dem Besuch der schönen eleganten Berlinerin bei der Mutter Gottfried Kellers, und auch das Schulzische Ehepaar und Kellers Mutter blieben selber mit scharfsinnigen Vermutungen nicht zurück. «Wir argumentierten übereinstimmend», schreibt Schulz, «wie folgt: ein in einem offenen Schreiben als ‚beifolgende junge Dame' signalisiertes Frauenzimmer von so guter ‚Gattig' steht unzweifelhaft mit dem Schreiber des Schreibens auf sehr vertrautem Fuße. Es ist also nach den jetzigen schlechten sozialen Einrichtungen, Sitten und Gebräuchen nichts anderes möglich, als daß das besagte Frauenzimmer entweder selbst die Braut des Schreibers ist, oder daß dasselbe im schlimmsten Falle doch wenigstens die Schwester der Braut des Schreibers ist. Überdies geht aus der lebhaften Charakterschilderung des Herrn und der Frau Kunz [der ‚stupiden alten Leute'] aufs deutlichste hervor, daß die benannte Betty Tendering die unverkennbarste Ähnlichkeit mit dem Dortchen Schönfund hat, und daß sie dermalen an keine andere Unsterblichkeit glaubt, als an die des Dichters Gottfried Keller. Darum ist nur das eine zu wünschen: daß es dieser Gottfried Keller nicht ebenso mache, wie sein grüner Heinrich bei dem Dortchen Schönfund, sondern daß er gegenüber der Betty Tendering beizeiten das Maul auftue, was er indessen – nach seinem offenen Schreiben zu schließen – mit vollständiger Offenherzigkeit vielleicht schon wirklich vollzogen hat. Dies sind in der Hauptsache die Mutmaßungen, wie sie gegenwärtig über Dein Verhältnis zu schönen Berlinerinnen oder Rheinländerinnen in allen Tee- und Kaffeevisiten der Stadt Zürich in Umlauf gekommen.»

Man kann sich vorstellen, mit welcher Erbauung Keller in seinem verzwickten Zustande diese Vermutungen las! Gegenüber dem Ehepaar Schulz hüllte er sich zunächst monatelang in das tiefste Schweigen. Am 14. Oktober klagt Frau Schulz: «Kein Keller, kein Brief, keine Antwort auf unsere dringende Frage in Beziehung auf Fräulein Betty Tendering. Morgen wird das Polytechnikum eröffnet, und wenn Sie da wären, dürften Sie ohne Zweifel trotz des Korbes, den Sie unserem Regierungsrat gegeben, im schwarzen Frack, weißer Krawatte und schwarzen Zylinder auch mit im Zuge gehen; und eine dem Schauspiel zusehende reifere weibliche Jugend würde mit Fingern auf Sie deuten und sagen: ‚Guck, da ist der Dichter Gottfried Keller, der sich nicht getraut, der Dortchen seine Liebe zu gestehen.'»

Wahrscheinlich hat sich Keller auf diesen Brief hin entschlossen, auch der Mutter wieder einmal Nachricht zu geben und, da auch sie die kühnsten Hoffnungen an den Besuch Bettys geknüpft hatte, «mit entschiedener Grobheit dazwischen zu fahren». So erklärt sich der derbe Ton in seinem Briefe an Mutter und Schwester vom 17. Oktober: «Vergangenen Sommer wollte ein junges Frauenzimmer Dich aufsuchen, welche eine Schweizerreise machte, und ich gab ihr einen Brief an Schulzens mit, damit diese mit ihr herüberkämen, weil es ein vornehm aussehendes und hübsches Stück Weibsbild ist, welche die Leute verblüfft macht ... Daß sie meine Mutter aufsuchen wollte, war einerseits eine gewöhnliche Artigkeit, da ich die Dame in einem befreundeten Hause öfters sehe und sie tat, als ob sie viel auf mir hielte. Anderseits aber sollte es auch eine Schufterei sein, damit ich mir etwa einbilde weiß Gott was; denn sie hat mir eine ganze Reihe solcher Geschichten gemacht, und es kam ihr nicht darauf an, nach Hottingen hinauszulaufen; wozu ich viel Vergnügen wünsche! Ich hockte inzwischen lang gut in Berlin. Es ist übrigens ein reiches, schönes und großes Mädchen, welches weder Vater noch Mutter mehr hat, nicht weiß, was sie will, und besonders nicht leiden kann, wenn ihr nicht alle Welt den Hof macht.»

Zur gleichen Zeit schrieb Keller auch an das Schulzische Ehepaar. Der Brief ist mit den anderen an Schulz vernichtet; wir können aber aus der begütigenden Antwort von Schulz vom 30. Oktober Schlüsse auf seinen Inhalt ziehen. «Glaube doch nicht, daß es Klatschereien gegeben hat. Nur im Kreise Deiner allernächsten Bekannten eine stille, aber innige Mitfreude über die angenehmen Bekanntschaften, die Du in Berlin gemacht hast, und darüber, daß Du mit einer solchen Phönixin auf so genial vertraulichem Fuße lebst. Aber sehr tief muß sich doch die Ting-tang in Dein Dichterherz hineingestichelt haben, Du kommst ja sogar auf das Erdbeben und die oberwallisischen Täler zu sprechen, bloß um Deine Besorgnis zu äußern, daß sie ins Schwanken geraten sein könnte. Fürchte nichts, sie wird nicht schwanken, sie wird festhalten; das scheint ganz in ihrer Art zu liegen. Und wenn Du noch Gelegenheit hast, sie in die Hottinger Gemeindegasse zu dirigieren, so versäume es ja nicht. Nicht bloß der deponierte Gruß wird richtig besorgt werden, sondern ich verspreche Dir auch, sie nicht allzu direkt darüber auszufragen, ob sie etwa als Dortchen gegenwärtig im strengen Inkognito die sämtlichen europäischen Buchhandlungen und Leihbibliotheken bereise.»

Inzwischen hatte sich auch Kellers Verhältnis zum Dunckerschen Hause getrübt. Er glaubte sich vernachlässigt. Am 30. September hatte er mit Franz Duncker den Vertrag über die Galatea-Novellen abgeschlossen; nun täuschte seine mißtrauische Phantasie in der Erregung, in der er war, ihm vor, man habe ihn nur eingeladen, um ihn als Schriftsteller auszubeuten. Um so mehr ärgerte er sich, daß der ihm verhaßte Vehse beständig im Dunckerschen Hause verkehrte. Und wie er einst mit Julius Frese im Wirtshause zusammentraf, machte er seinem Zorn in heftigen Worten Luft: er habe die Lust verloren, für den Dunckerschen Verlag zu arbeiten; man habe ihn ungezogen behandelt, da ihn Lina Duncker nicht ein einziges Mal mehr habe rufen lassen und er gar nicht wisse, woher diese Ausschließung komme, nachdem Herr Duncker einen Kontrakt über die Galatea-Novellen mit ihm abgeschlossen; er lasse sich nicht wie eine Strohpuppe behandeln, die man nach Laune in ein Haus ziehen und wieder hinauswerfen könne. Er werde in kein Haus mehr gehen, in welchem der Dr. Vehse Zutritt habe.

Und zu all dieser seelischen Bedrängnis nun noch die äußere Not. Überall hatte er Schulden. Schon im Juni 1854 hatte sein Wirt gegen ihn Klage eingereicht, weil er die Rechnung nicht zu bezahlen vermochte. Gegen Hettner hatte er aufs neue wortbrüchig werden müssen, um nicht ins Wechselgefängnis spazieren zu müssen. Sein leidenschaftlicher Zustand hinderte ihn am Arbeiten. Alles stockte. Im November war er in wahrer Verzweiflung.

Hat Betty Tendering Gottfried Keller geliebt, wie Dortchen Schönfund dem grünen Heinrich deutliche Zeichen ihrer Zuneigung gibt? Ich glaube nicht. Die Neigung Dortchen Schönfunds wird man richtiger aus der sehnsüchtigen Phantasie des Dichters erklären, die im Roman sich ausmalt, was nicht Wirklichkeit ist. Daß Keller, anders als der grüne Heinrich, sich tatsächlich Betty Tendering erklärt hat, darf man als sicher annehmen. Sie hat Briefe von ihm besessen, aber sie später verbrannt, und sie und ihre Schwester haben über die ganze Angelegenheit das tiefste Stillschweigen beobachtet. Bei ihr an eine Liebe zu Keller zu denken, hindert schon der Gegensatz der äußeren Erscheinung: sie, die hochgewachsene, elegante Gestalt, und er, die kurze, unansehnliche und nichts weniger als elegante Figur. Jung, verwöhnt, von allen Männern umworben und von preziöser Koketterie nicht frei, wie sie damals war, hätte sie sich kaum über das Mißverhältnis hinwegsetzen können. Keller hat später das Gefühl gehabt, daß sie mit ihm gespielt, und der Gouverneurstochter in «Pankraz dem Schmoller» hat er deutliche Züge ihres Wesens gegeben. Und es liegt in der Tat nahe, zu denken, daß er sie interessierte durch den Gegensatz seines genialen Geistes zu seinem geringfügigen Körper, durch sein Schweizertum, seine naturwüchsige Derbheit mitten in der glatten Gesellschaft, die sie verhätschelte. So reizte es sie auch, in Zürich das Nest aufzusuchen, aus dem dieser seltsame Vogel mit dem bezaubernden Gesang und dem struppigen Gefieder ausgeflogen. Aber heiraten – nein.

Jedenfalls ist dies das Fazit, das Keller selbst aus seiner Erfahrung zog. Als Lina Duncker ihm später einmal von einem Frühlingsidyll schrieb, das sie mit ihrem Mann genießen wolle, da schrieb er sarkastisch (6. März 1856): «Siehe da, ein aufgefrischtes Idyllchen mit dem guten Fränzchen hinter dem Haus im Gärtchen! Ei, ei! Wenn es Ihnen ernsthaft zumut ist mit Ihrem hübschen Herzenswesen, so mag es hingehen; allein ich glaube nicht mehr an alle dieses, und meine sämtliche Frömmigkeit und Rechtgläubigkeit im Punkte Frauen ist auf den Kopf gestellt, und ich kann einzig nur noch ihre wirklich guten Qualitäten als Mütter zugeben; und daran sind sie auch nicht schuld, sondern die allgemeine Mutter Natur. Ich habe zuviel schlechten Hohn und abgeschmackte Hänselei bei den nobelsten Frauensleuten sehen müssen, als daß ich noch viel auf ihre Empfindungen gäbe. Wer einer tiefen und ernsten Empfindung fähig ist, der macht nur gute Späße und keine schlechten.» Das ist ein Bekenntnis, das in Kellers tiefsten Kern hineinleuchtet, und das Erlebnis mit Betty Tendering, auf die die Worte zweifellos gehen, hatte vor allem die bittere Frucht gezeitigt. Wieder taucht hier das Wort «nobel» auf. In der Zeit seiner jugendlichen Gärung war dieser Begriff die Bezeichnung seines sittlichen Ideals gewesen, eines innerlichen und äußerlichen Wertes. Jetzt hatte ihm die elegante, in geistreichem Witze kokettierende Berliner Gesellschaft – nicht nur Betty Tendering – die Kluft zwischen der äußeren Noblesse und dem innern Seelenadel geoffenbart. So hoch er den Geist schätzte und so reich er ihn selber besaß, er war ihm nun ein unwahres Brillieren, wo die Tiefe eines echten Gemütes fehlte. Diese Erfahrung gab dem Dichter für alle Zeiten den Maßstab für die Beurteilung der Frauen. Von den «Leuten von Seldwyla» an scheiden sich die Frauen in seinen Erzählungen in zwei Gruppen. Auf der einen Seite stehen die herzlosen, geistreichelnden Koketten, wie Lydia im «Pankraz», Züs Bünzlin in den «Kammachern», Kätter Ambach in den «Mißbrauchten Liebesbriefen» und die Beschützerinnen in der «Regine». Auf der anderen die gemütstiefen und echten, wie Gritli in den «Mißbrauchten Liebesbriefen», Regine im «Sinngedicht», Bertrade und Beatrix in den «Legenden». Das war eine der wertvollsten Früchte, die die bitteren Jahre in Berlin dem Menschen und dem Dichter gezeitigt.

Aus dieser Erkenntnis heraus erklärt sich auch der geistreich-scherzende Ton, in dem er in den Briefen an Lina Duncker später von Betty Tendering spricht. 1857 tauchte sie selber noch einmal an seinem Horizonte auf mit einem kurzen Begleitbillett zu einem Briefe an ihre Schwester, die damals in der Schweiz weilte. Sie hat einige Jahre später in Wesel einen Brauereibesitzer geheiratet. Alle, die die reife Frau gekannt, rühmen den inneren Adel ihres Wesens. Am 13. April 1902 starb sie.

Geistreiche Ironisierung war auch im Herbst 1855 die Arznei, mit der sich Keller von seinem Liebesgram heilte. Und nun sorgte er energisch dafür, daß seine Gefangenschaft in der Berliner «Korrektionsanstalt» ein Ende nahm. Jahr um Jahr hatte die Mutter auf seine Heimkehr geharrt; immer wieder hatte er sie vertröstet. Im Herbst 1852 hatte sie ihr Haus am Rindermarkte mit einem bescheidenen Gewinne verkauft und war nach der «Platte» übergesiedelt, wo unverweilt ein Zimmer für den Ersehnten in Bereitschaft gesetzt wurde. «Wenn Du warten willst, bis Du genug Geld hast», schrieb sie ihm, «so kommst Du nie mehr heim.» Zu Ostern 1855 zog sie an die Gemeindegasse nach Hottingen und wurde dort die Nachbarin von Wilhelm Schulz. «Wie lange geht es noch», seufzte sie im Herbst, «bis es dem Himmel gefällt, Dich heimzubringen?» Nun machte er Ernst. Am 11. November bat er sie, ihm tausend Gulden aus dem kleinen Kapital zu schicken, das ihr nach dem Hausverkauf geblieben. Mit Hilfe von Regierungsrat J. J. Sulzer sandte ihm die Mutter das Geld. Am 16. November erhielt er es. Am 17. beichtete er, befreit und erleichtert durch die Aussicht auf die nahe Heimkehr, Lina Duncker seinen Groll und bat um Absolution, die sie ihm in einem schönen Briefe gewährte: «Sie könnten mir getan haben, was Sie wollten, es wäre nicht allein vergessen, nach so ein paar lieben derben Worten, nein, mit vollem Vertrauen und mit der herzlichsten Meinung würde ich Ihnen die Hand geben und wünschen, daß wir gute Freunde würden ... Gegen Sie, mein bester Keller, bin ich mir übrigens keines Fehlers, keines Hinterhalts, keiner Vernachlässigung bewußt, ich habe Sie oft *nicht* geschont, wenn ich Sie gebeten habe, zu uns zu kommen, ich glaubte, als ich von unserer Reise zurückkam, mich Ihren Wünschen und Neigungen anzuschließen, und Ihnen entgegenzukommen, wenn ich Sie *nicht* eingeladen habe. Sie haben nichts getan, mich zu belehren, daß ich im Unrecht sei, oder daß ich Ihnen weh täte – bis heute. Glauben Sie sonst, was Sie wollen, glauben Sie aber wenigstens vorab, daß ich wirklich auch ein ehrliches Menschenkind bin, und daß ich hier keine leeren Entschuldigungen suche, sondern wirklich Ihnen den einzigen wahren Grund sage, warum ich nicht mehr zu Ihnen geschickt habe. Der Grund ist, daß ich Ihnen nicht lästig sein wollte, daß ich Sie nicht mit Bitten genieren wollte, die Sie aus Gutmütigkeit *oder* eines mit unserm Geschäft eingegangenen Verhältnisses wegen erfüllt haben möchten, ohne Neigung, Vergnügen oder Befriedigung ... Hoffentlich werden aus den acht Tagen, die Sie noch hier bleiben wollen, noch Monate, damit ich Ihnen beweisen kann, daß ich keine Flausen mache, damit Sie mir beweisen können, wie Sie heute so nett angefangen, daß Sie wirklich mir ein bißchen gut sein müssen. Das Müssen ist das beste in solchen Dingen, das Wollen ist Torheit. Ich nehme daher Ihren Abschied so freudig und warm auf, als wäre er ein Willkommen, ich will mich gerne bessern nach *Ihrem Beispiel*, nur sagen Sie mir, womit soll ich anfangen? – Alle meine kleinen und großen Sünden gegen die Menschen gut zu machen, dazu brauche ich ja ein ganzes Leben, denn andere Vergehen als gegen *Menschen* kenne ich nicht, und die Glocken der Matthäikirche, die eben läuten, die rühren mich nicht.»

Ende November reiste Gottfried Keller ab. Einige Tage hielt er sich in Dresden bei dem treuen Hettner auf. Mitte Dezember war er zu Hause. Er brachte nicht ein Vermögen an barem Gelde mit, wie sein grüner Heinrich, wohl aber einen ansehnlichen Reichtum an sittlichen und geistigen Werten: Ansehen, klare Einsicht in die Gesetze des Lebens, künstlerisches Können und einen Schatz von dichterischen Stoffen, der nur der Hebung wartete. Und eine Freude durfte er erleben, wo dem grünen Heinrich schwere Verschuldung und ein vorzeitiger Tod erwuchsen: er traf seine Mutter und seine Schwester in bester Gesundheit wieder.

9
DIE NEUEREN GEDICHTE VON 1851/54

Für Gottfried Kellers lyrisches Schaffen bedeutet die Herausgabe des ersten Gedichtbandes nur äußerlich einen Abschluß. In Wahrheit rann der Fluß unentwegt fort. Noch in der zweiten Hälfte der vierziger und zu Anfang der fünfziger Jahre, als der Dichter des «subjektiven Gebarens» des Lyrikers überdrüssig war und energischer nach der objektiven Kunst des Dramas strebte, entstanden eine Reihe schönster Gedichte. Erst in Berlin, als die Arbeit am «Grünen Heinrich» und dann an den «Leuten von Seldwyla» sowie das fruchtlose Ringen um das Drama ihn in Beschlag nahmen, wurde das Gefühl Wahrheit, daß die Lyrik eine überwundene Jugendepoche seiner Dichtung sei. Als er dann 1855 Deutschland wieder verließ, nahm das Festleben der Heimat Kellers lyrisches Talent in seinen Dienst. Mit dem Antritt der Stelle des Staatsschreibers und der politischen Beruhigung des Dichters begann auch diese öffentliche Lyrik langsam zu versickern. Ende der siebziger Jahre, als der Erzähler die Früchte zweier Jahrzehnte in die Scheune sammelte, ließ die allgemeine Steigerung der poetischen Temperatur noch eine Anzahl von Gedichten reifen, die inzwischen allmählich in ihm herangewachsen waren. Die verfeinerte Kunsteinsicht weckte das Bedürfnis, auch die lyrischen Sammlungen der Jugend von ihren Schlacken, jugendlichen Derbheiten und Maßlosigkeiten zu reinigen, und so entstand die Ausgabe der «Gesammelten Gedichte» von 1883, die den Bestand der «Gedichte» von 1846 und der «Neueren Gedichte» von 1851/54 sowie die nachher entstandenen Versdichtungen enthält.

So bezeichnen die drei Gedichtsammlungen von 1846, 1851/54 und 1883 nur äußerliche Marksteine seines lyrischen Schaffens. Faßt man die innere Entwicklung ins Auge, so mag man von zwei Perioden sprechen. Die erste hebt 1843 an und charakterisiert sich dadurch, daß Kellers Lyrik sich in ihr vom leidenschaftlichen Ausbruch des Temperaments und der Nachahmung fremder Vorbilder immer mehr zur bewußten Kunst und zum Ausdruck eigenen persönlichen Gehaltes steigert und klärt. Sie endet mit der Herausgabe der «Neueren Gedichte» 1851/54. Die zweite Periode, die mit der ersten durch das dünne Bächlein der politischen und persönlichen Gelegenheitsgedichte verbunden ist, hebt Ende der siebziger Jahre an und dauert bis zur Herausgabe der «Gesammelten Gedichte»

1883. Sie zeitigt einige wenige neue Gedichte und ist im wesentlichen Erneuerung und Läuterung des Jugendschaffens.

Die Sammlung der «Neueren Gedichte» enthält Stücke, die von der ersten Sammlung ausgeschlossen und nun nachträglich der Veröffentlichung würdig befunden wurden. «In der Via mala» (S. 126) zum Beispiel stammt vom 28. Dezember 1845. Der Zyklus «Von Weibern» (S. 25–54) und der «Wandersegen» (S. 154) entstanden 1846, die Sonette (der Ausgabe von 1851, S. 55–68) und die Gasele (S. 69–88) 1847. «Ständchen für eine Prinzessin» (S. 12) 1848. «Der Gemsjäger» (S. 160) und der Zyklus «Aus dem Leben» (S. 169 ff.; in der Ausgabe von 1854 unter dem Titel: «Aus der Brieftasche») stammen aus dem Jahr 1849. Im Sommer dieses Jahres beschäftigte sich der Dichter, wie er an Staatsrat Eduard Sulzer am 23. Juli schrieb, mit der Redaktion der Sammlung, und am 10. November 1849 bot er das neue Bändchen Brockhaus an. Dieser fand das geforderte Honorar (zweihundertfünfzig Louisdors für sechs Bogen!) zu hoch und sandte am 4. Dezember das Manuskript zurück. Nun wandte sich Keller am 10. Dezember an Eduard Vieweg, der den Verlag gleichfalls ablehnte. Als dann Vieweg den «Grünen Heinrich» übernahm und ein tieferes geschäftliches und menschliches Interesse für Keller faßte, kam auch der Plan der Gedichte wieder im Briefwechsel zur Sprache. Der Dichter dachte nun an eine vermehrte und verbesserte Neuauflage der Gedichte von 1846. Da aber die Verhandlungen, die Vieweg zu diesem Zwecke mit Winter führte, zu keinem Ende gediehen, so schlug Vieweg (14. August 1850) Keller die Ausgabe eines neuen Bandes vor, der 1851 unter dem Titel «Neuere Gedichte» erschien. Zugleich hatte aber Vieweg die Bedingung gestellt, daß, wenn das Büchlein in zwei Jahren nicht verkauft sei, es mit einigen Zusätzen, die durch Kartons eingefügt würden, als neue Auflage nochmals zur Versendung gelange. Diese zweite Auflage erschien 1854. Keller hatte die Zusätze im Herbst 1853 gesandt, darunter auch den «Apotheker von Chamounix». Doch mußte dieser wegbleiben, weil, wie Keller an Hettner am 15. Oktober 1853 schrieb, «die vorrätigen gepreßten und vergoldeten Pappdeckel zu eng seien. Das kommt von unserer Buchbinderpoesie. Man wird nächstens leere Einbände kaufen mit schönen Titeln.» In der zweiten Ausgabe sind Titelblatt und Inhaltsverzeichnis neu. Die Sonette (S. 55–67) sind durch den Zyklus «Aus Berlin» ersetzt. Der Abschnitt «Aus dem Leben» hat den Titel: «Aus der Brieftasche» erhalten. Das Gedicht «Ich habe so manchen Narren gekannt» (S. 187) ist durch «Weise nicht von dir mein schlichtes Herz» ersetzt. Endlich ist ein letzter Abschnitt «Romanzen» (S. 209–242) neu hinzugefügt.

Die «Neueren Gedichte» zeigen, im Vergleich zu den «Gedichten», mehr literarischen Charakter. Ist die Erstlingssammlung der heftige, oft noch unbehilfliche und derbe Ausbruch eines starken Temperaments, so gibt sich Keller hier in höherem Grade als ein Künstler, der seine geistigen Interessen ausgebreitet, formale Selbstzucht gewonnen und seine persönliche Eigenart fast völlig rein ausgebildet, freilich auch an lyrischem Temperament eingebüßt hat. Die neue Sammlung steht fremdem Schaffen unabhängiger gegenüber. Der Zyklus «Gasele» verrät die Beschäftigung mit Platen, dessen formale Schönheit Keller hochschätzte. Der Abschnitt «Von Weibern», der sechzehn Gedichte, jedes mit einem anderen Frauennamen als Überschrift, umfaßt, dürfte nicht ohne Heines «Neue Gedichte» entstanden sein, in denen der Abschnitt «Verschiedene» eine größere Zahl von Geliebten zu einem literarischen Harem vereinigt. Indes ist die heinesierende Frivolität nur die Waffe zur Bekämpfung eigenen leidenschaftlichen Erlebens. Denn der Boden, dem die Gedichte «Von Weibern» entwachsen, ist zweifellos die Liebe zu Marie Melos. Sie bestätigen das Wort, das Keller, die neue Neigung mit dem verblichenen Bild der Jugendliebe vergleichend, an Hegi schrieb, daß er «eine Menge Gefühle vorher nie gekannt habe». Man spürt ihnen wirklich an, daß die Kenntnis des weiblichen Herzens in dem Dichter gewachsen ist. Schon der Gesamttitel gibt ein Gegenstück zu den selbstironisierenden «Ausfällen», die Hegi damals an Kellers Schilderung seines Zustandes rügte. Wenn Keller dadurch sein eigenes Erleben zur unpersönlichen «Liebesgeschichte» zu «stempeln» sucht, so weiß er es ebenso in dem Gedichtzyklus durch Objektivierung von sich abzurücken. Mit feiner psychologischer Individualisierung schildert er in den einzelnen Gedichten das Verhalten verschiedener Frauentypen in der Liebe, und schon die Namen, die er über die Gedichte stellt, bekommen so charakteristische Bedeutung: Klärchen (I), mit Anspielung an Egmonts Geliebte, ist mit ihren «klaren» Augen das Soldatenliebchen. Walpurgis (IV) hält die Erinnerung an Walpurgisnacht wach. Die Schlußstrophe von Salome (VII) weist auf die Tochter der Herodias. Gretchen (X) nimmt eine Situation aus dem Faust wieder auf. Kreszenz (XV) hat mystisch-katholische Färbung.

Wenn Keller einmal seiner ersten Gedichtsammlung stoffliche Dürftigkeit vorwirft, entsprechend «dem beschränkten Bildungsfelde, auf dem sie gewachsen», so zeigt die zweite Sammlung eine bedeutende Erweiterung, aber auch Verschiebung des Stoffkreises. Die beiden Hauptgebiete der ersten Gedichte, Natur und Politik, sind in den Hintergrund getreten. Die unter dem Titel «Jahreszeiten» – entsprechend dem Abschnitt «Natur» der ersten Sammlung – vereinigten neuen Gedichte sind zum kleineren Teil Naturgedichte; epische Genrebilder finden sich unter ihnen, wie «Der Taugenichts». Dafür beschließt eine der wundersamsten Naturschilderungen, die Keller gelungen sind, den Zyklus: «Winternacht». Noch tiefer ist das politische Interesse herabgeschraubt. Ein einziges Sonett richtet sich in der Ausgabe von 1851 an die Heimat; es trägt bezeichnenderweise den Titel: «Nach dem Sonderbundskriege, zu einem entworfenen, aber nicht ausgeführten Zyklus» und führt den Gedanken aus, daß wo die Taten sprechen, der Dichter zu schweigen habe:

Jeder, der nur einen Streich geschlagen,
Ist nun ein König von lebend'ger Ehre! –
Was soll da unser Singen noch und Sagen?

Die Zeit hitziger Redegefechte über die Zukunft des Vaterlandes ist vorbei, die Waffen haben 1847 zugunsten der Liberalen entschieden, 1848 zeichnet die Bundesverfassung den Plan für den neuen Bau der Schweiz; ihn haben die Praktiker, nicht die Poeten auszuführen. Wo des Dichters Auge nun noch auf politischen Kämpfen der Zeit weilt, da sind es solche des Auslandes. Die Wiener Märztage werden (S. 157) begrüßt, aus der badischen Revolution wächst «Die Schifferin auf dem Neckar» (S. 163). Aber alle diese politisch gerichteten Lieder sind jetzt ruhiger, mehr episch als lyrisch. Es fehlt die aktuelle Leidenschaft des Draufgängers, die einem «Jesuitenliede» oder einem «Pietistenwalzer» ihre brennende Farbe gab.

Neben Natur und Politik, oder vielmehr an ihre Stelle, sind andere Stoffe getreten. Zahlreich sind die Trinklieder. Doch es sind nicht wilde Sauflieder, sondern entweder ist das Motiv des Trinkens künstlerisch vergegenständlicht, in Romanzenform behandelt, wie in dem Zyklus «Panard und Galet» (S. 91), den Keller aus Grimms Correspondance littéraire schöpfte, oder es sind, ähnlich den Liedern des Zyklus «Von Weibern», fein abgewogene Charakteristiken verschiedener Weine: Tokaier (S. 98), Cyprier (S. 101), Rheinwein (S. 103) usw.

Die Nachwirkung des Feuerbacherlebnisses bekunden Gedichte des Abschnittes «Aus dem Leben». Der Dichter hat

in kalten Wintertagen,
In dunkler, hoffnungsarmer Zeit
Ganz aus dem Sinne dich geschlagen,
O Trugbild der Unsterblichkeit.

Aus dem Verzicht aber wächst eine reinere und tiefere Freude am Leben:

Nun erst versteh' ich, die da blühet,
O Lilie, deinen stillen Gruß:
Ich weiß, wie sehr das Herz auch glühet,
Daß ich wie du vergehen muß! –

Zu glühn, zu blühn und ganz zu leben,
Das lehret euer Duft und Schein,
Und willig dann sich hinzugeben
Dem ewigen Nimmerwiedersein!

Nun kann er: *Glauben nichts, als was wir sehn*
Und mit unsern Sinnen greifen.

So tief und gewaltig die Umwälzung war, die Feuerbachs Philosophie in Kellers Denken und Schaffen hervorrief, nirgends äußert sich das Bekenntnis der neuen diesseitigen Weltanschauung in flammenden Tiraden oder leidenschaftlichen Invektiven gegen Andersdenkende, wie etwa der politische Radikalismus in den ersten Gedichten getobt hatte. In diesen Sterblichkeitsgeständnissen spricht ruhige, abgeklärte, freudige Gewißheit, und der Angriff ist künstlerisch vergegenständlicht zur fein-humoristischen Idylle in der «Wochenpredigt» (S. 177): Das Pfäfflein malt dem Häufchen müder, lebenssatter Greise und alter Mütterchen, die bloß noch recht gründlich ruhen und schlafen möchten, aus, wie nach dem Tode drüben in der Ewigkeit mit ihren Millionen Jahren die Arbeit von neuem beginne. Das Pfäfflein selber kann dabei die drei armen Stunden, die es noch von seinem herrlichen Abendschmause trennen, kaum erwarten und sinkt bis dahin in einen süßen Schlummer. Nur der Schluß tritt aus dem Rahmen des epischen Bildes heraus:

O Pfäfflein, liebes Pfäfflein, sag,
Ist dir zu lang der eine Tag:
Was willst du aus all den Siebensachen,
Den Millionen Sternen und Jahren machen?

Der Aufenthalt in Berlin brachte den Abschnitt «Aus Berlin» mit den Schilderungen von «Wilhelm von Humboldts Landhaus am Tegelsee» (S. 57), der «Polkakirche» (S. 60 – die Matthäuskirche wurde damals so genannt; der «germanisch-christliche Pastor» ist der orthodoxe Generalsuperintendent Büchsel), des «Weihnachtsmarktes» (S. 63) und des «Tiergartens» (S. 68).

Besonders bezeichnend endlich sind für die «Neueren Gedichte» die zahlreichen Genrebilder aus dem täglichen Kleinleben und die Romanzen, wie «Der Taugenichts» (S. 8), «Berliner Pfingsten» (S. 61), «Ehescheidung» (S. 214), «Schlafwandel am Tage» (S. 228), «Trochäen» (S. 231), «Jung gewohnt, alt getan» (S. 234), «Die Winzerin» (S. 237). Verraten die Gasele Kellers gesteigerte literarische Bildung, so zeigen diese Genrebilder, wie seine Interessen sich auf eine breitere Mannigfaltigkeit des Lebens ausgedehnt haben.

Mit der Steigerung des Wirklichkeitssinnes, die sich hierin kundgibt, hängt die stärkere Sinnlichkeit in Darstellungen des Liebeslebens zusammen. «Waldliebe» (S. 145) schildert das leidenschaftliche Stelldichein eines Burschen und einer Dirne im Walde. In dem Gestammel, das der Bursche an das Mädchen richtet, hat der Dichter später die Worte wegzulassen für gut befunden:

Gib mir meine Silberberge,
Die mich weiß und selig blenden,
Drin die tausend Liebeszwerge
Pochen mit den kleinen Händen!

Verfänglich ist auch die Situation in «Trochäen» (S. 231): Ein schönes Fräulein liegt auf dem sonnbeglänzten Sand im Bade, so daß das Wasser sie bis zu dem weißen Schoß bespült. Auf einmal kommt ein Schiff. Da schließt sie sacht die Augen.

Der Mannigfaltigkeit verschiedenster Motive ist nun auch des Dichters Kunst gewachsen. Jene rhetorischen Gedankenketten, an denen die erste Sammlung so reich ist, fehlen hier fast völlig. Keller ist sich über das Wesen der Lyrik als unmittelbarer Gefühlsdichtung klar geworden. Wo bei einer lyrischen Konzeption der Gedanke vorherrscht, da sucht er ihm durch die zierliche äußere Form künstlerischen Schliff zu geben. So entstehen die spielenden Gasele. Für die echte Lyrik ist die den Volksweisen nachgebildete Liedform gefunden, die er in dem Zyklus «Von Weibern» anwendet. Wo das Thema für diese zu ernst und gewichtig ist, tritt das geschlossene szenische Bild, der einheitliche Vorgang an die Stelle der gedanklich-rhetorischen Entwicklung. Die Lyrik gleitet in die epische Kunst hinüber, das Gefühl veräußerlicht, vergegenständlicht sich zur Handlung. Wendet sich der Dichter in der Sammlung von 1846 an die Natur, stellt er die Gefühle, die sie in ihm weckt, in direkter Äußerung der Freude oder des Schmerzes dar, so gibt er sie nun in «Winternacht» (S. 22) indirekt in einem mythologischen Bilde: Die Nixe, die an den Ästen des Seebaums heraufklimmt und mit ersticktem Jammer an der Eisdecke des Sees tastet, stellt das Gefühl des im Winter gefangenen, erstarrten Lebens ergreifend dar.

Von der Kunst epischer Schilderung zeugen vor allem die vielen Genrebilder und Romanzen. In ihnen zeigt sich die Kraft der Nüancierung, der Charakteristik individueller Lebenserscheinungen und Vorgänge in hohem Grade ausgebildet. Von welch wundervoller Anschaulichkeit ist zum Beispiel die Schilderung der alten Leute in der «Wochenpredigt»:

Die Alten stehen mühsam auf
Und setzen langsam sich in Lauf
Und schleichen seltsam kreuz und quer
Über die grünen Gräber her.

Sie setzen sich auf die Leichensteine
Und reiben ihre kranken Beine,
Sie hüsteln wunderlich und lachen
Und sprechen bewußtlos kindische Sachen.

So bedeutet diese zweite Gedichtsammlung Gottfried Kellers in der Bewußtheit ihrer Kunstübung tatsächlich den Schritt von der Lyrik zur Epik. Lyrisch ist, wenigstens in der Mehrzahl der Gedichte, nur noch der äußere Strophenaufbau, episch die Erfindung und Ausgestaltung der Motive. Dies erklärt, warum der Dichter, der sich selber gefunden, fortan auch auf die Versform verzichtet und für breitere und umfassendere Erzählungen zu der biegsameren und dehnbareren Prosa greift.

Ein breiterer Erfolg war auch dieser zweiten Sammlung nicht beschieden. Ob auch Gedichte Kellers in die meisten Anthologien der siebziger Jahre Eingang fanden, so gestanden doch belesene Literarhistoriker noch damals, daß sie weder dieses noch das frühere Bändchen der Gedichte je zu Gesicht bekommen hätten. Keller klagte nie darüber. Wenn man mit einer Sache nicht durchdringe, pflegte er zu sagen, liege die Schuld nicht an den andern, sondern am Urheber selbst, der entweder voreilig und leichtsinnig verfahren oder schlecht beraten war, was bei seinen ersten Lyricis leider beides der Fall gewesen sei. Erst die Sammlung von 1883 lehrte die Öffentlichkeit auch den großen Lyriker kennen.

10

DAS RINGEN UMS DRAMA

Als man Gottfried Kellers siebzigsten Geburtstag mit gebührendem Pomp feierte, soll der Dichter in heiligem Zorn entbrannt sein: da sehe man, in welcher elenden Zeit wir leben, daß man ihn als berühmten und großen Dichter feiere, während er doch nicht einmal in seinem Leben ein ordentliches Drama zustande gebracht habe.

Was hier in polternden Worten über die Lippen des Greises brach, war der Schmerz um ein aussichtsloses Ringen, in dem er länger als ein Menschenalter sich abgemüht und dessen Ziel zu erreichen er erst wenige Jahre vor seinem Tode aufgegeben.

Die Geschichte der Entstehung des «Grünen Heinrich» zeigt, wie Keller aus der sentimentalen Beschaulichkeit des romantischen Kunstmenschen, der er in seiner Jugend war, zur praktischen Besonnenheit des politischen Tatmenschen des neunzehnten Jahrhunderts sich umzubilden bestrebt war. Als ihn in den vierziger Jahren die Schwungkraft der liberalen Politik erfaßte und mit fortriß, da spürte er sogleich als das Wesen des neuen Menschenideals das tatkräftige Mitwirken an der Gestaltung der Lebensform der Gesellschaft, des Staates. An die Stelle ästhetischen Träumens hatte das praktische Handeln zu treten, an die Stelle platonischer Erörterung von Fragen der Bildung die politische Rede.

Künstlerische Formen sind, sofern es sich um große und dauernde Kunstwerke handelt, nicht das Ergebnis der freien Wahl einer spielenden Willkür, sondern der notwendige und organische Ausdruck des Fühlens, Denkens, Wollens und Könnens von Persönlichkeiten und Zeitaltern. Wie der energische und gescheite Draufgänger Lessing, der Zeitgenosse (und mehr als das!) Friedrichs des Großen, im Drama die dichterische Form fand, die seiner tatkräftigen und mit besonnener Klarheit disponierenden Natur zusagte; wie der philosophischen Vernunft und der läßlichen Moralität eines Wieland der Erziehungsroman entspricht, so mußte auch nach dem ersten Drittel des neunzehnten Jahrhunderts mit der Wandlung des Menschenideals ein Wechsel in der Schätzung und Übung der dichterischen Formen eintreten. Den Romantikern, die in Lebensgestaltung und Schaffen sich gern an der bildunggesättigten Beschaulichkeit Goethes orientierten, erschien der Roman als die wichtigste poetische Form. Sie konnten die Wände dieses Kautschukgefäßes nach Belieben dehnen und biegen, bis sie fähig wurden, die ganze Fülle von Gedanken, Stimmungen und Lebenszuständen aufzunehmen, die die Problematik romantischer Bildungswirren einschloß. So wurde der Roman dem Romantiker die Poesieform par excellence, weil er keine Form war, und auch wo der Romantiker einmal die Form des Dramas wählte, da wurde ihm dieses – Tiecks «Kaiser Oktavianus» bezeugt es – zum Roman.

Die Anspannung der Kräfte der Bürger zur Schöpfung eines politischen Lebens und demokratischen Staates nach Ablauf des ersten Drittels des Jahrhunderts rief auch dem Bedürfnis nach einer neuen dichterischen Form. Der gestrafften Energie des äußeren Lebens entsprach besser als der Roman das Drama. Von der elegischen Darstellung des romantischen Gegensatzes zwischen Ideal und Wirklichkeit erstarkte Franz Grillparzer zum tiefsinnigen und kraftvollen Gestalter der politischen Gegensätze der Gegenwart an Stoffen der Vergangenheit. Über ihn stieg, aus härterem Holze geschnitzt und moderner in seinem Denken, Friedrich Hebbel empor. Otto Ludwig fand den Weg zum konsequenten Realstil und zerfaserte sein Können in fruchtloser Ausdeutung Shakespearescher Kunst. Die Jungdeutschen Gutzkow und Laube sahen den Franzosen ihre fingerfertige Technik ab und proklamierten in ihr die aktuellen Forderungen des Tages von der Rednerkanzel der Bühne herunter. Die Münchener Dichter endlich, Heyse und Geibel vor allem, zogen die klassische Kunst Goethes und Schillers wieder zu Ehren und suchten an geschichtlichen Stoffen zeitlose Seelenprobleme darzustellen, ohne mit einem Blutstropfen persönlichen Erlebens den schwebenden Gebilden der Schattenwelt Sprache und individuelle Gestalt zu schaffen.

In diesen kulturellen Zusammenhang gehört auch Gottfried Kellers Ringen um das Drama. Die erste Ausfahrt in die Welt der Bühne war kindliches Spiel. Wie der Jüngling mit tastender Schöpferkraft den Weg zu seinem Beruf suchte, knüpfte er nicht an die Romantik an, in deren Dunstkreis sein Geist sonst atmete, sondern an Lessing, den Begründer des deutschen Dramas. In seinem Aufsatz «Autobiographisches» erzählt der Dichter, er habe einst, nachdem er die «Emilia Galotti» gelesen, plötzlich wochenlang ein dickes Manuskript mit der krassesten Nachahmung angefüllt. «Alle Gestalten, der Fürst, der Höfling, die Mätresse usw. fanden sich vor. Nur war der Vater des virginischen Opfers ein furchtbar ernster Historienmaler mit republikanischer Gesinnung und Witwer, so daß er ganz allein über die Tochter wachen mußte. Indem mein Marinelli dem Fürsten den furchtbar ernsten Charakter des Alten beschrieb, hielt er ihm einen ziemlichen Vortrag über den Unterschied zwischen der Historien- und der Landschaftsmalerei, wie diese ein sorgloses lustiges Völklein hervorbrächte, während jene nur von düsteren, wo nicht blutgierigen Graubärten betrieben würde, mit denen sich nicht spaßen ließe ... Statt Lessings einer Orsina schuf ich zwei Mätressen, welche fortwährend miteinander zankten und sich Fußtritte versetzten.»

Dieses Stück hat sich in Kellers Papieren erhalten. Es heißt «Der Freund» und ist am 28. Januar 1837 nach Inhalt, Charakteristik der Personen und Akt- und Szeneneinteilung skizziert worden. Am 6. Februar begann Keller mit der Ausführung; noch am Ostermontag war er damit beschäftigt. Das Stück war auf drei Akte angelegt, von denen aber nur zwei fertig wurden. Die Hauptpersonen sind: der Großherzog, dreißig Jahre alt, ein Wüstling, sein Leben im Schoße seiner Mätressen verträumend, sein Land vernachlässigend. Anton Grinelli, italienischer Sänger, vierzig Jahre alt, falsch, Schmeichler der ersten Klasse. Johann Römer, Maler, sechsundvierzig Jahre alt, «effektvoll», großer, schöner Mann, von edelm, geradem Charakter, voll Gefühl für Ehre und Freiheit. Sein Weib ist gestorben, hat ihm aber ein Kleinod, eine Tochter, ihr Ebenbild, hinterlassen, Anna, achtzehn Jahre alt, schön, unschuldig, naiv. Ihr Vater ist ihre Welt. Von den beiden Mätressen ist die eine, die dumme Lisette Blondel, neunundzwanzig Jahre, die andere, Mademoiselle de Sainttrie, die Favoritin, vierundzwanzig Jahre alt. Die Handlung verläuft folgendermaßen. Grinelli (dessen Name offenbar aus Lessings Marinelli und Grimaldi gebildet ist), der durch seine Arien sich die Gunst des weichlichen Fürsten ersungen hat, überredet seinen Freund, den Maler Römer, mit seiner Tochter Anna am Hofballe zu erscheinen. Auf dem Balle sieht der Großherzog Anna, verliebt sich in sie und wünscht sie zu besitzen. Grinelli vermittelt und gibt dem Fürsten Ratschläge, wie er Annas Vater ködern kann. Dieser aber wittert Unrat und sucht, ahnungslos und ohne Menschenkenntnis, bei Grinelli Hilfe. Inzwischen eröffnet die Sainttrie Anna den Abgrund, der ihr droht, und erzählt ihr, wie sie selber in die Schande hineingekommen ist. Römer und seine Tochter beschließen zu fliehen. Aber der Maler ist so unklug gewesen, Grinelli in seinen Plan einzuweihen. Der Schurke verhindert die Flucht. Römer wird in seiner Wohnung von den Schergen des Fürsten gefangen genommen, indes Grinelli die Tochter dem Wüstling ausliefert. Dieser stellt sie vor die Wahl, entweder sich ihm zu ergeben oder des Vaters Hinrichtung zu sehen. Sie wählt das erstere. Inzwischen aber hat die Sainttrie Römer aus dem Gefängnis befreit. Er eilt herbei und ersticht den Fürsten. Grinelli wird von dem empörten Volk gestürzt.

Der Titel weist darauf hin, daß der junge Dichter das Verhältnis von Römer zu seinem falschen Freunde Grinelli in den Mittelpunkt der Handlung stellen wollte. Das Freundschaftsproblem hat ihn damals besonders lebhaft beschäftigt, da er in Johann Müller einen gleichgearteten Freund gefunden hatte. Auch in dem ersten Brief an Müller hat er es, einige Monate nach der Niederschrift des Dramas, erörtert. Aber der Freundeskonflikt wurde durch den allmächtigen Einfluß von Lessings «Emilia Galotti» in den Hintergrund gedrängt. Was Keller zu diesem Drama hinzog, waren wohl zwei Momente. Einmal das Malermilieu. Er bildete Lessings Kunstgespräch im vierten Auftritt des ersten Aufzuges eine ähnliche Erörterung über den Unterschied zwischen dem Landschafts- und dem Historienmaler nach (im dritten Auftritt des ersten Aktes). Sodann die republikanische Tendenz Lessings, die er, der als Elfjähriger den Sturz Karls X. und die Julirevolution erlebt, durch die Ermordung des Fürsten und die Erhebung des Volkes verschärfte. Eine durch die Nachahmung bedingte Steigerung ist, neben der Zweizahl der Mätressen und der Beförderung des Prinzen zum Großherzog, die Verwendung des Lukretiamotivs: Maler Römer hat ein Bild der Lukretia geschaffen. An Lessings dolchspitzige Dialektik erinnert da und dort die Sprache, so wenn Grinelli einmal sagt: «Der Herzog liebt mich, das ist wahr; ich schmeichle ihm, das ist noch wahrer.» Einzelne Züge verraten auch den Einfluß von «Kabale und Liebe». So wenn die beiden Hürlein mit Küssen dem Fürsten das Geld ablocken, das für den Militärsold bestimmt ist, die eine für eine Robe mit Diamanten, die andere für eine Equipage. Daneben offenbaren auch einzelne gelungene Einfälle und Wendungen das eigene erwachende Talent. Zum Beispiel gibt der Großherzog, wie ihn sein Verlangen nach Anna plagt, seiner Langeweile unter anderem mit folgenden Worten Ausdruck: «Was soll ich denn mit dem Gelde anfangen, welches meine Finanzmänner aus den dicken Pratzen unserer Bauern klopfen oder aus dem fuselnden, industriösen Fleiße meiner Bürger filtrieren?» In die Tiefen von Kellers Jugenderleben aber lassen uns die Namen des Malers und seiner Tochter hinuntersehen: Römer und Anna. Den ersteren Namen führt später im «Grünen Heinrich» Rudolf Meyer, Kellers damaliger Lehrer, den letzteren Henriette Keller, die er zu der Zeit liebte, als «Der Freund» entstand. Und wenn man nun wahrnimmt, wie der Jüngling in seinem Drama auch Ausdrücke keckster Sinnlichkeit nicht verschmäht, so weisen solche Stellen wenigstens ideell auf Judith hin, in der er später die Natursinnlichkeit verkörperte.

In den folgenden Jahren, die der ernsteren Berufsausbildung als Maler gewidmet sind, hören wir nichts von dramatischen Versuchen. Aber das Interesse am Drama bleibt rege. So liest er im Sommer 1838 Viktor Hugos Trauerspiele und bemerkt dazu in seinem Schreibbuch: «‚Lukretia Borgia' scheint mir zu stark für die Bühne zu sein. Es häufen sich da so viele Missetaten, Blutschande, Vergiftungen usw., als sie nur irgendein übertriebener verunglückter Tragödienschmied anhäufen kann. Jedoch sind sie faktisch. ‚Marie Tudor' und ‚Der Tyrann von Padua' sind wahrhaft schöne Stoffe. Der Stil erinnert mich ganz leise an Shakespeare. Jedoch befriedigt er nicht ganz. Er mag doch ein wenig zu einfach sein an manchen Stellen.» Als 1838 und 1839 die berühmte Sängerin Vial auf der Birch-Pfeifferschen Bühne auftrat und in den Zeitungen ein heftiger Federkampf für und wider ihre Kunst sich erhob, da griff auch Gottfried Keller zur Feder, freilich nicht der Dramatiker, sondern der Maler und Kunstkritiker, indem er in seinem Schreibbuche einer Kritik eines Porträts der Vial im «Republikaner» entgegentrat. Aber kaum hat 1843 das bewußte lyrische Schaffen angehoben, so richtet sich der Blick des jungen Dichters auch aufs Drama. Und es ist für sein Wollen bezeichnend: wie die Politik den Lyriker aufgeweckt hat, so schöpft nun auch der Dramatiker den Stoff aus den großen politisch-konfessionellen Kämpfen der Gegenwart. Mit dem sicheren Blick des geborenen Dichters greift er den Hader um die Jesuiten auf, das Verhalten der Luzerner Konservativen, den Sturm der Radikalen, die Freischarenzüge und im Hintergrund die europäische Diplomatie.

In diesen Stoffkreis gehören drei Bruchstücke, die, wie es scheint, zu verschiedenen Zeiten entstanden, im einzelnen offenbar auch verschiedenen dichterischen Absichten entsprungen sind, aber durch ihre stoffliche Verwandtschaft den einen Plan eines großen vaterländischen Schauspiels bezeugen. Das erste Bruchstück stammt nach des Dichters Vermerk aus dem Jahr 1844. Der als «Erster Aufzug. Erste Szene» bezeichnete Auftritt dürfte eine Episode aus den Freischarenzügen darstellen. Drei Freunde, die die bezeichnenden Namen Schwind, Bleich und David führen, beklagen an einem gelinden Regentag in einem dunkeln Eichenwald ihr elendes Los. Der Hunger hat sie gezähmt, die Politik ist aus. Die derbkomische Sprache erinnert an die spaßhaften Ergüsse im «Wochenblatt der Schweizergesellschaft» in München, vor allem die drastische Schilderung des Hungers.

Das zweite Fragment, aus der Mitte der vierziger Jahre stammend, scheint ebenfalls der Anfang eines Stückes zu sein. Die Bühne ist der Marktplatz einer alten Schweizerstadt mit papiernen Dekorationsstükken. Der See, an dem die Stadt liegt, «schimmert durch ein Loch der Papierberge einen Prolog herein». Einst hat die Natur Wohl und Wehe mit dem Schweizervolk gemeinsam ertragen. Seit aber das Volk müd und schlummertrunken einer finsteren Macht geweiht ward, ist die Natur in sich versunken und denkt an die alte Zeit,

Wo diese Berge voll Jugendkraft
Einst waren auf der Wanderschaft
Und donnernd ihre Häupter bewegten,
Eh' sie sich drauf zur Ruhe legten,
Wo ihre Liebchen, die wandelnden Meere,
Mit Sturmestosen sie heimgesucht,
Bis unstet wieder die Wogenheere
Von dannen zogen in wilder Flucht.
Doch blieb mit hellem Silberblick
Manch schön geklärter See zurück,
In dessen spiegelnd glatter Flut
Die dunkle Meeresahnung ruht.

Nun treten die sechs barmherzigen Brüder aus dem «Wilhelm Tell» auf als Verkörperung des Althergebrachten, Abgestandenen. Eine Alpfahrt, aus echten und unechten Sennen bestehend, zieht auf. Ein Ausrufer mit einer Trommel legt in kräftigen Worten die öffentliche Lage der Schweiz dar und malt die Folgen der politischen Schlaffheit aus. Auf der Bühne sind zwei Stangen aufgerichtet, rechts eine mit einem Jesuitenhut, links eine mit einer Schlafmütze. Das Volk soll sich in zwei Haufen teilen und an jeder Stange lagern, damit die Herren Diplomaten durch die Gasse in der Mitte hindurchfahren können. Das Volk befolgt die Weisung und schläft ein. Nur einige Possenreißer bleiben wach.

Das dritte Bruchstück umfaßt vier Entwürfe, die (nach Papier und Schrift zu urteilen) zum Teil ebenfalls in die Mitte der vierziger Jahre zurückgehen, zum Teil im Juli 1849 in Heidelberg entstanden sind. Die Handlung beschäftigt sich mit den Vorgängen, die zur Entstehung der Freischarenzüge und des Sonderbundskrieges geführt haben. Die Wortführer der luzernischen Politik, Siegwart-Müller und Leu von Ebersol als Häupter der Ultramontan-Konservativen, Dr. Robert Steiger als Führer der Liberalen treten auf. Bereits sind auch einige Reden skizziert. Was erhalten ist, gibt eine deutliche Vorstellung von Kellers Wollen. Es galt die Schöpfung eines nationalen Dramas mit schweizerischem Stoff und in der alten deutschen Form der Knittelverse.

Ein Nachhall dieser politischen Dramatik ist das «Freischarengespräch aus dem ‚Stern' zu Heidelberg» (Juni 1849) im Stile einer shakespeare schen Volksszene.

So kräftig das Wollen in all diesen Versuchen und so genial der eine und andere Entwurf, sie verraten dem kundigen Blicke nur die Unsicherheit des Dilettanten, die von dem glücklichen Einfall nicht zum organischen Bau eines Ganzen kommt. Höhere Kunsteinsicht für das dramatische Schaffen sich zu erwerben, ging Keller nach Heidelberg. Wohl von Hettner beraten, arbeitete er im Sommer 1849 aufs eifrigste an seiner theoretischen Ausbildung als Dramatiker. Er habe, schrieb er Regierungsrat Eduard Sulzer am 23. Juli 1849, von Lessing bis auf die Neuesten, wie Rötscher, die betreffenden Schriften vorgenommen und gleichzeitig den behandelten Stoff durchgelesen, das Antike in guten Übersetzungen. «Da ich mir einmal vorgenommen habe, mein Glück auf dem dramatischen Gebiete zu versuchen, so war es notwendig, daß ich aus der gewöhnlichen Belesenheit heraustrat und zu bestimmten und klaren Anschauungen zu kommen suchte. So machte ich mir ein Bild von den Aristotelischen Grundsätzen an und ihren Schicksalen bis auf die Gegenwart und das, was man jetzt für Bedürfnis hält.»

Um in die lehrreiche Nähe einer großen Bühne zu kommen, seine dramatischen Entwürfe zu Ende zu führen und die fertigen Stücke wenn möglich gleich zur Aufführung zu bringen, siedelte Keller von Heidelberg nach Berlin über. Er besuchte am Anfang, solange die staatlichen Gelder ausreichten, die Theater so häufig, daß er (an Hettner 16. September 1850) sich «bald getraute, einem ansehnlichen Putzmachergeschäft würdig vorzustehen» vermittelst der genauen Studien, welche er in den Zwischenakten an den Häubchen und Halskrausen der Berliner Bürgersfrauen und -jungfrauen vornahm. Aber der Eindruck, den ihm die Leistungen der Schauspieler machten, war nicht allzu günstig. Es fehlte, so urteilte er auf Grund der Aufführung des «Hamlet» und der «Maria Magdalene», an einer kunstverständigen Leitung und an Künstlern, einige wenige routinierte Darsteller ausgenommen. Im Schauspielhause hörte er nach und nach die ganze Reihe der klassischen Dramen von Shakespeare, Goethe, Schiller, ebenso manches französische Stück. Am interessantesten waren ihm die beiden Gastspiele der genialen Rachel. Ein Freibillett, das ihm nach Jahresfrist von der Intendanz angeboten wurde, lehnte er trotz seiner ärmlichen Lage ab.

Man muß Kellers Briefwechsel mit Hermann Hettner lesen, um zu erkennen, mit welcher ernsten Energie der Dichter damals sich der dramatischen Kunst zu bemächtigen strebte. Hettners Ansicht war, daß die dichterische Kraft allein noch kein Drama schaffe, daß dazu auch Kunstverstand, eine klare ästhetische Durchbildung nötig sei. «Das romantische Dogma von der Unbewußtheit des dichterischen Schaffens hat unter unseren jungen Genies unsäglich viel Unheil angerichtet.» Damit war auch Kellers Streben der Weg vorgezeichnet. In seinen langen Briefen an Hettner, die er vor allem zur eigenen Klärung schrieb, hat er sich aufs gründlichste mit dramaturgischen Fragen auseinandergesetzt. Da begegnen wir bedeutenden Betrachtungen über das Drama der Klassiker und das neu zu schaffende Schauspiel, über die Mittel dramatischer Wirkung, über die zukünftige Komödie, über dramatische Motive und einzelne Dramatiker – Betrachtungen, die Hettner wertvollsten Stoff für sein Buch über «Das moderne Drama» gaben und zum Teil wörtlich von ihm übernommen wurden.

In dem Briefe vom 23. Oktober 1850 nennt Keller Einfachheit und Klarheit als die Mittel, durch welche die großen Dichter wirkten. «Es kommt im Theater lediglich darauf an, daß man komisch oder tragisch erschüttert werde, und das geschieht weit mehr, als durch Überraschungen und künstliche Verwicklungen, durch die vollständige Übersicht des Zuschauers über die Verhältnisse und Personen. Er sieht mit dem Dichter, wie alles kommt und kommen muß.» Diese Ausführungen richten sich gegen die jungdeutschen Dramatiker und ihre Gefolgsmänner, die mit ihrer Intrigentechnik die Bühnen der Zeit beherrschten. Nach dem Grundsatze der «Einfachheit und Klarheit» hat Keller die Handlung zu gestalten gestrebt in dem umfangreichsten dramatischen Bruchstück, das er geschrieben hat, «Therese».

In einem Notizbuch merkt er sich am 11. August 1849 den Plan an: «Konzeption eines Trauerspiels. Motiv die Familiengeschichte meiner Verwandten in Eglisau.» Wir kennen von dieser Familiengeschichte nur ein paar äußere Tatsachen. Kellers Vetter Heinrich Scheuchzer heiratete 1842 Susanne Hottinger, deren Vater Pfarrer in Rafz gewesen und 1822 gestorben war. Die junge Frau starb schon im April 1849 an der Lungenschwindsucht. Heinrich, schrieb die Mutter an Gottfried am 26. September 1849, sei sehr traurig über seinen Verlust und habe dazu ein böses Leben mit der Schwiegermama (diese war zur Zeit der Verheiratung der Tochter dreiundvierzig Jahre alt). Drei Momente sind in diesen Tatsachen, so dürftig sie sind, gegeben. Einmal der Schauplatz der Handlung an einem Strom. Sodann der Mann zwischen Tochter und Mutter, von denen er die Tochter liebt. Endlich das fromme Milieu. Die Erkenntnis der Bedeutung dieses dritten Motivs für die Handlung wurde zweifellos durch die Klärung der Religionsbegriffe Kellers durch die Philosophie Feuerbachs gesteigert. Zu diesen drei in der Familiengeschichte der Eglisauer liegenden Motiven trat noch ein persönliches Erlebnis. Des Dichters vergebliches Liebeswerben um Johanna Kapp fand in dem Drama ergreifenden Ausdruck.

So entstanden 1849/50 in Heidelberg zwei Akte der «Therese». Auch in Berlin noch arbeitet er daran, wie eine Niederschrift über die Verschiedenheit der religiösen Charaktere zeigt. Dann tritt das Stück hinter dem epischen Schaffen zurück. 1865 taucht es wieder aus der Versenkung auf. Keller begann damals mit einer Umarbeitung der Exposition. Darauf neues Stocken. Zum letztenmal wendet Keller am 9. Januar 1880 sein Interesse dem Drama zu.

Die Bruchstücke lassen zwei Stufen der Entwicklung des Stoffes unterscheiden. Die erste, bestehend in dem Heidelberger Entwurf, zeigt, wohl unter der Beleuchtung der Wirklichkeit durch Feuerbach, ausgesprochen pietistische Färbung. In der zweiten ist diese zurückgedrängt. Nach dem ersten Plan sollte das Drama folgende Handlung enthalten:

Eine reiche, gebildete Witwe von sechsunddreißig Jahren, Therese, welche eine blühende Tochter von siebzehn Jahren, Röschen, besitzt, lebt in der geistlichen Sicherheit eines pietistischen Milieus. Da kommt ein junger afrikanischer Missionar von edler äußerer Bildung und schwärmerischen Augen ins Haus. In seinem Umgang wacht das Liebesbedürfnis der Frau auf. Sie beschließt, dem Missionar ihre Hand anzutragen. Dieser aber hält bei der Mutter «in dem ganzen salbungsvollen Kreise der Freunde» um die Tochter an, ohne sie zu lieben, aus lauter Selbstsucht und Kälte. Die Tochter aber liebt ihn, wie die Mutter. «So bricht der ganze künstlich aufgebaute Gesellschaftskreis dieser feinen Leute zusammen und begräbt unter seinen staubigen Trümmern den lieblichen Stern dieses Mädchens.»

Man kann es verstehen, daß Keller diesen ersten Entwurf alsobald preisgab. Der allgemein-menschliche Konflikt – die noch jugendliche Mutter im Kampf gegen die Tochter in der Leidenschaft für den gleichen Mann – erfährt in ihm eine allzu persönliche Zuspitzung, und die Satire auf die Frommen trübt die Größe und Reinheit der tragischen Verwicklung; das neue Drama, das der Dichter erstrebt, muß ja Einfachheit und Klarheit besitzen. Aus diesem Grunde verwandelt er auf der zweiten Stufe der Entwicklung den heuchlerischen und egoistischen Missionar in einen sympathischen jungen Ingenieur. Therese wohnt nun mit ihrer

Tochter in einem Landhaus am Flusse. Eine drohende Frühjahrsüberschwemmung (man denkt an die «Glattgröße» des «Grünen Heinrich») gibt ihr Gelegenheit, mutige Tatkraft zu zeigen, und vermittelt zugleich die Bekanntschaft mit dem Ingenieur Richard, der ihr besonnen und energisch in den Rettungsarbeiten beisteht. Er wird ein Freund des Hauses. Sie verliert ihr Herz an ihn. Er aber liebt die Tochter, die ihn wiederliebt. Die Mutter vergißt sich so sehr, daß die Dämme der Sitte und Religion, mit denen sie ihr Leben eingeschlossen, einstürzen. In leidenschaftlichen Szenen sucht sie Richard zur Liebe und Röschen zur Entsagung zu zwingen. Wie es ihr nicht gelingt, sucht sie am Pfingstmorgen in den beruhigten Fluten den Tod. Richard aber verzieht sich aus der Gegend.

Diese Fassung bedeutet dichterisch einen Fortschritt. Der Konflikt ist menschlich reiner, und der Naturhintergrund – die Frühjahrsüberschwemmung – gibt zu dem menschlichen Erleben eine Parallele von großartiger Symbolik. Aber man täusche sich auch nicht über den dramatischen Rückschritt, der sich in der Gestalt Richards bemerkbar macht. Der Missionar der ersten Fassung war mit seinem heuchelnden Egoismus ein scharf umrissener Charakter, ein Theaterbösewicht, gewiß, aber jedenfalls eine dramatisch wirksame Gestalt. Der Ingenieur Richard dagegen ist höchst blaß und verschwommen, weil es dem Dichter nicht gelungen ist, für sein Handeln eine ihm eigene Triebkraft zu finden und seine besondere Stellung zwischen den beiden Frauen aus dem Mittelpunkt seiner Persönlichkeit heraus zu motivieren. Was für ein Verlegenheitsmotiv ist die fluchtartige Abreise am Schlusse bei dem Manne, der doch sonst als sympathische und beherzte Gestalt vor uns steht!

Die psychologische Gestaltung von Richards Handeln war es also, was Keller immer wieder scheitern ließ. Nur zwei Möglichkeiten sah der Dichter für diesen von Mutter und Tochter Geliebten: er mußte ihn zum Intriganten machen und erhielt damit einen scharf umrissenen, dramatisch wirksamen Charakter; aber das Intrigenwesen lehnte Keller nach seiner geklärten dramaturgischen Einsicht ab. So blieb ihm nur übrig, aus Richard einen ehrlichen Menschen zu bilden; aber damit vermochte er seine Stellung zur Mutter nicht zu motivieren. Bei aller Ehrlichkeit, allem Mut, aller Tüchtigkeit war sein Charakter allzu undramatisch, weil allzu normal.

Baechtold hat die sehr wahrscheinliche Vermutung geäußert, daß dem Dichter für die Anlage seines Trauerspiels Hebbels «Maria Magdalene» zum Muster gedient habe. Nimmt man an, daß Keller, wie Hebbel, an drei Akte dachte – man sieht nicht ein, wie der magere Plan mehr als drei Akte hätte füllen sollen –, so kommt man dazu, die beiden in Heidelberg entstandenen Akte als zweiten und dritten zu bezeichnen. Wie Hebbel bedient sich Keller der Prosa. Auch die Umwandlung des Liebhabers erinnert an Hebbel, der sich gerade bei «Maria Magdalene» rühmte, ohne Theaterbösewicht bei der Schürzung und Lösung des Knotens ausgekommen zu sein. Dazu tritt die Übereinstimmung der Katastrophe, der Tod der Heldin im Wasser, und die Ähnlichkeit der Begleitumstände: Klara betet bei Hebbel ein Vaterunser, Therese sucht das Wort der Heiligen Schrift noch einmal zu verstehen.

Und doch, eine Welt liegt zwischen «Maria Magdalene» und «Therese». Dort ein auf engsten Raum zusammengepreßtes Bild einer ganzen Kultur, des vormärzlichen Bürgertums, hier ein kleiner Ausschnitt aus einem zeitlich und örtlich wenig bestimmten Erleben, ein höchst magerer Stoff, der durch die Parallelfiguren der Liebenden aus dem Volke, Jakob und Elisabeth einerseits, Heinrich und Marie anderseits, nur episch etwas bereichert, nicht dramatisch straffer verschnürt wird. Dort eine Sprache, in der die Enge sittlicher Anschauungen des Milieus einen atembeklemmend-angemessenen Ausdruck gefunden hat, hier eine Redseligkeit und lyrische Breite, die bei Keller etwas ganz Ungewohntes ist.

So bedeutet das Bruchstück nur poetisch eine Bereicherung von Gottfried Kellers Schaffen. Der erschütternde Auftritt, wo die Mutter der Tochter zu Füßen fällt und ihr zuruft: «Bezwing dein Blut! Ich will dich auf den Händen tragen und wie meine Mutter verehren», oder die Schlußszene sind von wirklicher Größe. Aber dramatisch ist all das nicht. Und das haben auch die Aufführungen erwiesen. Bei der ersten im Zürcher Stadttheater am 20. Januar 1893 wäre der Torso beinahe zu Schaden gekommen. Aber gewiß nicht, wie Baechtold meinte, wegen der Teilnahmlosigkeit des Publikums, der unverständigen Kritik und der ungenügenden Darstellerin der Titelrolle. Aufführungen in Zürich in den Jahren 1908 und 1919 brachten das gleiche Ergebnis, trotzdem das Stück mit liebevollster Sorgfalt und feinstem Verständnis inszeniert war und zum Teil von hervorragenden Kräften gespielt wurde.

Wie sehr Keller später die Voraussetzung der Handlung und die lyrische Weichheit des Dialogs geärgert, zeigt eine Vignette, die er in sarkastischer Selbstverspottung an den Rand des Schlusses des Heidelberger Entwurfes zeichnete: zwei hochschwangere Weiber, von denen die eine die Schürze vors Gesicht hält, während die andere mit dem Finger auf sie zeigt. Im Hintergrund ein Gebäude, das als «Obstetrizische Anstalt» bezeichnet ist.

Im September 1851 schrieb Keller an Baumgartner, er habe sein Trauerspiel «Therese» zurückgestellt und zwei Lustspiele angefangen, da man mit solchen für jetzt bei den Theatern besser ankomme. Die beiden Lustspiele sind «Die Roten» und «Jedem das Seine».

«Die Roten», am 22. Mai 1851 entworfen, sind als Charakterposse gedacht. Ein roter Monarchist, ein alter steifbeiniger Militär, und ein roter Republikaner, der unpraktische, naseweise Vorsteher einer Mädchenschule, werden von einer lustigen Gesellschaft zum Narren gehalten. Dem ersten wird vorgemalt, er habe bei der fingierten Revolution dem Standgericht zu präsidieren; dem zweiten macht man weis, er habe als Chef des revolutionären Tribunals Todesurteile zu unterschreiben. Jeder verurteilt den andern zum Tode. Beide glauben das Urteil vollzogen. Darauf fürchterliche Gewissensbisse. Unvermutet begegnen sie einander. Verblüffung und possierliche Lösung.

Künstlerisch ernsthafter ist der zweite Plan, «Jedem das Seine». Keller hat daran vom Spätsommer 1851 bis Ende 1854 gelegentlich gearbeitet. Sprecher, ein schrullenhafter Witwer und enragierter Jäger, lebt mit seiner Tochter und seiner Nichte auf einem Gute. Er ist ein Mensch, der tausenderlei verspricht, aber nichts hält und sich nachher über die Zudringlichkeit der Leute beklagt. Die Erziehung der beiden Mädchen zwingt ihn, auf seine Jagdfreuden zu verzichten. Mariechen, seine Tochter, ist sanft, still und hingebend, Johanna, die Nichte, stolz und unnahbar. Zwei Bekannte des Hauses werben um die beiden. Um Mariechen der stolze, weltgewandte Regierungsrat Reinhard, um Johanna der duckmäuserige, stubenhockerische Professor Winzinger. Sprecher ist über die Werbung sehr erfreut, sie zeigt ihm den Weg, auf dem er wieder zu seinen Jagdfreuden zurückkehren kann. Die Mädchen dagegen erbleichen, wie sie die Anträge hören. Man merkt, daß Johanna den Regierungsrat und Mariechen den Professor liebt. Dies sind die Voraussetzungen, die sich aus einigen ausgeführten Szenen ergeben. Sie erinnern nicht sowohl an Lessings «Freigeist» als an Kellers eigenes Erleben. Wie jeder der beiden Männer um das Mädchen wirbt, das das Gegenteil von ihm ist, so hat auch Keller um Frauen geworben, die, wenigstens äußerlich, einen Gegensatz zu ihm bildeten. Über den Fortgang der Handlung ist zu vermuten, daß die Mädchen durch einen geschickten Feldzugsplan an das Ziel ihrer Wünsche gekommen und so «Jedem das Seine» geworden wäre: Johanna der Regierungsrat, Mariechen der Professor, Sprecher seine Jagdfreuden und den Leuten, denen er Versprechungen gemacht, ihre Gaben.

An diese wenigstens in einzelnen Szenen skizzierten Stücke reiht sich eine stattliche Zahl bloßer Pläne. Noch in Heidelberg dachte Keller an ein Stück aus der Schweizergeschichte, «Gertrud von Wart», wogegen Regierungsrat Sulzer in Zürich (30. März 1850) seine Zweifel äußerte: «Es freut mich, daß Sie sich doch von den sogenannten Familienstoffen und häuslichen Gemälden abzuwenden und die größeren historischen Stoffe vorzuziehen anfangen. Ob jedoch ‚Gertrud von Wart' nicht wieder in diese Gefühlsfamilienszenen hinüberstreifen und die Klippe darbieten wird, das Interesse an zwei Frauen zu knüpfen, wage ich nicht zu entscheiden. Diese Schwierigkeit kann allerdings wie in der ‚Marie Stuart' überwunden werden, aber es scheint mir hier der Unterschied zu liegen, daß sich die Teilnahme an Leben und Tod unmittelbar an die Person einer der beiden Königinnen knüpft, während es sich nach Ihrem Entwurfe mehr indirekt an das Schicksal einer nicht handelnden Person ableitet.»

In Berlin richtete Keller eine Zeitlang sein Augenmerk auf Jeremias Gotthelf und gedachte eine Anzahl kleiner Erzählungen desselben zu dramatisieren. So die Novelle «Elsi, die seltsame Magd», die ihm an innerem Gehalte würdig schien, neben «Hermann und Dorothea» gestellt zu werden. Es sollte ein Trauerspiel daraus entstehen. Ein anderer ist ihm jedoch zuvorgekommen. Mosenthal benutzte stillschweigend einige wesentliche Motive aus der Gotthelfschen Erzählung für seinen «Sonnenwendhof», den Keller 1854 auf dem Theater sah. Die Ausplünderung seines Landsmannes und das alberne «Je nun, so dann» bei Mosenthal, welches das schweizerische «Henusode» sein soll, ärgerten ihn so sehr, daß er die Sache in schärfster Weise an die Öffentlichkeit zog.

Außerdem hatte er sich im Herbst 1852 folgendes notiert: «Lustspiel nach zwei Erzählungen von Bitzius: ‚Wie Joggeli eine Frau findet (sic!)' und ‚Michels Brautschau'. Hauptinhalt: die antike Gestalt eines schlauen und erfindungsreichen Freiers; die ursprünglichen Verhältnisse und Situationen eines alten echten Volkslebens auf dem Lande. Kluge Frauen usw. Das Provinzielle und Lokale ist in allgemeine Poesie aufzulösen.» Auch hiervon kam nichts zustande, angeblich, weil die Berliner «Trüffelhunde» über Gotthelf herfielen und sich ihre Opern- und Lustspielstoffe bei ihm holten.

Einen andern Stoff, mit dem sich Keller trug, «Agnes Bernauerin», sah er durch Melchior Meyr und Friedrich Hebbel auf das Theater gebracht. Trotzdem wollte er beide zusammen, wie er im Oktober an Hettner schrieb, mit einem gleichnamigen Stücke attackieren. Er hätte den Tod der Heldin in die Exposition verlegt und das tragische Wüten des Sohnes gegen den Vater zum Hauptinhalte seines Trauerspiels gemacht (an Kuh, 6. Dezember 1874).

Bereits drangen seine Absichten in die Öffentlichkeit. Das «Deutsche Museum» von Robert Prutz brachte am 1. April (einem fatalen Datum) 1854 die Nachricht, Gottfried Keller habe ein Lustspiel vollendet. Beinahe drei Jahrzehnte später (1881) schrieb dieser an Julius Rodenberg: «Ich führe von der Berliner Zeit her ein paar Lustspiele als anonyme Passagiere im Hirnkasten mit, die aber wohl nicht mehr aussteigen werden.»

Nicht einer dieser Pläne hat Gestalt angenommen. Was ihrer Ausführung in den Weg trat, war die Arbeit am «Grünen Heinrich», mit der er sich alle Berliner Jahre hindurch schleppte, die feierlich übernommene Verpflichtung, nichts anderes zu schreiben, bis das Jugendbuch seinen Abschluß erreicht. Dann die Not des Lebens. «Ich glaubte», sagte er einst zu Baechtold, «man müßte für so wichtige Sachen den Sonntag abwarten und keine Schulden haben.» Zu den Umtrieben, deren es bedarf, bis ein Stück zur Aufführung angenommen ist, wäre er auch nicht der Mann gewesen. Endlich leitete ihn vielleicht unbewußt das Gefühl, daß seine Stärke doch anderswo liege.

Zwar kehrte er später immer wieder zum Drama zurück. Die Heimatluft sollte seine Pläne reifen. Um das vierzigste Jahr herum hoffe er endlich auf die hohe See des Dramas auszulaufen, schrieb er an Freiligrath. Den Anfang wollte er mit einem vaterländischen Festschwank machen.

Zur Schillerfeier des Jahres 1859 plante Keller die Abfassung eines Festspiels, das in Bern aufgeführt werden sollte. Schuldirektor G. Frölich hatte ihm den Gedanken nahegelegt. Das Spiel sollte in die Apotheose Schillers auslaufen. Vertreter der verschiedensten Geistesrichtungen der modernen Schweiz sollten auftreten, ein Gemsjäger als Vertreter des tatkräftigen, naturwüchsigen Schweizertums den matt reflektierenden, tatunlustigen Fremden gegenübergestellt werden. Warum Keller die Idee nach mehrwöchigen Verhandlungen fallen ließ und sich mit dem «Prolog» begnügte, können wir nur vermuten. Der Plan mochte ihm wohl doch zu wenig originell und dramatisch kräftig vorkommen. Vielleicht war auch bloße Trödelei schuld.

In dem prachtvollen Aufsatze «Am Mythenstein», der Beschreibung jener würdigen Schillerfeier am Urnersee im Herbst 1860, legt Gottfried Keller ein großartiges Programm vaterländischer Festspiele vor. Er entwickelt die Idee einer Bühne, die vom Volke selbst bei seinen großen nationalen Festen alle paar Jahre einmal vor einer Versammlung von zehntausend ernsthaften Männern aufgeschlagen werde. Bei den eidgenössischen Freischießen könnte der Gegenstand ein in der Festhütte oder unter freiem Himmel etwa nach Sonnenuntergang aufzuführender kurzer Schwank voll Anspielungen auf heimische Zustände sein. Den geeignetsten Boden für derartige Darstellungen dürften jedoch die großen Gesangsfeste bilden, da diese zunächst auf die schönen Künste gerichtet seien. Für die Gesamtaufführungen wären neue Bahnen einzuschlagen, etwa in Form weltlicher nationaler Oratorien, was, solcher vaterländischer Sängermassen würdig, ihren Bestrebungen einen neuen Inhalt verliehe. «Wenn nun dieses Tonmeer erbrauste, und auftauchend aus demselben eine Reihe fünfhundertstimmiger Halbchöre einander die Erzählung oder die großen Fragen und Antworten einer Musik gewordenen Ethik abnähmen, so wäre ein Dialog im Entstehen, der seinen Maßstab in nichts Vorhandenem hätte, und die Frage des Dramas in ein neues Stadium getreten.» Der Dichter erzählt, wie man sich in Zürich zum schweizerischen Freischießen von 1859 mit einem solchen Versuche beschäftigt habe. Eine bündige Allegorie in gereimten Versen und mit viel Handlung sollte alle Arten des unechten Patriotismus zur Anschauung bringen. Mutter Helvetia habe mit ihren Söhnen strenges Gericht gehalten, worauf diese in ihrer Angst, um wenigstens einige Taten und Früchte vorzuweisen, ihre Kinder in den Trachten sämtlicher Kantone herbeiholten und die zürnende Dame einigermaßen beschwichtigten. Dieser ganze Plan sei infolge des italienischen Krieges, der nicht nur das Fest in Frage stellte, dessen Schlachten vielmehr alle kleinen lokalen Pointen abgestumpft hätten, unausgeführt geblieben. «Eine verzeihliche Furcht», sagt Keller, «beschlich uns vor der trocknen Kritik des wortkargen Schützenvolkes. Denn wenn diese Herren den Tabak nicht stark genug fanden und dem Spaße stillschweigend den Rücken kehrten, so war das schlimmer als das Pfeifen eines Parterres.» Außer diesen Andeutungen liegt nichts vor. Dagegen muß das edle kleine Festspiel «Die Johannisnacht» (1876), freilich mehr eine bloß dialogisierte Szenenreihe, hier wenigstens genannt werden.

Lange erwog er die Geschichte von den Töchtern Karls des Großen, die ihm für ein Opernlibretto höchst geeignet erschien, dann hauptsächlich einen «Savonarola». Ludmilla Assing wies ihn 1865 auf die Darstellung bei Pasquale Villari hin, wo erwähnt wird, daß sich jener wegen unerwiderter Liebe in den Orden der Dominikaner begeben habe. Diese Quelle studierte Keller eifrig und las auch Predigten seines Heiligen. Derselbe sollte, nach mündlicher Mitteilung, an einer Lüge zugrunde gehen, indem er eine göttliche Mission vorschützte und bis zum Scheiterhaufen die Dazwischenkunft des Himmels drohend in Aussicht stellte. Der Schlußeffekt hätte sich sehr theatralisch gestaltet: das Gottesurteil des Scheiterhaufens geht vor sich, ein Gewitter bricht herein, Savonarola erwartet, daß die Fluten des Himmels den brennenden Holzstoß löschen werden. Auch zu diesem Drama hat sich nicht ein Wort vorgefunden.

Am 6. Dezember 1874 schrieb Keller an Emil Kuh, er gedenke übers Jahr mit dem Erzählungswesen abzuschließen und dann auf dem frischen Tische das Drama vorzunehmen, wobei es einzig darauf ankomme, daß er noch einige Jahre rüstig bleibe: «Ich habe den Aberglauben, daß jeder irgend einmal macht, was ihm zukommt, früh oder spät, wenn er nur leben bleibt. Kommt's nicht dazu, so ist's auch Wurst!» Inzwischen erlebe man freilich, daß dieser oder jener Stoff, den man sich aufgehoben, von einem andern aufgeschnappt werde. Ein Stoff, den er sich alle zehn Jahre einmal anschaue, bestehe in folgender, aus hiesiger Gegend überlieferter Begebenheit: Ein Mann begräbt seine gute Frau, die er mißhandelt hat. Sie ist scheintot und steigt in der Nacht, als der Totengräber die Leiche berauben will, aus der Grube, nimmt die Laterne des Fliehenden, geht vor ihr Haus und zieht die Glocke. Der ruchlose Mann stößt sie in das Unwetter hinaus. Nach langem Umherirren findet sie den, der sie längst liebt und rettet. Nun habe Josef Weilen in seiner «Dolores» das kolossale, shakespearehafte Motiv benutzt, dasselbe jedoch höchst undramatisch lange vor den Beginn der Handlung verlegt. Diese wirksame Fabel nannte Keller «Die Provenzalin». Dabei gab er ihr die Wendung, daß die tot geglaubte Frau eine Schauspielerin ist und ihren Mann im Theaterkostüm wieder zu gewinnen sucht, dieser aber die aus dem Grab Heimkehrende nicht aus Grausamkeit, sondern im Wahn, ein Gespenst zu sehen, verstößt.

Seit Neujahr 1884 war Gottfried Keller aufs neue mit dramatischen Plänen beschäftigt. «Die Stoffe fallen mir von allen Seiten zu», pflegte er zu sagen. Streitigkeiten in der zürcherischen Irrenanstalt Burghölzli im Jahr 1878 gaben Anlaß zu einem Entwurf «Im Irrenhause». Wissenschaftliche Lektüre führte ihn auf den interessanten Stoff «Das Gassengericht». Aus mündlichen Erzählungen schöpfte er die Entwürfe «Der Prozeßliebhaber» und «Der neue Graf von Gleichen».

Als er endlich, kurz vor seinem Tode, an der Verwirklichung seiner Absichten zu zweifeln begann, wollte er wenigstens einiges davon für Erzählungen retten. Seine 1889 geschriebene Selbstbiographie schließt ziemlich resigniert mit der Verheißung: «Ferner dürften [noch] einige jener dramatischen Projekte aus den jüngeren Jahren in Gestalt von Erzählungen erscheinen, um die so lange Jahre vorgeschwebten Stoffe oder Erfindungen wenigstens als Schatten der Erinnerung zu erhalten und zu gewahren, ob die Welt vielleicht doch ein ausgelöschtes Lampenlicht darin erkennen wolle. Sollte es der Fall sein, wäre der Schaden, wo die Bühne wie ein Dornröschen von dem abschreckenden Verfallsgeschrei umschanzt ist, nicht groß.»

Bietet dieses durch Jahrzehnte sich hinziehende fruchtlose Ringen des großen Dichters um das Drama auch nicht das erschütternde Bild von Otto Ludwigs vergeblichem Kampfe um Shakespeare, ein Hauch der Tragik weht uns doch auch aus ihm an. Und doch dürfte heute die Antwort auf die Frage, warum seinem Streben der Erfolg versagt war, nicht schwer sein. Er war kein Dramatiker, weil er eine durch und durch epische Natur war. Man stelle doch den Charakter ausgesprochener Dramatiker, eines Schiller, Kleist, Hebbel, und das Entwicklungsgesetz ihres Lebens dem Charakter und dem Lebenslaufe Kellers gegenüber! Dort alles gespannte Energie, willensmächtiges und tatkräftiges Streben zum Ziel, hier träumerische Behaglichkeit, ein Sichtreibenlassen vom Strome der Ereignisse und Zustände, ja während langer Jahre scheinbares Nichtstun. Jener Dichtertypus muß seine dichterische Sprache im Drama finden, dieser ist auf die epische Darstellung angewiesen.

II

DER GRÜNE HEINRICH

1. ENTSTEHUNG

Im Juli 1838 hat Gottfried Keller in seinem Tagebuch die Schilderung gerühmt, die Balzac in seinen Etudes philosophiques von einem verunglückten Genie entwirft. In zwei Erzählungen der Etudes philosophiques hat Balzac dieses Problem mit besonderer Kraft gestaltet: in Le chef-d'œuvre inconnu und in La recherche de l'absolu. Die erste Novelle erzählt das vergebliche Ringen eines begabten Malers um restlose Wiedergabe des atmenden Lebens in der Darstellung einer schönen Frauengestalt. Die zweite gibt die tragische Geschichte eines Chemikers, der sich mit der Herstellung der Ursubstanz beschäftigt und diesem utopischen Ziele das Vermögen seiner Familie, das Leben seiner Frau und schließlich sein eigenes opfert. Mit ergreifender Feinheit ist das Verhältnis des Unseligen zu seiner Frau geschildert, die in grenzenloser Liebe dem Manne alles hingibt und immer wieder die Sorge um den Ruin ihres Hauses durch den Glauben an seine Mission besiegt.

Der Jüngling ahnte nicht, als er im Tagebuch Balzacs Schilderungen «sehr treffend» nannte, wie nahe ihr Inhalt einst an sein eigenes Erleben rühren würde. Er mußte selber zuerst das Gefühl eines verunglückten Genies in sich haben, ehe der Plan des «Grünen Heinrich» in ihm entstehen konnte. Das scheint nach der Rückkehr aus München geschehen zu sein, wohl im Laufe des Winters 1842/43, als er, hinter Kartonwänden versteckt, seine Zeit am warmen Ofen mit Lesen und Schreiben zubrachte. «Allerlei erlebte Not und Sorge, welche ich der Mutter bereitete, ohne daß ein gutes Ziel in Aussicht stand, beschäftigten», so schreibt Keller, «meine Gedanken und mein Gewissen, bis sich die Grübelei in den Vorsatz verwandelte, einen traurigen kleinen Roman zu schreiben über den tragischen Abbruch einer jungen Künstlerlaufbahn, an welcher Mutter und Sohn zugrunde gingen. Dies war meines Wissens der erste schriftstellerische Vorsatz, den ich mit Bewußtsein gefaßt habe, und ich war ungefähr dreiundzwanzig Jahre alt. Es schwebte mir das Bild eines elegisch-lyrischen Buches vor mit heiteren Episoden und einem zypressendunkeln Schlusse, wo alles begraben wurde.»

Eine Tagebuchnotiz vom 8. Juli 1843 spricht aber von dem Plan noch als unbestimmtem Vorsatz: er habe die drei Jahre in München samt allen

Eindrücken, die er dort empfangen, das heitere, schöne Künstlerleben, die bangen, sorgenvollen Tage, die er erlebt, und sonst noch vieles, was sein Gemüt lebhaft ergriffen, die Rückkehr ins mütterliche Haus: das alles habe er handelnd und leidend an sich vorbeiziehen lassen, ohne eine Silbe darüber niederzuschreiben. «Ich habe zwar mir das ganze Bild in seinen Umrissen und mit seinen Lokalfarben ziemlich treu bewahrt, und wenn ich einst aus mir selbst heraustreten und, als ein zweites Ich, mein ursprüngliches eigenes Ich in seinem Herzkämmerlein aufstören und betrachten, wenn ich meine Jugendgeschichte schreiben wollte, so würde mir dies ... dennoch ziemlich gelingen.» Entstanden dürfte zu jener Zeit aber kaum etwas sein. Das Dutzend Seiten, das der Dichter nach einer Bemerkung des Jahres 1876 damals niedergeschrieben haben will, dürfte der Eingang der Novelle «Reisetage» – vielleicht der erste Versuch zum «Grünen Heinrich» sein. Die ersten nachweisbaren Niederschriften des Romans stammen aus dem Jahre 1846. Das erste Stück schildert mit liebevoller Umständlichkeit Heinrichs Heimat, «das alte, graue Städtlein» an dem «schönen, bald blauen und bald grünen See in der Schweiz», «mit seinen schwarzen, wunderlichen Türmen, mit seiner verwitterten Stadtmauer, in welche allerlei friedliche Wohnungen mit Weinlauben eingebaut sind, mit seinem baufälligen Rathause und den alten hölzernen Bänken, mit seinem ‚Goldenen Engel' und ‚Blauen Hecht' und vor allem auch mit seinen großen grünen Lindenbäumen». Es ist der Maler, der sich in dieser so scharf beobachteten und so schwerfällig geschriebenen Schilderung des gemütlichen Krimskrams des alten Nestes ausspricht. Und sofort schlingt dann die kühne Phantasie des Romantikers ihre Arabesken um das Bild, wenn dem Dichter die «blaue Rauchblume», zu der sich die Rauchsäulen aus den Häusern vereinigen, als Fata Morgana erscheint, «welche das verborgene Leben der Stadt und ihrer Häuser widerspiegelt», so daß er durch die Schornsteine hinab auf jeden Herd schauen zu können meint. Und in dies liebe Nest soll nun, wie in einen Blumenscherben, das schwache Reis der Geschichte eingesetzt und gepflanzt werden, «daß es aufwachse und ranke um diese und jene Freundesbrust. Es wird nur einen kurzen Sommermonat durch grünen und nur eine Knospe tragen, welche vor ihrem Entfalten abfällt».

Dem Dichter hat das Bild von dem Blumenscherben so gut gefallen, daß er es in der ersten Fassung des Romans wiederholte. Und doch ist es mehr romantisch-geistreich als realistisch-exakt; zeigt doch das zweite Stück dieses Entwurfs, daß Heinrich, der Held der Erzählung, der einzige unter Kummer und Sorgen großgezogene Sohn der Frau Elisabeth

Walther, den so liebevoll gezeichneten Schauplatz, das alte Städtchen, sofort verläßt, um «hinauszuziehen ins große Deutschland, um zu suchen und zu jagen nach der Erfüllung seiner Träume und Pläne».

Weiter ist der Entwurf nicht gediehen. Der Dichter stand den Ereignissen noch zu nahe, sein ganzes Wesen war noch zu sehr in Gärung, die Zukunft noch zu unklar, als daß er jetzt schon die Kraft besessen hätte, sein eigenes Erleben zu objektivieren. Wenn er am 5. Februar 1847 an Freiligrath vom endlichen Fertigmachen des Romans schrieb, so war das ein Versprechen, wie Keller, wenn es sich um die Niederschrift dichterischer Pläne handelte, deren viele gemacht hat. Den energischen Entschluß wenigstens, die Arbeit zu fördern, bekundet eine Anfrage an den Heidelberger Verleger Winter im Sommer 1847, ob er das Buch in Verlag nehmen wolle. Aber wie Winter am 28. Juli vorsichtig rät, vorerst einen Abschnitt in einer Zeitschrift zu veröffentlichen, gibt der Dichter dieser Aufforderung keine Folge, vermutlich, weil noch nichts Druckreifes da ist. Immerhin läßt die Meldung an Freiligrath, der Roman solle den Titel «Der grüne Heinrich» bekommen (5. Februar 1847), vermuten, daß wenigstens in seinem Kopfe damals ein bestimmtes Bild der Geschichte vorhanden war.

Dieses Bild trug, so dürfen wir nach den Entwürfen und Kellers sonstigen Prosaerzeugnissen aus jener Zeit vermuten, im wesentlichen romantischen Charakter. Romantischen Einfluß dürfte der Vorname des Helden verraten, der an Novalis' Heinrich von Ofterdingen und Jean Pauls Heinrich Leibgeber (in dem «Siebenkäs») erinnert, daneben freilich auch in Zürcher Landen besonders beliebt ist. Bei der Begeisterung, die Keller damals für Jean Paul empfand, mag Keller seinen Roman hauptsächlich in dessen Stil geprägt haben, wobei immerhin die Beobachtungsgabe des Malers eine größere Schärfe in der Wiedergabe der Gegenstände der Außenwelt bedingte.

Über den Verlauf der Handlung in diesem ersten Plane haben wir zwei Fingerzeige des Dichters. Einmal sagt uns das zweite Stück der Niederschrift von 1846, daß sie mit der Abreise Heinrichs nach der Kunststadt hätte beginnen sollen, wie in der Fassung von 1854/55. Sodann schreibt Keller am 15. Oktober 1853 an Hettner, daß der vierte Band des Romans «das Buch der ursprünglichen Intention» sei. Im vierten Band ist das Scheitern von Heinrichs Künstlerhoffnungen, die Einkehr im Grafenschlosse und das Ende von Mutter und Sohn geschildert. Wenn die Einkehr im Grafenschlosse somit schon im ursprünglichen Plane lag, so ist wahrscheinlich, daß sie in diesem auch vorbereitet wurde durch die Begegnung des Jünglings mit dem Grafen, seiner Schwester und seiner Pflegetochter auf der Reise nach der Kunststadt. Der mehr romantisch-unbestimmte als kräftig individualisierende Stil, in dem in der ersten Fassung dieser Teil erzählt wird, steigert die Wahrscheinlichkeit, daß die Schilderung der Reisebekanntschaft zu den ältesten Teilen des Romans gehört, das heißt im ursprünglichen Plane enthalten war.

So ergäbe sich für die erste Konzeption etwa folgendes Bild: Heinrich verläßt die Heimat, um in der Kunststadt sich auszubilden. Er nimmt zuerst an dem heiteren Leben der Künstler teil. Aber in seinem Schaffen bringt er es nicht auf einen grünen Zweig, und da ihm nun auch das Geld ausgeht, so gerät er in die bitterste Not. Er kehrt nach der Heimat zurück, kommt unterwegs ins Grafenschloß, erlebt seine Rehabilitation als Künstler und Mensch, findet aber nicht den Mut, dem «Grafenkind» seine Liebe zu gestehen. Die Rolle, die des Grafen adelsstolze Schwester bei der Reisebegegnung spielt, läßt vermuten, daß sie nach der ersten Absicht auch am Schlusse wieder auftreten sollte. Dann kehrt Heinrich nach der Heimat zurück, findet die Mutter tot und stirbt an seiner Schuld.

Man sieht, in dem ursprünglichen Plan überwiegt die romantische Erfindung die erlebte Wahrheit. Die Handlung erinnert an Eichendorffs «Aus dem Leben eines Taugenichts». Auch hier ist der Held ein künstlerisch veranlagter Mensch, ohne eigentlicher Künstler zu sein. Er verläßt sein Vaterhaus und zieht mit seiner Geige in die Welt hinaus. Unterwegs trifft er einen Reisewagen und wird von den Insassen, zwei gräflichen Damen, einer älteren und einer jüngeren, zum Mitfahren eingeladen (wie Heinrich mit dem Grafen fährt). Im Schlosse zu Wien wird er Gärtnerbursche, dann Zolleinnehmer. Seine unglückliche Liebe zu der jüngeren Dame treibt ihn in die Welt hinaus. Er erlebt seltsame Abenteuer (die den Künstlerirrungen Heinrichs entsprechen) und kehrt dann nach Wien ins Grafenschloß zurück. Da entpuppt sich die jüngere Dame, wie Dortchen Schönfund, als armes Waisenkind. Sie wird die Frau des Taugenichts, während der grüne Heinrich leer ausgeht.

Dieser ursprüngliche Plan erfuhr in Heidelberg eine durchgreifende Umänderung. Nicht in den Grundlinien der eigentlichen Romanhandlung – «Absicht und Motive», erklärt Keller in dem im Mai 1853 abgefaßten Vorwort zur ersten Fassung, seien unverändert dieselben geblieben wie am ersten Tage der Konzeption –, wohl aber in der epischen Füllung und der geistig-sittlichen Ausdeutung des Handlungsplanes und im Stil. Es ist doch nicht so, daß Keller, wie er im Vorwort bemerkt, nur über der Arbeit besser schreiben lernte; er selber wurde darüber als Mensch und Künstler ein anderer, und diese Wandlung fand in dem Buche ihren Ausdruck. Die äußere Folge war, daß aus dem mäßigen Bande, den der Roman zuerst hätte umfassen sollen, vier Bände wurden.

Ursache der Umwandlung war die Klärung von Kellers Weltanschauung durch die Philosophie Ludwig Feuerbachs, die den organischen Zusammenschluß aller diesseitig-menschlichen Elemente in seinem Innern zur klaren Naturfrömmigkeit bewirkte. Für den Künstler bedeutete diese Erfahrung das Erlebnis des realistischen Stiles. Die Willkür des fühlenden, denkenden und gestaltenden Künstlers mußte zurücktreten vor der Heiligkeit der Wirklichkeitsgegenstände; denn – so lehrte Feuerbach – ein geistiges Urwesen der Welt, das unmittelbar vom menschlichen Subjekt spekulativ begriffen werden kann, gibt es nicht, es gibt nur die sinnlich-individuelle Wirklichkeit, die der Mensch nur durch treue Hingabe an alles Gewordene mit Sinnen und Verstand erfassen kann. Vor dieser neugewonnenen Einsicht vermag die erst geplante Fassung des «Grünen Heinrich» nicht mehr zu bestehen. Er glaube, schreibt der Dichter am 8. Februar 1849 an Eduard Dößekel, für die poetische Tätigkeit neue Aussichten und Grundlagen gewonnen zu haben; «denn erst jetzt fange ich an, Natur und Mensch so recht zu packen und zu fühlen; und wenn Feuerbach weiter nichts getan hätte, als daß er uns von der Unpoesie der spekulativen Theologie und Philosophie erlöste, so wäre das schon ungeheuer viel ... Nebenbei ... arbeite ich an meinem unglückseligen Romane, welchen ich, da ich einen ganz andern Standpunkt und Abschluß meines bisherigen Lebens gewonnen habe, erst wieder zu zwei Dritteln umschmelzen muß». An Salomon Hegi berichtet er am 19. Februar, er sei veranlaßt worden, fast die Hälfte seines unglückseligen Buches wieder umzuarbeiten. Am 10. März gar meldet er Baumgartner: «Nun geht es endlich mit Macht an meinen Roman: von Anfang bis zum Ende wird er umgeschrieben, und über die Ferien soll er fertig werden.»

Aufzeichnungen aus dem Jahre 1849 zeigen uns, welche Motive Keller damals in den «Grünen Heinrich» einströmen ließ. Es sind zunächst Stücke von Heinrichs Entwicklung als Maler: die Gestalt von Ferdinand Lys (hier noch Georg genannt) mit seiner «Bank der Spötter» taucht auf. Wichtig sodann sind vor allem Einzelheiten aus Heinrichs Jugend: sein Verhältnis zu den Eltern, die ersten Erlebnisse in Haus und Schule, Stücke der religiösen Entwicklung – Elemente, die für die Jugendgeschichte so wesentlich sind, daß man sich diese ohne sie nicht zu denken vermag. Mir scheint daraus der Schluß gegeben, daß die Einfügung der Jugendgeschichte erst in Heidelberg beschlossen wurde. Und damit dürfte dann die Tatsache in Zusammenhang stehen, daß statt des romantisch-heimatlosen Namens Walther Heinrich nun den Glattfelder Namen Lee bekommt und damit an einem wirklichen Orte heimatberechtigt wird. Jedenfalls kann die Einschiebung der Jugendgeschichte in Heidelberg durch Feuerbachs Wirklichkeitsbegeisterung und seine starke Betonung des Menschlich-Individuellen begründet sein. «Eitel ist», schreibt der Philosoph einmal, «alle Spekulation, die über die Natur und den Menschen hinaus will, so eitel als die Kunst, die uns etwas Höheres geben will als die menschliche Gestalt, aber daher uns nur Fratzen gibt.» Gab es ein wirksameres Mittel, die «menschliche Gestalt» Heinrichs herauszuheben, als die Schilderung seiner Jugendentwicklung, der besonderen Verhältnisse, in denen er gewachsen?

In den Gedankenkreis Feuerbachs und seiner Gesinnungsgenossen Hettner, Henle und Kapp, die in gleichem Sinne auf Keller einwirkten, führt uns die Gestalt des Grafen, die nun, wenn sie im früheren Entwurfe überhaupt schon vorhanden war, feste Umrisse und einen individuellen Inhalt bekommt. Ludwig Börne und Wolfgang Menzel waren, nach Parteizugehörigkeit in entgegengesetzten Lagern stehend, doch beide für eine engere Berührung von Kunst und Leben, Bildung und politischem Interesse eingetreten. Das Junge Deutschland hatte diese Verflechtung von Literatur und Tagesgeschichte als die Forderung der Aktualität in sein Parteiprogramm aufgenommen und hatte so eine Tendenzliteratur geschaffen. So stellte der Ästhetiker des Jungen Deutschland, Ludolf Wienbarg, in seinen 1834 erschienenen «Ästhetischen Feldzügen» neben das Sinnlich-Schöne das Sittlich-Gute (damit eine alte Lehre wieder aufnehmend, die im achtzehnten Jahrhundert Shaftesbury eindringlich verkündet). Neben die schöne *Erscheinung* im Kunstwerk soll die schöne politische *Tat* treten, wie zum Beispiel Tells Schuß auf Geßler, die Aufopferung Winkelrieds, der Polenaufstand von 1830.

Eine unmittelbare Fortsetzung, ja eine Steigerung dieser aktuellen Tendenzen des Jungen Deutschland bildet das leidenschaftliche politische Interesse der führenden Geister der vierziger Jahre, vor allem auch Feuerbachs. Gottfried Keller selber war, seit er beim Straußenhandel die Heugabel weggeworfen hatte und nach Zürich geeilt war, politisch interessiert genug, um die Wichtigkeit dieses Motivs für seinen Roman zu erkennen. Die Ahnung erwachte in ihm, daß auch der schöpferische Politiker ein Künstler ist. Nun machte er, wie die Aufzeichnungen aus Heidelberg lehren, den Grafen zum Verkündiger dieser politischen Ideen. Er ist ein Mann von ebenso großem praktisch-politischem wie künstlerisch wissenschaftlichem Weitblick. Er rät Heinrich Lee, sich der produktiven Behandlung des öffentlichen Lebens zu widmen, als der einzigen noch möglichen und würdigen Form, die Gestaltungskraft und dichterische Phantasie zu benutzen, welche, wenn sie eine gesunde sein wolle, auch für das wirkliche Leben die besten und schönsten Erfindungen leisten müsse. «Ich bin überzeugt», sagt der Graf, «daß jeder gescheite Mensch unter günstigen Umständen und den entsprechenden Bedingungen in seinem Leben einmal imstande wäre, ein gutes Gedicht, ein gutes Gemälde, eine tüchtige politische Tat, eine Melodie, einen Schlachtplan zu entwerfen. Die schlechten Musikanten und schlechten Poeten sind nicht sowohl deshalb schlecht, weil es ihnen an dem spezifischen Talente fehlt, sondern weil sie überhaupt einfältige Menschen sind.» Das ist eine Auffassung des Künstlertums, die den größten Gegensatz zu der Ausnahmestellung bildet, deren das Künstlergenie sich in dem ganzen Umfang des menschlichen Lebens bei den Romantikern erfreut. Es ist die spezifisch moderne Auffassung, die die künstlerische Begabung nicht als eine wesentlich andere, sondern nur als eine graduell gesteigerte Form menschlichen Geisteslebens auffaßt.

Mit dieser höheren Einschätzung der praktischen Tätigkeit gewinnt Keller für Heinrich, der in der Landschaftsmalerei nicht befriedigt ist und sieht, daß er sich in seiner Berufswahl getäuscht hat, die Möglichkeit eines anderen, gleichwertigen Berufes. Es soll also in dem Buche, so melden uns die Aufzeichnungen weiter, auch die Rede sein vom «Erwachen des bürgerlichen Bewußtseins. Parteileben. Wahl. Wahlkampf».

Die ursprüngliche Intention wollte an dem tragischen Ausgang von Heinrichs Künstlerlaufbahn Mutter und Sohn zugrunde gehen lassen. Man erwartet, daß der Dichter jetzt, wo er als Erlösung aus Heinrichs Künstlerwirren die praktische Schöpfertätigkeit des Politikers gefunden, auch den tragischen Schluß aufgegeben hätte. Er hat diese Frage in Heidelberg erörtert, sie aber im Sinne des alten Planes entschieden. Ein Notizblatt vom Januar 1850 handelt «Über das Reifsein zum Tode»:

«Wer gelebt und seine Bestimmung mehr oder weniger erfüllt und die rechten Grundsätze über das Sterben hat, kann jeden Augenblick sterben ohne Bitterkeit. Selbst der Selbstmörder, wenn er rein nichts mehr anzufangen weiß auf der Erde, aber doch etwas gewesen ist, findet süßen Genuß im Tode. Bei Heinrich ist es eben sein bitter tragisches Geschick, daß er sich zum Tode verdammt sieht in dem Augenblicke, wo sich ihm ein schönes Leben auftut ohne die Möglichkeit, es anzutreten. Er hat keine Vergangenheit und verliert eben deswegen das Recht auf die Zukunft. Er gibt sich mit dem vollsten Bewußtsein dieses Unglückes den Tod.» Und: «Die höchste Befriedigung und das Gelingen ist nur in der Hingabe und in Mitwirkung an der irdischen wirklichen Menschlichkeit zu finden. Gerade weil Heinrich mit dem schweren Bewußtsein, sein Nächstes und sein Heiligstes, das Mutterleben, zerstört zu haben, auf diese Bahn treten sollte, wird sie ihm verschlossen durch das eigene Gewissen. Und also keine Versöhnung, kein Trost, keine Hoffnung mehr? Nein! Dies ist das wahre Unglück. Nur in der ganzen vollen Entsagung an Welt und Leben für immer liegt die Genugtuung, und die einzig mögliche Versöhnung in dem willigen Sterben und Scheiden vom warmen Leben, der einzige Trost in der ewigen Vergessenheit.»

Durch diese Umwandlung, die Keller unter dem Einflusse der Feuerbachschen Philosophie in Heidelberg mit seinem Romane vornahm, war der romantische Konflikt des Künstlerlebens erweitert zu dem moderneren und allgemein menschlichen Problem des Verhältnisses des Menschen zur Welt, in die er gestellt ist, im besonderen zu der Frage, ob es dem Helden des Buches gelinge, die Wirklichkeit zu erobern und tätig an den politischen Aufgaben der Zeit mitzuwirken. Mit einer Deutlichkeit, die die Vermutung nahelegt, als kämpfe Keller gegen einen früheren Plan, der vielleicht da und dort durch das Gewebe des fertigen Buches noch hindurchschimmern könnte, bestimmt der Dichter Grundgedanken und Art seines Romanes in dem «Grünen Heinrich» selber mit folgenden Worten:

«Der Verfasser dieser Geschichte fühlt sich hier veranlaßt, sich gewissermaßen zu entschuldigen, daß er so oft und so lange bei diesen Künstlersachen und Entwicklungen verweilt, und sogar eine kleine Rechtfertigung zu versuchen. Es ist nicht seine Absicht, so sehr es scheinen möchte, einen sogenannten Künstlerroman zu schreiben und diese und jene Kunstanschauungen durchzuführen, sondern die vorliegenden Kunstbegebenheiten sind als reine gegebene Fakta zu betrachten, und was das Verweilen bei denselben betrifft, so hat es allein den Zweck, das menschliche Verhalten, das moralische Geschick des grünen Heinrich, und somit das Allgemeine in diesen scheinbar zu absonderlichen und berufsmäßigen Dingen zu schildern. Wenn oft die Klage erhoben wird, daß die Helden mancher Romane sich eigentlich mit nichts beschäftigen und durch einen andauernden Müßiggang den fleißigen Leser ärgern, so dürfte sich der Verfasser sogar noch beglückwünschen, daß der seinige wenigstens etwas tut, und wenn er auch nur Landschaften verfertigt. Das Handwerk hat einen goldenen Boden und ganz gewiß in einem Romane ebensowohl wie anderswo. Übrigens ist nur zu wünschen, daß der weitere Verlauf die Endabsicht klarmachen und der aufmerksame Leser inzwischen solche Stellen dulden und von besagtem Standpunkte aus ansehen möge.»

Schon im Herbst 1848 hatte Keller mit der Braunschweiger Verlagshandlung Friedrich Vieweg und Sohn, deren Chef damals Eduard Vieweg war, eine Verbindung angeknüpft. Er redet in einem Brief an die Mutter vom 31. Oktober mit der flunkernden Liebe, mit der er die Bedenken und Sorgen der Mutter niederzuschlagen gewohnt war, von dem Sohne «seines» Braunschweiger Buchhändlers, der in Heidelberg studiere. Der Vater werde in acht Tagen selbst durchreisen; «ich habe schon Vorsorge getroffen, daß ich ihn sogleich sehe, wenn er kommt». Als er ein Jahr später, am 10. Dezember 1849, Vieweg den Verlag eines Bandes Gedichte anbot, stellte er ihm weitere Mitteilungen über seinen Roman in Aussicht. Vieweg lehnte den Verlag der Gedichte ab, zeigte sich aber geneigt, den Roman zu übernehmen. Am 28. Februar 1850 sandte Keller ein Stück des Manuskripts. «Als Honorar bedinge ich mir», schrieb er dazu, «die Summe von fünfundsiebzig Louisdor. Sollte jedoch mein Manuskript durch eine unvorhergesehene Abänderung, welche mir noch einfallen könnte, unter vierhundert Seiten schließlich betragen, so müßte das Honorar verhältnismäßig herabgesetzt werden. – Wenn je eine neue Auflage des Buches erfordert werden sollte, so müßte mir alsdann obige Summe aufs neue für dieselbe ausbezahlt werden. Die Stärke der Auflage zu bestimmen, überlasse ich Ihnen, da ich die Verhältnisse bei einem Buche dieser Art zuwenig kenne, um einen Vorschlag tun zu können.»

Vieweg bat am 6. März 1850, den Rest des Manuskripts von einer recht lesbaren Hand abschreiben zu lassen; er sei infolge einer Verletzung am Auge nicht imstande, Kellers Handschrift zu lesen. Zugleich verlangte er ein Exposé des Ganzen. Der Dichter sandte dies am 26. April: «Die Moral meines Buches», lautet der Entwurf, von dem die endgültige Fassung da und dort abweicht, «ist: daß derjenige, dem es nicht gelingt, die Verhältnisse seiner Person und seiner Familie in sicherer Ordnung zu erhalten, auch unbefähigt ist, im bürgerlichen Leben seine wirksame Stellung einzunehmen.» Er wehrt sich gegen eine Einreihung seines Buches unter die jungdeutschen Tendenzwerke. «Mein Held ist ein talent- und lebensvoller junger Mensch, welcher, für alles Gute und Schöne schwärmend, in die Welt hinauszieht, um sich sein Schicksal, sein künftiges Lebensglück zu begründen. Er sieht alles mit offenen klaren Augen an und gerät als ein liebenswürdiger, lebensfroher Geselle unter allerlei Leute, schließt Freundschaften, welche seinem Charakterbilde zur Ergänzung dienen und berechtigt zu großen Hoffnungen. Als aber die Zeit naht, wo er sich in ein festes geregeltes Handeln, in praktische Tätigkeit und Selbstbeherrschung finden soll, da fehlt ihm dieses alles. Es bleibt bei den schönen Worten, einem abenteuerlichen Vegetieren, bei einem passiven ungeschickten Umhertreiben. Er bringt dadurch sich und seine Angehörigen in äußerstes Elend, während minderbegabte, aber praktische Naturen aus seiner Umgebung, die unter ihm standen, reüssieren und ihm über den Kopf wachsen. Er gerät in die abenteuerlichste traurigste Lage, abgeschnitten von den Seinigen und ganz verlassen. Da wendet sich sein Schicksal plötzlich günstiger; er findet Glück und einen Kreis edler Menschen, erholt sich, befestigt seine Grundsätze und betritt eine neue reinere Lebensbahn, auf welcher ihm ein schönes Ziel winkt. So rafft er sich zusammen, eilt mit goldenen Hoffnungen in seine Heimat, um seine alte Mutter aufzusuchen, von welcher er seit geraumer Zeit nichts mehr gehört hat, sowenig als sie von ihm. Er stößt vor den Toren seiner Vaterstadt auf ihr Leichenbegängnis, mischt sich unter die Begleiter auf den Kirchhof und hört mit an, wie der Pfarrer den Tod der verarmten und verlassenen Frau ihrem ungeratenen, in der Ferne weilenden Sohne beimißt. – Da er im Grunde ein ehrenhafter und nobler Charakter ist, so wird es ihm nun unmöglich, auf den Trümmern des von ihm zerstörten Familienlebens eine glückliche wirkungsreiche Stellung im bürgerlichen Leben einzunehmen. Das Band, das ihn nach rückwärts an die Menschheit knüpft, scheint ihm blutig und frevelhaft abgeschnitten, und er kann deswegen auch das lose halbe Ende desselben, das nach vorwärts führt, nicht in die Hände fassen, und dies führt auch seinen Tod herbei. Dieser wird dadurch noch tragischer, daß ein gesundes schönes Liebesverhältnis gebrochen wird, welches ihm nach früheren krankhaften Liebesgeschichten aufgegangen war. Ein Nebenzug in seinem Charakter ist eine gewisse aufgeklärte, rationelle Religiosität, eine nebulose Schwärmerei, welche darauf hinausläuft, daß in einem unberechtigten Vertrauen auf einen Gott, an den man nur halb glaubt, von demselben genialerweise die Lösung aller Wirren und ein vom Himmel fallendes Glück erwartet wird. Nach dieser Seite hin ist die Moral des Buches das Sprichwort: Hilf dir selbst, so hilft dir Gott! und daß es gesünder ist, nichts zu hoffen und das Mögliche zu schaffen, als zu schwärmen und nichts zu tun.»

Auch ein Vertragsentwurf von Kellers Hand hat sich erhalten. «Der Roman unter dem Titel ‚Der Grüne Heinrich' wird etwa fünfundzwanzig bis dreißig Druckbogen stark werden, wovon sechs Bogen Gedichte als zu dem Roman gehöriger Anhang ... Als Honorar bedinge ich die runde Summe von siebzig Louisdor, wovon es mir wünschbar wäre, dreißig beim Beginne und vierzig nach Beendigung des Druckes zu erhalten. Die Auflage dürfte nicht über vierzehnhundert Exemplare stark sein.»

Eduard Vieweg, der sofort ein ungewöhnliches Interesse an dem Buche faßte, sandte am 7. Mai einen Vorschuß von hundert Talern. Er wünsche, schrieb er, eine dauernde Verbindung mit dem Dichter herzustellen, und bat, da Keller «aus verschiedenen Gründen» den sofortigen Beginn des Druckes forderte – er wollte sich selber zur Arbeit peitschen und brauchte Geld – um weiteres Manuskript. Der Leihbibliotheken wegen wurde eine Zerlegung des Ganzen in drei Bändchen in Aussicht genommen. Druck und Ausstattung sollten dem kurz zuvor bei Vieweg erschienenen «Bilderbuch aus meiner Knabenzeit» von Justinus Kerner gleich werden. Zugleich wurde vereinbart, daß der «Grüne Heinrich» im Spätherbst 1850 zur Versendung gelangen sollte.

Kaum war aber die Angelegenheit geschäftlich bereinigt, so begann die Not mit der Ablieferung des Manuskriptes. Erst am 25. August kann Vieweg, der am 21. August eine neue Zahlung von hundertfünfzig Talern geleistet, nach wiederholten Mahnungen den Empfang von weiterem Manuskript bestätigen. Der Satz soll nun beginnen. Allein schon nach drei Tagen ist dem Setzer das Material wieder ausgegangen. Vieweg erklärt sich jetzt, um Keller gefällig zu sein, bereit, dessen «Neuere Gedichte» in Verlag zu nehmen. Am 24. September macht er dem Dichter den Vorschlag, das Geschriebene gleich im Konzept zu schicken, damit nicht mit Abschreiben Zeit verloren gehe. An diesem Tage sind achteinhalb Bogen gesetzt. Am 29. Oktober sieht Vieweg ein, daß der Roman 1850 nicht mehr erscheinen kann. Er sendet immer dringendere Mahnbriefe, auf die Keller sich entweder beharrlich ausschweigt oder mit rätselhaften «hieroglyphischen, in einen mystischen Schimmer verhüllten Reden» antwortet. Manchmal dreht der Dichter den Spieß um und versucht, dem unbequemen Mahner zu Leib zu gehen. Ab und zu sendet er ein kleines Stück nach Braunschweig, verlangt und erhält neue Vorschüsse, läßt jedoch die Korrekturbogen Monate hindurch sich anhäufen oder gibt sie nur auf Drohungen aus der Hand. Zeitweilig muß der Druck ganz eingestellt werden. Am 26. April 1851 erklärt der Buchhändler, er habe keine Lust, noch mehr Bogen Makulatur zu drucken, da der Roman voraussichtlich ein Bruchstück bleibe. Am 14. Juli kann er endlich den Empfang des Schlußmanuskriptes zum ersten Band melden. Neue Versprechungen werden nicht gehalten. Am 9. Oktober schreibt Vieweg: «Nach meiner Ansicht trägt nur die Zersplitterung Ihrer Kräfte, das Streben nach verschiedenen Zielen, die Schuld an dem allen; ich vermag mindestens nicht einzusehen, was sonst der Vollendung der Abschrift und Überarbeitung Ihres Romans hätte in den Weg treten können; denn daß Sie Jahr und Tag gegen Ihre ursprüngliche Absicht und vielleicht unter manchen Sorgen für Ihre materielle Existenz in Berlin länger bleiben als Sie wollten, lediglich um ein Stück zur Aufführung zu bringen, von dem Sie behaupten, daß Sie es gar nicht eher anfangen könnten, bis der Roman nicht vollendet sei, ist doch meiner Gutgläubigkeit etwas viel zugemutet.» Im November drängt die Verlagshandlung: «Abermals ersuchen wir Sie dringend um Zusendung neuen Manuskriptes, wenngleich wir wohl endlich die Hoffnung aufgeben müssen, daß irgendein Mittel der Welt imstande ist, Ihr hartnäckiges Ignorieren unserer Bitten und Mahnungen und Ihr fortgesetztes Schweigen auf unsere Zuschriften zu brechen.» In der Tat verhält sich Keller auf diesen wie den vorausgegangenen und den folgenden Brief mäuschenstill. «Ich weiß nicht», klagt Vieweg am 11. Dezember 1851, «woran ich ferner bei Ihnen appellieren soll, und bitte nun nur zunächst um Rücksendung der Korrekturen, damit wenigstens die Bogen gedruckt und die darin steckende Schrift anderweit benutzt werden können.»

Am 12. Februar 1852 muß Keller sich dem Verleger auf Ehrenwort verpflichten, daß er vor Vollendung des «Grünen Heinrich» nichts anderes schreiben werde. Ausdrücklich fügt er hinzu, er könnte das Buch bei anhaltender Arbeit in längstens sechs Wochen recht gut beendigen. Doch wieder tritt eine feierliche Pause ein. Es seien ihm, ruft Vieweg am 12. Juni aus, in seinem langen und ausgedehnten Geschäftsverkehr allerlei literarische Kuriosa begegnet, kaum aber ein pikanteres als die Art und Weise wie er vom Verfasser des «Grünen Heinrich» behandelt werde. Es bleibe ihm nun nichts mehr übrig als der Weg der gerichtlichen Klage. Vorher aber biete er Keller freie Wohnung und Verpflegung in Braunschweig an, falls sich dieser entschließen könne, in der stillen, altertümlichen Stadt sein Buch zu Ende zu führen. Der Dichter schweigt sich aus. Nach einiger Zeit deutet er, seines Ehrenwortes eingedenk, an, daß ihm vierzehn Tage Zeit zur Vollendung seines Dramas erwünscht wären. Vieweg gewährt ihm auch diese, wenn der Roman bis Ende September abgeliefert werde. Er erklärt sich sogar zum Druck des Dramas behufs Versendung an die Bühnen bereit. Und wie Keller ihm versichert, daß alles im besten Geleise sei, sagt er ihm die Übernahme einiger neuer Erzählungen zu, von denen Keller ihm Kunde gegeben. So erreicht er, daß auf Ende des Jahres 1852 glücklich der zweite Band fertig gedruckt ist. Der ursprünglich geplante Umfang von fünfundzwanzig bis dreißig Bogen ist damit schon längst überschritten; die beiden ersten Bände zählen zusammen vierundfünfzig Bogen. Man versteht es, daß der Verfasser jetzt die Forderung eines größeren Honorars stellt. Vieweg geht (12. Januar 1853) hierauf ein: Der Dichter solle ja nicht ängstliche Rücksicht auf den ausbedungenen Raum nehmen, sondern lieber noch einen vierten Band schreiben, da ein übereilter Abschluß diesem Meisterwerke, dem er nichts Ähnliches an die Seite zu setzen wisse, Schaden brächte. «Auf die Entwicklung bin ich gespannt. Nach Ihrem Exposé ließen Sie Ihren Helden schließlich untergehen, nachdem noch viel herbes Wehe durch den Tod der vernachlässigten Mutter über ihn gekommen. Ich mag vorläufig nicht annehmen, daß das so geblieben: in dem Jungen ist zu viel Originales und Naturwüchsiges, als daß er verkommen darf.» Daß sein lieber grüner Heinrich in München vollends eine königliche Ohrfeige einstecken muß, kann Vieweg dem Dichter nicht verzeihen. Zur Ermunterung schickt er wieder Geld in Erwartung der kommenden Novellen und des Poeten selbst, der nun auf einmal seine Geneigtheit, nach Braunschweig überzusiedeln, in Aussicht stellt. Am 28. Januar bringt Vieweg im Beiblatt zu Nummer 23 seiner «Deutschen Reichszeitung» eine vorläufige Ankündigung des Romans. Im Mai will die Verlagshandlung die zwei ersten Bände versenden. Auf Kellers ungestüme Vorstellung erklärt Vieweg sich bereit, bis zu dem in allernächster Aussicht stehenden Abschlusse des Ganzen zu warten. Im Februar muß er neues Manuskript fordern, im Mai geht der dritte Band in den Satz. Um den Dichter bei guter Laune zu erhalten, streichelt ihn Vieweg von nun an öfter mit sanfter Hand; er hat die Unmöglichkeit eingesehen, ihm mit Gewalt beizukommen. Er macht ihm am 6. Mai den Vorschlag, er möge einen Zyklus von Novellen aus dem Leben und Treiben seiner schweizerischen Heimat schreiben, das er im Jugendroman so wundersam ansprechend schildere. Der Dichter antwortet, er gedenke einige solcher bereits ausgeheckten Geschichten dem «Grünen Heinrich» einzuverleiben und diesen auf einen fünften Band auszudehnen. In einer persönlichen Besprechung in Berlin verhandelt Vieweg mit Keller über diesen Plan und sucht ihn auch zugunsten eines glücklichen Ausgangs umzustimmen. Den Plan der Ausdehnung des Buches auf fünf Bände läßt der Dichter darauf wieder fallen (Vieweg an Keller, 22. Juni) und bleibt auch in bezug auf den Ausgang beim ersten Plane. Im September zieht Vieweg zur Abwechslung rauhere Saiten auf: «Sie scheinen meine Geduld bis zum Äußersten erschöpfen zu wollen; doch möchte ich Sie bitten, eines alten Sprichwortes eingedenk zu sein: ‚Der Krug‘ usw.» Im November 1853 kann endlich der dritte Band im Druck abgeschlossen werden. Nachdem der Verfasser die feste Zusage gegeben hat, daß Vieweg den Schluß des Manuskriptes auf Weihnachten bekommen solle, läßt die Verlagshandlung die drei ersten Bände mit der Jahreszahl 1854 erscheinen. Der Dichter hatte ihnen ein anfangs Mai 1853 geschriebenes Vorwort beigegeben, in dem er die lange Zeit, die zwischen dem Druck des ersten und dem des dritten Bandes liegt, mit «verschiedenem Unglück» entschuldigt und sich auch über die Mängel der Komposition und des Inhalts ehrlich und bescheiden ausspricht. Abermals verstreicht ein Jahr. Ende Oktober 1854 hat Vieweg noch keinen Bogen Manuskript zum vierten Bande erhalten. Er stellt dem Dichter eine erneute Klage auf Rückerstattung des geleisteten Honorars und Erstattung der bisherigen Herstellungskosten in Aussicht, sofern er bis Weihnacht nicht im Besitze des Schlusses sei. Trotz dem Anerbieten, das Bogenhonorar auf anderthalb Louisdor zu erhöhen, ist es ihm unmöglich, das Ende zu beschleunigen. Und doch wird schließlich der Ausgang von Keller überhastet. Am Palmsonntag 1855 «schmiert» er «buchstäblich unter Tränen» das letzte Kapitel (an Hettner, 9. Mai 1855) und läßt darin zum großen Leidwesen des teilnehmenden Buchhändlers seinen Heinrich sterben. Im Mai verläßt das fertige Buch endlich die Presse und wird den Buchhandlungen mit fünfzig Prozent Rabatt (statt der üblichen fünfundzwanzig) zugestellt.

Fast fünf Jahre hatte so der Druck des «Grünen Heinrich» erfordert. Dafür war das Buch, statt 25 bis 30 Bogen, deren 108, also fast viermal so stark geworden. Statt des zuerst ausbedungenen Honorars von 70 Louisdors (350 Talern) erhielt aber der Verfasser nur ungefähr das Doppelte: 742 Taler, und diese Summe hatte er bei der Schlußabrechnung im Mai 1855 bis auf einen kleinen Rest bereits bezogen. Die bittere Enttäuschung, die diese Mitteilung des Verlegers hervorrief, spricht sich in einer zornigen Bemerkung an Hettner aus: «Vieweg hat nun geschrieben und mir dabei eine Abrechnung geschickt nebst einer resultierenden Barschaft von 43 Talern, 3 Silbergroschen und 4 Pfennigen, anstatt etwa 400 Taler, welche ich erwartete, wenn er auf meinen Vorschlag einging, mir den Bogen mit zwei Louisdor zu honorieren, oder wenigstens 150, wenn er sein eigenes Versprechen halten und wenigstens das ursprüngliche Honorar verdoppeln wollte. Dies tut er zwar, aber indem er tückischerweise die Seiten zählt und eine possierliche Rechnung herausbringt, dabei aber immer über Schaden heult.»

Verschiedene Ursachen trafen zusammen, um diese ganz einzigartige Entstehung des «Grünen Heinrich» zu erklären.

Einmal die Unfertigkeit des Manuskriptes beim Abschluß des Vertrages. Was Kellers Erklärung im «Vorwort», «Absicht und Motive seien unverändert dieselben geblieben wie am ersten Tage der Konzeption», tatsächlich bedeutet, lehrt die Geschichte der Umwandlung des Planes. So interessant das Exposé für Vieweg ist und so genau es sich mit der ersten Fassung deckt – denkt man sich diese weg, so ist es reichlich unbestimmt. Scharf und folgerichtig nur in der Aufdeckung der inneren Entwicklung Heinrichs, mehr als lückenhaft aber in der Frage der Veranschaulichung der geistig-sittlichen Absichten durch die stofflichen Motive und die künstlerische Gestaltung im einzelnen. Die Jugendgeschichte ist nirgends ausdrücklich erwähnt, ohne daß man, wie ich glaube, daraus schließen darf, daß Keller erst später auf den Gedanken gekommen sei, sie seinem Roman einzufügen. Von den weiteren epischen Begebenheiten sind fast nur die Vorgänge am Schlusse bestimmter angedeutet. Wieviel von allem im Kopfe des Dichters ausgebildet war, wissen wir nicht; auf dem Papiere aber, so dürfen wir annehmen, stand wenig genug. Die Dortchen-Schönfund-Episode am Schlusse zeigt, daß das im Kopfe Vorgebildete nicht so scharf umrissen war, daß es nicht durch neues Erleben des Dichters erheblich in seiner Gestalt umgewandelt werden konnte.

Immer aufs neue scheint der Dichter im besonderen den Ausgang erwogen zu haben. Ernstlich aber hat er in dieser Zeit niemals an die Möglichkeit eines glücklichen Schlusses gedacht. Die Aufzeichnungen aus dem Januar 1850 lassen Heinrich durch Selbstmord enden. Dieser herbe Ausgang wird bei der späteren Niederschrift, entsprechend der Ankündigung im Exposé, gemildert: «Es rieb ihn auf», heißt es mit vielsagender Kürze, «sein Leib und Leben brach, und er starb in wenigen Tagen.» Der Leser begreift, «daß man ihn mit Verwunderung und Teilnahme begrub». «Der einmal beschlossene Untergang», meldet die autobiographische Skizze von 1876, «wurde durchgeführt, teils in der Absicht eines gründlichen Rechnungsabschlusses, teils aus melancholischer Laune.» Aber das letzte Kapitel – das gab Keller (an Hettner, 25. Juni 1855) sofort zu – war nicht ausgeführt, und die Moral konnte nur zwischen den Zeilen gelesen werden. Der Schluß sollte ursprünglich «etwa drei Kapitel stark werden und eine förmliche Elegie über den Tod bilden, indem hauptsächlich das aufgegebene Bewußtsein der persönlichen Unsterblichkeit dem Heinrich das Gewissen und Weiterleben schwer macht, da die Mutter dies einzige, einmalige und unersetzliche Leben für ihn verloren. Dies wäre ein Hauptgesichtspunkt gewesen und ist gerade ganz weggefallen, da es mir teils zuwider wurde, nochmals über diesen Gegenstand breit zu werden, teils ich aber auch nicht mehr Zeit dazu hatte, indem es dazu eines tiefen und wohlüberlegten Ausdruckes oder Stils bedurfte. – Ein anderes Motiv des Todes, wenigstens des symbolischen, ist das Scheitern seiner neuen Hoffnungen. Denn wie kann er, da er in bezug auf die Familie, welche die Grundlage der Staatsgemeinschaft ist, ein verletztes oder wenigstens beschwertes Gewissen hat, ein öffentliches Wirken beginnen oder sich für dasselbe vorbereiten? Ferner, da er mit der Erfahrung der geläuterten Liebe zurückgekehrt und eine lebendige Hoffnung darauf trägt, macht ihm gerade diese Hoffnung das Leben unmöglich, weil sich wohl kein edles und ungetrübtes Lebens- oder Eheglück denken läßt nach dem so beschaffenen Tode der Mutter.»

Von diesen drei Gründen sind nur die beiden ersten ausschlaggebend. Der dritte ließe immerhin noch ein Weiterleben Heinrichs als Junggeselle zu (was dem Dichter der fünfziger Jahre freilich nicht als Ideal erschien!). Die beiden ersten Gründe fallen eigentlich in einen zusammen: Heinrich kann nicht mehr weiterleben, weil er die Mutter um ihr einziges Leben gebracht hat und mit dem so beschwerten Gewissen den Beruf des Staatsmannes oder Beamten, zu dem er einzig noch taugt, nicht mehr ergreifen kann. Es ist Feuerbachs diesseitige Philosophie, der Keller diese neue, vertiefte Begründung des alten tragischen Schlusses verdankt, eine Begründung von großartiger Folgerichtigkeit. Wenn je etwas die Möglichkeit beweist, mit der Verneinung von Gott und Unsterblichkeit einen ethischen Idealismus von höchster Reinheit zu verbinden, so ist es dieser Ausgang des Romans. Man hat das Gefühl, als habe Keller damit jenes Wort bekräftigen wollen, das er nach dem Feuerbach-Erlebnis an Baumgartner schrieb: «Das Leben ist wertvoller und intensiver, der Tod ernster, bedenklicher und fordert mich nun erst mit aller Macht auf, meine Aufgabe zu erfüllen und mein Bewußtsein zu reinigen und zu befriedigen, da ich keine Aussicht habe, das Versäumte in irgendeinem Winkel der Welt nachzuholen.»

Und doch, so groß und sittlich streng und tief durchdacht diese Begründung ist, sie wird als verstandesmäßige Konstruktion empfunden, nicht als Lebenswahrheit. Vielleicht daß dieses Befremden schwinden würde, wenn es dem Dichter gelungen wäre, seine «Elegie auf den Tod» in drei Kapiteln zu schreiben. Aber so wie der Schluß der ersten Fassung jetzt dasteht, ist er ein hastig errichtetes Notdach. Keller gesteht denn auch am Ende der scharfsinnigen Darlegungen gegenüber Hettner selber ein, daß der Schlag, der Heinrich trifft, eine Willkürlichkeit sei. «Allein die Sache oder das Buch mußte doch ein Ende nehmen, und ich glaube, dieser Schluß hat mehr Bedeutung bei aller bloßen Andeutung, als ein summarisches Heiratskapitel gehabt hätte.»

Nicht der geringste Teil der Schuld an der Verschleppung mag die Jugendgeschichte treffen. Fehlte sie im ersten Plane des Buches ganz, und sollte sie auf einer weitern Stufe der Arbeit nur wenige Kapitel umfassen, so fesselte den Dichter dieses Stück nun mehr und mehr. Hier, wo es sich um ein abgeschlossenes Stück seines Lebens handelte, sah er auch klarer, objektiver als in der Schilderung der mit der Gegenwart noch so vielfach verflochtenen Kämpfe des Künstlers. So ließ er sich gehen, und schließlich war die Jugendgeschichte auf zweieinhalb Bände gewachsen. Und nun bemächtigte sich seiner wieder die Scheu, der Welt seine schleierlos enthüllten Herzenswirren preiszugeben, und zwang ihn zur Zurückhaltung.

Ferner. Seit dem Feuerbach-Erlebnis befand sich sein Inneres in einer Gärung, die nicht durch die leichtherzige Absetzung Gottes als Weltmonarchen abgetan war. Es galt, wie der Denker den christlichen Gottes- und Jenseitsglauben zugunsten der Schönheit des sinnlichen Diesseits aufgegeben, nun auch für den Künstler, den Weg vom romantischen Ideal- oder Jenseitsstil, in dem der «Grüne Heinrich» zuerst geplant worden war, zum realistischen Diesseitsstile zu finden, der der entsprechende Ausdruck seiner neuen Weltanschauung werden sollte. Die Betrachtung des Stiles im ersten «Grünen Heinrich» zeigt, wie sehr der Verfasser damals noch zwischen Romantik und Realismus schwankte.

Zu diesen im Werke selber liegenden Hemmnissen traten äußere. Der Wahn, zum Dramatiker geboren zu sein, und das davon herrührende Interesse fürs Theater. Die äußere Not und – warum soll man es nicht sagen? – Bummelei. Keller hat es erst im Alter einigermaßen gelernt, als Schriftsteller täglich sein Pensum abzuspinnen. «Ich habe noch nie etwas produziert, was nicht den Anstoß dazu aus meinem innern oder äußern Leben empfangen hat, und werde es auch ferner so halten; daher kommt es, daß ich nur wenig schreibe.» Das sagte er Vieweg im gleichen Briefe, worin er, der kaum eine Seite fertiges Manuskript im Pult hat, um sofortigen Beginn des Druckes bittet. Er hatte den guten Vorsatz, aber seine

Natur bestimmte einen anderen Rhythmus der Schaffensweise. So überreich sein Inneres an Ideen und Motiven war, sie brauchten alle Zeit zur Reife. Herangewachsen in einem ungeordneten Autodidaktentum, besaß der Künstler weder Willen noch Kraft, die Reife zu beschleunigen.

2. DAS ERZIEHUNGSPROBLEM

Ein Erziehungsroman großen Stiles, wie der «Grüne Heinrich», stellt nicht nur die persönlichen Bildungs- und Herzenswirren des Verfassers dar, sondern zugleich auch die grundsätzlichen Erziehungsfragen seiner Zeit oder wenigstens einer bedeutsamen Gruppe seiner Zeitgenossen. So ist der Vorgang der geistigen und sittlichen Desillusionierung, den Wieland aus eigenen Erfahrungen im «Agathon», dem ersten deutschen Bildungsroman, dargestellt hat, zugleich auch das große Erlebnis jenes Geschlechtes gewesen, das in Deutschland von schwärmender Spekulation über die irdischen und überirdischen Dinge zur nüchternen Beobachtung der Wirklichkeit und realistischen Aneignung der sinnlichen Welt fortschritt. Zudem deutet das staatsmännische Wirken Agathons und anderer Romanhelden Wielands auf das neuerwachte politische Interesse hin, das sich vorderhand noch im Gleise des aufgeklärten Despotismus zu bewegen hatte. In der Wertschätzung der Persönlichkeit, des großen aristokratischen Ausnahmemenschen, für den das achtzehnte Jahrhundert einzig Sinn hatte, trifft Goethe mit Wieland zusammen in «Wilhelm Meisters Lehrjahren». Auch hier wird ein Desillusionierungsprozeß gegeben. Wilhelm Meister erkennt, daß die scheinbar übersinnlichen Wundermächte, die sein Leben leiten, in Wahrheit die Glieder der Gesellschaft vom Turme sind. Das ist das erschütternde Erlebnis einer Zeit, deren Götter aus dem Himmel auf die Erde niedergestiegen sind. Die sittliche Erziehung ist eine rein menschliche Aufgabe geworden. Sie ist für den Verfasser der «Lehrjahre», wie für Wieland, Ausbildung der Einzelpersönlichkeit, nicht Volkserziehung; aber sie wirkt im Dienste des Volkes. Wilhelm, der in jugendlichem Wahn die «Bildung» in der Flitterwelt des Theaters gesucht, verdankt dem Theater nur seine Aufnahme in die Welt höhergebildeter Adelsmenschen. Er wird ein Glied eines Bundes, dessen Ziel die Wohlfahrt der Mitmenschen ist. Neben den Egoismus des Ästheten tritt der Altruismus des sittlich Empfindenden. Und wichtig ist, daß der soziale Gedanke nicht von einem Fürstenthrone aus wirkt. Wilhelm bleibt, auch als Wohltäter, ein einfacher Privatmann. Das ist eine Annäherung von den philanthropischen Tendenzen des aufgeklärten Despotismus an die demokratischen Ideen des neunzehnten Jahrhunderts. Nur mangelt noch das politisch-öffentliche Interesse.

Diese praktisch-sozialen Tendenzen, die Goethe so eng mit den edelsten Absichten der Aufklärung verbinden, fehlen in den Romanen der Romantiker fast gänzlich. Sie sind Bekenntnisse menschlicher Irrungen und Kämpfe, in denen der einzelne nicht für das Leben in der Gesellschaft erzogen, sondern zur höchsten Spitze seines allerpersönlichsten Selbst emporgetrieben wird. Denn Romantik bedeutet Herrschaft des ausschließlich ästhetisch empfindenden Egoismus, Lostrennung von den Pflichten gegen das Ganze, die andern. Alle Romantiker gehen von der Überzeugung aus, daß das einzig Wirkliche und Wertvolle am Leben das Ideenhaft-Geistige und der geniale Mensch der höchste Träger dieses Ideenhaft-Geistigen sei. Wie er also die Welt sich denkt, so ist sie. Stellt der Dichter sein Erleben dar, so hat er zugleich die Welt dargestellt, im höchsten Sinne des Wortes, die Unendlichkeit der Idee. Die Romantiker haben als ihr höchstes Romanvorbild den «Wilhelm Meister» betrachtet. Ihre eigenen Romane aber folgen inhaltlich eher Goethes «Werther». Und neben Goethe wirkt, bei aller Verschiedenheit der Lebensstimmung, Rousseau nach, dessen Confessions mit bis dahin beispielloser Wahrheit die Irrungen eines reinen Menschen aufgedeckt.

Das gilt auch von den Schöpfungen der Vorbereiter und Nebenläufer der Romantik. Hölderlin läßt in seinem «Hyperion» den Helden in den Befreiungskampf der Griechen gegen die Türken eintreten. Aber er tut es nicht aus Begeisterung für die politische Neugestaltung seines Volkes, vielmehr aus schwärmerischem Enthusiasmus für die Schönheit der altgriechischen Kultur. Niemals kann er das Leben unmittelbar, mit reinem Auge, betrachten, sondern stets nur durch das verzehrende Brennglas seiner Ideen. Wie der Krieg scheitert, geht er nach Deutschland und fühlt sich abgestoßen von der Zerrissenheit der Deutschen und der Einseitigkeit ihrer Bildung. Die Liebe zu Diotima hat ihm den Sinn der Schönheit und der Natur geoffenbart. Nun kennt er keine andere Erlösung aus dem Elend der Wirklichkeit als das pantheistische Verströmen seiner Seele in dem schönen All der Natur, die seine Liebe, die abgeschiedene Diotima, belebt. Philosophie, Kunst, Natur betet er an. Aber in Wahrheit ist es seine eigene Brust, in die er sich verkriecht nach dem kraftlos unternommenen Fehlfluge in die Wirklichkeit.

Diese Empfindsamkeit, die sich auch in Friedrich Heinrich Jacobis Romanen ausbreitet, steigert sich zunächst bei Jean Paul zu überströmender

Zerflossenheit des Gefühlslebens. In Viktor (im «Hesperus») löst die Liebe zu Klothilde ein wonniges Genießen der Natur aus. Seine selbstgestellte Aufgabe aber, als Leibarzt eines kleinen Fürsten zugleich dessen Ratgeber und Seelenarzt zu werden, bleibt ungelöst. Dagegen fassen die späteren Romane «Titan» und «Die Flegeljahre» die Bezwingung des wirklichen Lebens entschiedener ins Auge. Im «Titan» wird der Held, Albano, von rousseauischer Gefühlsschwärmerei zur klaren und edlen Seelenschönheit geführt und zur weisen Verwaltung seines Landes. Die drei Stufen seiner Entwicklung bezeichnen seine drei Geliebten. Liane, das ätherische, sentimentale junge Mädchen, den Idealismus des weltfremden Jünglings. Linda, das starkgeistige, reife Weib, die Sinnlichkeit des zum Manne Erwachsenden. Idoine, die schöne Seele, das entsagende Gemeingefühl des Gereiften. Das Gegenstück zu Albano ist Lianes Bruder Roquairol, der blasierte Schöngeist, der spielend alle Genüsse durchkostet, sein ausgebranntes Gehirn vergeblich zu den stärksten Emotionen aufpeitscht und zuletzt in theatralischem Selbstmord endet.

Man hat in Roquairol einen warnenden Hinweis auf Tiecks William Lovell gesehen. Jedenfalls ist dieser das grauenhafteste Beispiel der Selbstverwüstung, zu der der romantische Subjektivismus bei gewissen Vorbedingungen führen mußte. Als Verlobter der jungen, reinen Amalie Wilmont fällt er in Paris in die Netze der koketten Gräfin Luise Blainville. Während er Amalie Briefe voll platonischer Zärtlichkeit schreibt, genießt er in den Armen Luises ein nichts weniger als platonisches Glück. Er verfällt aus theoretischem Nihilismus und sittlichem Anarchismus dem törichtesten Gespensterglauben und wird ein gewissenloser Spieler und Verführer, um zuletzt zu erfahren, daß sein ganzes Leben das Machwerk eines teuflischen Feindes seines Vaters ist.

Wie diese Aufdeckung von Lovells Lebensführung als eine förmliche Parodie des Schlusses des «Wilhelm Meister» erscheint, so verrät auch Tiecks weiterer Künstlerroman «Franz Sternbalds Wanderungen» den übermächtigen Einfluß Goethes. Liebesabenteuer des Helden und anderer Personen reihen sich aneinander, unterbrochen durch Gespräche über Kunst und Religion, und als das Ziel der Entwicklung ergibt sich ein ästhetisierendes Genießen des Lebens. Dies ist auch das Bekenntnis von Friedrich Schlegels «Lucinde». Durch die freie Liebe zu Lucinde lernt Julius sein Leben zum Kunstwerk gestalten, und seinem Blicke offenbart sich die Bedeutung der Welt wie die Unendlichkeit des menschlichen Geistes.

Die innigste und tiefsinnigste Verkörperung dieser erotisch-ästhetischen Weltstimmung der Romantik ist Novalis' «Heinrich von Ofterdingen». Die blaue Blume, von der Heinrich träumt, ist seine Geliebte Mathilde und zugleich die Poesie. So sind Liebe und Kunst, die bei Tieck und Schlegel im Grunde nur in äußerlicher Verkettung erscheinen, bei Novalis zu einer mystischen Einheit von naturoffenbarender Zauberkraft verschmolzen. Es sind die letzten Ausstrahlungen des individualistischen Bildungsideals der Klassiker, was als geistiger Kern dieser Romane erscheint, gelegentlich mit neuen naturwissenschaftlichen Theorien dilettierend, aber ohne den sittlichen Ernst Goethes und Schillers. Ein selbstherrliches Genießen der Welt, das bei den kräftigeren Geistern intellektuell blieb, bei weicheren Naturen in üppig schwelgende Schwärmerei und ziellose Abenteuerlust ausartete, wie etwa Eichendorffs «Ahnung und Gegenwart» zeigt.

Inzwischen erstarkte neben diesen lebensfremden poetischen Spielereien das wirkliche Leben und stellte in Technik, Industrie, Verkehr, Politik dem Tätigen neue Aufgaben. Sie waren praktisch, nicht künstlerisch. Aber den Dichtern konnten sie eine Fülle neuer Stoffe, Probleme, Formen bieten. Der alte Goethe war der erste, der den Ruf der neuen Zeit hörte. In «Wilhelm Meisters Wanderjahren» zeigt er, wie das äußere Leben in Fluß gekommen ist, wie die Menschen verschiedenster Stände sich zu sozialen Verbänden zusammenschließen, die praktische Forderung des Tages über die ästhetische Ausbildung der Persönlichkeit triumphiert und auch in der Industrie die Arbeit des einzelnen dem Massenbetrieb der Fabrik weichen muß. Wilhelm Meister, dessen heiß erstrebtes Ideal einst Persönlichkeitsbildung war, steigt in die breiten Schichten des Volkes hinunter und wird Wundarzt.

Mit größerem Wollen als Können bemächtigte sich das Junge Deutschland ums Jahr 1830 der Ideen der Zeit. Halb Romantiker, halb Realisten, die Begeisterung für die Besserstellung und Bildung der großen Massen mit einem ausschweifenden Individualismus verbindend, dem romantischen Idyllenwesen feind und zugleich dem romantischen Geniekultus huldigend, die Saint-Simonistische «Emanzipation des Fleisches» verkündigend und dabei zumeist im innersten Kerne zerfressen, Propheten des Umsturzes und zugleich blasierte Skeptiker, für die modernen praktischen Ideale in Verkehr, Industrie, Politik schwärmend und in ihrem Sprechen und Denken durchkältet von der Hegelschen Abstraktion, haben sich diese Schriftsteller recht eigentlich zwischen zwei Stühle gesetzt und so den bequemen Ruhepunkt nicht gefunden, den ein gedeihliches und in die Zukunft wirkendes Kunstschaffen bedarf. Trotz allen kühnen Neubildungen – Mundts «Buch der Bewegung», «Madonna», Gutzkows «Romane des Nebeneinander», «Die Ritter vom Geiste» und «Der Zauberer von Rom» – haben sie der deutschen Literatur kein bleibendes Prosawerk geschenkt. Was sie schrieben, war unruhige Tagesliteratur, kleinere Tendenzschriften, zur Popularisierung von Ideen geeignet, die nur für die Verfasser und die breiten Schichten, denen sie schrieben, neu waren.

So nahe Keller in der liberal-demokratischen Gesinnung diesen Zeitgenossen stand, die er, wie die Besprechung von Börnes Schriften in den «Blättern für literarische Unterhaltung» 1848 zeigt, gründlichst kannte, als Dichter mochte er doch nicht mit diesen Vertretern der «Fleischliteratur» zusammengestellt werden. Umgekehrt trennte ihn von dem leidenschaftlichen Hasser aller freisinnig-materialistischen Propaganda, Jeremias Gotthelf, der Gegensatz der Weltanschauung, während er den Dichter mit wohlerwogenem Lobe bedachte. Mit keinem andern Erzähler hat er sich, als er den «Grünen Heinrich» schrieb, so gründlich auseinandergesetzt wie mit dem großen Berner. In den «Blättern für literarische Unterhaltung» hat er von 1849 bis 1855 die beiden «Uli», die «Käserei in der Vehfreude», die «Erzählungen und Bilder», «Zeitgeist und Bernergeist», die «Erlebnisse eines Schuldenbauern» besprochen und diesen Aufsätzen nach dem Tode Gotthelfs eine zusammenfassende Würdigung seiner Persönlichkeit folgen lassen. Ist er in den Besprechungen der Einzelwerke durch Gotthelfs maßlos polternde Polemik gezwungen, temperamentvoll gegen ihn Stellung zu nehmen, so strebt die Würdigung des Gesamtschaffens nach dem gerechteren Urteil des Geschichtschreibers. Er rühmt Gotthelfs «tiefe und großartige Einfachheit, welche in neuester Gegenwart wahr ist und zugleich so ursprünglich, daß sie an das gebärende und maßgebende Altertum der Poesie erinnert, an die Dichter anderer Jahrtausende». In seinen Werken haben wir einen «reichen und tiefen Schacht nationalen, volksmäßigen poetischen Ur- und Grundstoffs, wie er dem Menschengeschlechte angeboren und nicht angeschustert ist». Man findet bei ihm jenes erste äußere Kennzeichen des wahren Epos, «daß wir alles Sinnliche, Sicht- und Greifbare in vollkommen gesättigter Empfindung mitgenießen, ohne zwischen der registrierten Schilderung und der Geschichte hin- und hergeschoben zu werden, das heißt, daß die Erscheinung und das Geschehende ineinander aufgehen». Um so mehr sind die künstlerischen Mängel Gotthelfs zu bedauern, seine asketische Demut und Entsagung, welche ihn die weltliche äußere Kunstmäßigkeit und Zierde verachten ließen, der herbe puritanische Barbarismus, welcher die Klarheit und Handlichkeit geläuterter Schönheit verwarf. Die Hauptschuld an dieser äußeren Formlosigkeit trägt seine nicht durchgebildete kurzatmige Weltanschauung, «da wir heutzutage zu tief mitleidend darin stecken, als daß ein schiefes und widersprechendes ethisch-politisches Prinzip nicht auf alle geistige Tätigkeit einwirken sollte». Der Schüler Feuerbachs scheidet sich hier von dem christlichen Pfarrer.

In der Richtung der Lobsprüche, die Keller Gotthelf spendet, bewegt sich die Einwirkung des Berners auf sein eigenes Schaffen. Gotthelf, dieses «große epische Genie», wies ihm den Weg, aus dem Schachte einheimischen Volkstums geschöpfte Stoffe in tiefer und großartiger Einfachheit und mit starker Gefühlswirkung darzustellen. Hier fand er saftiges, in wirklichen Menschen sich offenbarendes Leben, nicht die blasse Verschwommenheit der Romantik oder die trockenen Verstandeskonstruktionen des Jungen Deutschland. Gotthelfs Romane, von dem «Bauernspiegel» bis zu seinen letzten Werken, waren Schöpfungen eines großen Volkslehrers, schweizerische Erziehungsromane gleich dem «Grünen Heinrich», und ihr dichterischer Wert war nicht deswegen geringer, weil der Kreis, in dem ihre Helden sich bewegten, die beschränkte Welt des bernischen Bauerntums war. Kellers eigene Schilderung des Landlebens im «Grünen Heinrich» kann man sich nur schwer ohne Gotthelfs Bauerngeschichten denken, und an Stoffreichtum mochte er sich mit diesem nicht messen. Wohl aber konnte die Weite des Gesichtsfeldes, die Helle der Weltanschauung und die Reife der künstlerischen Bildung seinen eigenen Roman vor der oft mystischen Willkür und Formlosigkeit von Gotthelfs Werken bewahren.

All diesen Verkündigungen des klassischen, des romantischen, des jungdeutschen und des christlich-bäurischen Lebensideals reiht sich der «Grüne Heinrich» an. Die besondere Künstlererziehung, die sein Held durchläuft, wird seinem Dichter zum Beispiel eines menschlich-bürgerlichen Bildungsganges schlechthin. Der moderne Mensch als soziales Wesen entwächst in ihm dem egoistischen Persönlichkeitskultus des achtzehnten Jahrhunderts und der Romantik. Die gedankliche Tiefe und die künstlerische Kraft, womit dieser spezifische geschichtliche Prozeß des neunzehnten Jahrhunderts dargestellt ist, geben dem Buche den unvergänglichen Wert.

Fünf Lebensmächte hat der Dichter zu Bildnerinnen seines Helden bestellt: Die Umgebung in Haus, Nachbarschaft und Schule. Die Religion. Die Liebe. Die Kunst. Die Politik.

1. Die Erziehungsmethode der Frau Lee ist eine viel stillere, zurückhaltendere als die fast zu bewußte Art, wie Frau Regel Amrain ihren Jüngsten heranbildet. Das hängt vor allem mit dem verschiedenen Verhältnisse der beiden Frauen zu ihren Männern zusammen. Frau Amrains Mann ist ein Lump, und ihr ganzes Streben ist, den Sohn dem Vater so wenig ähnlich als möglich werden zu lassen. Frau Lees Mann ist das Ideal eines hochstrebenden und tüchtigen Bürgers; seine Gestalt schwebt als leuchtendes Vorbild über der Erziehung des Sohnes. Also bemüht sich die Mutter mit peinlicher Pietät, Heinrich nach den Weisungen oder wenigstens im Sinne des Vaters heranzubilden. Sie schickt den Knaben, der bürgerlichen Sitte zuwider, in die Armenschule, dann in die Gewerbsschule, und wie Heinrich aus dieser ausgestoßen wird, ist sie in doppelter Bedrängnis: «sie konnte bestimmt annehmen, daß der Vater meine Schulbildung jetzt noch nicht abgeschlossen haben würde». So gewöhnt sich auch der Knabe daran, nachahmend zu dem Bilde des verblichenen Vaters aufzuschauen und stets «in der Tiefe der Seele still zu bedenken: Wie würde er nun an deiner Stelle handeln oder was würde er von deinem Tun urteilen, wenn er lebte». Doch besitzt auch die Mutter ein reiches Maß eigener Weisheit bei allem Mangel eines «genauen Erziehungssystems» und aller Zurückhaltung. Wie der Knabe seine Sparbüchse plündert und sie die Schuld entdeckt hat, legt sie gleichwohl das Kästchen wieder in ihren Schreibtisch und läßt den Schlüssel dazu stecken; sie begnügt sich damit, auf die Möglichkeit hinzudeuten, daß er, wenn er sein Geld aufgebraucht, auch noch in ihre Kasse gegriffen hätte, und läßt es im übrigen darauf ankommen, ob Heinrich sich freiwillig zum Besseren wendet, denn sie weiß, daß das Abschließen doch nichts nützen würde. Der Dichter charakterisiert die Mutter einmal vortrefflich durch die Art, wie sie kocht. Ihre Speisen ermangeln jeglicher Individualität; «sie kochte schlecht und recht, ohne Manieriertheit ... man konnte von ihren Speisen eine große Menge genießen, ohne sich den Magen zu verderben.» So ist sie auch seelisch im Verhältnis zum Sohne. Zurückhaltend, ohne starken Willen, in grenzenloser Liebe ihr Letztes hingebend und so zu beider Verhängnis seinen Hang zum träumenden Sichgehenlassen nährend. Klänge es nicht zu bewußt, so könnte man an das romantische Erziehungsideal erinnern, das die freie Entwicklung der Individualität erstrebt. Man hat das Gefühl, daß es für Mutter und Sohn besser gewesen wäre, wenn ihre Erziehungsmethode wie ihre Speisen hie und da auch etwas versalzen gewesen wäre.

An Schärfe hat es die Schule nicht fehlen lassen. Schon der erste Tag in der Armenschule, wo die Geschichte mit dem Pumpernickel geschieht, eröffnet einen trüben Ausblick, und die Schulweisheit versagt auch bei der Untersuchung, die des Knaben lügenhafte Anklage gegen einige unschuldige Mitschüler veranlaßt. Obgleich die unschuldig Betroffenen sämtlich rechtliche Kinder sind, welche bisher keinen Anlaß zu grobem Tadel gegeben, werden sie doch, allein auf Heinrichs falsches Zeugnis hin, aufs härteste bestraft. Diese Vorspiele erklären, wie ein schwererer Konflikt mit der Ausweisung des Knaben aus der Schule enden muß, womit die Schule selber sich zur sittlichen Erziehung unfähig erklärt. Trotzdem hat der Dichter der Versuchung widerstanden, von den kurzsichtigen und gewalttätigen Lehrern Karikaturen zu zeichnen oder derbe Schülerspäße einzufügen, wie sie etwa Gotthelfs «Bauernspiegel» und «Die Leiden und Freuden eines Schulmeisters» bieten, und wie sie während des Egli-Handels tatsächlich vorfielen. Die Anklagen gegen die einzelnen Lehrer oder gegen gewisse Lehrmethoden heben sich bei Keller von der Überzeugung ab, daß die Schule als solche eine weise und segensvolle Einrichtung ist, und wo der Dichter, in der Gewerbsschule, gütigen und kenntnisreichen Lehrern begegnet, da spürt man ihm die Freude an, von ihnen erzählen zu dürfen. Freilich, auch sie fördern nur Heinrichs Wissen, auf seine sittliche Ausbildung haben sie so gut wie keinen Einfluß.

So bleibt denn, nach der zu milden Leitung der Mutter und der allzu gewalttätigen Erziehung der Schule, als mächtigster und zugleich unbarmherzigster Lehrmeister das Leben übrig. Es redet eindringlich in dem stummen Leiden der Tiere, die der Knabe in der spielenden Wißbegierde des Kindes sammelt und tötet. Nicht minder bedeutsam ist die Erfahrung, die Heinrich als Freund des mißratenen Sohnes der Leserfamilie macht; wird doch durch die Macht, die dessen lügenhafte Prahlerei auf ihn ausübt, der Knabe veranlaßt, den ersten verhängnisvollen Griff in sein Sparkästchen zu tun. Das prahlerische Geldausgeben wirft einen Schatten auf Heinrichs Erlebnisse am Kadettenmanöver und löst den Konflikt mit dem Meierlein aus, in dem der Dichter den Zusammenstoß des sorglosen Künstlers mit einer berechnenden Geschäftsseele dargestellt hat. Daß der Jüngling später selber den Geschäftssinn mit grausamster Berechnung zu betätigen vermag, zeigt der Brief, mit dem er von Römer die Rückzahlung des Darlehens verlangt. Die Folge ist eine bittere Beschämung, den Mann verletzt und mit ins Unglück gestürzt zu haben, dem er die meiste Förderung in seiner Ausbildung zum Maler verdankt. Nicht minder bitter ist die Lehre, die das Leben ihm mit dem

Tode von Ferdinand Lys gibt, der an den Folgen des törichten Duells mit Heinrich stirbt. An der tragischen Erkenntnis endlich, die der Tod der Mutter in ihm weckt, geht er zugrunde.

2. Nichts bekundet so eindringlich die Tiefe und den Ernst von Kellers Denken als der breite Raum, den die Darstellung der zweiten Lebensmacht, der Religion, im «Grünen Heinrich» einnimmt. Die Mutter ist «eines einfachen und nüchternen Gemütes», «schlechthin gottesfürchtig». Ihre Religion trägt rationalistische, nicht pietistische Färbung. Ihr Gott ist nicht der Befriediger dunkler und drangvoller Herzensbedürfnisse, sondern der versorgende und erhaltende Vater, die Vorsehung, der «Oberviktualienmeister». Früh beschäftigt sich der Knabe mit dem rätselhaften Wesen Gottes. Seine Phantasie klammert sich zuerst an sichtbare Gegenstände, wie den goldenen Hahn auf dem Kirchturm und den prächtigen Tiger im Bilderbuch. Der Schüler betet zu Gott in jeder übeln Lage, scheut sich nicht, auch Ungerechtes zu verlangen, und dankt für gespendete Hilfe. Wie die Mutter, aus praktischen Gründen, das Tischgebet einführen will, weigert er sich, es zu sprechen. Seine verschlossene Innerlichkeit scheut das laute Auskramen seiner Gefühle, und die Überzeugung, daß einerseits ein genaues Festhalten an den Dogmen und äußerlichen Zeremonien der Kirche mit grausamster Herzenshärte, anderseits triebmäßiger Abscheu vor dem Nachplappern religiöser Formeln mit Reinheit des sinnlichen Empfindens gepaart sein kann, veranlaßt den Dichter, die ergreifende Erzählung vom Meretlein einzuschieben. Auch Heinrich ist der Religionsunterricht mit dem geistlosen Wiederkäuen von strohdürren Katechismusfragen und -antworten und der Androhung harter Bußen für verstockte Sünder eine grausame Pein, um so mehr, als er merkt, wie gerade die verdorbensten Kinder es in diesen Dingen zur größten Zungenfertigkeit bringen. So wird Gott für ihn «zur nüchternen und schulmeisterlichen Wirklichkeit», ohne Bedeutung für Heinrichs sittliches Leben. Mit dem philosophischen jungen Schulmeister im Heimatdorf führt er um die Wette Krieg gegen Pfaffen und Autoritätsleute jeder Art; den Glauben an Gott und die Unsterblichkeit aber läßt er sich nicht wegdisputieren. Dagegen gibt er wiederum, bei aller Liebe zur Person Christi, dem Vater Annas nicht zu, daß das Christliche das alleinige Merkzeichen alles Guten sei. Er gewöhnt sich daran, die Kirche zu meiden. Die Schilderung der Konfirmation wird zu einer großen Auseinandersetzung über die Grundlehren des Christentums, die Sündhaftigkeit, die Erlösung durch den Glauben, die Liebe und den alles durchdringenden Geist. Pflichtgemäß besucht er das Abend-

mahl am Weihnachtsmorgen, in der festen Absicht, daß das erste Mal auch das letzte sein solle. Nun ruhen Heinrichs religiöse Gedanken jahrelang. Erst in der Kunststadt geraten sie wieder in Bewegung. Nachdem Heinrich eben noch im Duell mit dem gottlosen Ferdinand Lys sein Leben für seinen Gottesglauben eingesetzt, veranlassen ihn die Vorträge, die er in der Universität über Anthropologie hört, die alten Fragen nochmals durchzudenken. Das Ergebnis ist eine Klärung seiner physiologisch-naturwissenschaftlichen Kenntnisse, die Überzeugung von der großen Gesetzmäßigkeit der physischen Welt. Den Gottes- und Unsterblichkeitsglauben aber vermögen auch diese Überlegungen nicht in ihm zu erschüttern, sowenig wie den Glauben an den freien Willen, und wie er als Künstler scheitert und in Not kommt, nimmt auch der erwachsene Mann wieder seine Zuflucht zum Gebet an den himmlischen Versorger. Erst die Persönlichkeiten Dortchen Schönfunds und des Grafen beweisen ihm, daß die Verneinung des Gottes- und Unsterblichkeitsglaubens sich sehr wohl mit heiterer Genußfreude, sittlichem Ernste, hilfsbereiter Menschlichkeit und Tiefe der Welterkenntnis vereinigen kann, ja daß gerade die Beschränkung der Lebensdauer auf das Diesseits dem Menschen die Pflicht auferlegt, vor dem Tode zu wirken, indem sie seine Verantwortlichkeit erhöht. So legt er selber den letzten Rest seines Christenglaubens ab. Daß er sich der Verantwortlichkeit des diesseitigen Menschen bewußt ist, beweist sein Tod: er kann nicht weiterleben, nachdem die Mutter «das einzige, einmalige und unersetzliche Leben für ihn verloren».

3. Für die Romantiker ist – Novalis' «Heinrich von Ofterdingen» und Friedrich Schlegels «Lucinde» zeigen es – die Liebe die Macht, die für die Erziehung des Mannes die größte Bedeutung besitzt, indem sie ihm die Natur und sein eigenes Sein offenbart und ihn zum Gipfel des Menschentums führt. Der Einfluß, den Keller im «Grünen Heinrich» der Liebe einräumt, ist nicht so universal, aber sie ist auch ihm die Macht, die die innersten Kräfte des Helden entbindet. Die jedesmalige Geliebte und das Verhältnis Heinrichs zu ihr wird so, wie in Jean Pauls «Titan», zum Symbol der Stufe seiner geistig-sinnlichen Entwicklung.

Vom achtzehnten Jahrhundert übernimmt das neunzehnte den Gegensatz zwischen Geist und Sinnlichkeit als Mittelpunkt des Liebeserlebens. Wieland kennt, seit seiner Wendung zum Sensualismus, nur *eine* Lösung des Problems. Im Hintergrund auch der geistigen Liebe lauert Sinnlichkeit, die stets im Laufe des Liebeserlebens zum Vorschein kommt. Wie es im «Theages» heißt: «Die beiden Amors sind einander nahe verwandt, und es ist schon oft geschehen ... daß der leibhafte Kupido erschienen ist, das Wort zu halten, welches der platonische Sylphe gegeben hatte.» In merkwürdiger Form tritt dieser polare Charakter der Liebe in einer Episode von Rousseaus «Confessions» zutage. «Je connais», sagt er, «deux sortes d'amour, très distincts, très réels, et qui n'ont presque rien de commun, quoique très vifs l'un et l'autre, et tous deux différents de la tendre amitie. Tout le cours de ma vie s'est partagé entre ces deux amours *et je les ai même éprouvés tous deux à la fois.*» Eine solche Doppelliebe erlebt der Zwölfjährige. Er liebt zur selben Zeit die gleichalterige Mademoiselle Goton und die etwa zwanzigjährige Mademoiselle de Vulson: «Rien du semblable en ce qu'elles me faisaient éprouver.» Seine Gefühle für Mademoiselle de Vulson charakterisiert er mit den Worten: «J'aurais passé ma vie entière avec Mademoiselle de Vulson sans songer à la quitter. – Je souffrais quand elle était malade, j'aurais donné ma santé pour retablir la sienne. – Absent d'elle j'y pensais, elle me manquait; présent, ses caresses m'étaient douces au cœur, non aux sens. J'étais impunément familier avec elle; mon imagination ne me demandait que ce qu'elle m'accordait.» Seine Liebe für die Zwanzigjährige ist die zunächst noch geistige Schwärmerei eines Knaben für ein vollerblühtes junges Weib. Anders sein Verhältnis zu Mademoiselle Goton. Er kann eifersüchtig werden ihretwegen «en Turc, en furieux, en tigre ... En voyant Mademoiselle Goton, je ne voyais plus rien, tous mes sens étaient bouleversés ... Si Mademoiselle Goton m'eût ordonné de me jeter dans les flammes, je crois que l'instant j'aurais obéi.»

Die Teilung der Liebe des Mannes zwischen geistige Freundschaft und sinnliche Leidenschaft wiederholt sich in der Zeit der Empfindsamkeit in Leben und Dichtung. Besaß doch jenes von Rousseau so stark beeinflußte Geschlecht ein solches Übermaß an Gefühlen, daß es in dem zärtlichen Verhältnisse eines Mannes zu *einem* Weibe sich nicht erschöpfte. Freilich, Wieland hatte nur zu oft recht. Die Grenze zwischen geistiger und sinnlicher Liebe zerfloß rasch, wie Bürgers Doppelehe mit seiner Frau und seiner Schwägerin Molly zeigt. Goethe, der, von Swift beeinflußt, in «Stella» das Problem behandelt, vermeidet es wohlweislich, eine Schranke zwischen beiden zu errichten. Friedrich Heinrich Jacobis «Woldemar» zeigt, wie unendliche Herzenswirren entstehen aus dem Wahne des Mannes, er könne die geistige Zärtlichkeit für seine Freundin haarscharf scheiden von der Liebe zu seiner Frau.

Aus dem Roman und Drama des empfindsamen Sturmes und Dranges übernimmt die Romantik das Problem. Tiecks William Lovell schreibt zur gleichen Zeit, wo er in den Armen der Luise Blainville liegt, seiner Braut Amalie die zärtlichsten Briefe.

Im «Grünen Heinrich» hat Keller diesem rousseauisch-romantischen Motiv der Doppelliebe in Heinrichs Verhältnis zu Anna und Judith eine bedeutsame Vertiefung und Ausweitung gegeben. Wenn auf den zwölfjährigen Rousseau die Liebkosungen der zwanzigjährigen Freundin keinen sinnlichen Reiz üben und also sein Verhältnis zu beiden Frauen geistiger Art ist, so scheidet Keller, der Feuerbachschüler, Heinrichs Liebe zu Judith scharf von der zu Anna. An dieser hängt seine Geistigkeit, nach jener drängen seine Sinne, und indem die Neigung zu Anna mit dieser stirbt und Judith zu gleicher Zeit immer mehr Gewalt über den Jüngling bekommt, erscheint diese Doppelliebe als Offenbarung eines geheimnisvollen Naturgeschehens – des allmählichen Sieges der Sinnlichkeit über schwärmerische Geistigkeit. Aber dieser Übergang hat nichts gemein mit Wielands moralischem Sensualismus. Sinnlichkeit hat bei Keller die weiteste Bedeutung. Es ist die Naturwirklichkeit, die von Heinrichs Seele Besitz ergreift und den unklaren Jugendidealismus daraus verdrängt. In der Doppelliebe Heinrichs spiegelt sich sein Heranreifen vom knabenhaften Jüngling zum Manne. Sein Verhältnis zu Anna und Judith hat symbolische Bedeutung.

Die ersten Regungen der Geschlechtsliebe läßt der Dichter schon in dem Armenschüler erwachen. Wie Heinrich zur Würde herangediehen ist, die kleineren Genossen unterrichten zu dürfen, zieht er tyrannisch die Mädchen zu sich heran, die er liebt. Verhüllte Liebe ist der spröde Trotz, den Heinrich mit einigen Genossen am Kadettenfeste gegen das zärtere Geschlecht an den Tag legt. Nach diesen Äußerungen einer knabenhaften Liebeswillkür erblüht dem Vierzehnjährigen das ganze Glück der Jugendliebe beim ersten Besuche im Heimatdorf. Am Ende seines Rundganges bei der Verwandtschaft lernt er Judith kennen. Sie ist eine etwa dreißigjährige Witwe, von hohem und festem Wuchse. In ihrem schönen Gesichte machen die großen braunen Augen und der Mund mit dem vollen üppigen Kinn augenblicklich Eindruck. Dazu schmückt sie ein schweres, fast nicht zu bewältigendes Haar. Sie kommt vom Garten, etwas zurückgebogen, da sie in der Schürze eine Last frischgepflückter Ernteäpfel und darüber eine Masse gebrochener Blumen trägt. Der Dichter selber braucht das Bild der Pomona. Sie zwingt dem Knaben eine Schale Milch auf. So steht sie vor uns als die Verkörperung des sinnlich treibenden Lebens in der Natur, holde Schönheit und nährende Fülle zugleich. Eine «Naturmanifestation» hat Keller sie selber genannt.

Einige Tage später lernt Heinrich Anna kennen. Ein Sonntag, der Tag geistlicher Beschaulichkeit und feierlicher Muße, wird zu dem Besuch gewählt, im Gegensatz zum Zusammentreffen mit Judith, die, wie der Jüngling erscheint, von der ländlichen Arbeit des Früchtepflückens kommt. Zum Besuche bei Anna putzt man sich heraus, Heinrich malerisch-komödiantisch, wie es sich für den romantischen Phantasten gebührt. Der Schulmeister wohnt mit seinem Kind abseits an einem stillen, dunkeln See, durch einen waldigen Hügelrücken von dem lauten Dorfgetriebe geschieden. Sein Haus ist weiß getüncht, und weiße Gardinen wehen aus den Fenstern. Er selber trägt einen sauberen grauen Frack und eine weiße Halsbinde. Er hat sich vom Amte zurückgezogen und lebt, ein stiller, feiner Mann, seinen Studien, ohne daß sein Horizont allzu weit ist; Heinrich muß ihn über die einfachsten Dinge der Landschaftsmalerei aufklären. Sein Töchterlein tritt, wie die Besucher ankommen, «ein zierliches Treppchen herunter, schlank und zart wie eine Narzisse, in einem weißen Röckchen und mit einem himmelblauen Bande gegürtet, mit goldbraunen Haaren, blauen Äuglein, einer etwas eigensinnigen Stirne und einem kleinen lächelnden Mündchen». Der Besuch findet seine Krönung mit einem einfachen Mahle. Aber auch dieser Vorgang wird sozusagen entmaterialisiert. Er findet in dem geweißten, kühlen Saale statt, worin die Orgel steht. Man ißt leichtverdauliche Fische aus dem See, Backwerk und Früchte und trinkt dazu einen milden, unschuldigen Wein. Die sinnigen Reden des Schulmeisters würzen das Mahl, und zum Schlusse wird mit Orgelbegleitung ein Lied gesungen. So sorgt der Dichter dafür, daß von Anfang an die Gestalt Annas von dem sonntäglichen Scheine reiner Geistigkeit umwoben ist.

Von nun an wandeln die zwei Frauen zu beiden Seiten Heinrichs. In der Schilderung seiner Begegnungen mit ihnen beobachtet der Dichter einen, nicht pedantisch durchgeführten, Parallelismus. Wenn Heinrich die eine sieht, taucht in der Regel auch die andere auf. Er gewöhnt sich bald daran, täglich bei Judith eine halbe Stunde zuzubringen, eine Schale Milch zu trinken und ihr die Haare aufzulösen. Oder er schlingt, vom Ringen mit ihr erschöpft, seine Arme um ihren weißen Hals. Seine Liebe aber gilt Anna, die er beim Tanze trifft und nach Hause begleitet. «Indem ich immer an die junge Anna dachte, hielt ich mich gern bei der schönen Judith auf, weil ich in jener unbewußten Zeit ein Weib für das andere nahm.» Das Bohnenabenteuer bringt den ersten Hauch einer noch kindlich tastenden Sinnlichkeit in ihr Verhältnis. Jetzt taucht die Heidenstube auf, der letzte Zufluchtsort eines vorzeiten mächtigen Naturkultus, die Stätte, wo dereinst der Becher von Annas und Heinrichs Liebeslust überschäumen und Heinrich durch Judith die tiefste Offenbarung der Naturschönheit bekommen wird. Am Begräbnis der Großmutter küßt Anna den Geliebten zum erstenmal.

Wie Heinrich den zweiten Besuch auf dem Lande macht, weilt Anna im Welschland. Dafür schreibt er all seine Gefühle für sie auf ein Blatt, das in Judiths Hände kommt. Nach ihrer Rückkehr – beide gehen ins sechzehnte Jahr – sieht er sie wieder. Das Geplänkel, in das sie durch die verliebten Basen verflochten werden, kündet an, daß sie beide reifer und ihre Liebe ernsthafter geworden ist. Heinrich hält sich trotzig zurück. Aber das Porträt, das er von Anna entworfen, und der Liebesbrief an sie verraten seine Gefühle. Die Tellaufführung an der Fastnacht des folgenden Jahres gibt Heinrich den Anlaß, unter der Maske von Rudenz und Berta mit der Geliebten durch Feld und Wald zu reiten. Trunken von ihrer Liebe und von dem Festjubel der Fastnacht, lassen sie sich bei der Heidenstube von den Wogen einer vorzeitigen Leidenschaft überfluten. Bedeutsam tritt nun wieder Judith hervor, die in der Nacht Heinrichs Treue gegen Anna auf eine gefährliche Probe stellt und ihn tief in das Geheimnis des Sinnlichen eintauchen läßt.

Damit hat Heinrichs Liebe zu Anna den Duftschleier der reinen Geistigkeit abgestreift. Wie Heinrich die Geliebte wiedersieht, haben sich bereits die ersten Anzeichen einer beängstigenden Krankheit bei ihr eingestellt. Das Ideal, das sie für Heinrich darstellt, fängt an, von der Erde zu schwinden, indes er von der Wirklichkeit in Besitz genommen wird und selber sie durchdringt: Anna erscheint ihm fast größer, aber auch zugleich zarter und schmächtiger; ihre Gesichtsfarbe ist wie durchsichtig geworden. Von Judith, der unbestechlich wahrhaftigen Natur, erfährt er, daß Anna zum Tode krank ist, und daß sich ihre Geistigkeit zur Kraft traumhafter Prophezeiung zukünftiger Dinge gesteigert hat. Aber bereits beginnt er sich von ihr abzulösen, und aus Annas Krankenstübchen treibt es ihn mit Naturgewalt in die Arme Judiths. Im Frühling, wie Anna dahinwelkt – sie kann das neue Erwachen der Natur nicht mehr ertragen –, streift Heinrich an Judiths Seite durch Wald und Feld und erlebt in einer Mondnacht die Offenbarung der Herrlichkeit des sinnlichen Lebens. Wie Anna gestorben ist, erkennt er, daß er nichts mehr mit ihr zu schaffen hat, und ruhigen Herzens verfertigt er mit dem deutschen Schreiner ihren Sarg: sein Verhältnis zu der toten Geliebten ist ein rein ästhetisches geworden. Aber auch von Judith muß er nun scheiden. Sie geht nach Amerika, ins Land der rücksichtslosen Wirklichkeiten, indes ihn das Kommando des unerbittlichen Lebens anscheinend der Verwirklichung seines Kunstideals entgegenführt, tatsächlich davon entfernt.

In einem Gespräche in der Kunststadt wirft der welterfahrene Ferdinand Lys Heinrich vor, er habe die wahre Leidenschaft noch nie gekannt. Und dann gibt er von Heinrichs Doppelliebe eine Analyse, in der man des Dichters eigene Ansicht erkennen darf. «Was du als halbes Kind erlebt, war das bloße Erwachen deines Bewußtseins, das sich auf sehr normale Weise sogleich in zwei Teile spaltete und an die ersten zufälligen Gegenstände haftete, die dir entgegentraten. Die sinnliche Hälfte an das reife, kräftige Weib, die zartere geistige an das junge transparente Mädchen, das du an jenes verraten hast. Dies würdest du, trotz deiner selbst, nie getan haben, wenn eine wirkliche ganze Liebe in dir gewesen wäre!» Seit Goethe und Schiller, Kant und Fichte ist es eine Eigentümlichkeit des romantischen Denkens, sich in Gegensätzen zu bewegen und den Widerspruch sich in einem höheren Dritten auflösen zu lassen. Hegels Formel des Weltprozesses: Thesis, Antithesis und Synthesis kündigt sich an. In der Darstellung des Liebeserlebens tritt die Dreistufigkeit besonders deutlich in Jean Pauls «Titan» hervor in den drei Gestalten Liane (Geistigkeit), Linda (Sinnlichkeit), Idoine (Geistigkeit und Sinnlichkeit). Eine ähnliche Dreiheit waltet im «Grünen Heinrich». Dortchen Schönfund, die Heinrich am Schlusse liebt, ist Anna und Judith zugleich. «Wäre es hier möglich», gesteht sich der in Dortchen verliebte Heinrich einmal im Gedenken an Anna und Judith, «daß meine Neigung und mein Wesen in zwei verschiedene Teile auseinanderfiele, daß neben dieser mich ein anderes Weib auch nur rühren könnte? Nein! Diese ist die Welt, alle Weiber stecken in ihr beisammen, ausgenommen die häßlichen und schlechten!» Die Erklärung von Dortchens Gestalt gibt Kellers Feuerbach-Erlebnis. Wie Feuerbach die Zweiheit von Sinnlichkeit und Geist aufhebt und nur die eine individuell gestaltete Wirklichkeit kennt, aus der das menschliche Bewußtsein Ideen, das heißt Gattungsbegriffe, bildet, so ist Dortchen für Heinrich die Offenbarung der Schönheit der rein irdisch-sinnlichen Wirklichkeit, in der die Seele im Körper haftet und mit ihm dahinstirbt.

4. Die Frage der künstlerischen Erziehung ist durch Goethes «Wilhelm Meister» in den Stoffkreis romantischer Romane gekommen. Novalis stellt im «Ofterdingen» die Entwicklung des Dichters, Fr. Schlegel in «Lucinde» und Tieck in «Franz Sternbalds Wanderungen» die des Malers dar. Keller übertrifft Novalis' verschwommene Mystik und Tiecks blasse Redseligkeit, indem er, ähnlich wie Goethe im «Meister», schlicht

und ehrlich neben die aufklärenden Kunstgespräche die bildende Arbeit des werdenden Künstlers setzt und so die Möglichkeit epischen Geschehens gewinnt. Sein Interesse gilt nicht der Kunst an sich, die die Romantiker zergliedern, es gilt dem sich bildenden Künstler. Es ist ein psychologisches, kein kunsttheoretisches. Er läßt uns jeden tastenden Schritt Heinrichs begleiten und versteht so, uns in einer Weise menschlich zu ergreifen, wie es dem blaß-geistigen Stil der Romantiker niemals gelungen ist. Heinrichs künstlerische Entwicklung ist eine doppelte. Neben dem Maler bildet sich der Dichter aus. Eine Zweiheit, die das Problem nicht vereinfacht.

Zunächst erhalten wir ein Bild von dem allgemeinen Weben der Phantasie des Knaben. Wir sehen sie sich entfalten in den kindlichen Vorstellungen von Gott und Menschen, erleben die fast gewalttätige Befruchtung im Kreis der Frau Margret und des Vaters Jakoblein, ihre Betätigung im kindlichen Spiel mit den wächsernen Mißgestalten. Wie Goethe seinen Spielgenossen Märchen als angebliche Erlebnisse erzählt und in dieser Neigung zu «Luftgestalten und Windbeuteleien» die erste Regung künstlerischer Erfindungskraft sieht, so betätigt sich auch in dem «Grünen Heinrich» die Phantasie in einer nur weniger harmlosen Lügenkunst, und die Erzählung von den Knaben, die Heinrich im Wald zu greulichen Schandtaten verlocken, ist ein realistischeres Gegenstück zu Goethes «Neuem Paris». Dem Theaterspielen Goethes in «Dichtung und Wahrheit» und Wilhelm Meisters in den «Lehrjahren» entspricht das Theaterspielen Heinrichs. Das erste große Leid, das er empfindet – die Beraubung der Sparkasse – weckt bezeichnenderweise den ersten malerischen Versuch. Heinrich sucht seinen Schmerz zu vergessen, indem er mit seinen Farben eine Landschaft nachbildet. Etwas später beginnt er sich schriftstellerisch zu üben. Der zweite große Schmerz – die Ausweisung aus der Schule – zeitigt den Entschluß, Maler zu werden. Von dem ersten Lehrer, Habersaat, mißleitet, allzu kurz unter dem Einflusse des zweiten, Römer, stehend, sieht er sich immer wieder auf sich selbst zurückgewiesen und verfällt einem dilettantischen Probieren. In dem schwierigen Problem von Kunst und Natur erfährt er durch Goethe das erlösende Wort, ohne sofort seinen Sinn – Ehrfurcht vor dem Gewordenen – in die künstlerische Tat umsetzen zu können. Schließlich soll ein regelrechtes Studium in der Kunststadt Heinrichs Schaffen die Vollendung geben. Bevor uns seine Erlebnisse dort erzählt werden, vermittelt uns die eingeschobene Jugendgeschichte das Bild eines bedeutenden dichterischen Könnens. Die beiden Freunde Heinrichs, der Däne Erikson und der Holländer Lys, schwärmen, wie sie nach ihrer Herkunft aus Ländern «am äußersten Saume deutschen Volkstums» stammen, auch als Maler an den Rändern des künstlerischen Schaffens herum. Erikson, trotzdem er seine sauber gemalten Bildchen zu verkaufen vermag, ist gar kein Maler, und Lys ist bei glänzender Begabung der zerfressenden Macht epigonenhafter Ironie und Zweifelsucht anheimgefallen. Das große Künstlerfest gibt Heinrich einen Einblick in die phantasievolle Sinnenfreudigkeit des Künstlertums, die sich daran anschließende Verwicklung wegen Rosalie und Agnes offenbart ihm die Gefahren des künstlerischen Temperaments. In seinem Schaffen zehrt er zunächst noch von dem Vorrat von Naturvorstellungen, den er in seiner Heimat aufgehäuft, kann aber nicht hindern, daß er allmählich einem blassen Spiritualismus verfällt. Ohne Meister und Lehrer versucht er sich wieder seine Technik auf eigene Faust zu bilden. Das Ergebnis dieses ziellosen Strebens ist das «unendliche Gewebe von Federstrichen», das eine angefangene Landschaft wie ein «ungeheures graues Spinnennetz» überzogen hat. Ein Versuch, ein Bild auf der Ausstellung zu verkaufen, mißlingt. So gerät er in Schulden und Not, und wie die Ersparnisse der Mutter erschöpft und seine eigenen Habseligkeiten verschleudert sind, muß er, um sein Leben zu fristen, die demütigende Arbeit eines Fahnenstangenstreichers verrichten. Mit seiner Jugendgeschichte als einziger Habe verläßt er schließlich die Kunststadt, um im Grafenschlosse seine Ehrenrettung als Künstler zu erleben. Es ist freilich, wenn wir genauer zusehen, mehr eine Ehrenrettung des Menschen. Wenn der Graf Heinrichs gesamten Bildervorrat aufgekauft hat, so geschah es weniger aus Kunstverständnis als aus menschlichem Interesse an dem Schöpfer desselben, und wie Heinrich in Begleitung des Grafen seine Bilder ausstellt, zieht dessen Einfluß die Aufmerksamkeit auf sie, und er ist auch der Käufer. Heinrich entdeckt, schreibt Keller an Hettner am 5. Januar 1854, «daß seine Künstlerschaft nur ein Irrtum war, daß er ebensogut ein geistreicher Liebhaber in irgendeiner anderen Spezialität hätte werden können wie in der Landschaftsmalerei».

Es ist eine unbeantwortete Frage im «Grünen Heinrich», warum Heinrich nicht, nachdem er als Maler Schiffbruch gelitten, den Beruf des Dichters ergreift. Die Abfassung seiner Lebensgeschichte, die der Graf und Dortchen bewundern, die Träume und Gedichte Heinrichs am Schlusse scheinen diese Berufswahl vorzubereiten. Keller hatte seinen eigenen Werdegang so getreu dargestellt, daß man sich billig wundert, warum er nicht auch noch diese letzte Folgerung zog. Menschlich ist die

Vermeidung dieser Lösung sehr begreiflich und sachlich überaus sympathisch. Es laufe nicht etwa auf einen Poeten hinaus, «um das ewige Literaturdichten zu umgehen», sagte Keller zu Hettner. Dennoch klafft hier in der Entwicklung der Handlung eine Lücke. Heinrich soll dafür, nach den Aufzeichnungen aus Heidelberg, produktiver Staatsmann werden.

5. Heinrichs politische Erziehung beginnt mit seinem Vater. Dieser ist für ihn das Vorbild eines Mannes mit großzügigen sozialen und politischen Interessen. Ihm als Bürger gleich zu werden, ist das Ziel seines Strebens. Für die Ausbildung dazu sorgen die Einrichtungen der Republik. Heinrich erwirbt als Kadett frühe Wehrhaftigkeit. Der Aufenthalt im Heimatdorf gibt ihm die Kenntnis der bäuerlichen Verhältnisse, und am Fastnachtsfest tut er einen tiefen Blick in das politische Getriebe des Volkes. In dem Gegensatz zwischen dem Wirt und dem Holzhändler öffnet sich ihm die einschneidende Bedeutung wirtschaftlicher Fragen, der Unterschied zwischen der patriarchalischen, etwas schwerfälligen Lebensform von einst und der Beweglichkeit des modernen Verkehrslebens. In dem Statthalter lernt er den demokratischen Beamten kennen, der sein eigenes Selbst verleugnen muß, um ein Diener des Volkes zu sein, weil sein Amt ihm nicht mehr, wie dem Regierenden der patrizischen Republik, eine Ehrenpflicht, sondern der Brotkorb ist. Durch die beständige Beziehung auf die Gegenwart erhält Schillers «Wilhelm Tell», den die Bauern als Fastnachtsspiel aufführen, Wahrheitsgehalt und die richtige politische Beleuchtung. Es sind, bei aller Verschiedenheit der Form, in der sie sich äußern, die nämlichen Kräfte und Ziele in den Kämpfen des vierzehnten Jahrhunderts wie in denen der Gegenwart, und zu den Vorgängen bei der Entstehung der Eidgenossenschaft bilden die Gegensätze bei ihrer Erneuerung in der ersten Hälfte des neunzehnten Jahrhunderts eine bedeutsame Parallele. Zur praktischen Ausübung der Politik fühlt Heinrich sich freilich damals nicht berufen. Wie der junge Vetter im Heimatdorfe es als selbstverständlich annimmt, daß Heinrich, bei seiner guten Schulbildung und seiner Federfertigkeit, dereinst als Vertreter des ländlichen Bezirkes im Großen Rat eine politische Rolle spielen werde, graut ihm vor dieser Aussicht. Später, wie Anna gestorben und die Jugendschwärmerei abgetan ist, muß Heinrich seiner Bürgerpflicht als Soldat genügen, und zur gleichen Zeit übt er bei der Gesamterneuerung der Behörden sein Stimmrecht aus. Wie groß sein politisches Interesse inzwischen geworden ist, wie tief sein Verständnis für die besonderen Verhältnisse der heimischen Republik, zeigt das Reisegespräch mit dem Grafen. Der Graf selber ist ein Beispiel dafür, wie die

demokratischen Ideen der Mitte des neunzehnten Jahrhunderts auch in geborenen Aristokraten Boden gewinnen. Aber in den Gesprächen, die Heinrich am Schlusse des Romans mit dem Freunde führt, sucht man umsonst nach jenem Rat des Grafen (in den Heidelberger Aufzeichnungen), Heinrich möge als Staatsmann wirken. Nur von der Aneignung der weiten lebendigen Welt ist die Rede. Gerade der Kern der Ausführungen des Grafen in den Materialien von 1849 ist in der ersten Fassung verloren gegangen. Einen dürftigen Ersatz dafür bildet die Schilderung der politischen Zustände in der Schweiz bei Heinrichs Heimkunft. Man spürt seinen energischen Drang, in das politische Leben hineinzuwachsen und sich gestaltend darin zu betätigen. Aber der Tod der Mutter schneidet alles praktische Wirken ab. –

Betrachtet man die fünf Mächte, denen die Erziehung des grünen Heinrich in die Hand gegeben ist, im Zusammenhang, so erwächst aus ihnen die Frage, ob eine solche Ausbildung, wie sie des Dichters dichterisches Ebenbild durchmacht, Menschen schaffe, fähig, an der Gestaltung des praktischen Lebens tätig mitzuwirken. In der ersten Fassung hat Keller die Frage verneint. So groß der geistige Reichtum ist, den Heinrich in sich ansammelt, so hoch die Wahrhaftigkeit und Reinheit seines Gemütes steht, sein Werdegang als Künstler bedingt ein solches Maß von Egoismus, daß der Tod seiner Mutter, die das Opfer dieses Egoismus geworden, auch seinen eigenen Untergang herbeiführt.

3. DIE KUNST

Den Stoff des «Grünen Heinrich» bot Keller zum größeren Teile seine eigene Jugendgeschichte. Aber nur den Stoff. In seinem Aufsatz «Autobiographisches» weist er selber darauf hin, wie er die dürftigen Keime und Ansätze der Wirklichkeit poetisch habe auswachsen lassen.

Eine Vergleichung des «Grünen Heinrich» mit Kellers Leben, soweit wir es kennen, bestätigt im allgemeinen diese Erklärung. Sie lehrt vor allem, daß, auch wo er Selbsterlebtes schildert, er dies mit der Gestaltungskraft des großen Künstlers tut. Man darf nur mit erklecklichem kritischem Vorbehalt das Bild von Kellers Leben aus dem «Grünen Heinrich» herauslesen. Er wollte Dichtung, nicht Wahrheit darin geben.

Dies zeigt schon die Behandlung des landschaftlichen Hintergrundes. Die Schilderung von Heinrichs Vaterstadt weist auf Zürich. Versucht man aber, in dem Bild, das er von ihr zeichnet, genau das damalige Zürich zu finden, so erkennt man sofort die Unmöglichkeit. Einiges paßt, anderes nicht, und bald merkt man, daß die Phantasie am Werke ist. Es gab zum Beispiel in Zürich keinen Brunnen, dessen Wasser von der anderen Seite der Limmat herkam, wie er am Anfang des «Grünen Heinrich» beschrieben ist. Ebenso ist das Landschaftliche im Heimatdorfe behandelt. Der allgemeine Charakter der zürcherischen Rheingegend ist mit erstaunlichster Anschaulichkeit wiedergegeben; man mag sogar einzelne Gegenden erkennen, wie die Buchhalde mit ihren Nagelfluhfelsen. Aber die Heidenstube ist nicht am Unterlaufe der Glatt, zwischen Glattfelden und dem Rhein, wohin sie Keller verlegt, und der Weg, den Anna und Heinrich am Fastnachtsfeste zurücklegen, stimmt nicht zu den wirklichen geographischen Verhältnissen. Hier mag das menschliche Bedürfnis, zu verschleiern, die Tatsachen leise nach einer anderen Seite gedreht haben.

In den meisten Fällen aber bestimmten künstlerische Gründe eine Änderung der Wirklichkeit. So in der Darstellung des Lebens und Treibens im Hause des Oheims. Liest man die Schilderung im «Grünen Heinrich», so stellt man sich die Wirtschaft des Oheims so hablich vor, wie etwa die von Gotthelfs stattlichen Herrenbauern. Tatsächlich aber ist das Haus in Glattfelden von sehr mäßigem Umfange, die Stuben von bescheidener Größe, die Mansarde, die Gottfried Keller in den Ferien bewohnte, ein Dachwinkel. Der Dichter hat das Haus des Oheims im «Grünen Heinrich» aus drei wirklichen Häusern gebildet: dem Scheuchzerhaus, dem Pfarrhaus und einem patrizischen Gebäude. Dazu deuten Briefe an, daß dem Leben der Verwandten in Wirklichkeit der behaglich-großzügige Charakter fehlte, der ihm im «Grünen Heinrich» eigen ist, und das Liebesgeplänkel der jungen Leute war nicht ohne peinlich-derbe Nebenumstände, wie schon der Brief vom 3. Februar 1837 lehrt. Die Steigerung der Menschen und Verhältnisse im «Grünen Heinrich» ist in erster Linie durch den künstlerischen Gegensatz von Stadt und Land bedingt. Dem engen, kümmerlichen Leben von Mutter und Sohn in der Stadt mußte das Landleben als die freie, reiche Natur gegenübertreten.

Besonders lehrreich ist die Betrachtung der «Tell»-Aufführung an der Fastnacht. Es ist für mich keine Frage, daß der entscheidende Wirklichkeitskeim dazu die Aufführung von «Wallensteins Lager» an dem zürcherischen Sechseläuten von 1843 war, die Keller am 1. April Hegi so lebendig geschildert hat. Hier und dort ein Schillersches Stück, bei dessen Aufführung sich Spiel und Wirklichkeit zwanglos mischen: im Zuge der Wallensteiner plündern die Kroaten die Metzger- und Bäckerläden am Weg, und im «Tell» erweist sich der Wirt, der die Hauptrolle spielt, als Hort gegen Beamtenwillkür. Auch die politische Parallele zwischen Einst und Jetzt, die im «Tell» wirksam ist, fehlt bei der Sechseläutenaufführung nicht, wo Rudolf Brun, der Schöpfer der zürcherischen Zunftverfassung, seine Glossen auf die Gegenwart macht. Aber wie hat Keller im Fastnachtsspiel des «Grünen Heinrich» die Wirklichkeit vertieft und bereichert! Wie schafft nur schon die Vertauschung von «Wallensteins Lager» mit dem «Tell» eine vermehrte Fülle fruchtbarster Beziehungen zwischen Spiel und Wirklichkeit, zwischen Stück und Romanhandlung!

Wenn schon hier Gestaltungskraft und Lebenskenntnis in der Erfindung von Einzelepisoden tätig waren, so fügten sie auch Motive in die Handlung ein, die Keller nicht aus seinem eigenen Erleben schöpfen konnte. Er hat zum Beispiel niemals, wie der grüne Heinrich, Militärdienst getan. Hier mußte der Dichter die Lücke seines individuellen Lebens ausfüllen, um ein typisches Bild von Heinrichs staatsbürgerlicher Erziehung zu bekommen.

Die Anschauung, die wir auf diese Weise von der Entwicklung Heinrichs erhalten, ist ein organisches Bild seines Werdens. Wenn der «Grüne Heinrich» in einzelnen stofflichen Motiven, in der dichterischen Absicht und seinem Ideengehalte vielfach eine ins achtzehnte Jahrhundert hinabreichende literarische Überlieferung fortsetzt, so läßt er in der gesetzmäßigen Folgerichtigkeit der Handlung alle Romane der Romantiker weit hinter sich, und in der Feinheit der psychologischen Charakteristik mögen es kaum «Wilhelm Meisters Lehrjahre» mit ihm aufnehmen. Die Romane der Romantiker machen, von Jean Pauls «Titan» etwa abgesehen, den Eindruck einer mehr oder weniger willkürlichen Aneinanderreihung von Abenteuern und Seelenzuständen. Der «Grüne Heinrich» gibt, hierin «Dichtung und Wahrheit» ähnlich, die Naturgeschichte des Werdens und Ringens des Menschen des neunzehnten Jahrhunderts. Man hat das Gefühl, daß Heinrich auf jeder Stufe des Erlebens, die er erreicht, durch seine früheren Erfahrungen reif geworden ist, die neue Erfahrung, die sie bringt, zu verarbeiten. Der psychologische Takt des Dichters ist von einer so feinen und unbeirrbaren Sicherheit, daß nirgends ein Vorgreifen, nirgends ein verspätetes Nachholen der Ereignisse stattfindet.

Niemals tritt eine Begebenheit unvorbereitet ein. Stets sorgt der Dichter durch leises, nur dem schärferen Ohre wahrnehmbares Anklingen der Motive, dann durch sorgfältiges Anschwellen bis zum Höhepunkt ihrer Entfaltung dafür, daß wir den Eindruck eines natürlichen Wachstums bekommen. In Jean Pauls «Titan» sind Ursache und Verlauf von Lianes Erblindung völlig rätselhaft. Unvermittelt, sprunghaft taucht das Motiv auf. Wie fein vollzieht sich dagegen die Entwicklung von Annas Krankheit! Das Erlebnis in der Heidenstube am Fastnachtsfeste zeigt, daß die Liebe zwischen Heinrich und ihr nicht mehr steigen kann, ohne daß Anna ihr ursprüngliches Wesen verliert. Im Herbst, wie Heinrich einst nach Hause kommt, sieht er – man beachte die Symbolik – einen schwarzseidenen Mantel auf dem Ruhebettchen liegen. Er hört von beängstigenden Anzeichen, die sich bei Anna eingestellt, und sieht die Zeichen an ihr selber. Man behandelt Anna mit doppelter Sorgfalt. Dann teilt ihm Judith mit, daß Anna brustkrank sei. Eine gleiche naturgeschichtliche Folgerichtigkeit waltet in der Entwicklung von Heinrichs Lage in der Kunststadt.

Mit großer Sorgfalt ist jede Wendung in Heinrichs Schicksal begründet. Eichendorff hat es sich mit der Motivierung der Abenteuer seines Taugenichts im Grafenschlosse sehr leicht gemacht. Ganz anders Keller. Trotzdem Heinrich als förmlicher Vagabund kommt, so bleibt dem freien und milden Herzen Dortchens sein wahres Wesen kaum einen Augenblick verborgen. Seine Worte verraten ihr seinen inneren Adel, die Erinnerung an die Reisebekanntschaft steigt in ihr auf usw.

Zu den beliebtesten Requisiten der Erzählungskunst gehören seit Wielands «Don Silvio» und Goethes «Wilhelm Meister» die Träume als Offenbarungen rätselhafter Zusammenhänge, vor allem der Zukunft. Im «Ofterdingen» kündigt Heinrichs Traum von der blauen Blume die Kunstoffenbarung an, die dem Jüngling zuteil werden soll. Aber die Träume treten, entsprechend der mystischen Lebensstimmung der Romantiker, mit der Spontaneität von wunderbaren Ereignissen ein. Keller biegt das Traummotiv im Sinne der Naturwahrheit um. Schon in der Begründung seines Eintretens. Er läßt das Träumen Heinrichs mit physiologischer Notwendigkeit herauswachsen aus seiner allgemeinen Lage in der Kunststadt, dem Hunger, der seine Geisteskräfte zur Ekstase steigert, dem Nichtstun, das seine Künstlerphantasie neben der Bahn seiner Berufsarbeit schweifen läßt, und aus dem besonderen Erlebnis, der Begegnung mit dem heimatlichen Hochzeitspaare und seiner Erzählung von der sehnsüchtigen Mutter. Von größter Naturwahrheit ist auch der Inhalt der Träume. Die Träume der Romantiker sind meist kleine Novellen, die sich von den Erlebnissen der Personen in wachem Zustande in der Bestimmtheit der Linien kaum unterscheiden. Die Träume des grünen Heinrich dagegen zeigen jenes Verschwimmen von Linien und Farben, jenes Aufblitzen und Verfließen von Bildern und jene phantastische Mischung von Tiefsinn und Unsinn, wie sie für das Wesen des Traumes charakteristisch sind und wie sie sich zum Beispiel auch im Traum des «Faust» («Schwindet, ihr dunkeln Wölbungen droben») zeigen. Kellers dichterische Intuition steigt hier zu jener Höhe pathologischer Darstellung, wie sie die Psychiatrie an Shakespeares Ophelia oder Hamlet oder an der Kerkerszene im «Faust» bewundert.

Die gleiche Beobachtung läßt sich in der Behandlung des Symbolischen machen. Für die Lebensanschauung der Romantik wie schon für Goethe ist die individuelle sinnliche Erscheinung die Offenbarung des Allgemein-Geistigen. Daraus ergibt sich für die Kunstlehre der Romantik wie Goethes die Forderung des symbolischen Stiles. Der einzelne Gegenstand soll so gezeichnet sein, daß zwischen den sinnlichen Linien der individuellen Gestalt das Allgemein-Geistige, das Ideelle als das eigentlich Wesenhafte durchschimmert. Echte Symbolik ist völliges Gleichgewicht des sinnlich-individuellen und des geistig-allgemeinen Elementes. Aber bei den Romantikern, wie oft bei dem alten Goethe, verdünnt sich die Symbolik vielfach zur Allegorie. Der individuelle Gegenstand hat an sich keine Bedeutung, er wirkt nicht mehr durch sein sinnliches Bild auf unser Gefühl, er gibt uns Rätsel auf, wendet sich so an unsern Verstand, und es tritt eine Abkühlung der Stimmung ein.

Im «Grünen Heinrich» sind vor allem die Liebeserlebnisse Heinrichs von tiefster Symbolik durchwebt (vgl. oben S. 284ff.), ohne daß sie je aufdringlich hervortritt. Vielmehr ist jedes Motiv so lebendig-sinnlich erfaßt und dargestellt, daß es auch bei einseitig-individueller Betrachtung wirkt und nur dem tieferen Blick seine allgemeine Bedeutung verrät. Die Darstellung des Künstlers deckt sich hier vollständig mit der Wirklichkeit, deren Gegenstände der naive Mensch in ihrer individuellen Abgeschiedenheit beläßt, während der denkende sie in allgemein-gesetzmäßige Zusammenhänge bringt. Vergleicht man von diesem Gesichtspunkt aus die Darstellung der endgültigen Weltanschauung Heinrichs in der Dortchen-Schönfund-Episode mit der entsprechenden Schilderung der Erlebnisse Wilhelm Meisters in Lotharios Turm, so entläßt Goethes Roman den Leser nicht ohne das Gefühl fragender Befremdung, wie sie im Wesen der Allegorie liegt, während bei Keller das Allgemein-Geistige so kraftvoll versinnlicht ist, daß diese Episode ästhetisch das Gefühl völliger Harmonie auslöst.

Die Komposition des «Grünen Heinrich» steht, nach der Absicht des Dichters, im Banne der alten klassisch-romantischen Überlieferung. Wieland läßt im «Agathon» den Helden seine Jugendgeschichte der schönen Danae als Einschiebsel erzählen, nachdem er zuerst die Abenteuer Agathons von dem Überfall der Seeräuber an erzählt hat. Goethe, der in «Wilhelm Meisters theatralischer Sendung» die Erlebnisse Wilhelms in ihrer zeitlichen Entwicklung erzählte, ahmt in den «Lehrjahren» Wielands Kunstgriff nach und schiebt die Jugendgeschichte nachträglich als Erzählung Wilhelms ein. Diese Eigenwilligkeit des Dichters gegenüber dem zeitlichen Verlauf der Geschehnisse steigert die Kunstauffassung der Romantik. In seiner «Vorschule der Ästhetik» (II, 12 § 74) gibt Jean Paul den Romanschreibern den Rat: «Umringt nicht die Wiege eures Helden mit gesamter Lesewelt. Wie die Gallier nach Cäsar ihre Kinder nur mannbar vor sich ließen ..., so wollen wir den Helden sofort mehrere Fuß hoch sehen; erst darauf könnt ihr einige Reliquien aus der Kinderstube nachholen.» Jean Paul selber hat sowohl im «Hesperus» als in dem «Titan» und den «Flegeljahren» diesen Rat befolgt. Im «Titan» gibt er uns in der ersten Jobelperiode die Erlebnisse Albanos auf Isola bella und holt dann in den folgenden des Helden Jugenderlebnisse nach.

Als Gottfried Keller Heinrichs Jugendgeschichte in den Roman einzureihen beschloß, folgte er diesem klassisch-romantischen Kompositionsgesetz. Er beginnt mit der Abreise Heinrichs von der Heimatstadt und schildert dann die Reiseerlebnisse und die Ankunft in der Kunststadt. Nachdem wir so ein vorläufiges Bild des Helden bekommen und für ihn Interesse gefaßt, schiebt er die Jugendgeschichte in Form einer Aufzeichnung Heinrichs ein, was natürlicher wirkt als eine fortlaufende mündliche Erzählung des Helden. Immerhin geschah diese Einschiebung unter der Voraussetzung, daß die Jugendgeschichte nur wenige Kapitel umfassen sollte. Die Menge zuströmender Erinnerungen schwellte sie, nachdem der Druck schon begonnen, immer mächtiger und füllte Band um Band. Es ist keine Frage, daß durch dieses ungeheuerliche Einschiebsel die Komposition des «Grünen Heinrich» eine Verzerrung erfahren hat, die der Dichter selber schmerzlich genug empfand und die ihn nicht zum wenigsten eine neue Bearbeitung wünschen ließ.

Mehrmals weist der Dichter selber darauf hin, daß die Kindheit ein Vorspiel des ganzen Lebens ist, und daß Vorgänge, die in ihr sich abspielen, sich im späteren Leben gesteigert wiederholen. Nach dieser Überzeugung hat er tatsächlich in der Anlage des ganzen Stoffes eine gewisse Gleichläufigkeit beobachtet, die in der ersten Fassung, infolge der scharfen Abhebung der Jugendgeschichte, noch deutlicher hervortritt. Nur ist Keller ein zu großer und wahrhafter Dichter gewesen, um diese

Gleichläufigkeit pedantisch durchzuführen und statt natürlichen Lebens eine künstliche Konstruktion zu geben. Er selber vergleicht die Prahlerei und den Weiberhaß des Knaben mit dem entsprechenden Verhalten des Mannes in der Kunststadt (II, S. 316f., 319f.), die Ausweisung aus der Schule mit dem Schiffbruch in der Kunststadt (vgl. I, S. 239). Dem Fastnachtsfest kann man das Künstlerfest zur Seite stellen, dem Kampf mit Meierlein das Duell mit Lys; beide Freunde haben – in der ersten Fassung – auch das vorzeitige Ende gemein. Den religiösen Erörterungen bei der Konfirmation entsprechen die Betrachtungen im Anschluß an den Besuch der Vorträge des Universitätslehrers, dem Liebesgeplänkel im Heimatdorf der ernstere Konflikt zwischen Ferdinand und Agnes, und eine «Flucht zur Mutter Natur» ist auch die Aufnahme Heinrichs im Grafenschlosse.

Zu den Kompositionsgesetzen des romantischen Romans gehört die Einfügung von Novellen und Gedichten. Für die Novelleneinlagen war der «Don Quixote» das große Vorbild, für Lieder- und Novelleneinlagen Goethes «Wilhelm Meister». Von beiden Kunstmitteln hat zum Beispiel Tieck in «Franz Sternbalds Wanderungen» überreichlichen Gebrauch gemacht. Keller schließt sich an, aber er beobachtet in der Anwendung dieser Kunstmittel, wie Goethe, eine größere Natürlichkeit als die Romantiker. Bei diesen hat die Einfügung von Novellen vielfach nur die Bedeutung eines epischen Spiels. Keller schiebt Novellen ein als «Beispiele», in der alten Bedeutung von Gleichnis, das heißt zur Veranschaulichung von Situationen und Erkenntnissen Heinrichs. Die Geschichte vom Meretlein stellt seine Abneigung gegen die Kirche ins Recht, die Novelle vom Herrn Ölfinger beleuchtet den wahren und den falschen Glauben. Nach dem ursprünglichen Plane sollte der Roman sechs Bogen Gedichte enthalten. Dieses Übermaß von Lyrik weist auf Tiecks «Sternbald» oder Eichendorffs «Ahnung und Gegenwart» hin. Keller hat die Zahl schon in der ersten Fassung bedeutend eingeschränkt und ähnlich wie Goethe ihre Einfügung stets realistisch begründet. Statt daß wie bei Eichendorff und Tieck die Personen alle Augenblicke in Versen sprechen, begründet er die Fähigkeit der gehobenen rhythmischen Sprache mit den gesteigerten Seelenzuständen der Personen, wie in der Bohnenromanze oder den Versen, die Heinrich im Traume hört. Oder er läßt die Gedichte, wo es nicht eigene Erzeugnisse der Personen zu sein brauchen, aus der stofflichen Situation herauswachsen, wie die volksliedartigen Strophen des Kahlkopfs und der Judith in der Fastnacht oder die Zweizeiler von Angelus Silesius.

Die Betrachtung der Sprache bestätigt Kellers Erklärung im Vorwort, er habe über der Arbeit besser schreiben gelernt. Die schwerfällige Schilderung von Heinrichs Abschied von der Heimat und seiner Reise trägt sozusagen auf jeder Zeile die Spuren des Ringens des ungeübten Schreibers, und das Gespräch zwischen Heinrich und dem Grafen erinnert an die blasse, unpersönliche Art, wie die Menschen Tiecks über irgendein geistiges oder praktisches Thema ihre Meinung äußern. Während bei Tieck aber die Gespräche sich oft über ganz beliebige Dinge verbreiten, wächst im «Grünen Heinrich» das Thema – die Schweiz und das Ausland – aus der besondern Situation heraus. Die Charakteristik der beiden sprechenden Personen geschieht jedoch meist durch den Inhalt ihrer Reden, weniger durch die Art ihres Sprechens.

Auf eine bedeutendere Höhe der Charakteristik und Stimmungskraft schnellt dann auf einmal der Stil mit Beginn der Jugendgeschichte hinauf. Hier sind Schilderungen, die in der Kraft, die leisesten Schwingungen des Seelen- und Naturlebens in prachtvoller, gefühlssatter Anschaulichkeit wiederzugeben, nur noch von Goethe oder Mörike erreicht werden. An sinnlicher Stimmungskraft mit dem Impressionismus, an geistiger Offenbarungstiefe mit der Romantik wetteifernd, zeigen sie jene Doppeldurchdringung von Subjekt und Objekt, Geist und Sinnlichkeit, durch die der dargestellte Gegenstand in seiner augenblicklichen Erscheinung unmittelbares glühendes Leben gewinnt. Wie rieselt aus der Schilderung von Heinrichs nächtlicher Heimkehr von Annas Haus zum Heimatdorfe ein tiefes Erschauern über die Wunder der Nacht (I, S. 315 f.)! Oder welche verblüffende Anschaulichkeit entströmt Kellers Bildern! Wie Heinrich und Anna zum erstenmal ihre Taufnamen wechseln, «schlüpft» der seinige «wie ein Flötenton» in sein Ohr. Annas «Stimme bimmelte unaufhörlich und fein, gleich einem fernen Vesperglöckchen» (I, S. 314). Mit unerhörter Sicherheit der Sprache ist auch das Leblose an die Schwelle unserer Empfindung gerückt, etwa bei der Schilderung des Eingriffs Heinrichs in das Schatzkästchen: «Ich öffnete es zur Hälfte und nahm unbesehen ein größeres Geldstück heraus, das zuoberst lag; die anderen rückten alle ein klein wenig von der Stelle und machten ein leises Silbergeräusch, in dessen klangvoller Reinheit jedoch eine gewisse Gewalt lag, die mich schauern machte.» Oder wie ist auch das völlig Abstrakte in sinnliche Anschauung gewandelt! Anna und Heinrich hüten das Du im Herzen «gleich einem goldenen Sparpfennige, den man auszugeben gar nicht nötig hat; oder es schwebte wie ein Stern weit vor uns in neutraler Mitte, nach welchem sich unsere Reden und Beziehungen richteten und sich dort vereinigten, wie zwei Linien in einem Punkte, ohne sich vorher unzart zu berühren».

Neben diese Kunst direkter Schilderung des Lebenden und Toten tritt die indirekte Charakteristik durch Hintergrund, Situation, Gebärde, Dialog. In der Gegend der Heidenstube läßt der Dichter mit Vorliebe die leidenschaftlich-schwülen Begebenheiten sich abspielen, Heinrichs und Annas Erlebnis am Fastnachtsfeste und die Badeepisode. Wenn eine Person zum erstenmal auftritt, prägt die Situation, in der sie sich zeigt, mit charakteristischer Kraft uns ihr Wesen ein. Wie Heinrich beim Hause der Verwandten ankommt, steht der dicke Oheim davor, ein silbernes Waldhörnchen, in welchem eine Zigarre raucht, im Munde und eine Doppelflinte in der Hand. Ein Flug Tauben flattert ängstlich über dem Hause und drängt sich um den Schlag. Der Oheim sieht, nach rascher Begrüßung des Neffen, in die Höhe, schießt in die Luft, und ein schöner Raubvogel, welcher über den Tauben gekreist, fällt tot nieder. Seine Frau erscheint mit zwei mächtigen Weingefäßen, richtet dem Bleichschnabel von Neffen ein vorläufiges Mahl zu, trägt ihn, wie er zögert, ohne weiteres auf den Stuhl und befiehlt ihm, stracks zu essen und zu trinken. Der Weg vom geräuschvoll-lebendigen Haus des Oheims zur Großmutter, deren Gedanken in einer abgestorbenen Vergangenheit weilen, führt über den Kirchhof, in dessen Schilderung sich das Motiv schwärmenden Naturlebens mit dem des Todes wundervoll verschlingt. Das Haus der Großmutter liegt in tiefgrünem schweigendem Schatten. Sie selber steht unter der braunen Tür und scheint, die Hand über den Augen, sich nach dem Enkel umzusehen. Bevor sie ihm zu essen gibt, wäscht sie die kleinen gebräunten Hände. Man sieht, das ist eine ganz andere Art von Frau als die derb zugreifende Tante.

Bemerkenswert ist bereits die Kunst der Differenzierung in der Art des Sprechens. Der Oheim redet burschikos, kurz, kernhaft. Wie der Neffe kommt, sagt er: «Haha, sakerment, Herr Neveu! Das ist gut, daß du da bist!» Annas Vater dagegen stellt sich auf die Zehen, wenn er spricht. «Es ist endlich Zeit», bemerkt er, wie er Heinrichs Blumenstrauß einrahmt, «daß wir dies traurige Denkmal von der Wand nehmen, da es selber nicht länger vorhalten will. Wir wollen es zu anderen verschollenen und verborgenen Denkzeichen legen und dafür dieses blühende Bild des Lebens aufpflanzen, das uns unser junger Freund geschaffen. Da er dir die Ehre erwiesen hat, liebes Ännchen, deinen Namen unter die Blumen zu setzen, so mag die Tafel zugleich deine Ehren- und Denktafel in unserem Hause sein und ein Vorbild, immer heiter, mit geschmückter

Seele und schuldlos zu leben, wie diese zierlichen und ehrbaren Werke Gottes!»

Nicht in gleicher Weise ist es Keller immer gelungen, auch die geistigen Kämpfe Heinrichs in Anschauung umzusetzen. Zum Wesen des klassisch-romantischen Romans gehört eine schwere geistige Befrachtung, und das ganze Denken am Anfange des neunzehnten Jahrhunderts ist intellektualistisch, nicht psychologisch gerichtet. Die moderne Erzählungskunst dagegen befolgt den Rat Jean Pauls, daß, wenn die Poesie lehren solle, dies nur geschehen dürfe, «wie die Blume durch ihr blühendes Schließen und Öffnen und selber durch ihr Duften das Wetter und die Zeiten des Tages wahrsagt; hingegen nie werde ihr zartes Gewächs zum hölzernen Kanzel- und Lehrstuhl gefället, gezimmert und verschränkt; die Holzfassung, und wer darin steht, ersetzen nicht den lebendigen Frühlingsduft» («Vorschule der Ästhetik» II, 2 § 69). Wundervoll stimmt zu dieser Vorschrift Jean Pauls die Art, wie Keller sein Feuerbacherlebnis künstlerisch versinnlicht hat. Auch wo die Erörterung von geistigen Fragen im «Grünen Heinrich» in Form von Gesprächen geschieht, wie in den Unterhaltungen mit dem philosophischen Schulmeister oder den Malern, kann man bis zu einem gewissen Grad von Veranschaulichung reden. Abstrakt und unkünstlerisch aber bleiben die langen theoretischen Betrachtungen bei Anlaß der Konfirmation und im Anschluß an die Vorträge des Universitätslehrers, so tief und geistvoll ihr Inhalt ist.

4. DER ERFOLG

Die Art der Veröffentlichung des «Grünen Heinrich» tat der dichterischen Wirkung wie dem buchhändlerischen Geschäft erheblichen Eintrag. Als der Verfasser kurz nach dem Erscheinen des letzten Teils an die Verlagshandlung ziemlich siegesgewiß die Frage nach einer neuen Auflage stellte, bekam er die Antwort, von den tausend gedruckten Exemplaren seien hundertfünfzig abgesetzt. An diesem wider Erwarten ungünstigen Ergebnis trage einzig die Verzögerung des Dichters die Schuld.

Von allen Stimmen der Kritik mochte Keller das Urteil der Nächstbeteiligten, der Mutter und der Schwester, menschlich am meisten interessieren. Die Mutter, der ein Bekannter, Flaigg, die ersten drei Bände zum Lesen gegeben, schrieb am 11. März 1854: «Sie haben uns beide sehr angesprochen, besonders da der Hauptinhalt meistens Dein Jugendleben, Deine Buben- und Schulgeschichten betrifft. Obschon alles in anderen Gestaltungen und fremdartigen Umwandlungen dargestellt ist, so können die Personen, welche diese Erlebnisse am besten wissen, auch das *Wahre* herausnehmen! Mit besonderem Wohlgefallen las ich die Erinnerungen und die Gedenkzeichen Deines teuren unvergeßlichen Vaters. Regula wurde zwar empfindlich, daß nirgends keine Erwähnung von einer Schwester sich findet: man könnte daraus schließen, als würdest Du Dich schämen, sie als Deine Schwester zu betrachten. ‚Solch ein Grund wird es hoffentlich nicht sein', sagte ich. ‚Es ist im ganzen ein Roman, und wir wollen die Beurteilung darüber anderen Leuten überlassen.'»

Von den Urteilsfähigen hat damals Hermann Hettner das reifste und gründlichste Urteil abgegeben. Nach der Lektüre der drei ersten Bände schrieb er am 19. Februar 1854:

«Es ist das Zeichen jeder tüchtigen Produktion, daß sie wieder produktiv wirkt. Ihr Roman hat eine Ruhe und Sammlung, ich möchte sagen eine Stille der Beschaulichkeit in mir hervorgebracht, daß es mich drängt, diese Einkehr in mich selbst in mir noch einige Zeit festzuhalten und mir über die künstlerischen Mittel, die diese harmonische Stimmung hervorriefen, Rechenschaft abzulegen. Ich wünsche Ihnen zu Ihrer Schöpfung aufrichtig Glück. Sie sichert Ihnen unzweifelhaft in unserer Literatur für immer eine hervorragende Stellung.

Was uns in Ihrem Roman so tief und nachhaltig anspricht, das ist das Gefühl, daß wir es hier mit einem notwendig *gewordenen*, nicht willkürlich gemachten Werke zu tun haben. Man fühlt überall die Wärme des Erlebten hindurch; wir haben hier im höchsten Sinne Dichtung und Wahrheit. Jeder, der selbst ein innerliches Bildungsleben geführt hat, findet sein eigenstes Wesen hier wieder, nur klarer und tiefer, als er selbst es darzustellen vermocht hätte. Ich bin gewiß, daß jeder sinnige Leser gern immer wieder zu Ihrem Buche zurückkehren wird; immer wird er sich an der Anschauung der reichen und kräftigen Natur des hier dargestellten Helden trösten, erbauen und fördern können.

Und dies um so mehr, als in der Tat die einzelnen Schilderungen von der wunderbarsten Frische und Poesie durchhaucht sind. Namentlich die idyllischen Sommer auf dem Lande, die Familie des Pastors, der Schulmeister, die lieblich seelenhafte Anna und die gesund sinnliche Judith, so wie der Held selbst, wie er naiv und doch immer klar und taktvoll durch alle diese mannigfachen Situationen und Verwicklungen hindurchschreitet, sind von unübertrefflicher Meisterschaft der Situationsmalerei sowohl wie der Charakteristik. Dazu die klare, einfache, im edelsten Sinne Goethesche Sprache, die doch nur wieder der naturnotwendige Ausdruck der maßvollen Klarheit der Konzeption ist. Ich sage Ihnen in Wahrheit, diese Jugendgeschichte ist ein Juwel; und ich bin stolz darauf, den Helden und Dichter derselben meinen Freund nennen zu dürfen.

Nun will ich Ihnen aber auch meine Bedenken nicht verhehlen.

Sie selbst machen in Ihrer Vorrede auf das Mißverhältnis aufmerksam, das zwischen der Jugendgeschichte und dem eigentlichen Roman stattfindet. Allerdings ist dies Mißverhältnis unleugbar vorhanden. Jedoch lege ich nicht allzu großes Gewicht auf diesen Kompositionsfehler, zumal da er sich bei einer zweiten Ausgabe leicht heben läßt. Vielleicht könnte man ohne weiteres den Roman mit dem Anfang der Jugendgeschichte beginnen und auch das übrige in diese hineinverweben; denn das Ganze trägt doch einmal die Haltung autobiographischer Bekenntnisse.

Wichtiger scheint mir das Bedenken, daß der Roman ungleich schwächer ist als die Jugendgeschichte. Es ergeht Ihnen wie Ihrem Helden in München: die Frische der Naturwahrheit nimmt ab, die Darstellung wird spiritualistischer, die Charakterzeichnung konventioneller. Es ist möglich, daß der vierte Band hier manches Dunkel aufhellen wird. Aber wie die Sache jetzt vorliegt, fragt man sich vergebens, warum die Liebesgeschichte zwischen Rosalie und Erikson, ja selbst zwischen Agnes und Lys so weit ausgesponnen ist. Man sieht nicht recht ein, was aus diesen Dingen für eine innere Wandlung des Helden entsprießen soll. Jedoch will ich hier mein Urteil noch unentschieden lassen; man muß erst den Schluß abwarten. Soll aber, wie es mir scheint, Ferdinand den Übergang vom Rationalismus zum Atheismus oder Pantheismus, oder wie man unsere menschlich freie Anschauungsweise sonst bezeichnen will, vermitteln, so hätte er allseitiger ausgeführt werden müssen. Jetzt erscheint er uns als allzu schwankend und lumpenhaft. Sei dem aber, wie ihm wolle. Jedenfalls ist der Maskenzug viel zu weitläufig. Er ist eben ein Maskenzug, nichts weiter. Er kann sich weder an innerer Poesie mit der vortrefflichen schweizerischen Darstellung des ‚Wilhelm Tell' messen, noch kann er für den Helden eine andere Bedeutung haben, als daß er das Motiv für seine Verwicklung mit Ferdinand abwirft.»

Varnhagen von Ense nennt den «Grünen Heinrich» in seinen Denkwürdigkeiten (VIII, S. 492) eine in jedem Sinne ungemeine, zwar der Unterhaltung gewidmete, aber nicht für gewöhnliche Romanleser berechnete Dichtung. Sie fordere Leser von Gemüt, von höherem Geist, von edlem Kunstsinn. Es wehe in dem durchaus ursprünglichen, aus kräftiger Eigenheit hervorgewachsenen, von aller Ziererei freien Werk echte Schweizerluft, der Geist allgemeiner Freiheit und persönlicher Selbständigkeit. Die klare Schreibart erinnere an die helle Festigkeit des «Wilhelm Meister» und an die zarte Anmut des «Heinrich von Ofterdingen». «In einem Stücke nur können wir unsere Unzufriedenheit nicht verhehlen; wir wünschen dem grünen Heinrich nicht einen so frühen Tod beschieden zu sehen, er soll mit seinen schönen Gaben und Kräften weiterleben, sich selber und uns zur Freude. Möge er als ein glücklicher redivivus uns fernerhin begegnen!» Auch andere Beurteiler wie Levin Schücking, Julian Schmidt und Julius Grosse fühlten sich an Goethe erinnert. Ebenso einig gingen sie in der Verwerfung des elegischen Schlusses. Bei allen Aussetzungen, namentlich in bezug auf die Form, sprachen es fast sämtliche Kritiker aus, daß, wer imstande sei, vier Bände mit einem so einfachen Inhalt ohne hinlänglich wichtige oder gar pikant verschlungene Ereignisse zu füllen, und dabei die Teilnahme nicht im geringsten verliere, sich schon eines großen Reichtums von Selbstempfundenem, -erlebtem und -erdachtem bewußt sein müsse. Die Dichtung sei der frischeste Bergquell, der je aus den Tälern Helvetiens in die Flut deutscher Geistesströmung eingemündet habe.

Einen burschikos-persönlichen Ton schlug Wilhelm Schulz an. Er erließ in den «Blättern für literarische Unterhaltung» 1855 (Nr. 37) einen offenen Brief an den Verfasser der Dichtung. «Der grüne Heinrich? Aber das ist ja, wie er leibt und lebt, der Gottfried Keller selbst, aus Glattfelden im Kanton Zürich! Was soll ich also viel Umstände machen? Wir kennen uns ja schon lange. – – Ich rede Dich geradezu mit dem vertraulichen Du an, und wir führen zwischen Berlin und Zürich eine literarische Unterhaltung über dieses und jenes, unter anderem über Deinen ‚Grünen Heinrich'.» Nachdem Schulz dem Dichter nun sehr breitspurig erzählt hat, was die Zürcher Landsleute von dem Buche sagen (die einen behaupten, es sei ein Roman, die andern, eine Selbstbiographie), und mit ihm über Politik und Religion diskutiert hat, ruft er ihm zu: «Glaube, was Du willst, und dichte, was Du mußt! Und ein Dichter bist Du; das muß man Dir nachsagen. Wie hast Du es nur gelernt? Aber wahrscheinlich hast Du es gar nicht gelernt, sondern es steckte schon in Dir, da Du noch eine kleine Meerkatze warst, und ist seitdem nur groß und größer gewachsen.» Den lautgewordenen Vorwurf, der Verfasser habe seinen Heinrich vorschnell sterben lassen, bloß um mit dem vierten Band zu Ende zu kommen, weist Schulz ungefähr in Kellers Sinn zurück: «Der grüne Heinrich und seine Mutter sind in Leben und Liebe so fest ineinander gewachsen, daß es der Sohn gerade im Gefühl der Sicherheit des unauflöslich scheinenden Verhältnisses um so eher versäumt, seine Liebe auch noch in besonderen äußeren Zeichen erkennen zu lassen. Aber an dieser Versäumnis stirbt seine Mutter, und nun muß ihr der keineswegs lebenssatte Heinrich in das Grab nach, da ihn selbst die leidenschaftliche Liebe zum lebensfrohen Dortchen nicht mehr aufrecht zu halten vermag.» Die Darstellung des schweizerischen Volkslebens sei so treu und wahr, daß sich gerade daraus manche von Kellers Landsleuten am allerwenigsten machen, weil ihnen die Erzählung von Dingen, die sie täglich mit Händen greifen und die nicht viel anders sein können, sehr überflüssig vorkomme. Übrigens sollen die Schweizer und die Deutschen froh sein, einen ganzen Mann und ganzen Dichter an Keller zu haben. «Darum», so schließt der Brief, «fordern wir alle diejenigen, die lesen gelernt und an Deinen Sachen noch allzuviel auszusetzen haben (denn daß gar nichts auszusetzen wäre, habe ich auch nicht gesagt), hiermit förmlich und feierlich auf, den ‚Grünen Heinrich' und Deine Gedichte zum ersten, zum zweiten und zum dritten Male zu lesen. Und wenn sie auch zum dritten Male nicht wissen, was sie an Dir haben, so erklären wir beide ihnen rundweg, daß ihnen der Sinn für echte Poesie für immer vernagelt ist ... Allein ungeachtet dieser beiderseitigen, reiflich erwogenen, ernstlich gemeinten, aber leider unmaßgeblichen Beschlußfassung wäre es gut, wenn Du bald in die Schweiz kämest, um wieder einmal in das Leben des Volkes unterzutauchen und einigen deutschen Schulstaub abzuwaschen, der hier und da Deiner Dichterhaut anhängen mag. Tue das!»

Dennoch fand der «Grüne Heinrich» nur einen sehr geringen Anklang. Die frühere Literaturgeschichte machte aus Unverstand und Voreingenommenheit dem Buche das Leben nach Kräften schwer. Robert Prutz in seiner «Deutschen Literatur der Gegenwart» 2, S. 209 (1859) rühmt die bewunderungswürdige Feinheit der Beobachtung und die unwiderstehliche Innigkeit und Wahrheit der Empfindung, meint aber, der Schluß des Buches gewähre keine Befriedigung. «Der Dichter weiß für seinen Helden keinen andern Ausgang, als daß er ihn wahnsinnig werden läßt, ja schließlich entdeckt es sich, daß er schon von jeher wahnsinnig gewesen.» Ebenso werden in Friedrich Kreyßigs «Vorlesungen über den deutschen Roman der Gegenwart» (1871), S. 137ff., inhaltliche Tatsachen schnöde entstellt. Kreyßig spottet über den «grünen (leider sehr und dauerhaft grünen) Heinrich Lee» und schließt seine hämische Besprechung mit den Worten: «Und dieser Roman hat seinem Verfasser einen Namen gemacht unter den deutschen Ästhetikern, und lockt noch heute eine gläubige Gemeinde von schönen Seelen in seine traumhaften Labyrinthe: eines von vielen Beispielen für die Langsamkeit und Ungleichmäßigkeit, mit der die kulturhistorischen Wandlungen sich in unserem vielgegliederten und gebrochenen Volke vollziehen.» Solche und ähnliche Beurteilungen hatte Keller im Auge, als er später in bezug auf den Helden seines Buches, den er für immer begraben zu haben glaubte, die unmutige Äußerung tat: «Allein er schläft nicht sehr ruhig; denn wie ich höre, wird der arme Kerl in den Mädchenpensionaten, wenn der Sprach- und Literaturlehrer auf das Kapitel des Romanes kommt, stets heraufbeschworen und vor die unaufmerksamen Schülerinnen hingestellt, herumgedreht, hin und her geführt und muß als abschreckendes Beispiel dienen, wie ein guter Roman *nicht* beschaffen sein soll, und es hilft gegen die grausame Belästigung nicht der Umstand, daß der Ärmste ja mittelst der eigenen Vorrede die Erklärung in der Tasche mit sich führt, daß er kein rechter Roman sei!» Ein Franzose verstieg sich sogar zu der abenteuerlichen Behauptung, das Buch sei eine grausame Satire auf das deutsche Wesen, geschrieben von einem geistreichen, aber schnöden Menschen! Erst die schönen und tiefen Studien Kuhs in der «Neuen Freien Presse» 1871 und Vischers in der Beilage zur «Allgemeinen Zeitung» 1874 haben das Werk nach seinem vollen Werte öffentlich gewürdigt.

12
DER ERSTE BAND DER LEUTE VON SELDWYLA

Am 18. September 1851 schrieb Gottfried Keller an Hettner, er habe einige Erzählungen und Novellen ausgeheckt, welche, farbenreich und sinnlich und reinlich und bedächtig geschrieben, den schlechten Eindruck seines formlosen und ungeheuerlichen Romans verwischen sollten. Aus einem Zettel, der das Datum «Berlin 1851» trägt, wissen wir, um was für Stoffe es sich bei diesen Erzählungen handelte:

«*Erzählungen*

1. Variationen zu dem Logauschen Sinngedicht: ‚Wie willst du weiße Lilien' usw.

2. Obige Novelle kontra Auerbach. [Offenbar gegen Auerbachs Dorfgeschichte ‚Die Frau Professorin'.]

3. Novelle in Berlin. Der Fremde und die fremde Dame im Miethause. Motiv: stummes Lieben während der Nacht. Jedesmal tauschen sie einen am Tage geschriebenen Brief aus, welcher teils Biographisches, teils Poetisch-Dämonisches, teils ein unbestimmtes dithyrambisches Jubilieren enthält. Erst bei der Trennung für immer eine feierliche Zusammenkunft am Tage, mündliche Erklärung und gegenseitige Übergabe versiegelter Briefe, welche den Namen und Wohnort enthalten und nur in dem Falle zu öffnen sind, wo eines die Hülfe des andern bedürfe oder nicht mehr ohne dasselbe leben könne. Sonst aber wollen sie sich unbekannt bleiben.

4. Geschichte von den drei Schreinergesellen, welche alle recht taten und desnahen nicht nebeneinander existieren konnten. Kostüm des achtzehnten Jahrhunderts.

September 1851.

5. Novelle: ‚Ein wechselvoller Tag.' Anfang: Morgen im Schlafzimmer der Frau. Toilette. Apollo etc.

6. Novelle: Neapel. Die beiden Mädchen und der Lauschende.

7. Märchen. Eine Überschwemmung. Schilderung der Elementarkräfte im Kampfe. Die Wassergeister stürmen ein Haus am Ufer, dringen in alle Räume und schlagen sich, triefend von Schaum und Schlamm, auf den Feuerstellen, in Öfen und Kamin mit den rußigen Haus- und Feuer-

geistern herum. Hieran geknüpft die Entführung eines Mädchens durch das Wasser, als Fond der Fabel.

8. Adelige Korruptionsgeschichte. Husarentasche. (Dies ist ,Die arme Baronin' im ,Sinngedicht' geworden, dreißig Jahre später.)»

Ein späterer Zettel enthält folgenden Entwurf.

«Berlin, Oktober 1852.

Novelle: ,Die Sträflingin'. Junger erfahrener und geistvoller Mann. Sie findet Schutz und Arbeit bei ihm. Erholt sich. Um sie ganz zu sichern und ihre Zukunft zu begründen, hält er sich streng zurück und wagt es nicht, der schönen Magd nur das Kinn zu streicheln oder sie anzulachen. Ein junger Knecht kommt ins Haus: ernsthafter und stolzer Mensch, welchem noch kein Mädchen genügt hat. Er hält sehr auf Ehre, ist aber ein guter Teufel bei alledem. Der Herr merkt an seinem Brummen, daß ihm die Magd nicht mehr gleichgültig ist. Da er auch an ihr eine traurige, hoffnungslose Neigung bemerkt, sagt er einst vertraulich zu ihr: ,Was meinst du, armes Ding? Du solltest schauen, daß du den Hans bekommst! Ihr könntet gut zusammen passen.' Sie gibt zu erkennen, wie dies ja unmöglich sei, da Hans schon unbescholtene und schöne Mädchen verachtet und an sie gar nicht denken könne. Nun erklärt er ihr im stillen, wie gerade ihr Schicksal sie dem Hans nicht gleichgültig lasse und ihn zwinge, sie zu beachten; daß das Ungewohnte viel mehr geeignet sei, ihn zu fesseln und für ihre Vorzüge aufmerksam zu machen, als wenn sie ein gewöhnliches Mädchen ohne diese traurige Erfahrung wäre. Es geht ihr ein Licht auf, sie lächelt durch ihre Tränen, wird aufmerksamer und lächelt jedesmal freundlicher, wenn sie den Herrn allein sieht, zum Zeichen, daß sie seine Voraussetzung bereits für wahr befinde. Die beiden Dienstboten sind bereits zwei Verlobte: der Knecht hat sich nach langen Kämpfen entschlossen, sie zu heiraten. In ihrem Glücke läuft sie zum unverheirateten Herrn, ihm ihr dankbares Herz zu öffnen. Er ist ihr unendlich lieb. In ihrer Herzensfreude möchte sie ihn beim Kopfe kriegen und abküssen, wenn sie nicht so gewaltigen Respekt hätte. Doch erscheint sie ihm in ihrer zutraulichen überströmenden Freundlichkeit, verklärt durch Ehrerbietung und Dankbarkeit, so liebenswürdig, daß er sich für einen Augenblick vergißt, die Errötende umarmt und auf den Mund küßt, doch weit mehr wie jemand, der eine große Freude an einem durch Sorge lieb gewordenen Gegenstande hat, als wie ein lüsterner Herr die hübsche Magd. In diesem Gefühle sträubt sie sich auch nicht: sie hält vielmehr andächtig still, ja sie gibt ihrem dankbaren und unschuldigen Drange sogar einen Augenblick nach, vergißt den Respekt und legt ihren Arm um seinen Hals. (Eine fröhliche Naivität ist früher schon angedeutet.) In diesem Augenblick steht Hans unter der Tür. Alles ist verloren und kann nur mit Mühe wieder ins Geleise gebracht werden.»

Neben der Idee und einigen Motiven der Sinngedichtnovellen, sowie einigen niemals ausgeführten Plänen, weist in diesen Aufzeichnungen einzig eine Notiz auf eine Erzählung hin, die später einen Teil der «Leute von Seldwyla» bildete: die Geschichte von den drei Schreinergesellen ist der Keim zu den «Drei gerechten Kammachern».

Es war Vieweg, der, entzückt durch die Schilderungen aus der Jugend des grünen Heinrich, am 6. Mai 1853 es dem Dichter nahelegte, einen Zyklus Schweizernovellen zu dichten. Der geschäftskundige Verleger mochte dabei an Erzählungen nach dem Muster von Auerbachs «Schwarzwälder Dorfgeschichten» denken, die sich damals so rasch die Gunst des Publikums erworben. Keller ging auf Viewegs Anregung ein. Er wollte einige solcher bereits ausgeheckten Geschichten dem «Grünen Heinrich» einverleiben und diesen auf einen fünften Band ausdehnen. Doch ließ er diesen Plan schon im Juni wieder fallen und verabredete mit Vieweg die Herausgabe von zwei besonderen Bändchen Novellen. Wenn er freilich am 15. Oktober Hettner schreibt, ein Bändchen Novellen sei ganz spielend entstanden, so darf man weder darunter den ganzen ersten Band der «Leute von Seldwyla» verstehen noch überhaupt den Ausdruck «entstanden» als «niedergeschrieben» auffassen. Kellers Art zu arbeiten entspricht es, etwas «entstanden» zu nennen, wenn er es auch erst im Kopfe ausgebildet hat. In der Tat erklärt der Dichter ein Jahr später, am 21. Oktober 1854, daß er die Novellen erst fertig machen wolle, wenn der Roman abgeschlossen sei. Das Manuskript, das er Vieweg, nach seiner eigenen Aussage, schon früher gesandt hat, kann nicht viel mehr als Inhaltsangaben und etwa noch eine Textprobe umfaßt haben.

Ende Juni 1854 bot ihm ein gewisser Hugo Scheube in Zeitz seinen neuen in Heidelberg zu gründenden Verlag an, und Keller, in der willkommenen Aussicht, damit von Vieweg loszukommen, bat diesen, ihm das «Manuskript» der Schweizernovellen zurückzusenden. Da aber Vieweg diese Forderung mit der Übersendung des Bestellzettels einer Bremer Buchhandlung für drei vierte Bände des immer noch nicht vollendeten «Grünen Heinrich» beantwortete, so entschloß er sich, Scheube einen Band Charakteristiken und Schilderungen in der Art seiner Jugendgeschichte anzubieten. Der Plan kam nicht zur Ausführung. Denn der

Wechsel, den Scheube ihm als Vorschuß gesandt, war auf ein unbekanntes Haus ausgestellt, und Keller, der einen Verleger brauchte, «der das Geld nicht peinlich hervorklauben mußte», brach die Verhandlungen zunächst ab.

Diese Charakteristiken und Schilderungen sind «Die Leute von Seldwyla». Der Titel taucht in einem Briefe an Hettner im Januar 1855 zum erstenmal auf. Der Band sollte nun doch auf Ostern 1855 bei Scheube erscheinen. Das Manuskript der Entwürfe der eigentlichen Novellen hatte Vieweg immer noch in den Händen. Demnach existierten also zu der Zeit bereits zwei Pläne zu Novellensammlungen: 1. «Charakteristiken», die «Leute von Seldwyla»; 2. Die eigentlichen Novellen Viewegs. Unter diesen letzteren kann neben Urformen des «Sinngedichts» und vielleicht der «Legenden» auch die eine oder andere Erzählung der «Leute von Seldwyla» gewesen sein. Am 9. Mai sind «Die Leute von Seldwyla», anscheinend durch Scheubes Schuld, noch nicht fertig. Am 26. Juni bot Keller sie, nachdem er die Verhandlungen mit Scheube endgültig abgebrochen, Vieweg an. Anfang Juli sandte er ein Drittel des Manuskriptes, worauf Vieweg am 12. Juli das Buch in Verlag zu nehmen erklärte. Für den auf fünfundzwanzig Bogen berechneten einen Band wurde ein Honorar von dreihundertfünfzig Talern festgesetzt. Keller selbst schlug für den Fall verspäteter Ablieferung des Manuskriptes eine Konventionalstrafe von fünfundzwanzig Talern im Monat vor. Im September zeigte es sich, daß das vorhandene Material nicht in *einem* Band untergebracht werden konnte. Daher wurden von den sieben Erzählungen zwei, «Die mißbrauchten Liebesbriefe» und «Der Schmied seines Glückes», ausgeschieden. Sie sollten mit andern den Bestand eines zweiten Bändchens ausmachen, wie im Dezember 1856 vertraglich festgesetzt wurde. Der Druck des ersten Bandes zog sich bis zu Kellers Abreise von Berlin hin. Wiederholt hatte Vieweg im Oktober um neues Manuskript mahnen müssen. Im Januar 1856 konnte das Buch ausgegeben werden. Es enthält die fünf Novellen: Pankraz der Schmoller. Frau Regel Amrain und ihr Jüngster. Romeo und Julia auf dem Dorfe. Die drei gerechten Kammmacher. Spiegel das Kätzchen.

Ist der Bildungsroman in Deutschland eine Schöpfung der Aufklärung und ihrer menschlich-sittlichen Bestrebungen, so verdankt die neuere deutsche Novelle ihre Entstehung Goethe und der Romantik. Die Idee einer Weltliteratur und das Bedürfnis nach Bereicherung des literarischen Bewußtseins mit originellen Motiven und Stoffen von farbigem Glanze bahnten die Kenntnis der reichen Fabulierkunst der romanischen Völker an, und die Novelle, die diese mit besonderer Kunst ausgebildet, wurde eine Lieblingsform romantischer Epik. Ihre Kürze entsprach der stofflichen Magerkeit der romantischen Poesie, die auf Grund einer übersinnlich begründeten Weltanschauung einen reichen Gehalt an sinnlich-anschaulichen Werten verschmähte. Dazu kam das Problematische der Novelle dem stark intellektualistischen Drange der Romantiker entgegen. Endlich befriedigte die Einzigartigkeit der Motive, die vor allem der romanischen Novelle eigen ist – was Heyse später das Falkenmotiv genannt hat –, den Hang der Romantiker zur Originalität. So entstand, in deutlichem Zusammenhang mit der romanischen Literatur, die romantische Novelle als eine epische Prosaform, in der ein merkwürdiger, einzigartiger Konflikt – etwas «Neues» – auf einem oder ein paar Dutzend Seiten zur Entwicklung und Lösung gebracht wird in einer Behandlungsart, die bei aller Wahrheit und Feinheit der psychologischen Charakteristik im einzelnen Falle, den Verstand mindestens so stark reizt wie das Gefühl und oft in der Strenge und Konsequenz der Entwicklung an eine mathematische Beweisführung erinnert mit Voraussetzung (= Exposition), Behauptung (= Themasetzung) und Beweis (= Abwicklung und Lösung). Heinrich von Kleist, E. Th. A. Hoffmann, Clemens Brentano, Achim von Arnim, Joseph von Eichendorff, Ludwig Tieck, Friedrich de la Motte-Fouqué, Chamisso und Jean Paul sind Meister dieser romantischen Novelle. So sehr ihre Schöpfungen durch die Persönlichkeit der Verfasser bedingt, im einzelnen in Sprache, Aufbau, Charakteristik, Gefühlsgehalt und Art der Konflikte voneinander abweichen, sie sind alle Spielarten des Typus der romantischen Novelle.

Eine neue Form der Novelle entstand um das Jahr 1840 mit der Steigerung des Wirklichkeitssinnes in Kunst und Leben. Gotthelf, Immermann und Auerbach, rasch nacheinander hervortretend und zum Teil voneinander beeinflußt, schufen eine Heimatdichtung, die ihre wurzelhafte Bodenständigkeit im Gegensatz zu den luftigen Geistesspielen der Romantik zunächst als Bauerngeschichte bekundete. Die räumliche Beschränkung hat ein Teil dieser Erzählungen mit den romantischen Novellen gemein. Aber die Motive, dem schlichten Alltagsleben abgelauscht, entbehren meist der kühnen Originalität und geistreichen Eleganz romantischer Erfindungen, und statt durch das feine Spiel geschickt ersonnener Intrigen, Verwicklungen und Hemmungen unsern Verstand zu spannen, folgen diese Erzählungen gern dem weniger gewundenen Lauf gewöhnlicher Wirklichkeit und wissen einfacheres, wenn auch nicht weniger tiefes Interesse zu erzeugen durch den Morgenduft der Unberührtheit, der auf dem neuentdeckten Stück Natur liegt, und die psychologische Feinheit und Wahrheit, mit der die Menschen dieses Neulandes geschildert sind. Die «Neuheit», die jeder Novelle eigen sein muß, liegt hier nicht in der Fabel, sondern im Milieu, nicht in der Art des Konfliktes, sondern in seiner Einkleidung.

Gottfried Kellers «Leute von Seldwyla» vereinigen den Geist der romantischen Novelle mit dem Wirklichkeitsgehalte der realistischen Heimaterzählung. Zwischen beiden und darum über beiden schwebend, ragen sie hinein in jene Höhe großer Kunst, in der zeitlich und örtlich bedingte Erzeugnisse durch das freie Schaffen des Genies zu ort- und zeitlosen Werten erhoben sind.

Kellers briefliche Äußerungen und sonstige Aufzeichnungen und nicht zum wenigsten die «Leute von Seldwyla» selber zeigen, daß er sich mit dem Schaffen romantischer Novellendichter und ihren Vorbildern wie mit den Vertretern der realistischen Heimaterzählung auseinandergesetzt hat.

In dem Briefe an Hettner vom 26. Juni 1854 gibt er eine geradezu klassische Erklärung des Wanderns von dichterischen Motiven und ihrer Übernahme durch spätere Dichter. Das Ganze des poetischen Stoffes, so führt er aus, befindet sich in einem fortwährenden Kreislaufe. Witze und Motive, Fabeln, Anekdoten usf. werden von den Volksschichten gepflegt, kommen in die Mode in Bauern- wie Studentenkneipen, Werkstätten und Marktplätzen, verschwinden hier und tauchen dort wieder auf und schwimmen in der Luft umher. Ein «Originalgenie» schreibt sich derlei Witze auf und bringt sie als nagelneu zum Drucke, in der Meinung, aus der «lautern Volksquelle» geschöpft zu haben, und in Wahrheit sind sie vielleicht schon vor Jahrtausenden in klassischen Gedichten aufgeschrieben worden. Erotische Anekdoten, die Boccaccio geformt, sind schon in Indien gang und gäbe gewesen. «Mit einem Worte: es gibt keine individuelle souveräne Originalität und Neuheit im Sinne der Willkürgenies und eingebildeten Subjektivisten ... Neu in einem guten Sinne ist nur, was aus der Dialektik der Kulturbewegung hervorgeht. So war Cervantes neu in der Auffassung des Don Quixote ..., aber nicht in der Ausführung und in den einzelnen poetischen Dingen. Und dies ist der beste Fingerzeig, wonach ein Dichter streben und in was er seine Ehre setzen soll.»

In der Tat laufen auch von den «Leuten von Seldwyla» zahlreiche Fäden zur früheren Erzählungsliteratur, und es lassen sich in ihnen Motive des Stoffes und Elemente der Charakteristik finden, die schon bei früheren Novellisten vorkommen. Gleich in dem erwähnten Briefe an Hettner führt Keller selber ein Beispiel an. Er habe den Witz, einen unverständlichen Galimathias literarisch anzuwenden, für neu und glücklich gehalten in Tiecks Novelle «Die Reisenden», wo zwei Verrückte dergleichen Reden halten. Und nun finde er in Rabelais' Pantagruel, II. Kapitel, 11 f. zwei Reden von Rabulisten, in welchen das förmliche Vorbild zu jener Art von Schindluder, in welchem sich die Herren Romantiker so sehr als «patentiert» zu bewegen gefielen, zu finden sei. Tieck wendet dieses Motiv des närrischen Blödsinns im Dialog aber nicht nur in der Novelle «Die Reisenden», sondern auch zweimal in dem «Alten Buch» an. Keller selber braucht es zur Charakteristik der Züs Bünzlin in den «Drei gerechten Kammachern». Er hat es aber auch, außer bei Rabelais und Tieck, bei Jean Paul im «Leben Fibels» finden können, dessen 23. Laternenkapitel eine solche närrische Rede des Magisters Pelz enthält.

Das Motiv der Ansammlung von kuriosen Gegenständen, durch das Keller Züs Bünzlins herzlose und altjüngferliche Habsucht charakterisiert, ist ebenfalls romantischer Herkunft. Jean Paul verwendet es im «Schulmeisterlein Wuz», wo auf dem Bette von Wuz «eine grüntaftene Kinderhaube, wovon das eine Band abgerissen war, eine mit abgegriffenen Goldflitterchen überpichte Kinderpeitsche, ein Fingerring von Zinn, eine Schachtel mit Zwergbüchelchen in 128-Format, eine Wanduhr, ein beschmutztes Schreibbuch und ein Finkenkloben» liegen. Ebenso im «Titan», wo auf Lianes Arbeitstisch «ein umrissener Christuskopf neben der aufgeschlagenen Messiade, ein zusammengelegter Spazierflor nebst dem grünen Spazierfächer mit eingeschriebenen Wünschen von Freundinnen, einige aufgeschnittene Kuverts, der Gevatterbrief eines Froulayschen Pachters, eine ganze lackierte Schäferei» und so weiter zu sehen sind. Auch an den zusammenlegbaren Reisestock in Clemens Brentanos «Mehreren Wehmüllern» mag erinnert werden: er dient zugleich als Maler- und Meßstock, als Richtscheit, Blase- und Tabakspfeifenrohr. Außerdem sind noch ein Stiefelknecht, ein Barometer, ein Thermometer, ein Perspektiv, ein Zeichenstuhl, ein chemisches Feuerzeug, ein Reißzeug, ein Bleistift und eine Hühneraugenfeile darin untergebracht.

Keller läßt in «Pankraz der Schmoller» die Zuhörerinnen über der langen Erzählung des Sohnes und Bruders einschlafen. Das Motiv ist in Goethes «Wilhelm Meister» vorgebildet, wo Mariane bei Wilhelms Jugendgeschichte einschläft. Beidemal begründet der Dichter damit den ungehemmten, durch keine Zwischenbemerkungen unterbrochenen Fluß der Erzählung. Keller aber vertieft außerdem die Bedeutung des Motivs in reizvoll-natürlicher und psychologisch feiner Weise: die Zuhörerinnen schlafen ein, wie Pankraz seine Liebesgeschichte zu erzählen anfängt. Erst nachträglich merkt er es. Aber nun kann er sich, wie er sich vor Mutter und Schwester seiner Verliebtheit schämt, darüber trösten, daß sie nichts davon gehört haben.

Neben solchen charakteristischen Elementen weisen auch stoffliche Motive auf die Erzählungsliteratur der Romantik zurück. In den «Flegeljahren» gesteht Walt von sich: «Mein Übel aber eben ist der *Schmollgeist*, esprit de dépit d'amour ... Eine schlimmere Bestie von Polter- und Plagegeist ist mir in allen Dämonologien und Geisterinseln noch nicht aufgestoßen.» Im gleichen Roman ist Walt Kopist bei einem General und liebt dessen Tochter Wina. Zwei wichtige Motive des «Pankraz» sind so in den «Flegeljahren» vorgebildet, und wenn bei Keller Pankraz seine Shakespearelektüre erst das richtige Verständnis für Lydia gibt, so mag an Tiecks Novelle «Die Ahnenprobe» erinnert werden, wo dem bürgerlichen Sekretär, der die Tochter des Grafen liebt, seine Liebe bei der Lektüre von «Romeo und Julia» zum Bewußtsein kommt.

Die Handlung der «Drei gerechten Kammacher» zeigt eine gewisse Ähnlichkeit mit Hoffmanns Serapionsnovelle «Meister Martin der Küfner und seine Gesellen». Drei Küfergesellen bewerben sich um die Tochter des Meisters, der sie demjenigen verspricht, welcher ein bestimmtes Meisterstück herstellt. Ein Motiv, das der Handlung in «Spiegel das Kätzchen» entspricht, findet sich in einer Episode des «Titan»: Dr. Sphex nimmt einen kranken Menschen in die Kost unter der Bedingung, daß er sich nach dem Tode sezieren lasse. Statt aber dick zu werden, magert der Pflegling immer mehr ab, worauf ihn Sphex mit ähnlichen Worten zur Rede stellt wie Pineiß den Kater Spiegel. Doch hat Keller gegenüber Fr. Th. Vischer (29. Juni 1875) den Stoff des «Spiegel» ausdrücklich für völlig erfunden erklärt. Den engen Zusammenhang mit romantischem Denken zeigt indes schon das Motiv der Katze, das an Hoffmanns «Kater Murr», an Brentanos «Pickenick des Katers Mores» (in den «Mehreren Wehmüllern») erinnert.

Nichts wäre verkehrter, als auf Grund dieser Beobachtungen Keller Mangel an Eigenwuchs vorzuwerfen. In einigen Fällen mag die Abhängigkeit bewußt, in andern unbewußt sein; wieder in andern mag man sie völlig zu Unrecht in Kellers Novellen hineinlesen. Das Wesentliche ist nicht die direkte Abhängigkeit, sondern die geistige Verwandtschaft nach Stoff und Stil. Wenn Keller aus einer großen Fülle früherer Literatur gerade die genannten Motive übernahm – vorausgesetzt, daß er es tat –, so weist die besondere Wahl auf die persönliche Art seines Geistes: er griff sie bewußt oder unbewußt auf, weil sie dem Wesen seiner Persönlichkeit entsprachen.

Wenn so charakteristische Motive den engen Zusammenhang Kellers mit der Romantik zeigen, so stellt die Wahl der Stoffwelt die «Leute von Seldwyla» in die Nähe der gegen die Mitte des Jahrhunderts aufblühenden Heimatdichtung eines Gotthelf und Auerbach. Keller hat sich mit ihr in seinen Aufsätzen über Gotthelf auseinandergesetzt. Im ersten Aufsatz stellt er Auerbach und Gotthelf einander gegenüber: Auerbachs Dorfgeschichten sind fast alle frisch und gesund und ein festtägliches Weißbrot für das Volk; der Stoff wird darin veredelt, ohne unwahr zu werden; Herz und Gemüt spielen darin die erste Rolle. Gotthelfs rüstiges und liebliches Gestaltungsvermögen scheint ihm fast mehr noch als in den großen Romanen in den kleineren Erzählungen und Bildern aus der Schweiz zutage zu treten. «Elsi die seltsame Magd» zum Beispiel verdient es, Goethes «Hermann und Dorothea» an innerem Gehalt an die Seite gestellt zu werden.

Damit war Kellers eigener Novellistik der Weg gewiesen. Die Jugendgeschichte des grünen Heinrich hatte ihm den eigenen Reichtum an volkstümlichem Leben erschlossen. Aus diesem Gut schöpfte er jetzt. Es mochte geringer sein als das Gotthelfs. Aber er besaß, was über Gotthelfs Erzählungskunst hinausführte, eine freie und weise Klarheit in der Beurteilung der sittlichen Mächte des Lebens und hohe künstlerische Reife. So vermochte er die volkstümliche Heimatdichtung ins Reich jenes reinen, geistvollen und hohen Kunstschaffens zu erheben, als das sich die romantische Novellistik gab, und dieser zugleich den gefühlsstarken Reiz und die lebendige Wärme atmender Wirklichkeit einzuhauchen, die Gotthelfs Erzählungen entströmen.

Das freie Verhältnis zum heimatlichen Stoffe tritt schon in dem Begriff Seldwyla zutage. Die Romantiker lassen ihre Handlungen gern im Luftreich der Phantasie schweben; Gotthelfs Menschen sind Berner, deren Wohnort meist bestimmt nachgewiesen werden kann; Seldwyla liegt überall und nirgends, seine Bewohner tragen bestimmte Züge des Schweizervolks und sind doch zugleich allgemein menschlicher Art. Ihre Lebensgewohnheiten, wie sie die Einleitung schildert, erinnern an die Zustände in der Schweiz, vor allem im Kanton Zürich, vor der Mitte des neunzehnten Jahrhunderts – zum Beispiel das Reislaufen, die politische Beweglichkeit –, und zugleich begegnet uns dann wieder so mancher Zug, der nicht zu der Wirklichkeit paßt, zum Beispiel die Tatsache, daß es keiner in Seldwyla auf einen grünen Zweig bringt. Es ist genau die gleiche Art, wie Keller im «Grünen Heinrich» die Wirklichkeit behandelt hatte. Überall als fester Grundstoff eigenes Erleben, aber durchsponnen von einer freien Künstlerphantasie, die in den «Leuten von Seldwyla» noch souveräner wirkt als im «Grünen Heinrich».

Damit sind wir bereits in den Kreis von Kellers eigenem Erleben eingetreten, das neben der literarischen Anregung die «Leute von Seldwyla veranlaßt und bestimmt hat.

In «Pankraz dem Schmoller» erhellt die Lektüre Shakespeares das Liebeserleben des Helden. Die literarischen Frauenbilder der Desdemona, Helena, Imogen usw. schließen ihm das Wesen der Gouverneurstochter Lydia auf und bringen so Klarheit in seinen eigenen verworrenen Zustand. Damit deckt der Dichter selber die psychologische Bedeutung literarischer Anregungen auf, und es läßt sich in der Tat nachweisen, daß so manches jener Motive der romantischen Erzählungskunst darum seine Phantasie befruchtete, weil es mit dem offenbarenden Lichte typischer Gesetzmäßigkeit seine eigenen Erfahrungen beleuchtete. Jenes Wort von Jean Pauls Walt, daß sein Übel der Schmollgeist sei, mußte auf Keller unmittelbar wirken, weil es ihm ein Gebrechen seines eigenen Charakters aufdeckte: die verstockte Verschlossenheit und Unbeweglichkeit, die ihm vor allem in seinem Verhältnis zu geliebten Frauen schon so peinliche Qualen bereitet hatte. Nach C.F. Meyers Mitteilung soll der Ausgangspunkt für die Handlung der «Drei gerechten Kammacher» ein Wort in Bayles Diktionär sein: Ein Staat von lauter Gerechten könne nicht bestehen. Die Bemerkung sammelte bedeutsame Strahlen aus Kellers eigenem Erleben wie in einen Brennpunkt: gegen die Vertreter einer blutlosen Gerechtigkeit hegte er starken Haß schon seit seinem Knabenerlebnis mit dem Meierlein. Aufhäufungen von gelehrtem Unsinn traf er bei Rabelais und Tieck. Aber er brauchte nur die Ohren aufzutun, so hörte er den Wasserfall dünner Geschwätzigkeit in seiner nächsten Nähe in Berlin plätschern. Als er 1875 Emil Kuh den Briefwechsel Rahel-Varnhagen schickte, bemerkte er, er wisse erst jetzt recht, was ihm bei den Reden der Züs Bünzlin für ein Ideal vorgeschwebt; er habe beim Schreiben auch hochstehende Weiber im Auge gehabt, aber nicht geglaubt, daß es so hoch hinaufginge. Da mag es doch nicht zu boshaft sein, auch etwa an Ludmilla Assing zu erinnern. So spielen, einander wechselseitig erhellend, literarische Anregung und eigenes Erleben ineinander.

An dieser Stelle ist wiederum der Name Ludwig Feuerbachs zu erwähnen. Dessen anthropologische Philosophie hat darum so stark auf Keller gewirkt, weil sie in klaren systematischen Zusammenhang ordnete, was seit langem in dem Dichter als dumpfes Chaos gärte: eine rein diesseitige Auffassung des Lebens; eine rein menschliche Sittlichkeit, die Raum ließ für eine begeisterte Freude an der sinnlichen Herrlichkeit des Lebens und doch mit strengen Worten den Ernst der Verantwortlichkeit im einzigen Diesseits betonte. Ein Humanismus, der sich in der Ethik mit Kant, in der Sinnenfreude mit Goethe berührte.

Diese Lebensanschauung bestimmte die Entwicklung menschlicher Schicksale in den «Leuten von Seldwyla».

Am deutlichsten vielleicht in der Erziehungsnovelle «Frau Regel Amrain und ihr Jüngster». Die stoffliche Anregung bot eigenes Erleben. Die Gestalt der Mutter, deren Klugheit und Energie als Erzieherin in dem Jugendroman aus künstlerischen Gründen gedämpft worden war und die in Briefen ihrem Sohn mit ähnlichen trocken-treffenden Bemerkungen den Kopf zurechtsetzt, wie es Frau Regel Amrain tut. Dazu das Bild der geschäftigen Tante Regula Scheuchzer, die auch den Namen lieh. Endlich die eigenen Erlebnisse in den Freischarenzügen. Auch Einzelmotive entstammen der Wirklichkeit. Die Mutter des Dichters ist tatsächlich der Versuchung unterlegen, als junge Witwe ihre Hand dem ersten Gesellen zu reichen, ein Schicksal, vor dem Frau Amrain durch ihren Fritz behütet wird. Endlich entstammt die Störung der zärtlichen Bedrängung durch den Geschäftsleiter einem wirklichen Vorfall, den sich Keller notierte: «Die Geschichte vom Generalkonsul H., dessen vierzehnjähriger Sohn weinend mit einer Gardinenstange auf einen fremden Mann loshaut, den er bei seiner Mutter findet.» Aber erst die humanistische Lebensanschauung bot die Möglichkeit, diese einzelnen Elemente zum organischen Lebenszusammenhang zu ordnen.

Den Ausgangspunkt bildet die Überzeugung fester, individuell begründeter Charakteranlage, die durch fremde Einwirkung nicht geändert – «jede Kreatur wächst sich nach ihrer Weise aus», heißt es in «Spiegel das Kätzchen» –, wohl aber geleitet und gefördert werden kann. Frau Regel erkennt durch die Rettungstat des Kindes den tüchtigen Kern ihres Fritz und entwickelt ihn nach dem Grundsatze, sowenig als möglich zu erziehen und das junge Bäumchen in ihrer Nähe wachsen und sich nach ihr richten zu lassen. In Kleidung und Essen hält sie ihn so, daß weder durch zu große Knappheit noch durch übertriebenen Luxus diesen Dingen mehr Wert beigelegt wird, als sie verdienen. Wie in dem Jüngling die Liebe zum andern Geschlechte erwacht, lenkt die Mutter die Neigung des Sohnes in einen reinen Kanal und sorgt zur Zeit für ihre Befriedigung. Endlich erzieht sie ihn zu einem tüchtigen Bürger, der für das öffentliche Wohl mutvoll und besonnen eintritt. So bildet sie eine eigentliche Vorsehung im Leben des Sohnes, das Gegenstück zu der Mutter des grünen Heinrich, die allzu still im Hintergrund steht. Und zwar ist sie, echt Feuerbachisch, eine rein menschliche Vorsehung. Die übersinnlichen Mächte der Religion spielen in der sittlichen Erziehung der Frau Amrain keine Rolle. So schafft Keller zu jener menschlichen Verkörperung des Schicksalswaltens, wie sie Goethe in «Wilhelm Meisters Lehrjahren» in der Gesellschaft vom Turme gibt, ein einfacheres und glaublicheres Gegenstück.

Auch in «Pankraz der Schmoller», «Die drei gerechten Kammacher» und «Spiegel das Kätzchen» schimmern die Grundfäden eigenen sinnlich-geistigen Erlebens deutlich durch. Pankraz der Schmoller erweist sich auch dem oberflächlichsten Blicke als ein Geistesverwandter des grünen Heinrich. Und hier hat nun auch als Pankrazens muntere Schwester Estherchen Regula Keller ihren Platz erhalten, den ihr der Dichter zu ihrem Verdruß im «Grünen Heinrich» versagen mußte.

Wie tief der Grundgedanke der «Drei gerechten Kammacher» in Kellers Erleben und Denken wurzelt, ist bereits angedeutet worden. Das Handwerksgesellenwesen war ihm seit seiner Jugend vertraut; die Mutter hatte stets einige dieser Gesellen in Kost und Logis und berichtete in ihren Briefen dem Sohne über ihr Gebaren. Lehrreich ist die Frage, warum Keller die Gesellen, die im ersten Entwurf Schreiner waren, in Kammmacher umgewandelt hat. Gemeinsam ist beiden Berufsarten das Glätten und Gerademachen. Aber der Kammacher, der in seine Kämme einen Zahn parallel neben den andern einschneidet, jeden von gleicher Größe und Gestalt und in gleichem Abstande vom andern, und auf jeden Kamm nüchtern und phantasielos dieselben drei Kleckse schmiert, stellt ein vollkommeneres Sinnbild der blutlosen Gerechtigkeit dar, die der Dichter an den Pranger stellt, als der Schreiner. Über den barocken Schluß aber sollte man sich nicht entrüsten. Es liegt eine tiefe Weisheit darin, daß das Menschlich-Sinnliche, das diese Menschen in ihrer blutlosen Gerechtigkeit ihr Leben lang verachtet haben, plötzlich, wie sie ihm als Bewerber um die Hand der Züs Bünzlin eine schmale Ritze ihres Daseins geöffnet, ihre Existenz in wilden Wogen überflutet und als Allzumenschliches sie zerstört. Auch Züs Bünzlin, die weibliche Gerechte, die von «Sauerei» spricht, da der Bayer ihr zumutet, die Hand aufs Herz zu legen, wird von der Sinnlichkeit in ihrer prüden Sprödigkeit bezwungen, wie sie mit dem Schwaben tief in den Wald eindringt. Einzig der Schwabe erreicht sein Ziel, weil bei ihm das steife Ehrenkleid der Gerechtigkeit eine menschliche Blöße aufweist und er im entscheidenden Augenblick den Mut hat, das Gebot des Meisters zu verachten und Züs auf natürlichem Wege zu erobern. All das wuchs aus jener Natursittlichkeit hervor, zu der sich schon der Jüngling bekannte. Nicht umsonst hat er das Verständnis oder Nichtverständnis dieser Novelle zu einem Prüfstein der Bildung eines Menschen gemacht. Als ein Bekannter Lina Dunckers sich für die «Kammacher» eingenommen zeigte, erklärte ihn Keller ohne weiteres für einen sehr gebildeten Mann, und an Richard Wagner freute es ihn nicht am wenigsten, daß er gerade diese Novelle liebte.

«Spiegel das Kätzchen» weist in die Welt der Frau Margret und des Vater Jakoblein zurück, ist also wie «Pankraz» und «Frau Regel Amrain» an den «Grünen Heinrich» gebunden. Und auch hier wieder die gleiche Menschlichkeit gegenüber dem sinnlichen Leben. Der Zauberer wird mit einem bösen Weib bestraft, weil er den Hunger des Katers zu schnödem Gewinn ausbeuten will und das edle Vergnügen des Essens durch leckere Henkermahlzeiten schändet.

Vor allem aber wächst ein Element in «Pankraz», den «Kammachern» und «Spiegel» aus Kellers Erleben: der Typus der Frau, um die geworben wird. Von Luise Rieter, Johanna Kapp und Betty Tendering hat Keller sich später getäuscht gefühlt. Er hatte ihnen, durch Geist, Freiheit des Verkehrs, Entgegenkommen bestochen, sein Herz angeboten und jedesmal einen Korb geerntet. Diese Erfahrungen, vor allem die letzte in Berlin, senkten sich tief ein und begründeten in ihm nicht eine allgemeine Ansicht von den Frauen, wohl aber die Vorstellung eines bestimmten Frauentypus. Er tritt uns in den drei Novellen entgegen in Lydia, Züs Bünzlin und dem Fräulein in der Erzählung Spiegels. Sie alle, so verschieden ihre individuelle Ausprägung ist, stimmen überein in einer gewissen Gemütsarmut, die sie bei reichem Geist oder wenigstens gelehrtem Wissen hindert, im Augenblick der Entscheidung ihr Ich und alle äußeren Rücksichten zu vergessen und in frei aufwallendem Gefühl sich dem Geliebten in die Arme zu werfen. Lydia spielt mit Pankraz als eine Kokette, Züs treibt Handel mit ihrer Liebe, und das Fräulein des Katers verscherzt ihr Glück durch die allzu große Klugheit, mit der sie herausbringen will, ob der Geliebte ihre Person oder ihr Geld liebe. Und jedesmal steht der Mann, ob er auch äußerlich den Kürzeren zieht wie Pankraz und der Geliebte im Märchen, innerlich als der Überlegene da. Das ist die feine Rache, die der Dichter an der Wirklichkeit genommen.

In der ersten Ausgabe von 1856 hat «Romeo und Julia auf dem Dorfe», das in der endgültigen Ausgabe in der Reihenfolge der fünf Novellen an zweiter Stelle steht, den Platz in der Mitte erhalten. Zwischen den beiden Erziehungsnovellen, «Pankraz» und «Frau Regel», und den beiden phantastisch aufgeschmückten Stücken, «Die drei gerechten Kammmacher» und «Spiegel», stehend, verbindet die Novelle beide Gruppen. Sie weist durch den Ernst ihrer ersten Hälfte zurück, zeigt durch die lodernde Schwüle des Schlusses nach vorwärts und überragt alle Erzählungen durch die Tiefe des sittlichen Gehalts und die Tragik der Entwicklung. Und bei dieser Novelle läßt sich auch, im Gegensatz zu den andern, der Wachstumsvorgang in einzelnen Stufen verfolgen. Zugrunde liegt ein wirklicher Vorfall. Im «Leipziger Kreisblatt» Nr. 105 vom 2. September 1847 stand folgende Notiz: «Volkmarsdorf. Am 16. August hat der achtzehnjährige Handarbeiter Gustav Wilhelm von hier durch einen Pistolenschuß die sechzehnjährige Auguste Abicht, Wollarbeiterin, getötet und sodann sich selbst erschossen.» Eine entsprechende Mitteilung enthielt die «Leipziger Zeitung» Nr. 203 vom 17. August. Der Bericht ging in die «Zürcher Freitagszeitung» (Nr. 36 vom 3. September) über, durch die Keller von dem Vorfall Kenntnis erhielt: «Im Dorfe Altsellerhausen bei Leipzig liebten sich ein Jüngling von neunzehn Jahren und ein Mädchen von siebzehn Jahren, beide Kinder armer Leute, die aber in einer tödlichen Feindschaft lebten und nicht in eine Vereinigung des Paares willigen wollten. Am 15. August begaben sich die Verliebten in eine Wirtschaft, wo sich arme Leute vergnügen, tanzten daselbst bis nachts ein Uhr und entfernten sich hierauf. Am Morgen fand man die Leichen beider Liebenden auf dem Felde liegen: sie hatten sich durch den Kopf geschossen.» Der Dichter selber weist in der ersten Fassung auf den wirklichen Vorgang hin. Nachdem er am Schlusse von «Frau Regel Amrain» geschrieben (die Worte sind jetzt gestrichen): «Das Beste an ihrem Charakter, von ihren Meinungen und Reden aber ist, daß dieselben durchaus nicht etwa erfunden, sondern in einer wirklich lebendigen Frau begründet gewesen» – setzt «Romeo und Julia» mit folgender Wendung ein: «Auch diese Geschichte zu erzählen, würde eine müßige Erfindung sein, wenn sie nicht auf einem wahren Vorfall beruhte, zum Beweise, wie tief im Menschenleben jede der schönen Fabeln wurzelt, auf welche ein großes Dichterwerk gegründet ist.» Und am Ende wird nochmals betont, man habe in den Zeitungen von dem Tode zweier jungen Leute gelesen, den Kindern zweier zugrunde gegangener, in unversöhnlicher Feindschaft lebender Familien. Jene beiden hätten, nachdem sie einen ganzen Nachmittag miteinander getanzt, im

Wasser den Tod gesucht. Als Ferdinand Weibert 1875 bei der neuen Auflage der «Leute von Seldwyla» eine Streichung des alten Einganges wünschte, widersetzte sich Gottfried Keller diesem Ansinnen, weil ihm durchaus daran gelegen sei, zu sagen, daß die Geschichte sich tatsächlich ereignet habe, «weil nur dadurch die Arbeit sich rechtfertige».

Bereits zu Ende September 1847 notierte sich Keller in sein Tagebuch die Anfangssituation der Novelle: «Zwei stattliche, sonnengebräunte Bauern pflügen mit starken Ochsen auf zwei Äckern, zwischen welchen ein dritter großer brach und verwildert liegt. Während sie die Pflugschar wenden, sprechen sie über den mittleren schönen Acker, wie er nun schon so manches Jahr brach liege, weil der verwahrloste Erbe desselben sich unstät in der Welt herumtreibe. Frommes und tiefes Bedauern der beiden Männer, welche wieder an die Arbeit gehen und jeder von seiner Seite her der ganzen Länge nach einige Furchen dem verwaisten Acker abpflügt. Indem die Ochsen die Pflüge langsam und still weiterziehen und die beiden Züge hüben und drüben sich begegnen, setzen die beiden Bauern eintönig ihr Gespräch fort über den bösen Weltlauf, führen dabei mit fester Hand den Pflug und tun jeder, als ob er den Frevel des andern nicht bemerkte. Die Sonne steht einsam und heiß am Himmel.» Hier ist bereits das Motiv des Ackers als Gegenstand der bäuerlichen Habsucht und, im Keime wenigstens, die Gestalt des schwarzen Geigers. Schon damals muß auch in der Phantasie des Dichters das Romeo- und Julia-Motiv, das die Zeitungsnotiz enthält, mit dem Motiv der pflügenden Bauern verbunden gewesen sein, wie aus einer Bemerkung Kellers gegenüber Baumgartner am 28. Januar 1849 hervorgeht.

Ursprünglich gedachte Keller, dem wohl Goethes «Hermann und Dorothea» vorschwebte, die beiden Motive in einem kleinen Epos zu gestalten. Der wortreiche und schwerfällige Anfang dazu entstand im Winter 1848/49 in Heidelberg:

Aus eines stromdurchzognen reichen Grundes
Gedehnten Feldern, Wäldern, Flur und Moor
Hebt eine Welle dieses Erdenrundes
Den breiten Rücken sonnbeglänzt empor.

Nicht eine Welle, die im Sturm sich ballte,
Mit scharfem Grat, von weißem Schaum gekrönt,
Nein! die noch langsam hin und friedlich wallte,
Als sich die Elemente ausgesöhnt.

Das Grün des Friedens kleidet ihre Lenden,
Ein zartes Grün von jungem Birkenhain;
Doch von der Höhe winkt den Menschenhänden
Der Ernte Gold im heitern Sonnenschein.

Dort dehnen sich drei mächtige Ackerlängen,
Drei Bänder, über die sanfte Wölbung hin,
Wer in der Niedrung steht, sieht drüber den Himmel hängen
Und durch die Ähren die weißen Wolken ziehn.

Drei Äcker, eine wahre Augenweide
Für jeden, der geführt schon einen Pflug,
Die laufen nebeneinander über die Heide
In grader Flucht vor unsres Auges Flug.

Auf zweien dieser Äcker, die den dritten
In ihre Mitte schließen, war die Frucht,
Die unschätzbare, eben abgeschnitten,
Geführt schon in der Scheunen sichre Bucht.

Da lagen sie gestreckt in braunen Farben,
Die unzählbar die welke Stoppel lieh,
Verlaßne Jugendheimat goldner Garben;
Der Sommermorgen übertaute sie.

Wie Keller sich ursprünglich die sittliche und psychologische Entwicklung im einzelnen dachte, wissen wir nicht. Sicher aber ist, daß sie in der endgültigen Prosaform unter dem Einfluß der durch Feuerbach geklärten Naturfrömmigkeit steht. Wie diese das Recht und die Pflicht lehrt, die Freuden des natürlichen Lebens auszukosten, so läßt auch Keller Sali und Vrenchen den süßen Becher ihrer Liebe bis zum letzten Tropfen leeren. Aber Feuerbach, indem er den Kreis des menschlichen Lebens und Wirkens mit dem Diesseits begrenzt, kennt auch die sittliche Verantwortlichkeit des Menschen für seine Taten. So bildet der Stein, mit dem Sali Vrenchens Vater blödsinnig geschlagen, zwar kein Hindernis der Liebe, wohl aber ein Hemmnis für die gesetzliche Verbindung der beiden Liebenden und ein wirkliches Eheglück. Also nehmen sie mit festem Mute die Schnur ihres einzigen irdischen Lebens in die Hand, als die verantwortlichen Meister ihres Geschickes, und zerschneiden sie, nachdem sie ihres Daseins höchstes Glück ausgekostet. Sie handeln in der einfachen Größe natürlicher Sittlichkeit, die freilich mit der landläufigen Moral nichts zu tun hat. –

In «Pankraz dem Schmoller» gibt der Dichter folgende Charakteristik von Shakespeares Kunst: «Er schildert die Welt nach allen Seiten hin durchaus einzig und wahr wie sie ist, aber nur wie sie es in den ganzen Menschen ist, welche im Guten und im Schlechten das Metier ihres Daseins und ihrer Neigungen vollständig und charakteristisch betreiben, und dabei durchsichtig wie Kristall, jeder vom reinsten Wasser in seiner Art, so daß, wenn schlechte Skribenten die Welt der Mittelmäßigkeit und farblosen Halbheit beherrschen und malen und dadurch Schwachköpfe in die Irre führen und mit tausend unbedeutenden Täuschungen anfüllen, dieser hingegen eben die Welt des Ganzen und Gelungenen in seiner Art, das heißt wie es sein soll, beherrscht und dadurch gute Köpfe in die Irre führt, wenn sie in der Welt dies wesentliche Leben zu sehen und wiederzufinden glauben.» Das ist auch das Bekenntnis von Kellers eigener künstlerischer Art, und zugleich der Kunststandpunkt des goethischen Klassizismus. Zum Vergleich zwei Äußerungen Goethes. In dem Dialog «Über Wahrheit und Wahrscheinlichkeit der Kunstwerke» sagt er: Der Künstler «muß die zerstreuten Gegenstände in eins fassen und selbst die gemeinsten in ihrer Bedeutung und Würde aufnehmen». Und zu Eckermann äußert er einmal: «Wer etwas Großes machen will, muß seine Bildung so gesteigert haben, daß er gleich den Griechen imstande sei, die geringere reale Natur zu der Höhe seines Geistes heranzuheben und dasjenige wirklich zu machen, was in natürlichen Erscheinungen, aus innerer Schwäche oder aus äußerem Hemmnis, nur Intention geblieben ist.» Das deckt sich genau mit Kellers Wort von den «ganzen Menschen» und dem «wesentlichen Leben»; denn er war tief genug in Feuerbachs Erkenntnistheorie eingedrungen, um zu wissen, daß der Künstler aus seinem eigenen Bewußtsein heraus seine Menschen «ganz» und das Leben in seinen «wesentlichen» Erscheinungen sieht.

Auch in den «Leuten von Seldwyla» treffen wir lauter wesentliche Menschen im Guten wie im Bösen. Menschen, die das, was sie sind, ganz verkörpern und somit über alle Unvollkommenheiten und Halbheiten bloß individuell-zufälliger Wirklichkeit ins Reich des Typischen erhoben sind. Aber dieses ist nicht blasse Abstraktion, sondern es lebt in der individuellen Wirklichkeit, in der das Genie den gesetzmäßigen Verlauf und das Wesen der Dinge erkennt, entsprechend dem Goetheschen Worte: «Was ist das Allgemeine? Der einzelne Fall. Was ist das Besondere? Millionen Fälle.» Die Entstehung der Novellen hat gezeigt, wie tief die Gestalten und Motive der «Leute von Seldwyla» in Kellers Erleben wurzeln. Man muß sich aber auch hier hüten, diesen Zusammenhang mit der

Wirklichkeit für das Wesentliche zu nehmen und in kleinlichem Schnüffeln nach Lebenstatsachen die Gestalten der Dichtung zu entstellen. Mit Recht hat Keller gegen diese Seite philologischer Tätigkeit gewettert. Wohl trägt Pankraz Züge des Dichters, und bei Lydia und dem Fräulein in Spiegels Erzählung mag man an Betty Tendering denken. Aber Pankraz *ist* nicht Gottfried Keller und Lydia und das Fräulein nicht Betty Tendering, sowenig diese Dortchen Schönfund ist. Über dem Leben steht das Kunstwerk, und seine Gestalten sind die Geschöpfe des Künstlers, um so ganzer und wesentlicher, je tiefer ihr Erzeuger die gesetzmäßigen Zusammenhänge und Entwicklungen des Lebens erfaßt. Dieses Typisch-Wesentliche ihrer Gestalten, Konflikte und Zustände macht den Wahrheitswert der «Leute von Seldwyla» aus.

Feuerbach erklärt den Ideengehalt, den die Hegelsche Philosophie in die Wirklichkeit als ihre Substanz hineingelegt hatte, aus der begriffbildenden Tätigkeit des menschlichen Bewußtseins. Dem Menschen tritt individuelles, sinnliches Leben gegenüber in ungeordneter Fülle, und sein Bewußtsein denkt in diese Wirklichkeit Ideen als gesetzmäßige Zusammenhänge hinein. Genau so geht Keller bei der Bildung seiner «ganzen» Menschen und «wesentlichen» Entwicklungen vor. Er nimmt ein Stück Wirklichkeit, einen bestimmten Charakter, sieht und fühlt Ideen in ihnen, die er auch etwa in Form einer Moral ausspricht, wie am Schlusse des «Pankraz», und gestaltet die Entwicklung so, daß alle Elemente der Handlung und Charakteristik sich auf diese Ideen wie Lichtstrahlen auf einen Brennpunkt beziehen. Immer aber liegt die Idee in der Besonderheit eines menschlichen Charakters. Im «Pankraz» zum Beispiel keimt die Entwicklung folgerecht aus dem schmollenden Wesen des Helden. Dadurch ist sein Erleben mit Mutter und Schwester, seine Flucht, sein Verhältnis zu Lydia bedingt, wie daneben seine militärische Laufbahn schon in den kriegerischen Neigungen des Knaben und seinem Ordnungssinn bestimmt ist. Oder in «Romeo und Julia» ist der Konflikt durch den echt bäuerlichen Zug der Habsucht, der übertriebenen Liebe zur Scholle, in den beiden Vätern bedingt, während die Liebe der beiden Kinder in der Nachbarschaft der Äcker und in dem Kinderspiel begründet ist. So läßt Keller, in Befolgung eines tiefen psychologischen Gesetzes, alle seine Menschen das erleben, wozu sie ihr Charakter vorbestimmt. Sie lesen gleichsam aus der ganzen Fülle von Wirklichkeitsmöglichkeiten die aus, die ihrem Wesen entsprechen, und was der Dichter, das Leben deutend, gibt, ist tatsächlich die «Dialektik der Kulturbewegung», wie er sich gegen Hettner einmal – erstaunlich hegelianisch – ausdrückt.

All das bekundet, wie schief die Bezeichnung Kellers als Realisten schlechthin ist. So tief seine Schöpfungen ihre Wurzeln in erlebte Wirklichkeit getrieben haben und von ihren Nahrungssäften durchflossen sind, so eigenwüchsig erheben sie Stamm und Wipfel in das freie Reich des Geistes.

Für diese Freiheit spricht am lautesten ihr Humor.

Friedrich Schlegel hat das Wort von der romantischen Ironie geprägt, ohne die Sache erfunden zu haben. Er versteht darunter das freie Schweben des ästhetisch Fühlenden über den Kläglichkeiten und Nöten, Seligkeiten und Vergnügungen des wirklichen Lebens und die Zerstörung der Stimmung, die sich im Kunstwerk aus dem dargestellten Leben erheben will. Eine Auffassung, die das Leben nicht nach sittlichen Werten – Arbeit, Liebe zu Mitmenschen und dergleichen – mißt und sich von seinen Unvollkommenheiten nicht beugen läßt, sondern es als Stoff zum freien künstlerischen Spiele betrachtet. Es ist die Haltung des romantischen Genies, das selbstherrlich mit sich und mit dem Stoffe der Wirklichkeit spielt, wie mit der Welt, die es im Kunstwerk selber erschaffen hat. So sorgt zum Beispiel Tieck im «Gestiefelten Kater» durch absichtliche Aufhebung der Illusion und Störung der Stimmung dafür, daß der Genießende die menschlichen Schicksale, die der Dichter ihm vor Augen stellt, niemals als Ernst nimmt.

Auf dem entgegengesetzten Standpunkt steht der konsequente Realist. Er läßt sich so sehr vom äußern Stoffe durchdringen, daß er auch die Schöpfungen seiner Phantasie als Schein der Wirklichkeit ausgibt. Wir sollen die Leiden und Freuden seiner Gestalten als tatsächlich fühlen, wie der Dichter in ihnen tatsächliche Erlebnisse wiederholt oder zu wiederholen meint, und er sorgt, wie etwa Otto Ludwig in «Zwischen Himmel und Erde», durch sorgfältige Verwendung aller stimmungserregenden Darstellungsmittel dafür, daß die Illusion der Wirklichkeit möglichst rein entsteht. Wir stehen in solchen Werken wie im Bann tatsächlichen Geschehens. Die Kläglichkeit des Menschendaseins lastet, sofern der Dichter sie zum Vorwurf nimmt, wie ein Alpdrücken auf des Lesers Brust, und das Mitleid mit der gequälten Kreatur droht seinen Lebensmut zu ersticken.

Auch in ihrer psychologischen Wirkung schweben Kellers «Leute von Seldwyla» zwischen Romantik und Realismus und über beiden. Goethe spricht in seinem Aufsatz «Frauenrollen auf dem römischen Theater» von «selbstbewußter Illusion». Indem er in Rom Frauenrollen von Männern gespielt sah, empfand er ein doppeltes Vergnügen bei der Wahrnehmung, vollendete Nachahmung der Wirklichkeit in Masken und Spiel und doch zugleich Kunst – Männer, nicht Frauen – vor sich zu haben. In gesteigertem Maße leistet den Dienst «selbstbewußter Illusion» Kellers Humor. Er ist, geschichtlich betrachtet, eine Weiterbildung der romantischen Ironie, freie Überlegenheit des Künstlergeistes gegenüber der drangvollen Wirklichkeit. Aber es fehlt ihm die kühle Herzlosigkeit der rein ästhetischen Lebensbetrachtung der Romantik. Die tiefe Liebe des Realisten zu allem Gewordenen, das mitleidvolle Verständnis für jede menschliche Not und Kleinheit erwärmt die romantische Ironie zum Kellerschen Humor. Der Dichter schwebt nicht nur, wie ein in seiner Vollkommenheit befriedigter Gott, teilnahmslos über dem Leben, er steht zugleich tief leidend mitten in seinem Ringen und Mühen. Dieses zweistimmige, im Goetheschen Sinne polare Verhältnis zum Leben ist augenscheinlich das Element, das Keller einst an Jean Paul so sehr angezogen und das, nachdem er den Künstler Jean Paul längst preisgegeben, seinen eigenen Humor mit dem Jean Pauls verbindet.

Die geistig überlegene und zugleich fühlend gebundene Stimmung gegenüber dem Leben gibt den «Leuten von Seldwyla» den funkelnden Glanz und die wundervolle Wärme. Sie erklärt, warum uns die lange Reihe der kuriosen Gegenstände der Züs Bünzlin oder ihr rednerischer Blödsinn nicht abstößt oder langweilt, wie ähnliche Motive bei den Romantikern oder die Reden der Juristen bei Rabelais, sondern uns menschlich interessiert und geistig ergötzt. Wir spüren neben dem geistreichen Spotte das menschliche Gefühl des Dichters, das gerade da hindurchschimmert, wo sich Züs' seelenlose Art breit macht. Aus dem gleichen Grunde mögen wir auch den gerechten Kammachern und dem Zauberer Pineiß ihre harten Strafen gönnen, weil sie in einseitiger Ausbildung einer habsüchtigen Spitzfindigkeit das Menschliche in sich unterdrückt haben. So gibt Kellers Humor nicht nur heiteres Spiel und einen Anlaß zu lachen, sondern es ist der Ausdruck der Sittlichkeit des Dichters. Die Pritsche des Narren wird zum Stabe des Richters, der mit unbestechlichem Gefühl und höchster Weisheit zu Gericht sitzt über Gerechte und Ungerechte und unterscheidet, was echt und unecht, groß und klein ist. Aber sein Gesicht ist nicht streng und feierlich, sondern heiter und gütig, und an seinem Kleide tönt das Schellengeklingel der Narrheit.

Endlich stehen auch nach den Mitteln der künstlerischen Darstellung die «Leute von Seldwyla» zwischen Romantik und Realstil. Der Aufbau der Handlung folgt in «Frau Regel Amrain», «Romeo und Julia», den «Gerechten Kammachern» dem zeitlichen Ablauf des wirklichen Geschehens, dessen entscheidende Höhepunkte in szenischen Bildern dargestellt werden, während ein zusammenfassender Bericht rasch über die Niederungen ereignis- und bedeutungslosen Alltagslebens hinwegführt. In «Pankraz» und «Spiegel das Kätzchen» erinnern eingelegte Erzählungen an die bewußtere Kunst romantischer Komposition.

Die spielenden Arabesken einer überschäumenden Erfindungskraft wetteifern mit dem Geistesreichtum der genialsten Romantiker. Von köstlichster Wirkung ist zum Beispiel das Motiv der blaugestrichenen Wanze in den «Gerechten Kammachern», die den Winter über unter der Farbdecke, mit der Jobst die Wand versehen, sich ruhig verhalten und nun im Frühjahr zu wandern beginnt – ein Symbol für die Kammacher. Mit der feinsten realistischen Motivierungskunst sind die Ereignisse in ihrem allmählichen Wachstum aufgedeckt. Meisterhaft zum Beispiel ist, wie am Anfang von «Pankraz dem Schmoller» die Kluft zwischen dem Landstädtchen Seldwyla und seinen weltentrückten Bewohnern und der großen überseeischen Ferne überbrückt wird. Erst entwirft der Dichter mit liebevollem Pinsel ein idyllisches Bild des behaglich-verträumten Sommernachmittagslebens von Seldwyla, und dann läßt er in allmählicher Steigerung der Motive die wunderreiche Ferne in diese kleine Welt hineinwachsen. Ein Leiermann spielt ein sehnsüchtiges Lied von der Ferne und entlockt der Witwe Tränen der Sehnsucht nach dem entschwundenen Pankraz. Ein Herumtreiber bringt einen großen fremden Vogel in einem Käfig und weckt damit die Vorstellung der Ferne. Ein Kamel, ein Bär und ein paar Affen zaubern die tropische Welt gleichsam in die engen Gassen des Städtchens hinein, und so erstaunt man nicht mehr, wie schließlich als größtes Wundertier Pankraz selber erscheint.

Die phantastischsten Motive sind nicht, wie oft bei den Romantikern, um ihrer selbst willen oder gar zum größeren Ruhme des Dichters da, sondern sie haben – im Sinne realistischer Kunst – charakteristische Bedeutung und sind der Stimmung eines Vorganges oder einer Situation dienstbar gemacht. Die Schilderung des aufgestapelten Krimskrams und der gelehrte Blödsinn der Züs Bünzlin sind daher nicht nur komische Schnurren, vielmehr charakterisieren sie den gemütsarmen Blaustrumpf. Man hat bei dem Schlusse von «Romeo und Julia» von einem Hange zur Romantik gesprochen, ohne den nun einmal die Poesie nicht bestehen könne. Sieht man tiefer, so ist auch dieser grandiose Zug der Heimatlosen durch die Nacht, an dessen Spitze der schwarze Geiger geht, nicht Romantik, sondern strengster Realismus, freilich nicht graue Alltagsschilderung. In dem Tanz auf der Terrasse des Paradiesgärtleins und dem

Zug durch die Nacht lodert die verzweiflungsvolle Sinnlichkeit der aus der bäuerlichen Gesellschaft Ausgestoßenen zugleich wild jauchzend und anklagend zum nächtlichen Himmel. Nicht genug kann der tiefe Wahrheitssinn des Dichters bewundert werden, der außerordentliche Situationen mit außerordentlichen Farben schildert und durch eine geniale Stimmungskunst uns gefangen nimmt. Wie fein er die Lichter zu verteilen weiß und welche Mannigfaltigkeit von Farben er auf seiner Palette hat, zeigt «Romeo und Julia» am eindringlichsten. Welche Spannweite zwischen dem dunkelroten, düster flackernden Schluß und der in reinem Morgenglanz leuchtenden Schilderung der spielenden Kinder am Anfang! Was dazwischen liegt, ist das reiche Spektrum aller Farben.

Und welchen Stimmungsglanz strahlt die Sprache aus! In ihrer formalen Färbung hält sie sich zwischen dem blassen Buchdeutsch eines Tieck und dem derben Umgangsidiom eines Gotthelf. Es ist eine gebildete Sprache, und auch die Reden einfacher Leute sind oft durch zierlichste Stilisierung idealisiert. Wie der Dichter durch seinen jahrelangen Aufenthalt in Deutschland Distanz gewann von dem heimischen Leben und in Berlin energisch Anschluß suchte an die feingeistigen Kreise, so erhob er auch mit reifem Kunstverstande in seinen Schilderungen heimischen Lebens die Sprache über die Mundart der Heimat, deren Anwendung in literarischen Werken er so oft getadelt. Ausdrücke aus dem an individuellen Bezeichnungen reicheren Wortschatze der Schweiz mied er aber nicht. In «Romeo und Julia» wird der schwarze Geiger ein «Fetzel» (= Lump) genannt. Gut zürcherische Wendungen wie «beim ewigen Hagel», «gelt aber», «allweg» begegnen uns. Aber sie sind mit feinstem Sinn und sparsam nur dann verwendet, wenn sie dem Gespräch eine charakteristische Färbung geben. Wo die schriftdeutsche Form denselben charakteristischen Wert hat wie die mundartliche, wird jene gebraucht. Keller sagt nicht wie Gotthelf «Kabisplätz», sondern «Gemüseplatz».

Mit der genialen Treffsicherheit des großen Sprachschöpfers sind Bilder und Beiwörter angewendet. Wie die zwei älteren Kammacher den Schwaben im Bette zwischen sich nehmen, liegt er «wie ein Schwefelholz so strack und ruhig, so daß immer noch ein bißchen Raum zwischen jedem der Gesellen blieb und das Deckbett auf ihnen lag, wie ein Papier auf drei Heringen». Als die kämpfenden und wettlaufenden zwei Kammmacher in die Stadt zurückkommen und das Toben der Seldwyler sie umbraust, werfen die Damen, die die Fenster besetzt haben, «ihr silbernes Gelächter in die unten tosende Brandung». Beim Erscheinen des Adlers am Anfang des «Pankraz» kommen der Witwe «die fernen blauesten Länder, über denen er in seiner Freiheit geschwebt», in den Sinn. Das sind alles einfachste und bekannteste Vorstellungen und Wörter, aber sie erhalten in Kellers Hand neuen Glanz und jene hinreißende Stimmungskraft, die der echte Dichter dem abgegriffenen Material der Sprache zu verleihen versteht.

So gehören die «Leute von Seldwyla» an Reichtum des Gehalts, Reinheit des sittlichen Empfindens, Tiefe der Erfassung menschlichen Geschehens, Kraft der Charakteristik, Farbigkeit und Glanz der Sprache zu den größten Meisterwerken der Weltliteratur. Wenn ihr Dichter in dem bescheidenen Vorwort zu dem ersten «Grünen Heinrich» gestand, er habe über der Arbeit an seinem Roman besser schreiben gelernt, so sind die «Leute von Seldwyla» das erste Werk, dem die reife Kunst, die er sich mühsam genug erworben, zugute kam.

Dennoch drangen diese ebenso kunstvollen wie gehaltreichen Schöpfungen nur langsam im Publikum durch. Sie teilten lange das Schicksal des «Grünen Heinrich». Sie erfuhren mehr die Gunst der Kenner als der Käufer und brachen sich nur langsam breitere Bahn. Jedesmal, wenn sie halb vergessen schienen, tauchte ein sogenannter Gottfried-Keller-Entdecker auf. Wie viele haben im Laufe der Zeiten den Dichter entdeckt!

Als einer der ersten zeigte Berthold Auerbach am 17. April 1856 das Buch in der «Augsburger Allgemeinen Zeitung» mehr wohlmeinend als tiefdringend an. «Im ganzen genommen», meint er, «möchte ich das Werk Gottfried Kellers ein helles Sommerbuch nennen; es mag sich sehr dazu eignen, in grüner Laube an heiteren Tagen gelesen zu werden.» «Romeo und Julia auf dem Dorfe» vergleicht er mit einem Volksliede! Keller dankte vergnüglich lachend am 3. Juni und schilderte drastisch die Wirkung, welche die Besprechung in Zürich hervorgerufen: an allen Ecken sei ihm förmlich gratuliert worden; Leute, die ihm ferner gestanden, hätten den Hut vor ihm abgezogen. Als Auerbach später wieder einmal mit Nachdruck auf seinen noch lange nicht nach Verdienst gewürdigten Keller hinwies, machte dieser den Witz, «nun sei er bald Auerbachs Keller»! Man stieß sich zwar, namentlich in Norddeutschland, an allerlei «Derbheiten des Schweizers», an «knorrigen Auswüchsen», ohne zu bedenken, daß solche Dinge die Weite von Kellers Fühlen und Formen bekunden. Wenn er einst vornehmere Dinge erzähle, meinte er einmal, werde er auch eine ehrbarlichere Sprache führen. Mit verständnisloser Nörgelei äußerte sich Karl Gutzkow: «Gottfried Keller ist ein Schweizer und gibt sich schon seit geraumer Zeit in unserer Literatur mit einer gewissen Sondertümlichkeit. Er gehört zu den neueren Autoren, die von der fast ausschließlichen Wendung unserer Literatur zur Erzählung und zum provinzialen Kolorit derselben den Vorteil gezogen haben, daß sie nur im Tone ihrer Heimat zu reden und ihre Jugendeindrücke auszubeuten brauchen, um sogleich am Parnaß eine zuvorkommende Begrüßung zu erleben. Auch er besitzt ein reichgefülltes Gedächtnis mit allerhand Schnurren und Schnaken und Schwänken, von seltsamen Abenteuern, Menschen und Erlebnissen aus seiner Gegend her. Er sieht sein heimatliches Wesen mit einer Klarheit vor sich, wie ein Maler, und hat zum Beispiel in den Kommodenschubladen eines sentimentalen Dienstmädchens mit einem solchen Scharfblick gestöbert, daß man seine innigste Freude haben muß an den Prachtstücken von gemalten Stilleben dieser Sphäre ... Sowie aber der Autor seine Sphäre, das heißt die Erinnerung, verläßt, wandelt ihn denn doch ein auffallendes Ungeschick an, daß man sagen möchte: er gibt Opferschalen in der Gestalt von Butterbüchsen und läßt Menschen vor uns wandeln, denen die ledernen Hosen am Halse zugeknöpft sind ... Mißlich ist an dem Verfasser, daß er in seiner Eigenart auffallend breitspurig und behaglich und an seinen zuweilen recht schwachen Witzen, wie in den ‚Kammachern', sogar gefallsüchtig sein kann ... Phlegma und Apathie lassen bei ihm selbst die Satire nicht recht aufkommen, und so schlendert der Autor in einer gewissen menschenfeindlichen Selbstzufriedenheit hin, die uns um die Wirkungen eines großen Talents bringen wird.»

Tief und wahr ist damals einzig das Urteil Otto Ludwigs in einem Briefe von 1861 an Berthold Auerbach gewesen: «Also ‚Die Leute von Seldwyla'! Mit einem Kleinstadtroman ging ich auch um, wie ich, glaube ich, Dir einmal sagte; so etwas, wie der Kellersche wäre er weit nicht geworden. Der Teufelskerl, der Keller, hat ein wundervolles Kolorit in seiner Macht. So tiefe glühende Farben hat nur Giorgione oder Tizian; mein innerer Sinn ist davon noch immer wie eine gotische Kirche mit gemalten Fenstern, durch welche eine Augustsonne hereinscheint ... Wunderbar, daß, gerade wie bei den Venezianern, bei Keller das Kolorit Zeichnung und Komposition aus seinen Mitteln herstellt, das heißt aus des Kolorites Mitteln; und wie beides, was von Zeichnung und Komposition vorhanden, wiederum nur dem Kolorite dient. Die Farbe tritt für alle anderen Anforderungen ein, ersetzt und bezahlt sie. Mehr Zeichnung und eigentliche Komposition, und die Farbe wäre nicht möglich, und wir verlören mehr, als jene ersetzen könnten. Gezeichnet wären die meisten Gestalten und Gruppierungen abenteuerlich; mit dieser Farbe gemalt, werden sie wahr, wie sie wiederum, und nur eben sie, wie sie sind, die Farbe wahr und natürlich machen, die bei eigentlicher Zeichnung und Komposition abenteuerlich erscheinen würde. Es ist Romantik, der das zähe, gesunde, schweizerische Phlegma den Schwerpunkt und die feste Leiblichkeit gibt, die unserer deutschen Romantik fehlte, oder, wenn man es so nennen will, die poetische Wahrheit.»

13
DER FREIE SCHRIFTSTELLER IN ZÜRICH

Als Gottfried Keller nach fast sieben Jahren in die Schweiz zurückkehrte, fand er das Bild der Heimat verändert. Die Kraft des Volkes, die in leidenschaftlichen Parteikämpfen den Bundesstaat gegründet, wirkte nun in großen verkehrspolitischen und industriellen Unternehmungen. Der Liberalismus, der die Verfassung von 1848 geschaffen, feierte in dem Jahrzehnt von 1850 bis 1860 seine zweite große Zeit und setzte seine Kulturideen in weit ausgreifender Arbeit in Taten um. Mächtig schritt der Kanton Zürich unter seinen leitenden Staatsmännern Alfred Escher und Jakob Dubs voran. Im Jahre 1853 bildete sich die schweizerische Nordostbahngesellschaft, deren Direktionspräsident Alfred Escher wurde, und in reger Gründerlust wurden jetzt, nachdem bisher einzig die Linie Zürich–Baden bestanden, Hauptstrecken des schweizerischen Eisenbahnnetzes gebaut. Die Linie Winterthur–Romanshorn wurde am 16. Mai, die Strecke Winterthur–Oerlikon am 27. Dezember 1855, das Reststück Oerlikon–Zürich am 26. Juni 1856 eröffnet. Am 29. September 1856 konnten die Strecken Baden–Brugg, am 16. April 1857 Winterthur–Schaffhausen, am 18. August 1857 Turgi–Waldshut, am 15. Mai 1858 Brugg–Aarau dem Betrieb übergeben werden. Zur gleichen Zeit entstanden wichtige Linien in der Zentral- und Westschweiz. Im Jahre 1857 wurde in Zürich die Schweizerische Kreditanstalt gegründet. Mächtig blühte die Industrie auf. Vor allem die Seidenindustrie, die in den fünfziger und sechziger Jahren ihre große Zeit hatte, so daß es damals kaum einen beneidenswerteren Beruf gab als denjenigen eines Seidenfabrikanten. Dazu kam die Baumwollspinnerei, die in den fünfziger Jahren zu europäischem Ruf gelangte und der englischen an Güte der Ware nahezu ebenbürtig wurde. Auf dem Gebiete der Maschinenindustrie nahmen Escher, Wyß & Co. in Zürich und Gebrüder Sulzer in Winterthur einen gewaltigen Aufschwung. Mächtig wuchs infolge des vermehrten Geldzuflusses und des gesteigerten Ansehens auf dem europäischen Arbeitsmarkte das Selbstbewußtsein des Volkes.

Gottfried Keller blieb der Wandel der Zustände nicht verborgen. Die Schweizer jagten, schrieb er Ludmilla Assing im Frühjahr 1856, mehr als je und so gut wie überall nach Geld und Gewinn; es sei, als ob sie alle Beschaulichkeit auf die öffentlichen Festtage konzentriert hätten, um nachher desto prosaisch ungestörter dem Gewerb und Gewinn und Trödel nachzuhängen. Lina Duncker klagte er, es sei in den Leuten, wie überall, die leidenschaftlichste Geld- und Gewinnsucht: «alles drängt und hängt am Golde. Gott besser's!» In der Einleitung zu dem zweiten Bande der «Leute von Seldwyla» vernimmt man den Nachhall dieses neuen Erwerbswesens in der Schweiz. Der sonst durch Jahrhunderte gleich gebliebene Charakter der Seldwyler drohe sich in weniger als zehn Jahren ganz in sein Gegenteil zu verwandeln. Die überall verbreitete Spekulationsbetätigung in bekannten und unbekannten Werten habe ihnen ein Feld eröffnet, das für sie wie seit Urbeginn geschaffen schien und sie mit einem Schlage Tausenden von ernsthaften Geschäftsleuten gleichstelle.

Zunächst aber ließ sich Keller von dem gesteigerten Erwerbssinn seines Volkes nichts weniger als anfechten. Mit vollen Zügen genoß er nach den langen Jahren eines prüfungsreichen Exils das Glück, wieder zu Hause zu sein. Die Mutter, schrieb er Lina Duncker, habe sich in den sieben Jahren fast gar nicht verändert. «Sie macht alles selbst und läßt niemand dreinreden; auch klettert sie auf alle Kommoden und Schränke hinauf, um Schachteln herunterzuholen und Ofenklappen zuzumachen. Ich mußte mir eine Serviette zum Essen förmlich erkämpfen, und da gab sie mir endlich ein ungeheures Eßtuch aus den neunziger Jahren, von dem sie behauptete, daß es wenigstens vierzehn Tage ausreichen müsse! Ich kann es wie einen Pudermantel um mich herumschlagen beim Essen. Meine Schwester ist eine vortreffliche Person und viel besser als ich. Als ich eines Tages wieder melancholisch war und die Mutter in der Zerstreuung etwas anfuhr, ohne es zu wissen, rückte mir Regula auf das Zimmer und hielt mir eine so scharfe Predigt, daß ich ganz kleinlaut und verblüfft wurde.»

Die kleine Familie wohnte nach dem Verkauf des Hauses am Rindermarkt seit Ostern 1855 in der Gemeindegasse zu Hottingen im Haus des Professors Johannes Frei. Hier in dem gartenreichen Vorstadtquartier am Fuße des damals noch spärlich bebauten Zürichberges genoß Keller das lang versagte Glück des heimatlichen Frühlings. «Wir wohnen», erzählt er Ludmilla Assing im April 1856, «zu ebener Erde im Garten vor der Stadt: Reben am Fenster und soeben blühende Birn- und Apfelbäumchen davor, die man mit der Hand erlangen kann. Später soll alles voll Rosen sein, den vielen Stöcken nach zu schließen; und weiterhin gibt's nichts als Wiesen und am Rande Gehölz, hinter welchem man in der Stube den Mond aufgehen sieht und am Morgen die Sonne. In fünf Minuten bin ich an und auf einem grünen Berge, welcher wie ein Theater voll Gärten, Matten und Wohnungen der Menschen ist, voll enger Pfade zwischen den Grünigkeiten, und oben mit Wald bekränzt, überall die herrlichste Aussicht auf die Alpen und den See.» «Ich komme durch diesen Frühling», gesteht er Hettner um die gleiche Zeit, «wirklich seit vielen Jahren zum erstenmal wieder ganz zu mir selbst, indem ich auf den wunderschönen Höhen unserer Gegend alle Abend herumstreiche und das ganz naive Vergnügen der Jugendzeit empfinde.» Trotz alledem ist er «auch mehr traurig als vergnügt».

Bald spürte er, daß mit den Verhältnissen in der Heimat auch er selber sich verändert hatte. Als ein Schützling literarischer und politischer Notabeln Zürichs war er ausgezogen, als ein in den tonangebenden Kreisen der preußischen Hauptstadt angesehener Schriftsteller und eine innerlich gefestigte und geklärte Persönlichkeit war er zurückgekommen. Nichts war ihm fremder als Überhebung und Hochmut. Aber er stellte jetzt doch andere Ansprüche an seine Umgebung, und manches an alten Freunden gefiel seinem geschärften Blick nicht mehr. Er war sich wohl bewußt, wie hoch er über so vieles gewachsen war. Und die Bitterkeiten der Fremde machten ihn da und dort zurückhaltender.

Diese Erfahrung hatte zunächst der Oheim in Glattfelden zu machen. Er habe, schrieb er dem Dichter am 13. März 1856, seine «Leute von Seldwyla» verschlungen; er habe seinen lieben Gottfried von Anfang bis Ende erkannt. «Gestern hatten wir Bezirksschulpflege in Bülach. Da wurde nun ein Weites und Breites von Dir gesprochen, auch vom ‚Grünen Heinrich', welcher Herr mir zurzeit noch unbekannt ist.» Aber der Neffe beeilte sich nicht, der Einladung zu einem Besuche nachzukommen. Die Umstände, in denen Scheuchzer lebte, waren wenig anmutig. Er hatte einen Knecht und eine Magd um sich, die den ganzen Tag heimlich Eierkuchen buk. Das Haus war im Zerfall, die Kinder zerstreut und verbauert. So schrieb ihm der Oheim, krank und gereizt, am 10. September 1856: «Hochgeehrter Herr! Es hat mir zu seiner Zeit große Freude gemacht, Ihre Nachhausekunft zu vernehmen, und zwar um so mehr, als Sie mir in Aussicht stellten, mich in meinen öfter traurigen Umständen zu besuchen. Seit ich nicht mehr die Ehre habe, Ihre ökonomischen Angelegenheiten zu besorgen, habe ich eigentlich nichts mehr von Ihnen persönlich erfahren. Die letzte Zuschrift ist eine Quittung von Ihnen, die Aushingabe Ihres Vermögens betreffend. Wenn ich daher bei meiner letzten Zuschrift an Sie, von Freude allzu stark ergriffen, gegen Sie zu familiär gewesen, so werden Sie mir gütigst verzeihen; ich glaubte in meiner ländlichen Einfalt mich noch so ausdrücken zu dürfen. Ich habe mich nun aber leider überzeugt, daß Sie für einen Besuch bei mir eine gewisse Idiosynkrasia besitzen, und Krankheiten dieser Art sind unheilbar. Um daher nicht überlästig zu sein, will ich auf einen Besuch von Ihnen verzichten und Sie der Unannehmlichkeit entheben, in unsere Niederungen herabzusteigen!» Bald darauf, am 7. März 1857, starb Doktor Scheuchzer, und in dem Hause, wo vor Jahren so viel Gesang und Gelächter gewesen war, wurde rücksichtslos um die Erbschaft gestritten. Auch nach dem Tode des Oheims weilte der Dichter noch oft in Glattfelden, als dessen Sohn er sich betrachtete. Er machte Ende November 1857 als Gevatter eine Fahrt dorthin, von der er Ludmilla Assing eine humorvolle Schilderung entwirft.

Auch das Verhältnis zu Wilhelm Schulz war nicht mehr ganz das alte. Die Verschiedenheit der Weltanschauung trennte die beiden Freunde. Keller war nun nicht mehr Schulzens Gefolgsmann im Streite gegen die bösen Materialisten, er war selber mit wehenden Fahnen in deren Lager übergegangen, während Schulz die Sache des Theismus und Spiritualismus mit mehr Enthusiasmus als Scharfsinn in Wort und Schrift verfocht. 1856 erschien Schulz' Kampfschrift gegen Karl Vogts «Köhlerglaube und Wissenschaft»: «Der Froschmäusekrieg zwischen den Pedanten des Glaubens und Unglaubens». Keller hat sein Urteil über Schulz' Schrift an die Ränder seines Exemplars geschrieben. Zu der Erörterung über eine von der Materie unabhängige Geistestätigkeit, mit der Schulz die Unrichtigkeit einer rein physiologischen Lebensbetrachtung nachzuweisen sucht (S. 13 ff.), bemerkt er: «Alles obenauf! – Hexenmeister! – Glaubt ihr denn in der Tat, die Physiologen hätten solche ‚Denkübungen' nicht auch schon in der Schule angestellt?» Andere Wendungen von Schulz nennt er «trivial und gehässig», «uneigentlich und höchst ungeschickt». Er tadelt es als «kleine Art» und «schlechten Geschmack», daß Schulz Vogt ewig vorwirft, er könne seine Behauptungen nicht beweisen. «Da dreht ihr euch eben *alle* im Kreise herum und ein Esel sagt dem andern Langohr!» Er machte aber auch Schulz selber gegenüber kein Hehl von seinem Mißvergnügen. Er führte sich «in seinem Hause schlecht auf mit Schimpfen und Tadeln und wurde so saugrob, daß die Frau Schulz sogar einige Tränchen vergoß vor Zorn. Nun gab es einige Wochen des Schmollens; allein wer zuerst wieder zu mir kam, war der gute alte Schulz». In dem Briefe an Freiligrath vom März 1860, worin er dem Freunde Schulz' Tod meldet, läßt er den Nekrolog in eine ziemlich scharfe Charakteristik des Verstorbenen auslaufen. Er spendet seinem guten Willen alles Lob, während der Schriftsteller, Denker und Menschenkenner vor seinem kühleren Blicke nicht mehr besteht. Freiligrath sollte wissen, daß er nicht mehr mit Schulz in eine Reihe gestellt werden wollte.

Dagegen blühte die Freundschaft zu Wilhelm Baumgartner in der alten Innigkeit wieder auf. Ihm hatte er ja auch tiefen Einblick in seine religiöse Wandlung gegeben, weil er bei ihm auf Verständnis hoffen konnte.

Vor allem aber trat er nun den Berühmtheiten nahe, die während seiner Abwesenheit am Horizonte Zürichs aufgetaucht waren oder neu erschienen. «Es ist schrecklich», sagt er einmal zu Ludmilla Assing, «wie es in Zürich von Gelehrten und Literaten wimmelt, und man hört fast mehr Hochdeutsch, Französisch und Italienisch sprechen als unser altes Schweizerdeutsch.» Das neugegründete Polytechnikum zog eine Reihe bedeutender Männer an, zu denen Keller bald in ein engeres Verhältnis trat. Friedrich Theodor Vischer, der Ästhetiker, wirkte von 1855 bis 1866 an beiden Hochschulen in Zürich, Gottfried Semper, der geniale Architekt, lehrte von 1855 bis 1871 am Polytechnikum, dessen großartiges Gebäude er geschaffen hat. Auch mit Pompejus Bolley, dem berühmten Chemiker am Polytechnikum, und Jakob Burckhardt, der von 1855–1858 an dieser Schule kunstgeschichtliche Vorlesungen hielt, befreundete er sich. Ein alter Bekannter von Heidelberg, Moleschott, traf beinahe gleichzeitig mit ihm in Zürich ein, um hier einige Jahre an der Hochschule zu wirken. Von den übrigen Universitätsprofessoren zog ihn namentlich der klassische Philologe Hermann Köchly an, der von 1850 bis 1864 in Zürich wirkte. Auch Herwegh war wieder da und studierte orientalische Sprachen und Naturwissenschaften. Heinrich Simon betrieb von Zürich aus, wo er das Haus des alten J.J. Bodmer bewohnte, seine schweizerischen Bergwerksunternehmungen.

Wenn Keller das geistige Leben in Zürich neben das von Berlin stellte, so konnte er feststellen, daß die Heimat den Vergleich gar wohl auszuhalten vermochte. «Alle Donnerstag», schrieb er Hettner, «sind akademische Vorlesungen à la Singakademie in Berlin im größten Saal der Stadt, wohin sich die Weiblein und Männlein vielhundertweise drängen und gegen zwei Stunden unentwegt aushalten. Semper hat einen allerliebsten und tiefsinnigen Vortrag gehalten über das Wesen des Schmuckes. Vischer wird den Beschluß machen mit dem ‚Macbeth'. Daneben sind eine Menge besonderer Zyklen der einzelnen Größen, so daß man alle Abend die Dienstmädchen mit den großen Visitenlaternen herumlaufen sieht, um den innerlich erleuchteten Damen auch äußerlich heimzuleuchten.» So hoch ging damals die Begeisterung für akademische Bildung, daß man als ihr Organ die «Monatsschrift des wissenschaftlichen Vereins in Zürich» gründete, die sich freilich nur vier Jahre (1856–1859) zu halten vermochte. Aber auch jene Menschlichkeiten, die Keller von Heidelberg her kannte, fehlten in Zürichs akademischen Kreisen nicht, und mit dem etwas boshaften Wohlgefallen des Autodidakten an den Schwächen der offiziellen Vertreter der Bildung gibt der Dichter seinen Freunden den Hochschulklatsch weiter und die Intrigen der Professoren bei Besetzung von Stellen. Der Gegensatz von Nord und Süd, der in Deutschland immer noch das politische Leben spaltete, machte sich auch in harmloserer Form unter den Deutschen in Zürich bemerkbar. Die Sachsen und Preußen mokierten sich über Vischers Schwäbeln, und er rächte sich, indem er etwa einen norddeutschen Redner kritisierte: «Des soll nun des richtige Deitsch soin, wenn so a Kerle sagt statt ‚verloren', vochlochen'! und statt ‚Liebe' ‚Lübhe'!»

Zu großem Gewinn wurde für Keller vor allem der freundschaftliche Umgang mit Vischer und Semper. Vischer förderte ihn, wie einst Hettner, durch sein reiches literarisches Wissen und seinen feinen Geschmack. Auch die prachtvolle Kernhaftigkeit des Menschen sagte ihm zu. Mit seinem scharfen Blick für das künstlerisch Wertvolle hatte Vischer sofort Kellers dichterische Bedeutung erkannt und suchte nun auch das Seinige zur Verbesserung seiner äußeren Lage zu tun. Selber rastlos tätig, spornte er den Zaudernden zur Arbeit an und drang in Georg von Cotta, dem Freunde regelmäßige Beschäftigung an seinen Zeitschriften zu geben. Er wirkte später am mächtigsten für Kellers literarisches Ansehen in Deutschland und der Schweiz. Die eingehende Studie über Kellers Schaffen, die Vischer 1874 in der «Allgemeinen Zeitung» erscheinen ließ, betrachtete der Dichter selber als epochemachend in der Geschichte seines literarischen Ansehens. Auch in der Pfahlbaugeschichte in «Auch Einer» (I, S. 253) setzte Vischer dem Freunde ein Denkmal in der Gestalt des Barden Guffrud Kullur von Turik. Er erzählt, wie dieser einen Druiden prügelt, «weil er ihn und seinesgleichen überhaupt nicht leiden konnte», und gibt auch eine zutreffende Beschreibung seines Äußern. «‚Groß ist er nicht', sagte Bürger Porrex zum Nachbar Ferrex. ‚Aber sieh, was für ein edles Haupt', erwiderte dieser und hatte Recht, denn unter der klaren Stirne wölbten sich in feinem Bogen die Brauen über den lichtvollen dunklen Augen; die Adlernase deutete auf Feuer und Schwung, und auf die süße Gabe des rhythmischen Wortes die wohlgeformten, nur leicht geschlossenen Lippen. ‚Und wie schön er den Kopf trägt', ergänzte Bürger Liwarch die beiden andern; denn ungesucht stolz stand das bärtige Haupt auf dem schwungvoll gezeichneten Halse.» Von der Freundschaft

Kellers zu Vischer zeugt der schöne Aufsatz, den der Dichter zu Vischers achtzigstem Geburtstage schrieb.

Völlig dem Wesen Kellers angemessen war die Künstlernatur Sempers. Die beiden Gottfriede einander gegenüber sitzen zu sehen, erzählt Baechtold, war eine wahre Freude. Laut ging's nicht her, es mußte denn irgendeine Verlogenheit in der Kunst oder im Leben zur Sprache kommen. Keller klagte immerfort, daß der große Baumeister, den er ein «kindlich-hypochondrisches Wesen» nannte, in Zürich nicht *mehr* Arbeit erhielt. Als Semper nach Wien zog und bei den großen Hofburgbauten mit seinem Kollegen Hasenauer in Streit geriet, ergriff Keller leidenschaftlich Partei. Auf seiner letzten Fahrt nach Rom, wo er sterben sollte, kam Semper noch einmal in Zürich vorbei, und die beiden alten Herren nahmen einen gründlichen Abschied voneinander.

Ein Jahr nach Sempers Tod, im Mai 1880, erzählte Gottfried Keller folgenden Traum. Mit Staub bedeckt und unordentlich gekleidet, kommt der gestorbene Freund ins Zimmer hereingeschlüpft; ihm nach die Schatten vieler Züricher Weiber und Männer vom Rindermarkte her, die Keller in seiner Jugend alle gekannt, jedoch längst vergessen hatte. Auf die Frage, ob er denn nicht gestorben sei, antwortete Semper: Wohl! aber er habe Urlaub genommen; denn dort, wo er sich seitdem befunden, sei's nicht zum Aushalten. Darauf habe er still das Zimmer wieder verlassen, von dem ihm nachhuschenden Gesindel begleitet, und unter der Tür noch einmal gerufen: «Gehen Sie nicht dorthin, Herr Keller! Schlechte Wirtschaft dort!»

Schon in Heidelberg hatte Keller sich mit den Programmschriften Richard Wagners zu beschäftigen angefangen. Dann hatte 1851 Baumgartner dem in Berlin Weilenden mit begeisterten Worten von der Kunst und Geistesgröße seines neuen Freundes und von dessen Ideen berichtet, die eine förmliche Umwälzung auf dem Gebiete des musikalisch-literarischen Lebens anstrebten. Wagner weilte von 1849 bis 1859 in Zürich. Es waren leidenvollste und fruchtbarste Jahre. Das Verhältnis zu seiner ersten Frau Minna quälte ihn. Die äußere Lage des Anspruchsvollen war noch immer höchst unsicher. Die Liebe zu Mathilde Wesendonck wühlte sein Wesen in allen Tiefen auf und befruchtete sein Schaffen. Das Verständnis, das man in den musikalischen Kreisen Zürichs seinem Wollen entgegenbrachte, ebnete ihm den Weg zum Ruhm. Seine Werke wurden in Theater und Konzertsaal unter seiner Leitung aufgeführt. Sein vierzigster Geburtstag wurde im Mai 1853 durch ein großes Musikfest gefeiert, dem im Juli ein Fackelzug der Gesangvereine folgte. Während der Zürcher Jahre entstand außer den theoretischen Programmschriften der Nibelungenring, der «Tristan» begann sich zu bilden, und bereits stieg die Gestalt Parsifals in seinem Geiste auf.

Mit dem regsten Interesse hatte Keller Richard Wagners Entwicklung verfolgt. Die Schrift «Ein Theater in Zürich» hatte ihn, wie er Baumgartner 1851 schrieb, in der Hoffnung bestärkt, daß er in der Heimat einmal ein Feld für sein eigenes dramatisches Schaffen finden werde. Die letzten Folgerungen von Wagners Kunstprogramm freilich lehnte er ab. Gegenüber der Forderung, daß das auf der Bühne aufgeführte Musikdrama die Vereinigung aller Künste bedeuten müsse, betonte er das entschiedene Bedürfnis individueller Virtuosität in der einzelnen Kunst: «Das lyrische Gedicht, das Staffeleibild (mit Kupferstich usw.) und alle solche Dinge entsprechen», erklärte er Baumgartner, «einer bestimmten und vorhandenen Gemütslage und Fähigkeit.» Und wenn Wagner im dritten Abschnitt seines «Kunstwerks der Zukunft» den «Menschen als künstlerischen Bildner aus natürlichen Stoffen» schildert, so wies Keller aus der tieferen Kunsteinsicht des deutschen Klassizismus darauf hin, daß das gemalte und in Marmor gehauene Fleisch des menschlichen Körpers sowie die ganze Gestalt etwas himmelweit Verschiedenes von der Natur, und in dieser Verschiedenheit Selbstzweck ist. «Die schönsten Menschen mögen in den durchdachtesten Gruppen zusammentreten, so ist es immer nicht das, was man im gemalten oder plastischen Werke sucht und findet.»

Jetzt war eine der ersten geistigen Größen, die Keller nach der Rückkehr aus Berlin kennen lernte, Richard Wagner, den Regierungsrat J.J. Sulzer auf den «Grünen Heinrich» aufmerksam gemacht. «Er war noch nicht der Prophet», äußerte Keller später, «sondern der durchaus liebenswürdige Mensch.» Seine damaligen Briefe an die geistreichen Berliner Freundinnen fällen über Wagner den Dichter die rühmendsten Urteile. «Wagner», heißt es in einem Schreiben an Ludmilla Assing, «ist ein sehr genialer und kurzweiliger Mann, von der besten Bildung und wirklich tiefsinnig. Sein neues Opernbuch, die Nibelungentrilogie, ist eine glut- und blütenvolle Dichtung an sich schon und hat einen viel tieferen Eindruck auf mich gemacht, als alle andern poetischen Bücher, die ich seit langem gelesen.» Ähnlich äußert er sich gegenüber Hermann Hettner. Später verdroß ihn Wagners Selbstbeweihräucherung und sein Ästhetentum. Er nennt ihn gegenüber Freiligrath einen sehr begabten Menschen, aber auch etwas Friseur und Scharlatan. «Er unterhält einen Nipptisch, worauf eine silberne Haarbürste in kristallener Schale zu sehen ist.»

Der Mittelpunkt des Wagnerkultus in Zürich war das Wesendoncksche Haus. Der Kaufmann Otto Wesendonck (1815–1896) und seine Frau Mathilde geborene Luckemeyer (1828–1902), beide aus den Rheinlanden stammend, waren 1851 nach Zürich gekommen. Da bauten sie auf einem grünen Hügel in der Enge ein prächtiges Haus, das sie 1857 bezogen, und entfalteten ein durch Kunst und Literatur vergeistigtes Gesellschaftsleben. «Es war», erzählt Eliza Wille in ihren Erinnerungen, «eine Zeit fast verklärten Daseins für alle, die in der schönen Villa auf dem grünen Hügel zusammenkamen. Reichtum, Geschmack und Eleganz verschönerten dort das Leben. Der Hausherr war ungehindert im Fördern dessen, was ihn interessierte ... Die Hausfrau zart und jung, voll idealer Anlagen, war mit Welt und Leben nicht anders bekannt, als wie mit der Oberfläche eines ruhig fließenden Gewässers: geliebt und bewundert von ihrem Gatten, eine junge glückliche Mutter, lebte sie in Verehrung des Bedeutenden in Kunst und Leben ... Die Einrichtung des Hauses, der Reichtum des Besitzers machten eine Geselligkeit möglich, an welche jeder, der sie genossen, gerne zurückdenken wird.»

In dem glänzenden Hause fand Gottfried Keller rasch Zutritt und wurde ein regelmäßiger Gast der schöngeistigen Gesellschaften. Auch an den feinen Soupers eines andern Wagnerfreundes, des eleganten Regierungsrates J. J. Sulzer, nahm Keller mit Vischer und Semper teil. Im Herbst 1856 erschien Liszt mit der Fürstin Wittgenstein und ihrer Tochter in Zürich, um Wagner zu besuchen und zu feiern. Alle Größen Zürichs wurden zu den glänzenden Veranstaltungen im Hotel Baur am See zugezogen, einen Hof zu bilden. «Ich wurde», erzählt Keller Ludmilla Assing, «versuchsweise auch ein paarmal zitiert, aber schleunigst wieder freigegeben.» «Wagner», spottete er gegen Lina Duncker, «ist durch die Anwesenheit Liszts, der seinetwegen kam, wieder sehr rappelköpfisch und eigensüchtig geworden, denn jener bestärkt ihn in allen Torheiten. Die Ferschtin Wittgenstein hat mit allen gelehrten Notabeln Zürichs Freundschaft geschlossen, schreibt lange Briefe an sie und schenkt ihnen ungeheure Gipsmedaillons Liszts ... Ich bin allein dunkel vor ihren Augen geblieben und habe weder Brief noch Medaillon, worüber ich mich nicht zu fassen weiß.» Auch Robert Franz und das Ehepaar Hans von Bülow-Cosima Liszt lernte Keller durch Wagner im Herbst 1857 kennen; Franz, ein begeisterter Kellerfreund, schwärmte den Dichter so sehr an, daß dieser davon «ganz aufgeblasen» wurde.

Ob es dem schlichten und allem Scheingepräge abholden Dichter immer wohl gewesen ist in diesen prunkvollen Assembleen, in der jedermann Wagner Weihrauchkerzchen anzündete, um ihren Duft selber an seinen Kleidern mit nach Hause zu tragen? Schon seine gesellschaftliche Ungewandtheit läßt es nicht vermuten. Wenn Keller das Geistvollste sagte, äußerte Wagner später, sei es doch so seltsam polternd herausgekommen, wie wenn man einen Sack Kartoffeln ausschüttelte. Da mochte denn wohl einmal Kellers Temperament die Regeln des Anstandes vergessen und sich höchst ungebärdig aufführen. Es wird erzählt, daß er einst mitten in großer Tafelrunde, in welcher außer einigen Damen Wagner, Burckhardt, Semper, Vischer, Ettmüller, Baumgärtner und andere saßen, unter maßlosem Schimpfen auf einen mehreren Anwesenden befreundeten Schriftsteller, eine kleine vor ihm stehende Beige kostbaren japanesischen Porzellans mit der Faust zertrümmert habe und völlig außer sich von Baumgartner abgeführt werden mußte.

In seiner Selbstbiographie hat Wagner sich etwas gönnerhaft über Keller geäußert: «Ich war erstaunt, in Keller einen auffallend unbehülflichen und spröd erscheinenden Menschen kennen zu lernen, dessen erste Bekanntschaft jedem sofort das Gefühl der Angst um sein Fortkommen erweckte. Auch war diese Sorge der schwierige Punkt bei ihm; alle seine Arbeiten, welche wirklich von sehr originellen Anlagen zeugten, gaben sich sogleich aber auch nur als Ansätze zu einer künstlerischen Entwicklung zu erkennen, und man frug sich nun unerläßlich nach dem Werke, welches jetzt folgen und seinen Beruf erst wahrhaft bezeugen sollte. So kam es demnach, daß mein Umgang mit ihm nur ein fortgesetztes Fragen nach ihm war, was er jetzt nun vorhabe. Er meldete mir in diesem Betreff auch allerhand gänzlich reife Pläne, von denen aber, bei näherem Besehen, nichts von einiger Konstanz zu gewahren war. Glücklicherweise wußte man ihn, wie es scheint schon aus patriotischen Rücksichten, mit der Zeit endlich im Staatsdienste unterzubringen, wo er als redlicher Mensch und tüchtiger Kopf jedenfalls gute Dienste leistete, wenn auch seine schriftstellerische Tätigkeit von jetzt an, nach jenen ersten Ansätzen, fast immer zu ruhen schien.» Die Worte sind in der zweiten Hälfte der sechziger Jahre geschrieben. Später hat Wagner ein tieferes und richtigeres Verhältnis zu dem großen Dichter gewonnen. Als Wagner starb, beantwortete seine Stieftochter Daniele von Bülow Kellers Beileidsbrief am 25. Februar 1883 mit den Worten: «Ihre schönen Werke, Ihre lieblich rührenden Gestalten, die seelenvolle erhabene Art Ihres Schauens und Denkens haben in den letzten Jahren seines Lebens ihm viele Stunden belebt, ihn tief ergriffen, ihn überfroh gestimmt.» Auch Wagner gehörte zu denen, die die «Drei gerechten Kammacher» über alles schätzten.

Im Wesendonckschen Hause blieb Keller auch nach Wagners Abreise von Zürich ein regelmäßiger Gast. Später traf er da die Musiker Theodor Kirchner und Friedrich Hegar. Auch Klara Schumann, Julius Stockhausen hörte er hier. Mathilde Wesendonck berichtete Wagner noch einigemal von Kellers Besuchen. Er teilte ihr im März 1862 den «Dietegen» im Manuskript mit. 1867 wohnte er einer Vorlesung von Kinkels «Grobschmied von Antwerpen» im Wesendonckschen Hause bei. Hin und wieder zog sie ihn zu Rate bei ihren dichterischen Versuchen. Das unbestechlich strenge Urteil, das Keller über ihr Drama «Edith oder die Schlacht bei Hastings» fällte, brachte sie im Jahre 1870 auseinander. Keller hatte die Blößen des dilettantischen Werkes aufdecken zu müssen gemeint, und sie warf ihm vor, daß er aus Abneigung gegen schriftstellernde Frauen ungerecht und hart geurteilt habe. Zwei Jahre später verließen Wesendoncks Zürich, verärgert durch die, wie es schien, deutschfeindliche Stimmung der Zürcher Bevölkerung beim Tonhallekrawall, und ihr prachtvolles Besitztum in Enge ging in andere Hände über.

Wohl im Wesendonckschen Hause lernte Keller auch François und Eliza Wille kennen. Wille (1811–1896), ursprünglich aus dem Kanton Neuenburg stammend, war in Hamburg aufgewachsen, hatte sich mit Bismarck als Student auf den Fechtböden der Göttinger Universität getummelt und war mit jenem relegiert worden. An diese wilde Zeit erinnern Heines Verse im «Wintermärchen»:

Das war der Wille, dessen Gesicht
Ein Stammbuch, worin mit Hieben
Die akademischen Freunde sich
Recht leserlich eingeschrieben.

Später war Wille in Hamburg Journalist geworden und hatte da mit Heine und Wienbarg verkehrt. Die Reaktion hatte ihn nach der Schweiz getrieben, wo er 1851 von Heinrich Simon das Gut Mariafeld bei Meilen am Zürchersee kaufte. Ein gescheiter, geistsprühender Mann, der den jungdeutschen Journalisten sein ganzes Leben lang nicht verleugnete und das Wort so schneidend zu führen wußte wie die Klinge, verstand er es im Verein mit seiner feinsinnigen, dichterisch begabten Frau Eliza (1809–1893), sein Besitztum im Wetteifer mit Wesendoncks zu einem Sammelpunkt der gelehrten und künstlerischen Notabeln Zürichs zu machen. Hier verkehrte alles, was sich auch in den Wesendonckschen Salons traf. Später wurde Wille vor allem der Gönner und Förderer C. F. Meyers.

Zu den einheimischen oder für längere Zeit in Zürich niedergelassenen Größen gesellten sich vorübergehend berühmte Fremde. Im Mai 1856 erschien Ferdinand Flocon, ehemaliges Mitglied der provisorischen französischen Februarregierung, den Keller wohl durch Herwegh kennen lernte. Keller erzählte Baechtold später, daß Flocon zu der Zeit, als er Minister war, eine bedeutende Summe für Herwegh in Bereitschaft gehalten habe, als dieser mit seiner Frau im April 1848 von Paris aus an der Spitze eines Arbeiterhaufens seine tragikomische Invasion in Deutschland vorbereitete. Als Flocon an Herwegh die Frage richtete, wieviel Geld er zu seiner Unternehmung brauche, meinte Herwegh: «Sechstausend Franken», worauf ihm der Minister, lächelnd über eine solche Naivität, die Kleinigkeit mit Achselzucken über den Erfolg auszahlte. Flocon ist 1866 als armer Mann in Lausanne gestorben. Eine Erinnerung an ihn enthält Kellers Gedicht «Der Waadtländer Schild».

Anfang Juli erschien Varnhagen mit seiner Nichte Ludmilla. Nachdem die Gäste sich im Hotel Bellevue eingerichtet, erging eine Botschaft an Gottfried Keller, der nach dem Essen erschien. In seiner Gesellschaft wurde die Stadt besichtigt, wobei man Vischer antraf. Eine Fahrt auf dem See führte nach der Au, der Ufenau und nach Stäfa. Der Abend wurde auf der Terrasse des Hotels verbracht. Keller ist «echt und brav und verdient jede Förderung», schrieb Varnhagen über den jüngeren Freund bei diesem Anlaß in sein Tagebuch.

Weniger erbaut war Keller durch den Besuch des «vierbeinigen zweigeschlechtigen Tintentiers» Adolf Stahr und Fanny Lewald, die um die nämliche Zeit für einige Monate in Zürich auftauchten. «Der Fanny zu Ehren», meldete er Ludmilla Assing am 12. August 1856, «werden von ihren Freunden ausdrücklich ‚Herrengesellschaften' geladen mit Vischer, Wislicenus, Moleschott und allen möglichen, und wo sich die Hausfrau bescheiden zurückzieht. Gegen mich sind sie merkwürdigerweise außerordentlich freundlich.» Fanny Lewald hatte kurz vorher (1853) ihren vierbändigen Roman «Wandlungen» herausgegeben, als dessen Verfasserin sie sich nun mit Selbstbewußtsein benahm. Keller machte, trotzdem ihm das literarische Ehepaar mit gewinnender Freundlichkeit entgegenkam, aus seiner Abneigung kein Hehl. «Stahr und Fanny», schrieb Palleske an Ludmilla am 19. September 1856, «sind mit ihm in einer Gesellschaft bei Köchlys zusammengetroffen, und Gottfried ist in einer Weise stumm-grob gewesen, wie ich Ihnen nur mündlich vorschweigen kann.»

So war im Sommer 1856 ein ewiges Kommen und Gehen von auswärtigen Freunden. Ein paar Nachzügler stellten sich in den folgenden Jahren ein. 1857 kam Paul Heyse, 1858 Hermann Hettner auf seiner zweiten Hochzeitsreise.

Am wohlsten mag es aber Keller doch im Kreise seiner Landsleute gewesen sein. Zu Baumgartner gesellte sich Rudolf Koller, der treffliche Tiermaler, der Dichter und Kulturhistoriker Karl Morel (1822–1866), der zu Ende der fünfziger Jahre Redaktor des «Landboten» in Winterthur war und 1861 sich in Zürich als Privatdozent niederließ. 1859 las er im Künstlergut den Freunden, unter denen Vischer, Keller, Koller und Baumgartner waren, seine Tragödie «Struensee» vor. Ein lieber Gast war Keller auch in der mit Wilhelm Schulz verschwägerten Familie Reishauer-Bodmer, wo er etwa eine neue Erzählung vorlas. Am 11. Dezember 1856 half er durch sein Abschiedslied Christian Heußer feiern. Mit lustigen Genossen wurde zum Ersatz für erlittene Unbilde des Lebens ein verspätetes Studententreiben geführt. Fast täglich rückte man am Nachmittag auf den «Muggenbühl», den Exerzierplatz oder in die beliebte Wirtschaft des Forstmeisters Steiner nach Unterstraß aus. Es kam nicht selten vor, daß die Gesellschaft wegen nächtlicher Ruhestörung gestraft wurde, und selbst der Herr Staatsschreiber noch hat sich dergleichen Bußenzettel offenbar zu mahnendem und quälendem Angedenken aufbehalten. Durch solche Abenteuer setzte er seinen Ruf oft in gefährlicher Weise aufs Spiel Von den konservativen Zürchern war er ohnedies wegen seines Verkehrs in radikalen deutschen Flüchtlingskreisen (Schulz, Herwegh) etwas schief angesehen.

Wenn Gottfried Keller bei seiner Heimkehr gefunden hatte, daß der Erwerbssinn der Zürcher sich mächtig entfaltet hatte, so konnte er zugleich die Erfahrung machen, daß sie auch Feste zu feiern verstanden. Gleich das Jahr 1856 war ein rechtes Fest- und Jubeljahr, in dem das Selbstbewußtsein des erstarkten Volkes die Wellen der Begeisterung gewaltig in die Höhe trieb. Den Anfang machte im April das zürcherische Frühlingsfest, das Sechseläuten, das diesmal mit besonderem Pomp und einem stattlichen Festzuge gefeiert wurde. Alle Nationen der Erde, erzählt Keller Ludmilla Assing, wilde und zahme, mit der Lola Montez, dem Kaiser von Rußland, Soulouque, Neuseeländer, Grönländer, Beduinen, Baschibozuks, zogen in den reichsten und zierlichsten Kostümen zu Roß und Wagen und zu Fuß durch die Straßen. Der wackere Zürcher Metzgermeister Heinrich Cramer (1812–1871), der als gemütlicher, humorvoller Gelegenheitsdichter wie als Zeichner seinen Mann stellte, hatte den Festzug entworfen. Bei der Eröffnung der Zürich-Bodenseebahn wurde er am 26. Juni 1856 wiederholt. Die Idee war ein Völkerkongreß, den die Eisenbahnen ermöglicht hatten. Ein nächtliches Bankett unter den alten Bäumen des Lindenhofs sollte den freudigen Tag beschließen. Da brach zwischen neun und zehn Uhr in dem gegenüberliegenden Gasthause zum «Limmathof» Feuer aus. Das hohe winkelige Gebäude war mit Gästen von oben bis unten gefüllt. Drei Personen, Großmutter, Mutter und Kind, blieben in den Flammen des Hinterhauses. Die Löschmannschaft, die, größtenteils noch kostümiert, der Brandstätte zueilte, verrichtete wahre Wunder. Oberst Heinrich von Muralt, der Chef des Steigerkorps, und der Messerschmied Fritz Waser retteten mittels Schläuchen zwei vornehme Tiroler Beamte, Anton Ritter von Strele und Graf Leopold von Künigl, die man schon für verloren gegeben. Dieser Vorfall veranlaßte später Gottfried Kellers Gedicht «Ein Festzug in Zürich». Es ist ein selbstbewußtes Denkmal bürgerlicher Kraft und Tüchtigkeit, die Festesjubel und mutige Hilfsbereitschaft zu vereinen wissen, wie Fischarts «Glückhaftes Schiff von Zürich».

Nicht minder eng war der Bund von Freude und Arbeit an dem Feste, das im Herbst die bewaffnete Jungmannschaft beging, dem ostschweizerischen Kadettenfest, das vom 1. bis 4. September 1856 in Zürich und Winterthur stattfand und gegen viertausend Kadetten versammelte. Keller hatte zwei Lieder beigesteuert, ein ernsteres Weihelied, «Waffensegen», und ein fröhliches Tischlied. Sie wurden am Feste gesungen, das erste in der Komposition von Karl Keller am zweiten Tage nach der Rede des Festpräsidenten, das zweite nach der Melodie von Methfessel am dritten Tage beim Abendtrunk in der Festhalle. «Ich habe», erzählte Keller Lina Duncker, «noch nie eine solche Freude gesehen, oder selbst gehabt, und habe mir alle Grillen aus dem Kopfe geschlagen. Es war ein eigentliches Kindermeer, worunter übrigens schon ziemlich große und kräftige Bursche, aber auch ganze Bataillons ganz kleiner Stöcke von zehn bis zwölf Jahren, die ihre fünfzig Patronen aber so gut und regelrecht verschossen wie die Größeren. Diese kleine Armee mit ihren vielen Fahnen sah aus wie ein wandelnder Blumengarten, und eine unendliche Menge der Alten, Mann und Weib, reich und arm, umkoste und umdrängte die Tage über die bimmelnden, trommelnden, trompetenden und singenden Kleinode der Zukunft, und man sah bei dieser Gelegenheit, wie viel Liebe und rechtes Gefühl doch noch in der Welt ist, denn viele Leute hatten öfter Tränen in den Augen, sogar ich selbst gegen das Ende, nachdem ich die andern ausgelacht. Als sie einmarschierten, wurden einige Hundert von Leuten gestohlen, die sich für die auf den Quartierbilletts Bezeichneten ausgaben, so daß die eingeschriebenen Quartiergeber wie brüllende Löwen umherliefen, die ihre Jungen suchten. Item! es war hübsch. Ich hatte zwei Lieder zum Singen machen müssen, ein ernsthaftes und ein lustiges. Letzteres nahmen die jungen Herren sehr gnädig auf, so daß sie es überall sangen. Beim Festessen, nach dem Hauptmanöver, wo die ganze Klerisei in einer unabsehbaren Halle an hundertfünfundsiebzig Tischen untergebracht war, wurde es von allen zusammen gesungen. Vier Taktschläger, an hochragenden Punkten verteilt, und zwei Musikchöre hielten die Masse zusammen, so daß mein Opuskulum aus den Tausenden von Knabenkehlen und im größten Jubel erklang. Ich hatte auch einen Tisch unter mir und war eben beschäftigt, aufzupassen, daß die kleinen Teufel genug Brot bekämen und nicht zu schnell tränken, als es anfing, mit Gläsern um mich her zu drängen und zu rufen: Herr Keller lebe hoch! Denn man hatte ihnen gesagt, ich habe das Lied gemacht und sie sollten mit mir anstoßen gehen; so kam die ganze Nachbarschaft herbei und ich war von den Burschen umringt, die mir ihre Gläser emporhielten und schrieen wie besessen! Meine eigene Tischfamilie war sehr erstaunt, zu sehen, welch einen Vorsteher sie hatte, und tat sich was drauf zugut!»

Auch sonst stellte er seine Liederkunst in den Dienst des öffentlichen Festlebens. 1857 schrieb er für die schweizerische Militärgesellschaft sein allbekanntes «Heißt ein Haus zum Schweizerdegen» und schmückte die nächsten eidgenössischen Sänger- und Schützenfeste, die erste (wie nachmals die zweite) Jubelfeier der Universität und andere Anlässe mit Liedern. Ferner schenkte er zum eidgenössischen Sängerfest 1862, das in Chur gefeiert wurde und das er selber besuchte, den Bündnern das Lied «Der Traube Saft behagt dem Mund». Wie weit er aber stets von charakterlosem Festtaumel entfernt war, zeigt ein Vorfall des Jahres 1862. Man rüstete in Zürich zum Besuch des großen Frankfurter Bundesschießens. Auch Friedrich Theodor Vischer, selber ein eifriger Schütze, zog mit. Noch rechtzeitig verlautete, daß sich den Teilnehmern ein Bordellhalter anschließen wolle. Da erhob Gottfried Keller, wohl durch Vischer unterrichtet, im «Zürcher Intelligenzblatt» vom 6. Juli mit Namensunterschrift seine Stimme dagegen, daß ein derartiges Individuum mit rechtschaffenen Männern unter der schweizerischen Fahne zu schreiten wage. Durch sein mannhaftes Auftreten verhütete er eine unerträgliche Schamlosigkeit.

Alle Festgedichte Gottfried Kellers überragt an geistigem Gehalt der «Prolog zur Schillerfeier in Bern 1859». Der Name Schillers, des «Freiheitssängers», bedeutete damals für die liberalen Kreise des deutschen

Sprachgebietes ein Programm und die festliche Begehung seines hundertsten Geburtstages ein politisches Bekenntnis. In Zürich bestritten Vischer und Herwegh die geistigen Kosten der Feier. In die Verherrlichung Schillers als des Propheten des Freiheitsgedankens klingt die gedankenreiche und packende Rede aus, die Vischer am 10. November in der St. Peterskirche sprach. Mit dem Firnisglanz der Phrase schmückt Herweghs Prolog, der bei der Festvorstellung im Theater gesprochen wurde, den gleichen Gedanken aus:

Das Reich der Freiheit hat dir Gott gegründet –
O Schweiz, nur dir allein?
Sein Wort hat überall gezündet,
Das Reich der Freien, es muß größer sein.

Auch Gottfried Keller, der mit Vischer, Herwegh, Köchly, Hitzig, Baumgartner, Dubs und anderen im Festausschusse für Zürich saß, betonte in seiner Rede am Bankett die Befreiungsidee in Schillers Persönlichkeit. Er toastierte auf ein Bündnis der Verehrer aller wahrhaft großen Männer aller Zeiten und Völker. Die Schillerfeier stamme aus derselben Wurzel wie diejenige zu Ehren Gutenbergs; ein Humboldtfest müsse folgen und dann eine Zentenarfeier der Französischen Revolution.

In dem Prolog, den er der Berner Musikgesellschaft schon anfangs September für ihre Schillerfeier zugesagt, knüpft er an Schillers Idee der sittlichen Erziehung durch die ästhetische Bildung an, entwirft in schwer befrachteten Versen seinen republikanischen Landsleuten ein Idealbild wahrer Schönheit in Kunst und Leben, die zugleich die echte Freiheit ist, und legt das Bekenntnis seiner geklärten diesseitigen Lebensanschauung ab: Das Schwert hat das Schweizerland gegründet. Rüstige Arbeit schafft und mehrt den Reichtum des Volkes. Gerechtigkeit erhält die Ordnung im Innern. Aber erst die Hälfte ist damit getan. Vorüber sind die halbbewußten Tage unsicheren Werdens und dämonischen Ringens. Klar und frei gilt es ins Reich der Zukunft auszufahren. Diese freie Klarheit gibt nur die Schillersche Schönheit im Sinne eines harmonischen Gleichgewichtes zwischen Sinnlichkeit und Verstand, den Ansprüchen des Einzelnen und denen der Gesamtheit. Sie begründet so einzig die wahre, die sittliche Freiheit des Menschen:

Zur höchsten Freiheit führt allein die Schönheit;
Die echte Schönheit nur erhält die Freiheit,
Daß diese nicht vor ihren Jahren stirbt.

Vollkraft und Ebenmaß gibt sie dem Denken,
Schon eh' es sinnlich sich zur Tat verkörpert,
Und knechtisch ist das unschön Mißgestalte
Im Keim verborgener Gedanken schon.

Diese Schönheit klärt des Priesters Wort zur reinen Liebe, sie hellt dem Ratsmann den Verstand, sie schärft die Waffen des Kriegers, adelt die Arbeit des Handwerkers und bewahrt den Kaufmann vor Verweichlichung und Geiz. Und machtvoll und mutig ertönt wieder das humanistische Diesseitsevangelium:

Die Schönheit ist's, die nicht zum Ammenmärchen
Die Welt uns wandelt und das Menschenschicksal,
Zaghaft der Wahrheit heil'gem Ernst entfliehend –
Nein! die das Leben tief im Kern ergreift
Und in ein Feuer taucht, draus es geläutert
In unbeirrter Freude Glanz hervorgeht,
Befreit vom Zufall, einig in sich selbst –
Und klar hinwandelnd wie des Himmels Sterne.

Schon einige Jahre vorher hatte Keller Gelegenheit gehabt, einen Beweis dieser sittlichen Freiheit zu geben, zu der die Schönheit erziehen sollte.

Zu Ende 1856 drohte eine kriegerische Verwicklung die Kraft, deren die Schweizer sich an ihren Festen gerühmt, auf eine gefährliche Probe zu stellen. Schon seit einiger Zeit gab das schiefe staatsrechtliche Verhältnis Neuenburgs Anlaß zu diplomatischem Notenwechsel. Einerseits ein preußisches Fürstentum, gehörte das Land anderseits doch als Kanton zu dem eidgenössischen Bundesstaat. In Neuenburg selber bekämpften sich die Parteien. Friedrich Wilhelm IV. beharrte auf seinen Ansprüchen, die Schweiz auf den ihrigen. Ein Krieg schien unvermeidlich, und in der Schweiz begann man ernstlich zu rüsten. Die von heroischem Pathos durchwehten Worte, die Gottfried Keller in der «Eidgenössischen Zeitung» an die in Bern tagende Bundesversammlung richtete, sind der Ausdruck der Volksstimmung: «Wenn ein einzelner Mann in dunkler Nacht steht und fühlt, wie die Widersacher ihn umschleichen, ihre Stöße auf ihn zu führen, so wünscht er sich einen einzigen Lichtstrahl, damit er erkennen kann, wohin er mit seiner Faust am wirksamsten fassen soll, sich seines Lebens zu wehren. In solcher Lage befindet sich das Schweizervolk, und es bittet euch, seine Verwalter, ihm jenen Strahl zu verschaffen, indem ihr, wenn es in eurer Gewalt liegt, das Äußerste tut, was wahre Ehre und vollkommene Unabhängigkeit des Gesamtvaterlandes erlauben, Frieden zu erhalten ... Die Tat steht bereits dicht hinter euern Stühlen. Gefaßt und wohlgemut zieht schon auf allen Wegen das blühende Heer nach den Grenzen, während die noch Zurückbleibenden in ernster Sorge stehen, wohin das Auge blickt. Aber es ist nicht die zagende Sorge, sondern die ehr- und wehrhafte Sorge, die Mutter der besten Taten, des allein gerechten Kriegsmutes.»

Der Ausbruch des Krieges wurde damals durch Friedrich Wilhelms Nachgeben abgewendet. Für die Schweiz aber war die Gefahr die Ursache innerer Sammlung gewesen. «Der Kriegsspektakel», schrieb Keller nachher an Ludmilla Assing, «hat uns um vieles vorwärts gebracht in unsern innern Verhältnissen, und wenn Sie Seiner Majestät begegnen, so danken Sie doch Allerhöchstderselben dafür in meinem Namen.» In dem «Eröffnungslied», das der Dichter zum eidgenössischen Sängerfest in Zürich im Jahre 1858 schrieb, klingt das große Erlebnis des Volkes nach:

Die grauen Adler schrieen wild,
Seit wir zuletzt gesungen,
Da ist der Freiheit Silberschild
Gar hell und rein erklungen!
Wir kehrten ein ins eigne Herz,
Da löst sich jeder Groll und Schmerz,
Da hatte sich die Treu gelohnt,
Der Rat, der stets im Manne wohnt.

Es ward geraten, ward gebraut
Auf aller Herren Gassen;
Doch jeder tat da, still wie laut,
Was er nicht konnte lassen!
Ein Mehrer seines Reichs zu sein,
Dünkt sich der Fürst im roten Schein;
Wir mehrten nur im Heimatland
Den Menschenwert mit reiner Hand.

So kämpfte mit der ihm verliehenen Waffe der Dichter für sein Volk und setzte seine eigene Existenz außer acht. Um ungesorgt arbeiten zu können, war er nach Hause zurückgekehrt, und auch von der Pflicht, den Seinen eine Stütze zu sein, hatte er in den Briefen geschrieben. Und nun war sein Verhältnis zu Mutter und Schwester wieder genau das gleiche wie vor der Reise nach Deutschland, und der Dichter, dessen Werke bei Kundigsten höchstes Lob geerntet, der in der erlauchtesten Gesellschaft Zürichs angesehen war, dessen Liedern das Volk an seinen Freudentagen begeistert lauschte, war von Sorgen und Schulden bedrängt wie je. Denn er hatte es immer noch nicht gelernt, die Poesie zu kommandieren und aus seinem Talent eine nährende Krippe zu machen. Er war ein Verschwender, der sein Gold unter das jauchzende Volk streute und zu Hause hungerte. Über all dem Festleben und Gelegenheitsdichten und der vaterländischen Begeisterung lag seine eigene Arbeit brach. Wohl hört man hin und wieder in seinen Briefen, daß an den in Berlin angefangenen Werken, den Galatea-Novellen, den Legenden, den weiteren Seldwylergeschichten, gearbeitet wird: «Ich bin fortwährend herrlich fleißig und habe alle Finger voll Tintenkleckse. Dabei fühle ich ein Vergnügen, fast wie als ich zwanzig Jahr alt war und das Schreiben heimlich als Pflichtverletzung betrieb», schrieb er im März 1860 an Ludmilla Assing, und Freiligrath meldete er einen Monat später, die Fortsetzung der «Leute von Seldwyla» und die Galatea-Novellen samt den eingeflochtenen Legenden seien nächstens fertig. Fertig waren sie nächstens im Kopfe, aber nicht auf dem Papier. Auch aus der «Geschichte der schweizerischen Helvetik», mit deren Abfassung ihn die zürcherische Schulsynode 1859 betraute, wurde nichts; wohl keine Zeile hat er davon geschrieben. Und auch der Dramatiker hatte die Bühne noch nicht erobert, obgleich er im Februar 1859 Ludmilla Assing schrieb, er hoffe nun ganz sicher endlich ans Theater zu gelangen. «Die sieben Legenden», «Das Fähnlein der sieben Aufrechten» und «Der Apotheker von Chamounix» waren neben den Festgedichten die einzigen poetischen Werke, die in den sechs Jahren von der Rückkehr aus Berlin bis zum Antritt des Staatsschreiberamtes beendet wurden.

In einem monarchischen Lande wären wohl die Verdienste des Dichters durch Verleihung eines Ehrengehaltes, eines Hofamtes oder sonst einer Sinekure belohnt und seine äußere Existenz damit gesichert worden. Die Republik hatte keine solche Stelle zu vergeben. Da wurde Keller Ende November 1857 auf Anregung Hermann Hettners von Wolfgang Müller von Königswinter die Stelle des Sekretärs des Kölner Kunstvereins angeboten; er hätte bei einer täglichen Arbeitsstunde eine Besoldung von vierhundert bis fünfhundert Talern erhalten. Nun regte man sich auch in Zürich, und der alte Plan einer Stelle am Polytechnikum tauchte wieder auf. Es sollte ihm die Möglichkeit verschafft werden, freie und beliebige Vorträge unter irgendeinem Titel zu halten. Keller leuchtete der Plan ein. Er wolle es riskieren, schrieb er Ludmilla Assing am 25. November, «erstens um während einiger Jahre den bürgerlichen Begriffen genugzutun und mittelst der Eselsbrücke von Amt und Einkommen über die kritische Zeit hinwegzugehen; und zweitens, weil ich durch die Studien, welche solche Sache erfordert, vor dem geistigen Einfrieren bewahrt werde und vor dem Versinken in ein vages Belletristentum.» Aber auch diesmal zerschlug sich die Sache, wohl nicht zum wenigsten, weil Keller selber nur mäßigen Eifer bezeugte.

Aber das Bedürfnis regelmäßiger Arbeit blieb bestehen, nicht nur um der äußeren Misere ein Ende zu machen, sondern zur sittlichen Selbsterziehung.

Im Jahre 1860 war Keller mit Georg von Cotta, dem einflußreichen Chef des altberühmten Verlages, in Verbindung getreten. Für dessen «Allgemeine Zeitung» hatte er einen kurzen Bericht über die Einweihung des Mythensteins als Schillerdenkmal am 21. Oktober 1860 geschrieben und darauf für das «Morgenblatt» den klassischen Aufsatz «Am Mythenstein» verfaßt. Aus Cottas Briefen konnte er entnehmen, wie sehr sich dieser für ihn interessierte. Nun legte er ihm seinen Wunsch vor, in eine regelmäßige Arbeitsverbindung mit dem Cotta'schen Verlage zu kommen. «Ich fange an», schrieb er am 10. Mai 1861, «den Mangel eines Amtes oder einer bestimmten bindenden und sicherstellenden Tätigkeit zu fühlen, welche dem poetischen Schaffen eine ruhige Grundlage gäbe. Denn die gänzliche Freiheit ist für Unbemittelte wie für Bemittelte auf die Dauer nicht erquicklich.» So schlug er Cotta vor, jährlich eine gewisse Anzahl Bogen verschiedener Art und Weise für seine periodischen Werke zu schreiben, «wogegen die löbliche Cotta'sche Buchhandlung ein mit diesen Bogen im Verhältnis stehendes Fixum quartaliter auszahlen würde (natürlich nur bei fortlaufender Pflichterfüllung meinerseits), und der Umfang des ganzen Geschäftes müßte so beschaffen sein, daß ich dabei einstweilen sorglos existieren könnte. Ich würde die poetische Arbeit dabei als Erholung vom Hauptgeschäft betrachten und dabei vielleicht weiter kommen, als bisher.»

Cotta war erfahren genug, um auszubiegen. So hochwillkommen ihm Kellers Mitarbeit an seinen Zeitschriften war, sowenig wollte er von einem förmlichen «metiermäßigen Muß» der schriftstellerischen Fronarbeit etwas wissen. Schon die reichlich verspätete Ablieferung des Mythensteinaufsatzes zeigte ihm, wie wenig Keller sich bei seiner Art zu arbeiten zum regelmäßigen Schriftsteller eignete. Und in der Tat, es ist leicht einzusehen, daß ein derartiges Verhältnis zu Cotta nur eine Variation von Kellers Verhältnis zu Vieweg oder Franz Duncker geworden wäre.

Eine heilsame Wendung in äußerer und innerer Beziehung konnte nur die regelmäßige Tätigkeit eines praktischen Amtes bringen, und dieses wurde Keller endlich zuteil.

Im Jahre 1859 hatte Napoleon III. seinem Verbündeten Viktor Emanuel die Lombardei verschafft und von diesem Savoyen und Nizza erhalten. Nun hatte der Wiener Kongreß einst der Schweiz das Recht eingeräumt, im Falle eines Krieges mit Frankreich die nordsavoyischen Landschaften Chablais und Faucigny militärisch zu besetzen. Indem nun Savoyen an diejenige Macht abgetreten war, gegen die eine Besetzung der betreffenden Gebiete die Schweiz hätte sichern sollen, rief diese Verletzung des Wiener Vertrages hier eine starke Volksbewegung hervor. Ein Schreiben des Bundesrates aus dem Januar 1860 beantwortete Napoleon durch die Veranstaltung einer Volksabstimmung in den beiden Landschaften. Unter dem Druck französischer Beamten entschied sich die Bevölkerung für Frankreich, und eine savoyische Notabelnversammlung erklärte sich gegen eine Zerstückelung Savoyens. Am 24. März wurde die förmliche Abtretung der streitigen Gebiete an Frankreich vollzogen.

Jetzt rief man in der Schweiz zum Kriege. In der Bundesversammlung standen sich zwei Parteien gegenüber: eine Friedenspartei, an deren Spitze die Zürcher Jakob Dubs und Alfred Escher standen, und eine Kriegspartei, deren Wortführer der Berner Bundesrat Stämpfli war. Gottfried Keller war, so klar ihm die Aussichtslosigkeit eines Krieges mit Frankreich war, für Losschlagen: «Wir sind jetzt», schreibt er am 22. April 1860 an Freiligrath, «in großer Schwulität mit der Kanaille zu Paris ... Das Schweizervolk ist durchaus der naiven Meinung, sich mit den Franzosen zu schlagen, wenn es so weit kommt; und es kann der Schweiz eine schöne und ehrenvolle Aufgabe gestellt sein. Die größte Gefahr ist nur, daß die Franzosen mit ihrer bekannten Arglist und Katzentücke die Dinge so verwirren und abhetzen, daß der rechte Moment verhunzt wird, der indessen bis jetzt noch nicht versäumt ist ... Mag übrigens kommen, was da will: Glück und Segen wird dem Bonaparte aus diesem Handel in keinem Fall erwachsen. Schwerlich würde er die Unabhängigkeit und Integrität der Schweiz lange überleben.»

Im Kanton Zürich traf die Erregung wegen des Savoyerhandels zusammen mit einer wachsenden Opposition gegen die Regierungskreise. Der Reichtum, den die blühende Industrie in wenigen Händen ansammelte, begann die sozialen Gegensätze zu verschärfen, und da Alfred Escher, trotzdem er seit 1855 nicht mehr der Regierung angehörte, als Direktionspräsident der Nordostbahn und Präsident des Verwaltungsrates der Kreditanstalt, kein Hehl aus seiner plutokratischen Staatsauffassung machte, so richteten sich viele Angriffe gegen ihn. Mit Mißtrauen und auch mit Neid sah ein immer größerer Teil des Volkes auf diesen Mann, der, selber eine überragende Persönlichkeit, in seinem prachtvollen Gut «Belvoir» alles um sich zu versammeln wußte, was in Zürich durch Geist, Geld oder Geburt sich auszeichnete, und der so ein förmliches «System» gegründet hatte. Aus diesen Wahrnehmungen wuchs das Gefühl, daß die Verfassung von 1831, indem sie die Vereinigung einer derartigen Machtfülle in wenigen Händen zuließ, einer Revision bedürfe, und daß das Repräsentativsystem, das bis dahin herrschte, in eine reine Demokratie umgebaut werden müsse, wie sie der fortgeschrittenen Bildung der aufgeweckten und beweglichen Bevölkerung entsprach.

Die erste Kundgebung dieser Opposition war ein Vorstoß gegen die zürcherische Vertretung im Nationalrat, die im Herbst 1860 neu gewählt werden sollte und deren bedeutendstes Glied Alfred Escher war. Den Anlaß zu dem Angriff bildete die Unzufriedenheit mit der Haltung Eschers und seiner Gefolgsmänner in der Savoyerfrage. Der tieferliegende Grund war die Mißstimmung gegen das «System». Am 30. September 1860 traten eine Anzahl der Unzufriedenen, darunter Gottfried Keller, François Wille, Fritz Scheuchzer, der Vetter Kellers, Sekundarlehrer J. C. Sieber, der spätere Regierungsrat, und andere zusammen und bildeten ein Agitationskomitee. Auf den 7. Oktober sollte nach Uster, dem Ort, von dem einst die Bewegung zur liberalen Verfassungsänderung von 1831 ausgegangen war, eine Volksversammlung einberufen werden. Die Abfassung des Manifestes, das zum Besuche der Versammlung einlud, besorgte Gottfried Keller. Es heißt darin unter anderem: «Wir befinden uns in der seltsamen Lage, daß der Stand Zürich, während er in seinem Innern gewissenhaft und geschickt verwaltet wird, in den eidgenössischen Räten zum Teil nicht auf eine Art vertreten ist, die ihm angemessen genannt werden kann. – Es sind teilweise Unselbständigkeit der Gesinnung in den Angelegenheiten des Gesamtvaterlandes, teilweise Marklosigkeit und Verschliffenheit der Grundsätze, welche in dieser widersprechenden Erscheinung zu beklagen sind und nur durch die herkömmliche Teilnahmlosigkeit an den Wahlen ermöglicht werden. – Die Rede davon geht seit Jahr und Tag unter allen unabhängigen Leuten, aber seit dem Savoyerhandel ist die hohe Wünschbarkeit einer teilweise neuen Vertretung im Nationalrate dringlich ans Licht gebracht worden. Es handelt sich nicht darum, Personen von Talent, Tätigkeit und verdientem Ansehen aus dieser Vertretung zu beseitigen, sondern an Stelle jener müßigen Elemente Männer von ernstem und entschlossenem Charakter zu setzen.» Es gilt, den bisherigen Wortführern in der Bundesversammlung Männer an die Seite zu geben, welche befähigt und gesonnen sind, die Kraft des altschweizerischen Volkstums in die Waagschale zu werfen. «Wir wollen nicht», heißt es am Schlusse mit dem deutlichen Vorwurfe, daß nur die Angst ums Geld den Vertretern des industriellen Zürich die Friedenspolitik eingegeben, «daß die Zürcher, die Ostschweizer überhaupt, in das Gerücht eines falschen Spekulantenvolkes geraten, welches den Ernst des Lebens als ein Ränkespiel betreibt.»

Am 7. Oktober fanden sich zur Versammlung in Uster etwa hundert Mann zusammen, die den Kampf aufzunehmen beschlossen. Gottfried Keller orientierte im «Bund» die Westschweiz, wo die Stämpflische Kriegspartei mit gespanntem Interesse die Oppositionsbewegung im Kanton Zürich verfolgte, über die Vorgänge. Aus seinen Berichten liest man unschwer das Bekenntnis der Schwierigkeit, gegen das «System» aufzukommen. Die Opposition besaß kein führendes Organ, während die Gegner über ein Blatt von dem Ansehen der «Neuen Zürcher Zeitung» verfügten. Sie war überhaupt noch keine geschlossene und einheitliche Partei, sondern ein Konglomerat von mehr oder weniger unzufriedenen Elementen. Dazu war das Volk in politischer Gleichgültigkeit erschlafft. «Die Leute», schrieb Keller im «Bund» vom 13. Oktober, «welche bei uns eine Änderung in den Bundeswahlen zu bewirken suchen, sind nicht alle über einen Leist geschlagen. Da sind einige Mitglieder der ‚Helvetia' [eines von Stämpfli gegründeten radikalen politischen Klubs], welche ja schon lange Alarm geblasen hat, aber im Kanton Zürich noch nicht recht gedeihen wollte; ferner einige Ungeduldige und Heißblütige, ebenfalls von älterem Datum; sodann eine gute Zahl Militärs, deren Teilnahme sich selbst erklärt, und endlich eine hübsche Anzahl bisher stiller und unbefangener Männer, die sich im ganzen wohl fühlten und nicht immer die Not so nahe am Mann sahen, wo die andern zur Sammlung riefen. – Diesen letzteren ergeht es jetzt am kuriosesten; denn kaum haben sie, endlich verletzt durch die zynisch und munter zur Schau getragene Gleichgültigkeit und Verblendung gewisser Kreise, ihre Nase in das öffentliche Leben gesteckt, so gewahrten sie alsobald die Verharzung desselben und wie schwer es sich bereits der edlere Teil unserer Bevölkerung durch die lange Entwöhnung gemacht, sich zu gemeinsamem Handeln gegenseitig zu orientieren und zu verständigen. Nicht ohne etliche lange Nasen sitzen wir daher neben den ‚Helvetern', die den trübseligen Triumph feiern, Recht zu behalten.»

Die Schilderung enthält ein persönliches Bekenntnis Kellers. Er selber gehört nicht zu den politischen Heißspornen und grundsätzlich Unzufriedenen, sondern zu den «bisher stillen und unbefangenen Männern», denen erst jetzt durch die Wortführer der Opposition, vor allem die «Helveter», die Augen geöffnet worden sind. Diese seine Anfangsstellung ist wohl zu beachten, wenn man sein späteres Verhältnis zu der «demokratischen Bewegung», wie dieser Abschnitt der zürcherischen Geschichte genannt wird, richtig verstehen will.

Zu dem Mangel an Einheit in der Zusammensetzung der Opposition kamen taktische Fehler beim Vorgehen. Man hatte neben den demokratischen Kandidaten auch die Namen von Alfred Escher, den man als bedeutende Persönlichkeit achtete, und dem konservativen Oberst Ziegler (dem späteren Schwiegervater C.F. Meyers) auf die Liste genommen und nur die Namen der unbedeutenden Gefolgsmänner Eschers gestrichen. Erst in letzter Stunde wurde dann statt Ziegler der Winterthurer Stadtpräsident Dr. J. J. Sulzer als weiterer Kandidat aufgestellt. Diese Unklugheit und Zersplitterung rächten sich. In den Wahlen, bei denen, bezeichnend genug, nur etwa ein Viertel aller Bürger stimmte, unterlag die Opposition. «Der Grund dieses Mißgeschicks», schreibt Keller am 4. November im «Bund», «liegt hauptsächlich in der Unbeholfenheit und Blödigkeit des Angriffes, trotz des Geräusches, das er gemacht hat, sowie in der etwas gemischten Gesellschaft der Angreifenden, wie sie eben der Drang des Augenblicks zusammengeführt hat.» Auch diese Bemerkung läßt darauf schließen, daß Keller sich mit den Führern der Opposition nicht durchaus einig fühlte. Daß er aber persönlich auch nach der Niederlage in der Opposition gegen das «herrschende System» (er selber braucht diesen später berühmt gewordenen Ausdruck bereits in seiner «Bund»-Korrespondenz vom 4. November 1860), gegen Alfred Escher und die «Neue Zürcher Zeitung», verharrte, zeigt eine Reihe von Leitartikeln, die er in der ersten Hälfte des Jahres 1861 in dem oppositionellen «Zürcher Intelligenzblatt» erscheinen ließ.

So glossierte er am 20. Februar die Rede, mit der Alfred Escher als Präsident den Großen Rat eröffnet hatte. Escher hatte in seiner Rede mit deutlicher Beziehung auf die jüngsten Ereignisse die Frage der Neutralität der Schweiz in eine hauptsächlich finanzielle Beleuchtung gestellt. Die Unabhängigkeit eines Landes beruhe nicht nur auf seiner Wehrkraft, sondern auch auf einem wohlgeordneten Finanzzustand und der dadurch bedingten Erhaltung des Landeskredits. «Wie das einzelne Individuum nur dann als selbständig anzusehen ist, wenn es sich durch seiner Hände Arbeit sein Auskommen zu sichern vermag, so wird auch ein

Volk, je mehr Erwerbsquellen es zu erschließen und je reichlicher es dieselben fließen zu lassen versteht, eine um so unabhängigere Stellung einzunehmen und zu behaupten vermögen.» Durch diese geldstolze Einschätzung des Menschen und des Staates bloß nach ihrer Finanzkraft fühlte Keller sich im Innersten verletzt. Er glaubte denn doch auch noch einen persönlichen Wert zu besitzen, obgleich er sich nicht durch seiner Hände Arbeit sein Auskommen zu sichern vermochte. «Es gibt», betonte er in seinem Artikel, «in der Schweiz arme Kantone, die dennoch sehr ehrwürdig sind, und es gab zum Beispiel auch ein einzelnes Individuum namens Pestalozzi, welches sein Leben lang in Geldnöten war, sich auf den Erwerb gar nicht verstand, und dennoch viel wirkte in der Welt, und bei dem der Ausdruck, er verdiene keine Achtung, nicht ganz richtig gewählt gewesen wäre.» Auch in einem späteren Artikel des «Intelligenzblattes» (27. März 1861) deckt er die soziale Ungerechtigkeit auf, die durch die Industrie geschaffen wurde, und zeigt, wie die Baumwolle eine neue Leibeigenschaft begründe.

All das genügte, um Keller in vielen Augen als einen politisch Mißvergnügten erscheinen zu lassen. Er war es nur, insofern er die allgewaltig sich gebarende Macht des Geldes nicht anerkannte, sondern über sie persönliche Tüchtigkeit, gegenseitige Hilfsbereitschaft, eidgenössische Bruderliebe stellte, deren Wirken er in einer Pfingstbetrachtung über den Brand von Glarus im «Intelligenzblatt» pries. Die Ansammlung gewaltiger Vermögen und die dadurch bedingte Zerklüftung der Gesellschaft erfüllte ihn schon jetzt mit jener Besorgnis, die er später im «Martin Salander» ausgesprochen hat. Die Wendung, die die wirtschaftliche Entwicklung in der Heimat nahm, schien ihm nicht zu dem Begriff des alten, echten Schweizertums zu passen, das den Bundesstaat von 1848 geschaffen und das er gerade damals in seinem «Fähnlein der sieben Aufrechten» verherrlichte.

Tiefere Einsicht in Kellers Stimmung und Denken muß doch wohl auch ein Teil derjenigen gehabt haben, die Keller im Herbst 1861 zur Teilnahme an der Verwaltung des Kantons beriefen.

Im August war der bisherige erste Staatsschreiber Huber Mitglied des Regierungsrates geworden. Am 11. September bewarb sich auf einen Wink seines Gönners, Regierungsrat Franz Hagenbuch, auch Gottfried Keller in einer lakonischen Anmeldung um die freigewordene Stelle und wurde am 14. September mit fünf gegen drei Stimmen gewählt, trotzdem unter seinen Mitbewerbern sich tüchtige und erfahrene Männer von juristischer Bildung, darunter sogar ein Nationalrat, befunden hatten.

Die Wahl gab denn auch der Presse viel zu reden. Allgemein trat die Auffassung hervor, als ob die Regierung dadurch die Opposition habe beschwichtigen wollen. Die oppositionellen Blätter, an deren Spitze sich damals der Winterthurer «Landbote» unter seinem neuen Redakteur Salomon Bleuler schwang, jubilierten und gaben der Wahl sofort eine grundsätzliche Bedeutung. Die «Neue Zürcher Zeitung» dagegen sprach klug von einer «Überraschung für viele Freunde der Regierung» und erklärte, die Wahl Kellers sei nicht wegen seiner oppositionellen Stellung, sondern trotz derselben erfolgt: «Einzelne seiner Landsleute hat es schon lange gedrückt, daß ein schönes Talent im eigenen Vaterland sich nicht Bahn brechen konnte, und dieses Gefühl hat sehr wahrscheinlich einen großen Einfluß auf die Wahl geübt.» Die konservative «Freitagszeitung» jammerte: «Am Vorabend vor dem Bettag hat unsere Regierung noch einen Geniestreich begangen, wegen dessen gewiß viele sich veranlaßt gesehen haben werden, am Bettag selbst noch extra für sie in der Kirche zu beten.»

Die gesetzgebende Behörde des Kantons gab der Regierung sofort einen nicht mißzuverstehenden Wink. Es wurde namentlich getadelt, daß sie nicht einen im Staatsdienst bereits Erprobten oder einen Juristen an die wichtige Stelle befördert habe. Dem Dichter, über dessen Lebensführung die sonderbarsten Mären gingen, wollte niemand die nötige Ausdauer, Fähigkeit und Arbeitskraft zutrauen. Nun war es bisher Übung gewesen, daß der erste Staatsschreiber zugleich auch das Amt eines ersten Sekretärs des Großen Rates bekleidete. Gottfried Keller aber wurde in der Sitzung vom 28. Oktober nicht dazu gewählt, indem er im ersten Wahlgang zwar die meisten Stimmen auf sich vereinigte, im folgenden Skrutinium jedoch dem zweiten Staatsschreiber unterlag. Dafür ernannte ihn der heimatliche Wahlkreis Bülach schon am 15. Dezember auf ehrenvolle Weise zum Mitgliede des Großen Rates selbst. Auch durfte es ihn mit Genugtuung erfüllen, daß dasjenige Zürcher Blatt, das den größten Lärm geschlagen hatte, die «Freitagszeitung», schon sechs Wochen nach der Staatsschreiberwahl öffentlich erklärte: Die allgemeine Meinung habe sich in Gottfried Keller ganz gewaltig getäuscht, indem sie die Kraft des Genies in Berechnung zu ziehen vergessen; denn nach allem, was man höre, dürfte aus ihm einer der tüchtigsten Staatsschreiber werden, die Zürich je besessen habe. In der Maisitzung 1862 wurde er auch zum zweiten Sekretär des Großen Rates gewählt.

Der Amtsantritt geschah am 23. September unter einem ungünstigen Zeichen. Den Abend vorher – es war ein Sonntag – war der Dichter in eine große Gesellschaft in den «Schwan» am Mühlebach geladen. Viel extravagantes Volk war versammelt. Der große sozialistische Agitator Ferdinand Lassalle war der Gefeierte. An seiner Seite war die Gräfin Hatzfeld in roter Bluse und weißer Krinoline erschienen. Herwegh, der einige Wochen später einen Ruf auf den Lehrstuhl für Literaturgeschichte nach Neapel erhielt, seine Frau und sein Sohn, Stein von Gumbinnen und andere waren anwesend. Oberst Rüstow trug als Garibaldianer ebenfalls die rote Bluse. Auf dem Sofa lag eine russische Nihilistin, der die Herren eifrig den Hof machten. Ludmilla Assing sollte den neuen Herrn Staatsschreiber unter ihre Fittiche nehmen. Nach dem Tee begann ein Gelage, das bis in den hellen Morgen hinein dauerte, wobei die Frauen dem Champagner nicht lässig zusprachen und dicke Havannazigarren rauchten. Keller fühlte sich aufs äußerste angewidert, verhielt sich indessen stumm. Als jedoch in vorgerückter Stunde Lassalle seine Kunststücke als Magnetiseur und Tischrücker in schauspielerischer Weise zum besten gab und eben seinen Hokuspokus über dem Haupte Georg Herweghs machte, um denselben einzuschläfern, fuhr Gottfried Keller wütend auf, schrie: «Jetzt ist's mir zu dick, ihr Lumpenpack, ihr Gauner!», ergriff einen Stuhl und drang mit dieser Waffe auf Lassalle ein. Eine unbeschreibliche Verwirrung entstand. Die Frauen brachen in heftiges Weinen aus, die Männer schimpften, und der Unhold wurde an die frische Luft gebracht. Um acht Uhr morgens hätte er in der Kanzlei antreten sollen. Um zehn Uhr war er noch nicht da, der nächtliche Vorfall dagegen bereits ruchbar geworden. Da eilte Regierungsrat Hagenbuch nach der Wohnung seines Schützlings, den Schläfer zu wecken. Ein ernstlicher Verweis wurde dem Säumigen nicht erspart. Es war der erste und letzte, den Keller entgegenzunehmen hatte. Seitdem war er die Pünktlichkeit und Pflichttreue selbst. Lassalle zeigte sich sehr versöhnlich. Keller hatte ihn vergeblich aufgesucht und entschuldigte sich darnach schriftlich bei ihm, worauf ihm Lassalle antwortete: «Lieber Keller! Ihre Karte habe erhalten und sehr bedauert, daß ich nicht zu Hause war, um Ihnen persönlich zu sagen, daß niemand besser als ich weiß: ‚Wundersam ist Bacchus' Gabe!' und niemand also bereiter sein kann, über etwas Weinlaune zur Tagesordnung überzugehen.»

Gottfried Keller bezog nun mit den Seinigen die Amtswohnung in der alten Staatskanzlei, dem durch Martin Usteri verherrlichten «Steinhaus». «So erlebt», schrieb Mathilde Wesendonck an Richard Wagner, «die arme Mutter des grünen Heinrich noch die Freude, ihren Sohn auch äußerlich angesehen und geehrt zu sehen.» Als der Herr Staatsschreiber zur ersten Sitzung ins Rathaus ging, mußte der dort aufgepflanzte Landjägerposten übungsgemäß das Gewehr präsentieren. Ein hämischer Nachbar hatte sich beizeiten eingestellt, den feierlichen Augenblick nicht zu verpassen.

Über die vielbesprochene Frage, ob der Dichter gut getan, sich ins Joch nüchterner Amtsarbeit einspannen zu lassen, kann hier kurz weggegangen werden. Mögen diejenigen Kellers Schritt beklagen, die in dem Dichter einen über dem Erdboden dahinschwebenden Singvogel sehen, der sein Gefieder nicht mit dem Staub der Wirklichkeit beschmutzen darf. Oder diejenigen, die den Wert eines Dichters nach dem Umfang seiner Werke messen und wähnen, Keller hätte, statt nur zehn Bände, deren zwanzig geschrieben, wenn er die Fron seines Amtes nicht zu tragen gehabt hätte. Es sind die gleichen, die es beklagen, daß Goethe als Beamter in Weimar sein poetisches Genie in prosaischen Verwaltungsgeschäften verkrümelte. All diesen kann nur gesagt werden: Keller wußte genau, was er tat, als er das Amt übernahm, und als er es aufgab. Und beides war menschlich und künstlerisch notwendig. Wie er selber an Georg von Cotta schrieb, als er ihm mitteilte, daß er auf die geplante eifrigere Mitarbeit an den Cotta'schen Zeitschriften verzichten müsse: «Dennoch ist mir das Amt in dem Sinne übertragen und von mir übernommen worden, daß der Poet und Schriftsteller dabei nicht verloren gehe, sondern im Gegenteil dadurch einen festeren Halt im Leben gewinne.»

14
DER GRABGESANG AUF DIE ROMANTIK UND DIE VATERLÄNDISCHEN ERZÄHLUNGEN

Bis um das Jahr 1850 bekämpfen sich in Kellers Dichten Romantik und Realismus. Jene, von einer idealistischen Weltauffassung ausgehend, heißt ihn mit den gegebenen Objekten der Wirklichkeit wie mit goldenen Bällen spielen und verführt seine unerschöpfliche Phantasie zu den krausen Arabesken eines ironischen Witzes; dieser lehrt den Eigenwert des Stoffes achten und fordert den gestaltenden Dichtergeist zur Treue gegen das Objekt und zur Unterordnung unter dessen natürlich gegebene Lebensform auf. Für jene ist die Dichtung ein Spiegel der Künstlerpersönlichkeit, deren Glanz in hundert Lichtern blitzt. Für diesen ist sie ein Widerschein der äußeren Welt, in die der Dichter sich aufgelöst, wie Salz im Wasser. Jene geht auf Geist und Willkür, dieser auf Stimmung und Wahrheit aus.

Für Keller war durch das Feuerbach-Erlebnis grundsätzlich der Kampf entschieden; denn indem ihm Feuerbach die Nichtexistenz eines allgemeinen, der Welt immanenten Geistes nachwies, indem er als einzige Wirklichkeit die in individuellen Erscheinungen vor Sinne und Verstand tretende Natur aufdeckte und den Geist als das menschliche Bewußtsein hinstellte, entzog er auch einem Kunststile die Daseinsberechtigung, der die Verherrlichung dieses metaphysischen Geistes gewesen war. Für den Dichter, der auf Feuerbachs Boden stand, galt nun als einzige Aufgabe die treue Darstellung der individuell gegebenen Wirklichkeit, und seine persönliche Geisteskraft war nicht mehr dazu da, um selbstherrlich mit dem Stoffe zu spielen und die Stimmung, die er ausatmete, zu zerstören zum höheren Ruhme des allein wirklichen Künstlergeistes, sondern sie diente lediglich dazu, das Wesentliche der Wirklichkeit treu und tief zu erfassen und das Leben so voll und reich, wie es als Ganzes war, im einzelnen Kunstwerke aufleuchten zu lassen.

Das ist die künstlerische Erkenntnis, zu der sich Keller mit Hilfe Feuerbachs durchgerungen und die er in Shakespeare bestätigt fand. Da stieg im Oktober 1851, unmittelbar nachdem er persönlich zur Klarheit gelangt war, wie eine farben- und funkensprühende Feuerkugel Heines letzte Gedichtsammlung, der «Romanzero», am Horizont der Zeit auf. Das Werk des Todkranken vereinigte alles in sich, was die romantisch-jungdeutsche Kunst aus ihrem eigenen Schoße Großes hervorzubringen vermochte. Die Selbstherrlichkeit des Genies gegenüber der äußern Welt zum heroischen Trotz gesteigert mitten in den Qualen einer markzerfressenden Krankheit. Den staunenerregenden Reichtum einer inneren, geistigen Welt. Eine glitzernde Beweglichkeit der Phantasie und des Witzes. Aber auch die Herzlosigkeit eines Dichters, der, tapfer ausharrend in eigenen Qualen, gegenüber den entsetzlichsten Leiden der andern das menschliche Gefühl verloren zu haben schien. Und daneben endlich, befremdend im Munde des eiskalten Spötters, mitten in das lustige oder grelle Geklingel der Narrenschellen hineintönend, die getragenen Bußgesänge eines in den Schoß des Glaubens zurückgekehrten zerknirschten Sünders. Was war Schein und was Wahrheit, was Überzeugung und was Heuchelei? War nicht auch die Bekehrung nur ein Spiel mit schönen Stimmungen, wie Heine es sein ganzes Leben lang getrieben? Nicht ein religiöses, sondern ein ästhetisches Erlebnis der romantischen l'art-pour-l'art-Lehre?

Jedenfalls hatte in der geistsprühenden Malice und genialen Virtuosität dieses Buches die ironische Kunst der Romantik ihr Schwanenlied gesungen, und so faßte auch Keller den «Romanzero» auf. Heine hatte tiefe Spuren in seinen früheren Erzeugnissen hinterlassen. Seinen Geist bewunderte, sein Schicksal bedauerte er auch jetzt noch, nachdem er künstlerisch sich von ihm abgelöst. Nun bot das Erscheinen des «Romanzero» den Anlaß zu einer Auseinandersetzung mit der ironischen Kunst Heines, der Romantik überhaupt. Diese Auseinandersetzung mußte, um zu wirken, im Stil Heines und des «Romanzero» abgefaßt sein, der darin ad absurdum geführt werden sollte. So entstand «Der Apotheker von Chamounix» oder, wie in der älteren Fassung der Nebentitel lautet, «Der kleine Romanzero».

Jakob Baechtold berichtet aus Kellers Munde, daß im besonderen die Romanze «Spanische Atriden» ihn gereizt habe. König Don Pedro der Grausame läßt seinen Bruder Don Fredrego enthaupten, angeblich weil er unerlaubte Beziehungen zu der Königin angeknüpft, in Wahrheit, weil er eifersüchtig ist auf des Bruders Ruhm. Der Hund des Getöteten packt den Kopf seines Herrn und trägt ihn an den Hof. Da setzt er sich mitten unter die tafelnde Gesellschaft auf den Stuhl des Enthaupteten und hebt das blutige Haupt anklagend in die Höhe. Später fällt Don Pedro im Kampfe mit einem andern Bruder, und dieser rächt Don Fredrego, indem er Don Pedros Söhne in einen Hundestall sperrt. Mit echt romantischer Ironie sind hier grausamste Vorgänge ohne bemerkbare Gefühlsanteilnahme des Dichters rein als dichterische Motive behandelt.

Aber nicht nur Heine, vor allem auch seine Nachbeter wollte Keller treffen. «Es sei jetzt», meinte er gegenüber Ludmilla Assing, in der sich selber Heinesche Medisance und Sentimentalität einten, «des Guten genug, und man müsse sich endlich konsequent und aufrichtig von Witz, Unwitz und Willkürtum der letzten Romantik lossagen und wieder zur ehrlichen und naiven Auffassung (das heißt zum Realismus) halten.» Ähnlich äußerte er sich am 22. April 1860 gegen Freiligrath. Die Heineerinnerungen von Alfred Meißner, die 1856 herauskamen, waren ihm ein nachträglicher Beweis für die Notwendigkeit, die Heinesche Manier zu überwinden. Er nennt das Buch gegenüber Ludmilla Assing eine widerliche Erscheinung, da es ihm hauptsächlich geschrieben scheint, um seinen Autor zu produzieren, und zwar mit den wohlfeilen Mitteln unmittelbarer Fortsetzung Heineschen Wesens.

In dieser Stimmung kam ihm eine Zeitungsnachricht oder besser -Ente zu Gesicht, die Geschichte von einem Apotheker, dem seine eifersüchtige Geliebte einen höchst lächerlichen Tod bereitete, indem sie eine gestrickte Halsbinde mit Schießbaumwolle stopft. Hier war für die Satire eine Fabel gegeben, in der sich nach Heines Weise das Entsetzliche mit skurrilem Spaße mischte. Damit verband der Dichter die Schilderung von Heines Tod und Apotheose und eine Charakteristik seines Wesens als zweite Handlung. Die Anfänge der Dichtung reichen in die Jahre 1852/53 zurück. Sie sollte der zweiten Auflage der «Neueren Gedichte», die Vieweg auf Michaelis 1854 veranstaltete, einverleibt werden, konnte aber nicht aufgenommen werden, weil das Buch damit für den alten Einband zu dick geworden wäre. Hierauf gedachte Keller das Werklein gesondert zu veröffentlichen. Aber Hettner, dem er den Plan vorlegte, riet ihm ab, da das Gedicht als eine herzlose Verspottung des todkranken Heine aufgefaßt werden könne. Nach Heines Tod 1856 schien der richtige Zeitpunkt für die Publikation des «Apothekers» gekommen zu sein. Diesmal aber beschwor Ludmilla den Freund, er möge dem Seligen nichts zuleide tun. Da überdies damals «Heines Höllenfahrt» von Wolfgang Müller von Königswinter und ein Jahr darauf «Heinrich Heine, der Unsterbliche. Eine Mahnung aus dem Jenseits. Von dem Rendanten D. Hornung» sowie «Heines Himmelfahrt» von Emma von Hallberg und «Heines Ankunft im Schattenreich» von Luise Hoffmann erschienen, so verlor Keller die Lust, sein Werk zu veröffentlichen. 1860 nahm er das Manuskript, trotzdem er den Druck nicht mehr als zeitgemäß erachtete und schon früher den Entschluß gefaßt hatte, es ganz zu unterdrücken, aus reiner Geldnot wieder vor, unterzog es einer Durchsicht und bot es Franz Duncker zum Verlag an. Auch dieser winkte ab, und nun blieb die

Dichtung liegen. Erst zu Anfang der achtziger Jahre begann Keller eine nochmalige gründliche Umarbeitung des Werkes, das dann 1883 in den «Gesammelten Gedichten» als Ganzes erschien, nachdem Paul Lindau ein Jahr vorher in «Nord und Süd» ein Stück davon hatte mitteilen dürfen.

Dem flüchtigen Blick scheinen die beiden Handlungen des «Apothekers von Chamounix» der Beziehung aufeinander zu entbehren. Die erste bildet das Schicksal des Apothekers in Chamounix, der nach der früheren Fassung Bertram, nach der späteren Titus heißt. Er ist ein eifriger Jäger, dazu Liebhaber der Handschuhhändlerin Rosalore. Auf einer Fahrt ins Gebirge lernt er die liebliche Bergmaid Klara kennen und verliebt sich in sie. Von glühender Eifersucht erfaßt, strickt Rosalore dem Ungetreuen eine Halsschärpe, die sie mit Schießbaumwolle ausstopft. Titus pflegt sich die warme Binde beim Weidwerk umzulegen. Einst begibt er sich auf die Steinbockjagd. Rosalore, von Unruhe und Neugierde getrieben, eilt ihm nach. Durch eine Nebelspiegelung betrogen, glaubt Titus auf einer Felsenklippe den Bock zu sehen, drückt sein Gewehr ab und trifft Rosalore, die in den Abgrund stürzt. Ein Funke entzündet die gefährliche Feuerschlange, die er um den Hals trägt. Die Katastrophe erfolgt. Der Kopf wird ihm abgerissen. In der Nacht müssen Titus und Rosalore mit dem Totenvolk über den Berggrat wandern. Er schleppt an der Hand die blutgetränkte Schärpe, während hinter ihm das Weib den Kopf in der Schürze nachträgt. Klara, die längst in Gram gestorben, büßt im Gletscher des Montblanc, dem Reinigungsorte der armen Seelen, die Leidenschaft, die ihr Titus in das schuldlose Gemüt gelegt.

Die zweite Handlung schildert erst das Erscheinen und die Wirkung des «Romanzero». Dann läßt der Dichter sich Heinrich Heine um Mitternacht im Traume von seinem Schmerzenslager erheben. Er schlingt sich ein Lorbeerreis um den blassen Scheitel, nimmt sein Büchlein «Romanzero» mit und macht sich auf, Gott zu suchen. Er betritt die Dämmerhalle der Unsterblichkeit, wo die großen Meister schweigsam auf und nieder wandeln. Gleich am Eingange trifft er auf seinen alten Gegner Platen, dann auf Goethe und Schiller. Auch Mephisto geht mit im Reigen, und Herr Heinrich findet trotz seiner pikanten Gesinnungsweise – um eine der Randglossen, welche die erste Gestalt des Gedichtes begleiteten, wiederzugeben –, «daß es schon vor ihm pikantere Gesellen gegeben hat, welche mit mehr Ruhe auch einen starken Tabak rauchten». Dann erscheint der schlichte, tapfere Lessing. Heine glaubt weiterschreitend bereits das große Mysterium gefunden zu haben; da steht plötzlich sein Erdenfeind, Ludwig Börne, hohnlachend vor ihm. Beide prusten sich wie wilde Katzen an, aber Lessing verweist sie zur Ruhe mit der Drohung, sie in das mit einer fahlen Schimmeldecke überzogene Tintenmeer zu schmeißen, das er ihnen von einem Hinterpförtchen aus zeigt. Heine erhält von Börne rücklings einen Stoß, daß auch er in diese Tintennacht untertauche. Er erwacht, und die helle Morgensonne scheint in seine Schlafstube in Paris.

Darauf liegt der Dichter wirklich im Sterben, und sein Herz bricht unwiderruflich. In der stillen Totenstadt auf dem Montmartre wird er einlogiert. In der Nacht jedoch öffnen sich die Gräber, und das Pariser Totenvolk steigt heraus. Tanzend umkreisen die Schatten aller Nationen die Gruft des Dichters, und diejenigen unter ihnen, die niemals ein Herz gehabt (sonst hätten sie es im Leben gezeigt), klagen ihn an, daß er das seine verleugnet und geprahlt habe, Tigerkrallen zu besitzen. Deswegen soll der große Herzverleugner sein Vergehen büßen, bevor er sich des ewigen Schlafes freut. Sie wecken ihn auf. Sechs schimmernde Grisettenschultern tragen die leichte Dichterbürde durch die Lüfte und fahren damit dem Tale von Chamounix zu und von da hinauf zu den blanken Eiszinken des Montblanc, wo im kristallenen Kämmerlein noch die arme Klara sitzt. In diese anmutige Strafzelle wird der tote Heinrich versetzt, während Klara befreit zum Himmel schwebt.

Das dünne stoffliche Band, das die beiden Handlungen verknüpft, ist die Einheit der abkühlenden Bußzelle im Montblanc. Bedeutsamer ist der Zusammenhang in Idee und Stil. Die Geschichte des Apothekers ist ein Beispiel für die geistreich-spielende und gemütskalte Arabeskenkunst Heines, der so mit seinen eigenen Waffen aus dem Feld geschlagen werden soll. Im Reichtum der Erfindung, in der bewundernswerten Anmut, mit der die Motive ausgestaltet und von den üppigen und zarten Ranken einer glücklichen Romantik umspielt werden, und nicht zum wenigsten in der treffenden Malice der Literatursatire nimmt es Kellers Dichtung ruhig mit den geistvollsten Schöpfungen Heines auf, die sie durch die Echtheit des immer wieder durchbrechenden Gemütes übertrifft. Episoden wie die Heuernte der Murmeltiere (Keller las diese Sage als Achtzehnjähriger im «Pfennigmagazin» von 1834), die Wanderung der Klara zum Montblanc oder die danteske Jenseitsphantastik der Heinepartie gehören zu den unvergänglichen Perlen romantischer Phantasie- und Geisteskunst, an Originalität und Zierlichkeit ähnliche Dichtungen, wie etwa Immermanns «Tulifäntchen», weit überragend.

In der endgültigen Fassung sind die beiden Handlungen reinlich getrennt und biegen sich erst am Schlusse, wo Heine Klaras Zelle in Besitz nimmt, zusammen. Die erste Fassung suchte das Arabeskenhaft-Spielende des romantischen Stiles auch durch die Komposition zum Ausdruck zu bringen, die die beiden Handlungen enger miteinander verknüpft. Die Romanzen I bis V schildern die Erlebnisse des Apothekers bis zu dem Tod Klaras und der Beisetzung ihrer Seele. Dann folgt in den Romanzen VI bis XX die ganze Heinepartie bis zum Tode des Dichters und der Bergung seiner Seele in Klaras Eiszacken. Darauf kehrt die Erzählung zu dem Apotheker zurück und schildert in den Romanzen XXI und XXII seinen und Rosalores Tod. Die Apothekerhandlung umschlingt also die Literatursatire. Zu diesem Unterschied der Komposition der beiden Fassungen kommen Abweichungen stofflicher Art. In der zweiten Fassung ist der Apothekerteil erweitert worden. So ließ sich Keller nachträglich durch die Sage von der schönen Mailänderin in der Sammlung der Walliser-sagen von Tscheinen zu der Schilderung der Begegnung der toten Klara mit dem Ziegenhirten, durch die Sage von den Gratzügen zu der Darstellung der Wanderung von Titus und Rosalore anregen. Dagegen nimmt in der ersten Fassung die Literatursatire einen breiteren Raum ein als später. In der XV. Romanze hatte sich Keller durch einen scharfen Ausfall an Gutzkow gerächt, der ihm als einflußreichster Vertreter eines ruhelosen, neidgepeitschten Strebertums äußerst unsympathisch war. In der zweiten Fassung (II, 8) fehlt diese persönliche Anrempelung. Auch das Fabula docet, das in der ersten Fassung die XXIII. Romanze bildete, wurde später weggelassen, und die Schilderung des großen Schillerfestes 1859, die in der ersten Fassung den hoffnungsfreudigen Abgesang bildete, wurde abgetrennt und als selbständiges Stück den «Gesammelten Gedichten» einverleibt.

Nicht immer hat das Gedicht durch die Kürzungen gewonnen, und manchmal ist die Weglassung einer Stelle zu beklagen, nicht nur weil ein anmutig oder geistreich geformtes Motiv verloren gegangen ist, sondern auch weil der Zusammenhang an Klarheit eingebüßt hat. Zum Beispiel werden in der zweiten Fassung (S. 203) Goethe die Worte in den Mund gelegt:

Wo ein Herz ist, wie das meine,
Da versammeln sich die Raben
Mit den schönen Zuckeraugen
Und den anspruchsvollen Schnäbeln.

Schwarze Raben, weiße Raben!
Und ich habe mich vertändelt;
Ach, am Ende war ich König,
Aber ohne Königin!

Die erste Fassung führt das Thema klarer aus:

Die Geschichte mit den Weibern
Ließ ich mir zu Herzen gehen,
Und von Anfang bis zum Ende
War mein Blut zu ernst und ehrlich!

Wo ein Herz ist, wie das meine,
Da versammeln sich die Raben,
Raben mit den schönen Augen
Und den anspruchsvollen Schnäbeln.

Und ich ward um mich betrogen
Von den Kleinen, von den Großen,
Und am Ende war ich König,
Aber ohne Königin.

Das klingt wie eine poetische Paraphrase von Goethes Maxime: «Wenn die Männer sich mit den Weibern schleppen, so werden sie so gleichsam abgesponnen wie ein Wocken.» In der zweiten Fassung hat Keller die deutliche Beziehung auf die Weiber weggelassen. Sie mochte ihm zu persönlich klingen, zu sehr aus seinem eigenen Erleben mit Johanna Kapp und Betty Tendering geschöpft.

Hätte Keller den «Apotheker von Chamounix» nicht doch, trotz dem Abraten von Hettner, Ludmilla Assing und Franz Duncker, in den fünfziger oder zu Anfang der sechziger Jahre veröffentlichen sollen? Wenn wir die Einwände, mit denen die Freunde der Absicht des Dichters entgegentraten, prüfen, so zeigt es sich, daß keiner von ihnen in den Kern des Gedichtes einzudringen vermochte. Hettner hatte seinen Blick zu energisch auf den Realismus gerichtet, in dem er damals mit Recht das Heil der deutschen Literatur sah. Ludmilla vermochte echt frauenhaft das Persönliche von der Sache nicht zu scheiden und jammerte über Pietätlosigkeit. Franz Duncker endlich urteilte vor allem von dem praktischen Standpunkt des Verlegers aus. Und darin hatte er wohl recht, daß das Publikum des Jahres 1860 Kellers Dichtung mit Befremden und Kälte aufgenommen hätte. Ist doch wohl bis auf den heutigen Tag der ebenso anmutige als geistvolle «Apotheker von Chamounix» dasjenige größere Werk Kellers, zu dem die wenigsten Leser ein inneres Verhältnis finden können. Man ergötzt sich am Einzelnen und lehnt das Ganze ab. Aber ich bin überzeugt, daß das Gedicht, wenn es etwa ums Jahr 1820 erschienen wäre, als eine der Großtaten romantischer Poesie in die Geschichte der deutschen Literatur Aufnahme gefunden hätte. Das Verhängnis des «Grünen Heinrich» und der «Leute von Seldwyla» war, daß sie um ein Menschenalter zu früh erschienen. Das Verhängnis des «Apothekers von Chamounix» war, daß er um ein Menschenalter zu spät kam.

Sein Verfasser selber hatte, als er ihn ums Jahr 1860 aus äußeren Gründen veröffentlichen wollte, den Stil, der darin brillierte, in sich überwunden. Er strebte energisch nach dem Realismus. Nichts beweist dies eindringlicher als die Reihe der drei vaterländischen Erzählungen, die damals entstanden.

Am 22. Februar 1860 wandte sich Berthold Auerbach an Keller mit der Bitte um einen Beitrag in seinen «Deutschen Volkskalender». Keller sagte mit einigen Bedenken zu. Eine derartige Erzählung konnte, dem Charakter von Auerbachs Kalender entsprechend, nur eine treue Wiedergabe schweizerischen Volkslebens sein, ohne jede Abrückung ins Reich einer selbständig schaffenden Phantasie, und da nun gerade damals ein Wiener Flüchtling, Dr. Ludwig Eckardt in Bern, mit der Idee einer «schweizerischen Nationalliteratur» sich blähte und Urteilslosen die Köpfe verdrehte, so widerstrebte es ihm, mit jenem in einer Reihe zu erscheinen. Doch erklärte er sich bereit und legte am 25. Februar Auerbach den Plan vor. In seinem Gedächtnis lebte das Bild jener gemeinnützigen Gesellschaft radikaler Patrioten, Aristokraten-, Pfaffen- und Jesuitenfeinde, die zum Teil noch die Freunde seines Vaters gewesen waren und seine eigenen ersten Flüge ins öffentliche Leben geleitet hatten. Dazu ließ sich in einer solchen Erzählung die ganze Kraft der neuerstandenen Eidgenossenschaft samt dem Glanze des Festlebens und dem Ideal des schweizerischen Staates darstellen, wie es Keller im Kopfe schwebte. Die tiefere Idee gab der Gegensatz zwischen alt und jung und seine glückliche Versöhnung, die novellistische Fabel eine Heiratsgeschichte. «Ich habe», schrieb er Auerbach, «den Anfang einer Geschichte unter meinen Papieren, deren Gegenstand ein kleiner Zürcher Patriotenklub ist, alles Handwerker, welche eine ganze Entwicklung mit vielen Parteikämpfen mit durchgemacht haben. Es sind alles Originale, die ich selbst kannte; von den Parteiführern vielfach benutzt, aber nie mißbraucht, haben sie einen gewissen Kern bei allen Affären gebildet, ohne je etwas für sich zu wollen. In der alten Aristokraten- und Jesuitenzeit alt geworden und von einem derben gemütlichen Haß erfüllt, verstehen sie nun mit ihren alten Köpfen die Zeit der versöhnten Gegensätze nicht mehr recht und halten um so fester zusammen als die ‚Alten und Erprobten'. Das Novellistische wäre dies: ein Reicher darunter hat ein artiges Töchterchen, ein Armer einen Sohn, die sich haben möchten. Hier hört nun die Gemütlichkeit auf. Der Reiche will die Tochter nicht geben, der Arme aus republikanischem Stolz seinen Sohn nicht aufdringen, und so werden die beiden Alten einig, gute Freunde und Bürger zu bleiben und die Kinder zu tyrannisieren, wie die denn in ihrem Hause samt und sonders die unbeschränktesten Herrscher zu sein wähnen. Die Weiber und Kinder besiegen aber schließlich die Alten und Erprobten. In einer übermütigen Stunde beschließt der Klub, sich die Zierde und Ehre einer eigenen Fahne beizulegen und damit zum erstenmal ein Schützenfest zu besuchen. Zur Fahne gehört aber ein Sprecher. Keiner von ihnen hat trotz aller politischen Tätigkeit je öffentlich gesprochen, keiner gedachte es je zu tun, und zwar aus Anspruchslosigkeit und rechter Bescheidenheit, weil sie wissen, daß sie nicht sprechen können. Der Reiche wird nach langem Sträuben zwangsweise erkoren. Dann äußerste Verlegenheit, Gefahr, allgemeine Verhöhnung usw., bis der heiratslustige Sohn des Armen die Not bricht mit einer glänzenden Rede, welche dem Klub der Alten (etwa sieben Mann) Aufsehen und Ruhm einträgt.»

Das ist, von Einzelheiten der Ausgestaltung und Motivierung abgesehen, genau der Plan der ausgeführten Erzählung. Die Handlung ist, im Gegensatz zu den Novellen der «Leute von Seldwyla», nach Ort und Zeit bestimmt fixiert. Der Wohnsitz der «Aufrechten» ist Zürich. Auf dem Schützenfest in Aarau im Jahr 1849, das auch Abraham Emanuel Fröhlich, Gotthelfs Freund und Kellers politischer Gegner, in seiner Novelle «Spiel und Gewinn» als Schauplatz einer Liebesgeschichte verwendet, holt der Klub sich seinen Ruhm und Karl die Braut. Der «Spinnerkönig», auf den Hediger im Gespräch mit seiner Frau anspielt, ist der bekannte Heinrich Kunz, Besitzer großer Spinnereien in den Kantonen Zürich, Aargau und Glarus. Von den sieben Aufrechten selber sollte, nach der ursprünglichen Absicht des Dichters, der Schreiner wirklich Schaufelberger heißen, wie der Freund seiner Jugend. Erst nachdem das Manuskript an Auerbach abgegangen war, taufte Keller ihn, um die allzu deutliche Spur der Wirklichkeit zu verwischen, in Bürgi um. Ebenso spiegelt sich auch in den Charakteren der Aufrechten, ihrer Weiber und Kinder das Wesen deutschschweizerischen Mittelstandes jener Zeit wider. Von jenem tyrannischen Polterregiment, das der vormärzliche Ehemann und Vater in Hebbels «Maria Magdalene» und Otto Ludwigs «Erbförster» über die Seinen ausübt, ist die Strenge des Meisters Hediger ein verdünnter Aufguß, den des Dichters Humor gewürzt hat.

Dem größeren Wirklichkeitsgehalt des Stoffes entspricht auch der konsequentere Realismus des Stiles. Der Dichter tritt mehr hinter seine Personen zurück als in den «Leuten von Seldwyla», trägt seine Ideen nicht selber vor, sondern legt sie seinen Personen in den Mund. Er gibt die Exposition nicht in der Form eines einführenden Berichtes, sondern läßt aus kunstvollen Gesprächen die Vorgeschichte erstehen und paßt sich in den Reden möglichst der Umgangssprache an.

So suggeriert er durch Stoff und Stil dem Volke, für das die Erzählung bestimmt ist, die Vorstellung der Wirklichkeit, um dem idealen Gehalte, den er in die Geschichte legt, eine um so kräftigere Wirkung zu sichern. Und er war sich wohl bewußt, daß er das schweizerische Volks- und Festleben idealisiert habe. Das «Verlorene Lachen» sollte nach der ersten Absicht des Dichters als sehr ernsthaftes Gegenstück die Gefahren der Festbummelei zeigen. Als Auerbach die Lektüre der Erzählung mit einem erfrischenden Bad in einem Schweizersee verglichen hatte, fand Keller es für nötig, das allzu helle Licht, das die Schilderung ausstrahlte, etwas zurückzuschrauben. «Es ist noch lange nicht alles Gold, was glänzt», meinte er. «Dagegen halte ich es für Pflicht eines Poeten, nicht nur das Vergangene zu verklären, sondern das Gegenwärtige, die Keime der Zukunft so weit zu verstärken und zu verschönern, daß die Leute noch glauben können: ja, so seien sie, und so gehe es zu ... Kurz, man muß, wie man schwangeren Frauen etwa schöne Bildwerke vorhält, dem allezeit trächtigen Nationalgrundstock stets etwas Besseres zeigen, als er schon ist; dafür kann man ihn auch um so herber tadeln, wo er es verdient.» Keller hat diese Regel des Volksschriftstellers – nur an diesen denkt er – vor allem bei der Zeichnung der Gestalt Karls befolgt, der durch seine Großtaten am Schützenfest zu einer Heldenhaftigkeit auswächst, wie sie sonst Kellers Wahrheitssinn fremd ist.

Wenn schon das «Fähnlein der sieben Aufrechten» gegenüber den «Leuten von Seldwyla» eine gewisse Magerkeit und Einfärbigkeit zeigt, so sind die beiden weiteren Beiträge, die Keller für Auerbachs Volkskalender lieferte, «Verschiedene Freiheitskämpfer» (1863) und «Der Wahltag» (1866), eher Studien als ausgeführte Erzählungen. In den «Verschiedenen Freiheitskämpfern» erinnert der Hintergrund an Gotthelfs Novelle «Elsi die seltsame Magd», die Keller so sehr bewundert hat. Der Gegensatz zwischen dem einen leichtsinnig-frechen Liebespaar Peter Dümanet und Babette Zulauf und den tiefen und tüchtigen Nidwaldnern Aloisi und Klara ist wirkungsvoll und deckt mit aller Schärfe die Kluft zwischen Freiheitsdusel und Freiheitsmut auf. Aber die Absicht tritt zu grell hervor, weil die Fülle umkleidender Fabulierkunst mangelt. Der

«Wahltag» vollends ist eine in Erzählungsform vorgetragene Mahnung an das Volk, die Gleichgültigkeit bei Wahlen und Abstimmungen abzulegen.

Das Staatsideal, das Keller in diesen stark politisch gefärbten Novellen vorträgt, ist dasselbe, wie es in den Zeitungskorrespondenzen und andern Kundgebungen jener Zeit von ihm vertreten wird. Den Grund und Kern der schweizerischen Einheit soll das Solidaritätsgefühl der Bürger bilden, die jeden Augenblick bereit sind, dem Bruder in Not mit Rat und Tat beizustehen, wie es 1861 nach dem Brande von Glarus der Fall war. Im einzelnen Kanton aber soll die Selbständigkeit des Volkstums in politischer und kultureller Hinsicht gewahrt bleiben. Es ist der Dichter selber, der in der Person des alten Berghans im «Wahltag» gegen die Einheitsbestrebungen seiner Zeit, die Neigung, die Kantone in das Ganze der Eidgenossenschaft aufzulösen, eifert: «Was willst du mit deiner Schweiz ohne ihre alten und neuen Kantone? Eine ausgefressene Schüssel, ein leeres Faß würde sie sein, ein weggeworfener Bienenkorb ohne Waben! Ein in ein Haferfeld, auf dem die Rosse weiden, umgearbeiteter Garten würde sie sein ... Ohne Bund gibt es keine Eidgenossenschaft, ohne Kantone keinen Bund, ohne Wetteifer im Großen und Guten keine Kantone: das ist der Steinschnitt im Gewölbe unseres Vaterlandes.»

«Freundschaft in der Freiheit» ist die Devise der sieben Aufrechten. Jeder soll als feste Persönlichkeit an seinem Platze stehen und wirken und zugleich Auge und Hand fürs Ganze offen halten. Unterschiede der Lebenslage, an denen Hediger und Frymann so starr festhalten, lassen sich durch persönliche Tüchtigkeit überbrücken. Das war auch Kellers Ideal des politischen Zusammenlebens, und in jenem Bild einer bescheidenen Mittelstandsexistenz, wie es Hediger im Gespräch mit seiner Frau entwirft, steckt der Kern seiner Wirtschaftspolitik: «Glücklicherweise gibt es bei uns keine ungeheuer reichen Leute, der Wohlstand ist ziemlich verteilt; laß aber einmal Kerle mit vielen Millionen entstehen, die politische Herrschsucht besitzen, und du wirst sehen, was die für Unfug treiben! ... Es wird eine Zeit kommen, wo in unserem Lande, wie anderwärts, sich große Massen Geldes zusammenhängen, ohne auf tüchtige Weise erarbeitet und erspart worden zu sein; dann wird es gelten, dem Teufel die Zähne zu weisen; dann wird es sich zeigen, ob der Faden und die Farbe gut sind an unserem Fahnentuch.»

Das ist ein Ton, der verstärkt in «Martin Salander» wieder erklingt, von dem nach Farbe und Stimmung das «Fähnlein der sieben Aufrechten» sonst so weit absteht.

15
IM AMT

Mit seiner Ernennung zum Staatsschreiber erhielt Gottfried Keller das verhältnismäßig bestbesoldete Amt des Kantons Zürich. Seine Einkünfte machten, Sporteln und freie Wohnung eingerechnet, die damals für stattlich gehaltene Jahresbesoldung von fünf- bis sechstausend Franken aus. Aber die Stelle forderte auch, wenigstens am Anfange, eine volle Arbeitskraft. «Als die alte Republik Zürich ... mir das Amt ihres Schreibers gab, mußte ich mich vom ersten bis zum letzten Augenblicke in den Geschäften tummeln und genoß zehn Jahre lang nicht einmal eines Urlaubes.» So schreibt Keller in seiner autobiographischen Skizze für die «Gegenwart». Der Umkreis der Geschäfte des ersten Staatsschreibers – bis 1871 gab es noch einen zweiten – war ansehnlich genug. Ihm stand die Oberleitung der Staatskanzlei zu. Zugleich war er Sekretär der Direktion der politischen Angelegenheiten. Über die Verhandlungen des Regierungsrates führte er die Sitzungsprotokolle. Er hatte den amtlichen Verkehr mit den übrigen Kantonsregierungen und dem Bundesrate zu unterhalten, mußte die jährlichen Rechenschaftsberichte sämtlicher Departemente zusammenstellen, Gesetzesentwürfe, Eisenbahnkonzessionen, Verordnungen allerart registrieren oder endgültig redigieren sowie die Unmasse von Ausfertigungen, Pässen, Heimatscheinen usw. mit seiner Unterschrift versehen. Kurz, das Amt nahm seinen ganzen Mann vom Morgen bis zum Abend in Anspruch. Denn dieser Mann haßte jede schläfrige Bürokratie und sah streng auf Fleiß, Ordnung und Pünktlichkeit bei sich selbst und den übrigen Angestellten. Der neue Staatsschreiber behauptete gleich von Anfang an volle Selbständigkeit. Fremde Hilfe, selbst in Dingen, die ihm ferne lagen, verschmähte er. Es kam vor, daß er zum Verständnis eines holländischen Aktenstückes ein entsprechendes Wörterbuch kaufte, um ja nicht etwa der Leute Rat angehen zu müssen.

In der gesetzgebenden Behörde, dem Großen oder Kantonsrate, saß er nur bis 1866 und ergriff sehr selten das Wort, so in der Frage der eidgenössischen Verfassungsrevision (Dezembersitzung 1865) und im Frühjahr 1866 bei Anlaß der Beratung des Gemeindegesetzes. Nach Ablauf der ersten Amtsdauer wählten ihn seine Mitbürger von Glattfelden, denen er nicht demokratisch genug war, nicht wieder in den Rat.

Durch seine Stellung als Staatsschreiber wurde Gottfried Keller Mitglied der verschiedensten Kommissionen. So war er seit Frühjahr 1862 Aktuar des aus Abgeordneten der beteiligten Kantone und der Nordostbahn bestehenden Eisenbahnkomitees Zürich-Zug-Luzern, ebenso desjenigen der Linie Bülach-Regensberg. Viele Mühe verursachte ihm seit März 1863 das Sekretariat in dem Hilfskomitee zur Unterstützung der Polen.

Dem Staatsschreiber fiel endlich die Abfassung der jährlichen Bettagsmandate, Ansprachen der Regierung an das Volk auf den eidgenössischen Buß-, Bet- und Danktag, zu, sooft wenigstens, als nicht ein Mitglied der Behörde selbst «Lust verspürte, seinen Stil an der besagten Kundgebung zu versuchen». Sofort nach der Wahl Kellers verschwor sich ein Teil der Zürcher Geistlichkeit, niemals ein Mandat aus seiner Feder von der Kanzel herunter, wie dies Brauch ist, verlesen zu wollen. Sie ist nicht allzu häufig in den Fall gekommen, von ihrem Vorsatz abgehen zu müssen, da Keller nur die Mandate von 1863, 1867, 1871 und 1872 geschrieben hat. Gleich das prächtige des Jahres 1862, mit dem er gerne seinen Amtsantritt bezeichnet hätte, wurde von seinen «sieben Tyrannen» unter den Tisch gewischt. Keller hatte darin einigen Lieblingsgedanken ernsten Ausdruck gegeben. Gegenüber der üblichen Lobpreisung der Schweiz und ihrer vortrefflichen Einrichtungen im Inland und Ausland fand er es für nötig, zu betonen, daß der große Baumeister der Geschichte, der im schweizerischen Bundesstaate nicht sowohl ein vollgültiges Muster als einen Versuch im kleinen, gleichsam ein kleines Baumodell aufgestellt habe, das Modell wieder zerschlagen könne, sobald es seinem großen Plane nicht mehr entspreche. «Und es würde ihm nicht mehr entsprechen von der Stunde an, da wir nicht mehr mit männlichem Ernste vorwärtsstreben, unerprobte Entschlüsse schon für Taten halten und für jede mühelose Kraftäußerung in Worten uns mit einem Freudenfeste belohnen wollten.» Ein mißbilligender Blick fällt auf die allzu rasch arbeitende Gesetzesmaschine der Mehrzahl der eidgenössischen Stände, die Gesetze entstehen und verschwinden läßt, ehe sie nur entfernt in das Bewußtsein des Volkes eingedrungen sind. Im religiösen Leben wird eindringlich die Notwendigkeit eines toleranten Humanismus betont: «Unsere Kirche wird allmählich, aber sicher in jener Reinigung von der Willkür menschlichen Wähnens und Streitens und in jenem frischen und liebevollen Anfassen der Welt fortschreiten, welche ihr endlich wieder die allgemeine Macht über die Gemüter verleihen und sie vor drohender Zersplitterung bewahren werden.» Eine Frucht dieser aufgeklärten Toleranz ist die völlige Gleichstellung der Juden mit den andern

Staatsangehörigen, die damals durch einen Großratsbeschluß im Kanton Zürich herbeigeführt wurde. Das ganze Manifest ist so, entsprechend dem Geiste der Zwinglischen Staatskirche, eine weise und charaktervoll in die Zukunft schauende Ermahnung der Regierung ans Volk und zugleich tief aus dem Herzen des nationalen Dichters heraus geflossen. Der Regierung aber mochte die Betrachtung doch zu wenig diplomatisch erscheinen, und so ersetzte sie das Mandat durch ein farbloseres.

Denn zu der Zeit, als Keller diese Kundgebung schrieb, war die politische Gärung im Kanton Zürich bereits gewaltig gewachsen. Aus der Opposition, die zum erstenmal bei den Nationalratswahlen zutage getreten war, bildete sich eine neue Partei, die sich mehr und mehr von den Liberalen abschied, die demokratische. Wieder stand, wie um das Jahr 1830, die fortschrittlichere Landschaft im Gegensatz zu der konservativeren Stadt. Der Hauptsitz der Bewegung war diesmal die Stadt Winterthur, die unter ihrem Präsidenten, dem hochgebildeten, begabten und energischen Dr. Johann Jakob Sulzer, dem Freund Richard Wagners, durch Handel und Industrie sich mächtig zu vergrößern begonnen hatte. Der Stimmführer der demokratischen Partei war Salomon Bleuler, der gescheite, schlagfertige und agitatorisch begabte Redakteur des «Landboten». Ihm zur Seite standen Fritz Scheuchzer, der frühere Pfarrer von Eglisau Gottlieb Ziegler, später Gymnasiallehrer in Winterthur, dann ebenfalls Redakteur am «Landboten», Sekundarlehrer Kaspar Sieber, Fr. Albert Lange, der Verfasser der «Geschichte des Materialismus», den Bleuler nach Winterthur geholt hatte, und andere. Nun tauchte das Begehren einer Gesamterneuerung der zürcherischen Verfassung im Sinne des Ausbaues des Repräsentativsystems zur reinen Demokratie auf. Der Große Rat aber begnügte sich, dem Volke 1865 eine Teilerneuerung vorzuschlagen, die dann angenommen wurde. Sie machte den Demokraten manches Zugeständnis: Schaffung der Einwohnergemeinde, Wahl des Gemeindeammanns durch die Stimmberechtigten, Einführung der Handelsgerichte, Abschaffung des Wahlmännerkollegiums bei den Bezirkswahlen, vor allem aber die Volksinitiative für Verfassungsänderungen (zehntausend Stimmberechtigte konnten eine Verfassungsänderung beantragen).

Die Agitation der neuen Partei bewirkte, daß das bis dahin höchst gleichgültige Volk aufgerüttelt wurde. Mehr und mehr gewann die Opposition an Boden, und es gelang ihr, immer mehr Sitze in den Behörden zu erobern. Zugleich wurde das Parteiprogramm erweitert durch die Forderung der allgemeinen Initiative und des Referendums. Da erstand

Abend~~gang~~ lied

Augen, meine lieben Fensterlein,
Gebt mir schon so lange holden Schein;
Lasset freundlich Bild auf Bild herein;
Einmal werdet ihr verdunkelt sein!

Fallen einst die müden Lider zu,
Löscht ihr aus, dann hat die Seele Ruh;
Tastend streift sie ab die Wanderschuh;
Legt sich auch in ihre finstre Truh.

Noch zwei Fünklein sieht sie glimmend stehn,
Wie zwei Sternlein innerlich zu sehn,
Bis sie schwanken und dann ganz vergehn,
Wie von eines ~~Mückleins~~ Falters Flügelwehn!

Doch noch wandl' ich auf dem Abendfeld,
Nur dem sinkenden Gestirn gesellt;
Trinkt, o Augen, was die Wimper hält,
Von dem goldnen Ueberfluß der Welt

den Demokraten ein gefährlicher Bundesgenosse. Im April 1866 erschien ein Pamphlet «Die Freiherren von Regensberg», dem bald weitere, wie «Othello, der Mohr von Venedig», «Der Princeps und sein Hof», folgten. Ihr Verfasser war der Anwalt Dr. Friedrich Locher, ein Jugendfreund und Schulgenosse Gottfried Kellers, ein belesener, scharfsinniger, aber ehrgeiziger und verbitterter Mann. Seine Schmähschriften richteten sich zunächst gegen zwei gewalttätige Beamte des Bezirks Regensberg, dann aber vor allem gegen den damaligen Obergerichtspräsidenten Ullmer und gegen Alfred Escher. Die Anklage mischte Wahrheit mit Verdrehung und Lüge. Wirkliche Mißstände wurden aufgedeckt, Ungehörigkeiten zu Verbrechen aufgebauscht, vereinzelte Vergehen verallgemeinert, Rechtliche mit Schmutz beworfen. Wohl wurden die Schuldigen zur Rechenschaft gezogen, die fehlbaren Beamten nicht wieder gewählt. Des Volkes aber bemächtigte sich ein rasch wachsendes Mißtrauen gegen die Behörden, eine allgemeine Unsicherheit, die der Opposition in immer weiteren Kreisen Boden eroberten. So arbeitete der Pamphletist den Demokraten in die Hände, ob sie auch, nachdem sie ihn durchschaut, die Sache der Allgemeinheit, für die sie eintraten, energisch und reinlich von seiner egoistischen Personalpolitik zu trennen suchten. Das Ziel freilich war hier und dort das gleiche: Beseitigung des in der Persönlichkeit Alfred Eschers gipfelnden «Systems», das die Souveränität des Volkes den Interessen der Hochfinanz auszuliefern drohte. «Was für ein System ist's, von dem wir sprechen?» heißt es in einer demokratischen Streitschrift aus dem Jahre 1867. «Das System, das die Koalition der Geldinteressen, der Kreditmächte und Eisenbahner, der Koterie und der Kulissenregierung über den Kanton gebracht hat ... Täuschen wir uns, wenn wir sagen, daß hier auf diesem wunden Fleck die tiefsten und innigsten Beziehungen zwischen der Volksbewegung und den langjährigen Kämpfen der Demokratie liegen?»

Am 15. Dezember 1867 wurde von vier Volksversammlungen in Zürich, Winterthur, Uster und Bülach ein Revisionsprogramm angenommen, das ein Aktionskomitee auf Grund eines Entwurfes von Salomon Bleuler ausgearbeitet hatte. Dann wurde die Initiative für Verfassungsänderung ergriffen. In kürzester Zeit waren siebenundzwanzigtausend Unterschriften beisammen, und in der Abstimmung vom 26. Januar 1868 entschied sich das Volk bei einer unerhörten Beteiligung der Stimmberechtigten mit gewaltigem Mehr für die Gesamterneuerung der Verfassung und die Wahl eines Verfassungsrates. Dieser trat am 4. Mai 1868 zusammen. Präsident wurde Dr. Sulzer, erster Sekretär der damalige Polizeileutnant Ludwig Forrer, zweiter Sekretär Staatsschreiber Gottfried Keller. Am 31. März 1869 nahm der Rat den Verfassungsentwurf, den eine Kommission von fünfunddreißig Mitgliedern ausgearbeitet hatte, endgültig an, und am 18. April sanktionierte eine allgemeine Volksabstimmung die neue Verfassung. Sie brachte, wie verheißen war, eine bedeutende Erweiterung der Volksrechte: Die Gesetzesinitiative (fünftausend Stimmberechtigte können den Erlaß, die Aufhebung oder Abänderung eines Gesetzes verlangen). Das Gesetzes- und Finanzreferendum (periodische Abstimmung des Volkes über die vom Kantonsrat beschlossenen Gesetze und über Ausgaben von bestimmter Höhe). Wahl der Regierungs- und Ständeräte, der Geistlichen und Lehrer durch das Volk. Schaffung einer Kantonalbank. Zivilehe. Unentgeltlichkeit des Volksschulunterrichts. Abschaffung der Todesstrafe usw.

So hatte die Bewegung mit dem völligen Siege der Demokratie geendet. In ihrem Zeichen geschah nun auch die auf die Annahme der neuen Verfassung folgende Neubestellung der Behörden. Sowohl bei der Wahl der Regierungs- und Ständeräte wie der Kantonsräte siegte am 9. Mai 1869 die demokratische Liste. Von den bisherigen liberalen Mitgliedern des Regierungsrates blieb nur ein einziges, Scherrer, unangefochten. Alle andern Sitze wurden von Demokraten besetzt.

Das Verhältnis Gottfried Kellers zu der demokratischen Bewegung ist nicht von vornherein klar. In der Nationalratswahlkampagne hatte der Dichter Schulter an Schulter mit den Führern der demokratischen Partei gekämpft. Nach dem Scheitern des Feldzuges hatte er im «Zürcher Intelligenzblatt» Alfred Escher befehdet. Soll man daraus nicht den Schluß ziehen, daß er auch in der Fortsetzung der Wahlkampagne, der demokratischen Bewegung, auf Seiten der Opposition hätte stehen sollen? Und war, wenn wir ihn nun in den Reihen der Systemmänner treffen, daran etwa die Wahl zum Staatsschreiber schuld?

Schon zehn Jahre, bevor Gottfried Keller zum Staatsschreiber gewählt wurde, hatte die Frage der Erweiterung der Volksrechte die Gemüter erregt. Damals hatte der spätere Professor Johann Jakob Treichler, auf der äußersten Linken der liberalen Partei stehend, Forderungen erhoben, die sich zum Teil mit dem späteren demokratischen Parteiprogramm deckten. Zum Beispiel direkte Volkswahl aller Großräte; Besoldung der unbemittelten Ratsmitglieder; Hebung des Volksschulwesens. Im Jahre 1852 hatte er in der Märzsitzung des Großen Rates die Motion gestellt, es solle dem Volk das Recht der Verfassungsänderung eingeräumt werden. Damals hatte Gottfried Keller von Berlin aus mit regstem Interesse die politischen Kämpfe in der Heimat verfolgt. Seinen Standpunkt spricht er in dem Brief an Baumgartner vom 7. Mai 1852 mit aller Klarheit aus. «Wenn das aufwallende Volk eines Tages das permanente Volk des ganzen Jahres, die epidemische Idee oder Marotte eines zufälligen Agitators das Gesamtbewußtsein, eine Farbe der ganze Regenbogen wären, so hätte Treichler gewiß recht ... Aber aus dem gleichen Grunde, warum eine Verfassung nichts Überirdisches und Unvergängliches ist, aus dem gleichen Grunde ist die Selbstregierung eines Volkes nicht der Zweck, sondern nur ein Mittel seiner Existenz; und ein Volk, das die ganze Zeit mit diesem Mittel zubringen muß, gleicht einem Menschen, der eine Schüssel Krebse bearbeitet und bei aller Arbeit hungert. In jedem Bevollmächtigten und Repräsentanten sogleich den Herren zu spüren, dazu gehört eigentlich eine unfreie Hundsnatur, und ihn keine fünf Minuten ruhig zu lassen, ohne ihm alle fünf Finger in den Topf zu stecken und die Kelle zu beschnüffeln, dazu gehört das Wesen eines alten Weibes, das nichts Besseres zu tun weiß. Die repräsentative Demokratie wird daher so lange der richtigste Ausdruck der zürcherischen Volkssouveränität sein, bis alle psychischen und physischen Materien so klar und flüssig geworden sind, daß die unmittelbarste Selbstregierung ohne zuviel Geschrei, Zeitverlust, Reibung und Konfusion vor sich gehen kann, bis das goldene Zeitalter kommt, wo alles am Schnürchen geht und nur einer den andern anzusehen braucht, um sich in ihn zu fügen.»

Damit bekennt sich Keller unzweideutig zum Repräsentativsystem der Verfassung von 1831, und das zu einer Zeit, wo von einer Begründung dieses Standpunktes mit Eigennutz oder Bestechung keine Rede sein kann. Bei dieser Überzeugung ist er sein ganzes Leben lang geblieben. Wenn er 1860 sich an der Agitation wegen der Nationalratswahl beteiligte und wenn er 1861 sich im Zürcher Intelligenzblatt gegen die plutokratische Politik Alfred Eschers wandte, so hat seine Stellungnahme in beiden Fällen mit der Frage «Repräsentativsystem oder reine Demokratie» nichts zu tun. In jener Korrespondenz im «Bund» vom 13. Oktober 1860, worin er über die Zusammensetzung der Opposition berichtet, läßt er durchblicken, daß er nicht zu den politischen Heißspornen und grundsätzlich Unzufriedenen gehört, sondern zu jenen «bisher stillen und unbefangenen Männern», die sich aus Vaterlandsliebe von den Führern der Opposition in die Reihen der Stämpflischen Kriegspartei hatten hinüberziehen lassen. In dem Manifest für die Volksversammlung in Uster steht kein Wort von Erweiterung der Volksrechte, und in der Polemik gegen Alfred Escher bewegt sich Keller nur an den Rändern des demokratischen Gedankens, seinen Kern läßt er unberührt. Erst dem späteren Geschichtschreiber bedeutet die Nationalratswahlkampagne die erste Phase der demokratischen Bewegung; vielen Zeitgenossen war sie einfach der Ausdruck einer gewissen Mißstimmung gelegentlicher, nicht grundsätzlicher Art. Liberale und Demokraten waren damals noch nicht scharf geschieden. Erst jene Bewegung begann die neue demokratische Partei auszubilden.

So war es nicht etwa Fahnenflucht oder Charakterlosigkeit, was Keller auf die Seite des «Systems» treten ließ, sobald die Opposition mit einem klaren demokratischen Parteiprogramm hervortrat. 1860 hatte Salomon Bleuler die Redaktion des «Landboten» übernommen. Rasch hatte der energische und intelligente Mann sein Blatt zum Hauptorgan der Opposition zu machen gewußt. Nun beschloß man in der Partei Alfred Eschers, in Winterthur selber zur Stütze des Systems ein Gegenblatt herauszugeben, die «Winterthurer Zeitung». 1863 wandte sich Gottfried Keller an den ihm von früher her befreundeten Lyriker und Journalisten Heinrich Leuthold und trug dem Beschäftigungslosen die Redaktion des neuen Blattes an. Leuthold lehnte ab. Er fühlte sich nicht zum politischen Publizisten und Agitator bestimmt und war außerdem mit mehreren Führern der Opposition, so mit Salomon Bleuler und Kaspar Sieber, befreundet.

Am 25. Dezember 1864 eröffnete Keller eine Reihe von Artikeln in der Berner «Sonntagspost» seines Freundes Abraham Roth über die Verfassungsbewegung im Kanton Zürich. Im ersten Artikel bekennt er sich als Freund der Teilerneuerung im Gegensatz zu der von den Demokraten geforderten Gesamterneuerung. «Der Revisionshandel», führt er aus, «ist bis jetzt wenig verhängnisvoller Natur und mehr eine fast belustigende Mischung von Behaglichkeit, Pathos und Brummerei bei unerwartet komischen Wendungen. – Einem beschaulichen Schweizer, der für seine Person mit einem dauerhaften ‚Brief' nach alter Fasson auskäme, wird es seit einigen Jahren bei dem Wort ‚Verfassungsrevision' immer wunderlich zumute. Die Eidgenossen haben sich in neuerer Zeit an fremden und eigenen Nationalfesten fleißig als Lehrmeister der Freiheit, der nationalen Kraftübungen und Geschicklichkeiten fetieren lassen, und es ist auch unverkennbar, daß unsere öffentlichen Sitten und Gebräuche einen Einfluß über unsere Grenzen hinaus üben. Fragen wir aber nach dieser Lehrmeisterschaft auf dem Gebiete der Landesverträge und der Gesetzgebung, und blicken wir dabei auf den unaufhörlichen Wechsel, das ewige Mißlingen, Verwerfen und Wiederanfangen, die ganze kleinliche und schmale Kurzlebigkeit in Verfassungs- und Gesetzessachen, so müssen wir entweder denken, der Schweizer ist eben ein Mann der Praxis und nicht der ‚Theorie' (wie sie in den Kasernen geübt wird), ihm geht es schlecht, wenn er sich als Paragraphendrescher auftut, oder aber, wir müssen annehmen, daß hier irgendeine moralische Unfähigkeit eingerissen ist. – – Was nun die Zürcherische Verfassung betrifft, welche dermalen einer ganzen oder teilweisen Änderung verfallen, so ist dieselbe immer noch unsere Verfassung vom Jahre 1831, die erste, welche das Zürchervolk in freier Abstimmung und ohne äußern Zwang angenommen hat. Sie enthielt vierundneunzig Artikel, von welchen vierunddreißig mehr oder weniger abgeändert, ein paar auch gestrichen worden sind, so daß zurzeit noch sechzig von den alten Artikeln als alte Garde dastehen. Jene vierunddreißig Änderungen wurden mittelst acht Verfassungsgesetzen zu fünf Malen vorgenommen, weshalb unsere Verfassung einem Fäßlein Wein von einem berühmten Jahrgange gleicht, welchen man von Zeit zu Zeit mit neuem Wein speist, ohne ihm die alte Jahreszahl zu nehmen. In solchen Fällen kommt es für den Kenner immer darauf an, ob die alte Blume noch die Oberhand behalte oder ob es im Grunde ein ganz anderes Getränk geworden sei.» Nach einer kurzen Darstellung des Ganges der Revisionsbewegung fährt Keller fort: «Merkwürdigerweise gelangte der Regierungsrat im Verlauf seiner Beratungen ebenfalls zur Totalrevision, und zwar nicht aus Furcht vor der demokratischen Forderung oder um die reine Demokratie einzuführen, sondern weil er, einmal ins Ausgleichen und Redigieren hineingekommen, nicht mehr innezuhalten vermochte. Eine Verfassung ist aber keine stilistische Examenarbeit. Die sogenannten logischen, schönen, philosophischen Verfassungen haben sich nie eines langen Lebens erfreut. Wäre mit solchen geholfen, so würden die überlebten Republiken noch da sein, welche sich einst bei Rousseau Verfassungen bestellten, weil sie kein Volk hatten, in welchem die wahren Verfassungen latent sind bis zum letzten Augenblick. Uns scheinen jene Verfassungen die schönsten zu sein, in welchen, ohne Rücksicht auf Stil und Symmetrie, ein Konkretum, ein errungenes Recht neben dem andern liegt, wie die harten glänzenden Körner im Granit, und welche zugleich die klarste Geschichte ihrer selbst sind.»

Das wertvolle Bekenntnis deckt den tieferen seelischen und geistigen Grund auf, der Keller zum Gegner der demokratischen Forderungen machte. Seine Abneigung wurzelt in der Tiefe seiner Persönlichkeit. Der Mann, der auch als Dichter seine Werke in langsamem Werden heranreifen lassen mußte, zum Vorteil ihres Wertes, aber zum Schaden seiner menschlichen Existenz, mußte sich auch als Politiker zu dem Grundsatze bekennen, daß die künstlerische Form eines ganzen Volkes, eine Verfassung, die natürlich gewordene Frucht eines langen Wachstumsprozesses und die Schöpfung mancher Geschlechter sein müsse, nicht das logisch konstruierte Werk eines einzelnen politischen Kopfes oder einer Partei. In dem schweren Ringen der dreißiger und vierziger Jahre hatte er die bestehende politische Form des engeren und weiteren Vaterlandes heranwachsen sehen; nun hielt er sie in ihren Grundzügen auch jetzt noch für gut. So begann ein gewisser Gegensatz zwischen ihm und einer großen Gruppe seiner Volksgenossen sich zu bilden. Man darf, um ihn zu bezeichnen, nicht kurzweg von veraltet und modern sprechen. Es ist doch wohl eher der Gegensatz zwischen einer geschichtsphilosophischen Betrachtung des Lebens und der notwendigen Hingabe an die praktischen Bedürfnisse des Tages. Kellers Standpunkt bedeutet fraglos eine Schwäche des Tagespolitikers, und die Entwicklung der Zustände im Kanton Zürich hat seinen Befürchtungen nicht recht gegeben. Aber diese Schwäche ist nur die Kehrseite einer Dichterweisheit, die gelernt hat, die Dinge dieser Welt sub specie aeternitatis zu betrachten.

Wer aber will es seinen politischen Gegnern zum Vorwurfe machen, wenn sie Kellers Haltung nicht mehr verstanden und dem Manne, der zu Anfang der sechziger Jahre in den Reihen der Opposition gestanden hatte und jetzt, nachdem er Staatsschreiber geworden, zum «System» hielt, den Vorwurf der Fahnenflucht machten und zu einer Zeit, wo sich die Wogen politischer Leidenschaft hoch aufbäumten, die Gelegenheit begierig ergriffen, die Schärfe ihrer Klingen an ihm zu erproben? Friedrich Locher hatte in seinen Pamphleten auch die geheimsten Winkel des Privatlebens an die Öffentlichkeit gezerrt. Sein Vorgehen war nur ein Zeichen der Zeit. Hüben und drüben vermengte man Sachen und Personen und schrak nicht vor häßlichsten Verdächtigungen zurück. Und Kellers Lebensführung, in der ein jähzorniges Temperament und der Alkohol seine Feinde waren, bot den Angreifern manche Blößen.

Am 25. Juni 1865 erschien im «Landboten» folgendes «Eingesandt» aus Zürich:

«Die am zürcherischen Staatskarren ziehenden Kanzlisten arbeiten daran, sich auf den Todesfall zugunsten ihrer Familien versichern zu lassen, ohne daß sie von ihrem knappen Gehalt viel dafür zu verwenden brauchten; aus dem ihnen zugemessenen Gehalt mit Familie leben und daraus noch für die Zukunft ihrer Familie sorgen zu können, ist eine Aufgabe, die nicht so leicht zu lösen sein wird, und sogar dem gewandten Direktor der Rentenanstalt [Widmer] viel Kopfzerbrechen verursachen soll. Eine vielleicht noch schwerere Aufgabe soll er sich damit gestellt haben, den obersten Schreiber unserer Republik gegen Händel und darauffolgende Prügel zu assekurieren; an der Lösung dieser Aufgabe arbeitet er, wie man sagt, schon nahe an vier Jahre, aber bisher immer noch ohne großen Erfolg.

Wie man vernimmt, hätte der gegen Prügel so schwer zu Assekurierende für die ‚Winterthurer Zeitung' einen Redaktor besorgen sollen; der Fragliche, den er darum anging und von dem er die Erwartung gehegt hatte, daß er den ‚Landboten' totschlagen und so der Schnörrenwagnerei [Maulheldentum] einmal ein Ende machen werde, nahm aber zu seinem großen Ärger nicht an. Diesem Ärger machte er dann beim Schoppen Luft und verriet dabei wieder einmal seinen ingrimmigen Haß gegen das ‚Landbotenpack'.»

Keller antwortete auf diese Anrempelung mit folgendem Schreiben an Bleuler, das dieser in der Nummer vom 27. Juni veröffentlichte:

«Da anzunehmen ist, Sie werden die Ehre der Presse, der Sie angehören, nicht durch heimtückisches und leichtfertiges Vorgehen aufs Spiel setzen wollen, so ersuche ich Sie vorerst, diejenigen Tatsachen, welche der in der neuesten Landbotennummer enthaltenen mysteriösen Einsendung zugrunde liegen, klar und offen aufzuzählen und falls Ihnen dieselben (was jedoch bei einer Redaktion von Charakter kaum glaublich ist) nicht schon zu Gebote stehen sollten, unverzüglich von dem betreffenden Einsender sich vorlegen zu lassen und zu veröffentlichen.

Sie werden als erfahrener Publizist zugestehen müssen, daß nur hierdurch ein vernünftiges Eingehen auf persönliche Angriffe ermöglicht wird.

Zürich, den 25. Juni 1865. Gottfried Keller.»

Hierauf ließ sich der zürcherische Einsender am 1. Juli wieder vernehmen. Statt aber, wie Keller verlangt, die Tatsachen mitzuteilen, wiederholte er auskneifend nur seine früheren allgemeinen Anschuldigungen. Der wahre Grund des Angriffes jedoch zeigt sich in folgenden Worten: «Übrigens hätte man diese kleinen Fatalitäten, die ihm schon begegnet sind, gewiß jetzt so gern wie früher mit dem Mantel der christlichen Liebe bedeckt, wenn man nicht von allen Seiten vernommen, wie Herr Keller gegen seine früheren politischen Freunde und Genossen sich namentlich seit Beginn der Verfassungsrevisionsbewegungen ausgesprochen. Wenn er wirklich glaubt, es stehe ihm wohl an, mit ‚Charakter' zu rasseln und zu poltern, so könnte man als Feuilletonarbeit etwa ein Vaudeville unter dem Titel ‚Verschliffene Grundsätze' [der Vorwurf, den

Keller im Manifest von 1860 gegen die Zürcher Nationalräte erhoben hatte] liefern, in welchem ihm die Charakterrolle zugeteilt würde.»

Mit so leidenschaftlichem Hasse wurde damals gekämpft. Das Verhängnis wollte es, daß der maßlos geführte politische Kampf am Untergang eines jungen Menschenlebens in Kellers nächster Nähe mitschuldig ward.

Am 5. Februar 1864 kurz vor Mitternacht war Kellers Mutter, sechsundsiebzigjährig, plötzlich gestorben. Der Sohn war noch nicht zu Hause gewesen und hatte keinen Abschied nehmen können. Es blieb ihm eine der bittersten Erinnerungen fürs Leben. Er sei nachher, sagte er einst traurig, gewiß vier Wochen lang in kein Wirtshaus mehr gegangen.

Etwa zwei Jahre darauf verlobte sich der Vereinsamte mit einem dreiundzwanzigjährigen Mädchen, das er im Hause eines Freundes, des Gefängnisdirektors Wegmann, ihres Oheims, kennen gelernt. Sie hieß Luise Scheidegger, war die Tochter eines Arztes aus Langnau im Emmental und hatte beide Eltern bereits verloren. Anmutig, hochgebildet, aber zur Schwermut neigend, hatte sie erst nach langem Widerstand Keller das Jawort gegeben. Der Ruf ungebändigten Wesens und des Wirtshauslaufens, den der Haß der politischen Gegner verbreitete und übertrieb, erschreckte sie, und es scheint, als ob ihr melancholisches Wesen die Bedenken gegen die Verlobung niemals recht habe verwinden können. Wie sie im Sommer 1866 bei Verwandten in Herzogenbuchsee weilte, stürzte sie sich in einem Anfall von Schwermut am Morgen des 13. Juli in den Teich im Garten des Hauses und ertrank. Wegmann hatte den traurigen Vorfall in einem Gedicht besungen, das er Keller schickte. Dieser dankte ihm für das Zeichen der Erinnerung, «es ist sehr hübsch und poetisch. Ich selbst würde nicht imstande sein, dergleichen zu unternehmen, es ist wie ausgestorben in mir. Die Tote hat mich einen Augenblick angesehen und ist dann ihren einsamen Weg weitergegangen, ohne zu ahnen, an was sie vorüberging.»

Erst am 8. August gedachte er Luises in folgendem Gedicht:

Du solltest ruhen und ich störe dich,
Ich störe deine Ruhe, süße Tote,
Ich wecke dich im kühlen Morgenrote,
Und wecke dich, wenn Schlaf die Welt beschlich.

Die in der Morgenfrüh' in leisen Schuhen
Die Ruh' gesucht und mir die Unruh' gab,
Nicht eine Feste ist dein zartes Grab,
Drin du geborgen kannst und sicher ruhen!

Entschwundnes Gut, o Herz voll seltner Güte,
Steh auf und schüttle nur dein nasses Haar!
Tu auf die lieben Äuglein treu und klar,
Gebrochen in des Lenzes reinster Blüte!

Du mußt mit meinem Grame schmerzlich kosen,
Solang er wach, das ist die meiste Zeit.
Erst wenn der Tod mir selber Ruh' verleiht,
Magst kehren du zu ruhn im Wesenlosen.

Die Revisionsbewegung ging ihren Gang, und Keller tat seine Pflicht, wo ihn seine Stellung dazu nötigte. Er ließ sich von liberaler Seite in den Verfassungsrat wählen und wurde am 4. Mai 1868 dessen zweiter Sekretär. Aber er machte nach wie vor kein Hehl daraus, daß die neue Wendung der Dinge ihm nicht gefiel. «Unsere politischen Geschichten», schrieb er im Juni 1868 an Hegi, «sehen trüb aus. Wenn's so fortgeht und angenommen wird, was die Kommissionen jetzt machen, so soll unsere gute Republik ganz auf den Kopf gestellt werden und von vornen anfangen in einer Weise, wie es nur nach einer blutigen Revolution oder nach einem Eroberungskriege bisher geschah, und da nicht einmal in solcher Art. Doch wird das Zürchervolk darüber nicht zugrunde gehen, wenn nicht äußeres Unglück dazu kommt.» Im Juni 1869 wurde er zum dritten Sekretär des neuen Kantonsrates gewählt. Die Wahl kam nur unter starker Opposition zustande. Man ließ ihn seine Parteinahme büßen. Er machte sich, wie er am 12. Juni Ludmilla Assing schrieb, darauf gefaßt, daß man ihm, wie seinen bisherigen Vorgesetzten, als Staatsschreiber den Abschied geben werde, und in sein Handprotokoll schrieb er am 14. Juni 1869:

«Schlußsitzung der alten Regierung.

Her kommt der Tod, die Zeit geht hin.
Mich wundert, daß ich so fröhlich bin.

Dies war die letzte Sitzung der sogenannten dreißiger Regierung nach Untergang der Verfassung von 1831.»

Aber die neue Regierung bestätigte ihn in seiner Stellung in ehrlicher Anerkennung seiner Tüchtigkeit als Staatsschreiber. Denn er führte sein Amt musterhaft. Der damalige eidgenössische Kanzler Schieß, selber ein gestrenger Beamter, pflegte zu sagen, Gottfried Keller sei der beste, zuverlässigste Staatsschreiber in der Schweiz gewesen.

Aber Jahr um Jahr verging, ohne daß jenes Wort sich erfüllte, das der Dichter bei Übernahme des Amtes an Georg von Cotta geschrieben: das

Amt sei ihm in dem Sinne übertragen worden, daß der Poet und Schriftsteller dabei nicht verloren gehe. Im Gegenteil schien der dichterische Quell zu versiegen und Kellers Name in Vergessenheit zu geraten, wie auch sein Briefwechsel stockte. Da benutzten seine Mitbürger den Anlaß seines fünfzigsten Geburtstages, den Schweigsamen an seinen höheren Beruf zu mahnen.

Die Anregung zu einer öffentlichen Feier des 19. Juli 1869 war von der studierenden Jugend der beiden Hochschulen, zunächst vom Zofingerverein, ausgegangen. Die übrigen Verbindungen der Universität und des Polytechnikums sowie die verschiedenen großen Sängergesellschaften der Stadt hatten freudig ihre Mitwirkung zugesagt. Der Herr Staatsschreiber erfuhr von der Veranstaltung erst, als sie nicht mehr rückgängig zu machen war. In der schönen Sommernacht, kurz vor neun Uhr, sammelten sich die Studenten, die Fackelträger, die Freunde und Bekannten Kellers nebst einer großen Volksmenge auf dem Bahnhofplatze. Der Zug, an seiner Spitze acht Banner, berittene Chargierte und ein Musikkorps, bewegte sich dem Limmatquai entlang über die Münsterbrücke vor das Hotel Baur en ville. Die Sängerchöre stimmten das Keller-Baumgartnersche «O mein Heimatland» an, worauf der Redner der Studentenschaft in begeisterter Ansprache an den Gefeierten namentlich das patriotische Element in dessen Dichtung pries. Gottfried Keller, zwischen den hohen Säulen des Balkons stehend, sprach allen verständlich auf den weiten, mit einer dichten Menge gefüllten, vom Fackelschein erhellten Platz hinaus. Das Unternehmen, seinen fünfzigsten Geburtstag ans Licht zu ziehen, habe in ihm das beschämende Gefühl einer unverdienten Ehrung erregt, und er befürchte, man könnte, wenn in dieser Weise so hell in das dunkle Kämmerlein des Poeten hineingeleuchtet werde, nichts finden als ein altes verlassenes Frauenzimmer, die Muse früherer Tage. Möglich, daß dieser Schein sie früher wecke, als sie selber gedacht, daß sie sich dann aber auch sogleich unnütz machen möchte. Ältere Frauenzimmer könnten zwar interessant, aber ebenso schwatzhaft und bösartig sein. Sollte so etwas bei ihm vorkommen, hätten es die Veranstalter dieses Festes auf dem Gewissen. Wenn bessere Leute als er bei derartigen Anlässen zu sagen pflegten, daß sie die Ehrenbezeugung auf die Sache bezögen, welcher sie hätten dienen wollen, so sei dies bei ihm doppelt und dreifach der Fall. Dann erging sich der Redner im Preise seines allzu früh geschiedenen Freundes Wilhelm Baumgartner und endigte mit dem Wunsche, daß die ihn heute über Verdienst feiernde Jugend dereinst ihren eigenen fünfzigsten Jahrestag mit demselben heiteren Sinne, mit dem nämlichen Wohlwollen, mit unveränderter Freundlichkeit des Herzens und der gleichen Liebe und Freude am Vaterland und am Liede begehen möge.

In vierspänniger Kutsche wurde der Jubilar darauf in die Tonhalle geführt, wo sich fröhliches Treiben erhob. Den Kommers eröffnete der Dekan der philosophischen Fakultät, Georg von Wyß, welcher dem vaterländischen Dichter die Glückwünsche der Hochschule sowie das Diplom eines Ehrendoktors überreichte. Erziehungsdirektor Sieber sprach dem jungen Doktor den Dank der Volksschullehrer und des Erziehungsrates dafür aus, daß Keller in seinen Dichtungen, namentlich in der «Frau Regel Amrain» einen so tiefen Blick in die Bedürfnisse der nationalen Erziehung getan habe. Nachher ergriffen die Professoren Johannes Scherr, Gusserow, Bursian, Gottfried Kinkel, Geiser und andere das Wort. Durchwegs wurde betont, daß des Dichters äußerer Erfolg weit hinter seinem Werte zurückgeblieben und Keller in seinem eigenen Lande noch lange nicht nach Gebühr bekannt und geachtet sei. «Geben Sie», rief Kinkel aus, «unserem Dichter den Erfolg, der ihn auffordere, mit den Schöpfungen herauszutreten, die neben den Akten der Staatskanzlei in seinem Pulte liegen, und des Neuen froh zu werden, das, vielleicht unter der Anregung des heutigen Abends, seinem reichen Geiste noch entblüht!» Nun betrat der graduierte Gottfried Keller die Bühne und hielt, ein illustriertes Schweizeralbum aus der Tasche ziehend, erst einen Monolog über die Schönheit seiner Heimat, der es nie an Dichtern fehlen könne. Dann gab's ein lustiges Brillantfeuer von Humor, Laune, Satire, Ernst, Gedankenblitzen. Was der Herr Staatsschreiber in den Bart murmelte, war freilich nur wenigen von den hundert andächtig Lauschenden vernehmlich. Aber gesprächiger als sonst eröffnete er einen Einblick in sein verschlossenes Seelenleben, legte die künstlerischen Ziele, denen er gefolgt, dar, geißelte namentlich den phrasenhaft-hohlen Ton eines sich breit machenden unwahren Patriotismus und zeigte, was die Schweiz, der sein Hoch galt, auf dem Gebiete der Kunst Rechtes zu leisten berufen und befähigt sei.

In ungetrübter Fröhlichkeit verlief die Feier. Musik, Gesang, Vorträge Kellerscher Gedichte («Die Schifferin auf dem Neckar», «Der alte Bettler») lösten sich ab. In freundlicher Mitteilsamkeit schritt Herr Dr. Gottfried Keller die langen Tische entlang, den Einzelnen für ihre Teilnahme dankend. Die von den eigenen, damals noch sehr nüchternen Mitbürgern an ihn ergangene Mahnung an seinen Dichterberuf nahm er sich wohl zu Herzen. Er durchgehe alte Manuskripte, schrieb er am 8. Juni 1870 an

MARIE EXNER

Photographie aus der Zürcher Zeit

Photographie um 1870 mit Widmung für Marie Exner

Ludmilla Assing, mache sogar Verse, kurz, er übe sich vorsichtiglich, aber behaglich ein, heut oder morgen wieder ein freier Schriftbeflissener zu werden, da ihn die Jahre doch zu dauern anfingen, die so dahingingen.

Die Ernennung zum Ehrendoktor war nicht nur die gebührende Anerkennung des Dichters und Volkserziehers, sie brachte auch Kellers freundschaftliches Verhältnis zu beiden Hochschulen zum Ausdruck. Es hat kaum ein Mann von Bedeutung an Universität oder Polytechnikum gewirkt, ohne in irgendwelche Beziehung zu Gottfried Keller getreten zu sein. Zwar weder Johannes Scherr, der seit 1860 am Polytechnikum lehrte, noch Gottfried Kinkel, der 1866 der Nachfolger Lübkes geworden war, konnten sich seiner engeren Freundschaft freuen, sowenig wie der Kunsthistoriker Salomon Vögelin. Kinkel war ihm zu sehr Schönredner. Von Scherr, den er als ausgezeichneten Gesellschafter schätzte, wandte er sich vor allem nach dem Erscheinen von «Porkeles und Porkelessa» (1882) ab. Vögelin war ihm schon durch seine Zugehörigkeit zur demokratischen Partei wenig sympathisch. Dafür gewann er in dem Mathematiker J. C. Geiser, dem langjährigen Direktor des eidgenössischen Polytechnikums, einen verständnisvollen jüngeren Freund. Gerne verkehrte er mit dem feinsinnigen Eugène Rambert, der Kellersche Werke für die Lausanner «Bibliothèque universelle» ins Französische übersetzte oder übersetzen ließ. Besonders nahe stand ihm der feinsinnige Philologe Karl Dilthey, der 1870 nach Zürich kam. Zu Anfang der siebziger Jahre lernte er den späteren Bundesrichter Hans Weber kennen, der zu Kellers besten Freunden der beiden letzten Jahrzehnte gehörte. Gelegentlich stellte sich auch eine durchreisende Zelebrität ein, so Berthold Auerbach, der im September 1865 «heiße schwerblütige Tage» aushalten mußte und damals mit Keller Brüderschaft trank, oder Paul Heyse.

Treulich führte ihm die Schwester nach dem Tode der Mutter die Wirtschaft. Aber sie war im Laufe der Jahre, die sie Mutter und Bruder geopfert, eine alte Jungfer geworden, die ihm das Haus nicht anmutig zu machen wußte. So mußte er seine Geselligkeit draußen suchen. Er war Mitglied einer Samstagsgesellschaft, der unter anderen Alfred Escher, Professor Rüttimann, Schulratspräsident Kappeler, Regierungsrat Hagenbuch angehörten. Auch zählte er zu den Gesellschaftern der sogenannten Landtöchterschule. Am liebsten saß er in den alten und schönen Stuben der Zunfthäuser, wo man zudem einen guten Tropfen trank, auf der «Saffran», der «Zimmerleuten», später der «Meise», auch im «Zürcherhof», in der «Bollerei» und im «Gambrinus». Aber alle die Freunde, die er da traf, vermochten ihm die Häuslichkeit nicht zu ersetzen, die ihm ein tiefes Bedürfnis war und für die er auch geschaffen gewesen wäre, wenn er sie zur Zeit gefunden hätte. Es ist ein bitteres Wort, das Karl Dilthey im Frühjahr 1873 an Marie Exner schrieb: «Keller ist so gründlich einsam, und die Exnerei und ich sind so ziemlich die einzigen Menschen, die er vertragen kann.»

Damit ist der Name genannt, der das wärmste Feuer der Freundschaft in das zweitletzte Jahrzehnt von Kellers Leben hineinleuchtet.

An der Geburtstagsfeier in der Tonhalle lernte der Gefeierte Adolf Exner kennen. 1841 zu Prag geboren als der Sohn des um das höhere Schulwesen Österreichs hochverdienten Philosophen Franz Exner, hatte er 1858 als Jurist die Universität Wien bezogen und sich sieben Jahre später dort als Privatdozent habilitiert. 1868 erhielt er die Berufung nach Zürich. Schon nach vier Jahren wurde er, nachdem er 1871 einen Ruf nach Innsbruck, 1872 nach Würzburg abgeschlagen, nach Wien zurückgeholt, wo er Iherings Nachfolger wurde. 1875 wurde er der Lehrer des Kronprinzen Rudolf in Rechtsgeschichte, Rechtsphilosophie und römischem Recht, 1891 Rektor der Wiener Universität, 1892 lebenslängliches Mitglied des Herrenhauses. Aber schon 1894 entriß der Tod ihn einem reichen Wirken. Exner war ein glänzender Lehrer, ein Jurist von großer Klarheit und Schärfe des Urteils, bahnbrechend durch seine in Zürich geschriebene «Kritik des Pfandrechtsbegriffes» (1873) und sein «Österreichisches Hypothekenrecht» (1876/81). Und zu all dem war er ein Mensch von wahrer innerer Freiheit und unbeirrbarer Natürlichkeit. Eine unbefangene Lebensfreudigkeit und übersprudelnden Humor wußte er mit feinstem Kunstsinn und nimmermüder Hilfsbereitschaft zu verbinden. Die ganze Weite und Tiefe des Denkers, die prachtvolle Gesundheit des Menschen zeigt Exners Rektoratsrede «Über politische Bildung». Mit bewundernswerter Klarheit und einem geschichtlichen Sinn, der seinesgleichen sucht, deckt er den Schaden der einseitig naturwissenschaftlich-mechanischen Bewertung des Lebens und der Wissensprobleme auf und fordert als das einigende Band aller an der Universität gelehrten Disziplinen eine politische Bildung, die dem Staatsbürger den Blick in den Zusammenhang, die Bedingungen und das geschichtliche Werden der Gebilde des menschlichen Zusammenlebens erschließen soll. «Es wird dann auch bei dem letzten Jünger der Naturwissenschaft eine Ahnung davon entstehen, daß es jenseits dessen, was man schneidet, mißt und wägt, eine Welt von wirklichen Größen gibt, die zu ergründen und zu beherrschen eine ebenso würdige und wichtige Aufgabe menschlicher Kraft ist, als die Erforschung der Natur.» Die wertvolle Grundlage für diese politische Bildung gibt die Kenntnis des klassischen Altertums, im besonderen der staatschöpferischen Kultur der Römer.

Von dieser Persönlichkeit mußte Keller sich rasch und stark angezogen fühlen, trug sie doch in reichem Maße gerade das in sich, was er an den Menschen am höchsten schätzte. Und wie im Sommer 1872 Exners Schwester Marie zu Besuch kam, da ward, kurz vor des Bruders Abgang nach Wien, der Bund begründet, in den auch Karl Dilthey eingeschlossen wurde. Daß Marie Exners Bewunderung für Keller zunächst nur dem Menschen galt – die Werke lernte sie erst später kennen –, mag der Freundschaft einen um so festeren Grund gegeben haben. Wenn Kellers Briefe an Ludmilla Assing von der Achtung vor Varnhagens literarischer Stellung eingegeben und erfüllt sind von der geistreichen Literaturmedisance, die der Nachhall der ästhetischen Kaffees in Berlin ist, wenn in den Briefen an Lina Duncker das Verlagsgeschäft mit ihrem Manne Kellers übermütige Freundschaftsergüsse gelegentlich plötzlich durchfröstelt, so hört man in den Briefen an Marie Exner nur den humorvollen, gescheiten und guten Menschen, der zu seinesgleichen spricht. Nicht als ob Keller darin den Dichter verleugnet hätte. Als der Briefwechsel anhub, war er gerade im Begriffe, kräftig nachzuholen, was er in früheren Jahren versäumt, und die Grundlage für eine freie Schriftstellerexistenz zu schaffen, und es wanderten auch Manuskripte und Aushängebogen nach Wien. Aber vor allem zu Adolf Exner, dessen Urteil bei aller Wärme für den Freund dem Dichter gegenüber stets sachlich, gelegentlich sogar kühl war. In den Briefen an Marie Exner hat Keller den Rock des Schriftstellers ausgezogen. Er schreibt nicht von seinen Novellen. Seine Briefe werden selber kleine Novellen. Da kramt er in behaglichem und geistreichem Geplauder das belanglose Allerlei des Tages aus, umspinnt es mit den Goldfäden seiner Phantasie und läßt das Ganze im Sonnenschein seines Humors glänzen. Er erzählt wie ein Mensch, der mit seinen besten Freunden an reich besetzter Tafel sitzt, wo aus gleichgestimmten Herzen die Reden munter fließen und auch das groteske Scherzwort als Spiel des Geistes verstanden wird.

Sehr anschaulich charakterisiert ein Erlebnis vom Winter 1872/73 Kellers Verhältnis zu Exners. Auf Weihnachten langt von Wien ein Freßkörbchen mit allerhand köstlichen Sachen in Zürich an. Zu Anfang Januar dankt Keller: «Das Freßsäcklein hat unter bitterem Tränenvergießen über die arge Verkennung seines transzendentalen Wesens das Freßkörblein ausgefressen, umgekehrt und ausgeklopft und auch die kleinen Giftphiölchen ausgeschleckt, die Finger abgeleckt und aufs neue weinend betrachtet, als sie endlich leer waren.» Darauf macht ihm Marie Exner gelinde Vorwürfe: «Sie sind ja ein wahres Freßungetümchen. Das Freßkörblein war auf Sie samt Ihren Freund Dilthey gemünzt, und Sie haben es allein ausgeschleckt?» Nun lädt Keller Dilthey nachträglich zu einem feinen Souper ein. «Sie hätten ihn sehen sollen», schreibt Dilthey an Marie Exner, «wie er ging und kam und auftrug und die Teller wischte. Wie viel oder wenig freilich von den guten Sachen aus Wien gekommen, ist mir ganz unklar. Jedenfalls, nachdem Sie ihn beim Ohr genommen, machte er sich auf, der arme Sünder, in seinem weiten langen Paletot mit den großen Taschen, und schleppte einen ganzen Tag lang feine Dinge zusammen, Festes und Flüssiges, um das Loch zuzustopfen, das er hineingetilgt, geräucherte Gänsebrust, Süßigkeiten, Früchte, Bordeaux, Schnäpse und mehr dergleichen! Als er die erste Ladung abgesetzt hatte und mit der zweiten heimkam, schickte sich eben seine Schwester an, die Gänsebrust zu braten, weil sie gar so roh war, und aus dem Kaviar eine Sauce zu machen. Von diesem Kaviar verschwor er sich übrigens hoch und teuer, daß er aus Wien stamme; es war nicht mehr sehr viel, aber sehr gut. Eine Blechkapsel mit ausgezeichnetem Hummer sah unverdächtig aus und war auch unversehrt bis auf einige Spuren vergeblicher Bohrversuche; mit vereinigten Anstrengungen drangen wir, nicht ohne Mühe, zum süßen Kern durch. Einige Tannen- oder Fichtenzweige, die er übrig gelassen, da sie nicht aus Zucker oder Schnaps waren, sind gewiß unverfälscht gewesen.» An den Schmaus schloß sich noch eine nächtliche Reise zum «Gambrinus», von da zum «Zürcherhof» und zuletzt in die «Bollerei». Als es in der «Bollerei», erzählt Dilthey, «dem Staatsschreiber warm ums Herz wurde, sagte er – wir sprachen nämlich von Ihnen –, man müßte diese Leute hier haben, und wenigstens einmal die Woche mit ihnen zusammensein können; so etwas erfrischt und heitert auf!»

Vielleicht hat der Verschlossene damals und in den nächsten Jahren niemand so tief in sein Wesen hineinblicken lassen wie seine Wiener Freunde. Als ob er durch die lösende Wärme, die er im Verkehr mit ihnen empfand, wieder in die Jugend zurückversetzt sei, griff er, um etwa ein Geschenk zu erwidern, zu Pinsel und Palette und malte zierliche Aquarelle. Zur Vermählung von Marie Exner mit Anton von Frisch stellte er sich mit fröhlichen Versen ein. Im Sommer 1878 begrüßte er Adolf Exner mit seiner jungen Frau in Zürich. Beim Zürcher Universitätsjubiläum im August 1883 sahen sie sich zum letztenmal. Eine gemeinsame Seefahrt nach der Ufenau blieb dem jüngeren Freunde in unauslöschlicher Erinnerung. Einer der letzten Briefe des Dichters war an Marie von Frisch gerichtet. –

Wenn sich Keller durch seinen geschichtlichen Standpunkt in den Fragen der zürcherischen Politik der sechziger Jahre im Gegensatz zu einem Teil seiner Landsleute befunden hatte, so erregte er durch seine Stellungnahme gegenüber den Ereignissen von 1870/71 und dem durch sie geschaffenen Deutschen Reich in der Heimat noch größeres Befremden, ja leidenschaftliche Anfeindung.

Friedrich Pecht knüpft in seinem Buche «Aus meiner Zeit» (II, S. 321) an die Schilderung seines Zusammentreffens mit Keller bei François Wille in Mariafeld die Bemerkung: «Für Deutschland hatte Keller eigentlich wenig Verständnis und noch weniger Liebe.» Nichts Verkehrteres als dieses Urteil. Keller konnte gelegentlich gegen die anmaßende Zudringlichkeit einzelner Deutschen kräftig losziehen, mit Deutschland als Ganzem aber fühlte er sich aufs innigste verwachsen. Schon 1841 betonte er die Wichtigkeit der Kenntnis deutscher Kultur für den Schweizer. In dem Gedichte «Am Vorderrhein» (in der Sammlung von 1846) steht die Strophe:

Wie ahnungsvoll er ausgezogen,
Der junge Held, aus Kluft und Stein!
Wie hat er durstig eingesogen
Die Milch der Freiheit frisch und rein!
Nun wallt der Bergessohn hernieder,
Hin in mein zweites Heimatland:
O grüß mir all die deutschen Brüder,
Die Herrlichen, längs deinem Strand.

In «Einkehr unterhalb des Rheinfalls» ruft er aus:

Wohl mir, daß ich dich endlich fand,
Du stiller Ort am alten Rhein,
Wo, ungestört und ungekannt,
Ich Schweizer darf und *Deutscher sein.*

Er hatte es nicht vergessen, daß die deutsche Lyrik der Revolutionszeit seine eigenen Lieder erweckt hatte, und er wußte, wieviel er selber der deutschen Kultur verdankte. Im ersten «Grünen Heinrich» läßt er sein Ebenbild gegenüber den boden- und wurzellosen Bemühungen, eine schweizerische Nationalkultur zu schaffen, bekennen: «Der französische Schweizer schwört zu Corneille, Racine und Molière, zu Voltaire und

Guizot, je nach seiner Partei, der Tessiner glaubt nur an italienische Musik und Gelehrsamkeit und der deutsche Schweizer lacht sie beide aus und holt seine Bildung aus den tiefen Schachten des deutschen Volkes.» Um den Schatz deutscher Bildung in sich zu vermehren und sich seines Deutschtums bewußt zu werden, war er mit seinem Stipendium seinerzeit nicht nach dem Orient, sondern nach Deutschland gegangen.

Für die deutsche Schweiz bedeutete der große Kampf von 1870/71 eine Auseinandersetzung zwischen deutschem und französischem Wesen, und in zum Teil erregten Kämpfen drang das Bewußtsein der kulturellen Zugehörigkeit zum deutschen Volke durch. Mit der größten Spannung verfolgte Gottfried Keller die Siege der Deutschen. Seiner Sympathie für das stammverwandte Volk gab er um so energischeren Ausdruck, je stärker jahrhundertealte Gewöhnung den größeren Teil seiner Landsleute noch an Frankreich fesselte. Auf einem Briefkuvert vom 30. September 1870 stehen die Verse von seiner Hand:

Kommt herbei, ihr Völker, und seht,
Wie eines der eueren untergeht!

Auch in dem «Prolog zu Beethovens hundertstem Geburtstag» tönt die Erregung jener Tage nach. Dem neuen Reich oder dessen Oberhaupt eigentliche poetische Huldigungen darzubringen, glaubte er aber dem Republikaner nicht angemessen.

In Zürich, wo eine große reichsdeutsche Kolonie lebte, nahm der Kampf für und gegen Deutschland eine besonders leidenschaftliche Form an. Seit Anfang Februar befand sich hier ein bedeutendes Kontingent der in der Schweiz internierten Armee Bourbaki. Nun veranstalteten am 9. März 1871 die Deutschen zur Feier der Wiederaufrichtung des Reiches in der Tonhalle einen großen Kommers. Die Franzosen und der deutschfeindliche Teil der Bevölkerung faßten die Veranstaltung als eine Herausforderung auf. Es kam zu lärmenden Kundgebungen gegen Deutschland. Die Feier selbst wurde gestört. In den nächsten Tagen steigerte sich die Aufregung. Die Regierung mußte die Intervention des Bundes anrufen. Eidgenössische Truppen stellten die Ruhe wieder her. Der Vorfall rief überall den peinlichsten Eindruck hervor, und vergebens bemühten sich hervorragende Schweizer wie Deutsche, alte gegen die Schweiz hervorgeholte Schlagworte, wie Deutschenhaß und dergleichen, zu bekämpfen. Gottfried Keller hatte selber mit andern deutschfreundlichen Schweizern dem Tonhallekommers beigewohnt. Der Kern der deutschen Kolonie schloß sich damals fester an ihn an.

Ein Jahr darauf hatte er Gelegenheit, ein umfassendes Bekenntnis seiner Auffassung des Verhältnisses der Schweiz zu Deutschland abzulegen. Bei der Abschiedsfeier des nach Straßburg berufenen Professors Gusserow im März 1872 sprach er einen Toast, in dem er ausführte, der Scheidende solle die Straßburger von ihren alten Freunden, den Zürchern, grüßen und ihnen sagen, sie möchten sich nicht allzu unglücklich fühlen im neuen Reiche. Vielleicht käme eine Zeit, gleichviel ob nächstens oder in fünfhundert Jahren, da sich dieses neue Reich so entfalte, daß es Staatsformen der verschiedensten Art, also auch republikanische, vertragen und in sich aufnehmen könne: dann wäre eine freiwillige Rückkehr der Schweiz zu Deutschland doch nicht so ganz unmöglich. Sofort ergriff Kinkel das Wort und schilderte mit unnötiger Emphase seine Hingebung für die Sache der Republik, wenn diese jemals gewaltsam bedroht würde. Kellers Trinkspruch wehte in der schweizerischen und deutschen Presse vielen Staub auf. Das alberne Wort Vaterlandsverräter wurde ihm von gedankenlosen Leuten nicht erspart. Selbst die Schweizerstudenten in Leipzig richteten ein kränkendes Schreiben an ihn. Er sah sich genötigt, seine vielfach mißverstandene Rede in den «Basler Nachrichten» zu erläutern. Vorderhand sei er, wenn die neue Bundesverfassung (die die Macht des Bundes gegenüber den Kantonen verstärkte) angenommen werde, mit seinem Vaterland und dessen Stellung zu der übrigen Welt noch lange zufrieden. Sollte dagegen diejenige Richtung zum Ziele gelangen, welche den förmlichen Einheitsstaat einführen, somit den alten Bund mit seinem fünfhundertjährigen Lebensprinzip aufheben wolle, so halte er dafür, daß durch das Herausbrechen des eidgenössischen Einbaues der Kantone eine Höhlung entstehen werde, welche die Außenwand des Schweizerhauses nicht mehr genug zu stützen imstande sei; es beruhe diese Meinung nicht auf staatsrechtlichen Theorien, sondern auf psychologischen Erfahrungen. «Eine im Innern so ausgeräumte Schweizerrepublik aber würde ihre Kraft und altes Wesen wiedergewinnen, wenn sie im freien Verein mit ähnlichen Staatsgebilden zu einem großen Ganzen in ein Bundesverhältnis treten könnte, und daß dieses mit Deutschland einmal möglich werden könnte, war eben die Voraussetzung obigen Trinksprüchleins. Wenn ich für einen solchen Anschluß, ein solches Unterkommen in künftigen Weltenstürmen mit Vorliebe an Deutschland dachte, so geschah es, weil ich mich doch lieber dahin wende, wo Tüchtigkeit, Kraft und Licht ist, als dorthin, wo das Gegenteil von alledem herrscht. Einstweilen aber wollen wir nicht um des Kaisers Bart streiten.»

Im Herbst 1872 drängte es ihn denn auch, wieder einmal nach München zu reisen, um mit eigenen Augen sich von den Zuständen im neuen Reich zu überzeugen und zugleich die alten Pfade des grünen Heinrich zu wandeln. Manche Stunde forschte er jenem Trödelmännchen nach, dem er vor dreißig Jahren seine Bilder um eine Kleinigkeit hingegeben hatte. Aber jede Spur war verloren. Im Franziskanerbräu frischte er bei Bier und Rettichen alte Erinnerungen auf. Zusammen mit Karl Dilthey besuchte er die Sammlungen, besichtigte zum Beispiel aufs eingehendste die Glyptothek. Aber mehr als die Antiken und die alte Pinakothek interessierte ihn die Schacksche Galerie, wo er vor denjenigen Bildern am längsten verweilte, deren Gegenstände seine dichterische Einbildungskraft beschäftigten, wie die von Schwind und einige Landschaften von Böcklin. Auch alte Freunde sah er wieder, Bernhard Fries und Paul Heyse, während sich Heinrich Leuthold mißmutig auf der Seite hielt.

Der kurze Ausflug in die Welt hatte Gottfried Keller so wohl behagt, daß er in den Herbstferien des nächsten Jahres 1873 die größere Reise ins Salzburgische unternahm, an den Mondsee, wo die Exnersche Familie ihre Sommerfrische zu halten pflegte. In dem idyllisch gelegenen Orte See brachte er drei fröhliche Septemberwochen zu, lediglich im Verkehr mit den Geschwistern Adolf, Marie und Siegmund Exner und deren Freunden. Die kleine Ferienkolonie wohnte in Bauernhäusern und versammelte sich mittags und abends in der Wirtsstube. An den Vormittagen schrieb Keller seinen «Dietegen» zu Ende. Nachher nahm er teil an der Lebenslust der übrigen, schob Kegel, ließ sich die unmöglichsten Wege schleppen, teilte mit den Freunden die in Nußhähern bestehende Jagdbeute und erzählte des Abends mit unerschöpflicher Laune aus der Kinderzeit, besonders von der Schwester. Am Vorabende seiner Abreise wurde ihm sogar ein Maskenfest veranstaltet.

Im Juli 1874 folgte er einer Einladung Exners nach Wien selbst. Die «Neue Freie Presse» begrüßte den Ankömmling mit einem Feuilleton: «Literarische Schmerzen und Erfolge. Zum Willkomm für den Verfasser der ‚Leute von Seldwyla'.» Während die meisten deutschen Schriftsteller gleich ein Klagegeschrei erhöben, wenn sie nicht nach dem ersten Buche das übliche Patent als «Lieblinge der Nation» erhielten, erwidere ein spät zur Anerkennung Gelangter, gegenwärtig in Wien Weilender die ihm vom großen Publikum seit dreißig Jahren bewiesene Gleichgültigkeit nur mit neuen schönen Gaben. Nach einer Würdigung der Kellerschen Dichtungen, zumal der eben damals erscheinenden frischen Seldwyler Novellen, schließt der Gruß mit den Worten: «Mit dem späten äußeren Erfolge fällt bei dem Dichter größere Produktionslust zusammen – gewiß nicht in dem Verhältnis von Ursache und Wirkung. Dem widerspräche die ganze dichterische Individualität. Keller ist immer seinen eigenen Weg gegangen, hat nie gelauscht, welche Tonart eben in der Mode wäre. Was er uns bringt, das ist gewachsen in der freien Natur, gesund bis ins Mark, nicht künstlich getrieben. Möge ihm diese fröhliche Schaffenslust nicht verkümmert werden! Den Mißvergnügten, welche da meinen, es sei eitel Vorurteil, lieber in Büchern von 1774 als von 1874 zu lesen, und die mit jenem Maler sprechen: ‚Machen könnten wir die Raffael und Rubens auch, aber wer würde es bezahlen?‘ – denen kann das Beispiel Kellers zum Beweise dienen, daß das echte Gold wenigstens nicht immer verworfen wird.» Während jener Wiener Tage saß er über der ihn auf die Nägel brennenden Arbeit am «Verlorenen Lachen». Sonst wurde das behaglich ungebundene Leben geführt wie vordem in See. Nach Tische legte man sich unter die fruchtbeladenen Aprikosenbäume des Gartens oder saß in der Laube, wo sich etwa einige Hausfreunde, wie Semper, einfanden. Die Hoftheater waren geschlossen, aber dem Belvedere, der Schatzkammer wurden Besuche abgestattet, auch ein paar Ausflüge gemacht. Gegen Ende des Monats kehrte Keller über Brixlegg, wo er noch einige Tage mit den Wiener Gastfreunden anhielt, und über München nach Zürich zurück.

Hier ist der Ort, von Kellers Verhältnis zu Emil Kuh zu sprechen. Dieser schildert dem Dichter am 14. November 1873 seinen Lebenslauf selber mit folgenden Worten: «Ich bin 1828 in Wien geboren, dort erzogen – nicht ausgebildet – worden, da ich meine innere Ausbildung zum Teile meinem Verkehr mit Hebbel, gleichsam auf einer norddeutschen Insel in Wien, sodann meinen eigenen mühseligen Robinsonbemühungen verdanke. Ein paar Jahre lebte ich in Troppau, weil ich eine Zeitlang dem Drängen meiner Familie nachgab, einen praktischen Lebensberuf zu ergreifen; ich lebte in jener schlesischen Stadt als Beamter der Nordbahn ... Den Winter 58/59 brachte ich in Berlin zu, wo es fast so traurig in mir und um mich her aussah, wie mit Ihrem Heinrich Lee in München. Nach Wien zurückgekommen, begann ich kultur- und literargeschichtliche Vorträge zu halten, um mir einen Weg zu einer Lehrkanzel zu bahnen, die ich bald nachher erlangte» (an der Handelsakademie).

Dem Schweizer Dichter hatte sich der Freund Hebbels und Storms im Februar 1871 mit einem begeisterten Feuilleton in der «Neuen Freien Presse» über den «Grünen Heinrich» genähert. Damals begann ein Briefwechsel der beiden, der, wenn er auch Kellers Briefwechsel mit Hettner an Gehalt nicht verglichen werden darf, doch manches wertvolle Bekenntnis des Dichters über sein Leben und Schaffen ans Licht lockte. Kuh seinerseits förderte das Verständnis Kellerscher Dichtung und die Verbreitung seines Ansehens durch tief eindringende und geistvolle Besprechungen in einem etwas blumenreichen Stile. Persönlich haben sich die beiden nie gesehen. Es war von einer Zusammenkunft bei Anlaß von Kellers zwei Reisen nach Österreich die Rede. Es wäre Keller nicht unmöglich gewesen, sie herbeizuführen und so einen sehnlichen Wunsch Kuhs zu erfüllen. Er tat es nicht. Als Kuh sich mit dem Gedanken einer Übersiedlung nach Zürich trug, riet ihm Keller am 18. November 1873 ab in einem Briefe, der ein Meisterstück diplomatischer Kunst ist. Auch sonst sieht der feinere Blick gelegentlich den Briefen an Kuh an, daß ein Schatten über die Seele des Schreibers huschte. Kuhs etwas überschwengliche, sich ansaugende Art behagte Keller wohl nicht durchaus. Die indiskrete Veröffentlichung eines Urteils über Otto Ludwig verdroß ihn. Vor einem Urteil über Kuhs eigenes dichterisches Schaffen scheute er zurück. Den geistvollen Kritiker und Literarhistoriker aber schätzte er hoch und befolgte seinen Rat, etwa bei der Umarbeitung des «Grünen Heinrich», nicht immer zum Vorteil des Werkes. Emil Kuh ist über der Hauptarbeit seines Lebens, der Hebbelbiographie, nach langem Kränkeln am 30. Dezember 1876 in Meran gestorben.

Der Beginn von Kellers Briefwechsel mit dem österreichischen Literarhistoriker ist das äußere Zeichen einer zielbewußten Rückkehr des Dichters zu seinem eigentlichen Berufe. 1872 erschienen die «Sieben Legenden», 1874 die zweite Ausgabe der «Leute von Seldwyla». Beide Werke fanden freudigste Aufnahme. Zugleich wuchs das Interesse an dem vergriffenen «Grünen Heinrich». Der Dichter selber saß mit neuerwachter Schaffenslust an der Arbeit. «Ich möchte jetzt», schrieb er schon im Mai 1873 an seinen Verleger Weibert, «kein Jahr mehr vorbeigehen lassen, ohne etwas zutage zu fördern ... Es würde mir ein trübseliges Ende bevorstehen, wenn ich alles ungetan zurücklassen müßte, was ich hätte machen können.» Die innere Stimmung und der äußere Erfolg zeitigten in ihm den seit geraumer Zeit erwogenen Entschluß, das Amt niederzulegen. Seitdem er im April 1875 seine Wohnung aus dem alten finsteren Gebäude der Staatskanzlei ins Freie, in die Vorstadt Enge auf das hochgelegene «obere Bürgli» über der jetzigen Kirche verlegt hatte, kannte er keinen sehnlicheren Wunsch als den, hier oben, seiner Stelle ledig, noch einige Jahre seine ganze Kraft der Dichtung widmen zu dürfen. Die Unternehmungslust seines neuen Verlegers erleichterte ihm den Schritt wesentlich. So mußte auch die Schwester nachgeben, der die sorgenvollen Jahrzehnte vor der Staatsschreiberzeit zu tief ins Gemüt eingegraben waren, als daß sie so rasch an die Möglichkeit eines behaglichen Auskommens ohne das nährende Amt hätte glauben können.

«Auf 1. Juli bin ich», schrieb der Dichter an Kuh am 15. Mai 1876, «nun vom Amte frei; ich habe es nicht länger ausgehalten: den Tag durch Amtsgeschäfte, des Abends soll man schriftstellern, lesen, Korrespondenz führen usw.; das geht nicht und bleibt dann meistens alles zusammen liegen. Ich habe nun in poetisch-literarischer Beziehung so viel zugeschnittene Arbeit oder Werch an der Kunkel, daß ich es wohl wagen kann, meine noch mir vergönnten besseren Jahre damit zuzubringen, ohne in schlimme Zustände zu geraten, wie junge Literaten, oder anderseits einem schnöden Industrialismus zu verfallen. Ich würde auch schlechterdings die Zeit nicht finden, nur die Hälfte von dem zu machen, was ich noch machen kann und soll.»

So nahm er seinen Abschied als Staatsschreiber. Vom 20. bis 22. Juni weilte er noch mit den Regierungsräten Stößel und Sieber als Vertreter des Standes Zürich zur vierhundertjährigen Schlachtfeier in Murten. Am 8. Juli war er zum letztenmal in der Ratssitzung anwesend und trug in sein Handprotokoll hoch aufatmend die Notiz ein: «Letztes Protokoll verlesen. Präsidium (Herr Ziegler) hält eine Ansprache an den abtretenden Staatsschreiber nach fünfzehnjähriger Amtsführung. Punktum!» Zur völligen Erledigung der Geschäfte mußte er noch bis zum 15. Juli ausharren. Die Regierung gab ihm ein solennes Abschiedsessen im Hotel Bellevue und überreichte ihm einen silbernen Becher. Die Feier wandelte sich im Laufe der Stunden zu einem Akte fröhlichster Ausgelassenheit. Im aufregenden Hochgefühl der neugewonnenen Freiheit weihte Keller den Becher mit köstlichen Weinen ein und regalierte die demokratischen Regierungsräte mit Offenherzigkeiten. «Sie machten jedoch», berichtet der Dichter Adolf Exner, «geduldige Miene dazu; ich glaube aber, sie gäben mir jetzt den Becher nicht mehr.»

So beschloß Gottfried Keller sein Amt als Staatsschreiber mit einem genialischen Exzesse, wie er es angetreten hatte.

16

DIE SIEBEN LEGENDEN

Die Entstehung der «Sieben Legenden» reicht in die Berliner Zeit zurück. Sollten sie doch ursprünglich in den Galatea-Novellen ihre Stelle finden, deren Grundidee Keller sich 1851 aufzeichnete. In der Tat bindet sie innere Verwandtschaft an die andern, damals entstandenen Dichtungen, und deutliche Fäden laufen zu dem Erleben in Berlin.

In jener Situation des «Grünen Heinrich», da Agnes auf dem Wege in Rosaliens Landhaus in eine Kapelle tritt, ist ein bedeutsames Motiv aus der «Jungfrau und der Teufel» vorweggenommen; die ganze Agnesepisode weist auf die katholische Atmosphäre der «Legenden» hin. In dem Vorwort sollte, wie Keller an Vischer im Oktober 1871 schrieb, ursprünglich die Bemerkung stehen, der Verfasser habe einmal in einer Stimmung, wo man sage, es sei zum Katholischwerden, sich wirklich mit diesem Gedanken beschäftigt und deshalb das Leben der Heiligen, die acta sanctorum, die Kirchenväter studiert. Es liegt nahe, dabei an Kellers unglückliche Liebe zu Betty Tendering zu denken, und wirklich schimmern auch jene Erlebnisse durch mehrere Legenden durch.

In der «Jungfrau als Ritter» entspricht das Verhalten des jungen Zendelwald gegenüber Bertrade dem Benehmen des grünen Heinrich gegen Dortchen Schönfund. In beiden Fällen verliebt sich ein Jüngling in eine reiche und schöne, alleinstehende Frau, die ein einsichtiger, dem Werber günstig gesinnter Mann, hier der Graf, dort der Kaiser, in seine Obhut genommen hat. In den Verhältnissen, dem Charakter und Gebaren des Werbers erkennt man jedesmal unschwer Keller selber. Er ist ein armer Schlucker, der einzige Sohn einer Witwe, ein tüchtiger Bursche, aber ein phantasievoller Träumer, den der allzu große Reichtum seines Innern am Handeln hindert. Zendelwald vor allem, aber auch der grüne Heinrich, genießt sein Glück in der Phantasie und besitzt zum erlösenden Wort nicht den Mut. Aber der grüne Heinrich hat die bittere Folge seiner Entsagung zu dulden, in der Legende gewährt der Dichter durch die Güte der heiligen Jungfrau dem glücklichen Zendelwald, was ihm und dem Helden seines autobiographischen Romans das Leben vorenthielt.

In dem «Schlimm-heiligen Vitalis» weisen die Raufszenen auf Kellers Berliner Erlebnisse hin. Wie Keller in seiner Liebesnot in der Nacht vom 28./29. Juni 1855 Schlivian durchprügelte und in der folgenden Nacht wieder einen, wegen dessen er verklagt und von der Polizei um fünf Taler gebüßt wurde, und in der dritten Nacht endlich in einem Hausknecht seinen Meister fand, so schlägt auch der liebeskranke Vitalis sich mit dem Krieger, der vor der Türe der Hetäre steht, sodann mit einem Stutzer und zum zweitenmal mit dem Krieger und kommt wegen Totschlag mit den Wächtern der öffentlichen Sicherheit in Konflikt.

Berliner Erlebnisse dürften sich endlich auch in «Dorotheas Blumenkörbchen» spiegeln. Es ist auf den engen Zusammenhang zwischen Kellers Liebe zu Betty Tendering und der Neigung Pankraz' des Schmollers zu der Gouverneurstochter Lydia hingewiesen worden. Theophil ist eine Wiederholung von Pankraz. Auch er der Schreiber eines Statthalters. Auch er ein Schmoller, der sich «aus widrigen Schicksalen emporgeschwungen» hat und dem «von der Not seiner Jugend her ein etwas mißtrauisches und verschlossenes Wesen geblieben» ist. Sein Benehmen bei Dorotheas gefährlichem Scherz – sie gibt ihm vor, Fabricius habe ihr die Schale gespendet – erinnert an das Schmollen Pankrazens, wie Estherchen sich den Spaß erlaubt, sich über das für den Bruder aufgehobene Essen zu machen. Theophil, in der Meinung, in eine Falle gegangen zu sein, läßt das Schmuckstück fallen, und Pankraz verläßt das mütterliche Haus. Auch bei dem Fallenlassen der Schale mag an ein Erlebnis im Dunckerschen Hause erinnert werden. Lina Duncker ruft am 29. Februar 1856 Keller ins Gedächtnis zurück, wie er einmal in ihrer und Bettys Gegenwart ein «Bijou» – es war ein Knopf oder Kompaß – habe fallen lassen. «So nannten Sie wenigstens irgendein einer Schale entfallenes Ding. – Meine Schwester hebt es auf.» Ähnlich ist auch das Verhalten Kellers und Theophils. Keller «kratzt» den Gegenstand Betty Tendering «ungestüm und barsch aus der Hand» und legt ihn «an Ort und Stelle, ohne Dank, ohne irgendein schmeichelhaftes oder erstauntes Wort. – Betty steht erstarrt vor Ihnen.» Theophil, nachdem Dorothea die Trümmer der Schale aufgehoben, blickt sie an, «finster und gleichgültig dreinschauend», und verläßt dann den Garten. «Erblassend und traurig» sah sie ihm nach.

Kellers Liebe zu Betty Tendering fällt in Winter, Frühjahr und Sommer 1855. Im Frühjahr 1855 ist die Dortchen-Schönfund-Episode des «Grünen Heinrich», im Sommer desselben Jahres «Pankraz der Schmoller» geschrieben worden. Also liegt die Annahme nahe, daß damals oder bald nachher auch die drei genannten Legenden geschrieben oder wenigstens «ausgeheckt» worden sind. Nun bilden aber sämtliche sieben Legenden eine innerlich und äußerlich so innig zusammenhängende, organisch verbundene Einheit, daß man vermuten darf, sie seien alle ungefähr zur gleichen Zeit und aus der gleichen Stimmung hervorgewachsen. Man wird also nicht nur für jene drei, sondern auch für die andern vier Legenden im wesentlichen als Zeit der Konzeption etwa 1855 anzunehmen haben; niedergeschrieben wurden sie aber erst 1857/58.

Damals sind sie auch aus dem Zusammenhang des «Sinngedichts» herausgelöst worden. Als im September 1862 Adolf Strodtmann ihn um einen Beitrag für seinen «Orion» anging, bot der Dichter ihm die «Sieben Legenden». Strodtmann mußte aber darauf verzichten, da ihm die Mittel, über die er verfügte, nicht erlaubten, das verlangte Honorar von fünfzig Talern für den Bogen zu bezahlen. Die Amtslast der nächsten Jahre samt den politischen Aufregungen entrückte dem Dichter die tiefsinnig-zierlichen Liebesspiele der Legenden. Gelegentlich las er bei Wesendoncks daraus vor. Da führte ein äußerer Anlaß im August 1871 zur Veröffentlichung. Ferdinand Weibert in Stuttgart, der Besitzer der Goeschenschen Verlagsbuchhandlung, ersuchte ihn um ein Manuskript zum Verlag. Keller bot ihm am 20. August die Legenden an, und Weibert griff mit beiden Händen zu. Bis zum Schlusse des Jahres stellte Keller die endgültige Fassung der Legenden her und überarbeitete sie stofflich und sprachlich aufs gründlichste. Zum Beispiel wurde jetzt erst in dem «Tanzlegendchen» jener köstliche Zug eingefügt, daß die emsige Martha aus dem Evangelium «einen zierlichen kleinen Rußfleck an dem weißen Kinn» hatte. «Die Jungfrau als Ritter» wurde unter dem Eindruck des Deutsch-Französischen Krieges umgeschrieben und durch nationale Tendenzen erweitert. Dazwischen erwog der Dichter Vorwort und Titel und fragte Fr. Theod. Vischer um Rat. Als Titel schlug er «Auf Goldgrund» vor, den aber Vischer als grammatisch unbequem und zu subjektiv ablehnte. So beschied sich Keller mit dem schlichten «Sieben Legenden».

Am 28. Dezember ging das Manuskript nach Stuttgart ab, und zwei Tage darauf schon sandte Weibert den Vertragsentwurf, in dem er die Ansetzung der Honorarsumme Keller überließ, der dann dreihundertfünfzig Gulden einsetzte. Aber noch während des Druckes fügte er den Schluß des «Tanzlegendchens» hinzu. In dem ursprünglichen Manuskripte endete die Legende mit dem Versprechen der Maria, sie werde nicht ruhen, bis die Musen im Paradiese bleiben könnten. Der jetzige Schluß, ohne den wir uns die Legende nicht denken können, ja der recht eigentlich die Grundidee der «Sieben Legenden» enthält, verdankt einem artigen Vorfall seine Entstehung. Am 1. Februar 1872 besucht Keller in Gesellschaft Professor Geisers im St. Peter ein Orgelkonzert von Theodor Kirchner. Wie sie die Kirche verlassen, sehen sie ein wundervolles Nordlicht am Himmel. Auf einmal bemerkt Keller, es sei ihm während des Konzertes eingefallen, daß er an dem Legendenmanuskript noch etwas ändern müsse. Er wolle Weibert telegraphisch Bericht schicken. Darauf geht er nach Hause und schreibt den neuen Schluß hinzu – die Orgelkunst Kirchners hat in dem Gesang der Musen, in dem unendlichen Seufzen, das durch die Himmel rauscht, und in dem lang hinrollenden Donnerschlage der allerhöchsten Trinität, der die eifrigen Musen zum Schweigen bringt, eine wundervolle poetische Deutung und Verbildlichung erfahren. Auf Ostern 1872 erschienen die «Sieben Legenden» im Buchhandel und erlebten schon nach einigen Wochen eine neue Auflage.

Am 22. April 1860 schrieb Keller Freiligrath von sieben christlichen Legenden, die er in die Galatea-Novellen eingeflochten: «Ich fand nämlich eine Legendensammlung von Kosegarten in einem läppisch-frömmelnden und einfältiglichen Stile erzählt (von einem norddeutschen Protestanten doppelt lächerlich) in Prosa und Versen. Ich nahm sieben oder acht Stück aus dem vergessenen Schmöker, fing sie mit den süßlichen und heiligen Worten Kosegärtchens an und machte dann eine erotischweltliche Historie daraus, in welcher die Jungfrau Maria die Schutzpatronin der Heiratslustigen ist. Wenn Gutzkow den Handel entdeckt, so wird er mich des Plagiats beschuldigen.» Unter der achten Legende, die Keller hier erwähnt, ist wohl die vom heiligen Brandanus zu verstehen, die der Dichter noch 1875 in die Sammlung einzureihen dachte.

Ludwig Theobul Kosegarten gehört zu den heute vergessenen Schriftstellern der romantischen Zeit. 1758 zu Grevesmühlen in Mecklenburg-Schwerin geboren, war er Professor der Geschichte, später der Theologie und zugleich Pastor zu St. Jakobi in Greifswald, wo er 1818 starb. In den «Legenden», die 1804 in zwei Bänden erschienen, gibt sich der moderne protestantische Theologe in wunderlich mittelalterlicher Vermummung. Die Widmung an die apostolischen Majestäten, Kaiser Franz und seine Gemahlin, macht vor der katholischen Kirche eine tiefe Verbeugung: «Sie hat die kindliche Vorliebe für das Altertum am treuesten in ihrem Schoße bewahrt ... Sie ehrt die herbe Tugend der Väter, und verbeut, sie zu verhöhnen, weil man sie nicht begreift. Sie glaubt, daß es noch höhere Bedürfnisse gebe als jene, die uns an die Gesellschaft fesseln, und scheuet sich, ein Streben, das aus solchem Bedürfnis entspringt, sofort unter die Kategorie der Verstandesverwirrungen einzutragen.» Kosegarten spricht die Erwartung aus, daß seine Legenden «innerhalb jener Kirche eine schonendere Aufnahme und treffendere Würdigung finden möchten, als innerhalb derjenigen, welcher er selbst angehört, und welcher er durch die Wahl angehören würde, wenn auch die Vorsehung ihn nicht in deren Schoße hätte lassen geboren werden.» Mitgezogen von der katholisierenden Strömung der Romantik, aber ohne den genialen Witz und die selbstherrliche Sprachkraft eines Clemens Brentano oder die schwärmerische Innigkeit eines Novalis, vermag er nur die alten Heiligengeschichten mit kritiklosem Fleiße aus den verschiedensten Quellen zusammenzutragen und die Schöpfungen poetischer Fabulierkunst mit einer Bettelsuppe von geschwätzigen Plattheiten zu übergießen. Strenge wahrt er den kirchlichen Charakter der Legenden. «Legenden», so erklärt er in der Vorrede, «sind Volkssagen, erschollen aus der kirchlichen Vorzeit, und aufgezeichnet für die öffentliche und häusliche Erbauung der späteren Geschlechter.» Er bringt den Erzählungen seiner Quellen daher eine unbegrenzte religiöse Verehrung entgegen, die ihn hindert, auch jene bescheidene künstlerische Kraft, über die er verfügte, im allgemeinen an ihnen spielen zu lassen. «Es konnte mir», erklärt er (I, S. XI f.), «nicht einfallen, diese alten Erzählungen nach heutigem Geschmack *bearbeiten*, das ist, für den ekeln Gaumen einer verwöhnten Lesewelt zurichten zu wollen. Ich mußte sie lassen, wie ich sie fand, mich begnügend, hie und da etwas mehr Ordnung und Klarheit in den Vortrag zu bringen, bisweilen auch den allzu flachen und breiten Strom einer fast unerschöpflichen Redseligkeit in etwas engere Ufer einzudämmen.» Immerhin ist das Verhalten Kosegartens gegenüber seinen Vorlagen ungleich. Während er im ersten Buche fast ausschließlich versifizierte Bearbeitungen der Legenden bringt, begnügt er sich in den andern Büchern mit Prosawiedergaben, die im ersten Bande nicht selten nach Stoffwahl und Motiven, nicht in der Formgebung, reizvoll, im zweiten Bande aber nur eine wahllose, uninteressante, von Wiederholungen der gleichen Motive wimmelnde Stoffanhäufung sind. Das dürfte der Grund sein, weshalb Keller seine Vorlagen fast ausschließlich dem ersten Bande Kosegartens entnahm.

Wie in der Form, so sucht Kosegarten auch in dem Inhalt den ursprünglich-kirchlichen Charakter der Legenden getreu zu bewahren. Das Leitmotiv, das in allen erklingt, heißt, entsprechend der geistlichen Grundrichtung des Urchristentums, Abtötung des Fleisches und seiner Begierden, Askese. «Sollte jemand», bemerkt er (I, S. XIV), «an dem herben und strengen Charakter der in diesen Sagen empfohlenen Fröm-

GOTTFRIED KELLER 1872

Oelbildnis von Frank Buchser

MITTELALTERLICHE STADT

Zeichnung Gottfried Kellers, 1843 begonnen (Ausschnitt)

migkeit einen Anstoß nehmen, dem gebe ich zu bedenken, daß diese Frömmigkeit gleichwohl auf den Buchstaben der Schrift sich stütze. Entsagung, Aufopferung, Selbstverleugnung sind der Angelpunkt, um welchen die christliche Askese sich drehet.» Dann folgt ein langes Verzeichnis von Bibelstellen, die die Askese predigen.

Als erklärter Nichtchrist war Keller nach Berlin gekommen. Der christlichen Verehrung des göttlichen Geistes setzte er mit Feuerbach die Anerkennung des Rechtes des menschlichen Individuums entgegen, der Jenseitshoffnung das Evangelium des Diesseits, der Entsagung den freudigen Genuß der Güter des natürlichen Lebens. Aber er war sich zugleich bewußt, daß die Beschränkung des menschlichen Daseins in die Spanne des diesseitigen Lebens eine Erhöhung seiner Verantwortlichkeit bedeute. Es wurde ihm alles nicht nur «glühender, sinnlicher», sondern auch «strenger». Der Tod, nun ernster und bedenklicher geworden, forderte ihn mit aller Macht auf, seine Aufgabe zu erfüllen und sein Bewußtsein zu reinigen, da er keine Aussicht mehr hatte, das Versäumte in irgendeinem Winkel der Welt nachzuholen. Eine neue, reinere Sittlichkeit war als Komplementärerscheinung mit der Freude an der sinnlichen Schönheit untrennbar verbunden.

Im «Grünen Heinrich» hat Keller die neue, sinnlich-sittliche Lebensanschauung in der Gestalt Dortchen Schönfunds verherrlicht. Das Urbild Dortchens aber, Betty Tendering, legte ihm die Pflicht auf, zu entsagen. So erlebte er für sich, was in der Ausbreitung des Christentums eine ganze Kultur erlebt hatte: die Erkenntnis der Notwendigkeit des Verzichtes mitten aus der Glut der Lebensfreude heraus.

Lebensfreude und Entsagung – das sind die beiden Pole, zwischen denen die Legenden Kellers schwebend sich drehen. Von der Erde führen sie zum Himmel empor, freilich nicht in jenen Himmel, an den der überzeugte Christ glaubt, sondern in jenen, den aus der Überwindung der Erdenschwere eine tiefsinnige und glühende Dichterphantasie sich zum Troste erschaffen. Machtvoll erklingt in diesen Dichtungen das Jauchzen über die Herrlichkeit des irdischen Daseins. Die Fesseln natürlicher Veranlagung werden gesprengt. Die Schranken des klösterlichen Zölibates niedergerissen, wenn die Sehnsucht nach der Welt ihre Erfüllung finden soll. Kräftig tritt Keller der pfäffischen Askese in den Legenden Kosegartens entgegen. Es sei den abgebrochen schwebenden Gebilden zuweilen das Antlitz nach einer andern Himmelsgegend hingewendet worden – gesteht er im Vorwort –, als nach welcher sie in der überkommenen Gestalt schauen. Auf das «zuweilen» darf nicht zu viel Nachdruck gelegt werden. Wohl scheint der Dichter in den beiden letzten Legenden in die Bahn der christlichen Askese zurückzubiegen, aber die Entsagung, die Dorothea und Theophilus und Musa üben, ist nicht die Weltflucht des religiösen Glaubens, wie wir sie bei den Märtyrern Kosegartens finden, sondern die klare Selbstüberwindung, die als Pflicht von jedem freien Menschen geübt werden soll. Das «unendliche Seufzen», das am Schlusse des Tanzlegendchens durch die Himmel rauscht, verkündet, wie herrlich dem, der entsagen muß, trotz aller inneren Stärke der Genuß der Lebensherrlichkeit doch erscheint.

Die polare Idee Lebensfreude und Entsagung, durch Kellers persönliches Erleben zu dem Gegensatz Liebe und Verzicht verengt, hat den Dichter bei der Auswahl aus der großen Masse von Kosegartens Legenden bestimmend geleitet. Nicht die poetisch wertvollsten Stücke hat er aufgegriffen, sondern jene, in denen er das ihn persönlich angehende Problem Liebe und Verzicht an einer Handlung veranschaulichen konnte, der er meist den Reiz origineller Motive verlieh. Dabei darf man aber bei der Zurückführung der Kellerschen «Sieben Legenden» auf die Kosegartens nicht auf sieben einzelne Stücke zurückgreifen, vielmehr sind oft aus mehreren Erzählungen Kosegartens Motive in eine Dichtung Kellers hineingeflossen.

Kosegarten erzählt I, S. 190: «Eugenia war die Tochter des Philippus, eines edlen Römers, welcher, da ihm vom Senat die Statthalterschaft von Ägypten übertragen wurde, mit seiner Gattin Claudia, mit seinen Söhnen Sergius und Avitus, und mit seiner einzigen Tochter nach Alexandrien zog. Hier besuchte Eugenia die Schulen der Weisen, in welchen sie der Philosophie, der Dialektik und Rhetorik mit solchem Eifer oblag, daß endlich ihre Lehrer selbst nicht mehr imstande waren, ihre Wißbegierde zu befriedigen. Zween Jünglinge, Söhne von Freigelassenen, die in ihres Vaters Hause geboren und erzogen waren, und Prothus und Hyazinthus hießen, teilten alle ihre Studien, und machten ebenfalls in den Wissenschaften gute Fortschritte. Als Eugenia fünfzehn Jahre alt war, gewann Aquilinus, der Sohn des Konsuls, sie lieb und bewarb sich um ihre Hand. Eugenia aber sagte zu ihm: Zu einer zufriedenen Ehe bedarf es weniger der Gleichheit des Standes, als der Gleichheit der Gesinnung. Um diese Zeit fielen ihr die Schriften des Apostels Paulus in die Hände; diese las sie mit großem Fleiße, und wurde durch sie für das Christentum gewonnen. – Nun war den Christen erlaubt worden, in der Nähe der Hauptstadt auf dem Lande ihres Gottesdienstes zu pflegen. Als Eugenia eines Sonntags vergnügenshalber mit ihren beiden Jugendgefährten auf ein benachbartes Landhaus fuhr, und der Weg sie an einer Kirche der Christen vorüberführte, hörte sie die Worte des Psalms singen: Der Heiden Götter sind Götzen; der Herr aber hat den Himmel gemacht. Hört ihr nun, sprach sie zu ihren Gefährten, was diese singen? Ist die Wahrheit auf ihrer Seite, so haben unsere Redner, Dichter und Weisen, so haben Aristoteles und Platon uns irregeführt, und wir befinden uns auf dem Wege zum Verderben. Meine Freunde, fuhr sie fort, durch die Geburt bin ich eure Gebieterin geworden, durch die Weisheit aber eure Schwester. Lasset uns vollends Brüder, lasset uns Christen werden. Die Jünglinge waren es wohl zufrieden. Sogleich vertauschte Eugenia ihren weiblichen Anzug mit männlicher Kleidung, und begab sich samt den Jünglingen zu einem nahen Mönchskloster der Helenusvorstadt. Helenus war ein Mann Gottes ... [folgt die Erzählung einer Wundertat des Helenus]. Diesem stellte Eugenia sich und ihre Begleiter als drei junge Männer vor, welche, der Welt mißtrauend, für ihre Seele sorgen wollten. Es war jedoch dem Manne Gottes das Geschlecht der Eugenia durch den Geist geoffenbaret worden. Obgleich er nun sonst kein Weibsbild in seiner Nähe zu dulden pflegte, so sprach er doch zu dieser: Wiewohl kein Mann, ist gleichwohl deine Handlungsweise eines Mannes würdig. Hierauf ließ er sie den geistlichen Habit anziehen, und nahm sie auf in dem Kloster. Eugenia galt hier allgemein für einen Mann, und hieß nicht anders als Bruder Eugenius.» Wie die Eltern die Tochter nirgends mehr finden, befragt der Vater die Wahrsager, welche ihm anzeigen, «daß seine Tochter von den Göttern entrückt und unter die Sterne versetzt sei. Hierauf ließ Philippus ihre Statue in den Tempeln aufstellen und befahl, ihr göttliche Ehre zu erzeigen. Mittlerweile führte Eugenia samt ihren Gefährten ein heiliges Leben, und als der Vorsteher des Klosters starb, wurde der Bruder Eugenius von der Kongregation zu dessen Nachfolger ernannt.» Es gelingt Eugenius, eine Matrone von gutem Stand und vielem Reichtum, namens Melania, vom viertägigen Fieber durch Gebet wieder herzustellen. Die Geheilte schickt ihm zum Dank Geschenke, besucht ihn im Kloster und verliebt sich dabei in ihn. Um ihn zu verführen, stellt sie sich, als sei sie aufs neue krank geworden, und läßt ihn zu sich kommen. «Kaum aber hatte er sich an ihrem Bette eingefunden, als sie ihm in den feurigsten Ausdrücken ihre Liebe entdeckte, zugleich auch ihm um den Hals fiel, ihn mit großer Inbrunst küßte, und auf die schamloseste Weise zur Sünde reizte. Eugenius aber riß sich mit Abscheu von ihr los und sprach verweisend: Nicht mit Unrecht, wahrlich, wirst du Melania [die Schwarze] genannt, die du eiterst von geheimer Bosheit, ein Kind der Finsternis bist und eine Erbin der höllischen Flammen. Melania, von ihm verschmäht sich sehend, und besorgend, daß er ihre Schande offenbaren möge, glaubte, ihm zuvorkommen zu müssen, erhub ein Zetergeschrei und erzählte den herzueilenden Mägden, daß der Mönch ihr habe Gewalt antun wollen. Hiemit nicht zufrieden, ging sie zu dem Statthalter Philippus und redete also: Eugenius, ein christlicher Klosterbruder, kam zu mir, als ich krank war, und erbot sich, mir Arznei zu geben. Als er sich aber allein mit mir fand, mutete er mir Schnödes zu, fiel über mich her und würde seinen schändlichen Willen mit mir vollbracht haben, wenn nicht meiner Mägde eine, die auf mein Geschrei herbeieilte, mich von seinen Händen erlöset hätte. Der Statthalter ... sandte die Häscher aus und befahl ihnen, die sämtlichen Brüder jenes Klosters vor ihn zu führen. Ihr Verruchten, sprach er zu ihnen, hat euer Meister euch gelehrt, unter der Larve der Heiligkeit ein unreines Herz zu verbergen und schamlos die Zucht unserer Frauen zu verhöhnen?» Eugenius sucht sich zu rechtfertigen und beruft sich auf die Magd der Melania. Aber sowohl diese wie das gesamte übrige Gesinde bestätigt die Aussage der Herrin. Nun zerreißt Eugenia, nicht zu ihrer Rechtfertigung, sondern damit nicht Gottes Heilige der Gottlosigkeit geziehen werden, ihr Gewand von der Brust bis zum Gürtel herab, steht als Jungfrau da und gibt sich ihrem Vater als Tochter, ihren Brüdern als Schwester zu erkennen. «Als der Statthalter seine Tochter erkannte, fiel er ihr um den Hals mit lautem Weinen. Dasselbige taten auch die Mutter und die Brüder. Hierauf ward Eugenia mit güldnen Kleidern angetan und auf den Schultern des Volks nach Hause getragen. Melania aber und ihre Mitschuldigen wurden durch Feuer vom Himmel zu Asche verbrannt.» Der Schluß der Legende erzählt von der Bekehrung des Aquilinus und seines ganzen Hauses zum Christentum, von der Rückkehr der Familie nach Rom und dem Märtyrertode der Eugenia, ihrer beiden Freunde und ihrer Mutter unter Valerianus.

Diese Legende war Kellers Hauptquelle. Daß er daneben auch zwei andere Stücke in Kosegartens Sammlung kannte (I, S. 146 und I, S. 236), die einzelne stoffliche Motive der Eugenialegende wiederholen (die Blaustrümpfchenweisheit des Mädchens, ihre Männerscheu, die Errichtung der Statue und die göttliche Anbetung; den Eintritt ins Kloster in Mannskleidern), bezeugt der Dichter selber am Anfang seiner Legende.

Was Keller von seiner Weltanschauung aus zu diesem Stoff führte, war die Unterdrückung der Natur, die sich in geistigem Hochmut äußert, zur Verleugnung des natürlichen Geschlechtes und zum Mönchstum steigert und als Frucht die unnatürliche Leidenschaft der reichen Matrone und die Anklage der Schuldlosen zeitigt. Eugenia, die geschlechtslos zu sein sich vermißt, kann sich nur dadurch vom Tode retten, daß sie sich auf ihr Geschlecht besinnt, und ihre Sprödigkeit wird dadurch bestraft, daß sie sich vor dem Auge eines Mannes enthüllen muß.

Es ist das Problem der ihrem natürlichen Berufe entrückten, emanzipierten, gelehrten Frau, das Keller in der christlichen Legende mit großer psychologischer Wahrheit dargestellt fand. Das Problem, das seine eigene Zeit so stark erregte. Nachdem unter der Nachwirkung romantischer Ideen und dem Einflusse der Saint-Simonistischen réhabilitation de la chair die Jungdeutschen, vor allem Gutzkow in «Wally der Zweiflerin» und Mundt in der «Madonna», die Stellung der modernen Frau im Kampfe der geistigen und sinnlichen Befreiung der Zeit erörtert, hatten schriftstellernde Frauen, wie die Gräfin Ida Hahn-Hahn und Fanny Lewald, ums Jahr 1840 selber das fruchtbare Problem in Romanen zu behandeln unternommen. Die Gräfin Hahn-Hahn hatte, nachdem sie nach dem Vorbild der George Sand das Recht der aristokratischen Frau auf freies Ausleben ihrer Leidenschaft verherrlicht, 1850 unter der Wirkung der Märzrevolution vor dem Sturm ihrer Gefühle Zuflucht im Schoße der katholischen Kirche gesucht. Fanny Lewald, die 1855 die Gattin Adolf Stahrs wurde, betonte gegenüber der Gräfin Hahn-Hahn in ihren Romanen die notwendigen Schranken liberaler Bürgerlichkeit. Keller hatte sie anfangs 1851 in Berlin kennen gelernt. Über ihre Schriftstellerei äußert er sich am 29. Mai 1850 gegenüber Hettner: sie habe einen scharfen Verstand, aber wenig Phantasie und Wärme. «Ich möchte sagen, daß es eine angenommene gelehrte Vornehmheit ist, welche sie von einem liebevollen freudigen Ausarbeiten und Ausfüllen ihrer Schriften abhält und sich mehr einem kalten Räsonnement hingeben läßt in flüchtigen Umrissen, welche sie mehr als eine femme spirituelle, [denn] als eine Dichterin erscheinen läßt.» Das Treiben und Gebaren in ihrem Zirkel fand er unangenehm und trivial. Ein andermal spottet er über die Ostentation, mit welcher sie ihr Verhältnis zu Adolf Stahr produziert, und über ihre Anmaßung in Fragen des literarischen Urteils. An Ludmilla Assing berichtet er am 12. August 1856, daß die Stahrs in Zürich seien und daß der Fanny zu Ehren von ihren Freunden ausdrückliche «Herrengesellschaften» geladen würden, wo sich die Hausfrau bescheiden zurückziehe. Spricht er auch später gelegentlich freundlicher über das «vierbeinige-zweigeschlechtige Tintentier» Stahr-Lewald, so ist im ganzen seine Empfindung gegenüber Fanny Lewald deutliches Unbehagen. Er machte bei Wesendoncks und anderswo kein Hehl daraus, daß er schriftstellernde Frauen nicht leiden könne. Am 2. Mai 1870 machte ihm darob Mathilde Wesendonck, die selber gern schriftstellernd dilettierte, ernstliche Vorstellungen: «Grausam und unbegreiflich finde ich es allerdings immer noch, daß Sie den Frauen eine ernste, nützliche Tätigkeit, die doch einzig nur der Öffentlichkeit gegenüber sich kundgeben kann, streitig machen wollen, aus dem einfachen Grunde, weil sie Frauen sind ... Jedes Würmchen, jede Ameise möchte im Weltbau sich als nützlich erweisen und nur die Frauen sollen ewig verdammt sein, als zierlicher Schmuck des Hauses oder der Gesellschaft zu dienen?»

Das ist ein einseitiges Urteil über Kellers Auffassung der Frau. Die Frauen seiner Werke, auf denen sein Auge mit Wohlgefallen ruht, sind vollsaftige Naturen, Geschöpfe von großer Schönheit, holdester Sinnlichkeit und schelmischem Geist, tiefem Gemüt und sicherem ethischem Gefühl, die das Leben mit anmutigem Reiz zu umkleiden, wie als Gattin und Mutter es kraftvoll weiterzuführen imstande sind. Alle geistigen und sittlichen Güter, die der Mann sich mühsam erschafft, besitzen sie als natürliche Gaben, und mit klarem Gefühl schweben sie in der Mitte zwischen dem emanzipierten Weib der Jungdeutschen und der züchtigen Hausfrau Schillers. Lucia im «Sinngedicht» und Dortchen Schönfund im «Grünen Heinrich» zeigen, bis zu welcher Höhe freier Geistesbildung Kellers Frauen emporsteigen können.

Von diesem Frauenideal aus entwickelt er den Charakter der Eugenia in Kosegartens Legende. Der blaustrümpfige Lebenswandel Eugenias ist in seinen Augen die unterdrückte Natur eines von Hause aus richtig fühlenden Weibes, das aber in dem gelehrten Milieu des alten Alexandria irregeleitet wird. Darauf weist bei Kosegarten schon das Verhältnis zu den zwei männlichen Freunden hin. Sie scheint sich darin über die Natur hinwegzusetzen und merkt nicht, daß in diesem Freundschaftsbund ihre Sinnlichkeit sich unnatürlich auslebt. Keller, der dieses Verleugnen des Geschlechtes bei Fanny Lewald unangenehm empfunden, steigert das Unnatürliche dieser Freundschaft, indem er den Jünglingen, die ihr Geschlecht verleugnen, auch noch den besondern Namen nimmt, das erste Merkmal der Persönlichkeit, und beide «seltsamerweise» Hyazinthus heißen läßt. Dann entwickelt er aus dem kargen Heiratsmotiv bei Kosegarten die anmutigste Liebesgeschichte, die er durch Verwandlung des Sohnes des Konsuls in den Statthalter Aquilinus, der über Eugenia zu richten hat, an die Grenze des Tragischen führt. Der Charakter des Aquilinus ist durch den Gegensatz zu Eugenia gegeben. Er empfindet ebenso stark männlich-natürlich, wie sie ihre Weiblichkeit unterdrückt, und verabschiedet sie kurzerhand, wie sie ihm mit ihrer hochmütig-zimperlichen Forderung eines geistigen Bundes kommt. In ihr aber erwacht nun die Sehnsucht der Liebe. Diese zeigt sich in der Launenhaftigkeit, mit der sie ihre zwei Begleiter behandelt. Sie wird uns verkündet in dem Psalm, den der Dichter, mit feiner Änderung der Vorlage, aus dem Mönchskloster ertönen läßt: «Wie eine Hindin nach den Wasserquellen, so lechzet meine Seele, o Gott, nach dir.» Und Sehnsucht ist es, was Eugenia ins Kloster führt: die himmlische Liebe ist bei ihr die Maske für die irdische Sinnlichkeit, und die Verleugnung des Geschlechtes ein gefährliches Spiel mit dem Feuer, wie das Ansinnen der Matrone zeigt.

Das Motiv von der Statue, die Eugenias Vater der vermeintlich zu den Göttern entrückten Tochter errichten läßt, baut Keller zu der wundervollen nächtlichen Szene aus, die der Eugenia die Liebe des Aquilinus verrät. Auch jetzt noch bezwingt sie ihr zitterndes Herz. Aber sie vermag doch nicht mit dem Hammer die schöne Bildsäule zu zerschlagen, sondern küßt durch die Lippen der Statue den Aquilinus und eilt mit wogendem Busen in ihre Zelle und träumt, das Frühgebet versäumend, «von Dingen, die dasselbe nichts angingen».

Nun ist sie innerlich in ihrem mädchenhaften Hochmut gebrochen, zur Liebe reif. Aber der Dichter erspart ihr, um sie für ihre Sprödigkeit zu strafen, auch die harte Demütigung durch die – viel leidenschaftlicher gegebene – Liebeserklärung der zur Witwe umgewandelten Matrone und die Verfolgung durch deren falsche Anklage nicht, und die Bitterkeit der Schmach wird für Eugenia dadurch geschärft, daß der Richter nicht der Vater, sondern der Geliebte ist, und dieser, trotzdem er sie sofort erkennt, ihr in gerechter Grausamkeit die Entblößung nicht erspart.

Wenn in all diesen Zügen Kellers Erzählung auf den Ton einer kraftvollen Sinnlichkeit gestimmt ist, im Gegensatz zu Kosegarten, so hält sich die Legende doch stets mit feinstem Takt diesseits des schmalen Grenzrains, der die Natur von der Lüsternheit und Schamlosigkeit trennt. Bedeutsam sind hier zwei Motive, in denen Keller von Kosegarten abweicht. Bei diesem weiß der «Mann Gottes» Helenus von Anfang an, daß Eugenia ein Weib ist. Daß er Eugenia gleichwohl im Kloster duldet, ist ein Beweis seiner geistlichen Askese, aber für ein gesundes Gefühl unnatürlich und gefährlich. Bei Keller kennt niemand als die beiden Hyazinthen, die geschlechtslos sind, die Verleugnung des Geschlechtes. Sodann ist von dem modernen Dichter die heikle Entblößungsszene mit vollendeter Reinheit dargestellt. Bei Kosegarten zerreißt Eugenia ohne weitere Umstände ihr Gewand «von der Brust bis zum Gürtel herab» vor dem ganzen Gerichte. Bei Keller reißt sie es entzwei, wie ihr kein anderer Ausweg mehr übrig bleibt, einzig in Gegenwart des Aquilinus, «bleich wie eine weiße Rose und in Scham und Verzweiflung zusammenbrechend». Aquilinus fängt sie in seinen Armen auf und tilgt die letzte Spur der Beschämung, indem er Eugenia zu seinem Weib macht.

Der zweiten Legende, «Die Jungfrau und der Teufel», liegt Kosegartens Legende «Die Jungfrau und der Böse» (I, S. 34) zugrunde: «Ein gewisser sehr reicher und sehr mächtiger Ritter, welcher durch unzeitige Freigebigkeit sein Gut beträchtlich geschwächet, geriet am Ende in solche Dürftigkeit, daß er, welcher sonst das Größte auszuspenden pflegte, jetzt des Kleinsten bedurfte. Es hatte aber derselbige eine überaus züchtige und fromme Ehegenossin, welche der heiligen Jungfrau all ihre Lebetage mit sonderlicher Andacht zu gedenken pflegte. Als nun eine gewisse Festlichkeit sich nahte, bei welcher besagter Ritter große Vergabungen auszuteilen gewohnt war, er aber nicht hatte, woran er diesmal geben könne, geriet er in große Herzensangst und Bekümmernis, beschloß endlich, solange jene Festlichkeit dauerte, über Land zu reisen, und vertiefte sich in eine wüste, seiner Traurigkeit angemessene Gegend, um dort seiner Bekümmernis nachzuhängen, der Beschämung aber zu entrinnen. Siehe, da sprengte mit einem Male ein gewisses sehr gräßliches Roß auf ihn an, welches einen noch viel gräßlicheren Reuter auf seinem Rücken trug, welcher ihn sofort anredete, und nach der Ursach seines Kummers forschte. Als er ihm nun alles, was sich begeben hatte, nach der Ordnung auseinandergesetzet, sagte jener: Wenn du mir zu Willen sein willst in einer einzigen ganz geringen Sache, so will ich dir zu größerem Ansehen und Reichtum verhelfen, als du vorhin jemalen besessen. Sogleich gelobte jener sich dem Fürsten der Finsternis zu getreuen Diensten, und verhieß alles zu tun, was er ihm beföhle; nur solle er sein Versprechen erfüllen. Hierauf sagte der Böse: Gehe nach Hause, und suche nach dem und dem Orte; so wirst du so und so viel Pfund Goldes, so und so viel Zentner Silbers und einen großen Haufen köstlicher Edelsteine finden. Dagegen begehre ich weiter nichts von dir, als daß du an dem und dem Tage deine Ehegenossin zu mir herführen mögest auf diesen selbigen Ort. Nachdem der Ritter solches versprochen, kehrte er nach Hause zurück, suchete nach am bestimmten Platze, und fand alles, was ihm war verheißen worden. Sogleich hub er an, Paläste zu bauen, Vergabungen zu spenden, die verpfändeten Grundstücke wieder einzulösen, Knappen und Knechte sich zuzulegen, wie vormalen. Als aber der anberahmte Tag sich nahte, rief er seiner Gemahlin, und sprach zu ihr: Liebe Frau, setze dich eiligst zu Pferde, denn du hast einen weiten Weg mit mir zu machen. Die fromme Frau erschrak von Herzen, hub an zu zittern und zu beben, wagte gleichwohl nicht, dem Ehegemahl zu widersprechen, sondern befahl sich in die Hut der heiligen Jungfrau, und folgte ihrem Manne. Als sie nun eine ziemliche Strecke fortgeritten, und unterwegs eine Kirche gefunden, stieg die fromme Frau vom Pferde, und trat in die Kirche, während der Mann haußen harrete. Als sie nun hier der heiligen Jungfrau sich auf das allerandächtigste befohlen, ist sie plötzlich in einen tiefen und süßen Schlummer gefallen, und ist dagegen die glorwürdige Jungfrau vom Altar heruntergetreten, hat alle Gestalt und Kleidung besagter Frauen angenommen, ist hinausgegangen und hat sich zu Pferde gesetzt, während jene schlafend in der Kirche zurückblieb. Es wußte aber der Ritter nicht anders, als daß es seine Hausfrau wäre, welche ihm folgte. Als sie nun an den bewußten Ort gelangten, stürmte der Fürst der Finsternis daher gewaltiglich, und sprengte gegen sie an mit großem Ungestüm. Sobald er aber näher gekommen, hub er an zu zittern und zagen dermaßen, daß auch seine Kniee schwankten, und seine Schenkel unter ihm zu brechen schienen. Und er sprach zu dem Ritter: O du allerungetreuester der Menschen, wie hast du mich so böslich betrogen! Wie vergiltst du mir solches für alle meine Guttaten! Deine Ehegenossin solltest du mir bringen, und du bringst mir die Mutter Gottes selber. Deine Gattin wollte ich haben, und du bringst mir die allerseligste Maria. Dein Weib, das mir von jeher viel gebranntes Herzeleid zugefügt, wollte ich peinigen an diesem Ort, und du bringst mir meine allergrimmigste Feindin, die mein Reich gewaltiglich und unversöhnlich verstöret. Als solches der Ritter hörte, entsetzte er sich über die Maßen sehr, und vermochte vor Furcht und Verwunderung auch kein Wörtlein zu reden. Die heilige Jungfrau aber sprach zu dem Bösen: O du Arger, wie hast du dich vermessen mögen, meiner Dienerin, die mir gewidmet ist, zu schaden. Solche Frechheit soll dir nicht ungestraft ausgehen. Fahre hinunter augenblicklich an deinen Ort, und nimmer wieder versuche einer solchen zu schaden, welche mich mit Andacht anruft. Also sagte die Jungfrau, und von Stund' an schied der Böse von hinnen mit großem Geheul und Wehklage. Der Ritter aber stieg vom Pferde, und warf sich der heiligen Jungfrau zu Füßen. Diese, nachdem sie die Sünde ihm auf das schärfste verwiesen, befahl ihm zu der Kirche zurückzukehren, wo er seine Hausfrau noch schlafend finden würde, sofort aber alle Schätze des

Bösen von sich zu werfen. Der Ritter tat wie ihm befohlen, und kehrte zurück zu seiner schlafenden Gattin, welche er weckte, und alles was begegnet war, ihr getreulich hinterbrachte. Als sie nun zu Hause gekommen, und alle Schätze des Bösewichts von sich geworfen hatten, sind sie all ihr Lebetage beharret im Lobe und Dienste der allerseligsten Jungfrau. Und hat die heilige Jungfrau ihnen in den folgenden Tagen größere Ehre und Reichtümer zugewandt, als sie vorhin jemalen besaßen.»

Kosegartens Legende trägt einen noch stärkeren geistlich-kirchlichen Anstrich als die vorhergehende. Das Natürlich-Menschliche ist völlig unterdrückt, und das Ganze mündet in die Darstellung des uralten Gegensatzes zwischen Himmel und Hölle, Maria und Teufel. Die Macht der Heiligen ist so groß, daß der fromme Erzähler das dramatische Motiv eines menschlichen Kampfes zwischen Maria und dem Teufel nicht einmal andeutet. Das Unmenschliche, das in der Abtretung der Frau liegt, wird nicht als unsittlich empfunden. Der Ritter ist im Grunde fromm und gut. Durch seine reichen Schenkungen im Sinne kirchlicher Wohltätigkeit ist er in Not gekommen, sein Bund mit dem Teufel ist ein leicht verzeihlicher Irrtum, und am Schlusse wird er von Maria durch neue größere Reichtümer belohnt. Die Legende zeigt so geradezu, wie die kirchliche Frömmigkeit derbe Herzensroheit nicht nur nicht ausschließt, sondern oft geradezu bedingt, und Religion und Sittlichkeit weit auseinanderklaffen können.

Für Keller bedeutet nach den Gesetzen der Natur leben sittlich sein. Seine Auffassung der Frau läßt ihn aus der Gattin des Ritters, Bertrade, ein Weib nach seinem Herzen machen. Sie ist «schön und gut» und «erwärmt gleich einer Sonne die Gemüter der Gäste». Sie besitzt also jene sinnlich-geistige Vollkommenheit, die für Keller der Inbegriff seiner Naturfrömmigkeit ist. Ihre Schönheit des Herzens zeigt der feine Zug, daß sie, um den armen Meister zu beschäftigen, um den Gebizo sich nicht kümmert, das Kirchlein bauen ließ.

Ein solches Juwel an Schönheit und Güte dem Teufel zu überantworten, ist in den Augen des modernen Dichters eine Todsünde, die nur aus einem gänzlich verrohten und schlechten Gemüt kommen kann. Bei Kosegarten weilt der Blick der Maria mit Wohlgefallen auf dem freigebigen Ritter. Keller macht ihn zu einem Bösewicht. Seine Wohltätigkeit quillt nicht aus dem Herzen, sondern es ist nur ein prahlerischer Sport, ein eitles Verschleudern der irdischen Güter aus Mißachtung ihres Wertes. Er gibt nicht, um Not und Armut zu lindern, sondern damit die Leute schmausend ihn lobpreisen. Statt daß er, wie er die Pflicht hat, die Notleidenden innerlich stärkt und sie durch den Gedanken eigener Verantwortlichkeit, wie Kellers diesseitige Lebensanschauung verlangt, zu tüchtigen Erdenbürgern macht, züchtet er aus ihnen Lumpen, die ihm, wie er nicht mehr spenden kann, seine Wohltaten mit Spott lohnen. Ja, seine Freigebigkeit ist so jeder inneren Heiligkeit bar, daß er – eine wundervolle Ironie – fröhlich aus dem Gelde des Teufels eine mächtige Abtei für fünfhundert der frömmsten und vornehmsten Kapitularen stiftet.

Ein solcher Mensch kann auch den Wert der Bertrade nicht einsehen. Es ist nur ein weiterer Akt seines verschleudernden Schenksportes, wenn er auch zuletzt seine Frau dem Teufel übergibt, dem er schon seine andern Besitztümer in die Hände gespielt hat, dem er von Anfang an mit Leib und Seele verfallen ist.

Eine der wundervollsten, zugleich farbenglühendsten und tiefsinnigsten Gestalten der «Sieben Legenden» ist dieser Teufel. Eine Verkörperung der seelenlosen Materie, die Gebizo einzig schätzt. Ein Zug gründlicher Unzufriedenheit um Mund und Augen, der Gebizos Vertrauen erweckt, entstellt sein sehr hübsches Äußere. Als der egoistische Materialist ist er der ewig Einsame. Er sehnt sich nach der Liebe eines irdischen Weibes, aber dem Herzlosen bedeutet Liebe nur etwas Materiell-Sinnliches: er kauft dem Gebizo sein Weib ab, um es sinnlich zu genießen. Aus dieser Sinnlichkeit des Teufels fließen jene wundervollen, den betäubenden Atem schwüler Erotik hauchenden Schilderungen des Rosengartens mit der verführerischen Nymphengruppe und der gespenstisch flötenden Nachtigall.

Den Gegensatz zwischen Maria und dem Teufel gestaltet Keller als Kampf zwischen der Macht des Guten und der des Bösen. Wenn der geistliche Dichter an einen solchen nicht denkt, weil für das Dogma der Kirche der Sieg des Guten über das Böse von Anfang an entschieden ist, so läßt der mächtig in den Nöten der Menschlichkeit ringende moderne Dichter Maria mit dem Teufel streiten. Wohl ahnen wir, wem der Sieg zufallen wird; aber die Jungfrau muß, wie ein Mensch im ehrlichen Kampfe gegen das Böse, alle Kraft zusammennehmen, und ihr Sieg bedeutet schließlich einen halben Verzicht: sie hatte ursprünglich, wie der Dichter sagt, auch Maria zum schelmischen Weib vermenschlichend, «nichts Minderes im Sinn, als den überlisteten Teufel vor den Himmel zu tragen und ihn dort in all seinem Elend zum Gelächter der Seligen an einen Türpfosten zu binden». Dann aber merkt sie, daß sie zu viel unternommen und daß ihre Kräfte schwinden, und begnügt sich, den Feind gegen Verzicht auf die Grafenfrau zu entlassen. Sie kann dem Teufel nur die

Seele der Bertrade abringen, das Böse an sich kann sie nicht unschädlich machen, weil auch die bloß sinnliche Materie zum Leben gehört.

Gebizo aber, der Bösewicht, kann nicht anders als mit dem Tode enden. Eine Belohnung seiner Freigebigkeit durch neuen Reichtum gibt es für Kellers Weltanschauung nicht. In ihm, nicht in Bertrade, erhält der Teufel, was ihm gebührt. Und weil er so gänzlich dem Bösen verfallen ist, trauert ihm Bertrade auch nicht nach. Sie bestattet ihn mit allen Ehren und stiftet unzählige Messen für ihn – erweist ihm, dem äußerlichen Menschen, den äußerlichen Prunk des kirchlichen Brauches. Im Herzen aber hat sie nichts mehr mit ihm zu schaffen. Den Reichtum, den ihr Mann hinterlassen, behält sie; denn sie ist keine Heilige, sondern ein irdisches Weib, das neben der inneren Schönheit auch die Güter der Erde zu schätzen weiß. Und es ist der alte Schatz des Teufels, nicht, wie bei Kosegarten, ein neuer Reichtum von der Hand der Maria. Denn der moderne Dichter scheidet strenger als der geistliche zwischen den Mächten des Geistes und denen der Materie, und er läßt die Heilige ihre Hand nicht mit irdischem Gold beschmutzen.

Enge mit der zweiten Legende ist stofflich die dritte, «Die Jungfrau als Ritter», verbunden. Die Hauptquelle war Kosegarten I, S. 124:

«Es war einmal ein Ritter, der hieß Walther von Birberg. Derselbige hatte unsre liebe Frau sehr lieb, und ritt einstens in einen Turnier. Als er nun unterwegs an eine Kirche kam, bat er seine Gesellen, zuvor mit ihm eine Messe zu hören. Diese wollten nicht, und ritten fürbaß. Also blieb Ritter Walther alleine dort, ließ unsrer lieben Frauen zu Ehren eine Messe singen und opferte mit großer Andacht. Dann ritt er in den Turnier. Unterwegs begegneten ihm viele Menschen, welche sagten, daß der Turnier bereits vorüber wäre. Er fragte, wer am besten gestochen habe? Die sagten, das hat Herr Walther von Birberg getan, den rühmet man vor allen andern. Das nahm den Ritter wunder; doch ritt er fürbaß, und kam noch frühe genug, um den Turnier samt andern Rittern mit großem Lobe zu enden. Nach geendigtem Turnier kamen viele Ritter zu ihm, und befahlen sich seiner Gnade, als solche, welche im Stechen von ihm wären überwunden worden. Da erkannte er wohl, daß solche Ehre ihm von unsrer lieben Frauen Gnade widerfahren wäre, und dankte ihr mit großer Andacht, und diente ihr, derweil er lebte.»

Während Keller die Handlung der beiden vorhergehenden Legenden aus dem Grunde seiner diesseitigen Weltanschauung herauswachsen läßt, so gestaltet er die Handlung der dritten im wesentlichen aus dem Stoffe seiner eigenen Persönlichkeit. Kosegartens Erzählung ist mehr als dürftig, zum Teil verschwommen. Man erfährt nicht genau, durch welche Umstände die Ritter dazu kommen, Walther von Birberg als den Sieger im Turnier zu preisen. Man weiß nicht recht, was das heißen soll: «Er kam noch frühe genug, um den Turnier samt andern Rittern mit großem Lobe zu enden.» Bei der Gestalt des Ritters ist seine Frömmigkeit der einzige persönliche Zug. Keller macht seinen Zendelwald zum Abbild seiner selbst, zu einem Bruder des grünen Heinrich und des Pankraz. In einer später ausgeworfenen Strophe aus dem Zyklus «Lebendig begraben» XI (in der Sammlung 1846) heißt es:

Warum hab' ich's der einen nicht gesagt,
Daß junge Liebe mir im Herzen sprosse?
Ich hab' gezaudert und es nicht gewagt –
Die Krankheit kam und diese tolle Posse.

Es ist ein typischer Zug in Gottfried Kellers Liebesleben, daß er das Geständnis immer wieder hinauszieht. Auch sein Zendelwald ist «träg in Handlungen und Worten. Wenn sein Geist und sein Herz sich eines Dinges bemächtigt hatten, was immer vollständig und mit Feuer geschah, so brachte es Zendelwald nicht über sich, den ersten Schritt zu einer Verwirklichung zu tun, da die Sache für ihn abgemacht schien, wenn er inwendig damit im reinen war». Nie redet er ein Wort zur rechten Zeit, und im Kampf wird er öfters beinahe besiegt, weil er zögert, den letzten Streich zu tun. Es ist die Gefahr eines starken Phantasie- und Gemütslebens, was Keller aus eigenem Erleben schildert, und wie diese Trägheit Keller selber etwa gehindert hat, in Liebesverhältnissen das entscheidende Wort zu sprechen, so flüchtet sich auch Zendelwald, da er die Burg der Geliebten in der Morgensonne erglänzen sieht, aus Zaghaftigkeit, nicht aus Frömmigkeit wie Walther von Birberg, in die Kapelle der heiligen Maria; und weil er das Glück der Liebe in seinen Phantasien zum voraus genossen, fühlt er sich so ruhig, daß er einnickt und die Stunde des Handelns glücklich verschläft.

Maria aber, kraft ihrer göttlichen Weisheit, sieht in sein Herz, und sie weiß, daß seine Trägheit nur allzu großer Reichtum des Innern, und daß er im Grunde tüchtig und stark ist. Auch hier wieder tritt an die Stelle der besonderen katholischen Frömmigkeit die allgemein menschliche Tüchtigkeit. Den Dichter selber hat dieses Bewußtsein seines inneren Wertes und endlichen Sieges auch in der größten Not nicht verlassen. Aus der Berliner Zeit, aus dem Dezember 1851, ist ein Gedicht vorhanden, das schildert, wie Keller den Tag äußerlich untätig hinzehrt und dann nachts, gleich seinem Zendelwald in der Kirche, lächelnd in Schlaf sinkt.

> *Doch wer zuletzt lacht, lacht am besten;*
> *Und wie ich lächle jede Nacht,*
> *Wenn ich mich auf das Ohr gemacht,*
> *So werd' ich vor dem Schlafe lachen,*
> *Daraus man nimmermehr erwacht.*

Das Zaudern war bei dem Dichter, so wenig wie bei seinem Zendelwald, Müßiggang, es war inneres Reifwerden und Hineinwachsen in den neuen Zustand und die neue Aufgabe.

Vielleicht ist dies der tiefere Sinn des Sprichworts, daß es der Herr den Seinen im Schlaf gibt. In der Legende erfüllt es sich wörtlich. Wie in der Geschichte von der Jungfrau und dem Teufel läßt der Dichter Maria vom Altar heruntersteigen, sich in die Gestalt ihres Schützlings verwandeln und dessen Aufgabe erfüllen. Aber mit einem bedeutsamen Unterschiede. In der Legende von der Jungfrau und dem Teufel übernimmt Maria in dem Zweikampf mit dem Bösen eine Aufgabe, die Bertrade niemals hätte leisten können; in der vorliegenden Legende vollbringt sie nur, was Zendelwald selber hätte vollbringen können, wenn seiner Kraft der Wille entsprochen hätte. Durch diesen feinen Zug löst Keller die Aufgabe der Einführung des Zendelwald in die wirklichen Vorgänge. Er hat alles im Traume so ausgeführt, wie Maria es in Wirklichkeit vollbrachte, und kann, als Maria verschwindend ihm an Bertrades Seite Platz macht, den Faden des Gespräches da fortspinnen, wo Maria aufgehört hat. Darin liegt zugleich zur einen Hälfte die sittliche Rechtfertigung von Marias Eintreten. Sie hat keinem unwürdigen Faulpelz geholfen, sondern wir sind nun überzeugt, daß Zendelwald seine Gegner hätte besiegen können, wenn er nur gewollt hätte. Zur andern Hälfte liegt sie darin, daß Zendelwald fortan von seiner Trägheit geheilt ist, wie Keller selber als Staatsschreiber redlich, tüchtig und klug gewirkt hat.

Indem so Keller die Gestalt des Zendelwald nach sich selber formte, war auch das Heiratsmotiv, das Kosegartens Erzählung nicht enthält, aus seinem eigenen Erleben gegeben. Immerhin bietet eine andere Legende Kosegartens ein ähnliches Motiv. Im zweiten Bande S. 322 wird erzählt, wie ein König den Jüngling Julianus in Dienst nimmt, ihn lieb gewinnt, zum Ritter schlägt und «mit einer sehr reichen Erbin vermählte, welche ihm eine schöne Burg und ansehnliche Ländereien zur Morgengabe mitbrachte». Die Gestalt des Kaisers, der Zendelwald begönnert, kann bei Keller daher stammen.

In des Ritters Verhältnis zu seiner Mutter wiederholt sich das Verhältnis des grünen Heinrich zur Mutter, aber ins Groteske gesteigert. So ist das treue Schaffen von Heinrichs Mutter für den Sohn in dem Übereifer von Zendelwalds Mutter ins Übertriebene verzerrt. Es liegt darin zugleich eine Art Rechtfertigung für die Trägheit des Sohnes, und es ist ein feiner symbolischer Zug, daß die Mutter bei ihrem zornigen Hantieren auf dem Dache mit den zerbrochenen Ziegeln, die sie hinunterwirft, beinahe den Boten des Kaisers erschlagen hätte, der Zendelwald den Weg zum Glück bahnen soll.

Als Gottfried Keller die Legende unter dem Eindruck der großen Ereignisse von 1870/71 endgültig umarbeitete, wob er in die poetische Gestaltung eigener Erfahrung noch eine Anspielung auf das allgemeine Zeiterleben hinein: das Erwachen des deutschen Michel zur Tatkraft. Auch das deutsche Volk schien dem Dichter eine Art Zendelwald zu sein, überreich an innerem Leben am Schlusse des achtzehnten und in der ersten Hälfte des neunzehnten Jahrhunderts, aber durch die Überfülle geistigen Besitzes am tatkräftigen Handeln lange gehindert. Diese politische Spitze kommt in der Breite zum Ausdruck, mit der der Kampf von Maria-Zendelwald gegen Guhl und Maus geschildert ist. «Guhl der Geschwinde», schrieb Keller am 29. Juni 1875 an Vischer, «(Guhl alemannisch Hahn, zum Beispiel bei Hebel) sollte Frankreich darstellen, Maus, der Zahllose, den Panslawismus, welche die Muttergottes als deutscher Recke sukzessive besiegt. Das äußere Wesen des Slawischen sollte unter anderem durch allerlei gezopftes Haar- und Schnauzwerk gemalt sein, und da dachte ich mir als Übertreibung wirkliche lange barbarische Nasenhaare als Zöpfchen.»

Der vierten Legende «Die Jungfrau und die Nonne» liegt Kosegarten I, S. 117 zugrunde: «In einem Kloster war eine schöne Nonne, die hieß Beatrix, und war Küsterin. Dieselbe ward von sündlichen Gedanken gar heftig angefochten. Als sie es nun nicht länger zu ertragen vermochte, trat sie eines Nachts vor den Altar unsrer lieben Frau und sprach zu ihr: O du allerliebste Frau Maria, ich habe dir bisher gedient auf das beste, als ich nur vermochte. Aber jetzt nimm du die Schlüssel zu dir; ich kann das Leiden in meinem Herzen nicht länger ertragen. Als sie das gesprochen, legte sie die Schlüssel auf den Altar, ging zum Kloster hinaus, und ergab sich dem gemeinen Leben volle funfzehn Jahr. Als die funfzehn Jahre um waren, empfand sie große Reue in ihrem Herzen, ging zu der Pforte des Klosters und sprach zu der Pförtnerin: Kennst du eine Frau hier inne, welche Beatrix heißt, und ist Küsterin? Die Pförtnerin sprach:

Recht gut kenne ich sie. Sie ist eine fromme Frau, und aus der Maßen demütig, und hat sich allzeit wohl gehalten. Als das Beatrix hörte, wollte sie wiederum gehen. Da trat unsre liebe Frau zu ihr und sprach: Komm nur wieder herein, und bessere dich; ich bin die ganze Zeit über Küsterin gewesen an deiner Statt. Da ging Beatrix wieder in das Kloster und tat Buße, und erzählte allen Frauen, wie große Gnade ihr von unsrer lieben Frau widerfahren sei.»

Die Legende von der Nonne Beatrix, die aus Weltlust das Kloster verläßt und deren Küsteramt Maria versieht, ist von Cäsarius von Heisterbach bis auf Maurice Maeterlinck oft dichterisch behandelt worden. Für Keller bot sie den fruchtbaren Keim zur Darstellung des Grundmotivs seiner Legenden: Liebe – Entsagung. Ihm bedeutet die Weltlust der Beatrix nicht «sündliche Gedanken», sondern das Recht der Entfaltung der ganzen sinnlich-geistigen Persönlichkeit, die sittlich verfeinerte Form dessen, was die saint-simonistisch angehauchten Jungdeutschen die «Emanzipation des Fleisches» nannten. Seine Beatrix ist daher eine jener äußerlich und innerlich prachtvoll gestalteten Frauen, wie sie nur Keller zu zeichnen vermag. Nicht etwa von einem Kleriker verführt, wie es in mancher Fassung der Legende heißt, verläßt sie aus äußerem Zwang das Kloster, sondern aus freiem Entschlusse – aus berechtigter Sehnsucht nach dem Leben. Und das Kloster, das weit ausschauend auf einem Berge liegt, nährt diesen Entschluß, weil es ihr die schöne Welt in breitester Fülle vor Augen zeigt. Von ihrem Treiben in der Welt sagt Kosegarten nichts. Es ist ihm ein «gemeines Leben». Der Diesseitsdichter aber wandelt das gemeine Leben in ein Bild herrlichster Poesie um. Beatrix trifft den Ritter Wonnebold (der Name stammt aus Kosegarten I, S. 294). Er ist ein Kreuzfahrer, für den die Begegnung mit dem schönen Weibe ein Abenteuer ist, wie er auf seinen Fahrten manche erlebt. So nimmt er sie mit sich, als Geliebte, als Leibeigene, ohne ihren Wert zu achten. Die Gefahr, in die die weltunerfahrene, nur auf die Heiligkeit des Gefühls bauende Beatrix sich begibt, wird fein angedeutet; in andern Bearbeitungen wird Beatrix zur Dirne. Also muß der Dichter dem Ritter die Augen öffnen über den Wert seines Weibes, und er tut das nach der bewährten Regel, daß man das erst recht schätzt, was man verloren hat oder zu verlieren fürchtet. Er benutzt dazu das uralte Motiv, daß der Mann sein Weib beim Würfelspiel als letztes Gut setzt. In der Mahabhârata-Erzählung von Nala und Damajanti, die Keller in Rückerts Nachdichtung kannte, kommt der Nischadakönig durch sein Würfelspiel um Thron und Weib. Auch E. Th. A. Hoffmann läßt in der Novelle «Spielerglück» (Serapionsbrüder 3) einen Spieler sein Weib als letztes Gut setzen. Wonnebold handelt ähnlich wie Gebizo, aber mit mehr Recht, da ihm Beatrix unterwegs in den Schoß fiel. Wenn sie aber sich ihm einst wie ein willenloses Besitztum zu eigen gab, so ist sie nun nicht gesonnen, durch fremden Willen über sich wie über ein herrenloses Gut verfügen zu lassen. Sie spielt sich dem Baron, der sie mit sich fortführen will, aus den Händen und kehrt zu Wonnebold zurück, diesmal durch Klugheit und Energie, wie sie das erstemal nur durch die Sehnsucht ihres Herzens ihm in die Arme gefallen war. Und nun, da sie nicht mehr nur die Lust der Sinne, sondern die in Gefahr erprobte Treue heiligen Gefühls miteinander verbindet, erhebt er sie zu seiner rechtmäßigen Gemahlin. Es ist ein feiner Zug des Dichters, daß er erst jetzt von den Söhnen der beiden berichtet. Kosegarten erzählt I, S. 308, wie die heilige Birgitta ihrem Gemahl acht Kinder gebiert und sie in der Furcht des Herrn aufzieht, «gleichwie der Adler seine Jungen in die Sonne trägt». «Als den beiden Eheleuten diese acht Kinder geboren waren, nahmen sie sich vor, in Zukunft nach frommer Geschwister Art miteinander zu leben.» Wie Beatrix ihrem Gemahl ihre acht Söhne geboren hat, welche emporwuchsen wie junge Hirsche, hat auch sie ihre Sehnsucht nach der Welt gestillt und kehrt zum Kloster zurück. Der Wiedereintritt ins Kloster ist bei Keller nicht, wie bei Kosegarten, eine Rechtfertigung des Klosterlebens, sondern nur eine Symbolisierung der Tatsache, daß Beatrix nun in den Jahren ist, wo natürlicherweise das sinnliche Leben hinter das geistige zurücktritt. Also auch hier die Idee, daß das sittliche Leben bei gesunden Geschöpfen von der Natur geleitet wird.

Bei Kosegarten muß die Nonne im Kloster Buße tun, trotzdem Maria selber, indem sie Beatrix' Dienst versah, ihrem Weltleben den himmlischen Segen gab. Der moderne Dichter aber entwickelt aus Marias Schutz die wundervollste Rechtfertigung ihres Weltlebens. Bei dem Feste, zu dem die Nonnen Maria ihre Geschenke anfertigen, erscheinen Wonnebold und seine acht Söhne, und jedermann muß gestehen, daß Beatrix heute der Jungfrau die reichste Gabe dargebracht, und Maria selber bezeugt es, indem sie auf die Häupter der Jünglinge acht Kränze von jungem Eichenlaub drückt.

Die Vorlage für den «Schlimm-heiligen Vitalis» fand Keller im zweiten Bande von Kosegartens Legenden. Da wird S. 283 erzählt, wie der Erzbischof Johannes einem Mönche, Vitalis genannt, liebreiche Schonung bewies. Dieser Mensch hatte eine ganz eigene Weise ersonnen, die öffentlichen Buhlerinnen der Hauptstadt zu bekehren. «Er zeichnete sie sämtlich auf, besuchte dann die eine nach der andern und sprach zu jeder: Gewähre mir die und die Nacht, und versage dich an keinen andern. Sobald er nun um die bestimmte Stunde in das Haus und in die Kammer trat, fiel er in einer Ecke des Gemachs auf die Knie und betete für die Besitzerin des Hauses die ganze Nacht. Frühmorgens verließ er sie, und verbot ihr aufs schärfste, zu sagen, was er bei ihr gemacht hätte. Dies trieb Vitalis eine geraume Zeit, und richtete dadurch seinen guten Namen völlig zugrunde. Befand er sich bei einbrechender Nacht etwa in einer Gesellschaft, so pflegte er zu sprechen: Was mache ich doch? Hätte ich doch bald vergessen, daß die und die Freundin mich erwartet. Ich muß hin, auf daß sie nicht über mich zürne. Ward er von andern wegen solchen anstößigen Wandels gestraft, so sprach er: Was denkt ihr doch? Meint ihr, daß ich von Stahl und Eisen sei? Bildet ihr euch ein, daß Gott den Mönchen nicht auch ein bißchen Freude gönne? Die Mönche sind Menschen, so gut wie die andern. Manche sagten zu ihm: Vater, nehmt euch lieber eine eigne Frau und legt den geistlichen Habit ab, damit die andern sich nicht an euch ärgern. Hierauf pflegte er zu antworten: Wer sich ärgern will, der ärgere sich, und renne meinethalb mit dem Kopf gegen die Mauer. Seid aber ihr über mich zu Richtern bestellt? Bekümmert euch um euch selbst, für mich sollt ihr Gott keine Rechenschaft ablegen. Solches sagte er mit großem Lärmen und Geschrei. Als nun die Sache vor den Erzbischof gebracht wurde, weigerte er sich, dem sonst frommen Mönche etwas so Frevelhaftes zuzutrauen; ihm ahnte, daß irgendeine löbliche Absicht unter einem so frechen Äußern verborgen bliebe, und er vertraute, daß Gott solches zu seiner Zeit schon an das Licht bringen werde. Wirklich gelang es dem Mönche, manche dieser Metzen zu bekehren, und in Klöstern unterzubringen. Als er eines Morgens aus dem Hause eines solchen Weibsbildes heraustrat, begegnete ihm einer ihrer Buhler, gab ihm eine Maulschelle und sprach: Willst du noch nicht ablassen, Bösewicht, von diesen ruchlosen Gängen. Vitalis antwortete: Für diese Maulschelle wirst du eine andre empfahn, welche über ganz Alexandrien erschallt. Gleich darauf erschien der Teufel dem Wüstling in Gestalt eines Mohren, versetzte ihm eine erschreckliche Maulschelle und sprach: Die schickt dir der Abt Vitalis ... Vitalis beharrte in dieser Bekehrungsweise, solange er lebte. Als er gestorben war, fand man an den Wänden seiner Zelle diese Worte geschrieben: Richtet nicht vor der Zeit! Die gewesenen Buhlerinnen, welche durch Vitalis' Tod ihres ihm geleisteten Versprechens entbunden wurden, bekannten nun, in welcher Absicht er sie besucht, und was er bei ihnen gemacht habe.»

Für Kellers diesseitige Weltanschauung bot sich in der Gestalt des wunderlichen Mönches Vitalis das gleiche Problem wie in Eugenia: die unterdrückte Natur rächt sich durch Unnatur und führt auf Abwege, sogar zum Sakrilegium. Ihm bedeutet der seltsame Beruf des Mönches verborgene Sinnlichkeit, nicht gottwohlgefällige Heiligkeit. Er steht auf der Seite derer, die aus natürlichem Empfinden heraus dem Vitalis den Rat geben, sich ein Weib zu nehmen. Und dieses Heiratsmotiv baut er nun, wie in der vorhergehenden Legende, aufs geistreichste und anmutigste aus, indem er in Jole ein Mädchen erschafft, die mit dem feinen Sinn für den innersten Kern von Vitalis' Wesen und Treiben die weiblich-schlaue Geschicklichkeit verbindet, ihn an das ihr genehme Ziel und ins Leben zu führen.

Als natürlich-tüchtiger Mensch ist Vitalis dem Dichter von vornherein sympathisch. Er ist gesund und stark genug, es mit der löwenmähnigen Buhlerin aufzunehmen und den Soldaten vom Typus des Miles gloriosus zu besiegen. Sogar die Plünderung des Opferstockes nehmen wir mit dem Dichter als harmlose Handlung, nicht als strafwürdigen Tempelraub, hin. Jole – viola, das Veilchen – ist die am meisten mädchenhaft-zierliche Frauengestalt dieser Legenden. Eine jener geschnittenen Kostbarkeiten ihres Vaters, in blühendes Leben umgesetzt. Auch sie spielt mit dem Feuer wie Beatrix, und wieder ist ihr Tun aufs feinste motiviert. Sie ist das mutterlose, verwöhnte Töchterlein eines reichen Mannes, der sein Kind zumeist allein läßt, weil er den Plato studieren, Gemmen sammeln und zierliche Epigramme auf sie machen muß, wie sie die Palatinische Anthologie in Mengen enthält. Ihr Interesse an Vitalis entspringt zunächst einer bloßen Laune des übermütigen jungen Mädchens. Sie hält seine Heiligkeit der Ehre ihres Geschlechtes nicht für zuträglich, und mit demselben geistreich-zierlichen Sinn, den ihr Vater beim Sammeln seiner Steine und beim Versemachen bekundet, setzt sie den Plan, den Mönch zu bekehren, ins Werk. Sie weiß, daß sie ihm nur nahe kommen kann, wenn sie selber sich als Buhlerin ausgibt. Darauf gründet sie ihren Plan. Erst beklagt sie sich beim Vater über die Nachbarschaft der Buhldirne und veranlaßt ihn, deren Häuschen zu kaufen, dann gibt sie sich, nachdem sie es mit feinen Spezereien hat ausräuchern lassen, selber darin als die Nachfolgerin der fortgezogenen aus und veranlaßt den Mönch, sein Bekehrungswerk an ihr zu beginnen. Sie tut es in der felsenfesten Voraussetzung, daß ihr durch ihn kein Leid geschehen könne.

Wieder ist die Sinnlichkeit, die sie so in dem Mönche entbindet, aufs innigste mit dem zartesten Gefühl verbunden und das Natürliche zum

Sittlichen geadelt. Am deutlichsten offenbart dies der Gegensatz in dem Benehmen des Vitalis gegenüber der Buhlerin und gegenüber Jole. Die Buhlerin ist die gemeine, rohe Sinnlichkeit selber – wie Keller über Dirnen dachte, hat er Ludmilla Assing am 1. Januar 1858 unzweideutig gestanden. Sie entblößt unzüchtig ihre Schultern, umstrickt den Mönch mit ihren weißen, starken Armen und drückt ihn so derb gegen ihre Brust, daß er zu ersticken droht und zu prusten beginnt, als ob er im Fegfeuer stäke. Er aber, auf den die bloße Sinnlichkeit ohne Wirkung bleibt, entledigt sich ihrer brutal, wie sie ist, fesselt sie an Händen und Füßen und wirft den ganzen Pack mit einem mächtigen Ruck auf das Bett. Sein Benehmen aber der zarten und reinen Jole gegenüber ist gänzlich anders. Er spürt, daß er keine Macht über sie hat. Wie sie bei seinem eintönigen Beten einzuschlummern scheint und er sie mit einem Rippenstoße zu wecken sucht, mäßigt er, sobald der Fuß der schlanken Seite des Mädchens sich nähert, von selbst seine Schwere und berührt nur sanft die zarten Rippen, und dabei strömt «eine gar seltsamliche Empfindung den ganzen langen Mönch hinauf», wie sie sich bis jetzt bei allen den vielen schönen Sünderinnen, mit denen er verkehrt, im entferntesten nie eingestellt hat.

So gelingt es Jole, Vitalis mit ihrer heiligen Natürlichkeit zu verführen, was den bloß sinnlichen Reizen der Buhlerinnen nie gelungen war. Das Anziehen der weltlichen Kleider bedeutet nur die äußere Bestätigung der Verweltlichung, die in dem Innern des Mönches bereits stattgefunden, und wie die Mönche ihn aus dem Kloster vertreiben, wird er der treffliche Ehemann, den Jole in ihm erkannt. Eine Rückkehr ins Kloster aber gibt es für den Mann Vitalis nicht, wie für die Frau Beatrix.

Den Stoff, den Keller «Dorotheas Blumenkörbchen» zugrunde legte, hat Kosegarten zweimal behandelt: I, S. 62, metrisch, I, S. 182, prosaisch. Keller stützt sich im ganzen auf die Prosafassung, zieht aber auch gelegentlich ein Motiv aus der Versbearbeitung sowie aus andern Legenden bei. Dorus, ein reicher römischer Senator, ein Christ, flieht – so erzählt Kosegarten I, S. 182 – während einer Christenverfolgung mit seiner Gattin Thea und seinen zwei Töchtern Christe und Calliste nach Cäsarea in Kappadozien. Hier wird ihm eine Tochter geboren, die nach Vater und Mutter Dorothea genannt wird. «Dorothea ward schon als zartes Mägdlein mit dem heiligen Geist erfüllt. Als sie aber heranwuchs, übertraf sie alle Jungfrauen der Hauptstadt wie an lieblicher Schönheit, so auch an Zucht, Weisheit und Frömmigkeit. Das verdroß den Erbfeind alles Guten, und er beschloß, nicht zu ruhen, er habe denn die fromme

Jungfrau entweder leiblich oder geistig verderbet. Zu solchem Ende entzündete er das Herz des Landpflegers Fabricius gegen die Jungfrau, und gab ihm ein, mit Darbietung aller seiner Schätze um sie zu werben. Doch der heiligen Dorothea deuchten alle Schätze der Erde verächtlicher, als taube Spreu, und auf das bestimmteste erklärte sie, wie sie keines andern Bräutigams begehre, als dessen, der mit seinem Blute sie zu seinem Eigentum erworben habe.» Da nimmt Fabricius die durch Diokletian und Maximian verhängte Verfolgung der Christen zum Vorwand und läßt Dorothea, die nicht von ihrem Glauben läßt, in ein Gefäß voll siedenden Öles setzen. Es tut ihr keinen Schaden, und das Wunder bekehrt viele Heiden. Darauf läßt er sie in den Kerker legen, wo sie neun Tage lang von ihrem himmlischen Bräutigam gespeist wird. Am zehnten befiehlt er ihr, eine Statue des Apollo anzubeten. Sie weigert sich und spricht: «Ich bete Gott an und keinen Dämon», und bittet Gott um ein Zeichen dafür, daß er der alleinige Gott sei. Ein Donnerstrahl trifft die Statue und zermalmt sie. Wieder werden viele Heiden bekehrt. Sie aber «ward an den Füßen aufgehängt, mit Ruten gehauen, mit Skorpionen gegeißelt, mit eisernen Kämmen zerrissen, mit brennenden Fackeln gesengt. Halb tot ward sie in den Kerker zurückgeführt. Am Morgen war alle Spur einiger Verletzung verschwunden». Inzwischen sind ihre beiden Schwestern vom Christentum abgefallen. Wie der Landpfleger Dorothea mit ihnen zusammenbringt, gelingt es ihr, sie wieder zum christlichen Glauben zurückzuführen, worauf sie den Märtyrertod sterben. Auch Dorothea droht der Landpfleger nun hinzurichten, wenn sie nicht von ihrem Glauben lasse. Sie erklärt: «Schon längst verlangt mich, zu meinem Liebsten zu gelangen, in dessen Garten ich Rosen und Äpfel pflücken und mich ewig mit ihm laben werde.» Nun läßt der Tyrann ihr anmutiges Antlitz zerfetzen. In der Nacht aber gibt Christus seiner Braut die verlorene Schönheit zurück. «Am folgenden Tage sprach der Landpfleger das Todesurteil über Dorothea. Als sie nun zum Tor der Stadt hinausgeführt wurde, und viel Volks ihr folgte, gedachte Theophilus, der Geheimschreiber, an die Worte, welche sie zum Landpfleger gesprochen hatte, und bat verhöhnend, ihm doch auch von den schönen Rosen und Äpfeln zu schicken, die sie im Garten ihres Liebsten pflücken würde. Das versprach die Jungfrau, und Theophilus lachte des eitlen Versprechens. Als aber Dorothea betend niederkniete auf dem Richtplatz, um den Schwertstreich zu empfahen, siehe, da stand ein Knabe vor ihr, angetan mit einem purpurnen Mantel voll goldener Sterne; sein Haar war kraus [in der metrischen Fassung sind seine Locken kraus und goldfarb, was

Keller durch ‚goldene Ringelhaare' wiedergab], die Füße bloß, sein Angesicht sehr schön und holdselig. In Händen trug er ein Körbchen, worin drei Rosen und drei Äpfel lagen, die reichte er Dorotheen. Dorothea aber sprach zu ihm: Tue mir den Gefallen, lieber Bruder, und bringe diese Äpfel und Rosen dem Geheimschreiber Theophilus. Hierauf befahl sie sich Gott, empfing den Schwertstreich, und gelangte selig zum Anschauen des himmlischen Geliebten. Das geschah an dem Idus des Februar, im Jahr Christi 288. – Theophilus stand im Palast des Landpflegers am Fenster. Plötzlich stand der Knabe vor ihm, zog ihn beiseite und sprach zu ihm: Diese Rosen und Äpfel schickt meine Schwester Dorothea dir aus dem Garten ihres Liebsten. Als er solches gesprochen, verschwand er. Augenblicklich brach Theophilus aus in laute Lobpreisungen Jesu Christi und der heiligen Dorothea. Auch wurde durch die Gewalt seiner Predigt, und durch die Anmut des Zeichens fast die ganze Provinz zu Christo bekehrt. Als das der Landpfleger erfuhr, befahl er, Theophilus noch grausamer zu martern, als Dorotheen geschehen war, hierauf aber ihn in kleine Stücke zu zerhauen und die Stücke den Hunden vorzuwerfen. Also ward Theophilus getauft mit Wasser und mit Blut, und Dorothea empfing ihn freundlich im Garten des Geliebten.»

Auf den ersten Blick wundert man sich, daß Keller diese in jenseitiger Mystik schwelgende Legende aufgriff, und tatsächlich scheint sie auch mit der Entsagungsstimmung, die sie durchweht, aus der Reihe der bisher betrachteten Legenden herauszutreten. Aber Kellers Dichtung wurzelt diesmal (vgl. oben S. 397) in seinem persönlichen Liebesleben, und es sind Züge aus seinem Verhältnisse zu Betty Tendering in die Legende geflossen. Diese Tatsache erklärt, was ihn zu Kosegartens Legende hinzog. Er fand in ihrer christlichen Jenseitsstimmung ein dichterisches Motiv, durch das er den unglücklichen Ausgang jener (und nicht nur jener) Liebe und die ihm durch die Macht der Verhältnisse gebieterisch aufgezwungene Entsagung darstellen konnte. Hatte er in den Liebesgeschichten der fünf ersten Legenden die Linien, die ihm das Leben so jäh abbrach, in der Phantasie zu holden Bildern glücklicher Erfüllung weiter gezeichnet, so verlangte es der Ernst und die Wahrheit sittlicher Erkenntnis von ihm, daß er wenigstens in einer Legende die Lebenslinien zweier Liebenden auseinandergehen ließ. Und dazu benützte er die Entsagungsstimmung der Dorothealegende. In dem Verkehr des Schreibers Theophilus mit Dorothea bot sich ihm der Keim zu einem Liebesverhältnis, das durch die Schuld des mißtrauischschmollenden Schreibers, dann auch der unbedacht scherzenden Dorothea in die Brüche geht, und er erfand als wundervolles Symbol dieser durch menschliche Irrtümer zerbrochenen Liebe die herrliche Schale, die Theophilus fallen läßt, weil Dorothea ihm vorgegeben, sie habe sie von seinem Nebenbuhler, dem Statthalter Fabricius, erhalten. Und nun vergeistigt sich Dorotheas Liebe in die schwärmerische Inbrunst für den himmlischen Bräutigam. Sie ist nicht, wie bei Kosegarten, von Anfang an Christin, sie wird es erst, nachdem ihr die Aussicht auf irdisches Glück geschwunden ist. Das Christentum wird so Dorothea zum allgemein menschlichen Erlebnis. Keller hat es aller Dogmatik entkleidet, die schon der Jüngling so kräftig bekämpft hat, und wieder zu dem gemacht, was es ursprünglich für seine Bekenner war und stets noch sein kann: Verzichtleistung auf die nichtigen irdischen Güter und Vergöttlichung des reinen Lebens im Geiste.

Aus dieser Auffassung des Christentums wächst die Zeichnung der Christen und Heiden in der Kellerschen Legende hervor. Leben im Geist heißt auch für Gottfried Keller Freiheit im Sinne des alten deutschen Idealismus. Daher zeichnet er seine Christen als freie, von jeglichem Zwang der Dogmatik entbundene Menschen. Die Eltern Dorotheas hüten sich als edle und freigesinnte Menschen davor, ihre Kinder in geistliche Kämpfe hineinzuziehen; «sie dachten eben, ein religiöser Menschenquäler sei jederzeit auch ein schlechter Herzensbefriediger». Als dann Dorothea von Theophilus gemieden wird, sucht sie auf natürlichem Wege Trost im Christentum, und sobald die Eltern dies merken, säumen sie nicht, ihr Kind darin zu bestärken und sie ganz in ihre Glaubens- und Ausdrucksweisen einzuführen. Und jetzt besitzt Dorothea auch den Mut des Märtyrertums. Völlig frei, nur unter dem Zwange geistiger Wirkung, erfolgt auch die Bekehrung des Theophilus. Dagegen ist derjenige, der diese freien Menschen um ihres Glaubens willen verfolgt, als pedantischer Tyrann gezeichnet.

Jene Anbetung der sinnlichen Schönheit des Lebens, wie sie die übrigen Legenden verkünden, findet sich auch hier. Aber sie erscheint als etwas, was den Menschen nicht bestimmt ist. Die wundervolle Schale zerbricht, und das schöne rötliche Licht, das sie ausstrahlt, umleuchtet nur wie ein himmlischer Glanz das bittere irdische Leben. In dieses Licht rosigen Himmelsglanzes getaucht ist die Schilderung von Dorotheas Märtyrerleiden. Kosegarten setzt das ganze Arsenal der kirchlichen Folterkammer in Betrieb. Keller verschmäht alle Foltermotive der Dorothealegende seiner Vorlage und sieht sich anderswo um. Kosegarten erzählt I, S. 50 in einer der Verslegenden, wie die heilige Agnes auf einem durch feurige Kohlen glühend gemachten Rost gemartert wird:

Aber auf Rosen, auf Kohlen nicht, lag ruhend die Jungfrau.

Die Verwandlung der feurigen Kohlen in Rosen wiederholt sich bei Kosegarten II, S. 96, wo Laurentius, auf dem Kohlenrost liegend, spricht: «Diese Kohlen gemahnen mich, wie so viel Rosen.» Mit Anlehnung an diese Legenden läßt Keller Dorothea auf dem eisernen Roste gemartert werden, wobei er das Gräßliche der Folterung auf das anmutigste mildert. Die Hitze steigt nur langsam. «Aber es tat dem zarten Körper doch weh. Sie schrie gedämpft einige Male ...» Aus den Kohlen ergeben sich dann die Rosen und Äpfel aus dem Garten des Bräutigams durch eine naheliegende Assoziation, wie in der Agnes- und der Laurentiuslegende, während sie in Kosegartens Dorothealegende der Begründung entbehren.

Das Motiv von dem Knaben mit dem Körbchen voll Äpfel und Rosen bringt Keller nur einmal, und in einer Einkleidung, die den ganzen Vorfall aus dem Bereiche des kirchlichen Wunders herausrückt und zur Vision zu erheben scheint. In einem Gedichte der Sammlung 1846 (S. 26ff.) schildert Keller eine Dämmerungsstimmung in Natur und Seele:

Du süßes Leid, hast ganz mich überwunden!
Welch dunkle Lust, die ich noch nie empfunden,
Ist glühend in mir angefacht!
Wie reich bist, Muttererde! du zu nennen,
Ich glaube deine Herrlichkeit zu kennen:
Nun erst schau' ich in deinen tiefsten Schacht.

– –

Wie flimmern da der Sehnsucht blaue Kerzen
Und spiegeln sich in der Entsagung Erzen,
Ergebung in gewundnen Adern blüht.

– –

Und leise schallen hör' ich ferne Tritte,
Es naht sich mir mit leichtbeschwingtem Schritte
Durch die geheim erhellte Nacht;
Weiß, wie entstiegen einem frischen Grabe,
So wandelt her ein schöner, schlanker Knabe,
Einsamer Bergmann in dem stillen Schacht.

Willkommen, Tod! Dir will ich mich vertrauen.

Ein ähnliches Gesicht in ähnlicher Nachtsituation und Sehnsuchtsstimmung hat Theophilus, und auch ihm bedeutet der Knabe, der die drei zierlich angebissenen Äpfel in den Rosen bringt, den Tod. Er bekennt sich zu Dorotheas Religion der Entsagung und verläßt, indem er den Märtyrertod stirbt, das Gebiet der irdischen Freuden. Des Himmels rein geistige Herrlichkeit, in die Dorothea und Theophilus eingegangen, schildert in symbolischem Bilde der Schluß der Legende. Wie in der irdischen Wirklichkeit ein Ereignis noch eine Zeitlang in der Erinnerung geistig fortlebt und dann allmählich verblaßt, so schweben die vereinigten Liebenden durch den Himmel dahin in süßer Lust, bis sie eingehen in das kristallene Haus der heiligen Dreifaltigkeit, das heißt in das Nichts des Nirwana, das zugleich der Urschoß neuen Lebens ist. So leitet der Schluß von «Dorotheas Blumenkörbchen» nach Stimmung, Gedanken und poetischer Verbildlichung hinüber zum «Tanzlegendchen».

Zu diesem fand Keller den Stoff im wesentlichen in zwei Legenden von Kosegartens erstem Band. In der einen, S. 118, wird von einem Fräulein aus ritterbürtigem Geschlechte erzählt, das gar gerne tanzte. Eines Tages fragt sie ein Mönch, ob sie sich wohl einen Tag lang aller Fröhlichkeit enthalten möchte, um darnach ein ganzes Jahr lang nach ihres Herzens Lust in Freuden zu leben. «Und möchtet Ihr wohl ein ganzes Jahr lang des Tanzens müßig gehen, dafern Ihr hernach all Euer Lebelang so oft und so viel tanzen dürftet, als Ihr nur immer begehrtet? Das Fräulein sprach: Das möchte ich ganz gerne. Weiter sprach der Mönch: Wolltet Ihr nicht ablassen von der Liebe der Welt, und das vergängliche eitle Tanzen verschmähen, damit Ihr dermal einst mit Gott der ewigen Freude genösset, und tanzen und springen möchtet mit seiner lieben Mutter Maria und mit allen himmlischen Heerscharen? Da schwieg das Fräulein stille eine lange Weile, und seufzte schwerlich. Endlich sprach sie: Um einiges vergänglichen Gutes willen möchte ich das Tanzen nicht verschwören, wohl aber um mit Gott und seinen Heiligen des ewigen Tanzes zu genießen.» Sie bittet den Mönch, ihr zu beweisen, daß man auch im Himmel tanze, und er weist sie hin auf Jeremia 31, die Psalmen Davids und viele andere Stellen der Bibel. Da gelobt das Fräulein, das Tanzen zu lassen. «Des wurden ihr Vater und ihre Mutter sehr froh, und ließen ihr ein geistlich Kleid machen, wie sie es wünschte; darinnen diente sie Gotte in ihrer Eltern Hause mit großer Innigkeit.» Nach vier Jahren erkrankt sie und fühlt ihr Ende nahe. Da findet sich der Mönch ein und versorgt sie mit Abendmahl und Ölung. «Sie aber wandte die Augen gen Himmel und sahe den Prediger fröhlich an und sprach: Lieber Vater ... eben jetzt zur Stunde habe ich unsern lieben Herrn mit seiner lieben Mutter und den heiligen Jungfraun im Himmel in einem schönen Tanze gesehen;

derselbige Tanz ist auch mir bereit in Ewigkeit. Als sie solches gesprochen, verschied sie in großen Freuden.»

Eine ähnliche Sage erzählt Kosegarten I, S. 126: «Sankt Gregorius gedenkt einer Jungfrau, namens Musa, die tanzte außer der Maßen gerne; und vor und nach dem Tanze diente sie unserer lieben Frau mit großem Ernste. Als diese einstens im Gebet begriffen war, kam unsre liebe Frau zu ihr mit vielen schönen Jungfrauen, die tanzten miteinander einen gar anmutigen Tanz. Maria fragte die Jungfrau, ob sie wohl auf diese Weise ewiglich mit den Jungfrauen tanzen und spielen möchte? Sie sprach: Recht gerne. Da sprach Maria: So laß dein Tanzen mir zulieb' von heut an bis in den dreißigsten Tag; und am dreißigsten Tage will ich wieder zu dir kommen, und will dich zu dem ewigen Freudenreigen führen. Damit verschwand unsre liebe Frau. Die Jungfrau aber beichtete und tat Buße, und hütete sich von Stund' an vor dem Tanze und vor andern Sünden. Und am dreißigsten Tage kam unsre liebe Frau, wie sie gelobet hatte, und holte die Jungfrau zur ewigen Freude.»

Wieder ist es die Idee Weltlust und Entsagung, was Keller in seiner Vorlage findet. Musa ist so sehr der weltlichen Lust des Tanzes ergeben, daß sie das Beten zu der heiligen Maria in Tänze einrahmt. Sie muß lernen, auf ihre Lust zu verzichten, um im Himmel durch unerhört selige Tanzfreuden belohnt zu werden. Aber Keller kann weder den Mönch noch die Jungfrau Maria als die Person brauchen, welche Musa das Tanzen untersagt. Er muß eine Persönlichkeit der heiligen Geschichte haben, die aus eigener Erfahrung weiß, wieviel herrlicher die Tänze im Himmel als die auf Erden sind. Bei Wackenroder (in den «Herzensergießungen eines kunstliebenden Klosterbruders») meint der junge Musikschwärmer Josef Berglinger in der Kirche den König David «im langen königlichen Mantel, die Krone auf dem Haupt, vor der Bundeslade lobsingend hertanzen» zu sehen. Es ist nicht ausgeschlossen, daß diese Stelle in Kellers Phantasie wirkte, als er die blasse Gestalt von Kosegartens Mönch durch den König David ersetzte und ihn nach den Klängen eines Orchesters von Putten, wie man sie in Stein gebildet an Chorbrüstungen in Kirchen des Barocks sehen kann, der Musa entgegentanzen ließ. Wie der Mönch bei Kosegarten belehrt David bei Keller die zaudernde Musa durch den Hinweis auf Bibelstellen, daß man auch im Himmel tanze (Jeremia 31 ist als Motto vorausgestellt).

In die Schilderung des Abscheidens der Musa scheinen einige Züge aus der Kosegartenschen Darstellung der Auffahrt der Jungfrau Maria (I, S. 3 ff.) eingeflossen. Die Jünger haben sich um die Sterbende versammelt. Sie hat «die Gewande, die bräutlichen, glänzenden, weißen» angezogen (bei Keller läßt sich Musa «mit blendendweißen Hochzeitsgewändern» bekleiden). Dann hört man «Harfengetön herwehn aus der nächtlichen Ferne. Und zu dem Harfengetön Gesang abwechselnder Chöre ... Auch ein Gedüft, wie Lilienduft, wie der Duft der Viole ... drang betäubend herein» (S. 14f.), wie bei Keller das Wehen des Windes sich in Musik verwandelt und Myrten und Granaten blühen und duften. Und wie sich bei Kosegarten Christus, «umstrahlt von überschwenglicher Klarheit», von den himmlischen Scharen begleitet, der sterbenden Maria naht, um sie in den Himmel aufzunehmen, so erscheint der Musa bei Keller König David in dem unendlichen Glanze des Himmels, umgeben von schönen Jungfern und jungen Herren (wie sich die Sehnsucht der jungen Musa die Freuden des Himmels träumt). Natürlich mochten aber auch bildliche Darstellungen der Auffahrt Christi oder der Maria vor Kellers Phantasie schweben.

Allein bei dieser restlosen Überbietung der irdischen Freuden durch die himmlische Seligkeit kann sich der Dichter nicht beruhigen. Er trägt in seinem Herzen die glühende Überzeugung, daß die Erde dennoch schöner ist als der Himmel, weil nur das irdische Leben Wirklichkeit ist. So biegt er durch Einführung des Musenmotivs die Musalegende in ebenso poetisch großartiger wie tiefsinniger Weise um. Die Musen erscheinen als die künstlerisch-geistige Verkörperung der antiken Weltfreude im Himmel. Um ihren Dank zu bezeugen für die freundliche Aufnahme im christlichen Jenseits, führen sie bei ihrem nächsten Besuche im Himmel einen Gesang auf, aus dessen trotzigen und rauhen (das heißt sinnlich starken) Klängen ein tiefes Heimweh nach der schönen Erde rauscht und «alles, was je auf grüner Wiese gegangen oder gelegen», mit unendlicher Sehnsucht erfüllt, so daß die allerhöchste Trinität mit einem langhinrollenden Donnerschlage die Musen zum Schweigen bringen muß.

So zeigt die Betrachtung des Verhältnisses der Kellerschen Legenden zu ihren Vorlagen, der Personen, der Führung und Motivierung der Handlung in ihnen, wie der moderne Dichter aus dem Boden seiner diesseitigen Weltanschauung heraus einheitlich und konsequent die alten Legenden umgebildet und zu Bekenntnissen seiner glühenden Verehrung der natürlichen Lebensschönheit gestaltet hat, die ihm – ähnlich wie Shaftesbury und Goethe und Schiller im achtzehnten Jahrhundert – zugleich auch die sittliche Schönheit bedeutete. Es heißt den Geist dieser «Sieben Legenden» aufs gründlichste verkennen, wenn man, wie Ferdinand Kürnberger in einer vielgenannten Besprechung in den «Literarischen Herzenssachen» (1877) erklärt: «Kellers Legendengeist hat den katholischen Glauben innerlich um kein Tüpfelchen einer Nadelspitze verletzt; er hat diesen Glauben nur mit der Miene der Unschuld und mit der Folgerichtigkeit der Konsequenz über eine Linie geführt, über welche ein Katholik ihn um keinen Preis führen würde. Sein ganzes Verfahren liegt in den Worten Hippels. Er hört von Gottes Auge und Gottes Mund sprechen, aber wer Auge und Mund hat, der muß auch Bauch und Schenkel haben. So nimmt er denn den Glauben bei seinem eigenen Worte und spricht in der Einfalt seines Herzens – von Gottes Bauch und von Gottes Schenkel. Er tut, als ob er nicht wüßte, daß es ein allgemeines Übereinkommen ist, davon nicht zu sprechen ... Habt ihr einen Gott, der ein Mensch ist – nun gut, ich bin euer Mann; er sei menschlich ... Als ein katholisches Enfant terrible hat Gottfried Keller seine Legenden erzählt. Keiner, wie er, hat die Kindesmiene so zu Gebote; er ist ein für ewige Zeiten unerreichbares Ideal von Naivität in den ‚Sieben Legenden'.» Daß unter dieser Naivität eine ausgepichte Schalkhaftigkeit, selbst Satire gegen die katholische Mythologie verborgen liege, sei selbstverständlich. Aber der Dichter tue wiederum so, als ob er nicht davon wüßte. Dabei kein einziger Zug von Koketterie. Kein Zucken der Augenwimper.

Sieht man von den letzten Sätzen ab, so enthält jedes Wort Kürnbergers einen Irrtum. Natürlich wird ein Dichter wie Gottfried Keller niemals katholische Glaubenslehren mit billigem Witze verspotten. Aber nicht um bloße Satire gegen die katholische Mythologie handelt es sich bei ihm, sondern um die Gegenüberstellung zweier Weltanschauungen: der geistlichen des mittelalterlichen Katholizismus und der natürlichen des modernen Humanismus, wenn man will eines Protestantismus, der aber über Luther hinausgeht. Dies bestätigt ein Blick auf den geistigen Zusammenhang der Legenden untereinander, ihre Anordnung.

So mannigfaltig die Welt ist, die der Dichter vor uns entrollt, so verschiedenartig die einzelnen Stücke nach Zeit, Milieu und stofflichen Motiven, so fein sind sie ineinander eingestimmt nach Inhalt und Ideen, so daß man sie im eigentlichsten Sinne mit den Farben des Sonnenspektrums vergleichen kann, in die der eine Lichtstrahl – die dichterische Idee – sich spaltet. Ein feiner Gedankenfaden verknüpft, nach dem Gesetz der Gleichheit oder des Gegensatzes, jedes Stück mit dem andern. In der ersten Legende (Eugenia) weiß die Frau den Wert des Mannes lange nicht zu würdigen, in der zweiten (Gebizo und Bertrade) schätzt der Mann die Frau so wenig, daß er sie dem Teufel verhandelt. Ebenso ist die zweite mit der dritten kunstvoll verbunden. Die Jungfrau Maria setzt sich in der zweiten an die Stelle der schlafenden Bertrade und besteht in ihrer Gestalt den Kampf mit dem Teufel. In ähnlicher Weise hilft sie in der dritten dem schlafenden Zendelwald. Als Helferin steht, wie in der zweiten und dritten, die Jungfrau in der vierten der Nonne Beatrix zur Seite, indem sie gleichfalls die Gestalt derjenigen annimmt, der sie hilft, und ihre Pflichten ausübt. Zeigt die vierte, wie die Jungfrau feines Verständnis hat für die Sehnsucht des Frauenherzens, wie sie mithilft, eine unnatürliche Klosterpflicht zu verletzen und die Frau ihrem Mutterberufe zuzuführen, so schildert die fünfte, wie die kluge Jole die dumpfe Sehnsucht des Mönches Vitalis versteht und einen Mann aus der Unnatur des Zölibats zur natürlichen Bestimmung führt. Wird dergestalt in der fünften Legende der Mann von der Frau fürs Leben gewonnen, so wird in der sechsten der geliebte Theophilus von der Märtyrin Dorothea zum Bekenntnis des Christentums und zum Märtyrertode, also zur Verneinung des Lebens gebracht. Nur das «Tanzlegendchen» scheint von dieser allgemeinen Kette losgelöst zu sein. Es handelt sich hier nicht um eine Liebesgeschichte. Allein diese Sonderstellung ist Absicht. Das «Tanzlegendchen» faßt gedanklich den Gehalt der übrigen in sich zusammen und krönt so die ganze Reihe. Im Tanze findet die Inbrunst irdischen Genießens ihre künstlerische Formung und Verklärung. Der Tanz ist die Stilisierung der Weltlust. Durch Musa dringt die Weltlust sogar in den Himmel ein. Mit den Musen erscheint die antike Weltfreude, und ihr mit irdischer Sinnenkraft gesättigter Gesang weckt das Heimweh nach dem verlorenen Paradies der Erde in der Brust der Seligen: wer weiß, was ohne den Donnerschlag der Trinität geschehen wäre! Was für eine kühne Verherrlichung der neuen Weltanschauung, die den Menschen zum Herrn der Erde macht, wenn um ein Haar diese Erdenlust die heiligen Vertreter der Jenseitsreligion in ihren Grundsätzen wankend gemacht hätte! Erst wenn man so den Sinn des «Tanzlegendchens» erfaßt, versteht man die künstlerische Feinheit, daß Keller «Dorotheas Blumenkörbchen» an zweitletzte Stelle gerückt hat. Das «Tanzlegendchen» offenbart, wie das in «Dorotheas Blumenkörbchen» erklingende Entsagungsmotiv aufzufassen ist. Der Verzicht auf die süße Liebesfreude ist bittere Pflicht, nicht freudiges Opfer.

Eine Dichtung, die in dem Gedankengehalt ihrer Geschehnisse und ihrer Gestalten so laut die Botschaft der Lebensherrlichkeit verkündet, muß sie auch in dem bunten Glanze der äußeren Form zum Ausdruck bringen. Keller selber hat einmal daran gedacht, diese leuchtende Farbigkeit durch den Titel «Auf Goldgrund» anzudeuten. Liest man diese Legenden, so wirkt der strahlende Glanz, den sie ausströmen, förmlich blendend. Kaum in einem andern Werke hat der Dichter seine inneren Gesichte so meisterhaft zur Veranschaulichung gebracht und die künstlerischen Ausdrucksmittel so bis ins einzelne beherrscht. Man hat das Gefühl, als wandle man bei hellster Sommerbeleuchtung durch einen Garten voll buntester, ebenso seltsam als herrlich gewachsener Blumen.

Kosegartens Legenden waren für Kellers Fabulier- und Veranschaulichungskunst der denkbar fruchtbarste Boden. Gerade weil sie sich meist mit dürren Andeutungen begnügen. Nun hatte der Dichter freieste Möglichkeit, die schwächlichen, oft gebrochenen Linien Kosegartens mit seiner Künstlerhand zu prachtvollsten Gebilden auszuführen. Wo sein Vorgänger blasse Schemen gibt, stellt er lebendige Menschen mit einem warmen Reichtum origineller Herzens- und Geisteseigenschaften und oft von blühender Schönheit vor uns hin. Maria zum Beispiel ist keine steife Heilige, sondern die liebenswerteste menschliche Frau. Wie sie ein tiefes Gefühl besitzt für die Sehnsucht des menschlichen Herzens, so sind ihr selber auch menschliche Gemütswallungen nicht fremd. Wie rückt sie uns jene fröhliche Bosheit nahe, wenn sie auf dem Ritt zum Turnier dem Teufel mit dem Hinterfuße des Rosses auf das Schwanzende tritt, oder jene schöne Regung, daß sie Bertraden zärtlich umfängt und einen Kuß auf ihre Lippen drückt! Auch der zierliche Rußfleck der emsigen Martha gehört hierher, sowie jener artige Zug, daß König David der lieblichen Erato im Vorbeigehen einen Augenblick das Kinn streichelt, wie denn überhaupt das «Tanzlegendchen», seiner Bedeutung im geistigen Zusammenhange des Ganzen entsprechend, an originellen Zügen und lebendiger Anschaulichkeit besonders reich ist. Man hat es getadelt, daß Keller in der Zendelwaldlegende dem Ritter Guhl einen pechschwarzen, steifgedrehten Schnurrbart mit silbernen Glöckchen an den Enden und dem andern Kämpen sechszöllige, in Zöpfchen geflochtene und mit zierlichen Bandschleifen geschmückte Nashaare gab. Indessen ist zweierlei hier zu erwägen. Einmal die ethnographische Bedeutung, die in diesem steif herausstehenden Schnurrbart à la Napoleon III. und den herunterhängenden Nas- und Schnurrbarthaaren slawischer Völker liegt. Wenn Keller sodann diese Haarzierden mit Glöckchen und Schleifen schmückt, so sind das doch nicht nur tolle Einfälle, sondern es lassen sich aus Minnesang und höfischem Epos des Mittelalters ähnliche Extravaganzen der Kleidertracht und Leibespflege nachweisen. Das Gewand des Meierssohnes Helmbrecht ist zum Beispiel an den Nähten mit Schellen besetzt. Schleifen in der Farbe der angebeteten Herrin trug jeder Ritter. Denkt man gar an die tollen Erlebnisse eines Ulrich von Lichtenstein, der sich seine wulstige dritte Lippe der Dame zu Gefallen abschneiden läßt und ihr einen abgehauenen Finger in einem Futteral von grünem Samt schickt, so wird man Kellers Erfindungen nicht als allzu grotesk tadeln.

Es entspricht dem Ideengehalte dieser Legenden, daß der Dichter, wo nur sich die Gelegenheit bietet, auch auf Ziergegenständen mit liebevoller Freude weilt und ihre Schönheit oft in unerhörtem Glanze leuchten läßt. Dahin gehört die wundervolle Schilderung der Eugeniastatue (in der ersten Legende), deren Schönheit der Dichter – Lessings Regel folgend – durch ihre Wirkung auf Eugenia schildert. In der zweiten finden wir neben der Statue der Maria die Marmorgruppe der schönen Nymphen. In der Beatrixlegende fällt eben, wie die Frau im Buchenwalde sich versteckt hält, ein Sonnenstrahl auf einen edeln Stein an ihrem Hals. Die Geschenke, die die Nonnen der Maria anfertigen, werden aufs anmutigste geschildert. In der Vitalislegende ist die Darstellung des Innern von Joles Gemach von berückendem Zauber, und die Gemmenpassion von Joles Vater erhöht den Kunstglanz dieser Erzählung. Im Mittelpunkt von «Dorotheas Blumenkörbchen» schwebt die edle Schale, in der die Morgensonne so herrlich strahlt, und in dem «Tanzlegendchen» gar meinen wir in dem Innern eines reichen, von Gemälden, Marmor und Gold schimmernden Domes zu wandeln.

Von naturhafter Lebendigkeit endlich ist der sprachliche Ausdruck. Äußerlich anschaulich und zugleich rätselhaft in die Tiefe dringend, dabei stets von größter Einfachheit. Zum Großartigsten gehört die Zeichnung des David im «Tanzlegendchen»: «Der Herr trug ein purpurnes Königskleid, eine goldene Krone auf dem Kopf und einen glänzend schwarzen gelockten Bart, welcher vom Silberreif der Jahre wie von einem fernen Sternenschein überhaucht war.» Stets schmiegt sich der Rhythmus aufs engste dem Sinn des Satzes an und hilft mit, Stimmung zu erzeugen. Wie fein berechnet ist zum Beispiel am Schluß des zweiten Abschnittes der Beatrixlegende – «Sie waltet in der Sakristei und läutete die Glocke vor dem Morgenrot und wenn der Abendstern aufging» – der Unterschied in der sprachlichen Wiedergabe der parallelen Zeitbestimmungen: der Dichter zwingt uns, länger bei dem Abendtun der Beatrix zu verweilen als bei ihrer Morgenarbeit; denn ihr Tun am Abend ist lässiger, da erwacht die Sehnsucht, da folgen die Träume der langen Nacht! Oder wie wundervoll singt uns in der Dorothealegende der Rhythmus der Sprache den Zusammenbruch des Liebesglückes ins Herz! Die Schale ist zerbrochen, Theophilus hat sich entfernt, Dorothea sieht ihm nach: «Die Wellen des silbernen Meeres schlugen sanft und langsam gegen die Marmorstufen des Ufers, stille war es sonst weit umher und Dorothea mit ihren kleinen Künsten zu Ende.»

So sind diese Legenden, ob man sie nach Ideengehalt, Motiven oder Kunst betrachtet, eines der größten Wunderwerke der deutschen Literatur. Und das haben berufenste Kritiker, als sie erschienen, freudig ausgesprochen, so Berthold Auerbach in der «Allgemeinen Zeitung», Wilhelm Scherer in der «Wiener Presse», Karl Frenzel in der «Nationalzeitung». «Gottfried Keller», so schrieb Emil Kuh in der «Neuen Freien Presse», «indem er die Form der Legende der dichterischen Darstellung wieder dienstbar machte, hat sie in den Naturgeist, dem sie entstammt, völlig zurückgelöst ... Den Unbegreiflichkeiten des Kirchenwunders streift er die Weihe des Aberglaubens ab und gibt ihnen dafür die Glorie dichterischer Symbolik, den Gnadenwirkungen des Göttlichen stiehlt er die goldenen Zügel und spielt sie der ewig waltenden Natur unversehens in die Hände.»

17
DER ZWEITE TEIL DER LEUTE VON SELDWYLA

Die Fortsetzung der «Leute von Seldwyla» geht, gleich den «Sieben Legenden», auf die fruchtbare Schaffenszeit in Berlin zurück. Die beiden Novellen «Die mißbrauchten Liebesbriefe» und «Der Schmied seines Glückes», mit den Erzählungen des ersten Bandes in der Hauptsache 1855 entstanden, sollten nach der ursprünglichen Absicht mit jenen vereinigt erscheinen. Sie mußten aber im September 1855, da das Manuskript sich zu umfänglich erwies, ausgeschieden werden und wurden von Vieweg als Grundstock einer zweiten Sammlung vorderhand in Verwahrung genommen. Ein Notizblatt «Seldwyla II», mit Andeutungen über den Inhalt des zweiten Teils, scheint 1854, jedenfalls vor dem September 1855, beschrieben worden zu sein, da sich auch der Titel «Die mißbrauchten Liebesbriefe; Briefsteller» darauf findet; der Dichter schwankte also zu der Zeit, als er das Blatt beschrieb, noch zwischen den zwei Titeln. Stichworte wie: «Küngold – Der Reisläufer – Das tolle Leben – Die Gegenstadt, Besuch der Seldwyler –», sodann die Zitate «Schuler 1, 405 und 3, 469–70» weisen auf bekannte Motive aus «Dietegen» hin. «Das Sängerfest – Der Festsänger» auf den Eingang zum «Verlorenen Lachen». Ebenso sollten «Ursula» und «Verschiedene Freiheitskämpfer» ursprünglich hier ihren Platz finden, was sich aus den Stichworten: «Wiedertäufer. Die Kindernarren» und «Helvecler Freiheitsbaum» ergibt. Anderes ist nicht ausgeführt worden: «Wie der König von Preußen einen Seldwyler solid macht» (Selbstironisierung?) – «Carolus magnus», wohl die Geschichte von Karls Töchtern (von Keller später noch als Opernlibretto empfohlen) – «Burg Seldwyla – Die letzten Herren usw.» – «Schützen. Braten-Profitschützen» (vgl. das spätere Gedicht: «Schütz' im Stichfieber» und «Das Fähnlein der sieben Aufrechten») – «Holderküchli» (Holunderküchlein) – «Märchen».

Aber erst Mitte Dezember 1856 wurde der Vertrag über den zweiten Teil mit Vieweg abgeschlossen. Bis im April 1857 sollten die noch fehlenden Novellen vom Verfasser nachgeliefert werden. Für säumige Ablieferung sollte wieder die ominöse Konventionalstrafe von fünfundzwanzig Talern in Anwendung kommen. Das Schicksal der neuen Seldwyler Geschichten war jedoch ziemlich genau das der «Legenden» und des

«Sinngedichtes». Sie wuchsen in der Phantasie des Dichters, hie und da wurde auch in der zweiten Hälfte der fünfziger und in den sechziger Jahren etwas niedergeschrieben. So scheint, der Handschrift nach zu schließen, die erste Hälfte von «Dietegen» noch in Berlin, ungefähr gleichzeitig mit dem «Schmied seines Glückes» entstanden zu sein. Ein zweiter und dritter Band «Leute von Seldwyla» seien bald fertig, berichtet Keller am 9. Februar 1859 Ludmilla Assing. Auch im Frühjahr 1860 scheint er daran gearbeitet zu haben, wie aus einem Brief vom 25. Februar an Auerbach hervorgeht. Am 22. April gar meldet er Freiligrath, die Fortsetzung der «Leute von Seldwyla» sei nächstens fertig. Man tut gut, solche Äußerungen mit Vorsicht aufzunehmen. Sicher ist nur, daß «Kleider machen Leute» und die erste Hälfte des «Verlorenen Lachens» Anfang der sechziger Jahre entstanden. Damals bekam auch «Dietegen» einen vorläufigen Abschluß; wenigstens las Mathilde Wesendonck im März 1862 die Novelle im Manuskript. Die Wahl zum Staatsschreiber brachte eine mehrjährige Pause. Erst nachdem Keller sich ins Amt eingewöhnt, konnte er wieder an seine Schriftstellerei denken. Er habe jetzt einen zweiten Band «Leute von Seldwyla» fast und gar fertig, schrieb er am 27. Februar 1866 an Hettner. Im August 1869 mußte er sich wieder einmal eine Mahnung des Verlegers gefallen lassen, der inzwischen die «Mißbrauchten Liebesbriefe» 1865 in seiner «Deutschen Reichszeitung» zum Abdruck gebracht hatte. Aber erst nachdem Weibert die «Legenden» flottgemacht, ging der Dichter ernstlich ans Fertigmachen der Seldwyler Geschichten. Am 10. September 1871 stellte er Kuh das Erscheinen des zweiten Bandes «womöglich noch dies Jahr» in Aussicht, aber wohl nur, um ihn zu veranlassen, mit seiner literarischen Würdigung noch zu warten; denn gegenüber Vischer äußert er sich am 1. Oktober vorsichtiger. Im Mai des folgenden Jahres kündigt er das Erscheinen des Buches auf den Herbst an, Ende Dezember die Beendigung auf Januar oder Februar 1873. Im März 1873 wurde der fast zwanzig Jahre alte Vertrag mit Vieweg gelöst, der für die Fortsetzung bezahlte Vorschuß mit Zinsen zurückerstattet und mit Weibert ein neuer Vertrag über eine Gesamtausgabe in vier Bändchen abgeschlossen. Aber als Vieweg das noch bei ihm liegende Manuskript zurücksandte, fehlte der «Schmied seines Glückes». Nach der ersten Niederschrift, die Keller einst Adolf Exner geschenkt, mußte ein neues Manuskript hergestellt werden. Anfang Mai erhielt Weibert «Kleider machen Leute», «Der Schmied seines Glückes» und «Die mißbrauchten Liebesbriefe» als Druckvorlage für den dritten Band. «Dietegen», die erste Erzählung des vierten Bandes, wurde umgearbeitet und im September am Mondsee beendigt. Die Arbeit am «Verlorenen Lachen» aber, der letzten Erzählung, zog sich bis zum Herbst 1874 hin. Am 5. November dankt Weibert für den Schluß des Manuskriptes, nachdem wiederholte mühsame Mahnungen des Verlegers und mehrere Teilsendungen von seiten des Dichters vorausgegangen. Die Ursache der Verschleppung war das Bedürfnis, den ursprünglichen Berliner Entwurf durch Einbeziehung der neuesten politischen und religiösen Entwicklung in der Heimat zu vertiefen.

Die ersten drei Bände, die fünf Erzählungen der ersten Sammlung und drei neue enthaltend, erschienen Ende 1873, der vierte Band mit «Dietegen» und dem «Verlorenen Lachen» Ende 1874.

Wenn Keller in der Einleitung zur ersten Sammlung von 1856 die Seldwyler als ein behagliches, aller griesgrämigen und einträglichen Arbeitsamkeit abholdes und politisch bewegliches Völklein geschildert hatte, so hatte er nach seiner Rückkehr aus Berlin bald eingesehen, daß seine Landsleute nicht mehr die Seldwyler der vierziger Jahre, der Zeit der Putsche und Freischarenzüge waren. Die Briefe an die Berliner Freunde wissen von dem überhandnehmenden Erwerbssinn der Schweizer zu berichten: «Alles drängt und hängt am Golde. Gott besser's!» Als nach der Mißachtung der schweizerischen Ansprüche auf Savoyen durch Napoleon III. die zum Kriege drängende Erregung in der Schweiz unter dem mächtigen Einflusse Alfred Eschers durch praktische Rücksichten niedergeschlagen worden war, da hatte – zur Zeit der zürcherischen Nationalratswahlkampagne – auch Gottfried Keller seine Stimme erhoben, um vor der Allmacht von Geld und Industrie zu warnen. Die Unzufriedenheit über diese Allmacht hatte mitgeholfen, in den sechziger Jahren durch eine neue Volksbewegung den Sturz von Alfred Eschers «System» herbeizuführen und eine neue rein demokratische Verfassung zu schaffen. All diese Vorgänge und Zustände spiegeln sich in der Einleitung zu der Fortsetzung der «Leute von Seldwyla».

Die überall verbreitete Spekulationsbetätigung in bekannten und unbekannten Werten hat den Seldwylern ein Feld eröffnet, das für sie wie seit Urbeginn geschaffen schien und sie mit einem Schlage Tausenden von ernsthaften Geschäftsleuten gleichstellte. Das gesellschaftliche Besprechen dieser Werte, das Herumspazieren zum Auftrieb eines Geschäftes, das Eröffnen oder Absenden von Depeschen und hundert ähnliche Dinge, die den Tag ausfüllen, sind so recht ihre Sache. Statt der ehemaligen dicken Brieftasche mit zerknitterten Schuldscheinen und Bagatellwechseln führen sie nun elegante kleine Notizbücher, in welchen die Aufträge in Aktien, Obligationen, Baumwolle oder Seide kurz notiert werden. Dabei lachen sie weniger als früher und finden keine Zeit mehr, auf Lustbarkeiten zu sinnen. Schon sammelt sich da und dort einiges Vermögen an. Daher sind sie von der Politik fast ganz abgekommen, da sie glauben, sie führe immer zum Kriegswesen, und als angehend Besitzlustige hassen sie den Krieg.

Wenn dann der Dichter mit der etwas gewaltsamen Wendung schließt, daß sich unter den Seldwylern nichts mehr ereigne, was der beschaulichen Aufzeichnung würdig wäre, und daß es daher an der Zeit sei, in ihrer Vergangenheit und den guten lustigen Tagen der Stadt noch eine kleine Nachernte zu halten, so paßt freilich diese Charakteristik nur auf die vier ersten der neuen Seldwyler Geschichten, nicht auf das «Verlorene Lachen», das schon mit dem Titel über die «guten lustigen Tage» hinausweist in eine höchst ernsthafte Gegenwart und von dem Lärm der Politik und dem Tosen der Maschinen widerhallt. Aber diese Erzählung war ja auch noch nicht zu Ende geschrieben, als Keller die Einleitung zu der zweiten Sammlung der «Leute von Seldwyla» in die Welt sandte.

Die erste Erzählung, «Kleider machen Leute», führt in jene Zeit zurück, da in der Schweiz, nach der Niederwerfung des Aufstandes von 1830/31, zahlreiche polnische Flüchtlinge auftauchten. So erschien in der zweiten Hälfte der dreißiger Jahre in Winterthur der polnische Graf Sobansky mit seiner Familie und kaufte mit dem Rest seines Vermögens das nahegelegene Schloß Kyburg. Bald bildete sich ein geselliger Verkehr mit den Honoratioren der Stadt. Da stellte sich eines schönen Tages auf der Kyburg ein junger Mann ein und gab sich als Sohn des badischen Grafen Normann aus, bei dem Sobansky auf seiner Flucht eine Zeitlang gastliche Aufnahme gefunden hatte. Er erklärte, er habe sich wegen eines Duells flüchten müssen, sei augenblicklich ohne Hilfsmittel und wünsche, um vor Nachstellungen sicher zu sein, seinen Aufenthaltsort auch den Seinigen zu verheimlichen. Sobansky schenkte den Angaben des Flüchtlings um so eher Glauben, als dieser eine ganze Reihe von Einzelheiten über die Verhältnisse der Familie Normann erzählen konnte. Der Gast wurde in die vornehme Winterthurer Gesellschaft eingeführt. Zarte Beziehungen bildeten sich. Eine mündliche Überlieferung weiß von einem Verhältnis des «Grafen» zu Kellers einstiger Geliebten, Luise Rieter, zu erzählen, deren Familie mit dem Grafen Sobansky eng befreundet war. Etwaige schlechte Manieren verzieh man dem «Grafen» gerne. Nach etlichen Monaten verschwand dieser mit Pferd, Schlitten und Geld, die er von seinen Freunden geborgt. Im Elsaß wurde er wegen Prellereien dingfest gemacht. Dabei entpuppte er sich als ein Jägerbursche, der bei dem Grafen Normann in Dienst gestanden und von ihm fortgejagt worden war. Die geschädigten Winterthurer verzichteten darauf, gegen den Betrüger klagbar zu werden.

Ein ähnlicher Vorfall spielte sich in der Mitte der vierziger Jahre in Wädenswil am linken Ufer des Zürichsees ab. Arnold Ruge erzählt ihn unter dem Titel «Eine bürgerliche Komödie» im zehnten Band seiner sämtlichen Werke (S. 159ff.). In dem reichen und eleganten Wädenswil erschienen ein Abenteurer und eine stattliche Dame, die für seine Mutter galt, und gaben sich als Graf und Gräfin Stechenheim aus. In Wirklichkeit war der Graf ein Schneider, die Gräfin eine Schauspielerin. Die splendide Art, mit der die feinen Leute auftraten, zog rasch die Augen der Wädenswiler Nobilitäten auf sich. Der Herr Graf spielte mit den jungen Herren Billard, ritt, schoß, tanzte und trank Champagner mit ihnen. Auch die Damen fanden den hübschen Edelmann mit den gebrannten Locken ebenso geistreich als liebenswürdig. Ein herrlicher Winter und Frühling gingen vorbei. Die Gräfin verzog sich sachte nach dem Berner Oberlande. Der Graf blieb einige Tage länger. Noch waren allerlei Lustpartien auszuführen, und zum Schlusse lud er sämtliche Freunde in seinen Gasthof ein, um sie zum letztenmal zu bewirten. Ein reiches Mahl empfing die Gäste. Alles war hochvergnügt, namentlich der Wirt, der eine zierliche Note für die ganze Zeit des gräflichen Aufenthaltes und den glänzenden Abschiedsschmaus neben das Kuvert seines erlauchten Gönners legen durfte. Am Schlusse der Tafel kam das Gespräch auf das unerhörte Glück des Herrn Grafen bei den jungen Damen von Wädenswil. Der Zweifel darüber, wer die erwählte Glückliche sei, schien sich lösen zu wollen, als der Held des Tages mit der Erklärung aufstand, nicht abreisen zu wollen, ohne sich seinen Freunden entdeckt zu haben. Zuvor möchten sie ihm bloß erlauben, daß er auf sein Zimmer eile, um jedem aus seiner Kassette das für ihn bestimmte Andenken zu holen. Damit entfernte er sich, und die Gesellschaft erschöpfte sich trinkend und scherzend in Mutmaßungen und Erwartungen. «Er ordnet die Geschenke», sagte der Wirt. Nach einiger Zeit erschien ein Kellner mit einem niedlichen Kästchen und dem Auftrage, daß dasselbe geöffnet werde, indessen der Graf zu seiner Herrin eile. Der erschlossene Deckel enthüllte zunächst die Anweisung: «Nach den Unterschriften auszuteilen.» Und nun fand man statt der gehofften Präsente eine Menge Briefe, von Damenhänden geschrieben, alle an den Grafen gerichtet. «Das ist die Hand meiner Schwester», ertönte es hier; «das die der meinigen», dort. Dem Wirt fuhr es wie eine Erleuchtung durch den Kopf. Er schickte augenblicklich nach dem Grafen aus. Die Lösung des Rätsels fand sich auf dem Boden des Kästchens, auf welchem die Worte standen:

O Wädenswil, o Wädenswil,
Dem Grafen trautest du zu viel!

Der Wirt schrie nach einem Pferde, den Flüchtigen einzuholen. Die angeführten Geladenen schämten sich, beschlossen jedoch, die gesamte gräfliche Rechnung gemeinschaftlich zu bezahlen und sich ein zweites Mal nicht mehr von einem Grafen prellen zu lassen. An der nächsten Fastnacht führten die Nachbarn von Wädenswil, die Richterswiler, das ganze Abenteuer als bürgerliche Komödie auf.

Es ist eitles Bemühen, feststellen zu wollen, welche Begebenheit den unmittelbaren Anstoß zur Entstehung von «Kleider machen Leute» gegeben hat. Daß Keller beide gekannt hat, ist zweifellos, und so mögen denn aus beiden Züge in seine Novelle geflossen sein. Aus dem Winterthurer Abenteuer die polnischen Zutaten, ferner das Motiv, daß Strapinsky als junger Bursche dem Gutsherrn zuweilen Dienste leistete, die Verlobung und vor allem die Tatsache, daß es sich nur um einen einzigen Abenteurer ohne weibliche Begleitung handelte. Aus der Wädenswiler Geschichte mag der Schneiderberuf stammen sowie das Motiv der Fastnachtsaufführung, mit der die Seldwyler den Betrug aufdecken.

Zu diesen wirklichen Vorfällen gesellen sich noch zwei literarische Stoffquellen.

In dem Bündner Kalender für das Jahr 1847, der den Schwank «Die mißlungene Vergiftung» gebracht, las Keller die, wie es scheint, von dem Herausgeber Friedrich Wassali aufgezeichnete Anekdote, «Der Schneidergeselle, welcher den Herrn spielt». In dem heißen Sommer 1846 wandert in der Morgenfrühe einst ein Schneiderlein aus den Toren Zürichs, um in Schaffhausen oder Basel in Stellung zu treten. Mühsam kommt er vorwärts bei der unmenschlichen Hitze, zumal er die Sohlen seiner Stiefel allbereits mit Gottes Erdboden vertauscht hat, so daß die großen Zehen ebenso wehmütig-sehnsüchtig unter dem Oberleder hervorgucken wie seine Augen unter dem «Schüchleder» seiner blutroten Studentenkappe. Doch macht er gute Miene zum schlechten Spiel, dreht den Schweiß aus seinem dünnen Bocksbart, schwingt lustig den Ziegenhainer, läßt den Tornister mit dem Bügeleisen flott auf der linken Seite des Rückens herunterbaumeln und singt ein übermütiges Lied. Plötzlich hört er's hinter sich rollen und klatschen. Eine Staatskarosse, mit vier stolzen Pferden bespannt, fährt daher. Der Schneider springt auf die Seite und zieht die Mütze, um sich einen Zehrpfennig zu erfechten. Aber der Wagen ist leer. Der Kutscher hält die Pferde an, erkundigt sich, ob der Geselle ein Schneider sei, und bittet ihn, ihm einen Riß in den Hosen zuzunähen; zum Dank wolle er ihn ein paar Stunden weit fahren lassen. In einem nahen Walde wird der Schaden gebessert. Der Schneider steigt in den Wagen. Kaum sitzt er auf den weichen Kissen, so kommt der Geist der Eitelkeit über ihn. «Er machte eine hübsche Rosette ans fadenscheinige Halstuch, unterdrückte mit starker Hand die schweißtriefenden, rostgelben Vatermörder und striegelte mit einem dritthalbzähnigen Kamm das Haupthaar in eine schiefliegende Scheitel ... Dann lehnt' er sich zurück, rundete die Unterlippe zu einer stolzen Wurst, blies die Naslöcher auf, wie ein Walfisch, und machte Augen – so hochmütig und unzufrieden, als wär' er ein geborener Junker oder ein übersättigtes Kirchenlicht.» Im Weiterfahren wird er von drei Handwerksburschen angebettelt. Wie er ihnen aber zum Beweis für seine Armut seine sohlenlosen Stiefel zum Kutschenschlag hinausstreckt, schenken sie ihm einige Zehrpfennige und ein Paar Socken. Singend fährt der Schneider davon.

In dieser Anekdote ist die Anfangssituation von «Kleider machen Leute» vorgezeichnet: der Zug, daß ein daherfahrender Herrschaftskutscher einen armen Schneider von der Landstraße in seinen Wagen nimmt. Die Motivierung freilich und Charakteristik des Schneiders ist bei Keller völlig anders.

Im Jahre 1836 hat Gottfried Keller in sein Tagebuch über Kapitän Marryats Roman «Jakob Ehrlich» die Bemerkung eingetragen: «Selten hat mich ein Buch angezogen wie dieses und ‚Peter Simpel'.» In dem damals eben erschienenen «Peter Simpel» erzählt (Kapitel 14) ein Freund des Helden, der gutmütige, aber aufschneiderische William Chucks, diesem seine Geschichte. Ursprünglich Schiffsjunge, wird er der Diener eines jungen Lord, der als Midshipman auf dem Schiffe steht. Der Herr erkrankt im Mittelländischen Meer und stirbt, nachdem er seinem treuen Diener all seine Habseligkeiten an Bord vermacht hat. Chucks begibt sich auf ein Schiff, das nach Gibraltar segelt. Er wäre schon längst gern ein Lord gewesen, und um nun auf dem neuen Schiffe sicher Aufnahme zu finden, schlüpft er in die Uniform seines verstorbenen Herrn, die nach dem Testament ohnehin ihm gehört, und eignet sich dessen Namen an. Er ist entschlossen, ihn, sobald er in Gibraltar ist, wieder samt der Uniform abzulegen, das Schiff zu verlassen und den Hafenadmiral um freie Überfahrt nach England zu bitten. Aber wie das Schiff nach Gibraltar kommt, verbreitet dessen Eigentümer überall die Nachricht, der junge Lord sei an Bord seines Schiffes. Sofort bitten der Hafenkommissär und der Gouverneur den falschen Lord um die Ehre seines Besuches. Der Betrüger, um nicht entlarvt zu werden, nimmt voll Schuldbewußtsein die Einladung an. Er ist so lange um seinen verstorbenen Herrn gewesen, daß er sich manches von seiner Haltung und seinen Manieren angeeignet hat; auch besitzt er eine natürliche Veranlagung zum Gentleman. So verkehrt er unbefangen in der vornehmen Gesellschaft, gewöhnt sich daran, Mylord tituliert zu werden, und beobachtet unablässig das Benehmen der andern, um sein eigenes Benehmen danach einzurichten. Nach etwa vierzehn Tagen fährt er nach Portsmouth. Unterwegs beschließt er, seine Uniform und seinen Titel sofort abzulegen, wenn er sich der öffentlichen Beobachtung nur irgendwie entziehen kann. Aber wieder wird er durch die Aufmerksamkeit des Hafenadmirals bei der Ankunft am Lande daran gehindert. Wieder wird er eingeladen, gefeiert. Kaufleute und Handwerker sprechen vor und bewerben sich um seine Aufträge. Sein Tisch im Hotel ist von Karten mit allen möglichen Aufschriften bedeckt. Er gewöhnt sich an die Rolle. Sie gefällt ihm. Immerhin nimmt er sich fest vor, sie fallen zu lassen, sobald das Schiff den Hafen verlassen habe. Die Hotelrechnung ist so hoch, daß er sie nicht bezahlen kann. Der Wirt erbietet sich aber, ihm Geld vorzustrecken. Mit der Diligence fährt er nach London, stets fest entschlossen, seine Uniform abzulegen. Am nächsten Morgen erscheint er im Hotel auch wirklich in einem schlichten Zivilanzug. Aber schon ist seine Ankunft in der Zeitung bekannt gemacht. Wieder bekommt er Einladungen, verkehrt drei Wochen lang in der feinsten Gesellschaft, immer in Angst, entlarvt zu werden. Er spielt und gewinnt dreihundert Pfund. Am nächsten Morgen wird er von dem Oheim seines verstorbenen Herrn entlarvt, aber nur gelinde gestraft, da er niemand geschädigt hat.

Aus dieser Erzählung dürfte die Gestalt des ehrlichen Betrügers in Kellers Novelle stammen, der, bei romantischer Veranlagung und mit der Sehnsucht nach Vornehmheit, mehr durch die Verhältnisse als eigenen Willen auf die schiefe Bahn gelockt wird und, nachdem er sie einmal betreten, auf ihr immer weiter gleitet, all seinen guten Vorsätzen zum Trotz. Die Einladungen, die Empfehlungen der Lieferanten, das Verhältnis zum Wirt, das Motiv des Spielens – all diese Züge erinnern an «Kleider machen Leute». Freilich, unter Kellers Künstlerhand ist aus diesem Stoffe, wie aus dem der drei andern Quellen, etwas völlig Neues geworden.

Dürftiger ist unsere Kenntnis der Stoffgeschichte der zweiten Erzählung, «Der Schmied seines Glückes». Die Art des Grundmotivs und die geistvoll-spielende Arabeskenkunst der Erfindung weisen auf romantische Novellistik und auf deren Vorbilder, die Erzählungen der Romanen. Machiavelli hat in seiner geistvollen Komödie «Mandragola» das Motiv von dem alten Ehemann einer jungen Frau behandelt, der mit Hilfe eines jugendkräftigen Liebhabers seinen heißen Wunsch nach einem Erben erfüllt sieht. Der dreißigjährige Callimaco hat sich sterblich in die schöne Gattin des Nicia verliebt. Er zieht einen Kuppler zu Rat. Der Frau soll ein Liebestrank gegeben werden, der die gewünschte Wirkung tue; doch – so wird dem Nicia weisgemacht – wer nach dem Trunk zuerst mit ihr Umgang habe, müsse sterben. Nicia willigt ein, daß Callimaco der Unglückliche ist. Ein Priester beseitigt die Bedenken der Frau. Eine ähnliche Geschichte erzählt E. Th. A. Hoffmann in den «Elixieren des Teufels». Graf Filippo nimmt einen Findelknaben an Kindes Statt an und gibt ihm den Namen Francesco. Wie dieser fünfundzwanzig Jahre alt ist, heiratet der bejahrte Graf ein blutjunges schönes Mädchen. «Francesco wurde alsbald von sündhafter Begier nach dem Besitze der Gräfin erfaßt, und unerachtet sie gar fromm und tugendhaft war, und nicht die geschworene Treue verletzen wollte, gelang es ihm doch endlich nach hartem Kampfe, sie durch teuflische Künste zu verstricken, so daß sie sich der freveligen Lust überließ, und er seinem Wohltäter mit schwarzem Undank und Verrat lohnte.» Die beiden Kinder, die der greise Filippo in vollem Entzücken der Vaterfreude an sein Herz drückt, sind die Früchte des Frevels.

In der Literatursatire der «Mißbrauchten Liebesbriefe» erkennt man leicht den Niederschlag von Kellers Berliner Erlebnissen. Wo er – wie in dem oben S. 204 f. angeführten Brief an Freiligrath – von den eigentlichen Schriftstellern spricht, da höhnt er. Der Dichter in ihm empört sich gegen die Literaten, die Geld und Ruhm einheimsen wollen, indem sie Stöße von Papier beschreiben, und ihr Dichtertum durch lange Haare, aus der Zeitung aufgeschnappte Bonmots und vornehme Verbindungen bekunden. Seine Wahrhaftigkeit fühlt sich abgestoßen von dem hohlen Sichgebärden dieser Dichterlinge, seine hohe Auffassung des Dichterberufes, mit Entbehrungen und Demütigungen erkauft, angewidert von dem äußerlich-handwerksmäßigen Betrieb dieser Poeten aus zweiter Hand. Und er wird um so bitterer, weil der Tageserfolg auf Seite dieser Streber ist. Überall trifft er sie, auf der Straße, im Café, bei Varnhagen, Scherenberg, Dunckers. Max Ring gehört zu ihnen, geschickt, gewandt, mit dem Freisinn segelnd, ohne so unklug zu sein, die Männer der Macht vor den Kopf zu stoßen, in allen Sätteln gerecht, «ein ganz triviales Luder», Verfasser eines romantischen Schauspiels: «Die Zeit ist hin, da Berta spann», «wahre Stammbuchpoesie», womit eine romantische Reaktion auf der Bühne bewirkt werden soll, «die höchst nottue» ... «daneben empfiehlt er sich täglich in den Blättern als Arzt für Syphilis». Bald durchschaut Keller auch das rhetorische Pathos des zuerst verehrten Scherenberg selber und brandmarkt es als «ausgehöhlte unwahre Manier». Vehses Klatschhaftigkeit stiftet Händel zwischen ihm und Lina Duncker. Einst, wie Keller bei Scherenberg zum Abendessen eingeladen ist, tritt der Schriftsteller Eduard Schmidt-Weißenfels als Hilfsbedürftiger ein und pumpt Keller an. Dieser gibt ihm den einzigen Taler, den er noch hat. Kaum fühlt jener ihn in der Tasche, so hebt er zum hellen Ärger Scherenbergs und Kellers mit der Gründung eines literarisch-kritischen Blattes zu renommieren an.

Niemand aber ist ihm verhaßter als das «zweigeschlechtige Tintentier» Stahr-Lewald. Immer wieder beschäftigt er sich mit ihnen in seinen Briefen. Über keinen andern Schriftsteller äußert er sich so oft und mit so leidenschaftlichem Interesse in Berlin wie noch später in Zürich. Wo es mit Anerkennung geschieht, spürt man, wie er einen tiefinneren Widerwillen bekämpfen muß, der denn auch meistens hervorbricht. «Ich habe Stahr mit seiner Lewald in verschiedenen Gesellschaften getroffen und mußte mit ihm sprechen. Er hat aber einen abscheulichen, ausgedorrten und läppischen Eindruck auf mich gemacht ... Das herrliche Ehepaar verzehrt sich in der Leidenschaft der Selbstsucht und des Brotneides.» So äußert sich Keller gegen Hettner am 25. Juni 1855, also kurz bevor er Vieweg das Manuskript der Novelle geschickt hat. Es ist zweifellos, daß das schriftstellernde Ehepaar Keller den Anstoß gab zur Erfindung des Viggi Störteler und seines verruchten Planes, aus seinem naturfrischen Gritli eine Schriftstellerin zu machen, wie auch die Kätter Ambach eine Karikatur von Fanny Lewald ist.

Zu der Hohlheit dieses Literatentums bildet ein peinlicher Realismus, dem der eine und andere dieser Schriftsteller huldigt, nur einen scheinbaren Widerspruch. Man sucht, in Stifters Spuren wandelnd, durch kleinliche Nachbildung der äußeren Natur die fehlende innere Wahrheit und Tiefe zu ersetzen. Adolf Widmann, dessen Bücher Franz Duncker verlegte, war in Kellers Augen ein solch «miserabler Schwätzer». «Seine Erzählungen ‚Am warmen Ofen' sind», wettert er gegen Hettner, «ein interessantes Beispiel, wie man heutzutage ohne Beruf scheinbar gute und doch schlechte Bücher macht: absichtlich gemachte Studien in Wald und Feld, Reminiszenzen, gute Notizen, den Bauern und Jägern abgefragt und aufgeschrieben, zierliche Sächelchen, appetitlich zusammengeschmiedet und mit reinlichem Stile vergoldet, aber inwendig nicht eine Spur von Notwendigkeit, von durchgehender Tiefe, und nichts fertig.» In Widmanns Novelle «Die katholische Mühle» liest man etwa: «Mitten im Satze aber blieb der Alte stehen und betrachtete aufmerksam einen großen roten Sandsteinblock, der, einsam und vom Wasser abgeschliffen, zwischen den Graniten lag ...» Aus solcher äußeren Detailmalerei mag – ein Menschenalter vor dem Naturalismus, und ihn zugleich im Herzen treffend – jenes wundervolle Motiv hervorgewachsen sein, wie Viggi Störteler Studien über einen Buchenstamm und den Pflock mit der daranhängenden Blindschleiche in sein Notizbuch einträgt.

In «Dietegen» macht Keller nach der kurzen Meretleinepisode des «Grünen Heinrich» und der zeit- und ortlosen Sagenpoesie der «Legenden» zum erstenmal den Versuch, ein Stück zeitlich und örtlich bestimmter geschichtlicher Vergangenheit durch seine Kunst zu erwecken. In Berlin las er Melchior Schulers unkritisches, aber stoffreiches und farbiges Geschichtswerk «Die Taten und Sitten der alten Eidgenossen, erzählt für die vaterländische Jugend in Schule und Haus» und notierte sich daraus den Stoff zu «Dietegen» und «Ursula».

Schuler führt, nach Diebold Schillings Schweizerchronik (S.61 der Luzerner Ausgabe), im ersten Band (1839) S.404f., unter den Beispielen für die barbarische Rechtspflege früherer Zeiten folgenden Vorfall an: «Ein noch junger Knabe [in Luzern], der aber schon viel gestohlen hatte, ward 1473 zum Tode durch den Strick verurteilt; man bat für ihn um seiner Jugend willen, und nun sollte er ertränkt werden – aus Gnade, sagte man! Der Scharfrichter warf ihn in den Fluß und zog ihn am bestimmten Orte heraus, zerschnitt seine Bande und ließ ihn als tot liegen. Die Stadtknechte legten ihn in einen Sarg, der einen Spalt hatte; Knaben blickten durch denselben und fanden, daß der Mund sich bewege; Frauen hörten dies, eilten hinzu, brachen den Sarg auf, fanden Leben im Knaben und trugen ihn in den Spital; da kam er zu sich selbst, lebte lange, ward ein Biedermann, nahm ein Weib und hatte schöne Kinder.» Dazu kommt eine Stelle im dritten Band (1841) S.469f.: «Der Rat [von Solothurn] verurteilte 1632 eine Kindsmörderin zum Tode. Da bot sich ein junger Mann von Regensburg an, sie zu heiraten. Nach uralter Sitte ward ihr nun, auf Fürbitte der Geistlichkeit, das Leben geschenkt; das Paar ward auf dem Rathaus getraut und dann auf ewig verwiesen.» Das Ineinandergreifen der beiden alten Rechtsgebräuche des Lebenschenkens gab, wie Keller Emil Kuh am 11. Juni 1874 schrieb, die Idee des «Dietegen» her.

Aber auch in der kulturhistorischen Schilderung trifft man Spuren der Benutzung Schulers. Dieser behandelt im fünften Abschnitt des ersten Bandes den Burgunderkrieg, in den Keller den Forstmeister und Dietegen ziehen läßt, schildert im Anschluß daran (S. 297 ff.) das «Törichte Leben» von 1477, an dem sich bei Keller der junge Dietegen beteiligt, jenen übermütigen Zug verwilderter Kriegsgesellen nach der Westschweiz, um die der Stadt Genf im Frieden zu Freiburg auferlegte Brandschatzung einzuziehen. Auch für die Schilderung von Tracht und Bewaffnung und der Eß- und Trinkgelage jener Zeit fand Keller kulturhistorisches Material bei Schuler, der S. 302 ff. («Eidgenössische Freudentage») von den üppigen Gastereien erzählt, welche die Eidgenossen 1486 und 1487 sich freundnachbarlich spenden.

Für eine einzelne Stelle in «Dietegen» weist Baechtold noch auf eine weitere Quelle. Keller schwebte lange als Hintergrund zu einer anderen Erzählung aus der Schweizergeschichte die Schlacht bei St. Jakob an der Birs vor. Ein Aufsatz Bartholds in Raumers Taschenbuch (N. F., 3. Band 1842) über die Armagnaken sowie Pirckheimers Beschreibung des Schweizerkrieges sollten ihm die kulturhistorischen Einzelheiten liefern. In einer Erzählung in Versen gedachte er vier Brüder ungleichen Charakters, alle vier mit irgendeiner Untugend behaftet, zu schildern. Der eine war leichtsinnig, der andere neidisch, der dritte jähzornig usw.; aber alle vier starben eines gleich ruhmvollen Todes bei der Kapelle zu St. Jakob. Ein Nachklang dieses Planes dürfte die Stelle in der Schilderung der Schlacht bei Grandson sein, wo Keller erzählt, wie der Leichtsinnige und der Verschwender neben dem Geizigen und dem Sorgenfreund seiner Stunde harrt, der Zanksüchtige und der Friedliebende mit gleicher Geduld ihre Kraft bereit halten.

Über das Grundmotiv der letzten Erzählung, «Das verlorene Lachen», schreibt Keller am 6. Dezember 1874 an Kuh: «Ich hatte zuerst nur einen burlesken Festlumpen im Auge, der im nüchternen Leben nicht zu brauchen ist. Dann geriet ich durch eine Veränderung des Titels in eine etwas höhere Stimmungsschicht und endlich auf den Gedanken, die etwas schnurrpfeiferliche Sammlung doch mit einem ernsteren Kultur- und Gesellschaftsbilde abzuschließen.» Auf den ersten Plan weisen die beiden Einträge auf dem Berliner Notizblatt hin: «Das Sängerfest. – Der Festsänger.» Der neue Titel «Das verlorene Lachen» taucht zuerst in dem Brief an Exner vom 6. Januar 1873 auf. Am 20. Dezember 1873 schreibt

Keller an Exner, die ganze neue Sammlung komme ihm so leicht und trostlos vor, daß er wenigstens mit dem Schluß noch etwas habe in die Tiefe gehen wollen und sich nochmals dahinter gemacht habe. Es habe sich, berichtet er dem Verleger zwei Monate später, herausgestellt, daß die Erzählung kaum fünf Druckbogen stark und so der ganze Band zu schwach würde. «Ich habe daher den Grundstoff einer anderen projektierten Novelle, die sich hiefür wie angepaßt eignete, benutzt, um ein großes Mittelstück einzusetzen und das Ganze höher zu heben, so daß es als die bedeutendste der neuen Erzählungen einen nicht üblen Schlußstein bilden wird.» Dieses Mittelstück ist zweifellos die Darstellung der religiösen Erlebnisse Justines und der politischen Irrungen ihres Mannes. Trennt man nämlich diese Partie heraus und denkt sich in den umrahmenden Teilen diejenigen Stücke weg, die der Verzahnung von Rahmen und Mittelstück dienen, so erhält man im Druck der Ausgabe von 1874 etwas mehr als fünf Bogen.

Daß Keller schon 1870 ein «Traktätlein» über die politische Bewegung im zürcherischen Staatswesen zu Ausgang der sechziger Jahre plante, erfahren wir aus einer Bemerkung gegenüber Ludmilla Assing. Auf den ersten Blick sieht der Kundige, daß sich in der politischen Aktion, in die Jukundus Meyenthal hineingerissen wird, die demokratische Bewegung der zweiten Hälfte der sechziger Jahre spiegelt (vgl. oben S. 372ff.). Wie jene Umwandlung die liberalen Tendenzen von 1830 und 1831 fortsetzt, so sind im «Verlorenen Lachen» vierzig Jahre verflossen «seit der letzten jener politischen Umgestaltungen, durch welche das Volk sich verlorene Rechte erneuert oder vorhandene erweitert». Wie bei den Führern der demokratischen Bewegung neben den sachlichen Gründen persönlicher Gegensatz gegen die liberalen Häupter, im besonderen Alfred Escher, wirksam waren, so stellt sich auch im «Verlorenen Lachen» das Volk, wie es Händel sucht mit seinen Verwaltern, einfach vor die Personen hin und sagt: «Eure Gesichter gefallen uns nicht mehr.» Mit den Anfängen der demokratischen Bewegung verquickte sich jener leidenschaftliche Angriff, den Friedrich Locher in seinen Pamphleten «Die Freiherren von Regensberg» gegen zwei Matadoren des Bezirks Regensberg, den Fürsprech Jakob Bucher und den Statthalter Ryffel, führte. In der Fortsetzung zu den «Freiherren», «Othello, der Mohr von Venedig», wandte Locher sich gegen den Obergerichtspräsidenten Ullmer, beschuldigte ihn unsittlicher Beziehungen zu einer Reihe von weiblichen Personen, so zu einer gewissen Bäbeli Schreiber, und erreichte, daß Ullmer von seinem Amt zurücktreten mußte. Endlich schleuderte er in dem «Prinzeps und sein Hof» seine Giftpfeile auch gegen Alfred Escher und untergrub dessen Einfluß. Des ganzen Volkes aber bemächtigten sich infolge dieser Angriffe und Verdächtigungen, die halb Wahrheit, halb Lüge waren, Unsicherheit und Mißtrauen.

Diese tatsächlichen Geschehnisse schimmern durch Kellers Darstellung palimpsestartig durch. Er spricht von der «dämonisch seltsamen Bewegung, welche mehr Schrecken und Verfolgungsqualen in sich barg, als manche blutige Revolution», von dem Ausspotten einiger nicht bedeutender Personen an irgendeinem Punkte, von dem Verhöhnen einiger anderer, die schon mehr Bedeutung hatten. Der lustige Spott verwandelt sich in grimmige Verleumdung, welche umherrast, die Häuser ihrer Opfer bezeichnet und das persönliche Leben auf das Straßenpflaster hinausschleift. Auch der Vorwurf geheimer Verbrechen und abscheulichen Lebenswandels taucht auf.

In dem Prozesse, den Locher gegen Ullmer führte, spielte eine gewisse Frau Hämig eine Rolle. Sie wohnte in einem kleinen Hause in einer einsamen Gegend am Hornbach in der Gemeinde Riesbach und war eine übelberüchtigte Person, die allerlei verdächtigem Gesindel Unterschlupf gewährte, die Skandalchronik der Stadt, gefürchtet wegen ihrer bösen Zunge, eine Verleumderin großen Stiles. Von ihr erfuhr man alles, was man hören wollte, Tatsachen und Lügen, und beides konnte man durch sie verbreiten lassen. Charakterlos, stand sie stets auf Seiten dessen, der sie bezahlte oder ihr schmeichelte. Sie hatte die Tatsache von der Existenz eines unehelichen Kindes Ullmers verbreitet, der ihr Mißfallen erregt hatte. Locher bezog seine Nachrichten bei ihr. Als «Prozeßhexe» erscheint sie in seinem Pamphlet «Othello».

Das ist, in Verbindung mit der Peinigerin der Familie Marti (vgl. oben S. 27), das Urbild des Ölweibes im «Verlorenen Lachen», so von Keller genannt, weil ihr nach der Erklärung von Jukundus' Parteifreunden der gute Ratschlag und die üble Nachrede sowenig ausgingen wie der biblischen Witwe ihr Öl. «Wenn man glaube, es sei gar nichts mehr über einen Menschen vorzubringen und nachzureden, so wisse diese Frau, die in einer entlegenen Hütte wohne, immer noch ein Tröpflein fetten Öles hervorzupressen, denselben zu beschmutzen, und sie verstehe es, in wenig Tagen das Land mit einem Gerüchte anzufüllen.»

Die zweite Stoffschicht, durch die Keller die ursprüngliche Fabel des «Verlorenen Lachens» vertiefte, bot die zeitgenössische religiöse Bewegung in der Schweiz.

Die Berufung von David Friedrich Strauß an die zürcherische Hochschule war 1839 an dem Willen des mißleiteten Volkes gescheitert. Der Geist seiner Kritik aber hatte seither auch in der Schweiz, vor allem im Kanton Zürich, gewirkt und hatte die Reformtheologie geschaffen, eine Richtung innerhalb der reformierten Kirche, die unter Preisgabe der orthodoxen Grundlage darauf ausging, das religiöse Denken mit den Hauptergebnissen der Wissenschaft zu versöhnen und auf Grund dieser modernen Weltanschauung eine neue Kirche zu begründen. Zur Ausbreitung dieser Reformideen bildete sich der Verein für freies Christentum, der bald an allen Orten seine Pionierarbeit entfaltete.

Der unbestrittene Führer dieser Bestrebungen war der Pfarrer Heinrich Lang. Am 14. November 1826 zu Frommern auf der Schwäbischen Alb als Sohn eines Pfarrers geboren, hatte er im Seminar Schönthal seine Gymnasialausbildung erhalten und in Tübingen als Stiftler Theologie studiert. Vischer begeisterte den idealgesinnten, ja überschwenglichen Jüngling für Kunst und Literatur. Mächtig aber vor allem zog ihn der leidenschaftliche Kampf innerhalb der protestantischen Theologie an; war doch Tübingen die Walstatt, wo der Streit am heftigsten tobte. Hier wirkte Baur im Sinne von Strauß, prüfte in gründlicher Einzelforschung die Quellen der christlichen Urgeschichte und deckte die natürliche Entstehung des Christentums auf. Die von ihm begründete Tübinger Schule identifizierte im Sinne des Hegelschen Pantheismus das göttliche Wesen mit der Welt, und statt Gott, wie das orthodoxe Christentum, als übernatürlichen Schöpfer und Herrscher außerhalb der Welt wirken zu lassen, ließ sie die immanente Gottheit sich in der Entwicklungsgeschichte des menschlichen Geistes offenbaren. Den Zugang aber zu der Gottheit findet nach der Ansicht der Tübinger Schule der Christ nicht nur, wie Hegel verkündete, durch den rationalen Intellekt, sondern auch, wie Schleiermacher gelehrt hatte, durch die Innigkeit des Gemütes. Dieser christliche Pantheismus bot so die Möglichkeit, einerseits sich zu den Fortschritten moderner Wissenschaft zu bekennen als einer Form der Selbstoffenbarung der Gottheit in der natürlichen Welt, anderseits doch das eigentlich religiöse Moment zu wahren in der idealen Begeisterung für die Größe Gottes.

Als Schüler Baurs empfing Lang die Ideen, die die ganze Richtung seines Geistes und Lebens entschieden. Im Jahre 1848, mitten in den Stürmen der Revolution, bestand er sein theologisches Examen. An der demokratisch-republikanischen Propaganda beteiligte er sich so feurig, daß er es geraten fand, sich nach der Schweiz zu flüchten, um dem Arme der Polizei zu entgehen, der bereits nach ihm ausgestreckt war. In der Kirchgemeinde Wartau im St.-Gallischen Rheintal erhielt er seine erste Stelle und entfaltete von hier aus bereits eine bedeutende Tätigkeit für die Reform. So ließ er 1858 seinen «Versuch einer christlichen Dogmatik» erscheinen und begründete 1859 die «Zeitstimmen» als Organ der schweizerischen Reformtheologie. Sein eigentliches Wirkungsfeld fand er aber erst, als er 1863 als Pfarrer in die reiche und große Gemeinde Meilen am Zürichsee und dann 1870 als Diakon am St. Peter in Zürich gewählt wurde. Noch nicht fünfzigjährig, starb er am 13. Januar 1876.

In den Aufsätzen über die moderne Weltanschauung, die Lang 1860 und 1861 in den «Zeitstimmen» veröffentlicht hat, stellt er dem alten biblischen Glauben eine neue Weltanschauung gegenüber: Gott offenbarte sich nicht nur durch den Mund der Propheten des Alten und Neuen Testaments, auch ein Lessing, ein Goethe, ein Schiller, die großen Männer der Wissenschaft sind Träger und Vermittler göttlicher Offenbarung. «Wir glauben und sehen es», heißt es 1860 S. 367, «an die Stelle der biblischen, wie der katholisch-mittelalterlichen und der protestantisch-orthodoxen Weltansicht ist eine *moderne Weltanschauung* getreten, die sich von ihren Vorgängern ebenso scharf und tief einschneidend unterscheidet, wie sich die Reformation von dem Papsttum unterschieden hat; wir glauben, daß die Thesen, welche Lessing im Streit mit Goeze über Bibel und Religion aufgestellt hat, von ebenso großer Tragweite sind, als die fünfundneunzig Thesen, die Luther an der Schloßkirche zu Wittenberg angeschlagen hat; wir glauben, daß die Aufklärung des achtzehnten Jahrhunderts, deren Bestrebungen durch das neunzehnte fortgesetzt, vertieft, berichtigt worden sind, einen ebenso entscheidenden Einfluß auf die Anschauungen, Sitten und Zustände unserer Völker teils ausgeübt hat, teils noch ausüben wird, als es je die Reformation des sechzehnten Jahrhunderts getan hat.» Das moderne Christentum steht also nicht im Widerspruch mit der Darwinschen Entwicklungslehre und stellt auch nicht mehr den mosaischen Schöpfungsbericht als eine wissenschaftliche Wahrheit modernen Forschungen entgegen. Es sieht überhaupt keinen Unterschied mehr zwischen Wissen und Glauben, Wissenschaft und Religion (Zeitstimmen 3, S. 12). Seitdem das Kopernikanische Weltsystem herrscht, ist die altchristliche Vorstellung eines überweltlichen, persönlichen Gottes hinfällig geworden (Zeitstimmen 2, S. 461). Gott ist vielmehr in der Welt als das die Welt in allen ihren Erscheinungen, Gesetzen, Bewegungen allgegenwärtig durchdringende Prinzip. Daher hat auch der Glaube an göttliche Wundertaten heute keinen Boden mehr, und töricht ist es, im altkirchlichen Sinne zu wähnen, man könne durch das Gebet äußerlich auf Gott einwirken (Zeitstimmen 2, S. 470ff.). Alle Gebetswirkung kommt aus dem Innern des Betenden selber, weil in ihm Gott lebt: «Wenn ein Verlassener in seiner Not ernstlich betet, so kann dadurch ein Licht in seiner Seele aufgehen, welches ihm einen Rettungsweg zeigt; es kann eine Kraft in ihn kommen, die alle äußeren Hindernisse überwindet.»

Der heikelste Punkt für Langs praktisches Wirken als Prediger und Seelsorger war zweifellos die Frage der Unsterblichkeit. Wer mit dem konsequenten Bekenntnis zur Kopernikanischen Weltanschauung auch den Glauben an einen persönlichen Gott aufgibt, wer den Darwinismus und die andern Theorien der modernen Naturwissenschaft annimmt, der weiß auch nichts mehr von einem persönlichen Fortleben in Himmel oder Hölle. Lessing, auf den sich Lang so gern beruft, ist folgerichtig genug, in seiner «Erziehung des Menschengeschlechtes» für sein drittes Reich die Idee des persönlichen Fortlebens im dogmatischen Sinne fallen zu lassen. Lang zog diese Folgerung nicht, wenigstens nicht mit eindeutigklaren Worten. In seiner Darlegung der modernen Weltanschauung in den «Zeitstimmen» verlegt er erst den Schwerpunkt des menschlichen Lebens und Wirkens (2, S. 494f.) ins Diesseits: «Der moderne Mensch will ‚mit festen, markigen Knochen auf der wohlgegründeten, dauernden Erde stehen' und alle Güter und Reichtümer der Welt, wie alle Plagen und Schmerzen der Endlichkeit im Dienste des Gottesreichs für die ewigen Zwecke des Geistes [im Sinn des Hegelschen Pantheismus] verwenden, damit auf dem Boden dieser endlichen Welt selber eine den Forderungen des Geistes entsprechende Welt, eine Welt der Wahrheit und Freiheit erstehe.» Um so überraschter ist man, ein paar Zeilen später das weitere Bekenntnis zu lesen: «Die Anerkennung dieses Faktums und die Wahrheit der soeben angedeuteten sittlichen Aufgabe ist nicht im geringsten abhängig von der Art und Weise, wie man über die Unsterblichkeitsfrage denkt: ob man die Durchführung der sittlichen Aufgabe auf dieses Leben beschränkt oder ihre Vollendung von einem anderen Leben erwartet.» Das ist nicht wissenschaftliche Konsequenz, sondern ein praktischer Kompromiß mit einer Grundlehre der altchristlichen Orthodoxie, die Lang sonst so heftig befehdet, und sophistisch vollends ist es, wenn er (Zeitstimmen 3, S. 42f.) weiter ausführt: «Wenn jemand sagt: ‚Das Bewußtsein meiner inneren Unendlichkeit und Freiheit, das ewige Leben, in dessen Genuß ich mich hier schon selig und erhaben über Zeit und Endlichkeit fühle, gibt mir die Bürgschaft, daß ich nicht vergänglich bin; meine Vernunft und mein Herz sträubt sich gegen den Gedanken, daß mein Leben in ähnlicher Weise vergehen soll, wie das Leben all der anderen zahllosen Geschöpfe der nährenden Mutter Erde, über die ich mich doch erhaben, von denen ich mich so wesentlich unterschieden weiß; diese Aussicht auf eine einstige Vollendung meines Lebens in der Befreiung von all den schmerzlich hemmenden Schranken der Endlichkeit stärkt mich in den Kämpfen mit der Welt und Sünde und tröstet mich in den Verlusten der Erde und den Leiden des Lebens', was soll in einer solchen Rede Schädliches liegen für Religion und Sittlichkeit, wenn ein solcher nur das Gute einzig übt um des Guten willen, nicht wegen irgendeines zu demselben noch hinzukommenden Lohnes?» Das Sophistische dieser Sätze liegt darin, daß die gleichen Ausdrücke das eine Mal im eigentlichen, das andere Mal im uneigentlichen, bildlichen Sinne gebraucht werden: der gleiche Mensch kann logischerweise sich nicht schon im Diesseits im Genuß des ewigen Lebens selig und erhaben über Zeit und Endlichkeit fühlen und daneben an ein persönliches Fortleben nach dem Diesseits glauben. Entweder liegt das Jenseits, symbolisch aufgefaßt, als geistige Unendlichkeit im Diesseits, oder es ist als eigentliches Jenseits die Fortsetzung des Diesseits. Und entweder glaubt man an dieses eigentliche Jenseits, weil es die Ausgleichung der irdischen Ungerechtigkeiten bringen soll, und richtet die Motive seines sittlichen Handelns danach, oder man tut das Gute im Diesseits um des Guten willen, ohne Hoffnung auf himmlische Vergeltung. David Friedrich Strauß, der mit zu den Begründern der Reformtheologie gehört, den Lang und andere seiner Richtung aber dann um seines «Alten und neuen Glaubens» willen befehdet haben, ist konsequenter, indem er auf dem Boden modernen Denkens den Glauben an ein persönliches Fortleben aufgab, damit freilich zugleich auch auf den Namen Christ verzichtete.

Man kann den gewaltigen Einfluß, den Lang ausübte, nur begreifen, wenn man das lebendige Wirken seiner Persönlichkeit als Prediger bedenkt. Lang war nach den Zeugnissen aller, die ihn gehört, ein Redner von außergewöhnlicher Kraft. Ein reiches Wissen, eine an den besten Dichtern geschulte und mit Bildern gesättigte Sprache, Leichtigkeit des Gedankenflusses, moderne Weite des Denkens, feurige Leidenschaft und ein bis zum Fanatismus sich steigerndes Selbstbewußtsein – all das bewirkte, daß zu seinen Predigten Tausende von nah und fern herbeiströmten. Gerade die Gebildeten schöpften aus ihnen die Möglichkeit, moderne Menschen zu sein und daneben fromme Christen zu bleiben. Tieferblickende freilich fühlten sich durch Langs Unduldsamkeit abgestoßen, und die einfältigen Gläubigen verzogen sich abseits und suchten ihr Heil in einer um so stärkeren Betonung der mystischen Elemente des Urchristentums.

Wie Lang durch Ausschöpfung weltlicher Dichter und Denker dem Christentum reicheren Gehalt zuzuleiten strebte, so zogen andere Geistliche seiner Richtung die bildende Kunst in den Dienst der Religion. So Salomon Vögelin (1837–1888), der 1870 seine Pfarrstelle in Uster mit einer Professur für Kultur- und Kunstgeschichte an der Universität vertauschte und 1868 in den «Zeitstimmen» einen umfangreichen Aufsatz über die «Religion im Spiegel der Kunst» veröffentlichte. Vor allem aber der damalige Pfarrer in Horgen am Zürichsee, Conrad Wilhelm Kambli (1829–1914). Ein Aufsatz in seinen «Studien und Lesefrüchten» (1870) schildert das «Christusbild in der Geschichte». Da trifft man den Gedanken, «daß alle ursprüngliche Kunst mit der Religion in untrennbarer Verbindung steht, daß sie religiös oder historisch monumental ist ... Nicht das leibliche Bedürfnis, sondern der religiöse Trieb, der das Edelste, das in der Brust lebt, auch nach außen darstellen möchte, hat die älteste Kunst ins Dasein gerufen ... Es währt sehr lange, bis die Kunst von der Religion sich loslöst und ihre Aufgabe unmittelbar in der Wirklichkeit sucht; wo wir dagegen irgendwie die Gottesverehrung zu einem religiösen Kultus ausgebildet finden, da treffen wir auch wenigstens Anfänge der Kunst». Die Pflege der Kunst entspricht durchaus dem Sinne Christi. Die größten Maler aller Zeiten der christlichen Ära haben aus ihrer religiösen Überzeugung heraus Idealbilder Jesu geschaffen. Ja, es können, so führt Kambli anderswo aus, geradezu Streitfragen der Theologie durch die Kunst in prophetischer Weise zum voraus gelöst werden, wie dies durch die rein menschliche Erfassung und Darstellung der Christusvorstellung im sechzehnten Jahrhundert geschehen ist.

Eine Folge dieser kunstfreundlichen Richtung innerhalb der Reformtheologie war es, daß man nun anfing, entgegen dem Geiste der Zwinglischen Reformation, die Kirchen bildlich auszuschmücken. Die Kirche von Thalwil erhielt eine Kopie von Leonardos Abendmahl. Über dem Chorbogen der Stadtkirche in Winterthur wurde eine Kopie von Raffaels Transfiguration angebracht. Es war für Kambli eine besondere Genugtuung, daß nun auch seine Kirche einen derartigen Bilderschmuck erhielt. 1872 erbot sich der damalige Präsident des industriereichen Horgen, Julius Stapfer, zur Erinnerung an seine Vermählung durch den Luganeser Maler Antonio Barzaghi-Cattaneo in der Kirche zwei Fresken herstellen zu lassen, als deren Gegenstände Kambli die Gesetzgebung des Moses und die Bergpredigt bestimmte. Auf diesen Vorfall dürfte das Motiv der Ausschmückung der Kirche von Schwanau durch den kunstbegeisterten Pfarrer zurückgehen. Auf Horgen weist auch der Schwan im Wappen dieser Gemeinde, während freilich die Erwähnung von Goethes Schilderung der Gegend (1797) an Stäfa denken läßt.

Gottfried Kellers Stellung gegenüber der religiösen Entwicklung in seiner Heimat war gegeben. Schon vor Heidelberg hatte er in der Besprechung von Ruges Werken mit großer Hochachtung von Strauß gesprochen, und er bewahrte dem mutigen und konsequenten Denker diese Gesinnung auch jetzt noch. Als Nietzsche in den «Unzeitgemäßen Betrachtungen» gegen Strauß' «Alten und neuen Glauben» zu Felde zog, verurteilte Keller die Schrift des jungen Basler Professors als das «knäbische Pamphlet eines Spekulierburschen». Seit Heidelberg war ihm aller Pantheismus abgetan. Es gab für ihn keinen «göttlichen Geist» mehr, der sich in den Taten der menschlichen Kultur offenbart, sondern nur Sinne und Verstand des Menschen als Doppelquelle unserer Kenntnis der Wirklichkeit, und als Kuno Fischer den Hegelschen Pantheismus in den fünfziger Jahren wieder neugefirnißt den Zeitgenossen präsentierte, äußerte er sich mit scharfen Worten gegen diese «Faseleien über das Pan» (An Hettner 3. August 1853). Für ihn gab es kein persönliches Fortleben mehr, und in der Frage der Existenz Gottes beschränkte er sich nun auf das Bekenntnis des Nichtwissens. 1872 war E. Dubois-Reymonds auch in Zürich viel besprochener Vortrag über die Grenzen des Naturerkennens erschienen. Tönt es nicht wie ein Nachhall von dessen «Ignorabimus», wenn Keller am Schlusse des «Verlorenen Lachens» Jukundus sagen läßt: «Wenn sich das Ewige und Unendliche immer so still hält und verbirgt, warum sollen wir uns nicht auch einmal eine Zeitlang ganz vergnügt und friedlich still halten können?»

In manchem wichtigen Punkte ging er mit einem Heinrich Lang einig: in der Ablehnung des positiven Bibelglaubens als Grundlage des modernen Christentums; in dem Bekenntnis zur modernen, naturwissenschaftlich gerichteten Weltanschauung; in der Betonung diesseitigen Lebens; in der Verneinung eines außerweltlichen und persönlichen Gottes, des Wunder- und Gebetglaubens. Aber in Langs Unduldsamkeit, die die Leute zur Kirche zwingen wollte, witterte er eine neue Bevormundung der Geister. Und diese war um so gefährlicher, als die wissenschaftliche Grundlage der neuen Lehre – die Verquickung von Hegels Pantheismus, der die Gottheit zur *logisch begreifbaren* Gesetzmäßigkeit der Welt macht, mit dem Gemütspantheismus von Schleiermacher, der die Gottheit nur *gefühlsmäßig*, also irrational zu erfassen strebt – seinem klaren Verstande eine bedenkliche Verschwommenheit des Denkens bekundete. Eine Frucht dieser Verschwommenheit war die schwankende Haltung Langs in der Unsterblichkeitsfrage. Statt des ehrlichen Entweder-Oder ein klug-praktisches Sowohl-als-Auch. Wurde die Frage, ob es ein Fortleben gebe oder nicht, dringend, das heißt am Sterbebette eines sündigen, angstgequälten Menschen aus dem Volke, dann verfing dieses kluge Lavieren nichts. Der Pfarrer von Schwanau kann, wie er die sterbende Greisin trösten soll, es ihr nicht anheimstellen, ob sie ein Fortleben nach dem Tode mit der Existenz der Allgottheit vereinen könne oder nicht. Ihr schlichter Menschenverstand will eine klar und sicher formulierte, eindeutige Wahrheit, und wie er mit seinen «etwas pantheistisch klingenden» Sterbegebeten kommt und ihre Fragen nach der Gewißheit des ewigen Lebens mit haltlosen, unsicheren Reden beantwortet, da wendet die Sterbende ihm den Rücken, und die Umstehenden bitten ihn, seine seelsorgerische Funktion hier einzustellen.

Da kannte Keller nur *einen* Schluß aus den durch die «moderne Weltanschauung» gegebenen Prämissen. Es war der Schluß, den Strauß gezogen: Zerschneidung des Tafeltuches. Kunst und Literatur und Wissenschaft waren wichtige Potenzen des Geisteslebens, aber mit ihnen den fadenscheinig gewordenen Mantel des modernen Christentums ausflikken zu wollen, das war in seinen Augen ein gefährliches und unlauteres Experiment. Die neuen Flicken konnten leicht immer größere Löcher in den dünnen Grundstoff reißen, und zugleich schloß man so aus der «gebildet» gewordenen Kirche die Armen am Geiste aus, in denen sich doch das ursprüngliche, mystische Wesen der Religion am reinsten offenbaren konnte. In der Durchdringung der Religion mit Elementen der Wissenschaft sah Keller eine Verflachung und Rationalisierung des Christentums, ein schiefes Bestreben, Dinge zu lehren, die nicht lehrbar, nur erfahrbar sind: «Es handelt sich nicht um Haß und nicht um Zorn», läßt er seinen Jukundus zu dem eifernden Pfarrer von Schwanau sagen, «es handelt sich einfach darum, daß wir nicht immer von neuem anfangen dürfen, Lehrämter über das zu errichten, was keiner den andern lehren kann, wenn er ehrlich und wahr sein will, und diese Ämter denen zu übertragen, welche die Hände danach ausstrecken.»

Auch Kunst und Literatur können die Aufgabe nicht erfüllen, der «modernen Weltanschauung» den mystisch-religiösen Anhauch zu geben. Wie der Pfarrer von Schwanau, Gedanken Kamblis wiederholend, bemerkt, daß jetzt die Zeit da sei, wo die Kunst ihr Dasein der Religion danken und der guten reichen und doch jetzt so armen Mutter vergelten könne, da versetzt Jukundus, das heißt der Dichter: «Ich bin nicht Ihrer Ansicht, daß die Religion die Kunst hervorgebracht habe. Ich glaube vielmehr, daß die Kunst für sich allein da ist von jeher, und daß sie es ist, welche die Religion auf ihrem Wege mitgenommen und eine Strecke weit geführt hat!» Die Befruchtung und Füllung des religiösen Denkens endlich mit Ideen und Formen der Dichtung mußte nach seiner Ansicht zu einer denkfaulen Zitierwut, zu einem äußerlichen Aufputz einer hohlen Produktion mit den Gedanken und Aussprüchen anderer, erlauchterer Geister führen. Vor allem bei einem Prediger, der nicht wie Lang selber eine starke und tiefgegründete Persönlichkeit war, mußte diese Gefahr zu schönen Phrasen führen, wie sie der Pfarrer von Schwanau im Munde führt.

Da nun so Kellers strenges Denken der Reformtheologie, nachdem sie sich selber die dogmatische Grundlage entzogen, weder eine fruchtbringende Tätigkeit in der Seelsorge noch im Predigtamt zugestehen konnte, so gab es für ihn nur den einen Schluß: «Wenn die persönlichen Gestalten», sagt sein Jukundus am Schlusse auf dem sonnenbeglänzten Berge zu Justine, «aus einer Religion hinweggezogen sind, so verfallen ihre Tempel und der Rest ist Schweigen. Aber die gewonnene Stille und Ruhe ist nicht der Tod, sondern das Leben, das fortblüht und leuchtet, wie dieser Sonntagsmorgen, und guten Gewissens wandeln wir hindurch, der Dinge gewärtig, die kommen oder nicht kommen werden. Guten Gewissens und ungeteilt schreiten wir fort; nicht Kopf und Herz oder Wissen und Gemüt lassen wir uns durch den bekannten elenden Gemeinplatz auseinanderreißen; denn wir müssen als ganze unteilbare Leute ins Gericht, das jeden ereilt!»

Man wird die glühende und tiefsinnige Symbolik des ganzen Schlußbildes, in dem Jukundus diese Worte spricht, nicht verkennen. Man wird aber auch in diesem Zusammenhang die Symbolik in Jukundus' Wort verstehen: «Die Kirche ist aus!» Nur darf man den Ausdruck nicht, wie es Anhänger Langs vorwurfsvoll getan, in einer allgemeinen und unbedingten Bedeutung fassen. Keller verneint die Existenzberechtigung der christlichen Kirche durchaus nicht, er verneint nur die Existenzberechtigung der Reformrichtung als einer wertvollen und fruchtbaren religiösen Strömung. Die Kirche ist nur aus für Menschen, die auf den geistigen Standpunkt gekommen sind, auf dem Jukundus, Justine und der Reformpfarrer von Schwanau stehen. Nicht aber für die, denen Religion noch wirklich das sein kann, was sie ihrem reinen Wesen nach ist: Offenbarung der Geheimnisse Gottes und der Welt in persönlichen Gestalten.

Die dichterische Darstellung dieses Gesichtspunktes ist das Erlebnis Justines mit den beiden Sektiererinnen Ursula und Agathchen. In ihnen hat Keller aus den verschollenen Tagen seiner Jugend die Hausgenossen Anna und Bäbeli Marti wieder erstehen lassen, die zu der Sekte der Neutäufer gehörten (vgl. oben S. 27) und später eine Zeitlang mit einem bösen Weib zusammenwohnten. Auch einzelne Züge, wie das Motiv des Katzenkochens, hat er aus dem Leben der Hausgenossen übernommen. Für die echte Frömmigkeit dieser Menschen besitzt der «Atheist» Keller das Verständnis, das der Reformpfarrer Heinrich Lang gegenüber den Pietisten in Männedorf in einem Artikel seiner «Zeitstimmen» vermissen läßt. Er weiß, daß diesen einfachen Menschen ihre urchristliche Religiosität Trost und Inhalt ihres Lebens ist und ein tiefinnerlicher Jenseitsglaube ihnen über die Kümmernisse des irdischen Daseins hinweghilft, daß aus ihrer Frömmigkeit eine wahre Menschenliebe sprießt, die sich auch dem Feinde nicht versagt, und eine nimmermüde Opferwilligkeit. Lehren aber, von Mensch zu Mensch übermitteln läßt sich auch diese Frömmigkeit nicht, sie kann nur Frucht eigenen Erlebens sein. Nachdem sich das «Tabernakel» des Reformpfarrers als leer erwiesen und Justine sich an Ursula und Agathchen um Hilfe in ihrer religiösen Bedrängnis gewandt hat, muß sie eine neue Enttäuschung erleben. So sehr das Leben dieser geistlich Armen ein leuchtendes Beispiel tiefinnerlicher Gottseligkeit ist, so dürr und trocken, auswendig gelernt und rechthaberisch tönt ihre Lehre. Erst das eigene bittere und süße Erleben gibt auch Justine, wie Jukundus, das «verlorene Lachen», die Herzensheiterkeit der in eigener Angel ruhevoll schwebenden Persönlichkeit zurück.

Überblickt man den ganzen Stoffkreis des zweiten Teiles der «Leute von Seldwyla», so ist es zunächst vor allem die Weite des Gesichtsfeldes, was uns mit Staunen erfüllt, die Mannigfaltigkeit der Probleme und Motive. Welch langer Weg von den romantisch geistreichen Späßen in «Kleider machen Leute» und «Der Schmied seines Glückes» zu dem tiefen Ernst des «Verlorenen Lachens»! Und doch ist es das gleiche Gesicht, das das eine Mal zum tollen Lachen sich verzerrt und das andere Mal die schweren Falten grübelnden Tiefsinns erscheinen läßt, und aus der Einheit des gleichen Geistes fließen Spaß und Ernst in beweglichen Formen. Es ist der Gegensatz *Sein und Schein*, der, tief in der Wahrhaftigkeit von Kellers Wesen wurzelnd, in jeder der fünf Erzählungen den äußerlich gegebenen Stoff organisiert und die Entwicklung menschlicher Schicksale innerlich motiviert hat. Was echt und gut ist, setzt sich durch und ist lebensfähig, was unecht ist und heuchlerisch, muß untergehen. Verkleidet das Echte sich mit dem Flitterwerk phantastischer Lüge, so muß es die Verfolgung erdulden, die allem Unechten beschieden ist, so lange, bis in schmerzhafter Läuterung alle Schlacke von dem Edelmetall ausgeschieden ist. Wo aber etwas innerlich Unechtes sich den Anschein des Tüchtigen gibt, da bricht das hohle Gebilde, wenn es reif geworden ist, in sich selber zusammen und stürzt seinen Schöpfer ins Nichts. Das ist die Erfahrung, die Keller aus seinem eigenen Leben gezogen und in Geschichte und Natur bestätigt gefunden hat.

Ein solch innerlich echter und tüchtiger Mensch ist Wenzel Strapinsky in der ersten Novelle. In halber Kindheit hat er der Versuchung widerstanden, seine arme Mutter auf dem Dorf zu verlassen und sich von der Gutsherrin in das bequeme und äußerlich glänzende Leben der Stadt führen zu lassen. Er hat damit die Probe der Tüchtigkeit bestanden. Niemals hat er, bevor er Nettchen kennenlernte, ein leichtsinniges Liebesabenteuer versucht. Sein Hang zur Phantastik äußert sich wie bei dem grünen Heinrich (beim ersten Gang zu Anna) in der Neigung für romantisch-schöne Kleider. Aber auch an dieser harmlosen Liebhaberei ist Strapinsky eigentlich nicht schuld. Sie ist ihm durch seine Mutter anerzogen worden, und sein Beruf als Schneider, der einzige, den er im Dorfe lernen konnte, macht ihn zum Aufschneider, indem er ihm die Möglichkeit verschafft, jener Passion zu frönen. Sein weiter, eleganter Radmantel in Verbindung mit seiner vornehmen Melancholie gibt den Anstoß zu der ganzen Reihe von Abenteuern, die er in Goldach erlebt. Der Kutscher, der ihn zum Mitfahren einlädt, der Wirt, der ihm seine Herrlichkeiten auftischt, die Honoratioren von Seldwyla, der Amtsrat und seine Tochter, sie alle werden dadurch bestochen. Von Abenteuer zu Abenteuer wächst lawinenartig das Ansehen, das ihn umgibt, immer neuen Stoff der Begründung aus jeder neuen Situation sich anballend. Das Glück, das er sich dienstbar gemacht, lacht ihm strahlend zu. Die Liebe, das Spiel ist ihm hold. Von allen Seiten strömt der Segen auf sein Haupt. Auch dieses fabelhafte Glück ist eine Prüfung seines Charakters, und wieder besteht er sie. Der echte Betrüger hätte ohne Gewissensbisse die Gaben Fortunas angenommen und klug vermehrt. Strapinsky leidet an seinem ungerechten Glück, und immer wieder macht er den Versuch, sich ihm zu entziehen und die Zeche ehrlich zu bezahlen. Umsonst. So kommt es schließlich zur notwendigen Entlarvung, bei der Wenzels Nebenbuhler Melcher Böhni die Hand im Spiel hat. Die Demütigung, die er durch den Fastnachtsschwank der Seldwyler erfährt, ist zugleich die gerechte Strafe für

Nettchen, die an der gleichen Jugendtorheit der Phantastik leidet wie Wenzel. Durch diese Erfahrung sind sie aber nun auch geheilt. Als fremde Menschen haben sie, durch den Dunstkreis der Lüge getrennt, bisher nebeneinander gelebt. Nun erschließt Strapinskys offene Beichte dem Mädchen den wahren Kern seines tüchtigen Wesens. Selber rasch durch das Erlebnis gereift, hält sie an ihm fest auch gegen den Willen ihres Vaters, und beide gelangen zu dauerhaftem Glück und einem bürgerlichen Ansehen, das nicht auf dem flatternden Radmantel eines erlogenen Grafentums schwebt, sondern auf eigenem ehrlichem Verdienst ruht.

Dieses Glück kann der Dichter seinem John Kabys in dem «Schmied seines Glückes» nicht bescheren. Denn bei ihm sitzt die Lüge nicht in der Hülle, sondern im Herzen. Bis zum vierzigsten Jahre hat er nichts getan, als daß er seinen ehrlichen Vornamen Johannes in das englische John und Kabis in Kabys umgewandelt und seine verschiedenen Zieraten wohl imstand gehalten hat, um sich den Nimbus der Vornehmheit zu bewahren. Eitle Berechnung, nicht wahre Liebe, liegt seiner Verlobung mit Fräulein Oliva zugrunde. Er will sein Firmaschild mit dem tönenden Doppelnamen Kabys-Oliva zieren, und wie die Braut statt Oliva Häuptle heißt und ein uneheliches Kind ist, ist er rasch bereit, die Mutter trotz ihrer dunkeln Vergangenheit zu heiraten, nur um den Namen auf der Firmatafel zu retten. Wie auch dieses Unternehmen fehlschlägt, ergreift der moralische Schaumschläger den einzigen Beruf, zu dem er taugt und der seinem Wesen entspricht: er wird Barbier. Als er von Litumlei hört, meint er einen Hauptstreich zu begehen, indem er sich ihm als Verwandten empfiehlt. Und er findet in ihm einen Vetter, der ihn aufs vortrefflichste ergänzt. Jeder besitzt das, was dem andern fehlt, und beide sind moralisch völlig skrupellos. Das Dokument, durch das sie beide ihr Verhältnis als Vater und Sohn beweisen wollen, ist stilistisch und inhaltlich ein Meisterstück in der Kunst, die Wahrheit zu verdrehen und das Unwesentliche für das Wesentliche auszugeben. So scheint alles aufs beste eingefädelt, und das Glück lächelt dem John Kabys wie dem Wenzel Strapinsky. Da plötzlich ereilt auch ihn das Verhängnis, das der moralische Gauner selber herbeiführt, während der ehrliche Betrüger Strapinsky in schuldlosem Verschulden des Schicksals Opfer wird. Die Fertigkeit, das Unwesentliche für das Wesentliche, den Schein für das Sein auszugeben, rächt sich an dem Dummkopf. Indem er bei der trägen und reizenden Frau Litumlei den Schmied seines Glückes zu machen gedenkt, zerschlägt er mit unklugem Hammerschlag das zierliche Werk seiner Lügenkunst und wird mit Schimpf und Schande aus dem ahnenbildergeschmückten

Patrizierhaus verstoßen. Mit dem Reste des Geldes, das ihm Litumlei gereicht, kauft er (in der endgültigen Fassung der Novelle, der erste Entwurf hat diesen Zug noch nicht) eine alte Nagelschmiede und wird ein eigentlicher Schmied, auch darin ein moralischer Lump, daß er mit der immer gleichen äußeren Geschicklichkeit den Pinsel des Barbiers mit dem Schmiedehammer vertauschen kann.

In den «Mißbrauchten Liebesbriefen» steht der ehrliche Phantast neben dem hohlen Streber. Der Schulmeister Wilhelm entspricht dem Wenzel Strapinsky, Viggi Störteler dem John Kabys, und in den beiden Frauen Gritli und Kätter Ambach wiederholt sich der Gegensatz. Aus den Charakteren hat Keller wieder echt shakespearisch die Schicksale herauswachsen lassen. Viggi Störteler ist ein nüchterner Geschäftsmann, der seine betriebsamen Grundsätze, das gerade Gegenteil des ewig zögernden Dichters Keller, auch anwendet, wie der Literatendunst in seinem Kopf ehrgeizige Pläne bläht. Ein Mann, der den Beruf, zu dem ihn sein Charakter bestimmt, zwar ausübt – er kann gar nicht anders als geborener Praktiker –, aber da, wo er hingehört, mißachtet und ihn überträgt auf ein Gebiet, wohin er nicht gehört. Alles, was er unternimmt, atmet diese geschäftliche Betriebsamkeit: sein Verkehr mit den Zeitungen und literarischen Kollegen, der industriöse Briefwechsel mit seiner Frau, seine Ausbeutung der Natur in Studien und Notizen im Anschluß an den vorteilhaften Handel mit Eichenrinde. All diese Betriebsamkeit richtet weiter keinen Schaden an, als daß hie und da ein Unkluger, wie der Kellner Georg Nase, sich für einige Zeit in die Nebelsphäre einer vermeintlichen Dichterherrlichkeit emporschraubt. Wie aber nun Viggi das Edelmetall eines reinen und tiefen Frauengemütes in das elende Kleingeld seiner literarischen Betriebsamkeit ausmünzen will, da bringt ihn das Schicksal, das heißt die in dem natürlichen Zusammenhang der Dinge selbst liegende sittliche Gerechtigkeit, zu Fall. Er verscherzt den holden Besitz Gritlis und erhält den seelenlosen «Blaubeinbezug» Kätter Ambach zum Weibe.

Der Schulmeister Wilhelm aber wird von der Kinderkrankheit sentimentaler Liebesschwärmerei in ähnlicher Weise geheilt wie Wenzel Strapinsky von seiner falschen Romantik. Der Dichter bringt ihm zum Bewußtsein, in welch schiefe Verhältnisse dieses haltlose Schwärmen führen kann. Dann läßt er ihn in ehrlicher und bescheidener Arbeit als Landmann gesunden, und nachdem er als tüchtiger Mensch sich in der Versuchung durch Gritlis Freundin bewährt, erhält er den köstlichen Schatz zur Belohnung, den Viggi weggeworfen.

Auch im «Dietegen» schildert der Dichter irrende Menschen, die, in unseligem Wahne befangen, das lange nicht sehen, was das Echte und Wahre ist, weil es nicht gleißt, und dem prunkenden Scheine nachjagen. Dabei ist es lehrreich zu beobachten, wie der Dichter selber in dem Prozeß der inneren Durchbildung des Stoffes den Weg von der Romantik zur Einfachheit zurücklegt. Der ursprüngliche Entwurf bewahrt aus Schulers Schilderung das romantische Motiv der Kindsmörderin, wenn auch in gedämpfter Farbe, und hält es für nötig, dem elternlosen Dietegen noch zu einer soliden Verwandtschaft zu verhelfen. Er lautet: «Entwicklung zur Kokette. Erstes bis fünfzehntes Jahr. – Liebestrank, acht Jünglingen gegeben. – Forstmeister wird durch dieses Treiben dem Hause entfremdet und geht ins Wirtshaus. – Einsperrung der Küngolt wegen der Hexerei. – Forstmeister im Begriff, hierüber loszubrechen, als er von Violande verlockt und verstrickt wird. – Verhältnis mit derselben. Umgang. – Da kommt der Burgunderkrieg, in welchem der Forstmeister umkommt. Violande gebiert ein Kind, angeblich tot, weiß Küngolt zu befreien und zu bereden, daß sie es in den Wald begraben geht. Küngolt gerät auf Ruechensteiner Gebiet und wird auf der Tat ertappt, getürmt und prozessiert. Der Prozeß zieht sich hin. – Indessen hat Dietegen das ‚tolle Leben' mitgemacht, auf einem welschen Schlosse seine Herkunft entdeckt und solide Verwandte oder seine Eltern gefunden. Er zieht nach Seldwyla, um einen letzten Versuch mit Küngolt zu machen, und kommt gerade, um zu vernehmen, daß sie von den Ruechensteinern gerichtet werden will. Begehrt sie zum Weib und rettet sie. Violande hat sich inzwischen verzogen, sendet aber Zeugnis. Dietegen wird Forstmeister.»

Die endgültige Fassung hat alle Motive romantischer Herkunft preisgegeben, so daß nun die tiefe Wahrhaftigkeit von Kellers Dichternatur in der größeren Einfachheit der Gestaltung um so kräftiger leuchtet und das Reinmenschliche klarer hervortritt. Aufs schärfste ist jetzt der Gegensatz zwischen Natur und Unnatur, sicherem sittlichem Gefühl und schweifender Leidenschaft herausgearbeitet. Er tritt zutage in der Feindschaft der beiden Städte Seldwyla und Ruechenstein. Die läßliche Heiterkeit der Seldwyler ist der Boden, auf dem die leidenschaftliche Ausgelassenheit der Violande und der Küngolt gedeihen kann; die finstere Sittenstrenge der Ruechensteiner läßt eine Grausamkeit ins Kraut schießen, die richtend sich sogar an einem unschuldigen Knabenleben vergreift. Der Gegensatz erneut sich in dem Verhältnis Dietegens zu Küngolt. In Dietegen hat das furchtbare Jugenderlebnis, das ihn fast das Leben gekostet hätte, eine frühgereifte sittliche Strenge erzeugt, die ihn der leidenschaftlich trotzigen Küngolt überlegen macht. Er ist um ihre gute Sitte besorgt, und wie sie ihn einst, noch ein halbes Kind, heftig auf den Mund küssen will, hält er plötzlich die Hand dazwischen und sagt wohlwollend, aber mit dem Tone eines alten Schulmeisters: «Du bist noch zu jung zu diesem! Das schickt sich nicht für dich!» Man denkt an jene Szene im «Grünen Heinrich», wo Heinrich und Anna am Fastnachtstage allzu früh den Becher ihrer Liebe trinken und plötzlich, durchschauert und erkältet, sich voneinander wenden. So rein ist bei Gottfried Keller das Seelisch-Sittliche in das Körperlich-Natürliche eingestimmt.

Der Tod der milden Forstmeisterin und die Ankunft der begehrlichen Violande bedeutet eine Steigerung des wildleidenschaftlichen Wesens im Forsthause. Sie hetzt die Sinnlichkeit in Küngolt, sie treibt den Forstmeister ins Wirtshaus, sie veranlaßt den leidenschaftlichen Aufruhr des Johannisfestes. Der Liebestrank, den Küngolt in maßloser Begierde in den Wein schüttet, ist nur das harmlose Symbol der gesteigerten Ausgelassenheit, die, aus dem Wein und dem heißen Blut aufdampfend, den Sinn der jungen Leute umnebelt. Im Streit wird der Schultheißensohn von Ruechenstein erstochen und Küngolt als Giftmischerin ins Gefängnis geworfen. Wieder wacht Dietegen neben ihr und über sie, und erst wie sie, immer noch im Bann ihres leichtsinnigen Blutes, sich mit dem Kaplan und dem Schafürli vergnügt, da siegt in ihm der strenge ruechensteinische Geist, und er geht in Verzweiflung in den Burgunderkrieg und auf die Fahrt des Törichten Lebens. Aber wie sie, ohne neue Schuld, lediglich noch wegen des ungesühnten Todes des Schultheißensohnes, von den finsteren Ruechensteinern ergriffen wird und hingerichtet werden soll, erinnert er sich seiner Pflicht, ihr die Jugendwohltat zu vergelten, und heiratet sie auf dem Blutgerüst. Und nach langem Irren schweifender Leidenschaft finden auch diese beiden tüchtigen Menschen ihr Glück.

Sehr scharf stehen sich im «Verlorenen Lachen» die Mächte des Echten und des Unechten gegenüber. Noch ergreifender als im «Dietegen» tritt uns hier das Ringen zweier tüchtiger, aber irregeleiteter Menschen um ein gesegnetes Wirken im Leben entgegen. Handelt es sich doch nicht um Zustände und Taten ferner Vergangenheit, sondern um brennende Fragen der Gegenwart: um die sittliche Grundlage der Ehe, um die Auffassung von Staat und Religion. Weder Jukundus noch Justine wissen, was das Wesentliche in der Welt ist, und so biegt die Lebenslinie beider von der Richtung gesunder Tüchtigkeit nach der Seite ab, die durch den Charakter eines jeden von ihnen bestimmt ist. Der heitere Jukundus kommt durch allzu große Vertrauensseligkeit zu Fall und die gemessene Justine durch den äußerlichen Ordnungs- und Standessinn ihrer reichen Familie. Der unglückliche Jukundus gerät so in seiner gutmütigen Leichtgläubigkeit den politischen Machern in die Hände und steigt sogar in den Morast von Verleumdung hinunter, in dem das Ölweib haust; die an den Glanz des Reichtums gewöhnte Justine läßt ihre Sehnsucht nach Vertiefung ihres Lebens durch die Schönrednerei und Kunstbegeisterung des Pfarrers blenden. An diesem selber erfüllt sich das Schicksal des Viggi Störteler. Ein Geschäftsmann, ein verkappter Materialist, wie der Pfarrer am Schlusse des «Grünen Heinrich», spielt er den Idealisten und leidet dabei elenden Schiffbruch. Die beiden Gatten aber finden sich wieder an dem Orte, an den Jukundus seine politische Tätigkeit und Justine ihre fromme Sehnsucht führt. Die Erneuerung ihres Lebens und ihres Glückes schöpfen sie aus der Tiefe ihres eigenen Wesens, aus dem schmerzlichen Erleben, durch das sie gegangen. Wenn sie die beiden Kinder, die ihnen geschenkt werden, mit feiner Berichtigung der Namengebung, die ihre Eltern geübt, Justus und Jukunde nennen und dem Knaben das Recht, dem Mädchen die Heiterkeit zuweisen, so nimmt der Dichter damit jene Verbindung von Recht und Glück wieder auf, über die er am Schlusse des ersten «Grünen Heinrich» den Fischer singen läßt:

Recht im Glücke! goldnes Los,
Land und Leute machst du groß!
Glück im Rechte! Fröhlich Blut,
Wer dich hat, der treibt es gut!

So erobert sich in allen fünf Novellen das Echte und Gesunde seinen Platz an der Sonne des Erfolges, während das Unechte und Krankhafte mit einer bescheidenen Schattenexistenz vorlieb nehmen muß, nachdem es eine Zeitlang mit falschem Lichte die Unerfahrenen getäuscht. Und diese Sittlichkeit ist eins mit der Gesetzmäßigkeit der physischen Natur. Auf diese psychophysische Einheit weist der Dichter durch zwei hübsche Motive hin. In «Kleider machen Leute» nimmt Wenzel an dem Kinde der Gutsherrin wie an Nettchen dasselbe Naturspiel wahr. Wenn sie zornig sind, so heben sich bei beiden die schönen Haare um Stirne und Schläfe ein wenig aufwärts, daß man sie sich bewegen sieht. Und in dem «Verlorenen Lachen» erstrahlt, während Justine den Kranz an Jukundus' Fahne heftet, auf beider Gesichtern dasselbe schöne Lachen, und es zeigt sich darin, daß beide Wesen aus der gleichen Heimat stammen, aus welcher die mit diesem Lachen Begabten kommen. So gehören sie zueinander, und es ist ein feiner Zug, daß der Dichter diese natürliche Zusammengehörigkeit der beiden auch durch den gleichen Anlaut der Namen angedeutet hat.

Der Betonung des Wesentlichen und Wahren in der Lebensführung seiner Menschen entspricht auch des Dichters Kunst. In tiefstem Verständnis für das Schaffen Shakespeares, dessen Grundlinien er in «Pankraz dem Schmoller» aufgedeckt, zeichnet er auch im zweiten Teil der «Leute von Seldwyla» lauter ganze und wesentliche Menschen, welche im Guten und im Schlechten das Metier ihres Daseins und ihrer Neigungen vollständig und charakteristisch betreiben. Man sieht das besonders deutlich in den beiden Erzählungen, wo wir die wirklichen Menschen und Verhältnisse genau kennen, von denen Keller ausging, in den «Mißbrauchten Liebesbriefen» und im «Verlorenen Lachen». Viggi Störteler und Kätter Ambach sind nach dem literarischen Ehepaar Stahr-Lewald gebildet, aber sie sind nicht identisch mit ihm. Sie stellen das «zweigeschlechtige Tintentier» ganz und rein dar, während Adolf Stahr und Fanny Lewald des menschlichen Fühlens nicht entbehrten. Der Pfarrer von Schwanau weist Züge auf, wie sie Heinrich Lang und C. W. Kambli besaßen, aber er ist von dem Dichter nicht als Ebenbild der beiden gegeben, die ja schon als geistige Persönlichkeiten über ihm stehen. Vielmehr stellt er ganz, bis in die letzten Folgerungen dar, was Lang und Kambli, wegen ihrer wertvollen andern Eigenschaften, nur halb waren: den typischen Reformpfarrer. Es verrät eine geringe Einsicht in das Wesen von Kellers Kunst, wenn von seiten Langs der Vorwurf erhoben wurde, der Dichter habe die Gestalt des Pfarrers von Schwanau aus Rache gegen ihn geschaffen, und wenn Langs Freund und Biograph, Karl Mayer, von dem «im Stile der ‚Fliegenden Blätter' porträtierten Reformpfarrer» spricht.

Der gleiche Sinn für das Ganze und Einfache bekundet sich in der Komposition. Alle Schleich- und Schlangenwege eines raffinierten Intrigenwesens, auf denen ein Gutzkow seine Personen gängelt, sind vermieden. Die Stufen der Handlung folgen sich mit klassischer Geradlinigkeit. Besonders lichtvoll ist die Komposition im «Verlorenen Lachen». Die bis dahin getrennten Lebenslinien von Jukundus und Justine werden im ersten Kapitel zur Heirat zusammengeführt. Sie verlaufen im zweiten eine Zeitlang als *eine* Linie, streben dann wieder erst leise, dann stärker auseinander bis zur Trennung und der Übersiedlung des Mannes nach der Hauptstadt. Dann wird in den genau gleichen Hälften des dritten Kapitels erst die Linie von Jukundus' Leben, darauf die von Justine verfolgt und im letzten Kapitel gezeigt, wie beide Linien sich wieder vereinigen, um nun nie mehr ernstlich auseinanderzugehen.

Über die Begründung von Einzelheiten kann der Dichter mit souveräner Größe hinweggehen, weil er jeweils das Ganze des Lebens tief im Charakter begründet hat. Wie John Kabys nach Augsburg kommt, findet er von selber, ohne die Stadt zu kennen oder jemand zu fragen, das Haus seines Vetters, und der von seiner Reise heimkehrende Viggi Störteler entdeckt sofort, noch ehe er die Heimatstadt betritt, die geheimnisvolle Herkunft der Briefe seiner Frau. All das scheint Zufall und Mangel an innerer Begründung zu sein. In Wahrheit handelt es sich immer um belanglose äußere Vorfälle, die so oder so eintreffen können, und bei deren Herbeiführung der Dichter in seinem Streben nach Einfachheit den kürzesten Weg wählt. Er weiß, daß es ein falsch verstandener Realismus wäre, wenn er den John Kabys erst durch mehrere Gassen von Augsburg hätte irren lassen, oder wenn Viggi Störteler erst einige Tage mit Gritli gelebt hätte, ehe er das Geheimnis der Herkunft der Briefe aufdeckt.

In der Charakteristik zeigt die Reihe der fünf Novellen, bei aller Einheit der Grundrichtung, ein entschiedenes Fortschreiten von romantischem Übermut zu realistischem Ernst. Groteske Späße, bezeichnend für «Kleider machen Leute» und den «Schmied seines Glückes», enthält «Dietegen» nur noch vereinzelt (den Pinsel mit der schwarzen Farbe, womit der Bannerträger der Seldwyler den Ruechensteinern die Gesichter bestreicht!) und das «Verlorene Lachen» gar nicht mehr. Diese Stilwandlung, die Keller in den zwanzig Jahren, in denen diese Erzählungen entstanden, durchgemacht hat, zeigt besonders einleuchtend eine Vergleichung des ersten Entwurfs vom «Schmied seines Glückes» mit der endgültigen Fassung. Im Entwurf ißt Kabys nach dem feierlichen Vorschlage von Litumlei (S. 78) in dem Gebäckladen *fünf* warme Pastetchen, in der Buchausgabe *drei*. Im Entwurf betrachtet Litumlei seinen unbestechlichen Gast (S. 79) mit *gierigen* Blicken, in der späteren Fassung mit *mißtrauischen* Blicken. In dem Dokument über Litumleis fingierten Jugendstreich stand ursprünglich noch folgender Schnörkel: «In der kleinen Stadt N. wuchs auf solche Weise ein Eiszapfen vom Dache des Kirchturms bis auf die Erde herunter und gefror an derselben fest, also daß eine Säule von lauterem Eis neben den Turme stand. Weil aber die mutwillige Schuljugend den Zapfen täglich unten beleckte, so befürchtete man, er möchte dadurch unterhöhlt werden und mit Schaden über die Stadt hinstürzen, und der Stadtrat gebot deshalb, denselben bis zu zwei Drittel seiner Höhe in Stroh einzubinden. Als nun die Wärme die Oberhand gewann, schmolz der Zapfen unschädlich bis zur Höhe des Strohes, der übrige Teil wurde mit Vorsicht umgelegt, daß er über den ganzen Kirchhof lag, und die fröhlichen jungen Bursche weissagten nun, je nach der kürzeren oder längeren Dauer der umgestürzten Säule würde es in diesem Jahrgange mit der Hartnäckigkeit der jungen Jungfern beschaffen sein. Die Mädchen widersetzten sich dieser Weissagung heftig, waren aber ängstlich begierig, wie es mit dem Eiszapfen ginge, welchen die Burschen allnächtlich mit Feuerbränden bearbeiteten, während sie am Tage aussprengten, die Jungfern hobelten ihn trotz aller Gespensterfurcht alle Mitternacht mit heißen Bügeleisen, um ihr Schicksal zu beschleunigen.» Statt Oliva hieß die Mutter von Kabys' Braut ursprünglich Vialina. An Stelle der Wendung S. 89: «Am meisten Spaß machte ihm das Vexieren und Foppen der verlorenen Wesen, mit denen er sich im Vereine mit zwei oder drei Gleichgesinnten auf den öffentlichen Bällen unterhielt», hatte der Dichter ursprünglich den derberen Passus geschrieben: «Am meisten Spaß machte ihm das leckere Essen und Trinken vor lüsternen Gassenkindern, das wohlhäbige Durchschreiten als reicher Fremder durch gaffende Proletarierhaufen an den Eingängen der Lustörter; ferner nicht minder die Demütigung und der Zorn der lockeren Frauenzimmer, mit denen er sich die Nächte durch vergnügte, und welche glaubten, einen gutgespickten Provinzhasen gefangen zu haben, während er sie schließlich mit einem höchst spärlichen Gewinstlein entließ, wo nicht mit bloßen Spottworten. Das Foppen dieser Geschöpfe betrieb er hauptsächlich mit zwei oder drei gleich beschaffenen Reis'- und Gasthofgenossen, die er überall mit meisterlichem Instinkt auszuwählen wußte, während er alle anderen, die ihm Unbequemlichkeit oder Nachteil bringen konnten, auf das strengste vermied.» Endlich fehlt im Entwurf die ironische Betrachtung über das Seldwyler Erziehungswesen (S. 89–91), die den geistigen Gehalt der Novelle in der endgültigen Fassung vertieft.

Die neue Ausgabe der «Leute von Seldwyla» setzte sich langsam im Publikum durch. Ende 1875 konnte der Verleger dem Dichter seine Absicht ankündigen, eine neue stereotypierte Auflage zu veranstalten. Sie erschien 1876. Eine dritte Auflage des Gesamtwerkes kam 1883, eine vierte 1887. Dafür war das Lob, das maßgebende Stimmen in der öffentlichen Kritik den neuen Erzählungen spendeten, um so bedeutsamer. Berthold Auerbach zeigte die Sammlung des Freundes 1875 in Rodenbergs neuer «Rundschau» an, verglich Keller in seiner Geltung und Aufnahme mit Mörike und pries es als besonderen Vorzug des Schweizers, daß er den Wahn zerstört habe, es schlössen Politik und Poesie sich aus. Emil Kuh spendete in der «Wiener Abendpost» 1874 dem Dichter weihrauchduftendes Lob. Keller interessierte am meisten, wie das «Verlorene Lachen» aufgenommen würde, und hier mußte er erfahren, daß selbst Einsichtigste versagten. Vischer, der als Hegelianer Kellers religiösen Standpunkt verwerfen mußte, fand die Novelle zu tendenziös und lokal, Kuh schwieg sich in seiner Besprechung über sie bezeichnenderweise völlig aus. Um so wärmer äußerte sich der Feuerbachianer Hettner. «Das verlorene Lachen», schrieb er am 24. Dezember 1874, «gehört zum Gewaltigsten, was ich an Novellenpoesie kenne.»

Ganz ablehnend verhielten sich diejenigen Leser, denen Frommsein mit kirchlichem Christentum identisch war. Noch am 28. August 1882 mußte Keller sich von Marie Melos das spitze Wort gefallen lassen: Er kenne das wahre Christentum nicht oder wolle es nicht kennen. Vollends Heinrich Lang und seine Anhänger liefen förmlich Sturm gegen die Erzählung. «Während ein Alexander Schweizer und Biedermann», schrieb Keller am 29. Juni 1875 an Vischer, «sich nichts anmerken lassen und sich nach wie vor mit mir benehmen, ist ein Lang wie des Teufels. Er macht in der Predigt wiederholte Ausfälle, indem er wohlweislich die eigentliche Pointe ignoriert und nur den Unglauben denunziert und Goethesche Zitate, aus Faust etc. entgegensetzt und ganz so predigt, wie es in der Geschichte vorgezeichnet ist, wie wenn er davon behext wäre, so daß ich eigentlich eitel darauf sein sollte. So treibt er's auch in theologischen Aufsätzen. Andere desgleichen. Auch schiebt der grobkluge Pfaff mir gesprächsweise falsche und verwerfliche Motive unter.» Einen förmlichen Rachekrieg habe Keller, so warf ihm Lang vor, in der Novelle gegen ihn führen wollen, zur Strafe dafür, daß er 1871 in der Zürcher «Freitagszeitung» Gesinnung, Ton und Sprache eines Bettagsmandates von Keller angegriffen. Noch 1879 mußte Keller sich in der «Neuen Zürcher Zeitung» («Ein nachhaltiger Rachekrieg») gegen diese Verdächtigung wehren, die eine Korrespondenz des «Temps» wieder aufs Tapet gebracht hatte: «Anstatt über die in der eingeklagten Novelle beschriebenen Unarten nachzudenken und die größere oder kleinere Wahrheit derselben zu prüfen», betonte Keller, «wurde zuerst festgestellt, daß sich alles auf Heinrich Lang und nur auf ihn beziehe, obgleich die Herren wohl wußten, daß in der Romanfigur eine ganze Richtung und eine ganze Kompanie enthalten sei.»

In der Tat dürfte die Betrachtung des Stoffes des «Verlorenen Lachens» und der Kunst der «Leute von Seldwyla» gezeigt haben, daß es Keller nicht um eine kleinlich-rachsüchtige Verdächtigung der Person, sondern um die typische Darstellung einer geschichtlichen Phase in dem politisch-religiösen Leben der neueren Zeit zu tun war. Auch Keller ist, was im «Grünen Heinrich» der Graf zu seinem Schützling sagt, «ein wesentlicher Mensch». Vor allem gegenüber dem Dichter des «Verlorenen Lachens» muß dieses Lob aufrechterhalten bleiben.

18

AUF DEM BÜRGLI

Das «Bürgli», wo Gottfried Keller 1875 eine geräumige Wohnung von sechs Zimmern gemietet, ist eine Anhöhe in der ehemaligen Außengemeinde Enge, zwischen Sihl und See gelegen, etwa zwanzig Minuten von der Altstadt entfernt. Die Gegend, die heute völlig von der Stadt überwuchert ist, zeigte damals noch mehr ländlichen Charakter. Zwischen Wiesen und Gärten verstreut lagen Villen und Bauerngehöfte. Und eine unvergleichliche Aussicht tat sich nach allen Seiten auf. Der Dichter hatte an seinem Arbeitstische den ganzen See mit dem Kranz der Berge vor sich und sah über die Stadt hinweg. Von den andern Fenstern schaute man gegen das anmutige Limmattal, in das Sihltal und zum Ütliberg hinüber. Ein Ort, wie geschaffen, um die goldenen Fäden der Phantasie, die seit längst vergangenen Jugendtagen in seiner Seele schwebten, zu schimmernden Geweben zu verknüpfen. Der Sechsundfünfzigjährige wandelte auf dem Abendfeld, aber seine Augen tranken, was die Wimper hielt, von dem goldenen Überfluß der Welt, und die Schönheit, die rings um ihn strahlte, durchglänzte die Gebilde seines Geistes mit sonnenhafter Klarheit. Und er spürte die Weite und Freiheit, darin er nun atmete. Hatte der Staatsschreiber erst Stöße von Akten mühsam abheben müssen, ehe die Hefte des Dichters zum Vorschein kommen durften, hatte er ein «bureaumäßiges Abwandeln» der poetischen Arbeit sich angewöhnt, so schüttelte er es nun rasch ab und entdeckte aufs neue in sich «das alte Gefühl und Bedürfnis des innerlichen Draufgehens und Auslebens». «Ich glaube und hoffe», gestand er im August 1877 Friedrich Vischer, «jetzt in der Lage zu sein, schrittweise nachzuholen, was ich während Dezennien habe versäumen müssen, und wenn ich noch ein Lustrum bei Kräften bleibe, doch noch einen geregelten Abschluß zu finden.» Als, in rascher Nachholung früherer Versäumnisse, nun auch der äußere Erfolg ihm lachte, beklagte er, daß er nicht schon 1869 mit den Mitgliedern der liberalen Regierung von seinem Amte zurückgetreten sei. Die Jahre, die er von 1875 bis 1882 auf dem «Bürgli» zubrachte, waren eine Zeit glücklichsten Schaffens für ihn. Der Dichter stand an der Schwelle des Alters. Aber die Werke, die seine kunstgeübte Hand bildete, entstrahlten den Glanz unvergänglicher Jugend.

An den «Züricher Novellen», dem zweiten «Grünen Heinrich», dem

«Sinngedicht» und den «Gesammelten Gedichten» hat Keller auf dem «Bürgli» gearbeitet. In dreien dieser Werke galt es, Jugendschöpfungen umzugießen oder weiterzubilden. Umringt von den Gestalten der Vergangenheit und in der sorgenlosen Muße, die er durch die treulich geleistete Fron des Amtes erkauft, genoß er selber einer erneuten Jugend, die die geläuterte Erfahrung des Alters mit dem Sternenschein der Entsagung überhauchte. Er habe, schrieb er Ende 1881 an Marie von Frisch, das Alter seiner Gesellschaftsfreunde um dreißig Jahre reduziert, lasse die Siebziger und Sechziger sitzen und gehe mit fünfunddreißigjährigen jungen Gelehrten etc. um oder dulde höchstens etwa einen Vierziger darunter.

Die Schwester, karg an Gefühl und allzu enggeknöpft in der Bestellung des Haushaltes, zwang ihn, die Geselligkeit draußen zu suchen. Er verkehrte in einer kleinen Zahl Zürcher Familien als hochgeschätzter Gast. Er nahm an den eleganten Diners teil, die Alfred Escher im Belvoir gab, und schrieb dessen Tochter Lydia Billetts, in denen die Krallen der Ironie sich in den Seidenpfötchen allerliebster Einfälle versteckten. Auch bei François und Eliza Wille auf Mariafeld war er noch gelegentlich zu treffen. Als Theodor Storm 1881 einmal die Ansicht äußerte, aus Kellers Briefen spreche doch ein gewisser Menschenmangel, berichtigte ihn jener, er lebe gesellschaftlich mit allerlei Leuten alten und neueren Datums. Er sei sogar in Verlegenheit, mit welcher der gelehrten und ungelehrten Gesellschaften er am Berchtoldstag (2. Januar) den üblichen Neujahrsschmaus einnehmen wolle, und habe sich für das Artilleriekollegium entschieden, das ihn zum Dank für die Schilderung seines Mörserschießens am Anfang der «Züricher Novellen» zum Ehrenmitglied ernannt habe. Das Mörserschießen selber habe er schon zweimal mitgemacht.

Seinen Hauptverkehr aber fand er im Wirtshaus. Vor allem in der «Meise». Baechtold erzählt:

«Was waren das in jenen Jahren schöne Samstagabende gewesen auf der ‚Meise'! Man saß – am besten selbander – in der hinteren Abteilung des langen, altertümlichen, dunkelvertäfelten Zunftsaales in der Nähe eines hochgetürmten bemalten Ofens. Keller war es zufrieden, solange als möglich von demselben bescheidenen Mädchen bedient zu werden. Ein ihm besonders zusagendes nannte er ‚das Volkslied'. Immer bezeigte er sich gütig gegen dasselbe, war mit dessen kleinen Schicksalen vertraut, brachte oft eine kleine Überraschung, zog mitten im Winter eine schöne Blume aus der Tasche hervor usw. Ein gutes Nachtessen wurde aufgetragen nebst einem oder zwei Schoppen eines gesunden Landweins. Dann tat Keller die übliche Frage, ob man nunmehr zu einer ‚Ehrenhalben', das heißt einer besseren Flasche, übergehe. Gewöhnlich war es ein Weißwein oder ein Schiller. Nachher setzte man einen roten darauf. Dann kam ein schwarzer Kaffee mit einem Kognak, von dem es manchmal am anderen Tage hieß, er habe sich in der Nacht ,wie ein Gassenbub aufgeführt'. An besonders guten Abenden spendete Gottfried Keller eine Flasche Sekt, nur vom feinsten französischen. Das andere Zeug konnte er nicht leiden. Nach Mitternacht wurde aufgebrochen, man schwenkte über die Limmatbrücke gegen ein kleines Bierhaus ein und blieb noch ein Stündchen oder zwei bei erbaulicher Rede sitzen. Am Sonntag fand eine abgekürzte Wiederholung statt. Das waren die Abende, in denen der ,gefrorne Christ' auftaute. Der Schweigsame geriet ins Erzählen, ins vergnügliche Plaudern.

Und was für ein Erzähler war Gottfried Keller auch hinter dem Wirtstisch! Im Vorbringen gemütlich-humoristischer Sachen einfach unvergleichlich. Ein ausgesprochenes komisch-mimisches Talent unterstützte ihn dabei, und ein leichter Sprachfehler, die mangelhafte Aussprache des ,sch', das wie mit vorhergehendem ,l' vermischt tönte, erhöhte die oft überwältigend lächerliche Wirkung. Man mußte ihn die verrücktesten Szenen aus Justinus Kerners ,Reiseschatten' erzählen, vielmehr nachdichten hören, so diejenige von dem Mann mit den weißen Mäusen, der Konzerte auf einer Gansgurgel gibt, oder eine andere von dem Koch, der in dem heißen Postwagen dem verschmachtenden geistlichen Herrn ein feines Diner serviert, aber nur in Form eines längeren Vortrags. Ferner eine Lieblingsszene aus Heyses ,Letztem Zentaur', wo die Frau ihre Geißkäschen mit einem Stöckchen zu Markte treibt, oder die Geschichte aus dem ,Don Quixote', wie der edle Ritter, der sich in der Eile den Helm mit Don Sanchos Quarkkäsen auf das Haupt gestülpt hat, sein Gehirn auszuschwitzen vermeint, als er die faulen Löwen im Käfig zum Kampfe herausfordert. Manchmal gab Gottfried Keller eigene Phantasiestücke zum besten. Er und Ludwig Steub, dessen eine Seite, die lustige nämlich, ihm sehr behagte, kommen auf einer Alm zusammen. Steub singt lauter Schnadahupfln und Keller nur Schweizerlieder mit möglichst vielen alemannischen ,ch'. Ein katholischer Pfarrer steigt in den Eisenbahnwagen und öffnet den geblümten Reisesack; Aufzählung alles dessen, was da zum Vorschein kommt, bis sich endlich das Brevier findet und gebetet wird. (Keller netzte dabei den Finger zum Umwenden der Blätter.) Oder: die Schwiegertochter muß täglich die im Salon als Nippgegenstand aufbewahrte Urne mit der Asche der seligen Schwiegermutter abstauben und mault darüber so lange, bis das Aschenkrüglein entfernt wird.

Bei solchen Anlässen kamen seine literarischen Sympathien oder ihr ebenso stark ausgesprochenes Gegenteil zutage. Im großen und ganzen machte er sich nicht viel aus dem Dichter. Er hielt es in diesem Punkte mit dem ihm als Mensch sonst verhaßten Friedrich Hebbel: der Poet schätze den Poeten gering. Hebbel gesteht in den Tagebüchern, daß ihm an Shakespeare immer die Geringschätzung, womit der Dichter geschildert werde, ganz besonders gefallen habe. Wer ein rechter Dichter sei, der freue sich seines Dichtertums eben nicht so sehr. Mehr Respekt empfand Gottfried Keller vor dem bildenden Künstler, dem Maler, dem Architekten. Von neueren schriftstellernden Zeitgenossen mochte er unter anderen die kleineren Geschichten des ‚Petri Kettenfeierle' Rosegger gern. Halb anekdotische Skizzen, wie ‚Ein Pfeiflein zur rechten Zeit', ‚Ums Vaterwort', ‚Wie ich mit der Theresel ausging', waren für ihn von allererstem Range. Von französischen Büchern blieb ihm ‚Mein Onkel Benjamin' (von Claude Tillier) eines der liebsten: es sei auch eines der wenigen, in dem, statt ehegebrochen, getrunken werde, unendlich viel, aber immer ‚ein weißes gesundes Landweinchen'.

Von den sogenannten Klassikern staunte er vor allem Schiller an und von diesem den ‚Demetrius', das ‚Siegesfest' und den ‚Graf von Habsburg' insbesondere. Wenn die einseitige Lobpreisung Goethes so weiter gehe – meinte er zu einer Zeit, da Schiller stark hinter jenen zurücktreten mußte –, so fange er eine Verschwörung an. Einst, nach Lesung einer Rezension, worin Keller stark gelobt war, rief er aus: ‚Was ist unsereiner gegen Schiller, der alles in allem war, ein großer Dichter, sein eigener Verleger und Buchhändler, sogar der Verpacker der ‚Horen'!' Die Idyllen Hebels reichten nach seinem Urteile direkt an den Homer hinan; in der Epik kannte er nichts Gewaltigeres als das alte Nibelungenlied.

Er vermied es vorzulesen, was Dichter sonst nicht scheuen, namentlich, wenn es sich um Eigenes handelt. Ein einziges Mal hörte ich ihn eine Ausnahme machen. Wir brachten den Silvesterabend bei einem gemeinsamen Freunde zu. Nach Mitternacht nahm er Goethes ‚Faust', der auf dem Tisch lag, zur Hand und las die ersten Strophen des Prologs im Himmel, die er unter anderem auch für das höchste Textvorbild des Komponisten hielt. Über die Worte: ‚Die unbegreiflich hohen Werke sind herrlich wie am ersten Tag', konnte er vor Entzücken, als ob er sie zum erstenmal läse, fast nicht hinwegkommen. –

Neben bevorzugten Büchern besaß Keller auch seine Leiblieder, die er, wenn's fröhlich herging, mit wohllautender Stimme sang. Es waren meist altmodige: ‚Ein Lämmlein trank vom Frischen Aus einem kühlen Bach', oder das Lied vom Bettelvogt aus dem ‚Wunderhorn' (I, S. 100).

Der Stoff ging ihm bei solchen Abendsitzungen zu zweien nicht leicht aus. Er murrte über Belästigungen, die ihm täglich widerfuhren. ‚Es möchte gemalt am Himmel stehen', was die Leute von einem alten Dichter alles verlangen. Stöße von Manuskripten soll er begutachten, namentlich Gedichte von Anfängern. Eine gewesene Gouvernante in Hinterpommern, die eine Leihbibliothek etablieren will, legt Gewicht darauf, daß der ‚Grüne Heinrich' darin vertreten ist, und bittet um die vier Bände. Einer Frau in Berlin fehlen zur Hausmiete just noch drei Taler. Ein Leipziger Gymnasiast schickt sein Autographenalbum und wünscht einen Eintrag. Das wolle wieder verpackt, auf die Post getragen und frankiert sein. Schon fange er an, dergleichen Zumutungen etwa mit Abschrift der jüngsten Börsennotierungen, Getreidepreise oder des letzten Witterungsberichtes abzufertigen, so zum Beispiel: ‚Morgens bewölkt, mittags hell, auf den Abend sind Niederschläge zu befürchten.' Ein bayrischer Studienlehrer stellt ihn zur Rede wegen der Windrichtung der weißen Zipfelkappen der beiden pflügenden Bauern in der Romeo-Novelle. Der Küster der reformierten Kirche in Moskau, Schweizer von Geburt, will einen Nationalhymnus für seine Landsleute in Rußland haben usw. usw. Als echter Humorist unterließ es Keller nicht, die Spitzen seiner lustigen Satire oft auch gegen sich selbst zu kehren.

Auf die ‚Meise' pflegte er werte Besuche zu führen: Heyse, Rodenberg, Petersen, E. von Wildenbruch, Adolf Stern, Wilhelm Scherer, der im Oktober 1883 einige Tage mit seiner Frau in Zürich weilte, gleich darauf den Ästhetiker Vischer usf. Hier saß er mit dem von ihm hochverehrten Johannes Brahms zusammen. Als gegen Ende der achtziger Jahre die Wirtschaft des alten Zunfthauses geschlossen wurde, kam er sich für die Abende fast heimatlos vor in Zürich. Wohl suchte er anderswo unterzukommen, aber es gefiel ihm nirgends mehr recht.

Schwieriger wurde er, wenn ein Fremder, gar ein literarischer Mensch ihn unversehens dort aufstöberte. Als ob er nur im Wirtshause zu treffen wäre, brummte er nachher. Dann hüllte er sich in das berühmte Schweigen. Am schwierigsten aber gestaltete sich die Sachlage, wenn er sich unverhofft von einer größeren Gesellschaft umgeben sah. Es konnte leicht einer darunter sein, der ihm aus irgendeinem Grunde unbequem war. In diesen Fällen begann auf der hohen Stirne das bedrohliche Runzeln zu spielen, und das Gewitter hing in der Luft. Ein Wort, eine Miene konnten es zum Ausbruche bringen. Übrigens ging bei dem jähen Temperament Kellers das heilige Donnerwetter oft auch bei anscheinend klarem Himmel los. Dann ließ er sich zur Gewalttätigkeit, die ihm sonst fremd war, hinreißen. Der kleine Mann fuhr mit verblüffender Behendigkeit auf, stieß die Gläser um, wies einen Harmlosen vom Tische weg oder wurde gern handgemein. Fühlte er sich tags darauf im Unrecht, schrieb er eine seiner ‚berühmten Episteln', einen Entschuldigungsbrief an den Betroffenen.»

Es mag damals in Zürich kaum eine hervorragende Persönlichkeit gegeben haben, die nicht in Kellers Lebenskreis trat. Zu seinen nächsten Freunden gehörten Julius Stiefel (1847–1908), Professor für deutsche Literatur und Ästhetik an Polytechnikum und Universität, August Stadler (1850–1910), Professor der Philosophie am Polytechnikum, Architekt Albert Müller, Bildhauer Richard Kißling, Professor Geiser und andere.

Jakob Baechtold (1848–1897) näherte sich Keller schon anfangs der siebziger Jahre. Nach gründlichen Studien in Heidelberg, München und Tübingen war er 1872 Gymnasiallehrer in Solothurn geworden. Mit feinem Geschmack begabt, gehörte er zu den ersten, die Kellers Bedeutung erkannten. Der Verfasser der «Züricher Novellen» wiederum nutzte die tüchtigen germanistischen Kenntnisse des Gelehrten, der damals die Erforschung des älteren deutschen Schrifttums sich zur Aufgabe gesetzt. Das in archaistischer Sprache abgefaßte Billett Kellers «vom VI. Tag nah Bettag» ist ein zierliches Denkmal dieser gemeinsamen Liebe zur deutschen Vergangenheit. Den wiederholten Anstrengungen Baechtolds, das enge Solothurn mit einem weiteren Wirkenskreis in Zürich zu vertauschen, spendete Keller unermüdlich Rat und Hilfe und scheute selbst unbequeme Gänge zu einflußreichen Personen nicht. Als im Januar 1877 Baechtold dem Dichter den Plan vortrug, ein Buch über ihn zu schreiben, setzte ihn jener in aller Form zum Biographen nach seinem Tode ein. 1878 kam Baechtold als Lehrer an der Höheren Töchterschule nach Zürich. Von da an genoß er des beständigen Umganges mit Keller. Sie teilten die Fürsorge für den unglücklichen Heinrich Leuthold, der 1877 auf den Tod krank in die Zürcher Irrenanstalt Burghölzli verbracht wurde, und als Baechtold die literarische Habe des Gestrandeten als Herausgeber zuhanden nahm, beriet ihn Keller bei der Sichtung und Auswahl der Texte. Das strenge Gericht, das Baechtold in der Einleitung zur dritten Ausgabe der Gedichte über Leutholds Lyrik abhielt, geht letzten Endes auf Kellers Urteil zurück. Aber diesen, der in der Besprechung von Leutholds Gedichten in der «Neuen Zürcher Zeitung» Lob und Tadel auf die Goldwaage diplomatischer Überlegung gelegt, verdroß nun das scharfe Verurteilen von Leutholds Schwächen. Er hielt auch den Ort, an dem Baechtold seine Ansicht niederlegte, die Vorrede zu den Gedichten Leutholds, nicht für passend: «Man ist», meinte er, «gewissermaßen in *seinem* Hause und kann schicklicherweise nicht sagen, was einem einfällt.» Im gleichen Jahre schenkte er Baechtold wertvollsten Ratschlag bei der Zusammenstellung des Stoffes zu seinem Deutschen Lesebuch. Da trat zu Anfang 1885 das Zerwürfnis ein. Baechtold, wegen seiner Stellung gegen Leuthold von den Verehrern des Lyrikers stets aufs neue angefeindet, hatte gegen Kellers ausdrücklichen Willen dessen Besprechung der Leutholdgedichte in der Einleitung zur dritten Ausgabe (1884) verwertet und Kellers Hilfe bei der Sichtung erwähnt, um – wer mag es ihm verargen – sein Urteil mit dem Schild von Kellers Ansehen zu decken. Dieser aber fühlte sich verletzt. Seit geraumer Zeit hatte sich in ihm der Argwohn angesammelt, daß Baechtold ihn und seine Schwester über ihn aushorche («Sie zählen meine Räusche», soll er ihm vorgeworfen haben) und rasch hingeworfene Urteile weitergebe. Nun brachte die Leutholdvorrede den zündenden Funken, und in einer heftigen Szene im Café «Orsini» entlud sich das Gewitter über Baechtolds Haupt. Ihre Wege waren fortan getrennt.

Die herbe Erfahrung Jakob Baechtolds blieb Conrad Ferdinand Meyer erspart, weil er Keller eine gewichtige Dichterpersönlichkeit entgegenzustellen hatte und sich bei größter Hochachtung stets in weltmännischer Reserve hielt. Über das Verhältnis der beiden macht man sich oft eine schiefe Vorstellung. Nichts Verkehrteres, als sie zur Firma zusammenzuspannen oder sie, wie Keller es drastisch ausdrückte, als «ewige siamesische Zwillinge» aufzuführen. Auch der Vergleich mit Goethe und Schiller hinkt. Diese beiden gesellten sich zur literarischen Interessengemeinschaft zusammen, weil sie an einem entscheidenden Wendepunkt ihres Schaffens das Ideal der klassischen Dichtung, das jeder auf seinem Wege gefunden, der Mitwelt zu verkünden hatten. Als Meyer an Keller emporwuchs und in seine Nähe trat, war dieser innerlich längst abgeschlossen und hatte keine Kunstlehren mehr durch ästhetische Erörterungen zu untermauern. Und auch Meyer hatte seine Technik in einsamem Ringen aus sich selber geschaffen. Beeinflußt, wie schon behauptet worden ist, hat keiner den andern. Als Ida Freiligrath Keller 1881 mit gefälliger Anspielung ein Bild des Rietschelschen Goethe-Schiller-Denkmals in Weimar sandte, wehrte er sich: für ein Doppelmonument fehle ihm absolut der würdige zweite oder andere. «Bin ich derjenige mit r am Ende, so fehlt mir der mit G oder e, und wenn er sich fände und ein langer Kerl ist, so bin ich wieder zu kurz.» Meyers späteren Ausdruck, Keller habe «so lange Jahre am anderen Ende der Schaukel gesessen», hätte

Keller wohl knurrend zurückgewiesen. Die Menschen bildeten den schlechthin größten Gegensatz. Keller innerlich tief und zart und in seinen Gefühlsäußerungen durch und durch persönlich, aber mißtrauisch, äußerlich rauh und oft in elementarer Naturkraft losbrechend. Meyer von feinem und tiefem Gefühl, das aber durch Abstammung, Veranlagung und Erziehung in die Bahn einer oft gezierten Konvention geraten war, gesellschaftlich Keller überlegen und doch den reinen Herzenstakt oft wunderlich verfehlend; für Keller zu wenig einfach und natürlich. Mit auf Meyer geht jenes rasche Wort, das er 1881 Storm schrieb: «Das sogenannte Handwerk vermeide ich, wenn es nicht mit der erforderlichen einfachen und loyalen Menschennatur verbunden ist.» Eine Neujahrskarte, auf der ihm Meyer seine Wünsche «in aufrichtiger Ehrerbietung» gesandt, beantwortete er mit den Worten: «Schönsten Dank und gleiche Wünsche mit Ehrfurcht gesellt.» «Es ist ewig schade», schrieb er an Storm, «daß Meyer mir für den persönlichen Umgang wegen allerhand kleiner Illoyalitäten und Aufgeblasenheiten verloren ist.» Der gleiche Gegensatz trennte die Künstler. Keller war voll Bewunderung gegenüber den formalen Feinheiten Meyers, und seine Gedichte pries er Storm und Petersen als das Beste, was seit Jahren in der Lyrik erschienen. Aber auch an dem Dichter stieß ihn die wachsende Manieriertheit des Stiles ab und seine Neigung zu gewaltsamen Motiven. Die Tötung des Jenatsch durch Lukretia war ihm wie Storm eine brutale «Fleischhauertat», und die Verführung der minderjährigen Grace durch den König im «Heiligen» war ihm widerwärtig. Er, der aus dem Reichtum einer naturhaft-genialen Seele schuf und dem an sich Farblosen durch das Sonnenlicht seines Geistes Glanz und Farbe lieh, sah klar genug, daß Meyer große, von der Überlieferung vorgebildete Helden und Konflikte brauchte, um seinen Schöpfungen Bedeutung und Farbenglanz zu geben. Meyer seinerseits, ein so virtuoser Künstler er war, verwechselte in der Beurteilung Kellers doch den Wert des Stoffes mit dem Gehalt der Persönlichkeit. Er warf Keller einmal allen Ernstes vor, er verschwende seine Gabe des Stiles an niedrige Stoffe, an allerlei Lumpenvolk. Er sollte dahin streben, Könige, Feldherren und Helden der Historie darzustellen! Auch die Zumutung, die Meyer nach seinen «Erinnerungen» Keller machte, die «Sterblichkeitslieder» durch seine Gedichte zu verteilen, statt sie wie ein Glaubensbekenntnis zusammenzustellen, zeugt nicht von tiefem Eindringen in Kellers Seele.

So hinderten innere und äußere Gründe, daß die Hochachtung, die jeder vor dem Charakter und dem Können des andern empfand, je zur herzlichen Freundschaft wurde. Julius Rodenberg hat mir noch kurz vor seinem Tode ein Erlebnis mit beiden Dichtern erzählt, das für ihr Verhältnis bezeichnend ist. Als Rodenberg einst mit seiner Frau im Hotel Baur am See in Zürich weilte, hatte sich abends Gottfried Keller eingefunden. Zufällig gesellte sich Meyer dazu. Man spazierte im Garten auf und ab, Keller mit Frau Rodenberg voraus, Meyer mit Rodenberg hintendrein; dann beide Paare aneinander vorbei, wie die Paare in Frau Marthens Garten im «Faust». Auf einmal, wie Rodenberg und Meyer am Eingange des Gartens vorbeikommen, ist Meyer hinausgeschlüpft.

C. F. Meyer nennt in seinen «Erinnerungen» Gottfried Kellers Stellung zur Heimat die eines Schutzgeistes: «Er sorgte, lehrte, predigte, warnte, schmollte, strafte väterlich und sah überall zu dem, was er für recht hielt.» Wie zu einem Schutzgeist blickten im besonderen die jüngeren Dichter, die im Schatten seines Ruhmes heranwuchsen, zu ihm auf.

Ungefähr gleichzeitig mit Baechtold hatte Joseph Viktor Widmann Kellers Freundschaft gesucht. Im Herbst 1868 war der damals sechsundzwanzigjährige thurgauische Pfarrhelfer als Leiter der Höheren Töchterschule nach Bern gegangen. Fünf Jahre später hatte er Keller persönlich kennen gelernt. Ein paar Wochen darauf sandte er ihm seine Dichtung «Mose und Zipora». Als treuer, wie Keller meinte, oft allzu enthusiastischer Verehrer folgte er fortan dem Schaffen des Größeren, und als der freidenkende Mann 1880 durch die Intrigen der Geistlichkeit seine Schulstelle verlor und die Leitung des Feuilletons des «Bund» übernahm, verkündete er in seiner Zeitung unermüdlich den Ruhm des Freundes. Er machte ihn zum Richter zwischen Brahms und sich, als jener einst wegen einer heftigen Äußerung Widmanns über den deutschen Kaiser verletzt war. Und in edler Hilfsbereitschaft suchte er seinem Jugendfreunde Spitteler Kellers Gunst zu erkämpfen.

1876 besuchte Adolf Frey, der Sohn des Erzählers Jakob Frey, Keller zum erstenmal auf dem «Bürgli», um fortan in des Dichters Nähe zu bleiben. Mit wohlwollendem Anteil begleitete Keller die geistige Entwicklung des jüngeren Freundes und beriet ihn in seinen Berufsplänen. In seinen gehaltvollen «Erinnerungen an Gottfried Keller» hat Frey über seinen Verkehr mit dem Mentor berichtet.

Dagegen schied sich Carl Spittelers Weg, nachdem sie anfänglich eine Zeitlang zusammengegangen, bald endgültig von dem Kellers. Widmann hatte um Neujahr 1881 diesem den ersten Teil von «Prometheus und Epimetheus» geschickt. In das Lob, das Keller der tiefsinnigen und von auserlesensten Schönheiten vollen Dichtung spendete, flocht er das

Bedenken, ob es denn noch eine Zeit sei für solche «sibyllinischen Bücher». Den Allegorien des Epos stand er fremd gegenüber, aber er faßte das tiefste Interesse an dem in jedem Sinn ungewöhnlichen Werke und dem menschlichen Schicksal seines Verfassers, und durch Baechtold lud er Spitteler zum Besuch ein; er sollte ihm die Rätsel des «Prometheus» deuten. Er schreite, schrieb er Widmann nach Empfang des zweiten Teils im Dezember 1881, allmählich vorwärts mit der Erfassung des Epi-prometheischen Dichtwesens. Es sei ein Merkmal der starken Bedeutung der Dichtung, daß sie so zum Nachdenken anrege. Ja, er dachte daran, einen Aufsatz über das Epos in die «Rundschau» zu schreiben, und trat dann gegenüber Adolf Frey zurück. Da erschien auf Weihnachten 1882 bei C.F. Meyers Verleger Haessel Spittelers zweites Werk, die «Extramundana». Der «Prometheus» war von der Presse fast völlig totgeschwiegen worden, und die wenigen Leser hatten die Lektüre mit befremdetem Kopfschütteln honoriert. In der dünnen Höhenluft dieser kosmischen Ideenwelt verging ihnen der Atem, und nicht jeder gab sich die Mühe, die Keller nicht scheute. Spitteler aber steifte die Teilnahmlosigkeit der Leute erst recht den Nacken, und seine allegorische Poesie stellte sich in den «Extramundana» auf die Zehen. Ihre harten Konstruktionen, deren logisches Gebälk die darübergehängten Teppiche lyrischer Schönheiten oder origineller epischer Partien nicht verhüllten, offenbarten die Blößen einer eilfertigen und zornigen Mache, die der Dichter später selber preisgegeben hat. Das war der Punkt, wo auch Keller sich von Spitteler trennte. Er, der damals selber in seinem «Martin Salander» darauf ausging, das Ideenhafte und Ewige in den Wandlungen der tatsächlichen Zeitgeschichte aufzudecken, mußte einen Stil verurteilen, der zur Offenbarung des Lebens sich in die entlegenen Gefilde einer verstandesmäßig konstruierten Mythologie verstieg. Als ihm Widmann 1885 Spittelers «Eugenia» sandte, meinte er, mit allen Schätzen der Begabung erweckten solche Werke nicht das Gefühl eines aufgehenden Lichtes, sondern sie erinnerten an die Perioden des Verfalls. Die Pflicht der Wahrheit gegen sich selber gebot ihm, diese Kunst abzulehnen. So unterblieb der Spitteleraufsatz in der «Deutschen Rundschau», und auch C.F. Meyers Fürwort vermochte Kellers Entschluß nicht zu erschüttern.

1879 feierten die Zürcher Freunde Gottfried Kellers sechzigsten Geburtstag. Als er seinerzeit, berichtet Baechtold, zum erstenmal das neue Datum 1877 schrieb, scherzte er gegen Hans Weber, er wollte, das angetretene Jahr enthielte drei 7, statt nur zwei; dann hätte er noch zweiundvierzig Jahre bis zu seiner Geburt zu verträumen. Jetzt zählte man den 19. Juli 1879. Es war ein heißer Nachmittag, der einen engen Kreis von Verehrern in das schöne Rokokosälchen der «Meise» zusammenführte. Wohl hatte es einige Mühe gekostet, den Jubilar zur Stelle zu schaffen. Es gab ein auserlesenes Festessen, unter anderem Suppe von Schildkrot à la Kammacher, Rebhühnerpastete à la Strapinsky, Rehkeule à la Frau Zendelwald, Erdbeertörtchen (da die Himbeeren noch nicht reif waren) à la Madame Litumlei. «Der kleine Wald von Gläsern, aus welchem der Champagnerkelch wie eine Pappel emporragte», fehlte auch nicht. Die Flaschenetiketten waren mit Kellerschen Liederstrophen bedruckt, zum Beispiel:

Gießt ihm Wein auf seine Zunge,
Flüssig heißes Gold des Weines,
Das den Mann zum Beichten zwingt,
Glas auf Glas, bis er bekennt!
Und dann stellt ihn, wo das Herz schlägt,
Auf der Menschheit frohe Linke,
Auf des Frühlings große Seite!

Oder: *An dich, du wunderbare Welt,*
Du Schönheit ohne End',
Schreib ich 'nen kurzen Liebesbrief
Auf dieses Pergament.

Froh bin ich, daß ich aufgetaucht
In deinem runden Kranz;
Zum Dank trüb' ich die Quelle nicht
Und lobe deinen Glanz.

Man hatte ausgemacht, daß jegliches Wortgepränge vermieden werden sollte. Alt-Regierungsrat Hagenbuch als der älteste der anwesenden Freunde Kellers hielt die bescheidene Ansprache. Der Chemiker Viktor Meyer sang das stimmungsvolle «Jugendgedenken» in der Komposition von Baumgartner. Oberst Emil Rothpletz, ein naher Freund Kellers, sprach ein Gedicht. Dann klingelte der Gefeierte ans Glas und wand in seinem originellen Dankspruch jedem der Reihe nach ein Sträußchen mit und ohne Dornen. Der schwüle Rest des Nachmittags schwand in ungebundener Fröhlichkeit dahin. Der Verabredung einiger Jüngeren, sich am späteren Abend zu einem Schlußvergnügen nochmals auf der «Meise» treffen zu wollen, leistete zu ihrer Beschämung nur der Herr Jubilar Folge.

Die freie Höhe des «Bürgli» bot dem Dichter Ersatz für Reisen in die Ferne, an denen ihn seine wachsende Bequemlichkeit und körperliche Unbeweglichkeit, dazu der Widerwille gegen das «abgetriebene Touristenleben» der neueren Dichter hinderten. Auch konnte er die kränkelnde Schwester nicht allein lassen. Die letzte Fahrt ins Ausland war eine Reise nach München im Oktober 1876. An weiteren Plänen fehlte es nicht. Adolf Exner und Heyse suchten ihn nach Italien zu locken. Eine Wiederholung der Ferienfreuden am Mondsee stand lockend vor seiner Phantasie. 1882 schrieb der Dichter an Marie von Frisch, er gedenke vom nächsten Jahre an ausgiebigere Aufenthalte im Ausland zu machen. Auch 1883 und 1884 beschäftigten ihn Reisepläne. Es blieb bei Wunsch und Plan. So hat der sehr seßhafte Mann selbst von seinem eigenen schönen Vaterlande mit leiblichen Augen wenig zu sehen bekommen. Er war niemals im Berner Oberland, nie im Wallis noch im Engadin oder jenseits des Gotthard. Gegen die Westschweiz hin ist er nicht über Murten hinausgedrungen. Als Bundesrichter Hans Weber in der vorberatenden Kommission für das eidgenössische Obligationenrecht in Bern saß, vermochte er im März 1878 Keller zu einem kurzen Besuch nach der Bundeshauptstadt zu bestimmen. Der Dichter wohnte als Gast des Bundesrates einem Essen der Kommission bei. Mit den nämlichen Herren besuchte er, als sie in Luzern tagten, im September zum ersten und einzigen Mal in seinem Leben den Rigi. Im Oktober 1881 weilte er mit den befreundeten Malern Rudolf Koller und Emil Rittmeyer einige Tage an der Tellsplatte, wo damals Ernst Stückelberg seine Fresken schuf. Er habe, erzählte Keller nachher, einen geschlagenen Nachmittag lang am Ufer des Sees gesessen und einem Werke des kindlichen Rittmeyer zugeschaut, einer zierlichen Anlage von Wasserrädchen, über die dann mit Erfolg ein Bächlein geleitet wurde. Auf der Heimfahrt sahen die Freunde in Luzern eine Tritonenfamilie von Arnold Böcklin und statteten dem Studio des trefflichen Landschafters Robert Zünd einen Besuch ab. Keller hat, was er hier und in Kollers Atelier am «Zürichhorn» gesehen, in dem hübschen Feuilleton «Ein bescheidenes Kunstreischen» in der «Neuen Zürcher Zeitung» geschildert, nachdem er schon 1869 Kollers «Pflügende Ochsen» in einem Aufsatz gewürdigt. Er selber frönte seit einigen Jahren dem «Jugendheimweh» wieder, den alten Malerfreuden, und es war immer ein Stück aufgespannte Leinwand bei ihm zu erblicken.

Aber ob er auch in seiner «leiblichen Unförmlichkeit», über die er selber schonungslos spottete, die Ferne mied, sie kam zu ihm nach Zürich.

Verehrer und Verehrerinnen, wie die aufgeweckte Maria Knopf aus Frankfurt a.M., Literaten und Laien suchten ihn aus Näh' und Ferne brieflich oder persönlich auf. 1878 klagte er Storm, er habe in Zürich keine Seele, mit der er sich über Fragen der dichterischen Technik unterhalten könne. Um so höher schätzte er die Freundschaft, die ihn mit Paul Heyse und Theodor Storm verband.

Die persönlichen Beziehungen zu Heyse reichen ins Jahr 1857 zurück. Damals lernten sie sich durch Jakob Burckhardts Vermittlung persönlich kennen. Man hatte auf dem Muggenbühl gekneipt, und Burckhardt und Keller hatten Heyse nachts ins Schwert zurückbegleitet, wo er wohnte. Unter der Türe erklärte Heyse, er könne nicht anders, er müsse Keller einen Kuß geben. Es sei gewesen, erzählte Keller später Professor Geiser, wie wenn ein Jüngferchen ihn geküßt. 1864 ersuchte Heyse Keller um einen Beitrag für Hermann Kurz' «Volkskalender». Fünf Jahre später erbat er sich Kellers Rat wegen des Lokalkolorits in der in Bern spielenden Novelle «Der verlorene Sohn». Auf seinen zahlreichen Fahrten nach der Schweiz und Italien kehrte er regelmäßig in Zürich an. Die Freundschaft wurde immer herzlicher und 1878 durch das «Du» bekräftigt. Keller überschätzte Heyses Schaffen kaum, und seine Fruchtbarkeit beängstigte ihn. Was ihn an Heyse fesselte, war vor allem der geist- und gemütvolle Mensch, die liebenswürdige und charaktertüchtige Persönlichkeit. Aber auch den Einfluß Heyses in den tonangebenden Kreisen des literarischen München würdigte er in einer Zeit, wo sein eigenes Ansehen noch auf brüchigen Säulen stand. Und Heyse wußte, was Keller als Dichter bedeutete. Am 9. November 1875 schrieb er ihm: «Ich habe mir und Ihnen nicht helfen können, ich mußte Sie heute bei der Kapitelssitzung des Maximilianordens zu Mörikes Nachfolger vorschlagen. Sie sind mit einstimmiger Akklamation begrüßt worden (Döllinger, Schack, Neureuther, Lachner, Giesebrecht und der Sekretär Staatsrat Daxenberger waren anwesend), und als einen Ihrer ältesten und getreuesten ‚geneigten Leser' freut mich's ungemein, daß man nachgerade auch in weiteren Kreisen zu wissen anfängt, was man an Ihnen hat.» Keller lehnte die Ehre still ab. Als Heyse ihn ein Jahr später zum zweitenmal vorschlug, meinte er nicht länger auf seiner Weigerung verharren zu dürfen, ohne freundschaftliche Rücksichten zu verletzen. Worauf demokratische Blätter des In- und Auslandes den republikanischen Dichter höhnisch an einen gewissen Ludwig Uhland erinnerten, der dieselbe Auszeichnung ausgeschlagen hatte. Der Vergleich trifft nicht zu. Keller hatte niemals Anlaß, derart leidenschaftlich die Rechte des Volkes gegen die Krone zu verteidigen, wie

Uhland. So nahm er das königliche Geschenk nicht als Gnadenzeichen, sondern als «Freundschaftsorden» an und schloß es, ohne jemandem ein Wort zu sagen, in seinen Schrank.

Treue Freundschaft verband Keller mit dem Regierungsrat Wilhelm Petersen in Schleswig (1835–1900), dem Freund Storms, Heyses, Geibels, Kuhs, Groths, Jensens und anderer. In den Bädern von Bormio hatte Petersen, der seine Erinnerungen an Keller 1893 in der «Gegenwart» niedergelegt hat, 1875 den «Grünen Heinrich» in die Hände bekommen und war durch den starken Zauber des Buches gefesselt worden. Zugleich aber hatten seine ermüdenden Längen ihm den Wunsch nach einer Umarbeitung aufgedrängt. Er trug dem Dichter diese Bitte vor, und es entspann sich ein bald sehr herzlich werdender Verkehr zwischen beiden. Petersen, der neben einer musterhaft geführten Amtstätigkeit in verschiedenen Künsten dilettierte, ging mit feinstem Sinn auf Kellers Schaffen ein und trug auch dem Menschen ein außergewöhnliches Verständnis entgegen. Ihm schenkte der Dichter sein Taufmützchen und das Fallhütchen, das er als Kind getragen, und ließ ihm zum Dank für seine Treue noch einige Monate vor seinem Tode durch Böcklin den Karton der mittelalterlichen Stadt senden. Im Mai 1890 nahm Petersen schmerzvollen Abschied von dem Todkranken.

Petersen war es auch, der die Freundschaft mit Theodor Storm in die Wege leitete. Auf seine Anregung bot Storm am 27. März 1877, als die «Züricher Novellen» in der «Rundschau» zu erscheinen begannen, Keller die Hand, in die jener freudig einschlug: «Sie haben mir das schönste Ostergeschenk gemacht, das ich je in meinem Leben bekommen.» Er schätzte in dem nordischen Freunde, den er nie von Angesicht sah, den reinen und tiefen Menschen, den stimmungsvollen Dichter und einen Künstler, der über die Geheimnisse der poetischen Technik wie kaum ein anderer Herr war. Wie ein ältlicher Klosterherr einem Freunde in einer anderen Abtei von den gesprenkelten Nelkenstöcken schreibt, so unterhielt sich Keller mit Storm über sein Schaffen. Für die Umarbeitung des «Grünen Heinrich» verdankte er ihm entscheidende Winke, und bei der Sammlung, Sichtung und Feilung der Gedichte rechnete er mit Storms Urteil. Auch in Honorarfragen nützte er gelegentlich des Freundes erfahrenen Rat. Der Briefwechsel beider gehört zu den reizvollsten Briefsammlungen unserer Literatur. Die Episteln Kellers sind aus einem überströmenden Reichtum von Einfällen geschöpft, die Storms malen die gemütlichen Freuden des Hauses liebevoll aus, und alle atmen die wohltuende Behaglichkeit eines gesättigten Daseins. Und doch fehlte es auch an kleinen Differenzen nicht. Keller ärgerte es, daß Storm für seine grotesken Späße – «die Lalenburger Geschichten» – der Sinn gebrach, und er war geneigt, den Norddeutschen schlechthin das Gefühl für die Arabesken süddeutschen Humors abzusprechen. Noch mehr verdroß ihn Storms überstrenge Beurteilung der Lyrik. Er konnte nicht nur, wie Storm wollte, die reine Erlebnis- und Gefühlslyrik gelten lassen. Sein bedeutender Intellekt gestand auch der gedanklichen Lyrik ihren Wert zu, und er hielt dafür, daß eine Gedichtsammlung auch Ballast mit sich führen müsse. So hatte auch Storm «das allgemeine Einfrieren der Korrespondenzlust» zu spüren, das Keller 1885 und 1886 quälte, und nach Storms verdrießlichem Urteil über den «Salander» hüllte sich Keller gänzlich in Schweigen.

In den Briefen an Storm hat sich Keller auch mit temperamentvoller Offenheit über den einen und anderen Bahnbrecher des Naturalismus der achtziger Jahre geäußert. Persönliche und künstlerische Gründe schieden ihn von den Jüngstdeutschen. Die gewalttätige Verkündigung eines neuen Dichterfrühlings und die Massenzüchtung von Talenten machten ihn mißtrauisch. Er wußte seit Gutzkow und Fanny Lewald, was hinter dieser Literaturtreiberei stak. Auch das Berliner Großstadtwesen, das sich in dem Schaffen der Jüngstdeutschen breitmachte, behagte ihm nicht. Er beklagte den guten alten Berliner Humanismus, der nun in dem aus allen Winkeln herzugereisten Größedünkel ersaufe. «Eine Million Kleinstädter», meinte er 1882, «die über Nacht auf einen Haufen zusammenlaufen, bringen ja nicht sofort einen großen Geist hervor, kollektivisch, sondern zunächst nur einen großen Klatsch und rohen Spektakel. Wenn nun das vorhandene Talent diesem nachläuft und zu gefallen strebt, so kommt es so, wie es jetzt ist.» Von den Skandinaviern, die so stark auf die Naturalisten gewirkt, fühlte er sich als Dichter erkältet. Es fehlte ihm an ihnen die Sonnenwärme, die Charis. Ebensowenig billigte er die Nachbetung Zolas, und er beglückwünschte 1886 Widmann wegen seiner frischen Aufrichtigkeit den jungen Zolapriestern gegenüber, «die von ihrem ungeheuren Schaffen selbst so knabenhafte Rechenschaft ablegen, als ob noch kein Mensch vor ihnen gesehen, gedacht und geschrieben hätte». Zu Anfang der achtziger Jahre hatte sich ein Mitläufer der naturalistischen Bewegung, Hermann Friedrichs (1854–1911), in seiner Nähe einen Platz erobert. Was Keller ihm 1884 über seine Novelle «Das Mädchen von Antiochia» schrieb, kann man als sein Urteil über das ganze Schaffen des Naturalismus nehmen: «Was mir bei aller Korrektheit Ihrer Arbeit mangelt, ist eine gewisse gute Laune, ein gewisser Sonnenschein, eine Freiheit des Geistes, die *über* der Schrift schweben und derselben den Charakter des fleißig gelösten Pensums, der bloßen Mache benehmen.» Der Dichter des «Martin Salander» brauchte sich nicht Wahrheit predigen zu lassen, aber er wußte auch, daß dichterische Wahrheit nicht sklavische Wiedergabe der äußern Wirklichkeit ist.

19
DIE ZÜRICHER NOVELLEN

Das moderne geschichtliche Denken ist eine Schöpfung des neunzehnten Jahrhunderts. Wenn das achtzehnte mit der gärenden Fülle neuer Ideen zu eifrig mit der Gegenwart und der Zukunft beschäftigt war, um Hingebung und Verständnis für die Vergangenheit zu besitzen, so ward dem neunzehnten Jahrhundert die Aufgabe und Fähigkeit, auf dem Wege kritischer Betrachtung und geistiger Selbstentäußerung eine Gegenständlichkeit des geschichtlichen Urteils zu erschaffen, die das Ideal positivistischer Weltkenntnis nahe zu erreichen schien. Der Verzicht des Betrachters auf die urteilbestimmenden Tendenzen einer kämpfenden Weltanschauung und die entschiedene Beschränkung auf das Diesseits hatten eine Klarheit des erkennenden und sichtenden Blickes ermöglicht, die, wie man meinte, der Rekonstruktion der wirklichen Geschehnisse vergangenen Lebens gleichkam. Und eine ungeheure Fülle mannigfaltigster geschichtlicher Werte, die die wissenschaftliche Forschung auf allen Gebieten aufstapelte, lehrte die Bedeutung der Einzeltatsache in dem Laufe der Ereignisse erkennen und schien den Beweis zu geben für die Richtigkeit einer positivistisch-kritischen Betrachtung der Geschichte.

Parallel der Entstehung der Geschichtswissenschaft ging die Entwicklung der geschichtlichen Dichtung. Auch in ihr war das Zentralproblem das Verhältnis der ideenbildenden Persönlichkeit zum objektiv gegebenen Stoffe, und sie drängte, der Wissenschaft folgend, das persönliche Urteil und die dichtende Phantasie immer mehr zurück hinter den Tatsachenbestand des behandelten Stoffes. Im besonderen die geschichtliche Erzählung wurde mehr und mehr nur eine freiere Form der wissenschaftlichen Geschichtsdarstellung. Am Anfange des Jahrhunderts war sie ein phantastisches Geistesspiel, das sich in den unbekannten Räumen des Mittelalters tummelte, wie ehedem die Erfindungskraft der Geographen die weißen Flächen Innerafrikas mit Flüssen, Seen und Bergen besetzt hatte. Noch ein Achim von Arnim stand der geschichtlichen Überlieferung mit kaum beschränkter Geistesfreiheit gegenüber. Drei Jahre, nachdem er seinen historischen Roman «Die Kronenwächter» veröffentlicht (1817), bereiste er die Gegenden, in denen die Handlung sich abspielt. Mit klopfendem Herzen stand er vor dem Tore Waiblingens. Wie alles ganz anders aussah, als er es sich gedacht hatte, ließ er weiterfahren und tröstete sich: «Es muß so gewesen sein, wie ich es mir dachte, dreihundert Jahre ändern viel.» Aber bereits ein Wilhelm Hauff versah seinen «Lichtenstein» (1826) mit wissenschaftlichen Anmerkungen. Zwanzig Jahre später weist Hermann Kurz dem historischen Dichter die Aufgabe zu, «sich neben den Geschichtschreiber zu stellen und seinen grauen Umrissen Farbe und Leben zu leihen». Der Dichter wird ihm zum «hellsehenden Geschichtschreiber», und in seinen Romanen «Schillers Heimatjahre» und «Der Sonnenwirt» hält er sich, soweit er geschichtliche Persönlichkeiten und Dinge schildert, aufs genaueste an die zu seiner Zeit bekannten Tatsachen der Forschung. Zur gleichen Zeit stattete Willibald Alexis seine historischen Romane, um den Anschein geschichtlicher Wahrheit zu erwecken, mit Dokumenten aus. Scheffel bepackte seinen «Ekkehard» (1855) mit einer Fülle von grundgelehrten Anmerkungen, die beweisen sollten, daß der Dichter im wesentlichen nur historische Tatsachen mit erfinderischer Phantasie zu seinem Gemälde schwäbischer Kultur des zehnten Jahrhunderts zusammengefügt hatte, wie denn auch die archaisierende Sprache die Illusion vergangenen Lebens zu erwecken bestrebt war.

So machte auch die geschichtliche Erzählung die Entwicklung zum Realismus mit. Einsichtige freilich täuschten sich auch damals nicht, daß selbst die schwerste Belastung mit gelehrten Anmerkungen und die straffste Zügelung der freigestaltenden Erfindungskraft nicht die Wirklichkeit einstigen Lebens aus dem Grabe zu beschwören vermochten, und daß es im Grunde stets der Herren eigener Geist war, worin die vergangenen Zeiten sich bespiegelten. Scheffel vermochte es mit allem kulturhistorischen Tatsachenmaterial und aller künstlichen Sprachpatina nicht zu verhindern, daß der seelische Konflikt, der die Seele der Handlung seines «Ekkehard» ist, den Problemen und Motiven des Frauenromans aus der Mitte des Jahrhunderts bedenklich nahestand. Wie die Herzogin Hadwig mit Ekkehard, so spielt zum Beispiel in Ida Hahn-Hahns Roman «Aus der Gesellschaft» (1838) die Gräfin Regina mit dem jungen Bildhauer Polydor. Ein Meister der geschichtlichen Erzählung wie Conrad Ferdinand Meyer war denn auch ehrlich und gescheit genug, dies zuzugestehen. Als ein Kritiker seine Gabe rühmte, die Gestalten der Vergangenheit wieder erstehen zu lassen, schrieb er seinem Freunde Felix Bovet: «Je n'écris absolument que pour réaliser quelque idée, sans avoir aucun souci du public, et je me sers de la forme de la nouvelle historique purement et simplement pour y loger mes expériences et mes sentiments personnels ... Sous une forme très objective et éminemment artistique, je suis au dedans tout individuel et subjectif. Dans tous les personnages du Pescara, même dans ce vilain Morone, il y a du C. F. M.» Und ein geborener Wirklichkeitsschilderer wie Fritz Reuter hat als Stoff für seine geschichtlichen Romane Vorgänge gewählt, die unmittelbar an der Schwelle der Gegenwart sich abspielten. Die Personen seiner «Franzosentid» hat er meistens noch selber gekannt oder solche, die sie gekannt, von ihnen erzählen hören. Damit aber war die geschichtliche «Erzählung» tatsächlich bereits zur Gegenwartserzählung geworden, und es war nur konsequent, wenn die Naturalisten die geschichtliche Dichtung grundsätzlich in Acht und Bann taten. Sieht man mit ihnen in dem Dichtwerk nicht die künstlerisch gestaltete Auseinandersetzung einer Persönlichkeit mit dem Leben, sondern eine Abschrift der sinnlich erscheinenden Wirklichkeit, so scheint es allerdings eine unerträgliche Diskrepanz, daß längstverstorbene Personen als Träger der Ideen und Konflikte moderner Menschen wieder aufzuerstehen haben.

Schon in Berlin hatte Gottfried Keller sich mit Stoffen zu historischen Novellen getragen, und unter den Motiven, die er sich zur Fortsetzung der «Leute von Seldwyla» aufgezeichnet, sehen wir die Keime zu «Ursula» und «Dietegen». Letztere Novelle fand dann mit ihrer freieren Behandlung geschichtlicher Vorgänge in dem zweiten Teil der Seldwyler Geschichten ihren Platz. Ursula aber, mit den Stichworten «Wiedertäufer. Die Kindernarren» (vgl. oben S. 433) augenscheinlich auf die Zürcherische Reformationsgeschichte weisend, kam in die «Züricher Novellen». In den «Leuten von Seldwyla» schaltet ein freier Dichtergeist mit der objektiv gegebenen Wirklichkeit, und romantische und realistische Elemente mischen sich in ihnen zu Schöpfungen reinster Kunst. «Züricher» Novellen aber müssen geschichtlich bedingte Realität enthalten. Es ist sehr bezeichnend, daß der Plan, solche Novellen zu schreiben, in Keller zu jenem Zeitpunkt auftaucht, da das «Fähnlein der sieben Aufrechten» und die andern vaterländischen Erzählungen die entschiedene Wendung zum Realismus bekunden – unmittelbar vor dem Wirklichkeitsfrondienst des Staatsschreibers. Am 25. Juni 1860 erklärt Keller seinem Freund Auerbach, er habe vor, «nach und nach eine Reihe Zürcher Novellen zu schreiben, welche, im Gegensatz zu den ‚Leuten von Seldwyla', mehr positives Leben enthalten sollen. Zu diesen soll dann auch die ‚Fähnlein'-Geschichte kommen.» Rund anderthalb Jahrzehnte aber dauerte es, bis der Dichter seinen Plan verwirklichen konnte. Als Hermann Hettner ihm in seinem Brief über den zweiten Teil der Seldwyler Geschichten zu seiner Freude das «Verlorene Lachen», auch ein Stück

Wirklichkeitsdichtung, «aufrecht gehalten», schrieb er ihm, durch das Lob «aufgekratzt und ein wenig ermuntert», am 31. Januar 1875, er habe nun noch zwei novellistische Pensa abzustoßen. Er meinte damit das «Sinngedicht» und die «Züricher Novellen». Zu der raschen Beendigung der letzteren Novellen trug Julius Rodenberg wesentlich bei.

Keller hatte dessen erste Bitte um Beiträge in seine «Deutsche Revue» am 12. Juni 1874 mit einer allgemeinen Zusage beantwortet: Er stelle ihm gerne «vorläufig einen gelegentlichen Beitrag etwa in Gestalt einer Novelle» zur Verfügung. In der zweiten Hälfte 1874 muß er mit der Ausarbeitung der «Züricher Novellen» begonnen haben. In seinem zweiten Brief an Rodenberg vom 23. Dezember 1874 schlägt er sie als Rundschaubeitrag vor: Er habe eine kleine ineinander verflochtene Erzählungsgruppe mit gemeinsamem Hinter- und Untergrund in der Arbeit, welche er nächstes Jahr in Verbindung mit einer älteren Erzählung (dem «Fähnlein der sieben Aufrechten») zu veröffentlichen gedenke. Bereits vermag er auch den ungefähren Umfang der Novellengruppe (der drei ersten «Züricher Novellen» samt der Rahmennovelle) auf vierzehn Bogen der gewohnten Buchform zu berechnen, die in zwei Rundschauheften untergebracht werden müßten. Eine Mahnung Rodenbergs vom 26. Januar 1875, die Novellen zu senden, beantwortet er am 31. Mai: Die Sendung werde trotz des eingetretenen Stillstandes keineswegs ungesendet bleiben, sondern jedenfalls noch in der besseren Jahreszeit vom Stapel laufen. Nur gebe er nichts mehr aus den Händen, bis das Punktum gemacht sei. Dann bittet er Rodenberg um seinen Rat wegen des Titels: «Würde der Titel ‚Züricher Novellen' Ihnen, namentlich auch für Ihre Zeitschrift, zu abgelegen, zu wenig versprechend und klingend oder überhaupt nicht konvenabel sein? Ich kann mir ganz gut denken, daß mir zum Beispiel ein Titel ‚Frankfurter' oder ‚Stuttgarter Novellen' wenig interessant vorkommen würde.» Endlich tauchen die Untertitel der neuen Novellen auf: «Herr Jacques», «Hadlaub», «Der Narr auf Manegg», «Der Landvogt von Greifensee». Ende August erzählt er Adolf Exner den Inhalt der Novellen, im besonderen des «Landvogt von Greifensee». Doch sind zu der Zeit die Liebesgeschichten im «Landvogt» und auch der Kongreß der Schätze noch nicht geschrieben. Am 28. Mai 1876 erhält Rodenberg wieder eine Vertröstung und die Ankündigung, daß der Dichter sein Amt auf den 1. Juli gekündigt habe. Eine Woche später verspricht Keller das Manuskript auf den 1. August; er brauche den Juli noch zur Vollendung. Aber erst Ende August empfing Rodenberg das erste Stück des Manuskripts: die Einleitung «Herr Jacques» und den Anfang des «Hadlaub».

Die letzte Sendung ging zu Ende des Februars 1877 an ihn ab. Die Novellen wurden vom November 1876 bis zum April 1877 (das Januarheft brachte keine Fortsetzung) im IX. bis XI. Bande der «Deutschen Rundschau» gedruckt. Neben der Rahmengeschichte sind es die drei Novellen «Hadlaub», «Der Narr auf Manegg» und «Der Landvogt von Greifensee».

Die gleiche Not hatte Weibert mit der letzten Novelle, «Ursula», bei Anlaß der Buchausgabe. Am 25. Dezember 1875 kündigte Keller dem Verleger noch ein kleineres Stück aus der Reformationsgeschichte an, um der Sammlung in der Buchausgabe achtundzwanzig bis dreißig Bogen zu geben. Am 24. Juli 1877 arbeitet er an der Novelle, «die längstens bis Ende August fertig sein wird». Am 11. August sendet er Weibert das Manuskript des «Herrn Jacques»-Zyklus. «Nachfolgen wird das Manuskript der Novelle ‚Hansli Gyr', und zwar ehe der Satz der obigen vollendet sein wird, sowie ‚Das Fähnlein der sieben Aufrechten'.» Danach also sollte, mit chronologischer Reihenfolge, «Ursula» an zweitletzter Stelle stehen. Am 18. September schlägt Keller die Verteilung des ganzen Stoffes auf zwei Bändchen vor. Die Inhaltsanzeige für den ersten Band werde lauten: «Hadlaub», «Der Narr auf Manegg» und «Der Landvogt von Greifensee», ohne Erwähnung von «Herrn Jacques», der nur eine «Randzeichnung» ist. Für das zweite Bändchen sendet er vorderhand das Manuskript des «Fähnleins». Am 5. November entschuldigt sich Keller wegen der ungebührlichen Verzögerung, «die teils durch Unwohlsein, teils durch eine Hauptänderung der letzten Erzählung, die sich erst jetzt aufdrängte, verursacht wurde, und freilich besteht diese Änderung hauptsächlich in einer bedeutenden Streichung. Ich werde jetzt in wenig Tagen zu Rande kommen.» Knapp vor Weihnachten 1877 konnten die «Züricher Novellen» in zwei Bändchen ausgegeben werden.

Die Stoffgeschichte der «Züricher Novellen» lehrt einen bedeutsamen Unterschied zwischen den neuen Erzählungen und den «Leuten von Seldwyla». Bei diesen ist, soweit wir die Quellen kennen, die Fabel in den charakteristischen Zügen ihrer äußeren Entwicklung gegeben, und dem Dichter liegt ob, sie nach den sittlichen Gesichtspunkten seiner Weltanschauung zurechtzurücken, die Führung der Handlung zu motivieren und die Erzählung mit Einzelerfindungen episch auszustatten. Bei den «Züricher Novellen» dagegen sind in den wissenschaftlichen Quellen einzelne Elemente als Kulturtrümmer überliefert, und die Aufgabe des Dichters ist es, sie organisch zu verbinden und damit das Gebäude einer epischen Fabel zu errichten. Vergleicht man die Ergebnisse, so hat man das Gefühl, daß das erste Verfahren Kellers künstlerischer Persönlichkeit angemessener gewesen sei. Seine souveräne Denk- und Fabulierkraft konnte, von dem schwachen Faden der gegebenen Fabel leise geleitet, in den «Leuten von Seldwyla» mit voller Freiheit walten. In den «Züricher Novellen» war sie in ihrer Bewegung gehemmt, indem einzelne Punkte durch die Marksteine der kulturgeschichtlichen Überlieferung fixiert waren, ohne daß die Weglinie, die diese Marksteine miteinander verband, durch eine gegebene Fabel angedeutet war.

Der Zürcher Minnesinger Johannes Hadlaub, dessen Gedichte Keller aus Bodmers und von der Hagens Sammlungen der Minnesinger und aus Ludwig Ettmüllers Sonderausgabe kannte, hat in seinen Liedern so viele Einzelzüge seines Lebens erzählt, daß seine Persönlichkeit ziemlich scharf umrissen vor uns steht, trotzdem wir über seine Lebenszeit nur wissen, daß er um 1300 gewirkt hat. Geschichtlich steht er zwischen der ritterlichen Kultur mit dem höfischen Minnesange und der städtischen Kultur mit ihrem bürgerlichen Kunstbetrieb. Elemente einer konventionellen Minne- und Naturromantik mischen sich in seinem Schaffen mit einem persönlichen Erleben, das auch derbrealistischen Ausdruck nicht scheut. In seinem zweiten Lied erzählt Hadlaub, wie er schon als Kind die Herrin liebte. Hohe Herren bringen ihn einst zu ihr. Sie ist so hart gegen ihn, daß er vor Schmerz hinfällt. Die Herren heben ihn auf, führen ihn zu ihr und legen seine Hand in die ihre. Freundlicher blickt sie ihn an. Aber wie er ihre Hand drückt, beißt sie ihn. Die Umstehenden bitten sie, ihm etwas zu schenken. Darauf wirft sie ihm ein «Nadelbein» (Nadelbüchse) hin. Sie muß es aufheben und es ihm freundlicher bieten. Dem Vorgang wohnten der Bischof von Konstanz, Heinrich von Klingenberg, die Äbtissin von Zürich, Rüdiger Manesse, der Abt Heinrich III. von Einsiedeln, Graf Friedrich der Ältere von Toggenburg und andere bei. Diese Schilderung baute Keller zu jener Episode aus, in der Hadlaub Rüdiger Manesse die Handschrift der Minnesinger überreicht und dafür von der seit der Kinderzeit geliebten Fides mit dem Kranze belohnt werden soll.

Ein anderes Zusammentreffen schildert das erste Lied. Im Gewand eines Pilgers trifft Hadlaub die Geliebte an, wie sie frühmorgens von der Mette kommt, und heftet ihr mit einer Angel ein Minnelied ans Kleid. Aus Furcht – sie meint, es sei ein Geisteskranker – schweigt sie still, und er weiß nicht, was mit dem Liede geschah. Keller hat diese Episode ebenfalls verwendet. Er läßt Fides ein Hündlein unterm Mantel tragen, wie es auf dem Bilde der Manesseschen Handschrift bei der Überreichung des Nadelbeins auf ihrem Schoße sitzt. Es bellt nach dem Verfolger, und sie blickt ihm fest ins Gesicht. Ein andermal sieht Hadlaub sie ein Kind küssen, und wie sie es aus der Hand läßt, nimmt er's und küßt es auf die gleiche Stelle, auf der ihr Mund geruht. Keller hat das hübsche Motiv für die Vereinigungsszene am Schlusse verwendet. Ein Gedicht erzählt, wie Hadlaub vor der Stadt mit der Geliebten zusammentrifft und wie sie grußlos an dem Schüchternen und Wortlosen vorbeigeht. Das ist der Keim zur Begegnung bei der Biberlinsburg.

Hadlaub weiß von den allzu breiten Hüten der Frauen in Österreich zu berichten. Derbe Motive in seinen Liedern weisen auf die Berührung mit der Dörperpoesie von Neidhart von Reuental und Steinmar. Üppige Bauerngelage werden geschildert, und wenig geschmackvolle Vergleiche tauchen auf. Mit der heute wieder bestätigten Forschung seiner Zeit hat Keller diese Motive auf einen Aufenthalt in Österreich gedeutet, den er reizvoll ausmalt.

Endlich berichtet ein Lied Hadlaubs von Rüdiger Manesses Eifer, Minnelieder zu sammeln. Keller macht ihn, nach Bodmer, zum Urheber der Pariser – jetzt großen Heidelberger – Handschrift und läßt ihn den jungen Hadlaub als Schreiber anstellen.

Die Miniaturen der Manesseschen Handschrift kannte Keller aus den Faksimilenachbildungen, die B. K. Mathieu 1850 herausgab. Auch sie boten gelegentlich einen hübschen Zug. So läßt er Hadlaub, der nach ihm die Bilder gemalt hat, einem Pfalzgrafen das zarte Gesicht der Fides geben.

Weitere kulturgeschichtliche Quellenwerke liefern andere Züge. Uhlands Abhandlung über den Minnesang gibt ein allgemeines Bild der Minnesängerzeit. Georg von Wyß' Aufsatz im «Anzeiger für schweizerische Geschichte» mit dem Hinweis auf Rockingers Entdeckung, daß Rüdiger Manesse eine heut verschollene Handschrift des Schwabenspiegels habe kopieren lassen, regte zu dem Motiv an, daß Hadlaub diese Abschrift besorgt. Die Schlußglosse ist wörtlich in die Novelle übergegangen.

Das helvetische Lexikon von Hans Jakob Leu (1747–1765) und Ekkeharts IV. Casus Sancti Galli endlich boten die Grundzüge für das Verhältnis des Bischofs von Konstanz zu der Äbtissin des Fraumünsterklosters, der Eltern der Fides, die auch in Hadlaubs zweitem Liede dicht hintereinander genannt sind. Leu (XIX, S. 193 f.) erwähnt die beiden Burgen Schwarz- und Weißwasserstelz, die Keller seit seiner Jugend kannte, und berichtet, daß aus dem Geschlecht der Freiherren von Wasserstelz Kunigunda hervorgegangen, die im Jahre 1299 Äbtissin des Stiftes Fraumünster in Zürich gewesen. Ekkehart IV. erzählt im 29. Kapitel seiner St.-Galler Geschichten, daß sich der Abtbischof Salomon III. von Konstanz in seinen jungen Tagen mit der jungfräulichen Tochter eines Gastfreundes vergangen habe. Sie gebar ihm ein Mädchen, nahm aus Reue den Schleier und wurde schließlich mit Hilfe ihres hohen Freundes Fürstäbtissin am Zürcher Fraumünster. Später stellte König Arnulf der schönen Tochter Salomons nach, die von ihrer Mutter im Stift erzogen worden. Die Äbtissin gab jedoch ihr reich mit Gütern ausgestattetes Kind einem Notker zur Ehe und entzog es so den unerlaubten Werbungen des Königs. Keller verlegt den Vorfall in die Zeit Hadlaubs und macht aus dem König, der dem Bischofskinde nachstellt, den mächtigen Grafen Wernher von Homberg.

Spärlicher flossen die Quellen für den Stoff des «Narren auf Manegg». Georg von Wyß hat im Neujahrsblatt der Stadtbibliothek in Zürich auf das Jahr 1849 «Beiträge zur Geschichte der Familie Maneß» veröffentlicht. Hier fand Keller die Gestalt eines jüngeren Rüdiger Manesse, des Siegers von Dätwyl (1351) und Bürgermeisters von Zürich, der nach Wyß 1380 starb. Einer seiner Nachkommen wurde durch die Last seiner Schulden gezwungen, die Familiengüter, unter ihnen auch das Stammhaus in der Stadt und die Burg Manegg, an die Juden zu verkaufen. Endlich melden die Chronisten des sechzehnten Jahrhunderts, daß zuletzt ein armer Narr in der Burg gehaust habe, und daß diese an einem Fastnachttage von «etlichen mutwilligen Gesellen» aus Zürich «gleichsam belagert» und aus Unvorsichtigkeit angezündet worden sei. Diese dürftigen Elemente verwendete Keller für die Geschichte des Buz Falätscher, dessen Namen er mit sinnbildlicher Bedeutung nach dem großen Rutschgebiet in der Nähe der Burg Manegg, der Falätsche, bildete. Für die späteren Schicksale der Manesseschen Handschrift – ihre Überführung in den Besitz der Herren von Hohensax nach der Forsteck und die Auslieferung an den pfälzischen Kurfürsten durch die letzte Frau von Hohensax – bot Bodmer in der Einleitung zu seinen Minnesingern (S. XII ff.) Angaben, denen Keller das Wesentliche entnahm.

Um so fester ist der Boden, darauf der «Landvogt von Greifensee» steht. Ein besonders reiches kulturhistorisches Material stand diesmal dem Dichter zur Verfügung, um das Zürich zu Ausgang des achtzehnten Jahrhunderts und in ihm die originelle Gestalt Salomon Landolts zu schildern. 1820 hatte David Heß die Biographie Landolts herausgegeben und darin das Bild seines Freundes als «geistreicher Dilettant» mit feinem Sinn für das Seelisch-Menschliche, mit der Liebe des Sammlers für Merkwürdigkeiten und in erlesenem Stile gezeichnet. Hier fand Keller die Schilderung der Klotener Revue, die freilich schon 1770, nicht erst 1783, und nicht am Kaiser-Heinrichs-Tag stattfand. Hier las der Dichter den Brief, in dem Friedrich der Große Landolt erlaubte, der Musterung seiner Truppen beizuwohnen. Aus Heß' Biographie entnahm er die Beschreibung Landolts, die er wörtlich wiedergab. Nach Heß ist Landolt Junggeselle geblieben, obgleich er gegen die Reize des schönen Geschlechtes nicht gleichgültig war und in verschiedenen Epochen heftige Neigung zu zwei Frauenzimmern empfunden hat. An seiner Ehelosigkeit soll der Mangel eines hinreichenden Vermögens schuld gewesen sein. Diese Angaben boten, neben Kellers eigenem Liebesleben, den Keim für Landolts Verhältnis zu den Frauen. Die Haushälterin Landolts heißt nach Heß Marianna Katharina Klaißner und ist 1754 zu Hall in Tirol unter acht Geschwistern als das jüngste Kind des Stadtzimmermeisters geboren. Ihre Erlebnisse vor dem Eintritt in Landolts Dienst erzählt Keller genau nach seinem Gewährsmann. Ebenso entsprechen Landolts künstlerische Neigungen, seine Geschicklichkeit im Waldhornblasen und seine malerischen Neigungen der Wirklichkeit. Was Landolt dem Distelfink über seine Mutter, den General Hirzel und das tolle Leben im Schloß Wülflingen erzählt, ist aus Heß geschöpft. Die Bilder, in denen Hirzels Söhne ihr Glück und Ende durch den Maler Stöffi von Rieden verherrlichen ließen, hat Keller selber gesehen. Heß berichtet ferner von dem innigen Verhältnis Landolts zu seiner Großmutter. Auch den Affen Cocco, mit dem Landolt allerlei Späße ausführte, fand Keller bei Heß. Ausführlich wird Landolts richterliche Tätigkeit geschildert, und sämtliche salomonischen Urteile, die der Landvogt fällt, sind in der Quelle vorgebildet. Endlich hält sich Keller bei der Schilderung von Landolts späterem Leben und Tod an Heß.

1875 erschien Josephine Zehnder-Stadlins Buch «Pestalozzi, Idee und Macht der menschlichen Entwicklung». Als erster Teil einer auf sechs Bände berechneten Biographie Pestalozzis gedacht, will das Werk die Welt darstellen, aus der der große Pädagoge hervorgegangen. Die Verfasserin gibt eine Zusammenstellung von öffentlichen und privaten Dokumenten, die ihr zur Beleuchtung des damaligen Lebens in Zürich wichtig erscheinen. Hier trifft man Briefe Bodmers und seiner Freunde, Zeitungsnotizen, Kundgebungen Pestalozzis über zürcherische Zustände, obrigkeitliche Erlasse und dergleichen. Das Ganze ist eine kritiklose Zusammenstellung oft fehlerhaft gelesener Aktenstücke, aber ein Buch, unbezahlbar für den Dichter und Kulturhistoriker, der in ihm nur authentischen Stoff für die Kenntnis der Zeit sucht. In diesem Sammelwerk fand denn auch Keller das Material für seine Schilderung der Zürcher Kulturverhältnisse in der Novelle «Hanswurstel». Sittenmandate der gestrengen Regierung werden mitgeteilt. Das Verbot, in der Sonntagsfrühe die Stadt zu verlassen, und die verschiedenen Versuche, es zu durchbrechen, erörtert ein Brief des witzigen Reformationsherrn J. Leu an seinen Freund, den Landvogt Spöndli. Briefe Bodmers und seiner Freunde führen lebendig in das Denken des Mentors der Jünglinge Zürichs ein. Endlich fand Keller in einer anonymen Notiz bei der Zehnder-Stadlin den Namen und bedeutsame Charakterelemente des Kapitäns Gimmel, des Vaters des «Kapitäns».

Schon dem jungen grünen Heinrich ist Johann Jakob Hottingers Biographie Salomon Geßners vertraut, die 1796 in Zürich erschien. Nun dient sie dem Verfasser des «Landvogts» zur Charakteristik des Dichters, Malers und Menschen bei der Schilderung des anmutigen Festes im Sihlwald.

Daß Keller neben diesen und andern geschichtlichen Werken, wie Mörikofers «Schweizerischer Literatur des achtzehnten Jahrhunderts», auch die Originalwerke des achtzehnten Jahrhunderts kannte, ist bei seiner großen Belesenheit selbstverständlich und durch einzelne Spuren bewiesen. Er besaß Werke Geßners und Bodmers, er hat die «Diskourse der Mahleren» gelesen und sogar eine Bemerkung aus dem Vorbericht zu Wielands «Gepryftem Abraham» (1753) Bodmer wörtlich in den Mund gelegt.

Ist der Stoff so in allen Novellen durch eine Fülle wirklicher Tatsachen fest im geschichtlichen Boden verwurzelt, so sind die Geschehnisse auch geographisch klar fixiert. Im «Grünen Heinrich» und in den «Leuten von Seldwyla» hatte der Dichter die Stimmungen und Formen der heimatlichen Landschaft zum Ausdruck gebracht, aber die Verhältnisse im einzelnen verschoben. In den «Züricher Novellen» zeichnet er Orte der Stadt und Landschaft mit historischer Treue. Er verwendet wirkliche Flurnamen, wie Schnabelburg, Biberlinsburg, Weiß- und Schwarzwasserstelz, beschreibt Örtlichkeiten so genau, daß jeder Kundige sie kennt, und verschmäht auch gelehrte etymologische Darlegungen über Personen- und Flurnamen, wie Ruoff und Hadlaub, nicht.

Gegenüber diesem Reichtum gegebener Elemente tritt des Dichters eigene Erfindungskraft in den beiden mittelalterlichen Erzählungen in den Hintergrund. Man spürt eine gewisse Scheu, sich von den überlieferten Tatsachen allzuweit zu entfernen. Dagegen hat in der Landvogtnovelle Keller die geschichtlichen Züge wie ausgeschnittene Seidenblumen in das reichverschlungene Rankenwerk seiner selbsterfundenen Zeichnung eingesetzt, und vor allem die Mannigfaltigkeit der Liebeserlebnisse und das Motiv des Schätzekongresses sind immer aufs neue zu bewundernde Erzeugnisse seiner unerschöpflichen Phantasie.

Deutlich schimmern, in der Führung der Handlungen und ihrer inneren Motivierung, eigene Erlebnisse des Dichters und altbekannte Elemente seiner sittlichen Persönlichkeit durch. Wie er selber aus der Romantik in den Realismus des neunzehnten Jahrhunderts hineinwächst, so sein Hadlaub aus der Romantik des Rittertums in die bürgerliche Welt des ausgehenden Mittelalters. Wie der Dichter selber, lebt sich auch sein Hadlaub als ursprünglicher Bauernsohn in die städtische Kultur ein und erlangt durch seine Kunst hohe Freunde. Auch der Vorwurf grotesk-derber Motive und Bilder, der leise gegen Hadlaub ausgesprochen wird, ist, zum Beispiel von Storm, gegen Keller selber erhoben worden, und als Epigonen der großen klassischen Dichter, der auch Hadlaub war, hat Keller in seiner Bescheidenheit sich selber bezeichnet. Den ersten Keim zu der Erfindung der außerehelichen Verbindung des Bischofs mit der Äbtissin mag die Stelle in dem Gedicht Hadlaubs gegeben haben, wo sie dicht nebeneinander genannt werden. Alte Lieblingsideen aber sind es, nach denen Keller das freie Verhältnis begründet und entwickelt. Mit Feuerbach ist ihm alles Natürliche sittlich, sofern es nicht in wilden Trieben ausschlägt, sondern aus der Erkenntnis der menschlichen Verantwortlichkeit sich selber Grenzen setzt. So beschränken auch die Eltern der Fides, nachdem ihre Jugend der Liebe gelebt, ihre Leidenschaft in freiwilliger Entsagung, und in dem Kinde ihres freien Bundes lebt gesteigert das Gefühl strenger Sitte als Buße für die Sinnlichkeit der Eltern. In dem Verhältnis des Hadlaub zu Rüdiger Manesse taucht das Verhältnis des grünen Heinrich zu dem Grafen, Pankrazens zu dem Gouverneur in den entscheidenden Linien wieder auf: auch hier der Jüngling, der als Schreiber oder Künstler im freien Dienst eines älteren hochgestellten Mannes steht. Und wie der Zauberer Pineiß das Kätzchen Spiegel mit Leckereien füttert, um seinen kostbaren Schmer zu bekommen, so lockt durch die Minne zu Fides Rüdiger Manesse in egoistischer Sammelsucht aus Hadlaub die Lieder hervor, und wie Spiegel dem Pineiß entwischt, so muß Rüdiger es erleben, daß das höfische Spiel der Minne sich bei den zwei jungen Leuten in den Ernst einer bürgerlichen Liebe verwandelt. Ob bei diesem poetischen Motive nicht eine alte Berliner Erinnerung als Keim wirkte? Keller warf im November 1855 Lina Duncker vor, sie und ihr Mann hätten ihn ins Haus gezogen, um ein Buch von ihm in den Verlag zu bekommen, und hätten ihn dann wie eine Strohpuppe wieder hinausgeworfen, nachdem der Kontrakt abgeschlossen war. Da mochte sich auch der mißtrauische Gedanke einstellen, daß man ihn mit Betty Tendering geködert habe.

Lieblingsideen, in Kellers Persönlichkeit und Leben begründet, leiten und motivieren auch die Handlung des «Narren auf Manegg». Schon 1848 hatte der Dichter in Reithards «Neuen Alpenrosen» das Sonett erscheinen lassen:

Willst du, o Herz, ein heitres Ziel erreichen,
Mußt du in eigner Angel schwebend ruhn;
Ein Tor versucht zu gehn in fremden Schuhn,
Nur mit sich selbst kann sich der Mann vergleichen.

Ruhig und sicher ist er selber seines Weges gegangen, fest das Ziel im Auge wahrend, das in seiner Persönlichkeit gegeben war, und von jeher war ihm das unruhige Hinundherrutschen, die Sucht, sich auf alle Sättel zu schwingen, ein Greuel. Über Gutzkow, der heute einen Roman und morgen ein Drama und übermorgen Erinnerungen oder literarhistorische Betrachtungen schrieb, ärgerte er sich ebenso wie über die jungen Dichter, die wie Musterreiter beständig auf der Fahrt waren. Ruhe und Stetigkeit des Wollens waren nach seiner Ansicht die Grundbedingungen gedeihlicher Entwicklung. Nun faßt er diese Erfahrungen zusammen in der typischen Gestalt des Ital Manesse, der das Glück verpaßt, weil er «nie zu Hause» ist, und seines späten Verwandten Buz Falätscher, der erst Kaplan, dann Soldat, Ehemann, Ritter und Minnesänger sein will und nichts recht ist, ein «Stiefelschliefer», der jeden Morgen seine Stiefel anzieht und jeden Abend aus, ohne je nach dem gelobten Lande zu kommen, und sie miteinander vertauscht, um sie nicht einseitig abzunutzen.

Reich durchtränkt von eigenem Erleben ist der «Landvogt von Greifensee». Wie Keller mit seiner Schwester, so haust Landolt mit seiner Marianne als angesehener Beamter, ausgezeichnet durch Weisheit in der Erfüllung seiner Pflichten. Der spätere grüne Heinrich, der Oberamtsschreiber und Freund der gereiften Judith, steigt vor uns auf, auch er ein Junggeselle wie der Dichter, und alle drei können zurückschauen auf ein reiches Liebesleben, das in Entsagung auslief, und aus diesem zusammenfassenden Rückblick wächst die Idee der Versammlung der einstigen Schätze heraus. In den einzelnen Liebesgeschichten blitzen Spuren von

Kellers eigenem Lieben auf. In der lustigen und doch von der Angst der Geistesumnachtung gequälten Figura Leu mögen Erinnerungen an Luise Rieter, Johanna Kapp und Luise Scheidegger zusammengeflossen sein. In der Aglaja, die in einem hübschen Landgut vor der Stadt wohnt, Landolt zur Weinlese einlädt und so sicher-bewußt mit ihm verkehrt, weil sie einen andern liebt, lebt Johanna Kapp wieder auf, und so wie Salome (der Distelfink) durch Landolts Erzählung über die Seltsamkeiten seiner mütterlichen Verwandtschaft und seine erbliche Belastung vor der Heirat abgeschreckt wird, so ist mehr als eine Geliebte Kellers durch die oft grotesken Äußerungen seiner Originalität abgekühlt worden.

Am Schlusse jenes Sonettes von 1848 stehen die Verse:

Kannst du dich selbst nur fest zusammenfassen,
So hängt an deine Schritte sich der Segen.

Die letzte Zeile hat Keller für die «Gesammelten Gedichte» durch die klarere Fassung ersetzt:

Wird deine Kraft die fremde Kraft erregen.

Damit ist die befruchtende Wirkung ausgesprochen, die von der einheitlichen Persönlichkeit ausgeht. In den «Züricher Novellen» ist es der Pate des Herrn Jacques, der in der Rahmennovelle diesen Gedanken äußert.

Wenn Keller in den ersten Mitteilungen über die «Züricher Novellen» die Rahmenerzählung den drei andern Novellen gleichstellte, so hat er sie später selber richtiger eine «Randzeichnung» genannt. Der Dichter hat sich hier damit begnügt, Elemente der Wirklichkeit – wie das Mörserschießen des Artilleriekollegiums auf der Allmend mit dem Festmahle auf dem Muggenbühl – zu einer leichtgetuschten Zeichnung zu verwenden, die im wesentlichen ein Stück sittlicher Erziehung enthält: Belehrung über Originalität und Originalitätssucht.

Das Persönlichkeitsproblem ist unter dem Keller geläufigen Gesichtspunkt «echt und unecht» gesehen. Jakob Burckhardt hat einmal gesagt: «Originalität muß man haben, nicht danach streben.» Keller pflichtet bei. In der Jugend hatte er, wie jeder Künstler, an der Kinderkrankheit der Nachahmung fremder Muster gelitten und vor allem in heinesierender Beweglichkeit seinen Geist verdreht. Aber nachdem er als Dichter gehaltvoller Wahrheitskunst sich zu befleißen gelernt, ging er auch als Mensch darauf aus, streng er selber zu sein. Nicht der geringste Teil seiner Nöte und der Vorwürfe, die man ihm gemacht, rührt von dem rücksichtslosen Mute der Wahrheit her. Aber er wußte, daß er am originellsten war, wenn er sich begnügte, bei sich selber zu bleiben. In seine eigene Seele greifend, schuf er seine Gestalten mit ihrem satten Kolorit echtester Originalität.

In der Rahmenerzählung der «Züricher Novellen» stellt er die Sucht nach Originalität als eine geistige Krankheit jenes halbwüchsigen Alters dar, das, den Kinderschuhen entwachsen, nach kräftigem Wirken ausschaut und die Sehnsucht, etwas zu bedeuten, so oft für die Kraft nimmt, es zu sein. Herr Jacques hat in einem vorlauten Buch den Satz gelesen, daß es heutzutage keine Originale mehr gebe, sondern nur noch Dutzendleute und gleichmäßig abgedrehte Tausendpersonen. Und da er selber, den Kopf voll wogender Dämpfe der Jugendgärung, sich zutraut, ein Original zu sein, so begeht er den ersten Irrtum, sich bewußt dazu machen zu wollen. Die Folge ist ein zielloses und leeres Herumstreichen in der Umgebung der Stadt, wobei seine wahre nüchtern-rechnende Kaufmannsnatur immer wieder die schimmernden Nebel der Originalitätsträume zerteilt: er zählt die Holzscheite, die die Sihl herabkommen, und berechnet ihren Wert. Wie er aber in der Gesellschaft der Feuerwerker einen Vers singen soll, weiß er keinen. So muß der weise Pate dem originalitätssüchtigen jungen Pedanten die Aufklärung geben: «Ein gutes Original ist nur, wer Nachahmung verdient! Nachgeahmt zu werden ist aber nur der würdig, wer das, was er unternimmt, recht betreibt und immer an seinem Orte etwas Tüchtiges leistet, und wenn dieses auch nichts Unerhörtes und Erzursprüngliches ist!» Gottfried Keller stimmt darin mit Ibsen überein, in dessen «Peer Gynt» der Pfarrer einen einfachen Bergbauern rühmt, weil er «er selber war; weil der ihm eingeborene Klang nie schwieg».

Solche Originale sind die Minnesinger, und Rüdiger Manesse, der den Gedanken faßt, ihre Lieder zu sammeln, und Hadlaub, der den Gedanken ausführt und darüber zum Dichter wird, und der Pate selber, der die Novelle von Hadlaub erzählt. So erzeugt echte Originalität stets aufs neue das Originelle. Herr Jacques aber liest aus der ganzen Erzählung des Paten bezeichnenderweise nur diesen Satz heraus und fühlt sich als Konterfei und Fortsetzer Rüdiger Manesses und Hadlaubs, indem er in einem «Zürcherischen Ehrenhort» alle Ruhmestaten «Limmatathens» zu besingen beschließt. Da zeigt der Pate durch die Erzählung von dem Stiefelschliefer Buz Falätscher, daß es nicht mit der Nachahmung des Echten getan ist, sondern daß nur das Tun gedeiht, das aus dem sicher erkannten Kern des eigenen Wesens hervorbricht. Erst wie Herr Jacques von seiner Originalitätssucht völlig geheilt ist, entwirft der Pate, jenem ohne Schaden und sich zur Erheiterung, das Bild eines echten Originals, des Landvogts von Greifensee. Er erreicht damit doch so viel, daß Herr Jacques später als Mäzen, wozu sein Reichtum und seine schöngeistigen Neigungen ihn befähigen, nicht mit allzu steifer Pedanterie das unbekümmerte Bohèmeleben seines Bildhauerschützlings bemäkelt. In der Buchausgabe ist der anfängliche kurze Bericht des Rundschaudruckes über Herrn Jacques Besuch im «Atelier» des jungen Bildhauers in Rom zu einer hübschen Szene ausgeweitet. Aber auch die Gestalt des Herrn Jacques hat hier erst die abschließende Rundung erhalten. Der erste Druck schloß mit der maliziösen Wendung: «Voll Abscheu enteilte er dieser Hölle, in welcher die Bescheidenheit in jeder möglichen Weise beleidigt und verleugnet wurde, und es dauerte geraume Zeit, bis er vermochte, den Idealgeschäften wieder ein günstigeres Auge zuzuwenden, das indessen eine gewisse Strenge nie mehr verlor.» Die zweite Fassung enthält, bei aller Hervorhebung der angeborenen strengen Verdrießlichkeit des Mäzens, das feine Motiv, daß er beim Hochzeitsmahle ganz Aug' und Ohr ist, «um keinen Zug des Gemäldes zu verlieren und wenigstens den ästhetischen Gewinn dieser Erfahrung möglichst vollständig einzuheimsen». Ein Kaufmann und Rechner bleibt er, aber er kennt nun wenigstens auch den «ästhetischen Gewinn» des zuschauend genießenden Kunstgönners.

An Stelle des «Fähnleins der sieben Aufrechten», das nach der erst geplanten chronologischen Anordnung den letzten Platz hätte einnehmen sollen, kam aus äußeren Gründen – die bereits fertige «Fähnlein»-Novelle konnte sofort in Satz gegeben werden – «Ursula» an den Schluß zu stehen.

Der Plan der «Ursula» war in Berlin entstanden. Jenes alte Blatt, das auch Grundmotive zu «Dietegen» verzeichnet, enthält die Stichworte «Wiedertäufer. Die Kindernarren», und wie die beiden Rechtsgebräuche, die das ursprüngliche Gerüst der Dietegenhandlung geben, aus Schulers «Taten und Sitten der Eidgenossen» stammen, so schöpft Keller auch seine Kenntnis der Reformationszeit in ihren wesentlichen Zügen aus Schulers stoffreicher Darstellung. Dieser gibt im zweiten Bande seines Geschichtswerkes (1838), S. 64ff., eine Schilderung des Wiedertäuferwesens in Zürich. «Es ist Gottes Wille, sagten sie, daß der geistliche und oberkeitliche Stand aufgehoben werde. Die Prediger predigen nur den toten Buchstaben der Schrift, nicht das wahre göttliche Wort, das innerlich und himmlisch ist und unmittelbar aus dem Mund Gottes geht, und von dem man innerlich berichtet werden muß.» Ähnliche Reden führen bei Keller die «Propheten». Konrad Grebel und Felix Manz sind die Führer. Gegen Zwingli treten sie auf, weil er ihnen zu wenig radikal ist und ihre Forderungen nach Ämtern nicht bewilligt. Bald kommt es zur Spaltung. Die Wiedertäufer halten geheime Versammlungen ab, verkünden eine «reine Kirche», und Zwingli predigt gegen sie. Aus der Stadt dringt das Unwesen aufs Land. Ein Geist allgemeinen Aufruhrs bemächtigt sich der Bevölkerung. «Man setzte einige ins Gefängnis; diese wußten aus dem Turme loszukommen, und gaben dann dem leichtgläubigen Volk vor: sie seien, wie einst die Apostel, durch Engel auf eine wunderbare Weise befreit worden.» Diese Stelle Schulers ist der Keim zu der Befreiung der Wiedertäufer aus dem Gefängnisse durch Hansli Gyr in «Ursula».

Nach Schuler trieben die Wiedertäufer ihr Wesen am längsten in der Herrschaft Grüningen am Bachtel im Zürcher Oberland. Da «liefen viele ihren Predigten in Holz und Feld nach. Georg Berger, Landvogt zu Grüningen, ließ sie an einem Sonntag bei einer solchen Waldversammlung von Bewaffneten umgeben und fünfzehn gefangen setzen». Aus dieser Notiz bildete Keller die Episode auf Hanslis Waldwiese, wo die sich ansammelnden Wiedertäufer durch Schnurrenberger mit dem Ruf: «Der Landvogt von Grüningen ist auf dem Weg mit Spieß und Schwert!» auseinandergescheucht werden. Charakteristische Einzelheiten entnahm Keller Schulers Schilderung des Schwärmerwesens in St. Gallen, die ihrerseits auf J. Keßlers Sabbata beruht. Da ruft einer der Wiedertäufer einst: «Werdet wie die Kinder!» und verlangt, sie sollen wie die Kinder handeln. «Da fingen sie, besonders die Weiber, an, Kinderspiele zu treiben; sie sprangen, sie klatschten, gaben einander Äpfel, zogen Tannzapfen an einem Faden auf dem Boden herum und dergleichen.» Auch bei Keller treibt Enoch Schnurrenberger im fünften Kapitel der «Ursula» diese Kinderpossen. Aus Appenzell berichtet Schuler, wie die dortigen Schwärmer als besondere Spezialität das «Sterben» übten. «Sie legten sich wie tot auf die Erde, seufzten, zitterten, schäumten, krümmten und blähten sich, zerrissen das Gesicht in scheußliche Gebärden.» Auch Enoch Schnurrenberger eignet sich auf seinen Streifereien «in benachbarten Gebieten» diese Künste an. Nach Schuler wandelte sich bei den Appenzellern die scheinbare Frömmigkeit oft in die zügellosesten Ausschweifungen um. «Männer, Weiber, Söhne, Töchter brachten die Nächte auf Feldern und in Wäldern in wildfreiem Leben untereinander zu.» Das ist der Keim zu den Zudringlichkeiten des Schneck von Agasul und des Jakob Rosenstil gegenüber Ursula auf der Waldwiese.

Schon Schuler hat diesem dunkeln Gewürm des Aberglaubens und der Dummheit die leuchtende Gestalt Zwinglis gegenübergestellt, dessen

Wirken er auch in einem besonderen Werke geschildert. Über sein tägliches Leben konnte Keller in dem großen Geschichtswerk lesen, wie der Reformator in den Frühstunden seine Amtsgeschäfte besorgte und studierte, dann den Leuten Gehör gab und oft Briefe bis Mitternacht schrieb; wie er auch die Zunfthäuser besuchte. Aber auch in Zwinglis eigenen Schriften hat Keller sich umgesehen. Er selber erwähnt die «Instruktion für einen Feldhauptmann, wie er sein soll», die er wohl in dem 1861 erschienenen Supplement der Schuler-Schulthessischen Ausgabe von Zwinglis Werken gelesen hat und worin Zwingli sein Wohlwollen für die Kriegsknechte ausspricht. Kurz vor seinem Ende hat Zwingli in dem Briefe an Franz I. ein großartiges Bekenntnis seines freien und humanistischen Denkens abgelegt. Nicht nur die Heiligen und Propheten des Judentums und Christentums, auch die edelsten Männer der Griechen und Römer, einen Herkules, Theseus, Sokrates, Aristides, Antigonus, Numa, Camillus, die Catonen und Scipionen werde der König im Himmel schauen. Keller hat diese schöne Idee zu der Schilderung der letzten Phantasie des sterbenden Reformators benutzt.

Weitere Einzelheiten über die Kulturzustände der Reformationszeit fand Keller in der Zwinglibiographie von J. C. Mörikofer (1867–1869), so die Schilderung der Kulturgegenstände, die aus der Sakristei des Chorherrnstiftes herausgetragen werden (I S. 315 ff.); auch H. Bullingers Reformationsgeschichte (1838–1840) und J. J. Hottingers Buch über Zwingli und seine Zeit (1842) mag er eingesehen haben.

So ist der Dichter auch in «Ursula» bestrebt, dem dichterischen Gebilde durch eine Fülle von geschichtlichen Zügen Wirklichkeitsgehalt zu geben. Aber die innere Motivierung bietet auch hier wieder das eigene Erleben. Die geschichtliche Verquickung der politischen Bewegung mit der religiösen Verwirrung beleuchteten die Ereignisse der dreißiger und vierziger Jahre: der Straußenhandel, der im Zürcher Oberland seinen Ausgang nahm, wo Schnurrenberger und die Seinen zu Hause sind, und der Feldzug gegen die Jesuiten. In dem «Verlorenen Lachen» hatte er, wie es kurzsichtigen Blicken scheinen konnte, gegen die aufgeklärte Religion der Gebildeten für den Pietismus der Sektierer Partei ergriffen. Nun zwingt ihn sein Wahrheitsmut, in dem Gegenstück die Gefahren sektiererischer Schwärmerei aufzudecken, Aberglauben, Tollheit, Unsittlichkeit, so daß nicht nur beschränkten und unsauberen Gesellen der Kopf verdreht wird, sondern auch tiefe und reine Geschöpfe wie Ursula auf Strecken den Weg der Ordnung verlieren und nur ein großes Unglück Heilung bringt.

«Wenn die Religionen sich wenden, so ist es, wie wenn die Berge sich auftun; zwischen den großen Zauberschlangen, Golddrachen und Kristallgeistern des menschlichen Gemütes, die ans Licht steigen, fahren alle häßlichen Tazzelwürmer und das Heer der Ratten und Mäuse hervor.» Das ist die geschichtliche Idee, die Keller am Anfange mit lichten Worten ausspricht. Der Träger der Religionsbewegung ist ihm Zwingli. Mit sichtbarem Wohlgefallen weilt des Dichters Auge auf der Gestalt des großen Reformators, von der ein klarer Schein in das trübe Chaos seiner Zeit strahlt, wie schon sein toggenburgischer heller Dialekt anmutig absticht gegen den dumpfen und breiten Vokalismus der Zürcher. Eigene Züge und Ideale hat Keller in Zwingli wiedergefunden: den Wahrheitssinn, die Freiheit des Denkens, die treue Liebe zum Volk. Seine Religion erhebt sich von dem festen Grunde der Erde in die Höhe der übersinnlichen Welt, auch im kristallenen Äther klare Umrisse bewahrend, und er steht nicht wie ein willkürlicher Macher hinten in einer geistigen oder körperlichen Sakristei, sondern mitten im Tempel und blickt, selber leidend, hoffend und vertrauend, siegend oder untergehend, in die Höhe, die vom Dunste des Priesterheidentums, soweit das Zeitalter es erlaubt, gereinigt ist. «Aber die Religion blieb die alte und wurde nicht zu einer mythologischen Literatur, welche, über eine philosophische Formel gespannt, mit mehr oder weniger Kunstfertigkeit gespielt werden kann, wie ein anderes Instrument.» Dieser deutliche Hinweis auf das «Verlorene Lachen» trennt den Pantheismus der modernen Reformtheologie, der sich als Fortsetzung zwinglischen Geistes betrachtet, von dem Reformator selber, dessen Religiosität, wie sie Keller charakterisiert, des Dichters eigenem Bekenntnis nicht ferne steht.

Und doch ist auch Zwingli nicht nur mit Licht gemalt und frei von Schuld. Zwar verbindet er tiefes Vertrauen auf die unmittelbare persönliche Vorsehung Gottes mit ebenso großer Wachsamkeit und Kenntnis der irdischen Dinge und der Menschen. Aber in seltsamer Vermischung von Religion und Politik, Geist und Gewalt lebt er des verhängnisvollen Glaubens, daß der Widerstand der katholischen Orte gegen die Reformation durch äußeren Zwang beseitigt werden könne, und statt der völkerrechtlichen Verträge führt er lediglich das Evangelium in der Hand und weiß nicht, «daß ein Volk aus dem gleichen Grunde eine Religions- oder Staatsänderung abweisen kann, aus welchem eine Weibsperson ein für allemal einen Freier verwirft». In dem Zürcher Heer waltet durch seinen Einfluß ein musterhafter Geist der Sitte und Ordnung, aber mehr und mehr windet der Priester dem Staatsmann die Zügel der politischen

Geschäfte aus der Hand. Die Stadt ist mit Gelehrten und Theologen wohl besetzt, und ein Geist der Klugheit und Überlegenheit, der sie erfüllt, reizt nicht nur die katholischen Gegner, sondern beleidigt auch die reformierten Freunde, vor allem das starke Bern, wo die weltliche Staatsklugheit die Oberhand über die geistliche behält. So bringt Zwinglis Hierarchie Zürich in Einsamkeit und Gefahr. Das ist seine tragische Schuld, und er büßt sie durch seinen duldenden Opfertod auf dem Schlachtfelde von Kappel.

Hansli Gyr hat der Dichter selber in der Novelle als «eine Versinnbildlichung des Volksgeistes» bezeichnet. Aber auch Ursula ist das, und in beider Erleben wiederholt sich das Verhältnis von Jukundus und Justine im «Verlorenen Lachen» mit reizvoller Abwechslung. So sicher wie Jukundus steht auch Hansli in der religiösen Gärung der Zeit, die die Frau ergreift und herumwirbelt. Jene Vergeistlichung des Lebens, die dem ganzen Volk zum Verhängnis wird, äußert sich bei ihm in einem Anhauch von Selbstgerechtigkeit. Den «tugendreichen Feldküster» nennen ihn seine Gesellen, und es bedarf des gefährlichen Abenteuers mit der langen Freska von Bergamo, um den bildsamen Kern seines Wesens wieder von den Verhärtungen des sittlichen Hochmutes zu befreien. Die Schlacht bei Kappel, die dem geistlichen Führer das Leben kostet, führt ihn bis zum Rande des Grabes. Aber das reine Gefühl des Volkes, in Ursula verkörpert, rettet seine Kraft zu neuem Leben, wie sich das Volk als Ganzes wieder von dem Schlage erholt hat.

So sind die «Züricher Novellen» im tiefsten Sinne geschichtliche Erzählungen. Das Walten historischer Gesetze veranschaulichen sie im künstlerischen Bilde. Deutender Dichtergeist hat die versteinerten Reste der Vergangenheit zu höherem, licht- und sinnvollem Dasein erweckt, ohne daß Keller zu der Kunstpatina einer archaisierenden Sprache greifen mußte. Die gediegene Weisheit eines Staatsmannes, der aus lebendigstem Anteil das Werden der Völker kennt, spricht sich in ihnen aus, und eine feste Hand verwehrt der spielenden Dichterfeder allzu übermütiges Arabeskenspiel. In reiner Proportion stehen Gedanke und Bild nur im «Landvogt von Greifensee», wo die Entsagung des Lebensherbstes in Erfindung und Stil noch eine berauschende Mannigfaltigkeit und Sattheit der Farben hervorzaubert. Aber schon in «Hadlaub» und dem «Narren auf Manegg» tritt die Linienführung der geschichtlichen Fabel gelegentlich in einer herben Strenge hervor, die nicht mehr Kellers alter Formel der «Wahrheit und Fülle» entspricht. An die Stelle des von innen heraus geschwellten Reichtums ist allzuoft die tatsächliche Erinnerung der Geschichte getreten. Die herbe Entsagung geht so weit, daß Keller in der «Rundschau» am Schlusse der Hadlaubnovelle sich begnügte zu schreiben: «Über diesem Spiele [mit dem Kind, das sie abwechselnd küssen] fielen sich die zwei großen Leute um den Hals und wurden ohne weitere Verhandlungen einig, daß sie wollten Eheleute werden.» Als Storm die Trockenheit rügte, gab Keller zu, der Schluß sei überhastet und nicht recht ausgewachsen, meinte aber, das Liebeswesen für sich betrachtet, so halte er es für das vorgerücktere Alter nicht mehr recht angemessen, auf dergleichen eingehend zu verweilen. Für die Buchausgabe beherzigte er Storms Rat und baute die Szene voller aus. Aber die Naturwärme der Liebesepisoden in dem «Grünen Heinrich» oder den «Sieben Legenden» hat er ihr nicht einzuhauchen vermocht.

Vollends verschoben ist das Verhältnis von Gedanke und Bild in «Ursula». Den Nerven der geschichtlichen Weisheit fehlt auf weiten Strekken die Einbettung ins Fleisch der künstlerischen Gestaltung. Berichtende Partien, an sich klassische Muster wissenschaftlicher Geschichtsprosa, müssen, vor allem zu Beginn des vierten Kapitels, an die Stelle der novellistischen Darstellung treten. Keller wußte das selber am besten. «Wegen der ‚Züricher Novellen'», schrieb er Storm am 25. Juni 1878, «hab' ich auch ein schlechtes Gewissen, sie sind zu schematisch, und man merkt es gewiß. Die ‚Ursula' haben Sie auch richtig erkannt, sie ist einfach nicht fertig, und schuld daran ist der buchhändlerische Weihnachtstrafik, der mir auf dem Nacken saß; ich *mußte* urplötzlich abschließen.»

Trotz der Vorliebe der Zeit für geschichtliche Erzählungen sind die «Züricher Novellen» von Kritik und Publikum nicht so freudig aufgenommen worden wie die «Legenden» oder die «Leute von Seldwyla». Die bedeutendste Würdigung gab Wilhelm Scherer in der «Deutschen Rundschau», vom Standpunkt des Germanisten in der Hadlaubnovelle eine leise Gleichförmigkeit der Charakteristik und zahme Schüchternheit des Dichters gegenüber den geschichtlichen Gestalten rügend, vor allem «Ursula» bewundernd. Kraftvoll wird Kellers ragende Stellung betont: «Man gerät aus einem Staunen in das andere und fragt sich: wie ist es nur möglich, daß einem Menschen das alles einfällt? Eine Frage, die man nicht vielen unserer lebenden Dichter gegenüber zu tun in die Lage kommt.» «Die Zahl derer, die an Gottfried Keller Freude finden, nimmt stetig zu, und ich habe das immer für ein sehr gutes Zeichen wachsender ästhetischer Bildung gehalten. Möge es sich an den ‚Züricher Novellen' bewähren wie an den ‚Leuten von Seldwyla'. Es kommt dann wohl noch manches Fäßlein edlen Weins zutage, süß und schwer, mit starker Blume; – die Schnapsbuden aber werden leer.»

Übersetzungen ins Französische trugen des Dichters Namen in die welsche Schweiz und nach Frankreich. Die Bürgergemeinde der verherrlichten Stadt Zürich schenkte ihm am 28. April 1878 unter freudiger Zustimmung aller das Bürgerrecht. Das wertvollste Geschenk aber, das die «Züricher Novellen» ihm eintrugen, war die Freundschaft Theodor Storms.

20

DIE ZWEITE FASSUNG DES GRÜNEN HEINRICH

Die «Sieben Legenden», die «Leute von Seldwyla» und die «Züricher Novellen» zeigen Keller als einen Dichter, der Wahrheit in der Erfassung der wesentlichen Lebenstatsachen mit Schönheit der künstlerischen Darbietung vereinigt. Mit welchen Gefühlen mußte er von der Höhe dieser Meisterschaft auf seinen Jugendroman heruntersehen, den er schon 1851 gegenüber Varnhagen einen «formlosen und wunderlichen Versuch» genannt, von dem er 1853 Hettner geschrieben hatte: «Könnte ich das Buch noch einmal umschreiben, so wollte ich jetzt etwas Dauerhaftes und durchaus Tüchtiges daraus machen. Es sind eine Menge unerträglicher Geziert- und Flachheiten, auch große Formfehler darin.» Die geringe Gunst des Publikums, die das Werk lange Jahre in tiefen Schatten stellte, die Misere seines Verfassers und dann die den Musen abholde Amtslast ließen den Entschluß der Umarbeitung auf Jahre hinaus nicht zur Tat werden. Erst die Auferstehung des Dichters zu Beginn der siebziger Jahre und das überall rasch wachsende Ansehen seines Schaffens ließen ihn den Plan mit Ernst wieder aufnehmen. Zu Anfang 1871 hatte Emil Kuh aus dem mächtigen Eindruck erster Kenntnis heraus den Roman in der «Neuen Freien Presse» besprochen. Als Keller ihm am 3. April schrieb, schloß er, in Zürich wohl von Freunden umgeben, aber des literarisch-technischen Beraters entbehrend, an den Dank die Bitte um Kuhs Ansicht wegen einer Umarbeitung des «Machwerks»: «Neben der selbstverständlichen Streichung alles Langweiligen und Geschmacklosen käme die äußere Anlage überhaupt in Frage. Entweder könnte man die Komposition in aller Gemütsruhe sorgfältiger ausbauen und abrunden, gleichzeitig durch gute Ökonomie etwas knapper und dadurch pikanter halten; oder man müßte die abgeschlossene Form ganz aufgeben und dem Roman einen künstlich fragmentarischen Anstrich verleihen, so daß alles drin stünde, was man sagen will, ohne daß der Rahmen fertig ist. Man würde den ganzen Eingang streichen und gleich mit der Jugendgeschichte beginnen, sodann dem übrigen Teil gleichfalls den Charakter einer Aufzeichnung von dritter Hand (nicht derjenigen des Romanschreibers) geben und die nötige äußere Wahrscheinlichkeit hineinbringen.»

Kuh äußert zunächst (25. Juli 1871) Bedenken, spendet aber gleichwohl seine Ratschläge. So meint er, selber der sinnlich-üppigste Stilist,

es sollten hin und wieder die scharf ausgeprägten geschlechtlichen Zeichen gemildert werden: «Ohne Schädigung des Organismus Ihrer Dichtung könnten Sie nach meiner Empfindung die Szene streichen, wie Judith vor Heinrich Lee sich entkleidet. Diese Szene hat neben dem Lüsternen, das sie erregt, einen phantastischen Charakter, im Stile Achims von Arnim; dergleichen aber hat ein Gottfried Keller nicht nötig.» Was den Aufbau und Charakter des Ganzen anbetrifft, so rät er, die Form einer Selbstbiographie zu wählen: «Anstatt des Eingangs, der nicht gestrichen, der nur versetzt werden müßte, begännen Sie mit dem Ende: Lees Mutter wird zu Grabe geleitet, indessen schreitet ihr Sohn in den väterlichen Ort. Er hat nichts heimgebracht als seine Jugendgeschichte, und diese vervollständigt er, indem er aufzeichnet, was er in der Fremde erlebt hat. Sein Ende wäre nicht zu erzählen weder vom Dichter, noch von einem Dritten; es bliebe eine offene Frage, über deren Beantwortung kein feinsinniger Leser sich täuschen könnte ... Daß ein Menschendasein, derart isoliert, bis auf den letzten Faden seelisch ausgesponnen, nicht neue Lebens- und Glücksknoten knüpfen wird: weiß der feinsinnige Leser.»

So hat die Umarbeitung Kuh den Gesichtspunkt der durchgeführten Selbstbiographie zu danken. Keller leuchtete er sofort ein. Auch dem Gedanken der Versetzung des Schlusses an den Anfang stimmte er zunächst noch zu. Aber ein Verhängnis war es, daß Keller auch Kuhs Rat wegen der «Nuditäten» befolgte. «Sie stammen», meinte er, «aus der Zeit, da dergleichen in der Luft lag, sind völlig unnötig und hindern ein Werk, seinen Weg zu machen. Abgesehen davon, daß es die roheste und trivialste Kunst der Welt ist, in einem Poem den weiblichen Figuren das Hemd übern Kopf wegzuziehen.»

Vier Jahre ruhte die Frage der Umarbeitung. Im Sommer 1875 bringt sie Ferdinand Weibert wieder in Fluß durch die Mitteilung, es sei ihm möglich, das Verlagsrecht und den Vorrat des «Grünen Heinrich» – hundertfünfzehn Exemplare – für achthundert Mark zu erwerben. Keller antwortet am 27. Juni: Er habe vorgehabt, noch ein paar Jahre zuzuwarten und inzwischen das Buch durchzusehen und mehr präsentabel zu machen. So weit gekommen, beabsichtige er, die Sache selbst von Vieweg zurückzukaufen. Von einem Verlagsrecht, welches über die erste Auflage hinaus dauere, sei keine Rede; es sei hierüber nichts stipuliert worden. Vor etwa sechs Jahren habe man bei einem Sortimenter in Zürich einige Zeitlang die vier Bände für fünf Franken kaufen können. Aus alledem scheine ihm hervorzugehen, daß Viewegs ein übles Verfahren und einen üblen Willen gegen ihn hegten und daß er Schwierigkeiten hätte, den Rest der fraglichen Auflage selbst zurückzukaufen; denn solange sie nur noch fünf Exemplare hätten, könnten sie natürlich gegen jede neue Ausgabe ihr Veto einlegen. Er schlägt daher Weibert vor, den Rest der Exemplare anzukaufen und sie einstampfen zu lassen. Die neue Ausgabe soll dann «aus freier Hand» veranstaltet werden.

Weibert führte die zähen Verhandlungen mit dem Viewegschen Verlage. Dieser forderte den Kauf der Restbestände der alten Auflage – fünfzehn vollständige Exemplare und etwa hundert Exemplare von Band 1 bis 3 – und berief sich, zum Beweis für sein Recht auch auf weitere Auflagen des Buches, auf einen angeblichen Vertrag vom 22. Mai 1856, im besonderen auf einen §4 desselben, dessen Existenz Keller bestritt, mußte aber in einem späteren Briefe an Weibert zugeben, daß ein wirklicher Vertrag nicht vorhanden sei, sondern nur briefliche Abmachungen. Keller war mit einer billigen Entschädigung für die hundert inkompletten Exemplare einverstanden. Die vollständigen schienen vergriffen zu sein. In Zürich, Solothurn und Wien hatten Freunde des Dichters, die das Buch bestellt, in den Sortimentshandlungen den Bescheid bekommen, es sei von Braunschweig nicht mehr erhältlich. Am 10. Mai 1876 meldete der Grotesche Verlag dem Dichter, Vieweg habe ihm die Abtretung des Verlags des «Grünen Heinrich» zugesichert; er wünsche eine neue Ausgabe des Werkes zu veranstalten. Keller legte Verwahrung ein. Er gestand Vieweg weder das Recht zu, neue Auflagen zu veranstalten oder veranstalten zu lassen, noch hatte er im Sinne, das Buch in der alten Form aufs neue ausgehen zu lassen. Um so dringender aber war nun die Umarbeitung. Die «Züricher Novellen» reiften der Vollendung entgegen. Nun bekam er Kopf und Hände frei.

Am 4. Juni 1876 taucht die Frage der Umarbeitung in einem Briefe an Petersen auf. Es soll, was nach der autobiographischen Jugendgeschichte in dritter Person weiter erzählt wird, ebenfalls der Autobiographie mit den nötigen Änderungen einverleibt und das Ganze als Manuskript mit einer kurzen Einleitung aufgefunden werden, welche den Tod des Helden als älteren Mannes erzählt, der irgendwo in der Stille stirbt und eben jenes Manuskript hinterläßt. Jetzt ist also tatsächlich der tragische Ausgang des Buches, an dem Keller einst so zähe festgehalten, aufgegeben. Abgesehen von der überflüssigen Rahmenerzählung – der Auffindung des Manuskriptes – haben Aufbau und Ausgang bereits die spätere Gestalt. Das Buch beginne, schreibt der Dichter am 24. Juli 1877 an Weibert, eine klare verbesserte Gestalt anzunehmen. Ein Jahr später ist das wichtige Motiv gefunden, daß Judith am Schlusse wieder auftaucht – am

10. Februar 1877 war Marie Melos, die vor einem Menschenalter geliebte, wieder in Kellers Gesichtskreis getreten. An Storm schreibt er am 25. Juni 1878, er habe, was von dem Gedruckten, etwa zweieinhalb Bände, bleibe, jetzt durchkorrigiert und mit zahlreichen Streichungen verziert. «Nun schreibe ich das, was in der dritten Person erzählt wird, um und lasse es auch von Heinrich in erster Person erzählen bis zum Tode der Mutter; das zuletzt angeknüpfte Liebesverhältnis verunglückt auch; das Problem alles dieses Mißlingens wird klarer und ausdrücklicher motiviert als eine psychologisch-soziale Frage (aber nicht pedantisch). Heinrich lebt still und dunkel fort bei einer anspruchslosen aber geregelten Tätigkeit, ungekannt und in der Erinnerung lebend ... alternd und durch einen Unfall der Hülfe und Pflege bedürftig. Hier tritt die Judith wieder ein, die als gemachte Person aus Amerika zurückkehrt, die den Teufel hat zähmen lernen, aber immer einsam geblieben ist. Sie erkennt den alten Heinrich an dem Lebensbuch, das er geschrieben. Ihm ist sie das Beste, was er erlebt hat, nach allem, eine einfache Naturmanifestation, und er hat ihr auch immer im Sinn gesteckt. So bildet sich noch ein kurzer Abendschein in den beiden Seelen. – Dieser Schluß, notabene, vom Umfange weniger Bogen, würde nun an die Stelle des *alten Einganges* treten, so daß dann die einheitliche Autobiographie ohne weiteren Abschluß folgen würde.»

Nun brauchte nur noch Kuhs Anregung, den Schluß an den Anfang zu nehmen, fallen gelassen zu werden, so war die Komposition der neuen Fassung bereinigt. Es war Storm vorbehalten, mit seinem feinen Blick für alles Formale, dem Freunde den entscheidenden Wink zu geben. Nachdem er Keller am 15. Juli 1878 seine Bedenken über die grundsätzliche Frage der Umgestaltung mitgeteilt, schreibt er: «Sie dürfen die schöne Wirkung, welche die Rückkehr der Judith hervorbringen muß, dem *Schlusse* des Buches nicht entziehen. Das muß sich machen lassen, irgendwie. Zunächst müßte die Judith bei ihrem Fortgang nicht dreißig, sondern fünfundzwanzig Jahre alt sein; das genügt ja, um ihr die Überlegenheit dem etwa sechs bis sieben Jahre jüngeren Manne gegenüber zu verleihen. Dann mag sie mit fünf-, sechs- oder siebenunddreißig Jahren zurückkehren; Heinrich ist dann freilich noch nicht alt, aber das müßte gemacht werden. Judith könnte auch vierzig, oder reichlich, alt sein und nur in der Seelenbewegung des Wiedersehens noch in, wenn auch vergehender Schönheit erscheinen.» «Die Reduktion von Judiths Lebensalter», schreibt Keller am 13. August, «hat mir mit einem Male den Schluß des ‚Grünen Heinrich' in eine hellere Beleuchtung gesetzt, und ich denke jetzt ein freundliches Finale zu gewinnen, ohne dem Ernste der ursprünglichen Tendenz Einhalt zu tun.» Aber immer noch erscheint ihm die Weglassung jeder Einleitung bedenklich. Erst wie Storm am 6. September die ausdrückliche Versicherung gibt, daß das Buch mit der Jugendgeschichte beginnen könne, fügt sich Keller dem Rat des erfahrenen Freundes.

Am gleichen Tage hatte sich auch Vieweg bereit erklärt, sein Verlagsrecht an den Dichter zurückzugeben gegen Zahlung von sechshundertfünfundzwanzig Mark für den Restbestand der hundertzehn noch vorrätigen Exemplare von Band 1 bis 3, worauf Keller brummend einging. Am 9. Januar 1879 teilte er Weibert Näheres über den Charakter der neuen Fassung mit: sie umfasse neunzig Bogen, die in fünf Bändchen zu achtzehn Bogen eingeteilt werden sollten, wenn der Verleger nicht eine andere, kleinere Bändezahl für zweckmäßiger halte. Zu lange Kapitel seien getrennt und jedes mit einer kurzen Überschrift versehen worden (Keller dachte sich erst gereimte Zweizeiler als Kapitelüberschriften). Als Honorar forderte er für den Bogen hundert Franken. «Drei Bände sind druckfertig, die zwei übrigen sind auf dem Wege, es zu werden, bis die anderen gedruckt sind, beziehungsweise vorher, da das Eigentliche oder Neue daran schon getan ist. Immerhin muß ich bis längstens Ende März mit dieser Sache nichts mehr zu schaffen haben.» Der Verleger erklärte sich mit den Bedingungen einverstanden, schlug vier Bände vor, und der Vertrag wurde unterschrieben. Kaum hatte der Druck begonnen, so gefiel Keller der alte Titel nicht mehr: Er scheine ihm (an Storm 26. Februar) an Skurrilität oder unfreiwilliger Komik zu leiden, und er schlug dafür «Heinrich Lee» oder «Das Leben des grünen Heinrich» vor. Die Unbefangenheit des praktischen Verlegers machte einen Strich durch diese Erörterungen einer fast krankhaften Bedenklichkeit: er stellte einfach «den ersten Band fertig samt dem alten Aushängezeichen».

Bei der Drucklegung wiederholten sich, in verkleinertem Maßstabe, die Mühsale des Druckes der ersten Fassung. Schon als der zweite Band die Presse verließ, trat eine Stockung ein. Am 10. Juli 1879 meldet der Dichter an Weibert: «Die Umwandlung des ‚Grünen Heinrich' hat mir unversehens so schwere Zweifel und Bedenken erregt, daß ich nochmals daran gehen mußte, um mit großem Zeitverlust, während dessen wenig geschrieben wurde, soviel möglich an dem Buche zu retten, da nun wohl die allerletzte Hand daran gelegt wird.» Auf Weihnachten 1879 konnten nur die ersten drei Bände ausgegeben werden. Der vierte verursachte ungeahnte Schwierigkeiten. «Als ich», schrieb Keller am 23. September 1880 an Wilhelm Petersen, «den vierten Band von Seite zu Seite durchging, was ich früher versäumt hatte, fand ich den Bestand desselben so schundvoll und häufig albern, daß ich nicht fortfahren konnte und auf Monate stecken blieb.» Dazu kam ein äußeres Hindernis: die Wohnung auf dem Bürgli erwies sich in dem kalten Winter 1879/80 fast unerwärmbar, so daß alles Arbeiten stille stand. Erst Mitte März 1880 konnte der Dichter die Manuskriptsendungen wieder aufnehmen. Aber schon am 19. April, dann wieder am 24. Mai mußte Weibert um weiteres Manuskript bitten. Der Absatz der drei ersten Bände, klagte er, habe unter der Verzögerung des vierten bedeutend gelitten. «Mein Schicksalsbuch» bekannte der Dichter gegen Storm am 13. Juni, «rückt endlich doch seinem Abschluß entgegen ... Nachdem der abnorme Winter vorbei und kein Grund mehr da war, nicht an dem Zeug zu arbeiten, befiel mich erst wieder eine krankhafte Widerwilligkeit und Scheu, in dem übel angelegten Wesen fortzufahren. Die Arbeit war nicht sowohl schwer als trübselig, mit offenen Augen an dem Unbedacht und der nicht zu verbessernden Unform eines längst entschwundenen Lebensalters herumbasteln zu müssen, anstatt sich dem Neuen zuzuwenden. Der bloße Gebrauch von Blaustift und Schere wäre das Einfachste und Glücklichste gewesen; allein es wird ja gar nichts Fragmentarisches mehr gelitten, und selbst gegen das verzögerte Erscheinen eines Schlusses erfährt man das roheste materielle Räsonieren und Drängen von seiten derer, die den Anfang mit ihrer Aufmerksamkeit beehrt haben.» Erst am 22. September 1880 konnte der Dichter den Schluß des Manuskriptes schicken, «womit *mein* Märtyrium wenigstens, diesen Gegenstand betreffend, für einmal abgeschlossen ist». Auf Weihnachten 1880 hatten die Leser auch den vierten Band in Händen.

Als romantisch-elegischen Künstlerroman hatte Keller nach dem jähen Abbruch seiner Münchener Lehrjahre den «Grünen Heinrich» zu schreiben angefangen. Der Künstlerroman hatte sich in ein mit reichem Wirklichkeitsgehalte gesättigtes Lebensbuch umgewandelt, nachdem Feuerbach in Heidelberg den Diesseitsdrang des Dichters erlöst. Aber erst im Laufe des Schreibens hatte der Künstler auch den sinnlich-anschaulichen Diesseitsstil gefunden, und die menschliche Misere hatte zum überstürzten Abschluß gedrängt. So war der Roman als Kunstwerk ein Zwittergeschöpf geworden, das widernatürlich aus dem romantischen Jenseits ins realistische Diesseits, statt aus der Erde in den Himmel gewachsen war. Für den reifen Künstler war es keine Frage mehr, nach welcher Richtung die Umwandlung sich bewegen sollte. Nach Gehalt und Form mußte das Buch nun das glühende und tiefe Bekenntnis des Erdenglaubens werden, der aus dem Gesicht des Helden zwar nicht den Zug eines schmerzvollen Leidens und einer starken Himmelssehnsucht tilgen, aber ihn durch das Glück menschlichen Wirkens verklären sollte.

Zuerst galt es, diejenigen stofflichen Elemente auszuscheiden oder zu beschneiden, die allzu einseitig romantischen Charakter trugen. Der erste «Grüne Heinrich» barg einen Überreichtum von Betrachtungen über Kunst, Literatur, Philosophie, Politik und Leben. Diese wurden weggelassen, wie die politischen Reisegespräche zwischen dem Grafen und Heinrich am Anfang, oder gestutzt, wie der Passus über Jean Paul, oder als Äußerungen von Personen in die Form von Gesprächen gebracht und so aus der abstrakten Kühle bloßer Verfasserreflexion in die wärmere Atmosphäre poetischer Individualisierung gerückt. So sind die Kunstgespräche im elften Kapitel des dritten Bandes mit ihrem lebendigen Widerspiel persönlicher Meinungen aus eintönigen Betrachtungen der ersten Fassung hervorgewachsen.

Die Romantiker, vor allem Tieck und Eichendorff, hatten in ihre Erzählungen als organischen Bestandteil, Goethes «Wilhelm Meister» und eigenem lyrischen Bedürfnis folgend, zahlreiche Gedichte eingelegt. Nach dem ursprünglichen Plane hätte auch der «Grüne Heinrich», bei fünfundzwanzig bis dreißig Bogen Gesamtumfang, sechs Bogen Gedichte enthalten sollen. Schon in der ersten Fassung füllen alle Gedichte, die eingestreut sind, kaum einen halben Bogen. Die zweite ließ nur diejenigen stehen, die, wie die Gedichte im «Wilhelm Meister», organisch aus der epischen Situation hervorwachsen als Blüte ihres lyrischen Gehaltes, wie die Verse in dem Kapitel «Bohnenromanze» oder die Volkslieder der Barmherzigen Brüder und Judiths. Aber von den vier Gedichten, die Heinrich am Ende des drangvollen Hungerns in der Kunststadt aus seinem Schmerz zurechthämmert, hat nur noch eines Gnade gefunden als «Verse eines Unbekannten, die Heinrich in einigen zerrissenen Druckblättern gelesen». Das geläuterte Stilgefühl des reifen Künstlers mußte eine weitergehende Vermischung von Lyrik und Prosa vermeiden, die die Willkür der Romantiker liebte.

Eine Schädigung der neuen Fassung war es, daß Keller auch die nächtliche Badeszene im Walde wegließ. Emil Kuh hatte sie mit lüstern-phantastischen Szenen Achims von Arnim verglichen, und das Urteil des erfahrenen Literarhistorikers scheint für Keller den Ausschlag gegeben zu haben. Er wollte aufs peinlichste irgendwelche Anklänge vermeiden, vor allem Anklänge an romantisches Schaffen, dem er nun entwachsen war. So tilgte er die Badeszene, während er das nicht minder sinnliche Erlebnis Heinrichs in Judiths Haus am Schluß der Fastnacht stehen ließ. Lüstern ist weder die eine noch die andere Szene. In beiden gibt der Dichter mit großartiger Wahrheit ein notwendiges Stück von Heinrichs Erleben, und wer die Badeszene in der ersten Fassung gelesen hat, wird dieses herrlichste, glühendste und zarteste Stück deutscher Prosa in der zweiten Fassung schmerzlich vermissen.

Die Einfügung einer Reihe neuer Episoden diente zur Bereicherung des epischen Lebens und zur Steigerung der künstlerischen Leuchtkraft. Die Jugendgeschichte, selber gesättigt genug mit Stoff und Farbigkeit, bedurfte solcher Einschübe nicht, wohl aber der Teil nach dem Abschluß der Heimaterlebnisse.

Gleich die Frage der Beschaffung von Heinrichs Existenzmitteln in der Kunststadt gab den Keim zu einem neuen, reizvollen Bilde. In der ersten Fassung ist zu des Jünglings Eintritt in die Welt die mäßige Barsumme bestimmt, welche seine Mutter während ihres Witwenstandes unbemerkt erspart hat. In der zweiten Fassung schöpft Keller aus erlebter Wirklichkeit das Motiv zu dem Kapitel «Das Pergamentlein». Der Oheim ist wie Kellers so Heinrichs Vormund und hat bei der Waisenbehörde die Erlaubnis auszuwirken, dem Neffen einen alten Geldbrief herauszugeben, aus dem der Unterhalt in der Kunststadt bestritten werden soll. Die zähe Nüchternheit der Bauern, denen der Schlangenfresser als abschreckendes Beispiel eines «Künstlers» vor Augen steht, gibt dem Dichter Gelegenheit zu schildern, wie man seine Berufswahl in den Kreisen beurteilt, aus denen er hervorgegangen, und scharf stellt sich so, unmittelbar bei der Abreise Heinrichs, die enge, aber feste Welt, aus der er kommt, dem großartigen, aber unsicheren Reich entgegen, in das er ausfährt, stolzer Hoffnungen voll.

Die symbolische Geschichte des unseligen Albertus Zwiehan, dessen Schädel er mitnimmt, erfüllt uns mit trüber Ahnung über die Gestaltung seines Schicksals. Albertus ist ein Dualist, ein Mensch, der sich zwischen zwei Stühle setzt und so sein Lebensglück verscherzt. Der natürliche Sohn des alten Zwiehan, legt er seinen eigenen ehrlichen Namen ab und nimmt den seines Stiefbruders Hieronymus an, den der alte Zwiehan adoptiert hat, obgleich er nicht sein Sohn ist. Auf die phantastische Lüge, daß der eigentliche Erbe gestorben, will er sein Lebensglück bauen, kehrt in die Heimat zurück und setzt sich in den Besitz des Erbes. Eine solide Heirat mit der Wäscherin Cornelia bietet sich ihm. Er aber läuft dem blinkenden Phantom Afra Zigonia Mayluft nach und läßt sich von ihr betören, Herrnhuter zu werden – um sie sich entschwinden zu sehen.

Und wie er wieder in die Heimat kehrt, erfährt er, daß inzwischen der rechte Erbe sein Gut samt Cornelia in Besitz genommen hat, und ihm bleibt nichts übrig, als jenem zu dienen. So jagt auch Heinrich dem Phantom des Künstlertums nach, statt zuhause sein sicheres bürgerliches Auskommen zu suchen. Wird auch an ihm sich die Tragik aller Dualisten erfüllen?

Der Spaziergang am Morgen vor der Abreise, den die erste Fassung so breit schildert, ist nun als allzu lyrisch und stimmungsselig zusammengeschnitten. Dafür sind die Abschiedsbesuche bei den Hausinsassen, in der ersten Fassung nur kurz erwähnt, jetzt ausführlich erzählt, weil sich in dieser Schilderung, in konzentriertem Bilde, nochmals die tüchtige bürgerliche Welt, aus der Heinrich hervorgeht, veranschaulichen ließ: jeder Hausgenosse spendet, nach Maßgabe seines Berufes und des dadurch bestimmten Charakters, dem Scheidenden seine Segenswünsche.

So gibt die zweite Fassung an Stelle der romantischen Abschiedsschilderung durch Einschiebung der drei Episoden von dem Pergamentlein, Albertus Zwiehan und dem Abschied im Hause episch bewegte und mit symbolischem Lebensgehalt erfüllte Handlung.

Die Hulda-Episode, die in die Schilderung der letzten Erlebnisse in der Kunststadt neu eingefügt ist, dient nicht sowohl der Bereicherung des epischen Geschehens als der Hebung von Heinrichs Persönlichkeit. Lockend tritt in der Gestalt dieses liebewarmen Geschöpfes die Versuchung an ihn heran, nun vollends in die unteren Schichten des Volkes hinabzusteigen, denen er als Fahnenstangenstreicher schon halb angehört, und in den Hörselbergen, die das Volk sich eingerichtet, das Glück sinnlichen Behagens zu gewinnen, ohne weiter den Träumen einer höheren Existenz nachzuklettern. Aber die Misere seiner Hauswirte, nach dem Tode der Frau im Wochenbett, stellt ihm das jämmerliche Ende dieser Liebesherrlichkeit des Volkes vor Augen, und in dem wundervollen Traumleben ersteht aus den Tiefen des Unbewußten seine Persönlichkeit und ihr Streben aufs neue.

Drei neu eingefügte Partien entstammen dem Bedürfnis vertiefter Weltanschauung: das Flötenwunder, die Gilgusepisode und die Erweiterung und Umänderung des Schlusses.

Das Flötenwunder gibt eine rein menschliche Erklärung des christlichen Wunderbegriffes und der Gebetserhörung. Was Heinrich erlebt, ist kein Beweis für eine wunderbare Erfüllung des Gebetes, das er, in Erinnerung an die frühere Gewohnheit, in tiefster Not zu Gott gesprochen, trotzdem es wie ein Wunder aussieht. Alles geht mit ganz natürlichen

Dingen zu. Durch optische Gesetze wird der Sonnenstrahl so gelenkt, daß er Heinrich von der Metallklappe der Flöte anblitzt. Die anererbte Gewohnheit des Gebetes ist an die Stelle einer energischen Zusammenfassung der Gedankenkräfte getreten, hat durch die damit verbundene Herzenserleichterung jene Kräfte frei und sie fähig gemacht, das einfache Rettungsmittel, das bereit lag, zu erkennen oder ein solches zu suchen. So ist dieser Doppelvorgang, der optische in der Natur und der psychische im Menschen, durchaus natürlich und gesetzmäßig.

Wenn trotzdem Heinrich auch jetzt noch bei der Erklärung des Erlebnisses den Namen Gottes benützt, so beseitigt der Aufenthalt im Grafenschlosse den letzten Rest des Gottesglaubens als einer entscheidenden sittlichen Macht. Der Graf hält Heinrich für einen Menschen, bei dem es nicht darauf ankommt, ob er den Grund seines Daseins und Bewußtseins außer sich oder in sich verlegt. Er ist nicht ein anderer Mensch mit Gott, ein anderer ohne Gott. Diesen Hinweis auf die völlige Belanglosigkeit des religiösen Bekenntnisses für das sittliche Wesen, auf das es einzig ankommt, hat der Dichter aus der ersten Fassung in die zweite herübergenommen. Die erste Fassung bringt zur Beleuchtung der Tatsache unter anderem die Gestalt des Pfarrers, der sich als Idealisten ausgibt und in Wahrheit ein Erzmaterialist ist. Jetzt hält es der Dichter für ein Gebot der Gerechtigkeit, dem christlichen Heuchler einen atheistischen Heuchler gegenüberzustellen. So fügt er die Gestalt des Peter Gilgus ein, der, ein bramarbasierender Fanatiker des Atheismus, aus der Zugehörigkeit zu der Sekte des «Philosophen» (Feuerbach) für sein persönliches Wohlsein Kapital schlägt und, statt in strenger Pflichterfüllung, wie Feuerbach gelehrt, seinem irdischen Dasein Wert und Gehalt zu verleihen, bei den gutgestellten Anhängern des Propheten herumfaulenzt. Der von Keller je und je befehdete Karl Heinzen (der eigentlich wie Gilgus Peter hieß) mag einen Keim zu der Figur geboten haben.

Die einschneidendste stoffliche Umgestaltung hat der Schluß erfahren. Mit dem elegisch-romantischen Charakter des «traurigen kleinen Romans über den tragischen Abbruch einer jungen Künstlerlaufbahn» war im ersten Plane der Tod von Mutter und Sohn gegeben. Der Untergang der beiden ist auch in der Fassung von 1854/55 festgehalten. Die Mutter stirbt an dem Sohn, und für den Tod des Sohnes bot Feuerbachs Ethik eine neue Motivierung (vgl. oben S. 271), freilich nur eine intellektuelle, keine psychologisch-physiologische. Kein Unbefangener wird die unvermittelte Meldung seines Hinschieds ohne Befremden lesen, und das Befremden bleibt bestehen, auch wenn man in der Art, wie Keller es gegen

Hettner tat, nachträglich den Tod deutet. Das menschliche Gefühl beugt sich nicht unter die Konsequenz der logischen Beweisführung.

Als der Dichter 1876 der Frage der Umarbeitung nähertrat, hatte er den tragischen Ausgang aufgegeben. An dieser grundsätzlichen Änderung mag nicht nur die günstige Wendung schuld sein, die Kellers eigenes Leben inzwischen genommen, sondern ebensosehr, ja noch mehr die Vertiefung seiner Lebenskenntnis und die Schärfung seines Blickes für die innere Begründung menschlicher Schicksale. Die abstrakte Logik der materialistischen Dogmatik war vor der Fülle der Lebenstatsachen in den Hintergrund getreten, und diese Fülle von Wirklichkeitswerten, in Heinrichs Werdegang auftretend und als geistiger Gehalt in seinem Innern aufgespeichert, entschied jetzt gegen den jähen Untergang des Helden. Wer so viel wertvolles Leben in sich aufgenommen und wer in so viel Irrung und Leidenschaft stets als ein reiner und guter Mensch sich bewährt, wen tüchtige Menschen, wie der Graf und Dortchen Schönfund, ihrer Freundschaft und Liebe wert gehalten, der kann an der Schuld, die er sich durch den Tod der Mutter aufgeladen, nicht zugrunde gehen. Das Leben beansprucht den reichen Gehalt, den es in ihm niedergelegt, für seinen Dienst, genau so wie Faust in der Osternacht, als er die Schwelle des Todes überschreiten will, durch den Erinnerungsgehalt seines stärksten Jugenderlebens ins irdische Dasein zurückgezogen wird.

Um die Glaubwürdigkeit dieser neuen Begründung zu steigern, mußte aber die Verschuldung Heinrichs auf ein geringeres Maß zurückgeführt werden. In der ersten Fassung vermehrt zu dem Tode der Mutter der Tod des im Duell verwundeten Lys die Last von Heinrichs Schuld. In der zweiten Fassung versöhnen sich die feindlichen Freunde vor dem tödlichen Stoß. Vor allem aber wird die Schuld gegenüber der Mutter gemindert. Während Heinrich nach der ersten Fassung in selbstischem Glück im Grafenschloß sich nicht um sie kümmert, will er ihr in der zweiten einmal schreiben, und Dortchen Schönfund ist schuld, daß er es nicht tut. Unglücklicher Zufall und die Arglist Gewinnsüchtiger helfen ihr Ende beschleunigen. Wie man von der Kunststadt aus sich nach dem Aufenthaltsort Heinrichs erkundigt, damit ihm das Erbe des Trödlers ausgeliefert werden kann, und die Mutter deswegen vor Gericht gerufen wird, gibt man ihr vor, der Sohn werde wegen seiner Schulden verfolgt. Spekulanten suchen sie aus dem Hause zu treiben und bewirken die Kündigung der Hypothek. Auch die Selbstvorwürfe, die die Mutter sich macht, tragen nun zu ihrem Tode bei. Heinrich findet ein Bruchstück eines Briefes, worin sie sich ernstlich fragt, ob nicht sie selber die Verschuldung treffe, indem sie es an einer festen Erziehung habe mangeln lassen. Den Treibereien der Spekulanten hätte sie begegnen können, wenn sie sich dem Nachbar anvertraut hätte; ihre Lage war nicht so verzweifelt, wie sie sie ansah. Endlich erfährt auch die Tragik des «Zu spät!» eine Milderung. In der ersten Fassung begegnet Heinrich dem Leichenzug der Mutter, wie in Tiecks «Sommerreise» der Held nach längerer Abwesenheit von der Vaterstadt bei der Rückkehr dem Leichenzug der Braut begegnet. In der zweiten Fassung fällt der letzte Blick der Sterbenden auf den heimgekehrten Sohn.

So hat denn Heinrich in der neuen Fassung nicht mehr das «einzige, einmalige und unersetzliche Leben» der Mutter zerstört. Das Schuldgefühl freilich bohrt nach wie vor in ihm und unterwühlt seinen Lebensmut in dem kleinen Amte, das er übernommen hat, bis Judith ihn, als die Manifestation der Natur selber, von aller Schuld freispricht.

Dieses Wiederauftauchen der Judith, der genialste Zug der Umgestaltung des Jugendromans, gibt dem Buche einen Ausklang von wahrhaft großartiger Entsagungsfreudigkeit. Die klare und weite Aussicht von der Höhe des Gottestisches, auf der die beiden reif gewordenen Menschen stehen, gießt über den Schluß den gleichen strahlenden Glanz wie das ähnliche Motiv über den Ausgang des «Verlorenen Lachen». Mit staunenswerter Kraft ist es dem Dichter gelungen, die Gestalt der Judith und ihre symbolische Bedeutung weiter zu entwickeln. Als Natursinnlichkeit wuchs sie immer tiefer in das Leben des Jünglings hinein. Dann, wie Anna stirbt, wendet er, vom Kommandowort der harten Pflicht gezwungen, auch von ihr sich ab. In Amerika hat sie in hilfereicher Arbeit für andere ihre unbändige Kraft geläutert. Das graue Damenkleid, in dem doch ihre ungebrochenen Bewegungen sich Raum verschaffen können, zeigt samt dem grauen Schleier um Hut und Hals die Veränderung ihres Wesens. Als das personifizierte Leben scheint sie aus der grauen Wand des Berges selber hervorzutreten. Die Wirklichkeit, wie sie ist, des romantischen Farbengeflimmers jugendlicher Phantastik entkleidet.

An die Stelle der Heidenstube, wo Judith einst Heinrich die wonnigste Offenbarung der sinnlichen Schönheit gegeben, ist der Gottestisch getreten. Auch dies eine Stätte, die durch die Erinnerung an heidnisches Altertum, also an eine Naturreligion, geweiht ist. Aber nicht ein Ort sinnlicher Lust, sondern strengen Rechtes, eine Dingstätte. Und hier fühlt Heinrich, indem er Judith seine Schuld gesteht, sich im Erzählen erlöst. Die Natur, die einzig das Maß sittlicher Werte gibt, spricht ihn frei von Schuld. Aber nicht einen Ehebund schließt er mit Judith, treue

Freundschaft bindet sie fortan zusammen. Denn auf die Freiheit der Selbstbestimmung gestellt ist der Bekenner der wahrhaft modernen Weltanschauung. Das persönliche Motiv des Junggesellentums hat so eine großartige symbolische Ausweitung bekommen. Heinrich aber, der am Schlusse der ersten Fassung als Spätling der Romantik, als Byronscher Pessimist, als «problematische Natur» vom Leben ausgestoßen wird, hat nun aus den labyrinthischen Irrgängen seiner Bildungsfahrt die freie Klarheit männlichen Wirkens im Kreise des Volkes gefunden gleich dem Dichter selber.

Der Aufbau der zweiten Fassung zeigt ein ähnliches Streben zum Realismus wie die stofflich-gedankliche Umgestaltung des Romans. In der Wirklichkeit entwickelt sich ein Menschenleben stetig von der Geburt bis zum Grabe. In der ersten Fassung hatte Keller in künstlicher Fügung die Jugendgeschichte als Aufzeichnungen Heinrichs eingeschoben. Jetzt folgt er chronologisch dem Ablauf seiner Erlebnisse und läßt den Helden das Ganze selber erzählen. So erreicht er statt der zerstreuenden Zweiheit von Ich und Er eine realistische Einheitlichkeit des Standpunktes und der Stimmung.

In der Ich-Erzählung steht die Person des Erzählers geistig, räumlich und zeitlich im Mittelpunkt des dargestellten Stoffes. Er kann zunächst nur das erzählen, was er selber erlebt oder von seinem Standorte aus beobachtet hat. In zweiter Linie auch Dinge, die er später von andern erfahren hat, wobei aber begründet werden muß, wie er sie erfahren hat und daß er sie überhaupt hat erfahren können. Der Umfang des darstellbaren Stoffes ist so in der Ich-Erzählung beschränkter als in der Er-Erzählung, wo der Dichter innerhalb der von ihm selbst geschaffenen Welt Allwissenheit besitzt.

Keller hat mit diesem im Wesen der beiden Erzählungsstile liegenden Gesetze in jedem einzelnen Falle gerechnet und die Kenntnis von Dingen, die außerhalb Heinrichs Gesichtskreis liegen, sorgfältig begründet. Über die Gänge, die die Mutter wegen der Berufswahl des Sohnes unternimmt, berichtet sie ihm, der damals im Heimatdorf weilt, später in einem großen Briefe, und wenn man die Briefe von Kellers eigener Mutter kennt, so weiß man, daß man sich den Bericht der Frau Lee ungefähr gleich vorzustellen hat, wie der Dichter ihre Gänge schildert.

Heinrich erlebt die Entwicklung der Liebe von Rosalie und Erikson nicht selber. Um sie aber dennoch erzählen zu können, bemerkt er: «Diesen bisherigen Verlauf hatte uns Erikson am Abend des gleichen Tages als hübsches Abenteuer selbst erzählt; in der folgenden Zeit aber kam er nicht mehr darauf zurück, sondern beobachtete über den Gegenstand ein sorgfältiges Schweigen. Wir errieten trotzdem an einem Zeichen, wie es stand usw.»

Heinrich berichtet von den Kümmernissen und schweren Gängen, die die Mutter für ihn tut, während er in der Kunststadt weilt, obgleich er sie nicht mitangesehen und die Mutter sie meist auch den andern Menschen verborgen hat. Aber das, was er später darüber erfährt und was er ihren Briefen entnimmt, genügt, um ihm in Verbindung mit der jahrelang erworbenen Kenntnis ihres Wesens ein Bild ihrer Erlebnisse zu verschaffen, das vielleicht nicht in jedem Tüpfelchen der äußeren Wirklichkeit entspricht, dem aber der Wert innerer Wahrheit innewohnt. In diesem Sinne ist Kellers Begründung von Heinrichs Schilderung aufzufassen: «So sehe ich sie jetzt noch, obgleich ich nicht dabei war, dank der Kenntnis ihrer Gewohnheiten, ähnlich wie der Altertumskundige mit seinen Hilfsmitteln und Anhaltspunkten die Ansicht eines zerstörten Denkmals wiederherstellt.»

Im Grafenschlosse läßt der Dichter Dortchen und Röschen sich über Heinrichs Bilder unterhalten, während Heinrich selber am Tische sitzend einschläft. Man hätte aber diese Situation nicht so deuten sollen, als ob Heinrich dann nachträglich eine Unterhaltung wiedergegeben hätte, die er nicht gehört, weil er geschlafen. Der Dichter sagt deutlich genug, daß Heinrich nur das erzähle, was er «mit halboffenen Augen und Ohren» noch gesehen und gehört: «Ich schlief», heißt es am Ende des Berichtes über das Gespräch, «über dem Mädchengezwitscher, das sich bis hieher ohne meine Teilnahme mir ins Gehör geschmeichelt, wirklich ein, erwachte aber einige Minuten später über einer ganz nah vor mir stattfindenden wohllautenden Ausrufung meines Namens.» Hier ist die Erscheinung des halbbewußten Hörens eines Übermüdeten und dann des plötzlichen Aufwachens des Bewußtseins mit der größten Feinheit zur Begründung der Situation benützt.

In allen Fällen aber muß man sich klarmachen, daß Heinrich eine künstlerisch begabte Persönlichkeit ist, die dürftige Andeutungen der Wirklichkeit zu Bildern von organischer Geschlossenheit auszubauen vermag, und ein Unrecht gegen den Dichter ist es, an seinen innerlich-klassischen Stil mit den Forderungen eines äußerlich-mechanischen Naturalismus heranzutreten.

Zu der großen Umgestaltung der Komposition, wie sie die Umwandlung der Er-Partien in Ich-Partien erforderte, treten noch Einzelverschiebungen. Vor allem sind die Erlebnisse im Grafenschloß nun in anderer

Reihenfolge erzählt. In der ersten Fassung erfahren wir zum Beispiel erst nach dem Auftreten und der Charakteristik des Pfarrers, daß Dortchen nicht an Gott und Unsterblichkeit glaubt, worauf dann die Religionsgespräche folgen. In der zweiten Bearbeitung dagegen kommt die Erwähnung von Dortchens Unglauben nach dem Bericht über ihre Herkunft. Dann hören wir von Heinrichs Malerei, hierauf folgen die Religionsgespräche, und an sie schließt sich dann die Ankunft und Charakteristik des «idealistischen» Pfarrers an, dem nun Peter Gilgus gegenübergestellt wird. Durch diese Umstellung ist einerseits das Zusammengehörige als organische Entwicklung vereinigt und anderseits doch eine wohltuende Abwechslung des äußeren Geschehens erzielt.

Die Begründung der Geschehnisse macht sich der romantische Dichter leicht. Er, dem das Ganze der Welt durchaus wunderbar ist, gibt sich nicht Rechenschaft über die Möglichkeit und das Eintreten neuer Ereignisse und Beziehungen. In der ersten Fassung des «Grünen Heinrich» trifft man da und dort auf diese romantische Sorglosigkeit in der Begründung.

Wie Heinrich mit Agnes nach dem Landhaus Rosaliens kommt, wird sie in der ersten Fassung von Ferdinand zärtlich begrüßt, was nach seiner Unfreundlichkeit am Feste selber befremdend wirkt. In der zweiten Fassung läßt der Dichter Ferdinand der Geliebten freundlich den Arm bieten; ihr Anblick ist ihm nicht unwillkommen, da die Alltagstracht Eriksons und Rosaliens den phantastisch Aufgeputzten mit Sorgen erfüllt hat.

In der ersten Fassung kommt Heinrich als ein willkommener Landstreicher ins Grafenschloß, mit eingeweichtem Hut, «über und über mit Schlamm und Kot bedeckt», in armseligem Gewand, und es bedarf bei Dorothea der Erinnerung an ihr einstiges Zusammentreffen während Heinrichs Reise nach der Kunststadt, um ihm gute Aufnahme zu gewähren. In der zweiten Fassung hat Heinrich sich vor der Abreise von der Kunststadt noch einen neuen Anzug verschafft, der nun nur durch die Wanderung im Regen durchnäßt und beschmutzt ist. So flößt er von vornherein Dortchen mehr Vertrauen ein, und bald merkt sie an einem Shakespearezitat, daß er kein Landstreicher, sondern ein gebildeter Mensch ist.

Die Sprache der zweiten Fassung geht überall darauf aus, die individuelle Wahrheit und Lebendigkeit zu steigern, bringt aber das Individuelle nur, sofern ihm zugleich wesentliche Bedeutung innewohnt. Die Charakteristiken der einzelnen Lehrer Heinrichs an der Gewerbsschule sind daher nun bis auf diejenige Eglis gestrichen. In der Charakteristik Römers fehlt ein großes Stück, und die Schilderung des Künstlerfestes ist beschnitten. Die entsprechenden Stücke in der ersten Fassung enthielten zuviel bloß individuell Erlebtes oder tatsächlich Geschehenes, dem der geschärfte Blick des späteren Dichters keine typische Bedeutung mehr beizumessen vermochte.

Dagegen galt es nun, das Individuelle in seiner äußerlich-sinnlichen Seite mit größerer Genauigkeit wiederzugeben. Lehrreich ist eine Vergleichung der Schilderungen des ersten Eindrucks der Kunststadt auf Heinrich. Die Darstellung der ersten Fassung ist romantisch-phantastisch: «Da glühten im letzten Abendscheine griechische Giebelfelder und gotische Türme; Säulen der verschiedensten Art tauchten ihre geschmückten Häupter noch in den Rosenglanz, helle gegossene Bilder, funkelneu, schimmerten aus dem Helldunkel der Dämmerung, indessen buntbemalte offene Hallen schon durch Laternenlicht erleuchtet waren und von geschmückten Frauen durchwandelt wurden. Steinbilder ragten in langen Reihen von hohen Zinnen in die Luft, Königsburgen, Paläste, Theater, Kirchen bildeten große Gruppen zusammen, Gebäude von allen möglichen Bauarten, alle gleich neu, sah man hier vereinigt, während dort alte geschwärzte Kuppeln, Rat- und Bürgerhäuser einen schroffen Gegensatz machten.»

Die Darstellung der zweiten Fassung rückt alles ins Scharf-Realistische: «Da glühten im letzten Abendscheine griechische Giebelfelder und gotische Türme; Säulenreihen tauchten ihre geschmückten Häupter noch in den Rosenglanz, helle gegossene Erzbilder, funkelneu, schimmerten aus dem Helldunkel der Dämmerung, wie wenn sie noch das warme Tageslicht von sich gäben, indessen bemalte offene Hallen schon durch Laternenlicht erleuchtet waren und von geputzten Leuten begangen wurden. Steinbilder ragten in langen Reihen von hohen Zinnen in die dunkelblaue Luft, Paläste, Theater, Kirchen bildeten große Gesamtbilder in allen möglichen Bauarten, neu und glänzend, und wechselten mit dunklen Massen geschwärzter Kuppeln und Dächer der Rats- und Bürgerhäuser.»

Der Individualisierung dient die Benennung bisher namenloser Personen. Der Gottesmacher vom Rhein hat nun den passenden Namen Reinhold erhalten, der alte Trödler heißt nun Joseph Schmalhöfer. In andern Fällen sind die Namen im Sinn schärferer Charakteristik oder größerer Natürlichkeit geändert: Ölfinger heißt nun Wurmlinger, Apollönchen Röschen.

Derbheiten und Übertreibungen der ersten Fassung sind gemildert. In der ersten Fassung hantieren bei der Glattgröße die Männer «wie die Teufel in Erde, Holz und Steinen». In der zweiten Fassung heißt es schlichter: «Sie schafften in Erde, Holz und Steinen.» In der ersten Fassung läßt der Dichter den geisteskranken Römer, wie er angeblich im Gasthof die Königinmutter von Neapel besucht, an den «geheimsten und zugleich zugänglichsten Ort» des Gasthofes gehen, was Heinrich «ein unangenehmer Duft verriet, den er an die frische Luft mit sich brachte». In der zweiten Fassung merkt Heinrich an dem Duft, daß sich Römer in der Kutscherstube aufgehalten und dort wohl eine Knoblauchwurst nebst einem Glase Wein zu sich genommen hat. In der ersten Fassung läßt der Dichter Lys bei dem tollen Spiel in Rosaliens Landhaus all sein Geld und seinen Schmuck im Wert von über dreitausend Gulden verlieren. In der zweiten büßt er nicht viel mehr als tausend Gulden an barem Gelde ein.

Alle diese Tatsachen zeigen, mit welch hervorragendem Kunstverstand Keller die Umgestaltung seines Jugendromans durchgeführt hat. Es dürfte kaum ernstlich bestritten werden, daß er damit den «Grünen Heinrich» als Ganzes erst zum Kunstwerk erhoben hat, wenn architektonische Proportion und Symmetrie, organische Geschlossenheit, Wahrheit der Begründung, Schärfe der Charakteristik, Geschmack und reines Ebenmaß der Sprache das Wesen des Kunstwerks ausmachen. Wohl vermißt man in dem neuen Roman die eine und andere Episode, die der ersten Fassung unvergleichlichen Reiz verleihen. Dafür aber sind auch so wundervolle Neuschöpfungen wie die Zwiehangeschichte und das Erlebnis Heinrichs mit Hulda hinzugekommen und sind blutlose Betrachtungen ausgeschieden. Immer und immer wieder taucht die Erörterung des Schlusses auf. Diejenigen, die den alten tragischen Schluß als konsequenter befürworten und darauf hinweisen, daß schon in der Jugendgeschichte Heinrichs die Wendung zum tragischen Ausgang vorbereitet sei, mögen zweierlei nicht vergessen. Einmal, welch ehrliche Tüchtigkeit und Klarheit in Heinrich von Anfang an vorhanden ist, Eigenschaften, die ihn sehr wohl zum Staatsmann geeignet machen, wie denn auch der Dichter selber der vortrefflichste Staatsschreiber geworden ist. Sodann gibt es nicht nur eine Tragik, die den Helden in den Tod sendet. Auch in das schimmernde Gewebe des zweiten Schlusses sind schwarze Fäden eingewoben. Wenn der Dichter dennoch Heinrich weiter leben und wirken läßt, bleibt er sich stets bewußt, daß sein Glück auf dem dunklen Grunde der Schuld und der Entsagung ruht, davon keines tiefen und hochstrebenden Menschen Dasein frei ist. Die schlichte Beamtentätigkeit, in die Heinrichs reiche Bildungsodyssee ausläuft, sollte man nicht als graues Alltagsbanausentum tadeln. Von dem Dichter verlangen, daß er Heinrich etwa Künstlerruhm als Lohn hätte geben sollen, hieße ihm den komödiantischen Flitterstaat einer Backfischromantik aufdrängen, die in «Fürsten» und «Helden» und «Künstlern» den Inbegriff und die Krone irdischen Lebens sieht. Die Arbeit, die Heinrichs Los wird, entbehrt des äußeren Glanzes. Dafür aber birgt sie ebensosehr das strahlende Licht gemeinnützigen Menschentums in sich wie Goethes Beamtentätigkeit in Weimar.

Eigenes Gefühl ungenügender Vollendung, gesteigert durch den Unverstand maßgebender Kritiker wie Kreyßig und Prutz, die das Buch in keiner Schublade hatten unterbringen können, hatte Keller die erste Fassung aufs gründlichste verleidet, und wir fühlen ihm nach, wenn er sie nach Kräften durch die zweite aus dem Bewußtsein des Publikums zu verdrängen strebte. Die hundertzehn Exemplare von Band 1 bis 3, die er von Vieweg hatte zurückkaufen müssen, verbrannte er größtenteils im Herbst und Winter 1879/80. Die Bücher, ohnehin unvollständig, waren meistens beschmutzt und beschädigt. Nach Baechtold soll er einst fast feierlich gesagt haben: Die Hand möge verdorren, welche je die alte Fassung wieder zum Abdruck bringt! Man wird gut tun, diesen Dichterfluch nicht allzu tragisch zu nehmen. Dafür widerspricht sich Keller, wie es das Recht jedes temperamentvollen Menschen ist, zu oft, dazu liebt er, der als Künstler seinen Stil so fein abzutönen weiß, die starken Ausdrücke im Gespräch zu sehr. In seinem Nachlaß hat der Dichter jedes Zettelchen aufbehalten, um ein wahres und lückenloses Bild seines Wesens zu ermöglichen, dessen geschichtlichen Wert er zu keiner Zeit verkannt. Für die wahre Literaturwissenschaft besaß der Freund Hettners, Vischers, Kuhs die größte Hochachtung und das tiefste Verständnis. Die reiche Entfaltung der Erforschung seines Schaffens konnte er nicht voraussehen. Aber es ist undenkbar, daß er den Wiederabdruck der ersten Fassung in einer wissenschaftlichen Ausgabe seiner Werke je hätte verbieten wollen. Hat er doch auch Wilhelm Petersen von dem Dutzend Exemplaren, das er bei dem Autodafé zurückbehielt, eines zum Geschenk gemacht. Es genügte ihm, wenn auf dem Literaturmarkte die zweite Fassung als die endgültige ging.

Dem raschen buchhändlerischen Erfolg schadete die geteilte Erscheinungsweise. Weibert hatte über mangelnden Absatz zu klagen. Erst 1884 konnte eine zweite Auflage erscheinen. Sie blieb die einzige bis zur Veranstaltung der Gesamtausgabe der Werke im Jahr 1889, die dann auch den großen Jugendroman flott machte.

Die Kritik verhehlte, bei aller Bewunderung vor dem großartigen Gehalte und der reifen Kunst im einzelnen, die Bedenken gegen die neue Form nicht. Otto Brahm, der den Roman in der «Deutschen Rundschau» und in der «Deutschen Literaturzeitung» besprach, fand durch den neuen Schluß die Einheitlichkeit des Kunstwerkes zerstört. Aber Brahm, schrieb Keller unwillig am 21. April 1881 an Wilhelm Petersen, «hat nicht einmal bemerkt, daß das Duell mit Lys nicht mehr bis zur Verwundung fortgeführt wird und Heinrich also nicht mit dem Tode des Freundes belastet wird. So nennt er auch das Verhältnis zur Judith am Schlusse ein unklares, dies allerdings, weil er es wahrscheinlich nicht begreift.»

Dafür spendete Paul Heyse, dem die frischen Aushängebogen mitgeteilt wurden, rückhaltlose Bewunderung: «Ich habe gleich alles andere beiseits geschoben, liebster Freund, und mich in diesen vierten Band versenkt, die erste Nacht weit über meine Polizeistunde. Seitdem umklingen mich die hellen und tiefen Stimmen, die durch das ganze Werk gehen, wie ein mächtig figurierter Gesang, mit dem der Grundton meines eigenen Wesens so im Einklang ist, daß ich ein unsägliches Wohlgefühl mit mir herumtrage. Ich bin daher gar nicht geneigt und auch sehr ungeschickt, etwas darüber zu sagen, was diese Gesamtstimmung artikulierte und womit Du, als der Stifter dieser Wirkung, irgend etwas anfangen könntest. Vielleicht werde ich dem Werk, das ich bisher wie eine wundersam von der Natur gebildete Erzstufe mit allerlei inkrustierten Edelsteinen bestaune, noch einmal mit gelassener technischer Spitzfindigkeit beikommen, da es denn doch nicht ohne allerlei Weisheit und Plan zusammengefügt ist. Und so viel kann ich heute schon sagen, daß die Wandlung, die es erfahren, mir über alles Hoffen geglückt scheint, da nichts schwerer ist, als seinen eigenen alten Ton wiederfinden und Neues an alte Fugen anschmiegen. Ich bin nun durch die Lösung der Schicksalsrätsel dieses Deines wundersamen Doppelgängers in die reinste und froheste Rührung versetzt worden und wünschte nicht das Geringste davon oder dazu getan. Immer von neuem hat mich staunen machen, wie zwischen den alten und neuen Partien, die durch Jahrzehnte auseinanderliegen, nicht der leiseste Unterschied an innerer Reife und lauterer Menschlichkeit zu spüren ist, mit andern Worten, welch ein ganzer Kerl in der unerbittlichsten Bedeutung des Wortes Du schon warst, als Dir zum ganzen Künstler noch einiges fehlte. Und so sehe ich meinen alten

Glauben, daß der *Mensch* bei aller Kunstübung das A und O sei, triumphierend wieder bestätigt. Es wird sehr kluge Leute geben, die in ihrer ästhetischen Orthodoxie an diesem und jenem in Deinem Buche ein Ärgernis nehmen zu müssen sich einbilden; aber ich bin fest überzeugt, daß dem starken und gediegenen Strom des Lebens, der durch diese Blätter rauscht, selbst der eingerammteste Pfahlkritiker nicht widerstehen kann. Hieran hätte ich nun wieder etliche Liebeserklärungen zu knüpfen, die mir aber mündlich besser glücken – obwohl litterae nicht rot werden sollen –, weil in der Liebe das umständliche Formulieren schwarz auf weiß immer einen leidigen pedantischen Anstrich bekommt. Du kennst mich nachgerade, und zum Überfluß haben wir uns ein paar gute Stunden erst kürzlich wieder gegenüber gesessen. Laß Dir also diesen Händedruck genügen, mein Allerteuerster! – Meine Frau liest nun, und mit ihr werde ich alles von neuem durchgenießen. Ich ertappe mich alle Augenblicke darauf, daß ich diese und jene Seite wieder aufschlage und gleich wieder fortgezogen werde. Die Traumgedichte haben mir's nicht zum wenigsten angetan. Ein Meisterstück, wie bei aller leisen spielenden Symbolik doch das wahre Wesen der schlafwandelnden Phantasie überall gewahrt bleibt, nirgend eine dichterische Verunstaltung uns nüchtern macht. Und dann bin ich in Hulda verliebt, und Dortchen ist nun gar zum Anbeißen, und der ‚Bruder Grave' mein spezieller Freund, und über alle und alles die Mutter, die ich mit Augen zu sehen meine.»

21

DAS SINNGEDICHT

Das erste Lebenszeichen des «Sinngedichts» meldet sich auf jenem Berliner Notizblatt aus dem Jahre 1851: «Variationen zu dem Logauschen Sinngedicht: ‚Wie willst du weiße Lilien usw.‘» Auf dem gleichen Blatte stehen auch die Stichwörter zweier Novellen, die dem Sinngedicht einverleibt wurden: «Obige Novelle kontra Auerbach» weist auf «Regine», das Gegenstück zu Auerbachs «Frau Professorin», und «Adelige Korruptionsgeschichte. Husarentasche» ist das Grundmotiv der «Armen Baronin». Dann hören wir nichts mehr von den Novellen bis 1855. Damals, am 19. September, bot Keller, verärgert über die Quengeleien Viewegs, Franz Duncker eine «Sammlung heiterer und durchsichtiger Erzählungen an, welche in eine Haupterzählung eingeschachtelt sind». Sie sollten zwei Bände von je zwanzig Oktavbogen stark sein und den Titel «Die Galatea» führen. Bis Mitte November sollte das ganze Manuskript abgeliefert werden. Um den zögernden Dichter zur Arbeit zu peitschen, sollten für jeden Monat verspäteter Ablieferung fünfundzwanzig Taler vom Honorar von fünfhundert Talern als Konventionalstrafe abgezogen werden. Am 30. September wurde der Vertrag abgeschlossen und Keller auf seine Bitte die Hälfte des Honorars als Vorschuß ausbezahlt. Aber die Spannung, die zwischen ihm und Dunckers eintrat, raubte ihm die Stimmung zur Arbeit. Er reiste von Berlin ab, ohne eine Zeile Manuskript abgeliefert zu haben. In dem Briefwechsel, der nun anhob, sind die Galatea-Novellen, ob eingestanden oder nicht, die Angel, um die sich die Gedanken und Mitteilungen in Scherz und Ernst drehen. Franz Duncker kannte wohl die Misere der Drucklegung des «Grünen Heinrich» aufs genaueste. Er führte die Geschäftsinteressen weniger tatkräftig ins Feld als Vieweg. Statt zu drängen oder zu drohen, begnügte er sich mit Erinnerungen und Fragen in vornehmster oder freundschaftlichster Form und nach langen Pausen. Hin und wieder schrieb er selber, meist aber unterhielt seine Gattin Lina den Verkehr freundschaftlich, neckisch und immer zartfühlend.

Als Keller 1881 das fertige Sinngedicht Adolf Exner schickte, schrieb er, die ersten siebzig Seiten (das heißt bis zum Anfang der Reginenovelle) seien 1855 in Berlin entstanden. Wenn er damals gehofft, in der Heimat mehr Stimmung zur Fortsetzung zu finden, so täuschte er sich gründlich.

Monat um Monat, Jahr um Jahr verging ohne gedeihlichen Abschluß. Die Sinngedicht-Novellen atmen den heiteren Geist des Dunckerschen Hauses; Keller hat sie auch Lina Duncker oder ihrer Schwester einmal widmen wollen. Nun verblaßte die Erinnerung an diese Erlebnisse. Die nationalen Festfreuden und politischen Gewitterwolken der fünfziger Jahre lenkten den Sinn von den neckischen Phantasiespielen ab, und die Not war der Arbeit nicht förderlich. «Die Novellen sind hauptsächlich stecken geblieben», schrieb er im Juni 1859 Lina Duncker, «weil sie dem Plane nach ausschließlich aus Liebesgeschichten bestehen und mir die leichte Stimmung für dergleichen einstweilen abhanden gekommen ist, während ich durch mein hiesiges Leben für festere und löblichere Dinge angeregt wurde.» So erlebte das «Sinngedicht» das Grünheinrichschicksal in gesteigerter Form. Um so seltsamer, daß der Säumige im Frühjahr 1857 dem Verleger die Vermehrung von zwei auf drei Bände vorschlug, worauf Duncker nicht einging. Einen etwelchen Ersatz bot Keller 1860 Duncker in dem «Apotheker von Chamounix». Als jener ablehnte, mochte sein Gewissen wieder beruhigt sein. Zwölf Jahre lang schwieg nun Duncker. Erst das Erscheinen der «Sieben Legenden» veranlaßte ihn 1872 zu einem Mahnbrief; hätten die «Legenden» doch einst einen Teil der Galatea-Novellen bilden sollen! Wieder vertröstete der Dichter. Nach der Ausgabe der neuen Seldwyler Geschichten dachte man beiderseits 1874/75 an einen neuen Vertrag, der die Bestimmung der Konventionalstrafe nicht mehr enthalten sollte. Auch Lina Duncker beschwor noch einmal die alte Freundschaft. Aber die Stimmung zu den Galatea-Novellen wollte sich nicht einstellen, und die «Züricher Novellen» und die Umarbeitung des «Grünen Heinrich» wurden vorausgeschickt. Ich bin überzeugt, daß bei dieser Verzögerung geschäftliche Erwägungen mitsprachen. Keller hatte, eine Frucht der Staatsschreiberzeit, nun auch die praktische Seite der Schriftstellerei zu wahren gelernt. Ehe er Weibert die «Legenden» gab, erkundigte er sich bei Vischer über die Güte des neuen Verlegers. Und nun besaß er genug Verbindungen mit Berlin, um über den Niedergang von Dunckers Verlag im klaren zu sein, der ihm sowieso durch seine demokratisch-sozialistische Richtung längst nicht mehr zusagte. Einem sinkenden Schiff aber durfte er ein Stück seiner geistigen Habe jetzt um so weniger anvertrauen, als er, nach dem Abschied vom Amt, aus seinem literarischen Erwerb leben mußte. Es war ihm wohl, so groß sein Mitgefühl für die Freunde war, dennoch eine nicht unangenehme Lösung, als der Zusammenbruch von Dunckers Verlag ihm 1878 die Pflicht auflegte, jenem den Vorschuß mit Zinsen zurückzuzahlen, und ihm so die Möglichkeit wurde, das «Sinngedicht» flottzumachen. Die letzte Rate wurde am 16. April 1879 bezahlt.

Noch hielt dem Dichter damals die Umarbeitung des «Grünen Heinrich» die Hände gebunden. Ehe sie beendet war, nahm Rodenberg sich des «Sinngedichtes» an. Keller hatte ihm und seiner Frau bei einem Besuche in Zürich einige der lieblichen Gebilde vor der Phantasie vorübergaukeln lassen. Nun erkundigte sich Rodenberg im März 1879 nach ihnen. Im Dezember kann Keller Bestimmteres melden, wenn auch die sibirische Kälte des Winters 1879/80 ihn in seinen Arbeiten zurückstellt. Im Januar 1880 kündigt er die Novellen für das Aprilheft der «Rundschau» an. Im September tauchen auf einmal Bedenken wegen des Titels auf. «Galatea» ist schon längst aufgegeben, aber auch «Das Sinngedicht» ist wieder fraglich geworden. Keller fürchtet, es möchte vielleicht bereits ein neueres Buch belletristischen Inhalts mit diesem Titel geben. Aber «ein Titel wie ‚Der Versuch' wäre zu klanglos und blöde». Rodenberg beruhigt wegen des «Plagiates». Vom Januar bis Mai 1881 erschienen die Novellen in der «Deutschen Rundschau». Zu Ende des Jahres kam die Buchausgabe, um die Erzählung von Lucies Jugendliebe zu ihrem Vetter Leodegar erweitert, bei Wilhelm Hertz in Berlin heraus. «Weibert», schrieb Keller im Januar 1882 an Vischer, «ist nicht der Verleger des Buches. Er hat, als es während fünf Monaten in der ‚Deutschen Rundschau' erschien, mit keinem Worte verlauten lassen, daß er dies Erscheinen auch nur bemerkt hätte, weshalb ich die Novellen einem Berliner übergab, der dieselben aus freien Stücken begehrt hatte.» Da der Verlag von Wilhelm Hertz die der sogenannten schönen Literatur angehörige Abteilung des Franz Dunckerschen in sich aufgenommen hatte, ist das Buch doch in gewissem Sinne bei der Firma, mit der es einst vereinbart worden, vom Stapel gelaufen.

Das «Sinngedicht» ist in der Komposition und zum Teil auch im Stoff das Glied einer langen und ruhmvollen literarischen Entwicklung. Boccaccio hatte dem Abendland in seinem «Dekamerone» das erste große Beispiel eines Novellenzyklus gegeben, in dem eine Anzahl Erzählungen aus der Unterhaltung einer Gesellschaft hervorwächst. Goethe hatte die Kompositionsform in seinen 1795 in den «Horen» erschienenen «Unterhaltungen deutscher Ausgewanderten» nachgebildet. Wie bei Boccaccio Jünglinge und Mädchen aus Florenz sich Geschichten erzählen, um über den heiteren Spielen der Phantasie die Not der Pestzeit zu vergessen, so lenkt auch die Gesellschaft, die bei Goethe sich auf dem Gute der Baronesse von C. zusammengefunden hat, durch Novellenerzählen die Aufmerksamkeit ab von den aufregenden Vorgängen der Französischen Revolution. An Goethe schließen sich Wieland mit seinem 1805 erschienenen «Hexameron von Rosenhain», E. Th. A. Hoffmann mit seinen «Serapionsbrüdern» (1819), und der von dem jungen Keller gepriesene Wilhelm Hauff mit seinen Märchensammlungen «Die Karawane», «Der Scheik von Alessandria und seine Sklaven» und «Das Wirtshaus im Spessart» (1826/27). Sie alle übertrifft das «Sinngedicht» an geistiger Vertiefung der Form und an Kunst der stofflichen Verflechtung.

In Lessings und Ramlers Ausgabe von Logaus Sinngedichten fand Keller im sechsten Buch die Verse:

Wie willst du weiße Lilien zu roten Rosen machen?
Küß' eine weiße Galatee: sie wird errötend lachen.

Was er aus dem Spruch des gescheiten Epigrammatikers herauslas, war eines der wichtigsten Probleme seines Lebens, das Verhältnis von Sinnlichkeit und Sitte. Feuerbach, der das natürliche Leben entbunden, hatte der Freiheit zugleich durch den Gedanken der sittlichen Verantwortlichkeit eine selbstgeschaffene Schranke gesetzt. Keller selber hatte am Schlusse des ersten «Grünen Heinrich» in dem tiefsinnigen Liede des alten Fährmannes die Wechselbeziehung von Glück und Recht erörtert und seinen Helden zugrund gehen lassen, weil seine Lebensfreudigkeit am Unrecht (dem Tode der Mutter) zerschellt war. In dem «Verlorenen Lachen» nehmen die Namen Jukundus und Justine den Zweiklang Lust und Recht wieder auf, und eine wahrhaft glückliche Ehe zwischen den beiden wird erst möglich auf der Grundlage sittlicher, das heißt politischer und religiöser Klarheit.

Eine Bestätigung dieser Forderung bot Logaus Sinngedicht in dem anmutigen Paradoxon «errötend lachen». Erröten, als der Ausdruck der Befangenheit, weist auf die innerlichst gefühlte Schranke der Sitte, die Scham, hin. «Scham», sagt Hebbel, «bezeichnet im Menschen die innere Grenze der Sünde. Wo er errötet, beginnt eben sein inneres Selbst.» Der Schamlose errötet nicht mehr. Im Lachen aber spricht die Lebenslust des geistig freien Menschen sich aus. Das Tier lache nicht, sagt Keller im «Sinngedicht» selber. Wahrung der sittlichen Schranke mitten im freien Genusse, das war die Deutung, die Keller aus seiner Weltanschauung heraus Logaus Wort «errötend lachen» geben mußte. Es war die Formel, in die er in der drangvollen Zeit um 1850 und später im besonderen seine Auffassung des Liebes- und Eheproblems faßte.

Damit war nach Stoff und innerer Begründung Ausgangspunkt und

Ziel des Novellenzyklus gegeben. Es galt, einen Mann ein Weib finden zu lassen, das als Verkörperung von Sitte und Freiheit die Bedingung des «errötend lachen» erfüllte. Indem damit zugleich auch Irrfahrten ins Gebiet unfreier Sitte oder sittenloser Freiheit verknüpft wurden, war die Möglichkeit von «Variationen» des Logauschen Sinngedichts und damit die Form des Novellen*zyklus* gegeben. Es entsprach Kellers, des einstigen Malers, starker optischer Begabung, daß er die weibliche Verkörperung dieses Idealzustandes von Lust und Sitte Lucia, Lucie oder Lux, Licht nannte. Aus dieser Vorstellung ergab sich wiederum die Anfangssituation, daß der Naturforscher Reinhart, eine einseitige Verkörperung strenger Pflichterfüllung, über allzu eifrig betriebenen spektroskopischen Untersuchungen im verdunkelten Zimmer einen stechenden Schmerz im Auge empfindet. Nach Baechtolds Mitteilung hat Keller in Reinhart einen Berliner Bekannten geschildert; man hat also wohl an den Astronomen Adolf Hirsch zu denken.

Der Logausche Spruch weist dem Licht-, das heißt Glückbedürftigen das Ziel für seine Fahrt ins Leben. Die schöne Zöllnerin an der Brücke gibt ihm den Kuß ohne viel Besinnen, lachend, aber ohne zu erröten. An der Heerstraße des Verkehrs ihres Berufes waltend, ist sie wohl frei geworden, hat aber den holden Duft der Scham abgestreift – Freiheit ohne Sitte. Auch das Töchterlein im ländlichen Pfarrhause spendet den Kuß. Aber, in befangener Enge herangewachsen, verwahrt wie ein sauber gearbeitetes Uhrwerk unter einer Glasglocke, errötend, ohne zu lachen – Sitte ohne Freiheit. Indes weist sie doch durch den Brief, den sie Reinhart für ihre Freundin Lucie mitgibt, den Weg zum Ideal.

Ehe Reinhart bei Lucie eintrifft, muß seinem Unterfangen der Schein bloßer abenteuernder Keckheit genommen und er selber als ein Mann von Freiheit und Sitte dargestellt werden. Er will durch den Kuß eine tüchtige Ehe gründen, nicht sich bloß belustigen. Diese Bedeutung hat das Abenteuer mit der schönen Wirtin im Waldhorn, deren Kuß er verschmäht, weil sie ein «Kamel» ist.

Die Begegnung Reinharts mit Lucia erinnert an die Ankunft des grünen Heinrich im Grafenschloß. Lucia selber ist eine geklärte Wiederholung des Dortchen Schönfund, und ihr Verhältnis zu dem Oheim gehört zu dem für Keller so bezeichnenden Stofftypus von älteren Herren und jungen Mädchen (Dortchen und ihr Pflegevater; Lydia im «Pankraz» und ihr Vater). Wie er, aus seinem eigenen Erleben, den Knaben und Jüngling mit Vorliebe im Verhältnis zur Mutter darstellt (im «Grünen Heinrich», «Pankraz», «Frau Regel Amrain» usw.), so schildert er, als

Komplementärtypus, auch das Mädchen vornehmlich im Verhältnis zum Vater oder dessen Stellvertreter.

Die Geschichten, die auf dem Landgute erzählt werden, beziehen sich alle auf die polaren Mächte Freiheit und Sitte im Verkehr von Mann und Weib. Aber die Grundwerte spielen in verwandte Sphären hinüber, und für Freiheit tritt etwa der Begriff Natur oder sinnliche Lust, statt Sitte Konvention ein. Die Geschichte von der schönen Wirtstochter Salome (lucus a non lucendo!) und dem leichtsinnigen Drogo weist auf Reinharts Abenteuer im «Waldhorn» zurück. Es ist, nach Lucias Ansicht, ein Beispiel dafür, wie Natur und Bildung sich ausschließen. Die Bauerntochter taugt nicht in das städtische Haus.

Daß dies nicht nach Kellers Sinn ist, läßt er seinen Helden Reinhart erklären: «Ein kluger und wahrhaft gebildeter Mann kann erst recht ein Weib heiraten und ihr gut sein, ohne zu sehen, wo sie herkommt und was sie ist; ... nur über eines kann er nicht hinauskommen, ohne zu fehlen: das Gesicht muß ihm gefallen und hernach abermals gefallen.» Den Beweis für diesen Satz gibt die Erzählung von Regine. Das stoffliche Grundmotiv bot Jakob Henles Ehe mit Elise Egloff, die im Hause des Chemikers Löwig Dienstmädchen gewesen war, und daß er diese Novelle gegen Auerbachs «Frau Professorin» geschrieben, bezeugt der Dichter selber in der ersten Notiz darüber. Bei Auerbach heißt der Held Reinhart, wie Kellers Naturforscher. Als Maler lernt er das ländliche Wirtstöchterchen Lorle kennen, malt sie, verliebt sich in sie und führt sie als seine Frau in die kleine Residenz, wo er Professor und Galeriedirektor geworden ist. Selber in der Gesellschaft und am Hofe verkehrend, hält er sein Lorle diesem Leben fern, um das Wiesenblümchen unberührt sich zu Genuß und Augenweide zu bewahren. Aber die Natur an ihr stößt ihn bald ebenso ab, wie Drogo und die Seinen von der bäurischen Art der Salome sich geniert fühlen. Der Gegensatz zu den feinen Damen der Hofgesellschaft ist zu groß. Schmerzlich spürt Lorle die Entfremdung, und schließlich kehrt sie ins Dorf zurück.

Kellers Äußerungen über die Erzählungen seines Freundes Auerbach sind nicht gerade von Begeisterung eingegeben, wenn er auch aus Höflichkeit gelegentlich an ihnen rühmt, was allenfalls zu rühmen war. Was ihn an der «Frau Professorin» verdroß, war die schroffe Gegenüberstellung von Natur und Kultur im Sinne der sentimentalen Konvention des achtzehnten Jahrhunderts. Keller erkannte diesen Unterschied nicht an. In seinen Augen konnte, ja mußte die Natur sich auch innerhalb der Kultur behaupten, indem sie unbeirrbar ihres Weges ging. Das Gut, das der

Kulturmensch vor dem Naturgeschöpf voraus hat, ist schnell nachgeholt, wo nur das Herz am rechten Flecke steht. Was zerstörend auf die Natur wirkt, ist die Überkultur und die Armut des Herzens.

Um seinem Helden Erwin Altenauer die freie Unbefangenheit gegenüber der Kultur zu geben, macht Keller ihn zum Amerikaner. Er ist von einfachen Sitten, klar und bestimmt in seinen Worten und ohne Umschweife. Regine, die ihm durch ihre Schönheit aufgefallen, tritt er näher, wie er Gelegenheit hat, sie von der übermütigen Zudringlichkeit der Studenten zu befreien. Im näheren Verkehr lernt er ihre innere Tüchtigkeit kennen, ihre hilfbereite Liebe zu den Ihrigen, ihre Bildungsfähigkeit und ihr reines Gefühl. In aller Ordnung wirbt er um sie, läßt sie in den äußeren Formen der Gesellschaftsbildung unterrichten und heiratet sie. An seiner Seite wächst sie rasch in die wahre Bildung herein. Sie ist aus der Bäuerin eine «Dame» geworden, wie Judith, ohne am Schatten der Kultur das gesunde Wangenrot des Naturkindes zu verlieren. Das Verhängnis beginnt erst, wie ihr Mann durch Geschäfte von ihrer Seite gerissen wird und die «drei Parzen» auftauchen. Auch diese Gestalten sind Variationen eines altbekannten Kellerschen Typus. Eugenia in den «Legenden» und Käthchen Ambach steigen auf, die Emanzipierten, die Keller aufs grimmigste haßt, weil sie mit ihrer Verwischung der Geschlechtsunterschiede die Natur zu verfälschen trachten. Geschöpfe der Überbildung, die in Wahrheit Unbildung ist, verwirren sie den reinen Sinn Regines und pflanzen durch die Bilder, die das Malweib taktlos von ihr anfertigt und verkauft, Mißtrauen in die Seele des Gatten. Der nächtliche Besuch eines Mannes steigert das Mißtrauen zur Gewißheit der Untreue, die durch Regines verstörtes Wesen bestätigt wird. Und nun tötet sie die Verzweiflung. Zu spät wird ihre Unschuld offenbar. Aber die Art, wie sie aus der Welt scheidet, läßt die Schönheit ihrer Seele in hellstem Glanze erstrahlen.

Um eine Vergewaltigung der Natur handelt es sich in der zweiten Treppenheirat, die Reinhart erzählt, der «Armen Baronin». Unnatur ist die seit Generationen in dem adeligen Hause geübte Gepflogenheit der Männer, vom Frauengute zu leben und es durchzubringen. Unnatur die Grausamkeit der Brüder gegen die Schwester, die sie durch die Heirat mit dem Rittmeister um ihr Vermögen bringen. Unnatur die Schandtat des Rittmeisters, der durch den Pistolenschuß am Bett des kranken Kindes dessen Tod verschuldet. So sind sie schuld daran, daß auch in der feinen und gutgearteten Baronin Geist und Gemüt in der Armut verkümmern. Erst Brandolfs Mitleid weckt die Natur wieder in ihr und läßt sie in holder Schönheit erblühen. Nicht stark genug aber kann der Dichter die schuldigen Unholde, ihre Brüder und ihren ersten Mann, bestrafen. Am Hochzeits- und Winzerfeste müssen sie als Teufel, an den Schwänzen gezogen, vor der Jungvermählten ihre Bocksprünge machen. Erst dann läßt er sie in Amerika noch ein bescheidenes Lebensglück finden. Die strenge Bestrafung der drei Unholde gehört zu denjenigen Stellen in Kellers Werken, gegenüber denen man den Vorwurf der Derbheit hervorholt. «Wie, zum Teufel, Meister Gottfried», meinte Storm, «kann ein so zart und schön empfindender Poet uns eine solche Roheit ... als etwas Ergötzliches ausmalen, daß ein Mann seiner Geliebten ihren früheren Ehemann nebst Brüdern zur Erhöhung ihrer Festfreude in so scheußlicher, possenhafter Herabgekommenheit vorführt! Hier stehe ich nicht mit dem Hut in der Hand und sage: ‚Wartet, der Dichter will erst seinen Spaß machen!'» Aber Storms Rat, die anstößige Stelle in der Buchausgabe zu beseitigen, hat Keller nicht befolgt. «Sie haben übersehen», schrieb er, «daß die Braut nebst den Hochzeitsgästen keine Ahnung von der Sache haben und der Brandolf eine Art Sonderling ist, der eine solche Komödie wohl aufführen kann und die Halunken schließlich doch versorgt.» In der Tat besaß Storm, in dessen eigenen Werken die starken Farben stets durch den Duft der blauen Ferne gedämpft sind, nicht den rechten Sinn für Kellers glühendes Wahrheitsbedürfnis. Der Dichter, der in der Wiedergabe der Seelenbeziehungen seiner Menschen die Verkörperung feinsten Taktes ist, hat mit der absichtlich grausamen Bestrafung nicht einen tollen Faschingsschwank aufführen wollen, sondern ihn zwang gerade sein sittliches Feingefühl, hier die Flamme seiner Menschen- und Naturliebe zu grandiosem Zorne auflodern zu lassen, vor dessen Glut die Ansprüche eines konventionellen Geschmackes erblassen. Er gleicht in dieser Elementarsittlichkeit Shakespeare, dem ihn Heyse in dem geistreichen Sonett an die Seite stellt. Die drei Bösewichter haben als Teufel an der Baronin gehandelt, also müssen sie in ihrer wahren Gestalt vor ihr erscheinen. Sie sind den Krebsgang des Ruins gegangen, also müssen sie rückwärts an den Schwänzen gezogen werden – eine Szene von entsetzlich wahrer Symbolik.

Sowohl Goethe in den «Unterhaltungen deutscher Ausgewanderten» wie Hoffmann in den «Serapionsbrüdern» haben, Lieblingsneigungen ihrer Zeit folgend, in die Novellenzyklen Geistergeschichten eingereiht. So erzählt Hoffmann in dem «Fragment aus dem Leben dreier Freunde» eine Spukgeschichte, die sich zur Zeit der deutschen Befreiungskämpfe zutrug. Alexander, einer der drei Freunde, hat von seiner ledig verstorbenen Tante ein Haus geerbt. Wie er die erste Nacht darin zubringt, hört er es um die Geisterstunde unter ängstlichem Stöhnen durchs Zimmer gehen. Auf einmal sieht er die Verstorbene vor seinem Bett. Sie hüstelt dumpf, öffnet die knarrende Tür eines Schrankes und hantiert mit Löffeln. Der Spuk, der sich regelmäßig am Kreuzerfindungstage bemerkbar macht, verschwindet, sobald Alexander sich in dem Zimmer der Verstorbenen mit seiner Geliebten Pauline trauen läßt. Um diese Pauline haben auch seine beiden Freunde Severin und Marzell geworben.

In Kellers «Geistersehern» erinnern einige Motive an Hoffmanns Geschichte: der Schrank, die Zeit der Befreiungskämpfe, die Alexander mitmacht, die Liebe von Freunden zu dem gleichen Mädchen. Aber im Gegensatz zu dem von Mystik umdämmerten Romantiker verwendet Keller das Spukmotiv zu einem heiteren Spaß, ohne schulmeisterlicher Aufklärung zu pflegen, wie etwa Tieck in seiner Novelle «Die Wundersüchtigen». Das Verhältnis der Eugenia aus den «Legenden» zu ihren beiden Trabanten, den Hyazinthen, hat in Hildeburg und ihren zwei Liebhabern, dem Kanzler und dem Marschall, eine reizvolle Variation erfahren. Die Liebhaber sind nun junge Männer von Fleisch und Blut, tüchtige Krieger, und die Doppelliebe scheint sich zur Tragik zu schärfen. Aber nicht der blinde Zufall spricht das entscheidende Wort, sondern, ganz im Sinne von Kellers Weltanschauung, die hellsehende Klarheit des einen siegt über die dumpfe Befangenheit des andern, und der Kanzler Mannelin, der die als Gespenst verkleidete Hildeburg ohne weitere Umstände in die Arme schließt und abküßt, trägt über den zagen Marschall den Sieg davon.

Sichtbarer als diese Novelle ist die folgende, «Don Correa», an die Idee des Logauschen Sinngedichts gebunden. In dem Erlebnis des Don Correa mit Feniza Mayor und Zambo-Maria offenbart sich der Gegensatz zwischen Kultur und Natur, Sitte und Freiheit in geistvoll-anmutiger Kreuzung der Begriffe. Die Natur steht in Zambo-Maria mit der Sitte im Bunde, und in Feniza Mayor vermag die Kultur die frechste Zügellosigkeit nicht zu hindern: ein neues Bekenntnis von Kellers alter Überzeugung, daß alles im reinen Sinn Natürliche auch sittlich sei.

In E. A. W. von Zimmermanns Taschenbuch der Reisen (1. Jg., Leipzig 1802, S. 68–70) wird erzählt, wie die Schwester des Königs von Angola, Anna Xinga oder Singa, mit dem portugiesischen Gouverneur von Loanda, Correa de Sousa, im Auftrage ihres Bruders verhandelt. Da sie in dem prächtigen Audienzsaale des Statthalters für sich selber keinen Stuhl sieht, sondern nur zwei samtene, mit goldenen Tressen besetzte

Polster, so befiehlt sie einer Sklavin ihres Gefolges, auf das Kissen niederzuknieen und sich vorwärts auf die Arme zu lehnen. Darauf setzt sie sich auf den gebogenen Rücken der Dienerin und «negotiierte von diesem lebendigen Throne mit Kraft und Würde». Die Aufforderung Correas, sich unter die Krone Portugals zu stellen, weist sie zurück, da sie ja noch nicht unterjocht seien. Dagegen bietet sie selber den Portugiesen ein Bündnis an und weist auf die Vorteile hin, die dieses ihnen bringen würde.

Nach Baechtold hat Keller den Stoff zu «Don Correa» aus einem Konquistadorenroman geschöpft. Bis dieser gefunden ist, mag wohl die Erzählung in Zimmermanns Taschenbuch als erste Anregung gelten. Außerdem aber sah er sich nach der Persönlichkeit dieses Correa um.

Von dem spanischen Abenteurer Diego Alvarez Correa, der 1557 starb, wird erzählt, daß er 1510 auf der Fahrt nach Brasilien in der Bucht von San Salvador Schiffbruch erlitt. Mit einer Flinte bewaffnet, rettete er sich ans Ufer, verbrachte mehrere Jahre bei den wilden Tupinambas und verheiratete sich mit der schönen Paraguassu («der große Strom»). Später ging er mit seiner Frau nach Frankreich und wurde von Heinrich II. am Hofe empfangen. Paraguassu wurde getauft, wobei Katharina von Medici ihre Taufpatin war. Aus dem Leben dieses Correa stammt in Kellers Novelle das Motiv der Heirat mit einer Wilden.

Die Gestalt des Diego Alvarez Correa verschmolz der Dichter mit der des berühmten portugiesischen Seehelden Salvador Correa de Sa Benavides (1594–1688). Aus einer angesehenen Familie von Rio de Janeiro stammend, trat er schon mit sechzehn Jahren in den Staatsdienst. Kaum dem Jugendalter entwachsen, erhielt er den Auftrag, eine Flotte von dreißig Schiffen von Pernambuco nach Europa zu führen. Nach ruhmreichen Kämpfen gegen die Holländer und gegen rebellische Untertanen in Paraguay wurde er zum Generalgouverneur von Rio de Janeiro ernannt. Später erteilte ihm Johann IV. von Portugal den Auftrag, sich der wertvollen Minen zu bemächtigen, die in Brasilien entdeckt worden waren. 1664 befehligte er die Kriegsflotte, die den Handel der Portugiesen in Südamerika gegen die Holländer zu schützen hatte. Seinen bedeutendsten Erfolg errang er an der Westküste von Afrika, wo er die Holländer aus Angola vertrieb und sich des Hafens São Paulo de Loanda bemächtigte. Er drang darauf ins Gebiet der Eingeborenen vor, unterwarf vierzehn Häuptlinge (Keller nennt zwanzig) und bezwang auch die Fürstin Annachinga, die weithin durch ihre Grausamkeit und ihre Stärke bekannt war. Zum Regenten in Angola ernannt, bekleidete er die Würde drei Jahre und kehrte dann nach Lissabon und später nach Brasilien zurück.

Keller ist mit Weglassung unwesentlicher Einzelheiten der Geschichte gefolgt. Auch bei ihm liest man, daß Don Correa in sehr jungen Jahren höchste Würden erlangte. Er erzählt seine Ernennung zum Gouverneur von Rio. Über die Besetzung des Minengebietes und die Kämpfe gegen die Holländer in Südamerika geht er rasch hinweg («die dortigen Geschäfte», S. 228). Die Unterhandlung mit Annachinga gibt ihm das Motiv für die Gewinnung der Zambo. Die Heirat mit der heimtückischen Feniza Mayor wächst als Gegensatz aus der Zambo-Episode hervor und dient zugleich zur inneren Motivierung der seltsamen Heirat des mächtigen Admirals mit Zambo. Um der Verbindung mit der Wilden den Beigeschmack der Mischehe zu nehmen, macht Keller Zambo zum Abkömmling eines alten Kulturvolkes. Die Jesuitenepisode ist aus des Dichters altem Haß gegen diese Störenfriede freisinniger Bildung hervorgewachsen.

Den Stoff zu den «Berlocken» bot des Barons Grimm Correspondance littéraire vom Oktober 1778 (2. partie IV, 2. édition p. 355): «Monsieur le marquis de la Fayette ayant été chargé de traiter, de la part du congrès, avec les sauvages de je ne sais plus quel canton de l'Amérique, un des officiers qui l'accompagnaient remarqua une jeune sauvage dont la conquête lui parut mériter ses soins. Il lui en rendit de très-assidus, et tous ses hommages furent reçus longtemps avec assez de froideur. Un soir cependant il revint annoncer à ses amis avec beaucoup de transport qu'il se flattait enfin d'obtenir le prix de ses peines, que la belle sauvage lui avait demandé une breloque de sa montre, et qu'elle avait paru fort sensible à l'empressement qu'il avait eu de la lui donner. On devait célébrer de lendemain une grande fête à la manière du pays. Notre jeune Français ne douta point que cette fête ne fût le jour de son triomphe. Jugez de sa surprise et de l'envie de rire qui prit à ses camarades! Le premier objet qui s'offre à leur vue est cette même breloque au bout du nez du plus grand et du plus beau sauvage de l'assemblée!»

Auch hier bildet das Verhältnis eines gebildeten Kavaliers zu einer Wilden den Kern der Anekdote. Aber es kommt diesmal nicht zur ehelichen Verbindung. Das Jahr 1778, in dem Lafayette als General der nordamerikanischen Nordarmee in Kanada kämpfte, führt in die letzte Zeit des französischen Königtums. Ludwig XVI., der 1770 mit Marie Antoinette sich vermählt und 1774 den Thron bestiegen hat, vermag der Finanznot des überlasteten Landes nicht zu steuern, und bereits erheben, begehrlich und drohend, die Ideen der Aufklärung den Anspruch auf Verwirklichung. Am Hofe aber setzt man die alten Spiele in neuer Form fort, täuscht sich über die Gefahr hinweg, überliefert sich den kompromittierenden Künsten eines Abenteurers, spinnt Intrigen und liebäugelt in Trianon mit rousseauischem Naturkultus. Ein Kind dieser in der Fluoreszenz der Fäulnis schillernden Hofkultur ist Thibaut von Vallormes. Als Page bei den Vermählungsfeierlichkeiten erhält er seine Uhr von der jungen Dauphine als Geschenk, mit der leichtfertigen Aufforderung, sich die Berlocken dazu selber zu erobern. Er befolgt die Weisung als ein frivoler und treuloser Herzenbrecher, bis er ein artiges Büschel von Schmuckstücken beisammen hat.

Das Erlebnis mit der Wilden verlegt Keller ins Jahr 1780, in den zweiten Zug Lafayettes nach Nordamerika. Thibaut von Vallormes entbrennt wie die andern Teilnehmer der Expedition in sentimentaler Schwärmerei für wahre Natur und freie Menschlichkeit. Jeder von ihnen trägt sein Stück Jean-Jacques Rousseau im Leibe. Um so sicherer steht der haltlosen Schwärmerei des Kulturmenschen das klare Gefühl des Naturweibes gegenüber. Quoneschi behandelt die mit Liebesleid beschwerten Berlocken – Keller hat der drastischeren Wirkung halber die Einzahl der Vorlage in die Mehrzahl umgewandelt – als das, was sie naturgemäß sein sollen: als Spiel- und Schmuckzeug, würdig, die Nase ihres Geliebten zu schmücken.

Wenn Keller einmal daran gedacht hatte, auch die «Legenden» in das «Sinngedicht» einzuflechten, so weist am ehesten die letzte Novelle, Lucies Jugendliebe, auf die Welt der Legenden hin. Nach der ersten Absicht hätte das Vorwort zu den Legenden die Bemerkung enthalten sollen, der Verfasser habe einmal in einer Stimmung, wo man sage, es sei zum Katholischwerden, sich wirklich mit diesem Gedanken beschäftigt, und aus dem Studium von Heiligenleben und dergleichen seien die Legenden hervorgewachsen. Den Schritt, den er selber erwogen zu haben vorgibt, läßt Keller seine Lucia aus Liebe zu einem katholischen Vetter wirklich begehen als unbesonnenen Backfischstreich. Vielleicht hat zur Ausbildung der Fabel das Jugendleben der Sophie Gutermann, späteren Frau von La Roche, beigetragen, mit dem Keller sich, durch Ludmilla Assings Biographie angeregt, um 1860 verschiedentlich beschäftigte. 1744 erschien in Augsburg, wo Sophie heranwuchs, der damals siebenundzwanzigjährige Bianconi als Leibarzt des Fürstbischofs. In das Gutermannsche Haus eingeführt, faßte er eine zärtliche Neigung für das junge Mädchen, und auch sie fühlte sich zu dem schönen, interessanten Mann mit den schwarzen Haaren und leuchtenden Augen hingezogen. Gutermann, ein eifriger Protestant, ließ sich von Gattin und Tochter die Einwilligung zur Verbindung mit dem Katholiken abringen. Kurz darauf starb Sophies Mutter. Der Vater reiste mit Bianconi nach Italien. Nach der Rückkehr aber brachte der Ehevertrag die beiden auseinander. Bianconi hatte die Forderung gestellt, daß die künftigen Kinder katholisch werden sollten. Gutermann aber lehnte die Bedingung ab.

Auf eine Vorstufe der Sinngedichtnovelle weist ein Plan hin, den eine Aufzeichnung aus dem Ende der siebziger Jahre enthält: «Novelle von der Schönen, die katholisch wurde, um den geliebten Mann zu bekommen, und, von demselben verlassen, dann ins Kloster ging und das lange öde Leben dort zubrachte. Das Psalmbuch mit dem Bildchen oder Buchzeichen als Eingang. Besuch der Mutter mit dem Knaben im Kloster. Wasserfahrt usw.» Wesentliche Motive sind diesem Plan mit der Sinngedichtnovelle gemeinsam: das Katholischwerden aus Liebe; das Buchzeichen (vgl. Sinngedicht S. 300); die Wasserfahrt. Die übereinstimmenden Züge sind so bedeutsam, daß der Dichter nicht an eine zweite Novelle neben der Lucianovelle hätte denken können. Daraus geht hervor, daß diese zu Ende der siebziger Jahre in der Phantasie Kellers noch nicht im Rahmen des «Sinngedichtes», so wie sie jetzt ist, völlig ausgebildet war.

Gegenüber Frau Professor Orelli hatte Keller einst das Wort von der Urfeindschaft der beiden Geschlechter gebraucht. In dem Verhältnis Reinharts und Lucias wiederholt sich jenes Wort, aber die Feindschaft ist in den beiden freien und reinen Menschen zur holden Neckerei veredelt, die sich in dem anmutigen Blütengerank geistvollster Erzählungskunst auslebt. Die kecke Freiheit, mit der Reinhart auf Abenteuer auszieht, muß Lucia in Abwehr setzen, und der Dichter zerschneidet mit feinem Takt von vornherein die Möglichkeit einer Verhüllung von Reinharts kühner Absicht, indem er ihn den Sinngedichtzettel mit dem Briefchen der Pfarrerstochter verwechseln läßt. Man könnte von Zufall sprechen, wenn der Grund der Verwechslung nicht die Verwirrung wäre, in die Lucias Wesen Reinhart versetzt. Unbewußt straft sie ihn so für seine Keckheit und weist ihn in die Schranken der Sitte zurück: wie er ihr gegenübersteht und sie den Zettel liest, errötet er. Um so gütiger kann sie darauf die Freiheit ihres Geistes spielen lassen, indem sie den kecken Ritter gastlich in ihrem Hause aufnimmt. In ihrer Umgebung ist alles auf das Lachen unter Erröten gestimmt. Wie Reinhart Lucias beide Mägde vor den Spiegel stellt, laufen sie errötend aus dem Zimmer, lassen aber sofort draußen ein kurzes schnippisches Gelächter erschallen. Die künstlerische Ausstattung der Räume und die mit Papierstreifchen besteckten Bücher der Bibliothek zeigen einen freien und gebildeten Geist, der auch die Berührung mit ernster Wissenschaft nicht meidet. Und dennoch ist Lucia fern von allem Blaustrümpfchentum. Wie Reinhart auf ihr gelehrtes Tun anspielt, errötet sie.

Es ist ein weiterer feiner Zug, daß Lucia den Zettel mit dem Sinngedicht feierlich verbrennt, bevor sie Reinhart die Geschichte der unweisen Salome erzählt. An die Stelle des papiernen Bandes soll das Leben in einer Anzahl typischer Liebeskonflikte treten, um die beiden Menschen einander nahezubringen. An dem Miterleben der fremden Schicksale lernt das eine die Gesinnung des andern kennen. Die Novellen, die sie sich abwechselnd erzählen, erreichen damit den Doppelzweck, mit anmutigen Geistesspielen zu unterhalten und die beiden innerlich einander näher zu bringen. So ist die Rahmenhandlung aufs kunstvollste in die Einlagen psychologisch eingeflochten. Sie zieht ihre Nahrung aus ihnen und wächst, indem sie sie umrankt und durchwurzelt.

Der Gegensatz von Freiheit und Sitte bildet den Sinn des Logauschen Spruches. Im Gegensatz stehen Reinhart und Lucia, in denen zugleich jenes polare Paar sittlicher Werte sich verkörpert. Aus dem Gegensatz ungleicher Verhältnisse wachsen alle Liebeskonflikte der Einlagen heraus: Stadt und Land in der Salomenovelle. Volk und Gebildete in «Regine». Armut der Adeligen und Wohlstand des Bürgerlichen in der «Armen Baronin». Zwei Männer werbend um eine Frau in den «Geistersehern». In «Don Correa» die herzlose vornehme Verbrecherin und die tieffühlende Sklavin Zambo, dazu der hochgestellte Mann und das niedrige Weib. In den «Berlocken» die heuchelnde Naturschwärmerei des Kulturmenschen und die wahre Natur der Wilden. In Lucias Jugendgeschichte Katholizismus und Protestantismus.

Die geistig-sittliche Motivierung der Handlung fließt stets aus dem Doppelwert natürliche Freiheit und sittlicher Zwang. Die Handlung wendet sich überall zum Guten, wo die Natur, mit der Sittlichkeit eins, frei waltet. Der Konflikt ist unlösbar, wo beide auseinanderklaffen. In «Salome» besitzen weder Drogo noch die Wirtstochter den Sinn für diese sittliche Natur und natürliche Sittlichkeit; er ist in den Kulturvorurteilen befangen, und sie ist nur ausgelassen. Erwin und Regine werden glücklich, weil beide diesen Sinn haben. Ihr Glück wird erst durch die Unnatur der drei Parzen gestört. In der «Armen Baronin» ist die Natur verkümmert; sie bricht aber hervor, sobald die Güte Brandolfs das Aschenbrödel erlöst. In den «Geistersehern» erlangt derjenige Bewerber die Geliebte, der in dem kritischen Geisterexperiment seinen natürlichen Verstand walten läßt. In «Don Correa» zerschellt die Verbindung mit Feniza Mayor trotz Gleichheit des Standes an der Unnatur des Weibes, während trotz der Ungleichheit von Stand und Rasse dem Admiral der Bund mit der natürlich-liebevollen Zambo zum Glück gedeiht. In den «Berlocken» wird die Unnatur von Thibaut durch die wahre Natur gestraft. In der Jugendgeschichte Lucias ist die Verbindung zwischen Lucia und dem Vetter ausgeschlossen, weil ihr Übertritt zum Katholizismus nicht aus wahrer Überzeugung geschieht, sondern aus jugendlicher Schwärmerei, die Leodogars gefährliches Spiel mit ihrem weiblichen Gefühl geweckt und gesteigert.

In der Wahl der Motive der einzelnen Novellen verschlingt sich aufs geistreichste die plänkelnde Neckerei zwischen Reinhart und Lucie mit ihrer allmählichen Annäherung aneinander, und die Zwischenreden und -vorgänge zwischen den Erzählungen steigern die Vertraulichkeit. Die kritisch-abweisende Art, wie Lucie die mißglückte Liebesgeschichte Salomes erzählt, weckt Reinharts Widerspruch, und er bekennt sich zu der Ansicht, daß das Gefallen des Mannes an dem schönen Gesicht der Frau jedes Verhältnis ermögliche. Aus diesem Bekenntnis wachsen «Regine» und die «Arme Baronin» heraus. In den beiden Novellen, die Reinhart erzählt, ist der Mann, der ein armes Weib zu sich emporhebt, nach Geist und äußerer Lebensstellung der Überlegene. Zwischen beide ist Reinharts Bekanntschaft mit dem Oberst eingeschoben, als Zeichen des tieferen Einwachsens des jungen Gelehrten in Lucias Familienkreis, und jener ist es denn nun, der soldatisch-ritterlich der angegriffenen Nichte zu Hilfe kommt. Während in Reinharts zwei Erzählungen die Frau jedesmal der Gegenstand der freien und bewußten Wahl des Mannes ist, zeigt seine Erzählung von den «Geistersehern», wie zwei junge Männer scheinbar der Gegenstand der Wahlüberlegung eines Frauenzimmers geworden sind; in Wirklichkeit freilich gibt der Charakter der Männer den Ausschlag. Indem der glückliche Gewinner von Hildeburgs Hand sich als Reinharts Vater entpuppt, wird die junge Freundschaft des Gelehrten mit Lucia und ihrem Oheim durch die Patina alter Familienbeziehungen veredelt. Darauf erst erzählt Reinhart die Geschichte von Don Correa, worin die Überlegenheit des Mannes über das Weib in übermütiger Phantastik triumphiert. Lucia aber hält ihm die «Berlocken» gegenüber, worin ein junger Schürzenjäger von einer Wilden genasführt wird. Die Abreise Reinharts scheint dem geistreichen Spiel ein Ende zu machen und die zart sprießende Neigung zwischen den beiden abzutöten. In Wahrheit aber dient sie dazu, die Liebe dem geistreichen Spiel der Wortgefechte zu entziehen und sie – ein echt Kellerscher Gedanke – im

Schoß der natürlichen Entwicklung der Zeit ausreifen zu lassen. Inzwischen treten auch die Familien sich wieder nahe, und ein Brief seiner Mutter gibt Reinhart die Gewißheit, daß an Lucia sich das Logausche Sinngedicht erfüllen wird, nennt sie doch die Mutter «eine ernsthafte und kluge Person mit dem Gemüt eines Kindes». Bei einem weiteren Besuche Reinharts erzählt ihm Lucia ihre eigene Geschichte und gibt ihm damit den Beweis ihres Vertrauens und das Geständnis ihrer Liebe. Wie die beiden sich angesichts des singenden Schusters in die Arme fallen, pflücken sie mit ihrer Liebe nur eine Frucht, die längst im stillen gereift. Der Zettel mit dem Sinngedicht ist längst verbrannt als feierliche Bestätigung der Tatsache, daß in der Liebe nicht bewußtes Wollen gilt, sondern nur natürliche Entwicklung. Aber das Sinngedicht ist darum nicht minder wahr: wie Reinhart Lucia küßt, hat sie die Augen voll Wasser und lacht dabei, indem sie purpurrot wird.

Als kecker Ritter ist der Naturforscher Reinhart hoffnungsfroh ausgezogen; auf eine schwere Enttäuschung infolge ihres Backfischleichtsinns schaut Lucia zurück, und in ihrem Wesen ist bei aller Heiterkeit etwas Ernst-Verhaltenes. Der Gegensatz der seelischen Stimmung prägt sich in der Art der Motive und dem Ausgange der Novellen aus, die beide erzählen. Lucias Erzählungen, «Salome», die «Berlocken» und ihre eigene Geschichte, berichten von unüberlegtem Leichtsinn in Liebessachen, und jedesmal nimmt der Wahn ein schlimmes Ende. In Reinharts Novellen aber, «Regine», «Die arme Baronin» und «Don Correa», führt die Liebe auf der Grundlage der Natur zu glücklicher Verbindung. Zwischen den Stücken mit positivem und denen mit negativem Pol in der Mitte steht die Geschichte des Oheims. Von den beiden Liebenden, deren Geschick sie erzählt, geht der eine leer aus, der andere gewinnt die Braut.

Die Anordnung der Novellen ist streng symmetrisch. Auf die erste negative Geschichte Lucias folgen die zwei positiven Reinharts in der ersten Hälfte. An die neutrale Erzählung des Oheims schließt sich erst die positive Reinharts und dann die beiden negativen Lucias an. Den trüben Eindruck dieser beiden letzten Stücke aber hebt der glückliche Ausgang der Rahmenhandlung auf. Dieses Wechselspiel von Geschichten mit glücklichem und unglücklichem Ausgang wiederholt sich in den «Berlocken», wo Guillemette den Bräutigam verliert, Denise ihn sich bewahrt, Angelika ihn verliert.

So hat Keller im «Sinngedicht» die Technik des Novellenzyklus zu einer Kunst erhoben, die immer aufs neue Bewunderung weckt. In den

«Leuten von Seldwyla» hält die Vorbemerkung notdürftig die einzelnen Stücke zum Ganzen zusammen. In den «Züricher Novellen» sind die einzelnen Erzählungen als Perlen an den trockenen Bindfaden eines Erziehungsexperiments gereiht. Erst im «Sinngedicht» wachsen die einzelnen Stücke als köstliche Früchte an dem zugleich reichen und klaren Geäst einer wohlgebildeten Handlung, die mit dem geistigen Gehalt, der ihre Form und Entwicklung bedingt – dem Logauschen Spruch – auch die Früchte schwellt und bildet.

Das Doppelgesetz Natur und Sitte, Freiheit und Gebundenheit, das im Verhältnis von Mann und Weib, wie in allem Leben, wirken soll, waltet als formende Kraft auch in dem Stil des «Sinngedichtes». Eine erstaunlich reiche Erfindungskraft hat sich selber freiwillig beschränkt, indem sie das einzelne Motiv dem Sinn des Ganzen dienstbar machte. Hier fehlen jene fast allzu üppigen Schosse des Humors, die an früheren Werken Kellers prangen, wie der von Storm beanstandete Pinsel der Seldwyler in «Dietegen» oder die Nashaare in der Legende von Zendelwald. Der Bau des «Sinngedichts» ist schlanker, und seine Linien sind strenger, klassischer. Aber niemals mager. Dazu sind der originellen Schönheiten zuviel über das Ganze verstreut, von dem Motiv des Sinngedichts an bis zu der feinen Symbolik der Schlange, die Reinhart und Lucia von der tödlichen Umklammerung des Krebses befreien, dem lichtdurchfluteten Bilde von dem pechdrahtfertigenden Schuhmacher und dem geistreichen Schlußwitz Ante lucem.

Das «Sinngedicht» fand denn auch in Presse und Publikum freudigsten Widerhall. «Dieser rosig frische Zyklus der neuen Novellen», schrieb Storm am 15. Mai 1881, «wer das schreibt, der muß zu der Quantität Jugend, die ihm dazu eigen sein muß, dadurch noch ein gut Teil hinzugewinnen.» Paul Heyse fand die Szene vor der Schusterstube so einzig schön, wie nur Keller es machen könne. Die sicherste Bürgschaft des Erfolges waren die neuen Auflagen, die der rührige Wilhelm Hertz veranstalten konnte. Drei Wochen schon nach Erscheinen der ersten Ausgabe folgte eine zweite, eine dritte wurde zu Beginn 1881 gedruckt. «Am Ende», meinte Keller gegenüber Exner, «geht mir noch die Sonne des Geldprotzentums auf, und ich werde fromm und scheinheilig.»

Nach Vollendung des «Sinngedichtes» plante Keller eine weitere Sammlung von drei untereinander unabhängigen Novellen. Er hatte sich durch die Form der Rahmenerzählung, wie er sie aufgefaßt und durchgeführt, doch beengt gefühlt und wünschte, wieder einmal als Autor «frei reden zu können». Es seien, schrieb er Rodenberg am 22. Juli 1882,

Stoffe, die gleich dem «Sinngedicht» schon seit langen Jahren in ihm rumorten, so daß er nochmals das Geschick habe, eine in Jugendjahren konzipierte Arbeit in Alterstagen auszuführen. Einen der drei Hasen, meinte er, werde Rodenberg wohl für das erste Quartal 1883 in seine Küche hängen können. Auch Ende des Jahres noch spintisiert er an den Novellen fort. Dann werden sie vom «Salander» in den Hintergrund gedrängt, ohne je mehr ihre Form zu finden. Über ihren Inhalt wissen wir nichts Bestimmtes.

Vielleicht darf man bei der folgenden Aufzeichnung an eine der drei geplanten Novellen denken: «Der starke, höhnisch seiner Willkür frönende Lügner und Intrigant, der sich für unzerstörlich hält. In einem guten Herbste trinkt er reichlich von dem jungen Wein und geht als kräftiger alter Kerl auf gefährlichem Pfade nach Haus in stürmischer Nacht. Er schlägt Schnippchen. Da jagt ihm ein Windstoß das leichte trockene Laub eines Haselbusches in den Rücken, daß er erschrickt, einen Fehltritt tut und in den rauschenden Strom stürzt und verschwindet. Sein Monolog: Wer kann mir was anhaben? Ich bin durchtrieben und jedem gewachsen. Ich kann reden und schmeicheln, schelten und streiten und tun, was ich will. Jedes Weib werf' ich auf den Rücken, niemand weiß es, oder wenn es einer weiß, so fürchtet er mich etc. Ich lächle nur und bin Herr meiner selbst. – Der Untergang des Starken geht einer geplanten schlechten Tat voran, so daß er organisch zur Peripetie oder Entwicklung zum Guten notwendig wird.» Ein anderer, lange gehegter Novellenstoff «Die Medizinerin» hätte mit Vertiefung eines tatsächlichen Vorkommnisses zeigen sollen, wie eine Studierende der Medizin ihre weibliche Natur jeden Augenblick ins Gedränge bringt. Keller gab ihn auf, als ein anderer das Motiv aufgriff.

22
DIE SPÄTERE ENTWICKLUNG DES LYRIKERS UND DIE GESAMMELTEN GEDICHTE

Der Weckruf der revolutionären vierziger Jahre hatte den Lyriker Gottfried Keller und damit den Dichter überhaupt ins Leben gerufen. Die Gedichte von 1846 sind reich mit Politik befrachtet. Leidenschaftlich ist Kellers Herz fortan mit dem Erleben des ganzen Volkes verbunden: «Es darf keine Privatleute mehr geben!» schrieb er am 3. Mai 1848 ins Tagebuch. Er meinte damit nicht den sozialen Zukunftsstaat, wohl aber die lebendige Anteilnahme des einzelnen an dem politischen Schicksal des Ganzen. Der grüne Heinrich, nachdem er als Maler gescheitert, beschließt nicht etwa Dichter zu werden, sondern Staatsmann. Die Zeit des romantischen Ästhetizismus ist vorbei. Die kraftvoll bewegte Gegenwart fordert Männer, tüchtig zur praktischen Mitarbeit an der Gestaltung von Gesellschaft und Staat.

Aber neben den politischen Tendenzgedichten enthielt die Sammlung von 1846 auch Darstellungen persönlichen Erlebens, Liebesgedichte, Naturgedichte, reine Lyrik. In den «Neueren Gedichten» treten die politischen Stoffe stark zurück. Dafür windet hier der Epiker dem Lyriker den Griffel aus der Hand. «Der junge Bettler», «Der Taugenichts», «Ständchen», «Winternacht», der Zyklus «Von Weibern», «Panard und Galet», «Abendregen» – all diese Stücke und noch manche andere sind indirekte Lyrik, in Wahrheit also Epik. Das Seelenleben des Dichters spricht sich hier nicht in unmittelbaren Gefühlstönen aus, es bedarf zur künstlerischen Gestaltung des äußeren Vorganges, des zum gerahmten Gemälde geschlossenen Szenenbildes. Und dann trug die epische Prosa vollends über die Lyrik den Sieg davon.

So wurde Keller aus seiner persönlichen Erfahrung heraus die Möglichkeit der Lyrik zum oft erörterten Problem. Echte Lyrik ist subjektiver Ausdruck des Ich. Privatsache wie die Religion. Gab es nun, wenn es doch keine Privatleute mehr geben durfte, noch eine lebendige Weiterentwicklung der Lyrik? Zog diese nicht all ihre Nahrung aus der romantisch-klassischen Persönlichkeitspflege, die nun durch die politisch-praktischen Aufgaben der Neuzeit überwunden war? War nicht Mörike, den Keller aufs höchste schätzte, gerade deswegen ein so reiner Lyriker, weil er nur Privatmann war und in der Vergangenheit wurzelte? Und war nicht Heines Lyrik an der Selbstzersetzung zugrunde gegangen, die die grelle Dissonanz zwischen Ich und Welt verschuldete?

Was war der deutschen Lyrik überhaupt für eine Entwicklung beschieden, nachdem die Fanfarenstöße der politischen Tendenzlyrik der vierziger Jahre, eines Herwegh, Freiligrath, Kinkel, verhallt waren und die nach 1848 eintretende Reaktion die aufgeregten Wogen der Dichtung geglättet hatte?

Damals wurde für etwa zwei Jahrzehnte zum Mittelpunkt der deutschen Versdichtung München erhoben, wo König Max eine zweite Auflage des weimarischen Musenhofes veranstaltete. Gerade die Gedichtbücher, die von diesem Kreise ausgingen, konnten dem Tieferblickenden trotz allen Auflagenzahlen zeigen, wie sehr die deutsche Lyrik sich erschöpft hatte. Geibel und die anderen Glieder der «Münchener Dichterschule» besangen alte, in der deutschen Literatur längst gewöhnlich gewordene Motive, die einer dem anderen zuwarf wie Spielbälle, und setzten den rhetorischen Stil fort, den Freiligrath und Herwegh und die anderen politischen Lyriker geschaffen. Aber diese gebauschte Form, als Ausdruck der Schicksale und Leidenschaften eines ganzen Volkes geschaffen, schlotterte um die kleinen und schmalen Privatgefühle der Münchener wie ein zu weites Gewand um einen schmächtigen Körper und gab ihren lyrischen Äußerungen etwas Aufgeblasenes und Hohles. An die Stelle lebenswarmer Gefühle trat die rhetorisch erhitzte Betrachtung, die sich in endlosen Anaphoren ausspann. Oder man nahm die Verskünsteleien der Romantiker wieder auf und polierte sie mit dem Achat Platenscher Formreinheit. Auch das also war keine Weiterentwicklung der deutschen Lyrik, nur eine Ausmünzung des alten lyrischen Edelmetalls in Kleingeld, das in Masse durchs Publikum kreiste.

Am 22. September 1850 hatte Keller Freiligrath geklagt: «Es ist mit der Lyrik eine eigene Sache; sie duldet nur selten eine rivalisierende Tätigkeit neben sich und erfordert ein ganzes und ungeteiltes Leben, um aus dessen edelstem Blute als unvergängliche Blüte hervorgehen zu können. Jedes gute Lied kostet einen schrecklichen Aufwand an konsumierten Viktualien, Nervenverbrauch und manchmal Tränen, vom Lachen oder vom Weinen, gleichviel: und dann wird es einem bogenweise berechnet! Und die sechs Strophen füllen nicht einmal zwei Seiten – da geh' einer hin und werde Lyriker!» Sieben Jahre später schrieb er an Christian Schad, in dessen Musenalmanach er früher wiederholt Gedichte hatte erscheinen lassen: Der Grund, weswegen er ihm nichts mehr gesandt, sei einfach, weil er nichts gemacht habe. «Ich bin durch die leidige Buchschriftstellerei, die ich handwerklich nicht beherrsche, aus aller Lyrik herausgekommen; denn das jugendliche Bedürfnis häufiger momentaner Stimmungsergüsse ist halt vorbei, und zu einer erneuten reiferen und künstlerischen Periode absichtlichen lyrischen Hervorbringens gehört eine fast gänzliche Tabula rasa von allen beschwerenden Abhaltungen, ein glückliches Vierteljahr gänzlicher Freiheit. Seit ich wieder in meiner Heimat bin, spekuliere ich darauf, da ich eigentlich etwas unzweifelhaft Gutes in Liedersachen erst noch zu leisten habe, wenigstens in einem charakteristischen Ensemble.» Was er Schad für den Musenalmanach des Jahres 1858 sandte, waren wirklich nur «Späne»: «Berliner Hebe» (in den Gesammelten Gedichten «Biermamsell»), «Unterbrochenes Opferfest» (später «Mönchspredigt»), das Abschiedslied für Christian Heußer, Festlieder wie das «Marschlied für das ostschweizerische Kadettenfest» und dergleichen – ein Büschel zufällig zusammengeraffter Blüten, des Geldes wegen auf den Markt gebracht.

Zur nämlichen Zeit etwa machte er Kinkel, der ihm seinen «Nimrod» geschickt, ein Geständnis über sein lyrisches Schaffen: Er hoffe, vielleicht doch noch einige sonnige lyrische Jahre zu kriegen, wo er seine mehr zufälligen Anfänge zu einem besseren Liederbuch gestalten könne, ohne dem Schematismus zu verfallen. «Dazu gehört vor allem Freiheit, Ganzheit und Unbefangenheit des Lebens; und nachdem die Jugend vorüber, kann ich mir jene nur durch eine Zeit anhaltender künstlerischer Arbeit wieder herbeiführen. Es läßt sich jetzt nichts Besseres tun, als diese Zeit der Nichtswürdigkeit und der Verwirrung mit getroster Arbeit zu verbringen. Indes wird gewiß der Tag wieder kommen, wo ein freies Lied von selbst entsteht und die steifen Finger wieder leicht werden und zu skandieren anfangen; denn es skandiert sich am Schwertgriffe der Freiheit mindestens so leicht als auf dem Nacken einer Römerfrau.»

Diese Äußerungen zeigen, daß das Schaffen des Lyrikers in den fünfziger Jahren aus zwei Gründen ins Stocken geriet. Die epische Prosaschriftstellerei, zu der eigentliche Veranlagung und die Notwendigkeit des Erwerbs trieben, sog fast alle dichterische Kraft in sich. Dazu hatte die damals überall herrschende politische Reaktion die Ader der öffentlichen Lyrik unterbunden. Denn das war die einzige Lösung, die Keller in dem Dilemma zwischen Persönlichkeitslyrik und Volkslyrik gefunden: auch das Schaffen des Lyrikers mußte, wenn es neue Werte zeitigen wollte, aus der «Dialektik der Kulturbewegung», aus den großen Interessenkämpfen der Zeit hervorwachsen.

Damit war auch sein Urteil über den Wert der Münchener Lyriker und Lyrik gegeben. Seine Äußerungen über sie sind recht spärlich für einen Dichter, der sonst in temperamentvollster Weise sich über das zeitgenössische Schaffen in seinen Briefen ergeht. Aber wo er von Münchener Größen spricht, fängt sein Stil ironisch zu schillern an. Er kennzeichnet (an Hettner, 26. Juni 1854) die klassizistische Neigung des jungen Heyse als «strikte Goethetuerei». «Wenn der arme Heyse nur bald aus der unglücklichen Konstellation zwischen den beiden Süßwasserfischen Kugler und Geibel, über welcher der König von Bayern schwebt, herauskommt.» «Von den vom König von Bavarien angestellten Poeten», schreibt er Ende 1854 an Freiligrath, «ist Paul Heyse ein wirkliches und schönes Talent, welches aber noch gar keinen rechten Animus hat, da er unter lauter Eseln aufgewachsen ist und noch mit ihnen graset.» «Das liebenswürdige Bürschchen», meldet er im November 1857 Hermann Hettner von Paul Heyse, «sagte mir, ich sei in München gut angeschrieben; insbesondere der große Geibel ließ mich grüßen.» Auch den Lyriker Scheffel, den Keller einmal bei Emilie Heim traf, mochte er nicht leiden, so hoch er den «Ekkehard» wertete.

Wenn schon aus dem Briefe an Kinkel die Forderung spricht, daß der lyrische Dichter kräftig Stellung zu nehmen habe zu den Problemen der Zeit, so gilt dies im besonderen von dem Dichter von Volksliedern. «Die patriotische oder nationale Lyrik», schrieb Keller dem Zürcher Stadtsängerverein im Oktober 1858, «leidet gegenwärtig fast allerorten an einer gewissen Verschwommenheit und Gedankenarmut. Und zwar je mehr eine massenhafte Produktion erzwungen werden will, desto wässeriger fällt die Sache aus.» Statt der ewigen Verwendung des «donnernden Lawinenfalles» gilt es, «eine Reihe von sittlichen Ideen und historischen Charakterzügen, welche speziell unser vaterländisches Leben bedingen, in plastische Gestalt zu bringen.» Kellers eigene Festlieder der fünfziger Jahre und der späteren Zeit sind prachtvolle Erfüllungen dieser Forderung. Tiefen sittlichen und politischen Gehalt lassen sie aus dem Feste herauswachsen, wie aus einer farbenprächtigen Blüte die nährende Frucht. Was Wunder, wenn er nun, durch den ewig gleichen, epigonenhaften Singsang der Münchener und ihres Gefolges gelangweilt, allen Ernstes sich eine Erneuerung und Weiterentwicklung der Lyrik aus dem nationalen Festleben dachte!

In dem 1860 entstandenen Aufsatz «Am Mythenstein» untersucht er das wichtige Problem der Neuheit in der Poesie, das ihn oft beschäftigt hat. Wahrscheinlich, meinte er, käme dabei heraus, daß es überhaupt nichts Neues unter der Sonne gebe. «Seit man chinesische Liederchen kennt, welche eine melancholische Landschaftsstimmung ausdrücken, genau wie etwa Lenaus Schilflieder, kann man nicht mehr hoffen, mit etwas menschlich Neuem aufzuziehen, wenn man nicht die ethnographischen und dergleichen Dinge für das poetisch Neue halten will ... Auch in der Form ist es so. Einer, der zum Beispiel neue Metaphern zusammensucht, wird dadurch nicht wahrhaft neu, weil die Metapher überhaupt etwas Uraltes ist.» Das Neue kann überhaupt nicht künstlich von einzelnen ausgeheckt und von außen in die Welt gebracht werden; es ist immer der gelungene Ausdruck des Innerlichen, Zuständlichen und Notwendigen, das jeweilig in einer Zeit und in einem Volke steckt. «Ein grauer Strichregen allseitig gleichmäßig geschickter Versemacherei, verdrießlich und fast eintönig, bedeckt das Land; wo ein scheinbar neuer Klang ertönt, da zeigt gleich das nächste Jahr nach dem Erfolge, daß nichts Nachhaltiges, Notwendiges daran war, indem der Glückliche nicht imstande ist, fortzufahren, den Klang noch schöner zu wiederholen. Der Geist schwebt eben nicht über einem Glas Wasser, er schwebt über den Wassern. Goethes Lied entstand aus der kraftvollen Empfindungsfähigkeit und aus der Sehnsucht des vorigen Jahrhunderts, und so fort.» In dem nationalen Festleben sieht Keller den Boden, aus dem, wie das Drama, so die Lyrik neue fruchtbare Kräfte saugen kann. «Führt die Lyriker an Wind und Sonne des offenen Volkslebens, laßt sie, statt binnen Jahresfrist ganze Bände zusammenzustoppeln, vorerst Ruf und Ehre daransetzen, nur ein gutes Lied zu machen und mit demselben zu siegen! Laßt eine Kritik entstehen, nicht in Monatsheften gedruckt, sondern von sichtbaren Richtern unter aufgerichteten Bannern vor allem Volke geübt, welche keinen Gemeinplatz, keine müßige Zeile, keinen wiedergekauten oder gestohlenen Gedanken, keine verfehlten Anläufe, die sich mit einem unlogischen Schluß decken wollen, keine verkrüppelten Formen, keinen Verhau aufgehäufter Konsonanten durchgehen läßt, welche zum entlegenen Inhalt und zur blassen Reminiszenz sagt: Hebe dich weg, wir wollen nur, was uns rührt und erhebt, unser Bewußtsein ist, aber dies ganz und voll!»

Die Idee von der Befruchtung und Verjüngung der Lyrik durch das nationale Festleben war nicht etwa die bloße Ausgeburt einer Augenblicksbegeisterung. Zwei Jahre später taucht sie in den Briefen an Hettner wieder auf. Dieser hatte damals Keller um einen Beitrag in die von ihm geplanten «Kritischen Jahrbücher der Wissenschaft und Kunst» angegangen und dazu einen Artikel über Auerbach vorgeschlagen. Keller schlug dafür im Juli 1862 einen Aufsatz über den gegenwärtigen Zustand und die Zukunft der deutschen Lyrik (mit Zugrundeziehung des nationalen Festlebens) vor, in dem Sinne ungefähr, wie er im Morgenblatt in dem Artikel «Am Mythenstein» einige Andeutungen gegeben. «Natürlich nun mit der angemessenen Nüchternheit.» Hettner, dem die Idee einleuchtete, riet, der Betrachtung das Münchener Dichterbuch von 1862 zugrunde zu legen. Keller fand den Fingerzeig «sehr praktisch», ließ das Buch kommen und las es durch. Auch mit Vischer besprach er den Plan. Dieser meinte, «die Zeit sei für das allerdings löbliche Unternehmen zu sehr politisch absorbiert. Ich halte aber dafür, daß es nur darauf ankommt, überall den rechten Faden zu finden, der an die Zeit bindet. Was lebendig ist, ist immer zeitgemäß.»

Von dem Aufsatz ist nie eine Zeile niedergeschrieben worden. Hettners Zeitschrift kam nicht zustande, und durch das Ungeschick eines Bekannten, der Hettner Kellers Brief hätte bringen sollen, blieb Keller monatelang im Ungewissen über Hettners Pläne. Und das war ihm wohl aus äußeren und inneren Gründen ganz recht. Denn der Aufsatz hätte, von dem Gesichtspunkt im Mythensteinaufsatz aus, eine eigentlich vernichtende Kritik des Münchener Dichterbuchs nach Inhalt und Stil werden müssen. Rauscht doch gerade durch die Blätter dieser lyrischen Anthologie, die das eigentliche Standardwerk der Münchener ist, jener «graue Strichregen allseitig gleichmäßig geschickter Versemacherei». Geibels des Herausgebers gebildeter Geschmack hatte auch ungebärdigere Schößlinge der Beiträger, wie die Leutholds, zu glatten Gartengewächsen geschoren. Durch eine Verurteilung des Dichterbuches aber den Zorn der Münchener heraufzubeschwören, mochte doch nicht in Kellers Absicht liegen, der damals als Staatsschreiber sich bereits die Elemente der Diplomatie angeeignet hatte. Ein halbes Menschenalter später hatte er sich über den talentvollsten Lyriker der Münchener, Heinrich Leuthold, kritisch zu äußern. Was er an ihm rühmt: äußere Formenschönheit, und was er an ihm vermißt: tüchtiger persönlicher Gehalt, das wäre wohl auch sein Urteil über die gesamte Lyrik der Münchener in dem Aufsatz von 1862 gewesen.

Aber in den siebziger Jahren vollzog sich ein leiser Umschwung in Kellers lyrischen Ansichten. Die Forderung des politisch-nationalen Gehaltes trat zurück hinter die des allgemein menschlichen Erlebens und des originellen Motives. Man mag diese Wendung aus der Entwicklung des politischen Lebens in der Schweiz und Deutschland erklären. Die Ideale des Volkes waren im großen erfüllt, und der öffentliche Kampf war da und dort zu Parteigezänk und Personalpolemik entartet. Als Ferdinand Weibert eine Sammlung von Herweghs Nachlaßgedichten herauszugeben plante, meinte Keller am 20. Mai 1875: «Wenn neben der unzeitgemäßen Polemik gegen Deutschland und seine Führer nicht ein gewisser Stock rein poetischer Sachen da ist, welche das Bittere versüßen, so könnte die Aufnahme unerfreulich ausfallen.»

So hielt er sich denn auch in seinem eigenen lyrischen Schaffen jetzt von aller Politik fern. 1873 veröffentlichte er in der Zeitschrift «Über Land und Meer» die beiden Gedichte «Der Parteigänger» («Gefallen sind die Hiebe») und «Kleine Passion» («Der sonnige Duft»). 1874 brachte der Almanach «Das Schweizerhaus»: «Revolution» («Es wird schon gehn») und «Krötensage» («Des Berges alte Wangen»). Die beiden politischen Gedichte waren aber bereits dreißig Jahre alt. «Der Parteigänger» ist am 11. Dezember 1843 entstanden. «Revolution» steht bereits in dem Manuskriptbuch von 1845. Das einzige politische Gedicht, das die siebziger Jahre zeitigten, ist der Schlußgesang zum Volkstage in Solothurn für Annahme der abgeänderten Bundesverfassung am 15. Juni 1873.

Im Februar 1878 schrieb Keller an Rodenberg, er denke jetzt, da die Frühlingstage und -nächte kämen, an die Zusammenstellung und teilweise Neufassung eines Büschels Lyrika für die «Rundschau». Diese brachte im Juniheft den «Has von Überlingen», «Wardeins Brautfahrt», «Der Narr des Grafen von Zimmern», «Aroleid» und «Venus von Milo», sämtlich 1878 entstanden. Im August: «Tafelgüter», «Das Weinjahr» und die drei Gedichte «Am Rhein», ebenfalls alle aus dem Jahr 1878 stammend. Im Septemberheft 1879 erschienen noch: «Ein Schwurgericht», «Stutzenbart» (1878), «Abendlied» («Augen, meine lieben Fensterlein», entstanden im Januar 1879) und «Tod und Dichter» (Mai 1878). Ein Jahr später brachte Bodenstedts «Kunst und Leben» noch vier Gedichte: «Herbstlandschaft» («Die alte Heimat seh' ich wieder»), «Winterlandschaft» («Ich sah ein holdes Weib im Traum»), «Ein Berittener» («Ein Häuptling ritt», 1880 entstanden), «Auf ein Gesangfest im Frühling» («Nun ist des Winters grimmer Frost», 1878 verfaßt). Außerdem zeitigte das Jahr 1878 «Die öffentlichen Verleumder», das sich auf den Sturm gegen den damaligen Leiter der Zürcher Irrenanstalt, Eduard Hitzig, bezieht, und «Ratzenburg», das die Beseitigung der mit Linden bepflanzten Schanzen von Solothurn verspottet; sie wurden aber erst in den «Gesammelten Gedichten» veröffentlicht.

Charakteristisch für diesen Nachsommer von Kellers Lyrik ist die Wendung zur Ballade. Die Zimmerische Chronik bot die Motive für den

«Narren des Grafen von Zimmern» und den «Has von Überlingen». Aus Thuanus' Selbstbiographie, die Keller in Seybolds Selbstbiographien berühmter Männer las, schöpfte er den Stoff zu «Tafelgüter». Aus Tscheinens Wallisersagen gewann er die Anregung zu «Aroleid». Andere Stoffe lieferte die Tagesgeschichte. Bei geschichtlichen Balladenstoffen beschränkte sich der Dichter im wesentlichen auf die versifizierte Nacherzählung mit leiser Arabeskenumrankung. Was ihn zur Behandlung reizte, war die Originalität des Motivs, das er in der Regel fast ohne gedankliche Umbiegung rein wiedergab. Die enge Anschmiegung an den Stoff ist so schuld, daß diese Balladen weniger persönlichen Reiz atmen als andere Gedichte Kellers. Nur wo etwa, wie in «Tafelgüter» und vor allem in dem wundervollen «Narren des Grafen von Zimmern», der Stoff das religiöse Gebiet streift, bricht eigenes Denken stärker hervor und regt die künstlerische Gestaltungskraft an. Aber einen eigenen Balladenstil hat, wie Conrad Ferdinand Meyer oder Theodor Fontane, Keller nicht geschaffen. Der Fülle seines Wesens, die sich behaglich auszubreiten liebte, widersprach die sprunghafte Konzentration der Ballade, wie ihr auch das Drama widerstand.

Als der Dichter im April 1878 Rodenberg einige Gedichte sandte, schrieb er dazu: «Wenn das Büschel für eine isolierte und hervorragende Stelle nicht wetterfest genug befunden wird, so kann ich es für meinen mediokren Sammeltrog, genannt Gesammelte Gedichte, später doch noch brauchen.» Keller stand seinen Jugendgedichten, vor allem der Sammlung von 1846, mit ähnlicher Abneigung gegenüber wie dem ersten «Grünen Heinrich». Als er in Deutschland vertiefte künstlerische Einsicht gewonnen, bereute er, daß er sich von den Zürcher Freunden zu einer vorzeitigen Sammlung und Herausgabe seiner Lyrik hatte verleiten lassen. Dem Verlag Orell Füßli und Kompanie in Zürich, der 1861 den Restbestand der Gedichte von 1846 von Winter gekauft, verbot er, einen neuen Titel mit einer späteren Jahreszahl drucken zu lassen, da er die Gedichte jetzt aus kritischen Gründen nicht mehr *so* herausgeben würde und nicht mehr anerkennen dürfe, was er vor fünfzehn Jahren ohne genugsame Kritik habe drucken lassen.

Ungefähr zur gleichen Zeit, wie er sich mit der Umarbeitung des «Grünen Heinrich» zu befassen begann, tauchte der Plan auf, «eine purifizierte und mit Neuem versehene Sammlung» der Gedichte anzulegen. «Inzwischen wünsche ich», schrieb er Kuh am 10. September 1871, «daß die alten Bändchen sowenig als möglich bemerkt werden.» «Daß Sie meine Gedichte nicht lieben», schrieb er dem gleichen ein Jahr später, «ist ganz in der Ordnung; ich tue es auch nicht. Dennoch muß ich diese ungeratenen Jugendkinder noch spät zu striegeln und harmonischer anzukleiden suchen, da sie einmal da sind. Mit einem besonnenen durchgearbeiteten und sachlich vermehrten Gesamtbande hoffe ich jene unfertigen Zufrühbändchen verschwinden zu machen.»

Aber die Prosa in Neuschöpfung und Umgestaltung hatte den Vortritt, und vor den «Gesammelten Gedichten» erschienen die zweite Ausgabe der «Leute von Seldwyla», die «Züricher Novellen», der «Grüne Heinrich» und «Das Sinngedicht». Der lyrische Nachsommer 1878 und 1879 verrät, daß er den alten Plan der Sammlung, Sichtung und Bereicherung der Gedichte fest im Auge hält. Im Juni 1878 regt ihn das Blättern in Storms Werken an, seine eigenen alten Gedichte vorzunehmen, die zu gelegentlichem Durchsehen auf dem Tische liegen, und er hantiert mit dem Bleistift bis gegen zwei Uhr morgens darin herum, findet bessere Schlußzeilen, streicht Strophen, wo es ihn freut, ganze Lieder ohne Besinnen, macht andere Überschriften, kurz, er kommt in den paar Stunden weiter, als sonst in einem halben Jahre. Eifrig horcht er auf Heyses, Petersens und Storms Urteile über die Gedichte der «Rundschau» und läßt sich herbei, den «Has von Überlingen» zu erläutern und die «Venus von Milo», «Stutzenbart», «Ein Schwurgericht» und «Tod und Dichter» zu verteidigen. Zugleich wehrt er sich gegen Storms gewalttätige Einengung des Begriffes Lyrik auf die Darstellung des Gefühlserlebens und gegen die Verurteilung einer leidenschaftdurchglühten Gedankenlyrik. Wenn Storm das «Abendlied» als das «reinste Gold der Lyrik» bezeichnet hatte, so schlürfte er das Lob eines so heikeln Gewährsmannes schmunzelnd ein. «Wir können aber», meinte er (20. Dezember 1879), «nicht mit fünf oder sechs dergleichen Lufttönen allein durchs Leben kommen, sondern brauchen noch etwas Ballast dazu, sonst verfliegen und verwehen uns jene sofort.»

An diese Richtschnur hielt er sich, als er im April 1881 ernstlich an die «Sammlung und Korrektur seiner sämtlichen lyrischen Sünden» ging. Die mühsame Arbeit zog sich durch dieses, das folgende und einen Teil des Jahres 1883 hin. Am 28. Juli 1881 klagt er Vischer, am 22. Juli 1882 Rodenberg seine Not. Am 21. November 1882 sind die Gedichte schon «zu einem ansehnlichen Manuskripte angewachsen». Am 1. Juli 1883 ist der Band bald fertig gedruckt. Die Redaktion hatte er bis zuletzt fortbetrieben und weitergesponnen. Im Herbst 1883 erschienen die «Gesammelten Gedichte» bei Wilhelm Hertz als starker Band von mehr als fünfhundert Seiten.

Die neue Sammlung ist die Frucht redlichster Sorgfalt und feinsten Kunstverstandes. Aus rund dreihundertdreißig Stücken setzt sie sich zusammen, von denen etwas mehr als ein Drittel aus der ersten Sammlung, nicht ganz ein Drittel aus der zweiten stammen und ein starkes Drittel dem in Zeitschriften, Almanachen und Einzeldrucken zerstreuten Gut entnommen oder neu hinzugekommen ist.

Nach wohlerwogenen Gesichtspunkten, die zum Teil schon bei den früheren Sammlungen galten, ist der ganze Stoff gruppiert. Gedankliche Verwandtschaft entscheidet für Vereinigung oder Trennung, nicht der Gesichtspunkt der äußeren Form. So sind die Gasele nun, die 1851 und 1854 zusammenstanden, getrennt und einzig die Sonette vereinigt. Wie in den Gedichten von 1846 gehen die Naturgedichte als «Buch der Natur» voraus, und innerhalb desselben wird zuerst das Erleben in dem Kreise Tag und Nacht und dann das im Laufe der Jahreszeiten geschildert. Aber in der Reihenfolge ist im einzelnen ein bedeutsamer Wandel eingetreten. Die erste Sammlung wurde durch das «Abendlied an die Natur» eröffnet, daran reihten sich die Zyklen: Morgen, Abend, Nacht, Frühling, Sommer, Herbst, Winter. Die neue Gruppierung ist weniger kalendermäßig und dafür kunstvoller. Als munterer und tiefsinniger Aufklang geht das «Spielmannslied» voraus, in dem zwei Gedichte der vierziger Jahre: «Durchs Frührot zog das Wolkenschiff» (1846, S. 112) und «Lenzspuk» zusammengeschmolzen sind. Darauf folgt, in Erinnerung an die erste Sammlung, «Am Himmelfahrtstage 1846», und hierauf Nachtlieder: man wird an die altromantische Anschauung erinnert, daß die Nacht der Urschoß des schöpferischen Werdens ist. «Wetternacht», mit seiner kraftvollen Verkündigung der aufgehenden Sonne am Schlusse, leitet hinüber zu den Morgengedichten. Abendlieder schließen sich an. Dann folgt der Kreislauf Frühling, Sommer, Herbst, Winter, und das prachtvolle «Winternacht» schließt den Zyklus und deutet zu den Nachtgedichten am Anfang zurück. Die zweite Abteilung «Erstes Lieben» hat aus den Siebenundzwanzig Liebesliedern der ersten Sammlung ein Dutzend übernommen und zwei weitere Gedichte hinzugefügt, von denen «Die Entschwundene» an das tragische Schicksal Luise Scheideggers erinnert. Als dritte Abteilung folgen die Sonette, an die sich die beiden Zyklen «Lebendig begraben» und «Die Feueridylle» anreihen. Zu einem weiteren Zyklus ließen sich die «Rhein- und Nachbarlieder» zusammenschließen. «Sonnwende und Entsagen» umfaßt Bekenntnisse diesseitiger Lebensanschauung. Die Reihenfolge all dieser Gruppen als Gesamtheiten ist durch die zeitliche Entwicklung von Kellers Leben gegeben. Die Natur, die schon des Kinderauges freudig Leuchten mit Blumen einfing, ist der Mutterschoß, aus dem des Dichters Leben und Schaffen stammt. Das erste Lieben weist auf das Aufblühen des Gefühles, die «Sonette», «Lebendig begraben» und die «Feueridylle» auf die ersten Versversuche im Gefolge Herweghs und Grüns. Die «Rhein- und Nachbarlieder» erinnern an die Reise nach Deutschland, die die sittliche und künstlerische Abklärung bringt und das mutige Bekenntnis zu Feuerbachs Humanismus («Sonnwende und Entsagen»). Aus dem diesseitigen Realismus wächst die Freude an der glühenden Schönheit des Lebens hervor. So reihen sich hier organisch «Festlieder und Gelegentliches» an, wie auch Keller nach der Rückkehr aus Deutschland sich munter von den Wogen vaterländischer Festfreuden hat schaukeln lassen. Als geistvolle Fortsetzung folgt «Pandora». Nach der Süßigkeit des Festlebens wirkt die Salzlauge der antipanegyrischen Satiren doppelt schmackhaft. An diesen Ausbruch der politischen Leidenschaft, der an die Kämpfe der sechziger Jahre gemahnt, schließt sich die «Trinklaube» an. Die heitere Resignation menschlicher Reife freut sich nach den Fehden des Tages und der Jugend am Becher, der «Gedanken winkt». Wie der Dichter selber in den letzten zwanzig Jahren die Früchte seines Lebens in die Scheune sammelte, so vereinigt die letzte Abteilung «Vermischte Gedichte» Stücke aller möglichen Inhalte und Formen. Als «Alte Weisen» tauchen der Zyklus «Von Weibern», als «Wanderbilder» der Zyklus «Aus Berlin» aus den «Neueren Gedichten» hier wieder auf. «Aus einem Roman» rettet die Gedichte, die die zweite Fassung des «Grünen Heinrich» ausgemerzt, vor der Vergessenheit. Vor allem aber vereinigt diese Abteilung die kleineren Verserzählungen und Balladen. «Das große Schillerfest 1859», das ursprünglich als Schluß des «Apothekers von Chamounix» geplant war, leitet als Schlußstück der «Vermischten Gedichte» zu dem «Apotheker» über, der die letzten siebzig Seiten der «Gesammelten Gedichte» füllt. Der «Scheidebrief an die Romantik» am Schlusse weist so bedeutsam zurück auf die Anfänge des Dichters.

Was Gottfried Keller im einzelnen an seinen Gedichten umgebildet, läßt sich nicht mit jener tief einschneidenden Umgestaltung vergleichen, mit der Conrad Ferdinand Meyer seine früheren Gedichte bedachte. Dafür waren die künstlerischen Temperamente der beiden zu sehr verschieden, zu sehr verschieden der Stoff der Umarbeitung. Für Meyer galt es, Gedichten, die nur zage Spuren dichterischer Eigenart verrieten, den kräftigen Stempel spät errungener Persönlichkeit aufzuprägen; für Keller, die genialen Würfe eines kraftvoll-ursprünglichen, aber noch nicht durchgebildeten Fühlens und Könnens durch das harmonische Maß reifer Kunsteinsicht zu adeln und jugendliche Verschwommenheit durch realistische Genauigkeit zu ersetzen.

Aus der Sammlung von 1846 fanden siebenundzwanzig Nummern keine Gnade mehr vor des reifen Dichters geklärtem Blick. Vielfach vermochte Keller sich nicht mehr zu dem Gedankeninhalt der ausgeschiedenen Stücke zu bekennen. Der Glaube an die Unsterblichkeit, den er so kräftig in den Sonetten «Auch an die Ichel» ausgesprochen, war ihm abhanden gekommen. So mußten das erste und das vierte Sonett weichen, und nur die beiden mittleren mit ihrem allgemein menschlichen Gehalte durften bleiben. Auch über andere Stücke war die Zeit hinweggeschritten. Die Hälfte der Siebenundzwanzig Liebeslieder mochte ihm nun allzu bläßlich und heinesierend erscheinen. Von den politischen Gedichten atmeten der «Pietistenwalzer» und «Waldstätte» allzusehr den Geist des Parteihasses der Zeit der Freischarenzüge, andere, wie das Gedicht auf Robert Steigers Befreiung oder das zur Feier von Freiligraths Eintritt in die Schweiz, hatten das dichterische Erlebnis nicht künstlerisch zu gestalten vermocht. Wieder andere Stücke, wie «Modernster Faust», waren in der rhetorischen Betrachtung stecken geblieben. So wurde alles weggelassen, was inhaltlich abgestorben war oder was nur durch Umgestaltung von innen heraus und von Wort zu Wort zum Kunstwerk hätte erhoben werden können.

Sechzehn Stücke fielen aus den «Neueren Gedichten» von 1854 weg: je vier aus dem Zyklus «Von Weibern» (V. Ännchen; VI. Agnes; X. Gretchen; XIV. Sibylla) und aus den «Gaselen» (XI, XII, XV und XVI), zwei Trinkgedichte, die Nummern XV und XVI «Aus der Brieftasche» und anderes – lauter Stücke, die entweder zu wenig originell oder in allzu dünne Gedankenfäden ausgesponnen waren.

Aber auch von den seither entstandenen Festliedern und Gelegenheitsgedichten wurden nur diejenigen aufgenommen, in denen der Tagesstoff durch die künstlerische Form zu allgemeiner und dauernder Bedeutung erhoben worden war. Der «Waffensegen» vom Kadettenfest 1856 wie der «Gruß an die Bremer Schützen» wurden ausgeschlossen.

Die Umwandlung des beibehaltenen Liedergutes geschah in Stil und Inhalt nach den Forderungen von Kellers reifer Kunst.

In Gedichten, die tatsächliche Ereignisse zur stofflichen Grundlage haben, sind Übertreibungen oder sachliche Ungenauigkeiten – sogenannte poetische Lizenzen – auf die geschichtliche oder natürliche Wirklichkeit zurückgeführt. So wurden in dem Marschlied für das ostschweizerische

Kadettenfest die Verse, die in dem Druck in Schads Musenalmanach gelautet hatten:

Und findet seine Brüder,
Bis hundert und bis tausend sind
Und aber tausend wieder –

nun umgeändert in:

Und findet seine Brüder,
Bis hundert und bis tausend sind
Und dreimal tausend wieder,

weil tatsächlich an dem Feste von 1856 etwa dreitausend Kadetten zusammenströmten. Im letzten Gedichte der «Feueridylle» glänzt nun die Sonne, nachdem die Flamme tot und der Krater verglüht ist, nicht mehr auf «Kohlen», sondern sachlich richtiger auf «Asche».

Starke oder derbe Ausdrücke, dem rhetorischen Stil der vierziger Jahre entstammend, sind gemildert. In der sechsten Strophe des Apostatenmarsches hieß es in den Gedichten von 1846:

Unsereiner
Schwimmt mit Würde stets als reiner
Goldfisch oben auf dem Kot.

Jetzt lautet der Schluß geschmackvoller und anschaulicher:

Goldfisch durch das Blut so rot.

In dem «Großen Schillerfest» ließ Keller ursprünglich in der vierten Strophe das arme Weib «schlotternd und mit nassen Fingern» Reisig lesen. Dafür setzte er «zitternd und mit starren Fingern» ein.

Geschichtlich oder persönlich Individuelles ist ins Typische umgestaltet und so vom Zufall zur Gesetzmäßigkeit erhoben. In der Sammlung von 1846 stellte das zwanzigste Sonett den «deutschen Freiheitskrieg» als zweckloses Unternehmen dar bei allem heiligen Kampfeszorn der Freiheitsstreiter. In den «Gesammelten Gedichten» ist die Beziehung auf das deutsche Volk aufgegeben. Der Titel heißt nur noch «Kriege der Unfreien» und statt «Du deutsches Volk» am Eingange heißt es jetzt allgemein: «Du tapfres Volk».

Zahlreicher als diese stofflich-gedanklichen Änderungen sind die Verbesserungen formaler Art.

Vielstrophige Gedichte sind zusammengezogen worden. So zählt das zweite Stück des Zyklus «Panard und Galet» statt neun nun nur noch sieben Strophen. Ebenso «Kreszenz» («Wie glänzt der helle Mond so kalt und fern»). In «Klage der Magd» sind die beiden Strophen:

Und wenn mein Vielgeliebter
Am Hag vorüberwandelt
Und ein paar heiße Blicke
Mir in die Seele warf;
Kommt sie und streut mit Schelten
Und ausgesuchter Bosheit
Mir in die süße Wallung
Den Tod, so eisig scharf!

Und wenn am Mittagsmahle
Ich mit gesenkten Augen
Am Tische sitz' und esse
Und mäuschenstille bin:
Zielt sie mit schiefen Augen,
Mit harten, spitzen Reden
Und oft mit groben Scherzen
Vor allem nach mir hin.

zu einer verdichtet: *Und wenn mein Vielgeliebter*
Am Hag vorüberwandelt
Und ein paar warme Blicke
Mir in die Seele warf,
Höhnt sie am Mittagsmahle,
Daß ich am untern Ende
Das Auge nicht erheben
Und mich nicht rühren darf.

In der sprachlichen Charakteristik waltet eine bewundernswerte Verfeinerung des Begriffes Anschauung. Wenn der rhetorische Stil der politischen Lyrik, von der Keller ausging, unbedenklich ins Geistige hinübergreift und aus der einen Sphäre sinnlicher Anschauung in eine andere schweift, so achtet der Dichter jetzt mit peinlicher Strenge auf die Logik und Klarheit bildlicher Ausdrücke und ersetzt meist abstrakte oder verschwommene Wendungen durch Vorstellungen von unmittelbarer Leuchtkraft. Lehrreich ist zum Beispiel die Umgestaltung der ersten Strophe des Sonettes: «Der deutsche Freiheitskrieg» («Kriege der Unfreien»). Sie lautet in den Gedichten von 1846:

Du deutsches Volk mit deinem Löwenzorn,
Wie du Vernichtung schwurst den argen Franken,
Hochschwanger gingst mit riesigen Gedanken,
Begeistert aus der Freiheit Feuerborn.

Nicht weniger als sechs Bildkreise sind hier in eine Vorstellung zusammengemischt: Löwe, schwören, Schwangerschaft, Riese, Feuer, Born. Die verbesserte Fassung entwickelt aus der Vorstellung des Löwen ein einheitliches Bild:

Du tapfres Volk in deinem Löwenzorn,
Wie kühn du schwingst dich über Zaun und Planken,
Voll Wut die Feinde greifst in deinen Flanken,
Begeistert aus der Freiheit Feuerborn.

So verdrängt die Sinnlichkeit realistischer Kunst die Häufung von Vorstellungen, wie sie dem romantisch-jungdeutschen und dem rhetorischen Stil eigen ist, und der Gedanke gewinnt durch die bildliche Vereinheitlichung eine Kraft, die ihm jene Vorstellungsparallelen nicht zu geben vermochten.

Dieser Verfeinerung des charakteristisch-anschaulichen Ausdrucks dienen weitaus die meisten Veränderungen. In der «Schifferin auf dem Neckar» II heißt es nun statt des früheren:

In den Augen glimmet ein Totenlicht

der Situation angemessener:

In den Augen flackert das Totenlicht.

In dem ersten Teil des gleichen Gedichtes ist am Schlusse aus dem «klopfenden Herzen» ein «fliegender Busen» geworden. Im «Apostatenmarsch» heißt es statt:

Ausgehöhnet jede Wahrheit!
Angespien der Sonne Klarheit

jetzt: *Ausgepfiffen jede Wahrheit,*
Angeschwärzt der Sonne Klarheit.

Gelegentlich ist die charakteristische Prägnanz des Ausdrucks sogar auf Kosten des Wohlklanges erzielt. In dem Sonett «Auf die Motten» (1846: «Den Konservativen») ist die Zeile:

Ein blühender, glücksel'ger Heldenkind

durch den bezeichnenderen, aber weniger wohlklingenden Vers:

Ein glücklicher, nutznieß'risch Heldenkind

ersetzt.

In andern Fällen wiederum war der Gesichtspunkt des Wohlklanges und flüssigeren Rhythmus für die Umwandlung wegleitend. Der Hiatus ist nun möglichst gemieden. Statt: «Ich bete in der Frühe» (Neuere Gedichte, S. 193) heißt es jetzt: («Der falsche Hafisjünger»): «Ich bet' in aller Frühe». Häßliche Elisionen sind beseitigt. Statt «Mit ihrem röm'schkathol'schen Segen» («Auf der Landstraße») es heißt jetzt: «Mit ihrem gutkathol'schen Segen». In «Frau Rösel» («Frau Michel» 1846) ist der frühere anapästisch-übermütige Rhythmus:

Und sitzt vergnügt und harrt im Haus auf die neue Landesmutter

geglättet in den maßvoll-jambischen:

Und sitzt vergnügt vor ihrem Haus und harrt der Landesmutter.

Zahlreich endlich sind die Veränderungen grammatischer Art. Die Verbesserung von Sprachfehlern oder ungewöhnlichen Wendungen, die Beseitigung von Mundartformen läßt das Streben erkennen, den Stil auf die künstlerische Höhe der gebildeten Literatursprache zu erheben. So wurde in «Rosenwacht»

Erkaltet und verglüht s i n d Berg und Tal

eingesetzt aus dem früheren:

Erkaltet und verglüht ist Berg und Tal.

Ein aus der Mundart stammendes «gegen mir» (Gedichte 1846, S. 149) hat zur völligen Veränderung der zweitletzten Strophe der «Begegnung» geführt. Die dritte Strophe des zweiten Sommergedichtes (1846, S. 41) lautete ursprünglich:

Mir ist: ich trag' ein grünes Kleid
Von Sammet, und die weiche Hand
Von einer schweigsam stillen Maid
S t r e i c h t es mit ordnendem Verstand.

Die neue Fassung änderte das «Streicht» in «Strich'» und macht damit logischerweise auch die zweite Hälfte der Strophe von «Mir ist» abhängig.

So erstreckte sich des Dichters besserndes Bemühen auf das Große und Kleine, auf Gedanke und Wort. Eine Sammlung von jener Einheit und Gleichmäßigkeit in Stoff und Stil, wie Conrad Ferdinand Meyers Gedichte, sind Kellers «Gesammelte Gedichte» trotzdem nicht geworden, schon deswegen nicht, weil ihr Gehalt dafür zu bedeutend und mannigfaltig ist. Während in Meyers Versbüchern die durchgebildete und gleichmäßig hohe Kunst uns immer wieder mit Staunen erfüllt, birgt Gottfried Kellers Sammlung den körnerschweren Ertrag eines Lebens, dem nichts Menschliches fremd war. «Was meinen Gedichten mangelt», schrieb er selber an Meyer, «weiß ich wohl; es ließ sich eben nicht mehr besser machen, da die Sache seit vierzig Jahren angefangen war, und ignorieren konnte ich sie auch nicht, wegen der Nachlaßmarder, denen ich sie soweit möglich aus den Händen nehmen mußte. So ist das Buch gewissermaßen von selbst am Wege gewachsen, wie eine ungefüge dicke Distel. Aber sie ist am Ende wenigstens geworden.»

In der Tat muß man die «Gesammelten Gedichte» noch in höherem Maße als den «Grünen Heinrich» ein Abbild von Kellers Persönlichkeit nennen. Der ganze Mensch und der ganze Dichter stecken darin, mit ihrer Liebe und ihrem Zorn, ihrer Rauheit und ihrem Zartgefühl, ihrer Tiefe und ihrer Weite und vor allem mit ihrer Kraft, die Wirklichkeit persönlich zu sehen und zu gestalten. Wenn der Dichter selber, als er die Sammlung anlegte, gegen Storm von der Notwendigkeit sprach, auch Ballast mitzuschleppen, so möchten wir von diesem Ballast kein Sandkorn missen; trägt doch das unscheinbarste Verspaar den Stempel seiner Persönlichkeit. Storm hat in dem ganzen dicken Bande der ersten Auflage sechs Gedichte als seine Lieblinge bezeichnet: «Augen meine lieben Fensterlein», «Winternacht», «Wochenpredigt», «Jung gewohnt, alt getan», «Waldlieder», «Stilles Abenteuer». Aber Storm war ein schrullenhafter Richter in Fragen der Lyrik. Ein unbefangener Genießer, dem das Herz nicht durch die Scheuklappen der Theorie beengt ist, darf zu dem halben Dutzend noch weitere Dutzende gesellen, so die meisten Stücke aus dem «Buch der Natur», «Jugendgedenken», die «Feueridylle» und so manches der vermischten Gedichte. Und wenn dennoch viel Ballast übrig bleibt, so möge man bedenken, wie dünn das Büschel von Goethes oder Mörikes Liedern ist, das, aus der ganzen Masse ausgelesen, als köstlichstes Gemeingut in jedem Munde lebt.

Die Herausgabe der Gedichtsammlung hatte bei dem wachsenden Ansehen des Dichters so freudigen Beifall gefunden, daß eine zweite Auflage nötig wurde, noch ehe die erste in den Handel kam. Dann aber verhielt sich das Publikum zurückhaltend. Was Keller gab, entsprach doch zu wenig dem durch die Münchener Lyrik verzärtelten Geschmack. Die dritte Auflage erschien erst 1888. In den «Gesammelten Werken» 1889 vermehrte Keller die Gedichte noch um die beiden 1883 entstandenen Kantaten zur Landesausstellung und zur zürcherischen Hochschulfeier.

In den öffentlichen Stimmen sprach vielfach die Verlegenheit eines Geschlechtes, dem der Begriff Persönlichkeit abhanden zu kommen begann. Ernst Ziel zum Beispiel in der «Allgemeinen Zeitung» nennt die «Abwesenheit des Leidenschaftlichen» bezeichnend für das dichterische Naturell der Sammlung. «Große Konflikte und tiefe Tragik spiegeln sich nicht in ihr wider. Abgründe klaffen nirgends. Das Überbrückende, Konziliante herrscht vor. Keller ist ein Optimist vom reinsten Wasser» (!). Dagegen konnte der Rezension Julian Schmidts in den «Grenzboten» 1883 (Nr. 52) auch Keller selber seine Zustimmung geben: «Bei dem großen Publikum ... werden diese Zeugnisse eines ernsten, geistig tiefbewegten und auch äußerlich sturmreichen Dichterlebens schwerlich auf Sympathie oder auch nur Verständnis zu rechnen haben. Gottfried Keller ist kein Lyriker in jenem engsten Sinne, den man der Lyrik nach und nach gegeben hat, kein Liederdichter, dessen Lieder an das Volkslied unmittelbar anknüpfen, kein seliger Träumer, an den die Reflexion nur so weit herantritt, als sie sich in frohe oder schmerzliche Stimmung wandeln läßt, vor allem keiner jener Sprachvirtuosen, welche weit eher die Deutlichkeit und Eigenart des Ausdrucks als den Wohlklang des Verses opfern. In Kellers Gedichten machen sich eine trotzige Selbständigkeit der Empfindung, eine zuzeiten befremdende Anschauung der Welt, die von Verklärung weit entfernt ist, eine besondere Behandlung, ein gelegentlich heißes Ringen mit der Sprache geltend, die im einzelnen Falle freilich die höchsten poetischen, rhythmischen und melodischen Wirkungen erreichen, in andern jedoch einen Nachgeschmack hinterlassen, der nur dem Nachgeschmack starken duftigen, aber herben Weines zu vergleichen ist. Die knorrige Originalität, die in gewisse poetische Tiefen hinabsteigt, in die andre Dichter kaum einen scheuen Blick werfen, die gewisse Höhen erklimmt, auf denen die Luft für den Durchschnittsleser dünn wird, tritt hier noch stärker und entschiedener hervor als in den Erzählungen des Dichters. Lebensfrisch und dunkelgrüblerisch, geistblitzend und voll schlichten Ernstes, herausfordernd, keck und zartsinnig, scheu und zurückhaltend stellt sich Gottfried Keller in seinen Gedichten dar; alle Töne schlägt er ein und das andre Mal, keinen so wiederholt an, daß er für die große Menge ein Lyriker mit einem bestimmten Ton wäre. Man muß schon Teilnahme für ein mannigfach bewegtes, von den Gärungen der Zeit ergriffenes, in seinen Kämpfen geprüftes und bewährtes Dasein empfinden, um sich ganz in diese Gedichte versenken zu können. Dicht neben den reifsten Schöpfungen, in denen ein tiefsinniger Gedanke vollendet poetische Form gewinnt, in denen die Phantasie des Dichters leuchtende Schönheit schaut oder der köstlichste Humor die Unzulänglichkeit des Irdischen erhellt, stehen andere, in denen der absonderliche Einfall umsonst Gedanke zu werden strebt, in denen die Einbildungskraft Kellers wild ausschweift und, wie in dem Zyklus «Lebendig begraben», selbst die grauenhaftesten Möglichkeiten des Daseins poetisch zu fassen und den Aufschrei der zertretenen Tierheit in menschlichen Laut zu wandeln sucht, stehen solche, deren Humor gar dünn und ansäuerlich ist. Nichts leichter, als Kellers Gedichte um ein paar Dutzend Proben häßlicher Bilder oder solcher Gedichte zu plündern, in denen der Ausdruck dunkel und spröde erscheint; nichts leichter, als aus diesem Bande zu deduzieren, daß Keller ein geistreicher Tendenzpoet, aber kein echter Dichter sei. Man braucht eben nur über die Gedichte hinwegzulesen, die in unsrer ganzen Lyrik ihresgleichen suchen und Kellers Namen erhalten müssen, solange die gegenwärtige deutsche Sprache lebt, braucht nur die Nachklänge aus den vierziger Jahren und der achtundvierziger Revolution, die sich zahlreich finden, als die Hauptsache hinzustellen. In Wahrheit verhält es sich völlig anders. Wer einmal den starken würzigen und dabei doch so linden Alpenhauch dieser Dichtungen geatmet, der wird zu ihnen zurückkehren, sich in sie hineinleben und sich am Ende mit manchem scharfen und jähen Zug versöhnen, der durch sie hindurchstreicht. Wir müßten weit ausholen, um dem ganzen Verdienst der Kellerschen Sammlung gerecht zu werden oder das Verhältnis dieser eigentümlichen Gedichte zur landläufigen Lyrik festzustellen, oder auch nur annähernd die erquickliche Fülle der eigensten Empfindungen, Gedanken und Erlebnisse zu charakterisieren, welche in ihnen zusammengedrängt erscheint. Aber mit aufjauchzender Freude sagen wir nur: doch endlich einmal wieder ein Buch – im Guten und Schlimmen eine Erscheinung, vor der uns das jämmerliche Gefühl der großen demokratischen Allgemeinheit verläßt, das uns bei so zahllosen, nur dem Titel nach unterschiedenen poetischen Produkten überkommt. Hier prangt der alte starke Stamm unsrer Literatur, der Individualismus, in neuer Blüte, und ein frischer Duft strömt von ihm aus.»

23
MARTIN SALANDER

Im Februar 1873 hat eine Verehrerin Pestalozzis, Josephine Zehnder-Stadlin, an Keller das Verlangen einer zeitgemäßen Umarbeitung von «Lienhard und Gertrud» gestellt. Der Dichter lehnte ab. «Will man das erreichen, was Sie bezwecken», meinte er, «so muß man eben etwas ganz Neues machen, und da muß halt in Gottes Namen wieder ein Pestalozzi kommen.» Dieses «Neue» hat er selber in seinem letzten Werke «Martin Salander» gegeben, in seiner Sprache freilich und mit den glänzenderen Mitteln seiner Kunst.

Die erste deutliche Spur des Romans führt ins Frühjahr 1881 zurück, wo er am 8. April Rodenberg schrieb, er denke jetzt auf einen einbändigen kleinen Roman. Den ursprünglichen Titel «Excelsior!» ließ Keller auf Heyses Rat fallen. «Excelsior!» meinte der Freund, sei zwar ein schönes Wort, an dem der verewigte Altmeister im Titelerfinden, Auerbach, gewiß Freude hätte; es sei aber nicht Kellerisch genug. Am 21. April weiß der Dichter von dem Buche «noch nicht viel zu sagen». Am 22. Juli 1882 schreibt er Rodenberg, er habe über den Gedichten den Roman zurücklegen müssen, «mit welchem sich zudem punkto Abklärung und zu große Aktualität einige Schwierigkeiten erhoben». Ein Jahr später siegt der Roman über die drei Novellen, die er nach dem «Sinngedicht» geplant. Der Gegenstand habe, schrieb er Rodenberg, einen zu aktuellen Charakter, um ihn sich verliegen lassen zu können. Aber anfangs 1884 meldet er wieder einen Stillstand «von jener Art, die mit einer Evolution verbunden ist ... Das Skelett bleibt bestehen, aber es knacken alle Gelenke, und die Knochen wachsen sich kräftiger aus». Immer wieder taucht in den Briefen der Roman auf, von unwilligen Seufzern über die Mühsal des Formens und von Zweifeln am Gelingen begleitet. Im August 1885 gesteht er Rodenberg, er hätte diese Arbeit längst aufgegeben, wenn sie nicht annonciert wäre und er selbst es nicht für notwendig und ehrenhaft hielte, sich dazu zu zwingen. Anfang November ist er endlich so weit, Rodenberg das erste Stück Manuskript zu senden. Vom Januar bis September 1886 erschien der Roman in der «Rundschau». Es war eine Prüfungszeit für alle Beteiligten, Verfasser, Herausgeber, Drucker und Leser. Schon die zweite Nummer brachte nur eine spärliche Fortsetzung. Keller fühlte die Beschwerden des Alters stärker. Schlaflose

Nächte und Kopfschwindel beängstigten ihn. Er wähnte einen Typhus im Anzug. Das Märzheft der «Rundschau» erschien ohne seinen Beitrag. Dann gingen wieder einige «Schmerzensblätter» ab. Im Sommer gab's eine abermalige Unterbrechung. Er beklagte sich über fast tägliche Störung durch «literarische Touristerei». «Es ist», schrieb er an seinen rundschaulichen Brotherrn, «ein verfluchter Posten, hier in Zürich zu sitzen im Sommer. – Ich wollte bald lieber das Maneke Piß in Brüssel sein.» Unwillig eilte er zum Ende, indem er den Faden kurzweg abbrach. Das Septemberheft brachte den Schluß. Auf Weihnachten erschien die Buchausgabe, um den kleinen Anbau der beiden jetzigen Schlußkapitel erweitert.

Den Stoff des Romans bot die Entwicklung der öffentlichen Zustände im Kanton Zürich in jener Epoche, die auf die Annahme der demokratischen Verfassung von 1869 folgte, also in den siebziger und zu Anfang der achtziger Jahre. Wenn Keller als Liberaler die Erweiterung der Volksrechte verurteilt hatte, so schien die Entwicklung der Dinge seinem Bedenken Recht zu geben. Zwar nahmen äußerlich Industrie, Handel und Verkehr im Kanton Zürich wie anderswo damals einen gewaltigen Aufschwung. Dem Tieferblickenden aber konnte nicht verborgen bleiben, daß diese Herrlichkeiten zu einem großen Teil Luftblasen waren, die ein gefährlicher Schwindelgeist getrieben, und daß die politische Reife und das Gefühl der Verantwortlichkeit nicht überall in dem Maße gestiegen waren, in dem die Volksrechte sich erweitert hatten. In Winterthur, dem Mittelpunkt der einstigen demokratischen Bewegung, führte die Entwicklung der Dinge zu einer eigentlichen Katastrophe. Da hatten die gleichen Männer, die einst den Kampf gegen das System geführt, hingerissen vom Erfolg und berauscht von dem Reichtum, den Industrie und Handel aufgestapelt, 1872 ein großes Eisenbahnunternehmen ins Leben gerufen, die Nationalbahn, die, als Gegengründung gegen die von Alfred Escher geleitete Nordostbahngesellschaft gedacht, den Zweck hatte, durch einen direkten Schienenstrang den Bodensee mit dem Genfersee zu verbinden und dabei Zürich zu umgehen. Durch die Industrie, deren Ausweitung man für unbegrenzt hielt, und die Schaffung neuer Verkehrswege glaubte man die von Natur glücklicher gelegene Hauptstadt überflügeln zu können. Die stolzen Hoffnungen wurden schon 1878 durch den völligen Zusammenbruch der Nationalbahn geknickt, und die Stadt, die sich mit bedeutenden öffentlichen Mitteln daran beteiligt, stand 1883 und 1884 vor dem Konkurs und belud sich auf lange Jahrzehnte mit einer Schuldenlast von Millionen. Die Leidenschaft, mit der Keller sich gegen Petersen am 23. September 1880 über den einstigen Winterthurer Stadtpräsidenten J. J. Sulzer und sein «verrücktes Eisenbahnnetz» aussprach, zeigt, wie heftig er diese ganze Wirtschafts- und Verkehrspolitik verurteilte.

Zu dieser schweren Erschütterung des materiellen Kredites kamen am Ausgang der siebziger und zu Anfang der achtziger Jahre eine Reihe von Vorfällen, die eine erschreckende Verwirrung oder Unsicherheit des sittlichen Gefühls bei Beamten offenbarten. Von 1876 bis 1882 spielte sich der Streit zwischen der Direktion der kantonalen Irrenanstalt Burghölzli und dem Verwalter Schnurrenberger ab. Die ärztliche Leitung beschuldigte Schnurrenberger stets aufs neue der Veruntreuungen und Kompetenzüberschreitungen. Die Presse bemächtigte sich der Angelegenheit, spielte sie auf das politische Gebiet hinüber – Schnurrenberger war Demokrat – und kämpfte mit maßloser Leidenschaft dafür und dagegen. Alte Vorwürfe, die in den sechziger Jahren Trumpf gewesen, wurden wieder aufgenommen, und wie damals stellte sich auch jetzt wieder der Pamphletist Dr. Friedrich Locher in die vorderste Reihe der Angreifer. Als infolge des Zwistes Dr. Eduard Hitzig 1878 von der Leitung des Burghölzli zurücktrat, wurde Gottfried Keller beauftragt, die Adresse zu verfassen, die dem Scheidenden von seinen Freunden überreicht wurde. Von einer «Erkrankung des öffentlichen Geistes» und von «heuchlerischem Mißbrauch, der mit dem Namen unserer altehrwürdigen Staatsform getrieben wurde», ist darin zu lesen. Die Aufregung legte sich erst, als 1882 durch zweiwöchige Schwurgerichtsverhandlungen das Geflecht von Verleumdungen und Verdächtigungen zerrissen und Schnurrenberger freigesprochen wurde.

Dagegen mußte damals eine erschreckend große Zahl von Beamten wegen Unterschlagung öffentlicher und privater Gelder verurteilt werden. Im Juni 1879 war der Statthalter des Bezirkes Zürich, namens Hafner, seines Amtes entsetzt worden. Im Februar des folgenden Jahres stellte es sich heraus, daß er etwa sechsundzwanzigtausend Franken Wirtschaftsgebühren, die er in seiner Stellung eingenommen, nicht abgeliefert hatte. Er wurde flüchtig, stellte sich aber dann selber wieder. Als sich drei Monate später das Gerücht verbreitete, die Anklagekammer wolle die Klage gegen ihn wegen Verjährung nicht zulassen, und der Lokalreporter der «Neuen Zürcher Zeitung» am 25. Mai 1880 die Nachricht aufgriff, stellte Keller in einem Briefe an Baechtold die falsche Meldung zurecht. Zur gleichen Zeit war der Sanitätssekretär Schwarz, ein intimer Freund von Schnurrenberger, wegen Veruntreuung seiner Stelle enthoben worden. Am 13. Mai 1880 sah sich Statthalter Weidmann in Embrach veranlaßt, wegen unordentlicher Amtsführung seinen Rücktritt zu nehmen. Am 29. September des folgenden Jahres wurde der Gemeindepräsident von Sternenberg wegen Unterschlagung verhaftet. Handelte es sich bei diesen Fällen um verhältnismäßig kleine Summen, so gingen die Veruntreuungen zweier Notare in die Hunderttausende.

Am 3. Juni 1881 wurde gegen den Notar Koller in Thalwil vom Obergericht wegen dringenden Verdachts der Unterschlagung und Amtspflichtverletzung strafrechtliches Einschreiten angeordnet und der Angeklagte verhaftet. Sofort wurde in dem demokratischen «Landboten» darauf hingewiesen, daß Koller ein «Führer und Hauptredner der liberalen Partei» sei, wogegen die «Neue Zürcher Zeitung», das Organ der Liberalen, feststellte, daß Koller schon früher das Vertrauen seiner Partei verloren habe. Am 17. Juni meldete die «Neue Zürcher Zeitung», daß die Veruntreuungen Kollers die enorme Höhe von sechshunderttausend Franken erreichten. «Auf der Straße und in den Wirtshäusern hört man jetzt anstatt des üblichen Grußes die Frage: ‚Wie groß ist das Defizit Kollers? Was muß der Staat bezahlen?'» Die Schurkereien habe Koller in folgender Weise verübt: Ein Entlehner wollte eine oder mehrere Hypotheken mit höherem Zinsfuß auf seinem Grundstück in eine solche mit geringerem Zinsfuß umwandeln, oder er wollte eine erste Hypothek auf sein Gut legen. Zu diesem Zweck ließ er vom Notar die Kopie ausstellen, auf welche hin ihm dann von Banken oder Privaten das Kapital zur Abzahlung der Vorstände oder das gesuchte Kapital auf erste Hypothek versprochen wurde. Das Geld wurde dem Notar gesandt. Koller nahm es in Empfang, stellte die Briefe in bester Form aus, sandte sie den neuen Kreditoren, unterschlug aber das Geld und verlumpte es auf der Börse. Oder er stellte ganz falsche Briefe mit fingierten Kreditoren und Debitoren aus, die so wenig existierten wie die Grundstücke, die er mit Hypotheken belastete. Eine spätere Korrespondenz der «Neuen Zürcher Zeitung» stellte die früheren Angaben richtig. Als mutmaßliches Defizit wurden nun dreihundertfünfzigtausend Franken ausgerechnet. Koller verfertigte, so wurde nun berichtet, nicht Briefe mit fingierten Gläubigern und Schuldnern, sondern stellte Geldaufbruchscheine auf wirklich bestehenden Grundbesitz und existierende Entlehner auf, das heißt, er stellte amtlich beglaubigte Scheine über die Liegenschaften eines Schuldners und die auf ihnen haftenden Kapitalien auf und suchte mit diesen Abschriften oder diesen «Geldaufbruchscheinen» weitere Darlehen ohne Wissen des Schuldners, nahm die betreffenden Gelder in Empfang, verfertigte vorstandsfreie Schuldbriefe, mit gehörigen Protokollzitaten versehen, ließ sie besiegeln und händigte sie den betreffenden Kreditoren aus. Die Briefe waren aber in den Protokollen nicht eingetragen, und die angeblichen Schuldner wußten nichts davon.

Kaum hatte sich die Aufregung über diesen Fall einigermaßen gelegt, so verbreitete sich am 18. August die Nachricht, daß Notar Rudolf von Dielsdorf, ein eifriger Demokrat, mit Hinterlassung eines bedeutenden Defizites durchgegangen sei. In seinem Sekretär hatte man ein Schriftstück gefunden, worin der Schurke «zu leichter und exakter Liquidation» die von ihm begangenen Fälschungen in Schuldbriefen usw. verzeichnet hatte. Am Schlusse des Schriftstückes standen die Worte: «Ich verlasse nun dieses kleine Land der Korruption.» Von einem auswärtigen Orte hatte er seine Insolvenzerklärung gesandt. Seine Unterschlagungen hatte er so begangen, daß er Gelder zurückbehielt, die ihm zur Abzahlung und Löschung von Schuldbriefen oder Vorständen übergeben wurden, und abbezahlte Schuldbriefe, die er zur Löschung erhalten, nicht löschte, sondern zu eigenem Nutzen verpfändete oder verkaufte. Auch der Ausfertigung falscher Schuldbriefe wurde er verdächtigt. Ende August erfuhr man, daß Rudolf sich in Marseille nach Brasilien eingeschifft habe. Am 6. September wurde er in Pernambuko verhaftet. Die Summe seiner Veruntreuungen sollte sich auf dreihunderttausend Franken belaufen.

Am 19. Januar 1882 kam die Klage gegen Koller vor dem Obergericht zur Verhandlung. Er wurde zu dreizehn Jahren Zuchthaus und nachheriger zehnjähriger Einstellung in den bürgerlichen Rechten verurteilt. Die Verhandlungen gegen Rudolf fanden am 8. Juni 1882 statt und führten zur Verurteilung zu zwölf Jahren Zuchthaus und zehn Jahren Einstellung in den bürgerlichen Rechten. Zu gleicher Zeit wurde Notar Heß von Wald, der Ende März wegen Veruntreuungen im Betrage von neunzehntausend Franken angeklagt worden war, zu vier Jahren Zuchthaus und nachheriger fünfjähriger Einstellung in den bürgerlichen Rechten verurteilt.

Im Zusammenhang mit der Unterhöhlung des sittlichen Bewußtseins bei bürgerlichen Beamten stand die Entstehung und das Wachstum einer neuen Partei: der Sozialdemokratie. Noch in den Kämpfen um die demokratische Verfassung hatten im Kanton Zürich Sozialisten wie Karl Bürkli und Hermann Greulich an der Seite der bürgerlichen Demokraten gestanden. Aber als die Verfassung 1869 angenommen wurde, schieden sich die Genossen. Am 11. Dezember gab Greulich die erste Nummer der sozialdemokratischen «Tagwacht» heraus und am 13./14. März 1870 wurde die Sozialdemokratische Partei der Schweiz gegründet, die, wie die Sozialdemokratische Arbeiterpartei Deutschlands, ein Glied der Internationalen Arbeiterassoziation wurde. Als in Deutschland 1878 das Sozialistengesetz die öffentliche Tätigkeit der Sozialisten unterband, hielten sie vom 20. bis 23. August ihre Parteitagung auf dem Schlosse Widen im Kanton Zürich ab.

All das waren Anzeichen einer Wandlung im innern und äußern Gefüge des Volkes. Wenn der vaterländische Dichter die Erschütterung des allgemeinen Vertrauens und die Unsicherheit des sittlichen Gefühls in den bürgerlichen Kreisen sah, so mochte er sich wohl fragen, ob denn das Volk reif sei für die Freiheiten, die es sich in der Verfassung von 1869 gegeben, ob nicht gerade diese Taten der Untreue die Folge seien des allzu großen Spielraums, den diese Verfassung dem einzelnen Gliede des Volkes gab, und ob durch die teilweise Abladung der Kompetenzen von den Behörden und Beamten auf den Souverän, das Volk, nicht doch bei jenen zugleich das Gefühl der Verantwortlichkeit geschwächt worden sei. Mit jauchzenden Liedern hatte der Jüngling die Siege des liberalen Gedankens gefeiert. Der Mann hatte den Festen der Republik seine Gesänge geweiht. Nun drängte der Anklagezustand, in dem die Demokratie sich befand, dem Greise die Feder in die Hand. Und das Bild, das er von dem Werden seines Volkes entwarf, konnte nicht anders als tiefernst werden.

In «Martin Salander» spiegeln sich die damaligen Zustände im Kanton Zürich so ziemlich nach allen Seiten. Der Dichter schildert die Äußerungen und Formen des politischen Lebens. Eine neue Verfassung hat die Rechte des Volkes bedeutend erweitert und die Pflichten des Einzelnen vermehrt, indem sie ihn zum unmittelbaren Vertreter des Souveräns machte. Die gesetzgebende Körperschaft ist, ähnlich dem zürcherischen Kantonsrat, ein Rat von zweihundert Köpfen. Wir wohnen einer Wählerversammlung bei, die eine Partei zusammenruft, um die Vorschläge in den Rat aufzustellen. Der Dichter schildert eine Sitzung des Rates und zeichnet die verschiedene Auffassung der Amtspflichten bei den einzelnen Mitgliedern. Er streift mit einem mißbilligenden Blick die Unzahl von Gesetzen und Verordnungen, die die Behörden erlassen. In der Tat folgte in den siebziger und achtziger Jahren Gesetz auf Gesetz, Verordnung auf Verordnung. Die verhältnismäßige Leichtigkeit, zu Amt und Würden zu kommen, nährt das politische Strebertum. Man schließt sich nicht aus Überzeugung, sondern um des Vorteils willen einer Partei an. Das Würfelspiel der Brüder Weidelich ist eine nur leicht karikierende Satire auf tatsächliche Vorkommnisse. Das Souveränitätsgefühl erzeugt bei Dummköpfen Prahlerei und Faulheit, wie jenes vorzüglich beobachtete Erlebnis Salanders mit dem Deutschen und dem Schweizer in der Wirtschaft zeigt. Der Besitz irgendeiner kleinen Würde weckt die Eitelkeit und zeitigt eine lächerliche Titel- und Putzsucht: die Frau von Salanders Vorgänger im Großen Rat stürzt ihren Mann durch ihren unsinnigen Aufwand in Schulden. Die Notwendigkeit, öffentlich zu reden, erzeugt Phrasenhelden, wie jenen Pfarrer an der Salanderschen Hochzeit.

Ein zweites Problem bietet die Entwicklung des wirtschaftlichen Lebens. Die Entstehung ansehnlicher Vermögen durch den Handel mit überseeischen Ländern zeigt Salanders Beispiel. Den Schwindelgeist, der sich parasitisch an die Arbeit des redlichen Kaufmanns hängt und sie aussaugt, verkörpert Louis Wohlwend. Am 20. Februar 1870 war ein Steuergesetz vom Volke angenommen worden, das eine progressive Besteuerung der Vermögen bestimmte. Mit ernster Besorgnis betrachtet auch der Dichter die Ansammlung gewaltiger Reichtümer in der Hand eines Einzelnen. Arnold Salander lehnt es ab, ein kleiner Nabob zu werden, und sein Vater macht sich mit dem Gedanken vertraut, daß die Zeit nicht fern sei, in der die Gesetzgebung die Hand kräftiger auf das Vermögen legen wird. Anderseits wachsen bei den vermehrten Aufgaben die Geldbedürfnisse der öffentlichen Wesen. Die Frage der Entlastung der Gemeinden durch den Kanton, die Subventionierung kantonaler Unternehmungen durch den Bund taucht auf, und mehr und mehr dringen sozialistische Ideen in die Parteiprogramme ein. Bereits macht sich auch, eine Folge des wirtschaftlichen Aufschwunges, ein bedenklicher Mangel an Arbeitskräften geltend. Marie Salander spricht einmal in bitterem Scherz von einem Kriegszuge, den die Schweizer nach Asien oder Afrika unternehmen müßten, um ein Heer von Arbeitssklaven zu gewinnen.

Mit der Verwirklichung des demokratischen Gedankens hängt die Frage der Volkserziehung aufs engste zusammen. Allgemeine Bildung ist die Voraussetzung einer einsichtigen Ausübung der politischen Rechte. Die Verfassung von 1869 hatte die Unentgeltlichkeit des Volksschulunterrichtes eingeführt und durch das Programm der Ausdehnung der Volksschule, des Ausbaues der Alltagsschule, der Förderung des bürgerlich-politischen Unterrichts der künftigen Gesetzgebung Richtlinien gegeben. Aber der konsequente Versuch, dieses Programm zu verwirklichen, das Siebersche Schulgesetz vom Jahre 1872, wurde bei der Abstimmung verworfen und nur die beiden Teilgesetze über die Unentgeltlichkeit des Sekundarschulunterrichtes und die Besoldung der Volksschullehrer angenommen. Um das Unterrichtswesen im Sinne der Verfassung von 1869 auszubauen, tauchten in den siebziger und achtziger Jahren alle paar Jahre neue Entwürfe auf, ohne daß einer die Sanktion des Kantonsrates oder des Volkes fand. Auch diese Seite des demokratischen Staates spiegelt sich im «Salander». In der Verhandlung über die ungetreuen Notare weist der Gerichtspräsident auf Pestalozzis «Lienhard und Gertrud» hin und auf die vielen Millionen, die der Staat im Laufe der Jahre für das Schulwesen ausgegeben. Die Volkserziehung ist Salanders Lieblingsfeld; «sie galt ihm als die wahre Heimat, in welcher er seinen frühen Abfall von der Schule gut machen müsse», und er hofft es noch zu erleben, daß kein Jüngling zu Stadt und Land vor dem Antritt des zwanzigsten Jahres aus der staatlichen Lehre entlassen wird.

Alle diese Äußerungen des öffentlichen Lebens vereinigen sich in der Gestalt Martin Salanders. Er ist die Verkörperung des demokratischen Volkes, wie im «Grünen Heinrich» Judith die Manifestation der Natur ist. Sein Erleben ist das Schicksal des zürcherischen Volkes in jenem Zeitraum, dargestellt in einer einzigen Person und zugleich in jener Ganzheit des Wesentlichen erfaßt, die für Keller seit der Berliner Zeit der Inbegriff des dichterischen Stiles ist. Sein ursprünglicher Lehrerberuf weist auf die tüchtige Bildung hin, die zum Programm des demokratischen Staatswesens gehört. In seinen überseeischen Geschäften spiegelt sich der Handelsverkehr der strebsamen Bevölkerung seiner Heimat. So nüchtern und praktisch er als Kaufmann ist, auch darin ein echter Zürcher, so sehr ist er in der Beurteilung der politischen und sittlichen Fragen ein Idealist, wie ja auch die demokratische Entwicklung im Kanton Zürich von hohem Idealismus getragen ist. Er nennt sich ausdrücklich einen Demokraten. Die Gefahren, in die ein Zuviel an Freiheit Unmündige oder Ungebildete führt, lernt er in seinen Töchtern und ihrer verfehlten Heirat kennen. «Hätten die Mädchen nicht über eine so vollkommene Muße und Freiheit verfügt», bemerkt die kluge Frau Marie einmal, «so hätten sie schwerlich das widerwärtige Abenteuer zusammen ausspintisiert.» Mit edlem Eifer nimmt er an dem politischen Leben teil, wird Großrat, und die Hochzeit seiner Töchter wird ein demokratisches Volksfest. Wie in der zürcherischen Geschichte um das Jahr 1880 nach zehnjährigem Bestehen der demokratischen Verfassung jene Reihe von Veruntreuungen eine schwere Erschütterung des Volkslebens und eine Gefährdung des demokratischen Gedankens bedeutete, so dringen durch die Zwillinge Weidelich Unglück und Schande in Salanders Familie ein. Und wie dem Hochzeitsvolksfest der theaterhafte Aufputz nicht fehlt und der ideale Sinn Salanders hier bedenklich ins Phantastische langt, so vergafft er sich als Fünfundfünfzigjähriger noch in die «klassische» Scheinschönheit der blödsinnigen Myrrha: ein sehr herbes Symbol für den gefährlichen Hang der Gründerzeit zum Äußerlichen und Prunkhaften und für ihre Verkennung der wahren Werte, wenn sie auch so unscheinbar sind wie die alternde Frau Marie. In seinem Sohne Arnold endlich verkörpert sich das Geschlecht, das auf die politisch gestimmte Generation der sechziger und siebziger Jahre folgte. Durch Reisen und geschichtliche Studien gebildet, steht er dem öffentlichen Leben reifer und objektiver gegenüber. Aber auch kühler und darum nicht mehr schöpferisch. Für Arnold Salander und sein Geschlecht gilt das Wort des Grafen in den Materialien zum «Grünen Heinrich» nicht mehr, daß die produktive Behandlung des öffentlichen Lebens die einzige noch mögliche und würdige Form sei, die Gestaltungskraft und dichterische Phantasie zu benutzen.

Darf man diese Beleuchtung der politischen Entwicklung im Kanton Zürich Schwarzseherei nennen und gegen den Dichter des «Martin Salander» den Vorwurf pessimistischer Verurteilung der Demokratie erheben?

Wir sind heute weit genug von den Ereignissen der siebziger und achtziger Jahre entfernt, um Kellers Darstellung unbefangen betrachten zu können. Gewiß, der Dichter des «Salander» ist nicht mehr der Dichter der «Leute von Seldwyla». Wenn er in den Seldwyler Geschichten die Schwächen und Torheiten seines Volkes in die bengalische Beleuchtung seines Humors rückt und die Raketen seines Geistes über ihnen kreisen läßt, so bestreicht er nun in dem Altersroman mit dem grellen Lichte eines Scheinwerfers alle Schlupfwinkel des öffentlichen Lebens und deckt das Verbrechertum, das sich in ihnen versteckt, ohne Nachsicht auf. Das ist sein Recht und seine Pflicht, und auch die Demokratie, wenn anders sie nicht eine Vogelstraußpolitik treiben will, tut gut, auf die Stimme des Weisen zu hören, der das Verantwortlichkeitsgefühl, ohne das es kein Wirken in der Freiheit gibt, bei hoch und niedrig zu schärfen sucht. Die Schandtaten der Brüder Weidelich sind nicht erfunden, sowenig wie die andern Fälle von Veruntreuung, von denen der Roman erzählt; und die beispiellose sittliche Verwahrlosung, die aus den Briefen der Zwillinge spricht, hat ihr wirkliches Vorbild in dem Schriftstücke des flüchtigen Notars Rudolf. Wer die Zeitungen jener Jahre durchblättert, erkennt, daß Kellers Roman nicht eine willkürliche und schwarzseherische Häufung von Übeltaten enthält, sondern daß seine Darstellung weitgehend wahr ist.

Und dennoch darf man nicht von Verurteilung der Demokratie sprechen. «Die Korruption», schrieb der Dichter in den Notizen zum Roman, «der sittliche Verfall des Volksstaates ist so gut der Regeneration fähig wie das Körperliche des Volks, durch Reaktion seiner Kräfte, natürliche Polizei, Ausruhen; es ist ja überall in der Geschichte dieser Rhythmus von Sinken und Erheben.» Was Gottfried Keller bloßstellt, das ist, wie die Wiedertäuferei in der «Ursula», das Heer der häßlichen Tazzelwürmer, das ausfährt, wenn sich die Berge auftun und die Zeiten sich wenden. Nach wie vor aber glaubt der Dichter an die gesunde Kraft seines Volkes, und bei aller Abneigung des Menschen gegen die reine Demokratie und ihre gesetzgeberische Unruhe ist der Dichter Denker genug, um die Verbrechen, die damals geschahen, nicht ihr zur Last zu legen. Auch der alte Gottfried Keller wird niemals zu einem polternden Hasser wie Jeremias Gotthelf. Martin Salander ist die Verkörperung des demokratischen Volkes. Die ungetreuen Zwillinge Weidelich aber sind seine Schwiegersöhne, nicht seine leiblichen Söhne, ein Anhängsel der Familie, das wieder abgestoßen wird, als es sich krank erweist. Daß sie keine wahren Kinder der Demokratie sind, beweisen sie schon durch ihre Verachtung einer regelrechten höheren Bildung. Der echte Sohn Salanders, in dem sich die Volkskraft fortpflanzt, ist Arnold. Er heilt mit seiner reicheren Bildung und geschärften Menschenkenntnis den Vater von der törichten Liebe zu Myrrha. In diesem symbolischen Zuge steckt wohl des Dichters Bekenntnis, daß das demokratische Volk den Weg zur nüchternen Wahrheit wiederfinden werde. Und Arnold ist es auch, der das Wort «c'est partout comme chez nous» und «chez nous comme partout» spricht. Darin liegt das Geständnis, daß man die beängstigend große Zahl von Veruntreuungen nicht der Demokratie zur Last legen dürfe, daß aber freilich auch die Demokratie an sich vor dem Verbrechen nicht zu schützen vermöge.

Durchgeht man die vorbereitenden Aufzeichnungen zu dem Roman, so lehren sie, daß der Charakter Salanders ursprünglich niedriger und manche Motive greller gehalten werden sollten. Während Salander in der endgültigen Gestalt aus einem tüchtigen Sekundarlehrer ein Großkaufmann wird, hätte er nach dem ersten Plane die Erwerbsart öfter wechseln sollen: «Erst Ansätze zum Studieren», lautet eine Notiz, «dann Lehrer, dann kleiner Fabrikant oder Händler mit irgend etwas.» Seine Liebesverirrung, die jetzt nur eine Selbsttäuschung ist, hätte eine eigentliche Sünde wider die Sitte sein und die Familie an den Rand des Verderbens bringen sollen. Am Schlusse hätte Salander sogar berauscht sein sollen, so daß er Verstand und Haltung verlor. Wenn der Dichter in der endgültigen Niederschrift alle diese Züge milderte, so geschah es nicht nur aus künstlerischen Gründen, sondern auch aus einer gerechteren Beurteilung der Demokratie. Wie tüchtig im Grunde Salander bei aller Phantastik ist, zeigt ein Blick auf seinen Nebenläufer und Parasiten Louis Wohlwend, der sich selber einen «Idealisten» nennt, in Wahrheit aber ein Heuchler und Schwindler ist, stets nur darauf erpicht, andern und sich selber Sand in die Augen zu streuen.

Der herbe Wahrheitsmut, von dem der Gedankengehalt des Buches erfüllt ist, gibt auch der künstlerischen Gestaltung Form und Richtung. Kein anderes Prosawerk Kellers läßt die Grundlinien der Wirklichkeit so deutlich durch das poetische Gewebe hindurchschimmern wie «Martin Salander». Bei dem Salanderschen Ehepaar kommt uns das Bild von Kellers Eltern in den Sinn. Der Vater, bei aller Geschäftskunde, ein weitausgreifender Idealist; die Mutter nüchtern, klug und opferwillig. Bei den Zwillingen Weidelich denkt jeder Kenner der Verhältnisse an die beiden Notare Koller und Rudolf, die zu gleicher Zeit die Gemüter in Aufregung setzten. Keller selber soll auf der «Meise», wo früher ein Bankgeschäft gewesen, manchmal von dem alten Kassierer erzählt haben, der nachts drunten im Kellergewölbe Besenstiele versägt und die wohlverpackten Holzstücke dem Verwaltungsrat als Goldrollen vorgewiesen habe. Oder von dem andern Ungetreuen, der stets die leere Mappe, die lange niemand zu öffnen wagte, auf den grünen Tisch legte mit den Worten: «Hier ist meine Ehre und jeder wünschbare Nachweis» (vgl. «Martin Salander», S. 270). Dem Motiv von der Wirtschaft auf dem Berge, die Frau Salander während der Abwesenheit des Mannes führt, liegt zweifellos die Vorstellung der Karolinenburg auf dem Zürichberg zugrunde. Sie war damals im Besitz eines Deutschen namens Witzmann. Zu den wenigen Gästen gehörte die Familie des Professors Heinrich Fick, und das Urbild des gefräßigen langen Fremden dürfte Kinkels Sohn Gottfried sein. Die breitrandigen Filzhüte, die S. 139 erwähnt werden, waren tatsächlich das Kennzeichen der Demokraten.

Aber immer schaltet Keller als Künstler mit der Wirklichkeit, und das bloße Abschreiben, das damals der Naturalismus als höchstes Evangelium verkündete, verschmähte er in tieferer Einsicht nach wie vor. Überall hebt er das geschichtlich Wesentliche aus den Zügen der Wirklichkeit heraus, merzt aus, was zufälliges Anhängsel ist, und unterstreicht, was ihm wichtig scheint. Es ist *seine* Erfindung, daß die beiden Notare Zwillinge sind. Die Art ihrer Veruntreuungen hat er vereinfacht. Aus dürftigen Nachrichten über das renitente Verhalten von Koller und Rudolf und aus dem Schriftstück, auf dem der letztere seine Veruntreuungen verzeichnet, entwickelt er die wundervolle Selbstcharakteristik ihrer Briefe.

Köstliche Einfälle, wie sie Kellers reichen Geist kennzeichnen, fehlen nicht. Vor allem Louis Wohlwend ist mit ihnen, wie ein Hanswurst mit Fastnachtslappen, behängt, und Motive, wie das Bild vom Winkelried am Hause mit der Inschrift: «Sorget für mein Weib und meine Kinder» oder das Tischgebet, das der Heuchler bei Salanders Besuch den Knaben sprechen läßt, prägen sich unauslöschlich ein. Im ganzen freilich spürt man doch, wie das Bleigewicht einer höchst ernsthaften Wirklichkeit als fast allzu schwerer Ballast die Hebekraft von Kellers Phantasie hemmt, und in den humoristischen Partien überwiegt die scharfe Säure des Witzes über die milde Süße des Wohlwollens, so zum Beispiel wenn Arnold Salander seinen Vater von der Liebe zu Myrrha durch die schnöde Bemerkung von dem nach Wurst duftenden Atem der schönen «Griechin» heilt. An solchen herben und der Grazie entbehrenden Stellen fühlt man sich wieder an jene ätzenden Geistreichigkeiten in den ersten Invektiven des Lyrikers erinnert.

Dafür ist die Darstellung von einer Kraft und Sicherheit der Charakteristik, die ihresgleichen sucht. Mit strenger Entsagung steht der Dichter nun hinter seinen Gestalten, die ihre Sache persönlich vor dem Forum der Leser zu führen haben und verantwortungsvoll ihre Geschicke selber erleben, und sein ganzes Streben geht darauf, sie so plastisch als möglich aus dem Hintergrund herausspringen zu lassen. Ein Meisterstück vor allem ist die Exposition. Jedes Wort ist hier trächtig von charakteristischem Gehalt. Der Gang des neuangekommenen Salander vom Bahnhof durch die Straßen gibt Gelegenheit, das Jetzt dem Einst scharf gegenüberzustellen, und die rastlose Überbauung des Bodens kennzeichnet die Gründerzeit. Im «Zeisig» erlebt Salander ein Vorspiel späterer Ereignisse. Die Weidelichszwillinge, genau von gleicher Größe, mit ganz ähnlich runden Köpfen und gleichen Schürzen (sie haben ja auch als Männer keine persönlichen «Seelen») verhöhnen den bleichen Arnold Salander, weil er keine «Mama», sondern eine «Mutter» hat. Und wie prachtvoll plastisch tritt schon hier Mama Weidelich vor uns hin, die feuchte Schürze – sie kommt vom Waschfaß – zurückgeschlagen, auf der einen Faust den modischen Strohhut mit den befleckten Bändern haltend, mit dem andern rotbraunen Arm den Schweiß von der Stirn wischend – die Parvenüfrau mit der Unsicherheit ihrer Lebenshaltung und der Unklarheit ihrer Manieren. Löwenmut mit Affenliebe vereinigend, tritt sie für ihre Jungen ein. Ihre aufgeblasene Unbildung kennzeichnet ihre Sprache. Sie nimmt ohne weiteres an, daß der fremde Knabe arme oder ungebildete Eltern habe, und preist ihre Söhne glücklich, daß es ihnen besser gehe. Sie verwahrt sich dagegen, daß Salander sie ohne Mißachtung zum «Volke» rechnet, und braucht handumkehrt den Ausdruck «Herrenvolk» in verächtlichem Sinne. Und ihr zur Seite der Mann, als zweiter kommend, weil er auch in der Ehe das zweite Wort führt, den Titel «Vater» mehr aus Pfiffigkeit (wegen der Steuern) führend als aus Mut der Bescheidenheit, im übrigen ein ehrlicher, stiller Arbeiter.

Mit besonderer Sorgfalt hat Keller, wie die Vorarbeiten zeigen, die Namen ausgewählt und sich ein ganzes Verzeichnis angelegt. Die Familie Weidelich sollte ursprünglich Sproll heißen. Weidelich (das alte weidenlîche ist im Zürcher Dialekt in der Bedeutung «flink» noch erhalten) weist mit glücklicher Symbolik auf den fingerfertigen Ehrgeiz der Sippe hin. In dem Briefe an Hettner vom 18. September 1851 hat Keller einmal über die Unsitte gespottet, den Kindern neumodische, klingende Namen zu geben, und dagegen die alten schlichten deutschen Namen gerühmt. So nennt er die Weidelichssöhne Isidor und Julian und die Kinder der Salanderschen Familie Arnold, Setti und Netti. Louis Wohlwend, der Inhaber des Bankhauses Xaverius Schadenmüller & Co., führt seinen Namen ebenso mit Recht, wie Salanders Vorgänger im Amt des Großrates Kleinpeter heißt. Auch die Ortsbezeichnungen haben symbolische Bedeutung. Das Haus der Weidelichs mit ihren lockeren Zeisigen von Söhnen steht im «Zeisig». Frau Salanders Pension liegt auf der Kreuzhalde, weil die arme Besitzerin genug Kreuz zu tragen hat. Wohlwend wohnt an der Winkelriedsgasse. Der Saal, wo die Besprechung der Großratswahl stattfindet, heißt «Zu den vier Winden», weil er den verschiedensten Parteien und Vereinen als Sammelort dient. Um so schwerer mag man sich entschließen, den Namen Salander von dem Dorfe Saland im Zürcher Tößtal abzuleiten und Sâlander zu sprechen, statt Saländer (als eine Art Übersetzung von Witzmann). Aber Keller forderte selber diese Deutung. Er sei, erzählte er einem Besucher, auf der Landkarte des Kantons Zürich mit dem Finger hin und her gefahren wie mit der Eisenbahn, bis er auf Saland gestoßen sei. So dürfte der Name auf das Naturursprüngliche und zugleich auf den, bei aller Geschäftstüchtigkeit, weltfremd-idealen Zug in Martin hindeuten.

Gegen das Ende hin erlahmt die Kunst des Dichters, und im Schlusse auch der Buchausgabe hat die hoffnungsfreudige Idee des erneuten Aufschwunges des Volkes eine zu wenig packende Gestaltung gefunden. Der Dichter gibt hier geschichtliche Weisheit in Gesprächen statt lebendiger Bilder. Er spricht, wie in den betrachtenden Partien des ersten «Grünen Heinrich», mehr zu unserm Verstand als zu unserm Gefühl.

Das hängt damit zusammen, daß hier Arnold Salander stärker in den Vordergrund tritt. Er aber ist unter den wichtigeren Gestalten des Romans die am wenigsten ausgeprägte und interessante, weil sein Blut zu wäßrig, sein Temperament zu ruhig und zu viel altkluge Erfahrung und Musterknabentum in ihm ist, und zwar eine Erfahrung, die nicht aus eigenem Erleben gewachsen, sondern aus den Büchern geschöpft und auf Reisen rasch aufgefangen ist. Wohl durchschaut er mit seinem geübten Blick die Hohlheit der Myrrha, und alles Irren und Tasten des Idealisten ist seiner nüchternen Klarheit erspart. Aber seiner frühreifen Weisheit fehlt auch die schöpferische Kraft, mit der das suchende und irrende Erleben die Persönlichkeit des Vaters befruchtet hat. Er wäre nicht imstande gewesen, die Reichtümer zu erringen, die sein Vater gesammelt.

Ursprünglich dachte sich der Dichter einen andern Schluß. Baechtold erzählt: «Am Ostersonntag 1883 hörte ich den Dichter zum erstenmal von dem ‚Excelsior'-Plan reden. Der Titel war bereits ins Schwanken geraten. Es war kaum nötig, Keller noch auf ein Ballett jenes Namens hinzuweisen. Leider beginne sein neuer Roman schon wieder mit einer Kindergeschichte. Die Söhne der ‚Mama' würden ‚gefehlt', das Kind der ‚Mutter' dagegen bringe es zu etwas. Der Vater des letzteren verliere alles Erworbene am Tage der Heimkehr aus Amerika und reise ungesäumt wieder ab. Nur sein Büblein sehe er mit einem Blicke von weitem. Die Mutter haue die Ihrigen tapfer heraus. Die Mitte des Romans sei noch unbestimmt, dagegen stehe der Schluß fest: alle Personen, Gute und Böse, Pietisten und Anarchisten fänden sich schließlich auf einem Berge zusammen. (Anlaß hierzu bot ihm die Sitte in der Auffahrt- oder Pfingstnacht, da das niedere Volk lärmend hinter dem ‚Bürgli' vorbei auf den Ütliberg zieht.) Jetzt müsse eine große elementare Katastrophe eintreten: ein Waldbrand (einige Jahre zuvor hatte der Brand des Kulmhotels auf dem Ütliberg auf die Stadt herabgeleuchtet) oder eine Wassernot, durch ein plötzliches Gewitter veranlaßt. Schließlich triumphiere das Kind der ‚Mutter'. Dem falschen Optimismus gehe es schlecht. Er wolle sich – so schloß Keller – einmal gründlich ausreden, ohne daß man sagen könne, er behandle immer nur lokale Geschichten.»

Die Aufzeichnungen zu «Martin Salander» enthalten eine ähnliche, ausführlichere Skizze der Schlußkatastrophe: «Pfingstmontag. Kulminationspunkt. Zusammentreffen der verschiedenen symptomatischen Momente mit dem Naturphänomen auf dem Berge. Das junge degenerierliche Volk, das in der Nacht schon lärmend den Berg besteigt. Die Sozialisten, die einen ‚Agitationsbummel' mit Landpartie verbinden. Die

Frommen, die der Zeit und den neuen Volksgewohnheiten, Lockungen etc. Rechnung tragen, haben ebenfalls eine Waldpartie mit Gesang und frommen Vergnügungen ausgeschrieben. (Die religiösen Gassenlieder zu weltlichen Gassenhauermelodien. Dessauermarsch, ‚So leben wir etc., des Morgens bei dem Abendmahl, des Mittags ein Glas Bier, am Abend bei Herrn Jesulein im Nachtquartier' etc.) Dazu etwa noch andere Ausflüglervereine. Alles kommt auf dem brennenden Bergvorsprung, der von dem reißenden Gewitterregen, respektive angeschwollenen Bergbächen abgeschnitten ist, zusammen und dem Untergang nahe. Rechtliche und hülfstätige Männer finden sich doch noch in den Landesfalten genug vor und bringen Rettung. Reinigende Wendung. – Vor oder nach dieser Katastrophe kann das Märchen vom Kampfe zwischen Feuer und Wasser episodisch, aber organisch eingeschaltet werden.» Nach weiteren Notizen hätte auch die Salandersche Familie, die durch den Fehltritt des Vaters zerstreut war, in der Verwirrung sich wieder glücklich zusammenfinden sollen.

Gottfried Keller hat diesen Schluß preisgegeben, offenbar weil er die Kraft nicht mehr in sich spürte, ihn auszuführen, ohne daß er theatralisch wirkte. Von der Magerkeit des jetzigen Schlusses aber war er selber überzeugt, und er hat sich in diesem Sinne gegen die Freunde ausgesprochen. Er dachte an eine Fortsetzung, ja an einen zweiten Teil des Romans, dessen Hauptsache erst kommen müsse. Arnold Salander werde die Führung übernehmen; die Schwestern müßten diesmal glücklich unter die Haube gebracht werden. In der im vorletzten Sommer seines Lebens geschriebenen Selbstbiographie ist geradezu von einem selbständigen Buche die Rede, das an die Stelle des jetzigen Schlusses treten werde. Schon vorher führt dieser zweite Band in einem Briefe an Sigmund Schott vom 9. Juni 1888 den Titel «Arnold Salander». Noch kurz vor seinem Ende phantasierte Keller, wie C. F. Meyer berichtet, von dem zweiten Teil und einer Überschwemmung, die ihn schließen sollte. Er sprach stets so zuversichtlich davon, als ob das meiste schon niedergeschrieben wäre. Nach seinem Tode aber fanden sich nur eine Anzahl mit Bleistiftnotizen beschriebene Kartonzettel vor, die kaum irgendwelche Anhaltspunkte für einen zweiten Teil aufweisen.

Als Keller an seinem Roman arbeitete, stellte er sich wohl etwa die besorgte Frage, wie man ihn in der Heimat aufnehmen werde. In der Tat fand man in Zürich lange nicht das richtige Verhältnis zu dem Werke. Hatte schon die zerstückelte, zweimal unterbrochene Erscheinungsweise des «Martin Salander» dem Gesamteindruck Abbruch getan, so erregte der Inhalt immer größeres Befremden und stärkeres Kopfschütteln selbst bei unbedingten Kellerverehrern. Man erschrak oder empfand wenigstens Mißbehagen, je weiter man las. Man sah die Schwächen des öffentlichen und häuslichen Lebens mit unnachsichtlicher Strenge bloßgelegt. Wo blieb da der vielgerühmte Kellersche Optimismus, der einstige frohe Fest- und Vaterlandssänger? Und wie stand es nun um das Dogma von der Unübertrefflichkeit der Volksschule? War die politische Gesinnung wirklich zur feilen Ware geworden, um die man allenfalls würfelte? Die Feinde des Dichters rieben sich vergnügt die Hände. Nun hatte der Mann, dem man bisher nicht beikommen konnte, sich gründlich überlebt. Die ultrademokratische Presse schrie Zeter. Gottfried Keller sei alt und blöde geworden und ein Aristokrat dazu, der die neue Zeit nicht mehr verstehe. Aber auch diejenigen, die die volkserzieherische Tendenz in den Vordergrund stellten und etwa wie Widmann verlangten, der Bund oder die schweizerische gemeinnützige Gesellschaft sollten solche Bücher aufkaufen und für das Volk im Lande behalten, trafen den Kern nicht. «Man schreibt in seinem Lande», entgegnete der Dichter auf Widmanns Vorschlag, «und aus demselben heraus; aber wenn etwas dran sein soll, so muß es immer auch noch für andere Leute geschrieben sein.»

Freilich, diese «andern Leute» wiederum hielten den Roman für allzusehr lokalzürcherisch bedingt und fanden in ihm etwas Einschläferliches, wie Martins Beichte gegenüber Frau Marie. «Ihren Salander», schrieb der gänzlich apolitische Storm am 12. Januar 1887 an Keller, «habe ich in drei Fortsetzungen vor Mai in der Familie gelesen, und ich leugne nicht, etwas verschnupft worden zu sein, und nicht nur die bei mir saßen, auch von meinen Korrespondenzfreunden kamen verwunderte Fragen ... ich wußte mit dem Dinge nicht recht was anzufangen.» Umsonst betonte der Dichter, daß der Gegenstand «in allen Staaten heutzutage der gleiche» sei.

Erst die Buchausgabe brachte mancherorts die Leute zur Besinnung. Die Kritiken rühmten die Feinheit der Charakteristik, die Wahrheit prachtvoll gezeichneter Gestalten und den Reichtum an Einfällen und Situationen, über die nur ein Gottfried Keller gebiete. Der Dichter selber blieb nach wie vor unzufrieden: «Ich arbeite nicht mehr leicht», hatte er im April 1886 Rodenberg geschrieben, «und spüre das Alter. Deshalb habe ich das Gefühl, daß die Arbeit an diesem Romane etwas langweilig und trivial aussehe und Ihre wohlwollenden Bemerkungen ein bißchen dem Streicheln eines müden Gaules gleichen.» Mit seiner herben Wahrhaftigkeit hielt er allem Lob gegenüber an dieser Auffassung fest. «Martin Salander» ist sein letztes Werk geblieben.

WEG NACH UNTERACH

Aquarell Gottfried Kellers, 1872

GOTTFRIED KELLER 1886

Oelskizze von Karl Stauffer

24
DER MENSCH

Im November 1908 hat Betsy Meyer, Conrad Ferdinands Schwester, einer Freundin aus alter Erinnerung ein Zusammentreffen mit Gottfried Keller bei Willes auf Mariafeld in der zweiten Hälfte der siebziger Jahre geschildert. «Keller, ein Fünfziger, trug ein gewaltiges Haupt auf breiten Schultern; das Fußgestell dieser imposanten Büste dagegen war schwach und im Verhältnis dazu klein und unansehnlich.» Nach dem Essen hatte Keller sich auf Willes Rat etwas zurückgezogen. Die übrige Gesellschaft besichtigte inzwischen eine neue Anlage, die der Hausherr auf einem kürzlich erworbenen Landstück am See errichtet. Eine feste, schmale, geländerlose Steintreppe führte zu ihr hinunter. Auf einmal erschien Gottfried Keller zwischen den Türpfosten auf den obersten Treppenstufen und getraute sich nicht stracks hinunterzusteigen. Einen Augenblick schien es, als wollte er, sich seitwärts legend, an den Stufen sich halten und herunterklimmen. Ein peinlicher Augenblick. Dann erschien François Wille und führte den Dichter fest und schnell die Treppe hinunter.

In seiner Radierung hat Karl Stauffer das äußere Bild des Dichters verblüffend wahr festgehalten. Die kleine Gestalt, die halb erschöpft und halb versonnen auf dem Stuhle sitzt, das Taschentuch in der Rechten und die rauchende Zigarre in der Linken, scheint nur da zu sein, das mächtige Haupt zu tragen. Und dieses hat der Künstler auf die prachtvollste Weise modelliert. Eine ganze Welt spricht aus den zerarbeiteten, wuchtigen Zügen. Gewiß, es ist nicht das konventionelle Dichterbild, und von dem «Idealismus» der wehenden Locken und gen Himmel gerichteten Augen sieht man nichts darin. Aber auch der oberflächliche Blick erkennt den bedeutenden Gehirnmenschen. Und ein gutes Teil von Kellers Lebensschicksal birgt sich in diesem Bilde. Marie von Frisch, die den Dichter wie kaum jemand gekannt, schrieb einmal an Karl Dilthey: «Wäre Keller einen Kopf höher gewachsen gewesen, so hätte sein Leben sich anders gestaltet.» Dilthey stimmte zu: «Jedenfalls dachte Keller selbst so; anders konnte ich mir auch die Wut nicht erklären, mit der er gelegentlich seines kurzen Wuchses und seiner ‚Stummel' Erwähnung tat.» Der elementaren Naturkraft, die man in dem von Stauffer gemeißelten Gesicht liest, war der schwache Körper nicht immer gewachsen. Den Geist, der in die höchsten Höhen flog und helläugig durch dichtestes Gewölk drang, hielt die Erde mit unzerreißbaren Banden fest. Unter einen Probedruck des Bildes hat Keller selber am 22. Juni 1887 die Verse geschrieben:

Was die Natur schon fragmentiert,
Hat hier des Künstlers Hand croquiert;
So aus der doppelten Verneinung
Kommt ein bedenklich Ganzes zur Erscheinung.
Es scheint der kurze Mann fast krank,
Doch raucht er ja noch, Gott sei Dank!

Als einen Sohn des Zürcher Landvolkes hat der Dichter sich wie seinen grünen Heinrich bezeichnet. Tiefste Eindrücke empfing der Knabe auf dem Lande. Trostvollste Erlösung verdankte der Jüngling der Natur. Landschaftsmaler meinte er werden zu sollen. In wundervollen Strophen hat der Dichter die Geheimnisse der Natur gedeutet. Auf die Gesetze des natürlichen Werdens hat der geklärte Mann mit Feuerbach die Gebote der menschlichen Sittlichkeit zurückgeführt. Shakespeares Art, vor der der junge Goethe ausrief: «Natur, Natur! Nichts so Natur als Shakespeares Menschen!» wurde auch für den Künstler das A und O der poetischen Charakterdarstellung. Und ein Stück Natur war auch der Mensch. Wie derselbe Goethe sie einmal bestimmt: «Was wir von Natur sehen, ist Kraft, die Kraft verschlingt, nichts gegenwärtig, alles vorübergehend, tausend Keime zertreten, jeden Augenblick tausend geboren, groß und bedeutend, mannigfaltig ins Unendliche; schön und häßlich, gut und bös, alles mit gleichem Rechte nebeneinander existierend.»

Die gewaltige Naturkraft, die des Dichters unerschöpflichen Erfindungsreichtum bedingte, schlummerte als elementare Potenz auch in dem Menschen. C.F. Meyer hat einmal von der großen Indolenz in Kellers Charakter gesprochen. Mit gewissem Recht. Das Leben des grünen Heinrich wie des Dichters eigene Entwicklung scheint sie zu beweisen. Er kannte sich von Jugend auf in der göttlichen Kunst des Nichtstuns aus. Er war kein fleißiger Schriftsteller, der Tag für Tag sein Pensum Wolle spann. «Meine Faulheit», schrieb er am 6. Dezember 1874 an Emil Kuh, «ist eine ganz seltsame pathologische Arbeitsscheu in puncto litteris. Wenn ich darin bin, so kann ich große Stücke hintereinander wegarbeiten bei Tag und Nacht. Aber ich scheue mich oft wochen-, monate-, jahrelang, den angefangenen Bogen aus seinem Verstecke hervorzunehmen ... Währenddessen geht aber das Sinnen und Spintisieren immer fort.» Gottfried Keller war aller Papierliteratur auch in dem Sinne abhold, daß er nie, wie etwa andere, durch das weiße Papier sich anregen ließ, es zu schwärzen. Das Niederschreiben der Gesichte, die er in freiem Sinnen ausgedacht, war ihm oft genug ein notwendiges Übel. Was Indolenz scheint, war in Wahrheit jenes innerliche und fruchtbare Brüten, in dem die Natur ihre Gebilde lautlos und stetig schafft – «ausheckt», wie Keller von dem stillen Weben seiner Phantasie gern sagt.

Aber aus diesem ruhigen Brüten konnte es ein wildes Aufflammen geben, wenn etwa eine Hemmung von außen das innere Kreisen der Gedanken oder Gefühle störte. Die Ausbrüche von Kellers Jähzorn waren bei seinen Freunden gefürchtet, um so mehr, als sie völlig unberechenbar waren und der geringste Anlaß genügte, sie auszulösen. Dann brauste sein elementares Temperament verheerend dahin und scheute in ungebrochener Konsequenz des seelischen Ablaufs auch vor der Tat nicht zurück. Im Juni 1846 mußte sich ein junger Schaffhauser Jurist Kellers Ohrfeigen gefallen lassen. In Berlin wurde 1855 Schlivian geprügelt. Und noch der Greis ist gegenüber Baechtold, von dem er sich ausgenützt glaubte, tätlich geworden. Oft genug ist er in den Fall gekommen, nachher Abbitte zu leisten, wenn er sah, daß er zu weit gegangen oder im Unrecht war, und er hat sich dieser Pflicht selten entzogen.

Den grünen Heinrich nennt der Graf einmal einen «wesentlichen» Menschen. Auch Keller selber war es. Das Wesentliche war ihm das Echte und Wahre, was mitten in dem Wechsel individueller Formen als ewige und unverrückbare Grundlinie feststeht. Dieser Sinn für das Wesentliche brach auch bei dem Menschen als Naturbedürfnis immer wieder hervor, selbst in Lagen, wo der Gesellschaftsbrauch den ausweichenden Umweg oder die schonende Verschleierung heischt. Die Pflicht der Wahrheit durfte ihm höher gelten als die Rücksicht auf Höflichkeitsregeln, weil er sie am tapfersten gegen sich selber übte. Wo es sich um wesentliche Dinge handelte, siegte das strenge Gerechtigkeitsgefühl des Weisen auch über die Forderung menschlicher Nachsicht. Dann bezeichnete er die Dinge mit dem Namen, der ihnen nach seiner Ansicht gebührte, und schrak vor Offenheiten und derben Worten nicht zurück, die nicht immer lieblich in empfindliche Ohren tönen. Er bedauert, daß Heyse «unter lauter Eseln» aufgewachsen ist. Max Ring ist ein «triviales Luder». Emil Kuh «hockt» in Baden-Baden. Wobei immerhin stets der Sprachgebrauch der derberen Zürcher Mundart durch das Schriftdeutsche durchklingt. Bei Anlaß der Landesausstellung in Zürich im Jahre 1883 hatte man, um Raum für die Gebäude zu gewinnen, in einer alten Parkanlage einige schöne Bäume geschlagen. Als Keller darauf am Erinnerungsbankett des Zentralkomitees sich für den goldenen Chronometer bedankte, den man ihm geschenkt, ließ er seine Rede ausklingen in das Lob derjenigen Leute, welche die Bäume stehen lassen ...

Vor allem verstand er sich nie zu Rücksichten, wo er sich der Eitelkeit und Aufgeblasenheit, der Phrase und Wichtigtuerei gegenübersah. Er kannte von Jugend auf seinen eigenen Wert, und in dem demütigenden Erlebnis mit Luise Rieter betonte er doch gegenüber Frau Orelli, er wisse recht gut, daß er Talent habe. Ein starkes Selbstbewußtsein spricht aus den treffenden Urteilen über das Schaffen anderer, etwa Gutzkows, aber ein Selbstbewußtsein, das sich mit tiefster Bescheidenheit eins weiß, weil es durch einen hervorragenden Verstand den peinlich genauen Maßstab für die Bewertung der Dinge empfing. Und die Bescheidenheit wuchs, je höher die Bedeutung und das Ansehen des Dichters stieg. Sie machte Freunden, die Kellers Werke rezensierten und sie dabei, wie uns heute scheinen will, nur nach Gebühr einschätzten, ihre Aufgabe oft überaus sauer. Die hohen Lobsprüche, die J. V. Widmann dem «Sinngedicht», dem «Grünen Heinrich» und den «Gesammelten Gedichten» spendete, wies Keller unwillig zurück, und als jener den «Salander» das Wertvollste nannte, was die Schweiz seit Schillers «Tell» in nationaler und erziehender Hinsicht besitze, ließ er das «übliche Gebrumme» hören, mit welchem man übertriebene Lobsprüche abzulehnen pflegt. Als Adolf Frey den «Grünen Heinrich» in einem Artikel im «Bund» auf den hohen Platz stellte, auf dem er heute steht, meinte Keller unwirsch: «Unannehmbar sind gewisse superlativische Wendungen des Lobes. Dergleichen ist nicht sagbar und ist auch niemals wahr, weder hier noch dort, und sieht aus, als ob sich einer lustig mache über einen.» Alle Anpreisung, ja nur der Schein davon, war ihm auf den Tod verhaßt. Er sei «kein Reklamenschmachtlappen», schrieb er einmal an Kuh. Als C. F. Meyer seine Novelle «Der Heilige» in der «Rundschau» erscheinen ließ und man nachher den schmeichelhaften Brief, womit Rodenberg ihm für den Beitrag gedankt, gedruckt in den Schaufenstern der Zürcher Buchhandlungen lesen konnte, war Keller aufs höchste aufgebracht. Eine solche Handlungsweise ging ihm wider das literarische Taktgefühl. Er konnte es für sich nicht einmal leiden, wenn die Sortimenter in den Tageszeitungen beim Erscheinen seiner Bücher in der üblichen Weise annoncierten. Daher denn auch die derbe Abfertigung fremder Besucher und Autographenjäger, bei denen er merkte, daß sie nur Berühmtheiten nachliefen und sich noch gar mit seiner Freundschaft brüsten mochten. Die Briefe an Hermann Friedrichs zeigen, wie geduldig und entgegenkommend er war, wo er nur die leiseste Spur eines ernsten Wollens wahrnahm.

Um so rücksichtsloser aber war er, wo er sich nach früherem Entgegenkommen getäuscht sah oder wo sich die Menschen nicht so einfach und echt erwiesen, wie er gemeint. Da konnte er auch über Personen, die er wahrhaft geliebt, Urteile fällen, die durch ihre Härte erschrecken. In den Augen des Verbitterten war 1856 der Philosoph Kapp in Heidelberg ein «alter schönrednerischer Egoist», ein «Vampyr», und seine Tochter Johanna, die außer mit ihm auch mit Feuerbach und dem Philosophen Noack geschwärmt, kurzweg eine Kokette. Es ist keine Frage, daß dabei ein tiefgewurzeltes Mißtrauen ihn oft mehr sehen ließ, als da war, und ihn ungerecht machte. Es war das Mißtrauen des Bauern und Kleinbürgers, des jahrzehntelang Darniedergehaltenen und des Einsamen. Und dem Mißtrauen in die Hände arbeitete die rastlos geschäftige Phantasie. «Mit seiner erstaunlich behenden, immer tätigen und kombinierenden Dichterphantasie brachte er zuweilen ganz unschuldige Äußerungen augenblicklich in einen gänzlich verkehrten Zusammenhang – zugleich aber auch mit jener Neigung zum Mißtrauen, die in seinem Charakter lag und durch die Einsamkeit genährt worden war. ‚Ich bin eben ein Mann aus dem Volke', sagte er einmal zu mir, als er sich in solcher Weise purgiert hatte. Viele, die, in guter Gesellschaft, Damen zumal, früherhin Szenen dieser Art miterlebt hatten, mögen seine Ausbrüche sich aus Besoffenheit erklärt haben.» So charakterisiert Karl Dilthey im Frühjahr 1873 aus feinster Kenntnis den Freund in einem Briefe an Marie von Frisch. Und Kellers Äußerungen in seinen Briefen bestätigen diese Beobachtung. Im Juli 1840 schreibt er aus München an die Mutter: «Daß F. Wuhrmann wieder in Zürich ist, hat mich sehr überrascht; ich lasse ihn grüßen, wenn er allfällig zu Euch kommt; wo nicht, so ist's auch gleich; die Leute verändern sich halt.» Als Baumgartner ihm auf einen Brief lange nicht antwortete, schrieb er ihm im Februar 1851: «Ehe ich einen größeren Brief abgehen lasse, wünschte ich zu wissen, ob auch Du noch der Alte für mich bist, oder wie es überhaupt mit Dir steht ... Erhalte ich keine Nachricht von Dir, so werde ich es doch für eine Nachricht ansehen und einstweilen zu den übrigen Bitterkeiten legen, die ich in meinem Leben schon gesammelt habe.» Der Brief vom 31. Januar 1875 an Hermann Hettner, der ihm nach langer Pause wieder einmal geschrieben, enthält die Bemerkung: «Über Deine letzten Bände der Literaturgeschichte habe ich Dir nicht geschrieben, weil ich sie nicht mehr vom Verleger bekommen hatte ... und ich nicht wußte, ob es nicht etwa auf

Deinen Befehl in irgendeiner Anwandlung geschehen sei.» Am verheerendsten wohl hat dieses Mißtrauen in dem Verhältnisse zu Vieweg gewirkt. Man kann Vieweg, der anfänglich ein so reiches Maß von Geduld gegenüber dem Dichter gezeigt, für sein späteres Verhalten den Vorwurf einer allzu rücksichtslosen Geltendmachung des Geschäftsinteresses nicht ersparen, und ein klares Verständnis für Kellers Größe hatte er sicherlich nicht. Dennoch lassen sich des Dichters maßlose Ausfälle gegen ihn in den Briefen an Hettner nur aus seiner verzweifelten Lage in den fünfziger Jahren und seine späteren Anschuldigungen in den Briefen an Weibert nur aus einer jahrzehntelang aufgesammelten Bitterkeit verstehen.

Schon der Knabe hat in seinen dramatischen Spielen den Wert des Weines mit kindlichen Worten betont. In «Fernando und Berta» erfahren wir, daß der Graf einen «recht guten Markgräfler im Keller führt», und in dem «Tod Albrechts» lädt der Luxemburger die Fürsten und Ritter ein, sich beim frohen Mahle und perlenden Rheinwein zu erfreuen. Dem Dichter selber war der Wein ein treuer Gefährte in Freud und Leid. Aber ein Gewohnheitstrinker, wie etwa behauptet wird, war er nach dem Zeugnis Urteilsfähiger nicht. Auch nicht ein periodischer Säufer, wie Fritz Reuter, der an seiner Trunksucht als an einer furchtbaren Krankheit litt. Keller trank sein Glas in fröhlicher Gesellschaft, und sein Temperament riß ihn oft ins Zuviel. Oder er ließ sich von den Geistern des Weins beim einsamen Sinnen umgaukeln. Der gesellige Trunk mußte dem Junggesellen die Wohltat des eigenen Herdes ersetzen. Schließlich hinderte ihn auch seine körperliche Unbeweglichkeit oft am rechtzeitigen Aufstehen. Und da er den Alkohol nicht vertrug und einen grimmigen Wein trank, so verführte ihn sein Temperament in vorgerückter Stunde etwa zu Ausschreitungen. Aber von den Legenden, die sich um solche Auftritte gerankt haben, sind eine große Zahl erfunden, und gegen jene, die in Keller nur den Wirtshausgänger und brummigen Grobian und den bequemen Gegenstand einer üppig wuchernden Anekdotenliteratur sehen, muß mit aller Schärfe protestiert werden.

Vielleicht wäre vieles in seiner Lebensführung auch nach den Begriffen der Gesellschaftsmoral gut geworden, wenn er beizeiten eine gemütvolle und kluge Frau gefunden hätte, die auch äußerlich ihn der Not enthoben hätte. C.F. Meyer sprach gegen einen Besucher die Ansicht aus, Keller habe wegen seiner Indolenz keine Frau bekommen. Sein Leben lehrt das Gegenteil. Nicht nur «so alle sieben Jahre war etwas los», wie er einmal erklärte. In jüngeren Jahren, bis Berlin, hat er in kürzeren Zeiträumen geliebt, und wie tief es ihn jedesmal packte, zeigen seine Briefe. Aber er liebte immer unglücklich. Henriette Keller starb früh. Marie Melos wagte er aus Zartgefühl und Schüchternheit seine Neigung nicht zu gestehen. Luise Rieter und Johanna Kapp hatten ihr Herz schon vergeben, als er sich ihnen eröffnete. Betty Tendering liebte ihn nicht, und Luise Scheidegger floh vor der Ehe in den Tod. Im allgemeinen hat Karl Dilthey recht, der einmal über Kellers Verhältnis zu den Frauen an Marie von Frisch schrieb: «Selbst krüppelhafte, grundgarstige, todkranke Menschen finden ihre Lebensgefährtin, und die Dichter haben darin noch einen Vorsprung, weil es für die Frauen einen besonderen Reiz hat, an den Geisterfahrten der Poeten teilzunehmen – so wie sie sich das denken ... Das muß Keller aus Erfahrung gewußt haben, ich schließe es aus einer sehr schönen Stelle des ‚Grünen Heinrich', wo die Judith ihn anschaut, wie er schweigt und sinnt, und seine Gedanken wissen und mit ihnen schweifen möchte usw. Aber Keller scheint seine Augen immer auf eine besondere Art von Weibern geworfen zu haben, große schöne Personen, Heroinen nach Art der Judith usw. – ich glaub' nicht, daß er einen Ausbund von Tugenden des Geistes und Gemütes verlangte – und diese werden eine ganz natürliche Abneigung gegen ein so ungleiches Bündnis gehabt haben. Er war eben, bei seinem außerordentlichen Weltverstand, doch dem Leben gegenüber ein Kind, er streckte seine kurzen Arme nach den allerschönsten Früchten aus. Dazu dann noch die sehr simple Tatsache ...: jene Heroinen hatten guten Grund – damals – zu bezweifeln, daß er sie nähren und kleiden könne.» Und wohl nicht nur die unglückliche Luise Scheidegger empfand Angst vor seinem vulkanischen Temperament.

So blieb dem nach Häuslichkeit Tiefbedürftigen Frauenliebe versagt. Vielleicht wären die weiblichen Gestalten seiner Dichtung nicht so prachtvoll ausgefallen, wenn er nicht aus der Sehnsucht nach Liebe süße Frauenbilder hätte erfinden müssen, wie die bittere Erde sie nicht hegt.

Dafür genoß er das Glück treuer Männerfreundschaft sein Leben lang. Salomon Hegi, Wilhelm Baumgartner, Ferdinand Freiligrath, Hermann Hettner, Adolf Exner, Hans Weber, Gottfried Semper, Paul Heyse, Theodor Storm, Wilhelm Petersen, Arnold Böcklin – schon diese Namen allein, die fest an den Kellers geheftet sind, bezeugen den Wert des Menschen. Und wie die geläuterte Judith in freiem Bunde an der Seite des gereiften grünen Heinrich lebt, so hat auch der Dichter selber in späteren Jahren sich der Freundschaft edler Frauen erfreuen dürfen, einer Marie von Frisch, Ida Freiligrath und Marie Melos.

Gebrach ihm wirklich jenes Wohlwollen, das die Grundlage aller zarteren Beziehungen von Mensch zu Mensch ist? Baechtold schreibt:

«Wenn man erwägt, daß es ihm eigentlich die letzten dreißig Jahre seines Lebens auf dieser Welt so schlecht nicht ging, daß es ihm weder an Ruhm noch Verehrung fehlte, daß Gottfried Keller aber immer mehr zu Unmut, Argwohn, Reizbarkeit neigte, wird man schon sagen dürfen: der sprichwörtlich gewordene Optimist konnte im Leben (wie in seiner Dichtung übrigens) ebenso starker Pessimist sein. Damit wäre ein anderes, tiefer Liegendes zu berühren. Man könnte es mit einem volltönenden Worte beinahe die Tragik seines Lebens nennen. Ein österreichischer Literaturhistoriker [Emil Kuh] urteilte über Grillparzer nach dessen bitteren posthumen Selbstbekenntnissen, es habe ihm das tiefe Wohlwollen für seine Nebenmenschen, aber auch für sich selber, gefehlt. Keller war betroffen, als er die Stelle las. Er nannte den Spruch hart und wahr, wie ein gerechtes Urteil. Dasselbe besteht auch für ihn. Es mangelte ihm das tiefe Wohlwollen. Dabei fügte er sich selbst mehr Leid zu als den andern. Nirgends in seinem Leben eine dauernde Neigung (Junggeselle ist er zwar ohne seinen Willen, aber nicht ohne seine Schuld geblieben), nirgends eine ganz innige Freundschaft. Dem Menschen fehlt die Milde und Gütigkeit der Seele, die auch etwa das Geringere, das in der Welt vorhanden ist, neben sich duldet. Ich kann dieses scheinbar harte Wort ruhig vertreten. Es braucht sich niemand zu entrüsten noch sich in die Brust zu werfen. Ich stelle gelassen auf Kellers eigene Briefe ab. Unsere Auswahl zwar mußte von Rücksichten auf die Lebenden geleitet sein. Wenn nach Jahrzehnten die Teilnahme noch so lebendig ist wie heute, werden die Briefe *unverkürzt* und in größerer Anzahl ans Licht treten.»

Baechtolds Urteil ist oft nachgesprochen, oft zurückgewiesen worden. So schief Kuhs Urteil über Grillparzer ist, so ungerecht ist seine Anwendung auf Keller, und einseitig schon deswegen, weil es eine ganze, lebensvolle, komplizierte, in ihren Ausstrahlungen so mannigfaltige und wandelbare Persönlichkeit auf eine einzige Grundformel zurückführen will. Baechtolds Zeugnis stehen die Bekenntnisse anderer Freunde gegenüber, die Keller noch näher standen. Sigmund Schott, der sich die Widerlegung jenes Wortes zur besonderen Herzenssache machte, hat sie veröffentlicht. Marie von Frisch schrieb: «Rauh war Keller gegen indiskrete Zutunlichkeit und industriöse Literaten, die ihn ausholen wollten; auf diesem Fleck mag er in seinen späteren Tagen wohl schon wund gewesen sein. Wir fanden ihn nie anders, als gerade im tiefsten Grunde wohlwollend, nebenbei auch im täglichen Zusammensein ausnahmslos gütig, genügsam und umgänglich, von der köstlichsten Art. Wer ihn recht zu lesen weiß, dem muß das auch aus seinen Werken klar werden.» Und Paul Heyse: «War es wirklich notwendig, nochmals das absurde Gerede von Gottfried Kellers geringem Wohlwollen zu bekämpfen? Genügt nicht schon die oberflächlichste Kenntnis seiner Dichtungen, um sein tiefes, allem Menschlichen offenes Gemüt zu erweisen? Wer sich gegen diese Wahrheit verschließen kann, dem ist sowenig zu helfen wie den noch immer Zahlreichen, die von Goethe als einem kalten, egoistischen Höfling reden. Ich käme mir seltsam vor, wenn ich dem teuren großen Freunde ein ausdrückliches Zeugnis ausstellte, daß er ein guter, warmherziger Mensch gewesen sei.» Die gleiche Ansicht bekannten J. V. Widmann und J. C. Geiser.

In einem Briefe an Sigmund Schott nennt Baechtold Keller einen «gewaltigen Egoisten». Dafür hätten ihn auch seine nächsten Freunde gehalten, die tagtäglich mit ihm verkehrten. Das Wort zeigt, wie wenig diejenigen oft befähigt sind, in das Wesen eines Großen einzudringen, die in seiner Nähe leben. Sie verlangen, wenn sie nicht gerade Kammerdiener sind, bei aller gehörigen Achtung eine gleiche Stufe der gesellschaftlichen Behandlung, die ihnen der Große doch nicht immer gewähren kann, und sind ungehalten, wenn das Dämonische seines Wesens zum Vorschein kommt. Und sie wollen nicht begreifen, daß der Künstler in gewissem Sinne Egoist sein muß, daß er, der durch das Feuer seines Innern verzehrt wird, sich nicht von seinen Nächsten verzehren lassen kann, daß ihm seine Umwelt in erster Linie Stoff des Erlebens ist, den er rastlos verbraucht und beiseite schiebt, wenn er ihn assimiliert hat. Kestner und Charlotte Buff, Fritz Jakobi und Lavater, Herder und die Frau von Stein haben sich auch über Goethes Egoismus und Treulosigkeit beklagt, mit demselben Zuviel menschlich-bürgerlicher Ansprüche, an dem Baechtolds Urteil über Keller krankt. Wohl unterlag auch sein Verhältnis zu andern Freunden der Wandlung; aber ihn deswegen des Mangels an Wohlwollen zu zeihen, heißt ein natürliches Gesetz, das in jedem schöpferisch und weitgreifend Lebenden wirkt, Keller allein zum persönlichen Vorwurfe machen.

Baechtold stellt sein Urteil auf die Briefe ab und deutet an, daß sie, wenn sie einmal vollständig gedruckt seien, das Bild von Kellers menschlichem Wesen nicht im günstigsten Lichte zeigen würden. Die zwei Menschenalter, die seit dem ersten Erscheinen von Baechtolds Buch verstrichen sind, gestatteten, alle Stellen, die jener ausließ, einzusetzen und auch die neuen Briefe im vollen Wortlaut mitzuteilen. Aber ich glaube nicht, daß Kellers Bild in den Augen des Seelenkundigen dadurch getrübt worden ist. Wohl mag der Empfindsame von manchem Wort rückhaltloser Empörung, unverhüllter Derbheit und schneidender Schärfe sich verletzt fühlen, und das gegen Vieweg gebrauchte Schimpfwort «Hund» klingt niemand lieblich in die Ohren. Der Einsichtige und Natürliche aber weiß, daß auch diese Ausbrüche und Schroffheiten zu der ungebrochenen und elementaren Natur Kellers gehören und daß man in ihren intimsten Äußerungen – das sind seine Briefe – nicht das graue und glatte Geflüster der Salonunterhaltung suchen darf. Wie prachtvoll erlösend wirken doch seine temperamentvollen Urteile über Literatur und Leben fast stets!

Daneben, wie offenbaren ihn gerade die Briefe als gütigen und feinfühlenden Menschen, dem nichts Natürliches fremd ist! Mit welch rührender Treue schreibt er von 1877 an Jahr für Jahr die Geburtstagsbriefe an Marie Melos, obgleich sie ihm gewiß manchmal eine saure Pflicht waren und er sich gelegentlich von der Empfängerin, etwa bei der Beurteilung der «Regine», übel verkannt sah. Und stets mußten es noch dazu Doppelbriefe sein; denn auch Ida Freiligrath durfte nicht leer ausgehen. Und wie zierlich-zart weiß er seine Worte an die «erlauchte» Witwe Freiligraths zu setzen! «Ihre lieben Bleistiftbriefe», schreibt er am 9. August 1885, «machen mir jedesmal so große Freude, und doch lehnt sich immer das Gewissen dagegen auf, Ihr Augenlicht so reichlich in Anspruch zu nehmen. Und nun fügen Sie noch die Arbeit Ihrer Hände hinzu! Wir wollen mit herzlichem Danke die erwiesene Ehre und Liebe annehmen, die Schwester und ich: jene, welche mit dem schönen Tuche sich schmücken und wärmen wird, sobald der Herbst kommt, und ich, dessen Ruhesessel eine elegante Zierde gewonnen hat. Allein, verehrteste Freundin, lassen Sie es mit der diesmaligen Güte bewandt sein! Sie haben in Ihrem glücklichen Familienkreise so viel Gelegenheit und Anlaß, Fleiß und Mühe Ihrer älteren Tage an Mann zu bringen, daß Sie den Rayon nicht noch auf so große Entfernungen ausdehnen dürfen.» Oder wie feinfühlig kleidet er eine Spende an den alten Freund Hegi ein: «Ich höre von dritter Seite, daß es Dir schlecht geht und Du genötigt bist, einen Ausweg aus der Not zu suchen ... Für jetzt drängt es mich nur, Dir mit der bescheidentlichen Einlage für die gröbste Tagesmisere, die ich aus alter eigener Erfahrung gut genug kenne, zu nahen, damit Du Dich nicht über Gebühr zu kasteien brauchst. Du hättest mir ja längst einen Wink mit dem Holzschlegel geben können, und ich hoffe nur, Du werdest nicht etwa Bedenklichkeiten aushecken.»

Am schönsten zeigt sich seine Menschlichkeit gegenüber Tieferstehenden. «Wenn Sie die gemütlichen Dienstleute noch bei sich haben, welche Sie vor zwei Jahren auf der Reise begleiteten», schrieb er im Februar 1859 an Ludmilla Assing, «so grüßen Sie doch dieselben.» Baechtold selber hat aus dem mündlichen Gespräche mit Keller seine Liebe zu den Tieren hervorgehoben. «Er hatte eine besondere Vorliebe für Darstellungen, in welchen die seufzende Kreatur zu Ehren gezogen wurde. Rührend waren ihm die alte blinde Sau im ‚Münchhausen', die Rosse des Michael Kohlhaas, die hungrigen Ochsen in Mörikes Märchen, die Eselin in Heyses Novelle, der Hund ‚Crambambuli' [in Marie Ebner-Eschenbachs Novelle] usw.» Auch in dem Brief an Hermann Fischer vom 25. Juli 1881 rühmt Keller als «Spezialschönheit» die einzige Art, wie Mörike Liebe und Mitleid zur gequälten Tierwelt poetisch gestaltet hat in dem Märchen «Der Bauer und sein Sohn». «Wie der Engel den müden Hansel auf die Weide führt und ihm die Beulen mit zarter Hand glatt streicht, die Worte: ‚Dem wackern Hansel geht's noch gut' etc., alles dies ist geradezu herzerhebend, eine poetische Gerechtigkeit, die in manchem Kolossalwerke nicht wirksamer auftritt.» Oder welch lieblichen Blick in sein häusliches Leben öffnet der Eingang des Briefes an Petersen vom 14. September 1878: «Ein schöner vierseitiger Brief ist mir schon vor bald vier Wochen durch ein kaum fünf Zoll langes Kätzlein ruiniert worden, das sein Pfötchen erst ins Tintenfaß steckte und dann über den Tisch weglief, auf welchem jener zum Falten bereit lag.»

So zartsinnig schreibt der Dichter, der im Ausbruch des Zornes vor dem stärksten Worte nicht zurückscheut. Der Aktionsradius des Großen läßt sich nicht nach dem eines Dutzendmenschen bemessen.

Gottfried Keller selber war sich der Widersprüche seiner Natur wohl bewußt, und er litt auch darunter. Aber austilgen konnte er sie sowenig wie Goethe im Alter die Ausbrüche seines Temperaments zu hemmen vermochte. Und das half mit, ihn mehr und mehr ernst zu stimmen. Unter die Humoristen pflegt man ihn einzureihen. Aber der Grund seines Wesens ist dunkel. «Mehr oder weniger traurig», schrieb er Petersen einmal, «sind am Ende alle, die über die Brotfrage hinaus noch etwas kennen und sind; aber wer wollte am Ende ohne diese stille Grundtrauer leben, ohne die es keine rechte Freude gibt?»

25
POETENTOD

Siebeneinhalb Jahre hat Gottfried Keller auf der freien Höhe des «Bürgli» gewohnt. Es war die Zeit seines zielbewußtesten Schaffens und rasch wachsenden Ruhmes. Nun mußte er nach 1880 an einen Wechsel denken. Die Wohnung war während des harten Winters 1879/80 kaum zu erheizen gewesen. Dazu lag sie allzu weit vom Mittelpunkt der Stadt entfernt, und das Treppensteigen machte vor allem der Schwester, die an einer Verdickung des Halses und einem Herzfehler litt, viel Beschwerde. Sie konnte nicht dazu gebracht werden, eine Magd in den einfachen Haushalt zu nehmen, den sie mit weniger als tausend Franken bestritt. Dafür behalf sie sich mit allerlei althergebrachten Künsten. Wenn der Briefträger läutete, öffnete sich hoch oben ein Fenster, und an einer langen Schnur fuhr ein Körbchen herunter, in dem die Postsachen in den dritten Stock hinaufbefördert wurden. Aber auch dem Dichter selber wurde der Heimweg, zumal nach den Samstagabenden, mit den Jahren zu weit. Ein Begleiter fand sich zwar fast immer, und auch die Nachtwächter von Enge hatten sich nachgerade, durch stattliche Geldgeschenke ermuntert, die Stunde gemerkt, da der Herr Alt-Staatsschreiber heimzusteuern pflegte, und zogen ihm in Winternächten bei glatten Wegen oft bis an die Stadtgrenze entgegen.

Nach langem Zaudern und Wählen mietete sich Keller auf den Herbst 1882 im «Thaleck» am Zeltweg in Hottingen ein, an der Ecke der Gemeindegasse, wo 1846 Freiligraths gehaust, wo er selber als Gast von Wilhelm Schulz 1847 seine Liebe zu Luise Rieter im Herzen getragen und wo im Sommer 1855 die hohe Gestalt Betty Tenderings aufgetaucht war. Die Enden seines Lebenskreises neigten sich gegeneinander.

Der Umzug ging mühsam und für den Dichter nicht ohne Unfall vonstatten. Er stürzte beim Einpacken von einer Bücherleiter herab und zog sich eine schwere Wunde am Hinterkopfe zu. «Ich hielt mich», scherzte er gegenüber Marie von Frisch, «eine Weile für kaput, bis ich merkte, daß ich eine solche Betrachtung nicht anstellen würde, wenn es der Fall wäre.» Die neue Wohnung erwies sich als ein Fehlgriff. «Aussicht und Himmel sind flöten gegangen», schrieb er Wilhelm Petersen, und Marie von Frisch klagte er über den infamen Straßenspektakel, der in dem früher so stillen Zeltweg herrsche. Er habe keine Vorstellung davon gehabt.

Eine Wirtschaft, die sich im Erdgeschoß dicht unter ihm befand, vermehrte die Ruhe nicht. «Unter der Schwelle siedet die Hölle», scherzte Paul Heyse, als er eines Tages das wenig freundliche Poetengelaß betrat. Der Tausch war verhängnisvoll und blieb nicht ohne Einfluß auf den Insassen. «Martin Salander» ist hier, mitten im Lärm der Vorstadtstraße, geschrieben worden ...

Hie und da entstanden kleinere Aufsätze, so 1889 der Artikel «Zu Alfred Eschers Denkmalweihe» für die «Neue Zürcher Zeitung» oder die kurze Selbstbiographie für die Chronik der Kirchgemeinde Neumünster. Dem Album des Wohltätigkeitsbasars vom 16. bis 18. Juni 1887 spendete Keller, zu der Wiedergabe der Staufferschen Radierung, die Verse:

Wie der Stift,
So die Schrift;
Mancher plagt sich siebzig Jährchen,
In der Feder stets ein Härchen!

Aber eine Sammlung kritisch-theoretischer Aufsätze, die er geplant, kam nicht mehr zustande.

Der Gesamtverlag der Werke ging im März 1885 von der Goeschenschen Buchhandlung mit dem Einverständnisse des Verfassers an die Bessersche Buchhandlung (Wilhelm Hertz) in Berlin über. Der letzte Plan Weiberts war eine illustrierte Ausgabe von «Romeo und Julia auf dem Dorfe» gewesen. Vautier, Thumann sollten dafür gewonnen werden. Auch der Ankauf der Zeichnungen von Kurzbauer kam einen Augenblick in Frage. Gottfried Keller verhielt sich ablehnend gegen ein solches Unternehmen, das ihm auch von anderer Seite nahegelegt wurde. Er war nicht begeistert für die Zeitströmung, die Literatur immer mehr an das Schlepptau der Illustration zu hängen. Er fürchtete, «das große Lesepublikum werde zuletzt das selbsttätige innere Anschauen poetischer Gestaltung ganz verlernen».

Immer mehr zog er sich in sich selbst zurück, und seine Schroffheit, auch gegen Freunde, wuchs. Der Briefwechsel, der mit seinem Wiedereintritt ins Schriftstellerleben sich so mächtig ausgebreitet, schrumpfte um die Mitte der achtziger Jahre wieder ein, und nur mit Mühe raffte er sich von Zeit zu Zeit auf, alten Freunden ein Wort des Dankes zu spenden. Er mit seinem Reichtum im Innern brauchte die Welt nicht mehr. So vereinsamte er allmählich. Paul Heyse schrieb ihm, nach seinem Besuche im Herbst 1885, am 30. Dezember: «Ich hatte Dich mit Kummer verlassen, da ich Deinen klausnerischen Zustand gesehen und daran hatte verzweifeln müssen, Dich auch nur für Tage und Wochen herauszulocken. Ich war bisher mit dem neuen Schluß Deines Grünen so wohl zufrieden gewesen. Jetzt will mir's doch scheinen, als ob er sich gegen sich selbst versündigt habe, da er seine Judith nicht heimführte. Aber das ist nun nicht zu reparieren.»

Um so lauter ist die Gunst des Schicksals zu preisen, daß es ihm gegen den Schluß des Lebens in Arnold Böcklin noch den Freund zuführte, der ihm bisher gefehlt. Der alte Wunsch, mit einem Künstler zusammenleben zu dürfen, ging ihm damit in Erfüllung. Lange hatte er, in dem bescheidenen Farbenempfinden und der sauberen Linienführung der ältern Malerei aufgewachsen, sich gegen Böcklins Bilder gesträubt, von denen er Proben vor allem in der Schackgalerie gesehen. Ihm, der selber als Dichter seinen Bildern ein so lichtsprühendes Kolorit lieh, dessen eigene Werke voll Phantastik und Symbolik sind, ihm ging Böcklin zu einseitig auf interessante Lichtprobleme und phantastische Allegorien aus. Es war eine ähnliche Empfindung, wie er sie gegen Carl Spitteler hatte. «Allegorien und Gedankenbilder, wie Böcklin sie malt», erklärte er 1877 gegenüber Adolf Frey, «haben andere auch schon gemalt. Aber er malt sie mit mehr Farbe und mit mehr Kraft.» Noch 1882 hatte er die «schimmernde Seifenblase der Phantasie», eine Tritonenfamilie, in dem Aufsatz «Ein bescheidenes Kunstreischen», mit feiner Farbenempfindung, aber ohne Begeisterung gewürdigt. Von 1833 an suchte ihm Gustav Floerke, mit dem er öfter zusammensaß, die Augen für Böcklins Wert zu öffnen. Aber erst die persönliche Bekanntschaft lehrte ihn mit dem Menschen auch den Künstler schätzen.

1884 schlug Böcklin sein Zelt in Zürich auf. Bald darauf lernte er den Dichter kennen, den er über alles hochhielt. Im Wirtshaus trafen sie zusammen. Böcklin hatte sich Keller vorgestellt, aber da er seinen Namen baslerisch «Beggli» aussprach, nur ein unwirsches Brummen zur Antwort bekommen. Erst die Wiederholung des Namens und die Aufklärung durch die anwesenden Freunde ließen Kellers Auge aufleuchten. Die einfache, kernige Natur Böcklins übte auch auf ihn ihren starken Eindruck. Der Künstler strebte zum Künstler. Und Böcklin seinerseits betreute ihn mit nimmermüder Geduld wie ein Sohn den Vater. Er sorgte für das körperliche Wohl des Alternden, veranlaßte ihn zu häufigeren Spaziergängen und fuhr mit dem Schwächerwerdenden aus. Er führte ihn an seinem starken Arm abends aus dem nahegelegenen «Pfauen» oder aus der zumeist aus Künstlern bestehenden Dienstagsgesellschaft nach Hause. Er wehrte alles ab, was den Freund in Harnisch bringen konnte, und hielt jeder üblen Laune mit unerschütterlicher Heiterkeit und Güte stand. Keller hat ihm dafür in dem schönen Gedichte gedankt, das er zur Feier von Böcklins sechzigstem Geburtstag in der Dienstagsgesellschaft verfaßte. Böcklin selber hat des Dichters Kopf wiederholt nachgebildet, als größeres Porträt, auf der Geburtstagsmedaille und darnach auch als Radierung, die den Gesammelten Werken beigegeben wurde.

In diesen Jahren weilte auch der unglückselige Karl Stauffer zum öftern in Zürich. Im Sommer 1886 malte er Keller in dem vorübergehend im «Belvoir» eingerichteten Atelier. Während einer der vielen Sitzungen entstand die bekannte Radierung. Während das Original «träumend», eher gelangweilt, stille hielt, fertigte Stauffer jene Skizze «in rascher Heimlichkeit» – wie in seiner Biographie zu lesen ist – an. Keller hatte den kleinen photographischen Taschenapparat des Malers wohl bemerkt und war nicht eben erbaut über das Bild, dessen künstlerischen Wert er aber gegen Maria Knopf anerkannte. Stauffer rühmte an dem von ihm hochgeschätzten Manne die unfehlbare Sicherheit des Urteils in allen Sachen der Kunst.

Am 13. Februar 1886 veranstaltete die Zürcher Künstlergesellschaft im großen Saale des Künstlergütchens ein Kostümfest, an dem Szenen und Gestalten aus den «Züricher Novellen» zur Wiedergabe kamen. Die Hadlaubgruppe war dem schönen Freskogemälde Ernst Stückelbergs nachgebildet. Gottfried Keller dankte erfreut und trank auf das Wohl von Böcklin und dessen «römischem Anhang» – der Familie des Malers, der ein Hauptverdienst an der Aufführung zukam. Früher, sagte er mit Anspielung auf die eben geschaute römische Atelierszene aus «Herr Jacques», seien unsere Künstler nach Rom gezogen, umgekehrt komme jetzt Rom zu uns.

Im Herbste desselben Jahres suchte er zum erstenmal in seinem Leben einen Kurort auf, das nahe gelegene Baden, wo er vom 5. bis zum 25. Oktober die heißen Quellen mit einigem Erfolge gegen die rheumatischen Altersbeschwerden gebrauchte. Aber die Sorge um die kranke Schwester zu Hause ließ ihn des sonst so behaglichen Aufenthalts nicht froh werden. Seit Jahren war er auf das Schlimmste gefaßt. Regula sei wieder einmal so schwach, hatte er schon im Juli 1883 an Exner geschrieben, daß man nie sicher sei, wenn man sie ins Bett gehen lassen müsse. «Ich fürchte, die Sorella Sorrentina wird mir eines Tages abhanden kommen, worauf ich erst sehen werde, wie allein ich dastehe.» Er wäre froh, wenn er sie noch einige Jahre behalten dürfte, äußerte er oft. Früher hatte er sie jeden schönen Sonntagnachmittag spazieren geführt oder eine kleine Fahrt auf dem Dampfschiff mit ihr gemacht. Das hatte längst aufgehört. Es ging zusehends mit ihr zu Ende. Regula starb am 6. Oktober 1888 nach langen qualvollen Leiden. Auf dem Friedhofe «Rehalp» brachte sie der Bruder «zu ihrer wohlverdienten Ruhe». Lange stand er an der offenen Gruft. «Nun in Gottes Namen», waren seine einzigen Worte, als er den letzten Blick auf den Sarg warf.

Die kurze Strecke des noch vor ihm liegenden Weges mußte er allein, ohne ihre stille Gesellschaft und treue Fürsorge gehen. Es war ein gramvolles, beschwerliches Weiterwandern auf dem «Abendfeld». Daß es nicht mehr lange dauern werde, blieb ihm nicht verborgen. Im Mai 1888 hatte er Frau Welti-Escher für ein kleines von ihr angefertigtes Geschenk mit den melancholischen Worten gedankt: «Ich kann freilich die Mühe fast nicht verantworten, welche Ihre kunstreichen Hände sich genommen haben, diesen zwei Initialen eine so schöne Stätte zu bereiten, wahrscheinlich im Hinblick darauf, daß sie nicht mehr lang zusammenhalten werden.» Seine Haltung wurde gebückt, sein Gang unsicher und schleppend. «Eine korrupte Bestie» schalt er sich grimmig.

Der letzte fröhliche Anlaß, den er in größerem Kreise mitmachte, war eine Schlittenfahrt nach Bassersdorf in der Fastnachtszeit 1888. Gottfried Keller saß mit dem Ehepaar Böcklin und dem Ingenieur August Waldner im ersten Schlitten. In den folgenden hatten Rudolf Koller, Richard Kißling, Redakteur Albert Fleiner, Professor Bluntschli und andere Platz genommen. Das frugale Mahl in Bassersdorf, das statt der erwarteten Forellen aufgetischt wurde, vermochte die Ausgelassenheit des Häufleins Künstler und Künstlerfreunde nicht zu hemmen. Ein rasch improvisierter heiliger Nikolaus spendete witzige Gaben, deren Verteilung Keller mit boshaften Sprüchen begleitete. Er selbst erhielt eine Käserinde. Später ließ sich der einstige Kadettentambour noch einmal auf der Trommel hören und sang das Lied vom roten Schweizer.

Zur gleichen Zeit ging ihm ein alter Wunsch in Erfüllung. Im Februar 1888 vereinbarte er mit dem Hertzschen Verlag eine Gesamtausgabe seiner Werke, die 1889 erschien. Äußerlich eine bescheidene Reihe von zehn mäßigen Bänden, aber nach dem inneren Gehalt dem Größten ebenbürtig, was Dichtergeist hervorgebracht. Die Erkenntnis, daß Gottfried Kellers Schaffen dieser Rang gebührte, war damals in weiteste Kreise gedrungen, und zu seinem siebzigsten Geburtstage wurde sie laut. Deutschland und die Schweiz vereinigten sich in gemeinsamen Wünschen für den Dichter.

Dieser selbst war dem Getümmel ausgewichen. Seit dem 5. Juli 1889 befand er sich im Hotel Sonnenberg auf Seelisberg, hoch über dem grü-

GOTTFRIED KELLER 1887

Radierung von Karl Stauffer

DIE TOTENMASKE DES DICHTERS

Abgenommen durch Richard Kißling

nen Urnersee; dicht zu seinen Füßen die dem Schweizer heilige Bergwiese, das Rütli. Dort grüßte ihn schon nach wenigen Tagen der Glückwunsch Conrad Ferdinand Meyers:

«Verehrter Herr. Erlauben Sie, daß ich schon jetzt zu Ihrem siebzigsten Geburtstage Glück wünsche, bei meiner bevorstehenden Abreise ins Gebirge. Ich tue es mit dankbarem Herzen. Während meines längeren Unwohlseins hatte ich die Muße, wieder einmal Ihre ganze Dichtung langsam zu durchlaufen, und sie hat mir äußerst wohl getan, mehr als jede andere, durch ihre innere Heiterkeit. Auch meine ich, daß Ihr fester Glaube an die Güte des Daseins die höchste Bedeutung Ihrer Schriften ist. Ihnen ist wahrhaftig nichts zu wünschen als die Beharrung in Ihrem Wesen! Da Sie die Erde lieben, wird die Erde Sie auch so lange als möglich festhalten. Was mich betrifft, habe ich lange nicht dieselbe Lebenssicherheit; doch werde ich die mir noch beschiedene Zeit nach Kräften nützen. Daß ich Sie stets nach meinen Kräften gewürdigt, verehrt und lieb gehabt habe, wissen Sie, wie auch ich gewiß bin, daß Sie trotz meiner Mängel Ihre gute Meinung und Ihr Wohlwollen mir erhalten werden. Also Gott befohlen, Herr Gottfried!

Kilchberg, 6. Juli 1889 Ihr C. F. Meyer»

Der in voller Sommerpracht über dem Vierländersee aufgehende Tag des 19. Juli traf Keller nicht in bester Stimmung. Von einem neuen hartnäckigen Unwohlsein heimgesucht, begnügte er sich damit, das, was ihm sein letzter Geburtstag brachte – beiseite zu legen: reiche Geschenke, Blumen, Kränze, Adressen, ganze Stöße von Zeitungen, Briefen und Telegrammen. Kaum vermochten Post und Telegraph von Seelisberg die ungewohnte Arbeit zu bewältigen. Nur vorübergehend erheiterte sich der Blick des Dichters, als er den Dank der Republik empfing. Der schweizerische Bundesrat hatte seinen Kanzler mit einem kostbar ausgestatteten Glückwunschschreiben nach Seelisberg abgeordnet. Das war etwas ganz Unerhörtes. Josef Viktor Widmann war mit der Abfassung betraut worden. Er hatte seinen Landsleuten tief aus dem Herzen geredet, als er die Worte schrieb:

«Hochverehrter Herr. Sie haben unserm Lande viel geschenkt. Vor allem jenes weihevolle Lied, das in der Tonweise des unvergessenen Baumgartner überall erklingt, wo schweizerische Herzen in friedlichem Hochgefühl für ihr Heimatland schlagen. Es ist ein nationaler Psalm geworden, der noch oft in guten und in bösen Tagen uns und unsere Nachkommen erbauen wird. Aber dieses Lied ist nur ein besonders leuchtendes Kleinod in der reichen Schatzkammer Ihrer Dichtungen. Nicht unsere Aufgabe kann es sein, hier eine ästhetische Wertschätzung derselben auszusprechen. Wohl aber dürfen wir darauf hinweisen, daß diese Dichtungen, wie hoch auch ihre Wipfel ragen mögen ins Reich der Phantasie, tief in der heimischen Scholle wurzeln und schon dadurch für unser Volk von größtem Werte sind. Aber auch der sittliche Kern, ja die jugend- und volkserzieherische Absichtlichkeit, welche, unbeschadet ihrer Kunstschönheit, viele dieser Dichtungen durchdringt, macht dieselben zu Werken, aus denen sowohl das jetzige Geschlecht als auch spätere Generationen unseres Volkes nur die besten gesundesten Anregungen schöpfen können. Haben Sie somit in der schweizerischen Nation sich durch Ihre edeln Schöpfungen ein bleibendes Denkmal gesetzt, so haben Sie zugleich unserer einheimischen Literatur vor den Augen des Auslandes eine weithin sichtbare Ehrensäule errichtet. Das zeitgenössische Schrifttum deutscher Zunge kennt keinen besseren Namen als den Ihrigen, und wenn infolgedessen die Blicke des Auslandes in ähnlicher Weise, wie einst zu Albrecht von Hallers Zeiten, nach der Schweiz gerichtet sind, so kommt dies auch den sonstigen literarischen und künstlerischen Bestrebungen des ganzen Landes zugute, das in Ihnen geehrt wird. In Anerkennung aller dieser Verdienste um das geistige Gedeihen der Schweiz auf dem friedlichen Gebiete der Poesie spricht Ihnen heute der schweizerische Bundesrat seinen Dank aus und wünscht von Herzen, es möge Ihnen noch lange beschieden sein, in der Mitte eines Volkes, das auf Sie stolz ist, zu leben und zu wirken. Keine äußerlich blinkenden Ehrenzeichen hat die Republik zu vergeben. Aber diesen Tag mit einem ihrer besten Söhne zu feiern, durfte sie sich nicht versagen. Und so empfangen Sie, hochverehrter Herr, hiemit den Glückwunsch des schweizerischen Bundesrates.

Namens des schweiz. Bundesrats
Der Bundespräsident:
Hammer
Der Kanzler der Eidgenossenschaft:
Ringier»

Die Regierung, der Stadtrat, alle größeren wissenschaftlichen, künstlerischen und geselligen Vereinigungen Zürichs übermittelten ihre Dankeswünsche. Die Universität beging den Tag mit einem festlichen Akte in der Aula, an dem Baechtold die Weiherede hielt. Die Schweizer im Auslande stifteten reiche Andenken: Pokale und andere Trinkgeräte, einen silbernen Lorbeerkranz usf. Berliner Verehrer übersandten zwei

Aquarelle, das eine des Dichters letzte Wohnung in Berlin, das andere den Tegelsee darstellend, zusamt einer großen, mit Hunderten von berühmten Namen bedeckten Adresse, an deren Spitze sich Moltke eingezeichnet hatte. Paul Heyse widmete dem Freund in einer Festnummer der Münchner «Allgemeinen Zeitung» eine schöne poetische Gabe. Der Verleger überraschte ihn mit der Nachricht, daß infolge der starken Nachfrage eine zweite Auflage der «Gesammelten Werke» nötig geworden sei. Eine Flut von Abhandlungen, Studien, Gedichten ergoß sich über den Gefeierten. Das bescheidenste schweizerische Tagesblättchen brachte seinen wohlgemeinten Beitrag oder einen Holzschnitt. Ja dem Feste fehlte eine gewisse politische Tragweite nicht. Gespannte Tage waren vorausgegangen. Zwischen Deutschland und der Eidgenossenschaft bestand eine Trübung. Man verwahrte sich hier dagegen, daß Bismarck durch einen Spitzel, Wohlgemuth, das Treiben der Sozialisten in den schweizerischen Kantonen beobachten ließ. Gottfried Kellers Geburtstag schlug die Brücke, auf der sich die grollenden Nachbarn nach langer Zeit wiederum die Hände schüttelten. Zum erstenmal klangen am 19. Juli wieder freundliche Stimmen über den Rhein herüber und weckten gleichen Widerhall. Derjenige aber, den das alles anging, ließ sich abends als müder kranker Mann zu einem einfachen Mahle führen, das er mit Arnold Böcklin, August Stadler und Hans Weber in sich gekehrt beging.

Bis zum 19. August blieb er auf Seelisberg. Dann ließ er sich von Professor Stiefel heimholen, ohne sich sonderlich gestärkt zu fühlen. Am 13. September überreichten ihm Richard Kißling und Albert Fleiner als verspätetes köstlichstes Geburtstagsgeschenk der Freunde die goldene Medaille, die Anton Scharff in Wien nach den Entwürfen Böcklins gefertigt. Lange betrachtete er sie. Dann quollen ihm die Tränen, und er sagte: «Das kann ich Ihnen sagen, meine Herren, das ist das Zeichen für das Ende vom Lied!»

Um die Mitte des Septembers fuhr er nach Baden, von den Schwefelquellen das Ende seiner diesjährigen Prüfungen erhoffend. Dort quälte er sich zunächst mit der Abfassung eines «Kollektivdankes» für die ihm gespendeten Huldigungen. Aber er konnte die Form nicht finden, und August Stadler verfaßte die Kundgebung, die er mit Böcklin und Albert Müller unterschrieb.

Mit trüben Befürchtungen für den Winter kehrte er gegen Ende November nach Zürich zurück. Kurz nach Neujahr 1890 warf ihn ein Influenzaanfall auf das Krankenlager nieder, von dem er nicht wieder erstand. Er bestellte sein Haus. Am Abend des 11. Januar gab er dem Notar der Stadt Zürich in Gegenwart von Professor Albert Schneider und Böcklin seinen letzten Willen kund. Er tat es mit klarem Geiste, sein ganzes Leben und Dichten mit einer edlen Tat bekräftigend. Zum Gesamterben seiner Hinterlassenschaft setzte er den Hochschulfonds des Kantons Zürich ein. Der Stadtbibliothek sollten seine ganze Bibliothek, die goldene Medaille und die übrigen Ehrengeschenke zukommen. Von dem Reinvermögen war nach Ausrichtung verschiedener Legate die Hälfte dem eidgenössischen Winkelriedfonds – einer Stiftung für verwundete und die Angehörigen gefallener Wehrmänner – abzuliefern. «Da ich zu meiner Zeit nie Gelegenheit hatte, meinem Vaterlande gegenüber die Pflichten als Soldat abzutragen, so hoffe ich und freut es mich, ihm in dieser Weise einen Dienst leisten zu können.» Zum Vollstrecker des Testaments setzte er Professor Schneider ein. Dieser hatte dem Willen des Dichters gegen dessen Vetter Fritz Scheuchzer, der ihn wegen angeblicher Altersverblödung des Erblassers anfocht, in einem langwierigen Prozesse zum Siege zu verhelfen.

Der letzte Brief Gottfried Kellers – er trägt das Datum des 4. Februars 1890 und ist an Sigmund Schott in Frankfurt gerichtet – zeigt zitternde Schriftzüge. «Ich werde nicht mehr lang vermeiden können, von einem bestellten Fuhrwerk Gebrauch zu machen», heißt es darin. Ein greisenhaftes Siechtum war im Anzuge. Er dämmerte vor sich hin. Fieberträume suchten ihn heim. Es war das letzte, ergreifende Schaffen seiner rastlos dichtenden Phantasie.

Als ihn im März Hans Weber aus Lausanne besuchte, wußte ihm Keller eine wunderbare Geschichte zu erzählen. Kurz zuvor war das naheliegende einstige große Benediktinerkloster Muri fast völlig ausgebrannt. Da habe sich, sagte der Kranke, auf einmal ein alter Sarg mit den Gebeinen eines Heiligen gefunden. Dieser Sarg werde jeden Tag in langer Prozession durch das Dorf getragen, und eine Menge Volkes ströme von allen Seiten herbei. Aber kein Mensch könne sagen, woher der Sarg gekommen sei, noch wie der Heilige heiße. Die Aufregung wachse täglich, und niemand wisse, was noch daraus werden könne.

Ende April schrieb Böcklin an Kellers nordischen Freund, den Regierungsrat Wilhelm Petersen in Schleswig, der sich nach dem Befinden des Dichters erkundigt hatte: «Tränen traten ihm in die Augen, als er den Wunsch aussprach, Sie zu sehen. Er hat mir eine alte Zeichnung – gemeint ist die Mittelalterliche Stadt – übergeben, die ich Ihnen schicken soll. Das wird bald besorgt werden. Zweck dieser Zeilen ist aber, Sie zu bitten, unsern lieben guten Freund, wenn irgend möglich, bald zu besuchen.» Sofort nahm Petersen Urlaub, reiste, selber grippekrank, ab und war am 29. April in Zürich. «Als ich am nächsten Morgen», erzählt er, «sein Schlafzimmer betrat, fand ich den Kranken im Bette liegend mit geschlossenen Augen, die weißen rundlichen Hände auf der weißen Decke ruhend. Sobald er, die Augen aufschlagend, mich erkannte, packte ihn ein krampfhaftes Weinen, das jedoch bald nachließ, er reichte mir die Hände und dankte mit mehr Worten, als er sonst für solche Dinge zu haben pflegte, für mein Kommen. Dann sprach er von dem Verlaufe der Krankheit, besonders von dem Aufenthalte in Seelisberg, und schloß mit der Klage, daß er ein alter zählebiger Mensch sei, der nicht sterben könne. – Nun saß ich während der drei Tage, die mir vergönnt waren, die meiste Zeit an seinem Bette, und wir sprachen über alles, was ihn interessieren konnte. Bisweilen schlief er ein, und ich erwartete lesend sein Erwachen. Einige Male erfaßten ihn traumhafte, wirre Vorstellungen, deren Inhalt ich nur unklar aus seinen Reden erraten konnte. Sonst war er geistig unverändert, sprach über die verschiedensten Gegenstände mit Lebhaftigkeit und Laune. Mit Rührung erzählte er von der treuen Sorge, mit welcher Böcklin und der Professor A. Stadler ihn umgaben, begehrte auf, als die Rede auf die Rolle der Probleme in der neueren Literatur kam: ‚Wenn sie keine Probleme mehr auftreiben können, sollen sie in Gottes Namen schweigen' – und erzählte dann wieder drollige Geschichten und Schnurren. Niemals habe ich ihn in gesunden Tagen so aufgeräumt gesehen, als er Wesen und Lebenslauf eines ihm nicht angenehmen Mannes erzählte [es dürfte sich um Fritz Scheuchzer handeln]. Die Lust des Schilderns packte ihn so lebhaft, daß er sich im Bette aufrichtete, um auch gestikulieren zu können. Der Mann hatte ihn einmal besucht und war, die Hände in den Taschen und eine Weile pfeifend, im Zimmer auf und ab gegangen. Der Kranke ahmte nun die Stellung und den Gesichtsausdruck nach und pfiff mit unendlich drolliger Miene die Weise. In dramatischer Form wurde die Unterhaltung wiedergegeben, wie der Erzähler mit derben Worten das unpassende Benehmen sich verbeten und der andere mit: ‚Aber lieber Vetter' – sich entschuldigend, nun ein neues Lied zu trällern begonnen hatte (auch dies wurde singend wiedergegeben), bis ihm auch dies Vergnügen untersagt wurde. – Eines Morgens erzählte er mir, wie zwei ganz in gediegenem geschmiedeten Golde gepanzerte Ritter die ganze Nacht dort vor dem Schränkchen zwischen den Fenstern regungslos gestanden und ihn unverwandt angeschaut hatten. Die Erscheinung war ihm offenbar unheimlich gewesen wegen des Anstarrens und hatte ihn wiederum entzückt durch die prächtigen Rüstungen. Er schilderte umständlich und anschaulich, wie die Helme das obere Gesicht in tiefen Schatten gestellt, und wie die Glanzlichter auf dem feinen Golde geblitzt hatten. Immer wieder kam er auf diese glänzende Erscheinung zurück und konnte sich nicht genug tun in der Schilderung des wunderbaren Glanzes. Dann schloß er lachend: ‚Hätte die Pauline [die Magd] die Kerle gesehen, die hätte sie sofort ins Leihhaus geschleppt.' – An einem Nachmittage fand ich den Kranken im Lehnstuhle neben dem Bette am Fenster sitzend. Wir tranken ein Glas Wein und plauderten wie gewöhnlich. Als die Sonne sich zu neigen begann, schwieg er, und sein Blick ruhte verloren auf den sonnenbeglänzten Dächern und Baumwipfeln, in denen Vögel sangen. – Nach langem Schweigen begann er leise wie im Traume zu reden, den Blick ins Unendliche gerichtet. Er wandelte im Abendscheine in seligen Gefilden, in einer wundersamen glanzerfüllten Unendlichkeit».

Conrad Ferdinand Meyer berichtet in seinen im August 1890 verfaßten «Erinnerungen»: «Als in diesem Frühjahr von seiner Gesundheit Schlimmes berichtet wurde, drängte es mich, ihn noch einmal zu sehen. Ich fand ihn auf seinem Lager, völlig hellen Geistes. Er empfing mich sehr freundlich und sprach viel, aber kaum hörbar. Es war ein Spinnen und Weben der Phantasie, von dem sich nicht leicht ein Begriff geben läßt. Ich weiß nicht, wie es kam, daß ich ihn an den Besuch jenes deutschen Freundes erinnerte[1] und ihm erzählte, jener hätte mich hernach gefragt, was es eigentlich für eine Bewandtnis habe mit Ananias und Saphira. Er lächelte. ‚So sind viele von uns', sagte er. ‚Man hat uns in der Jugend die Bibel verleidet, und doch stehen so schöne Sachen darin, gerade in der Apostelgeschichte. Sehen Sie zum Beispiel den jungen Eutychus auf seinem gefährlichen Sitz im Fenster, während der langen nächtlichen Predigt des Paulus: er nickt ein, überwiegt und stürzt hinab auf die Gasse. Paulus aber nimmt ihn in die Arme und sagt: Klaget nicht! Seine Seele ist noch in ihm. Wie hübsch ließe sich das wenden! Denken Sie sich die Szene in England während der Bürgerkriege! Ein Wachtposten, ein junger Royalist, entschlummert in einer hohen Schanze. Die Puritaner kriechen nächtlicherweile heran, ein bibelfester Alter packt den Jüngling und schleudert ihn in den Abgrund mit den Worten: Fahre wohl, Eutychus!' Auch von einem zweiten Teil des ‚Salander' phantasierte er und einer Überschwemmung, die ihn schließen sollte. Inzwi-

[1] Meyer hatte vor Jahren einen namhaften deutschen Schriftsteller zu Keller geführt. Dabei waren sie lange vor einer großen im Zimmer hangenden Photographie der Raffaelschen Tapete «Ananias und Saphira» stehen geblieben.

schen drehte er unaufhörlich die Karte, durch die ich mich gemeldet hatte, bis ich sie ihm sachte aus den Fingern zog. ‚Ich meinte nur', sagte er, ‚in den schönen weißen Raum ließe sich ein Vers schreiben.' ‚Welcher denn?' fragte ich. ‚Nun, zum Beispiel', sagte er: ‚Ich schulde, ich dulde...' womit er wohl den Tod meinte, welchen wir alle der Natur schuldig sind [?]. Stunden vergingen so, und es wurde Zeit zum Scheiden. ‚Wir wollen vom Sommer Heil erhoffen', sagte ich. ‚Ja', scherzte er, ‚und ein Landhaus am Zürichberg mieten.' Es war ein Jammer. Ich glaubte nicht an seine Genesung, und er wohl auch nicht. Die Tränen traten mir in die Augen, und rasch nahm ich Abschied.»

Die Krankheit Kellers war allmählich so weit vorgeschritten, daß die Magd Pauline die Pflege nicht mehr allein zu bewältigen vermochte. Am 4. Mai übernahm sie Schwester Lisette Graf, Diakonissin vom Bethanienverein, dessen Heim damals am Zeltweg in der Nähe von Kellers Wohnung war. Sie betreute den Kranken bis zum 23. Juni. Von da an bis zum Schluß pflegte ihn Schwester Marie Wagner.

Schwester Lisette ging mit Umsicht und Sorgfalt an ihre Aufgabe. Sie heilte die Wunden, mit denen der Körper des Kranken vom beständigen Liegen bedeckt war. Sie sorgte dafür, daß sein Bett aus der lichtlosen engen Schlafstube in das geräumige und sonnige Besuchszimmer gebracht wurde. Da es zu hoch war, sägte sie mit Böcklins Hilfe die Füße ab, so daß der Kranke, als er auf das niedriger gewordene Lager gebettet war, scherzte: «Nun habe ich im Alter auch noch eine Wiege.»

Am wichtigsten in den Erzählungen der Schwester ist, was sie über Kellers Verhältnis zur Religion berichtet. Einmal soll ein angesehener Geistlicher der Stadt Keller besucht haben. In der Unterhaltung sagte Keller unter anderm: «Als ich noch in der Kirchgasse wohnte, sah ich oft die Leute in die Kirche gehen. Da hat doch wohl jeder einen Fünfer geopfert. Ich bin zwar nicht in die Kirche gegangen, aber ich könnte jetzt auch einmal etwas für die Kirche tun; ich will Ihnen eine Geldsumme dafür zur Verfügung stellen.» Doch der Kirchenmann sagte: «Das ist jetzt zu spät», ging auf ein anderes Thema über und kam auch nicht wieder. Als dann einmal Prediger Spörri von der Methodistengemeinde, zu der die Bethanienschwestern gehörten, Schwester Lisette besuchte, wünschte Keller, daß er hereinkomme. Spörri trat ein und sprach freundlich und tröstend, und als er gehen wollte, fragte er, ob er ein kurzes Gebet sprechen dürfe. «Sehr gern», antwortete der Kranke. Als der Besuch gegangen war, sagte er zur Schwester: «Das war etwas anderes, das war ein rechter Krankenbesuch.» Als die Schwester einmal für sich in der Bibel las, forderte er sie auf: «Lesen Sie laut, es ist auch gut für mich.» Auch Schwester Marie Wagner berichtet, er habe die «weiße Haube», wie er sie genannt, wiederholt gebeten, das Unservater zu beten: Darin sei alles enthalten, was ein Christ zum Leben und zum Sterben nötig habe.

Am 15. Juli 1890, nachmittags 3.45 Uhr, ist Gottfried Keller sanft entschlafen. –

Dann «ging der tote grüne Heinrich auch den Weg hinaus».

Ein Leichenbegängnis wie das Gottfried Kellers am Vorabend seines einundsiebzigsten Geburtstages hatte Zürich noch nie gesehen. Die Stadt selbst hatte die Bestattungsfeier angeordnet. Hinter dem mit prachtvollen Kränzen überdeckten Sarge schritten Vertreter des Bundesrates, die gesamte Zürcher Regierung, Abordnungen des Kantons- und des Stadtrates, die Lehrkörper beider Hochschulen, Vertreter sämtlicher größeren Vereine der Stadt und der akademischen Jugend Zürichs und der übrigen Schweiz mitten in einem Wald umflorter Banner. Dazu die unabsehbare Menge der übrigen Leidtragenden aus dem In- und Ausland. Unter den Klängen von Chopins Trauermarsch setzte sich der Zug in Bewegung durch die Massen des Volkes, das entblößten Hauptes lautlos an den Rändern der Straßen sich drängte. In der dichtgefüllten Fraumünsterkirche fand die Abdankung statt. Der Trauermarsch aus Beethovens Eroica leitete sie ein. Der Geistliche sprach das liturgische Gebet. Der Männerchor sang Silchers «Stumm schläft der Sänger». Julius Stiefel sprach die Weiherede. Dann brauste, von Hunderten von Sängern vorgetragen, Kellers und Baumgartners Heimatlied durch die Hallen. Der Trauermarsch aus Händels «Saul» beendete die Feier in der Kirche. In langen Scharen zog man darauf durch den düsteren regnerischen Abend dem Zentralfriedhofe zu, wo Stadtpräsident Hans Pestalozzi dem Toten den letzten Gruß des Vaterlandes entbot, und die lodernde Flamme verzehrte des Dichters Herz, das einst «keck und sicher seine Welt regierte».

In einem Gedichtentwurfe hatte er, etwa zehn Jahre vor seinem Tode, angesichts des nächtlichen Sternenhimmels gebetet:

«Heerwagen, mächtig Sternbild der Germanen, das du fährst mit stetig stillem Zuge über den Himmel vor meinen Augen deine herrliche Bahn, vom Osten aufgestiegen alle Nacht! O fahre hin und kehre täglich wieder! Sieh meinen Gleichmut und mein treues Auge, das dir folgt so lange Jahre! Und bin ich müde, o so nimm die Seele, die so leicht an Wert, doch auch an üblem Willen, nimm sie auf und laß sie mit dir reisen, schuldlos wie ein Kind, das deine Strahlendeichsel nicht beschwert – hinüber! – – Ich spähe weit, wohin wir fahren.»

Zürich
Hottingen
4 Febr.

Verehrter Herr!

Ihr Bericht ist mir sehr erfreulich und klingt mir schon wie eine Stimme aus dem Grabe aus besseren Zeiten. Ich kann Ihnen sagen, daß er mich aus der Lethargie erweckt, ungeachtet Sie den Grünen Heinrich nur philologisch gelten lassen wollen. Ich bin buchstäblich blindlings denselben in die Hand von heillosen Sagen aufgeschwemmt, was der Arzt vorgegeben angestrebt. Ich werde nicht mehr lang vermeiden können, von einem bestellten Fuhrwerk Gebrauch zu machen & Sie glauben kaum, welche Freude Ihr Artikel in der A.A.Z. hervorbringen wird.

Gottfried Keller

ANMERKUNGEN

Von Gesamtdarstellungen des Dichters seien genannt: F. Baldensperger, G. K. Sa vie et ses œuvres, 1899. A. Köster, G. K. Sieben Vorlesungen, 1900. M. Accolti-Egg, G. K. Studio critico, 1931. E. Ackerknecht, G. K. Geschichte seines Lebens, 1939. – Die kritische Gesamtausgabe der Werke, im Auftrag der Nachlaßverwaltung hrsg. v. J. Fränkel (Bd. 1–8, 11, 13–15_1, 16–19) u. C. Helbling (Bd. 9, 10, 12, 15_2, 20–22) 1926–49; die Gesammelten Briefe in 4 Bdn. hrsg. v. C. Helbling, erscheinen 1950–52.

S. 11f. Über Kellers Vorfahren unterrichtet uns genau O. Schlaginhaufen, G. K.s Ahnen- u. Sippschaftstafel. Archiv der J. Klaus-Stiftung, IV, 1. Vgl. dazu K. Schultheß, Neue Zürch. Zeitg., 19. 4. 1929 u. K. Garnier, G. K.s Vorfahren. Schweiz. Familienforscher, 1942, H. 5–8.

S. 12. Über den Wiener Drechsler Joh. Düno vgl. H. Blume, Wiener Abendpost, 1919, Nr. 192.

S. 16. Das Gedicht von Rudolf Keller lautet:

Für die dürftigsten Wetterbeschädigten in Glattfelden
(Zürich, am Bächteliabend 1821)

Ihr guten Bürger, zürnet nicht,
Daß ich so dreist mich wage
Hier anzusprechen Christenpflicht
An diesem frohen Tage.
Ich weiß, ihr teilt so gerne mit,
Wie oft man auch euch bitte;
Und voller Hoffnung tat den Schritt
Ich nun in eure Mitte.

Wer kennt nicht längst das große Leid,
Das uns ein Wetter brachte ?
Zerstöret ward in kurzer Zeit,
Was man zu ernten dachte;
Wir blickten froh zum Himmel auf,
Wir priesen seinen Segen
Und glaubten nach der Zeiten Lauf
Ihn bald ins Haus zu legen.

Da stürmten Wasser, Wind und Eis
Auf unsre reichen Fluren,
Vernichteten des Landmanns Fleiß
Und aller Nahrung Spuren.
Doch kaum vernahmt ihr unsern Schmerz,
So gaben eure Hände
Uns Balsam für das wunde Herz
Und manche reiche Spende.

Doch gibt's der Dürftigen noch viel,
Die *laut* nicht klagen mögen,
Und fern noch ist der Ernte Ziel,
Da sie dann Brot selbst zögen!
Auch fehlt sonst manches in dem Haus,
Was sie nun hart entbehren;
Selbst ihre Kleidung hält nicht aus,
Den Jammer Kinder mehren.

Erbarmt euch drum der *stillen* Not,
Für die ich *laut* hier flehe,
Und reichet gern dem Armen Brot,
Daß er getröstet gehe.
Es lohne Gott euch solche Tat,
Sie steht im Buch der Welten;
Den späten Enkeln bringt sie Saat,
Euch wird's der Herr vergelten.

Lebt wohl, ihr Edlen! Lebet wohl,
Gott schütz' und segn'euch alle!
Genießt die Zeit nun freudevoll,
Bis daß der Schleier falle!
Euer Wohltun blühet segnend fort
Im Wechsel aller Zeiten;
Und Gott im Himmel lohnt es dort
Mit seinen Herrlichkeiten.

S. 16. Die im «Grünen Heinrich» 4. T. 15. Kap. erwähnte Liedersammlung ist noch vorhanden. Sie wurde 1803 angelegt und enthält u. a. folgende Gedichte: «Wer wollte sich mit Grillen plagen.» «Es kann ja nicht immer so bleiben.» «Der Chilter: Hoscha! Eisi, lah mi ine.» «Wohlauf Kameraden, aufs Pferd.» Weitere Eintragungen stammen von Gottfried: «Wo Kraft und Mut in teutschen Seelen flammen.» «Lützows wilde Jagd.» «O pescator dell'onda, Fidelin.» «Einsam bin ich nicht alleine.» «Fritzens Freuden und Leiden» von Martin Usteri: «Triumph, die Kunst ist nun errungen» und von Regula Keller.

S. 17. Die Kinder von Rudolf und Elisabeth Keller sind:
1. Regina Elisabeth («Seti»), geb. 1. Februar 1818, gest. 15. Mai 1822.
2. *Gottfried*, geb. 19. Juli 1819, gest. 15. Juli 1890.
3. Anna Katharina, geb. 16. November 1820, gest. 22. Mai 1822.
4. Regula, geb. 1. Mai 1822, gest. 6. Oktober 1888.
5. Anna Elisabeth, geb. 1. Juli 1823, gest. 26. Juli 1824.
6. Johann Rudolf, geb. 7. Oktober 1824, gest. 9. Oktober 1825.

S. 18. über die Herkunft von Kellers Vornamen vgl. P. C(orrodi), Die Genealogie von G. K.s Vornamen, Neue Zürch. Zeitg., 19. 11. 1919, Nr. 1796.

S. 21 ff. S. Zurlinden, Hundert Jahre. Bilder aus der Geschichte der Stadt Zürich in der Zeit von 1814 bis 1914, 1, S. 89. Jer. Gotthelf, Sämtl. Werke, hrsg. v. R. Hunziker u. H. Bloesch, 9, 1917. S. 78. Bilder aus dem damaligen Zürich in E. Bollmann u. F. Hunziker, G. K. Heimat und Dichtung, 1915.

S. 23. Baechtolds Angabe, daß sich die Armenschule damals im Brunnenturm befunden habe, ist nicht verbürgt.

S. 24. Über Kellers Beziehungen zur Familie Rordorf: S. Rordorf-Gwalter, Zürcher Wochenchronik, 29.4.1916.

S. 29f. Goethe, Dichtung u. Wahrheit, 2. Buch, Anfang. Grillparzer, Tagebücher, hg. v. A. Sauer, S. 3.

S. 34f. Über die damaligen Theateraufführungen in Zürich: E. Müller, Eine Glanzzeit des Zürcher Stadttheaters, 1911, S. 11 ff.

S. 35f. Über Kellers Lehrer an der Industrieschule: F. Locher, Republikanische Wandelbilder, 1901, S. 26 ff., F. Hunziker in der Festschrift der Kantonsschule Zürich für 1883 u. F. Hunziker in der Festschrift der Mittelschulen in Zürich u. Winterthur für 1933, S. 323 ff.

S. 36. Über Prorektor L. Meyer: J. J. Hottinger, 54. Neujahrsblatt der Zürcher Hülfsgesellschaft, 1854.

S. 41f. F. Hunziker, Glattfelden u. G. K.s Grüner Heinrich, 1911. P. Schaffner, Die Heimatlandschaft des Grünen Heinrich. Atlantis, Oktober 1920.

S. 45. Der «Lump Eßlinger» ist der Kupferstecher Johann Martin E. (1793–1841). Er war 1835 wegen fahrlässiger Mithilfe bei einer Fälschung verurteilt worden. Schweizer. Künstlerlexikon, 1, S. 431.

S. 48f. Über die «Nacht auf dem Uto» vgl. H. Dünnebier, G. K. u. L. Feuerbach, 1913, S. 18f. Frieda Jäggi, G. K. u. Jean Paul, 1913, S. 3f.

S. 49ff. Über Rudolf Meyer vgl. Neujahrsblatt der Künstlergesellschaft in Zürich für 1861, S. 1, Anm. 1. «Römer» war der für Meyer übliche Name in Zürich. J. V. Widmann im Bund, 1892, Nr. 334–340. P. Schaffner, G. K. als Maler, 1923 u. 1942. Bilder Meyers besitzen die Kupferstichsammlung der Eidg. Technischen Hochschule u. die Zürcher Kunstgesellschaft.

S. 58. A. Frey, Erinnerungen an G. K., 2. A., 1893, S. 33.

S. 60. Abbildung des Aquarells des Kirchhofes von Richterswil bei Schaffner, Keller als Maler, 1923, S. 75.

S. 62. Über den Straußenhandel: K. Dändliker, Gesch. der Stadt u. des Kantons Zürich, 1912, 3, S. 307 ff.

S. 63. F. Hunziker, Glattfelden, S. 56.

S. 67ff. Über die hier genannten Künstler vgl. Bruns Schweiz. Künstlerlexikon u. Schaffner, Keller als Maler, 1923, S. 85 ff. – Über Süffert vgl. P. Schaffner, Die Schweiz, 20, 1916, Juli- u. Augustheft. Über Rittmeyer: G. Jenny, Maler Emil Rittmeyer, 1914 (bes. S. 16f.). Berlepsch-Valendàs, E. Rittmeyer, 1914 (bes. S. 13ff.). Über J. G. Müller von Wil: E. Förster, J. G. Müller, 1851. J. M. Ziegler, Aus dem Künstlerischen Nachlaß von J. G. Müller, 1860. H. Barth, Fr. L. Imhoof-Hotze. Neujahrsblatt d. Stadtbibliothek Winterthur, 1904, S. 29. Müllers Pläne zur Florentiner Domfassade sind auf der Winterthurer Stadtbibliothek. – Auch im Hause der Basler Malerin Emilie Lindner (Neue Zürch. Zeitg., 1918, Nr. 1389) u. mit dem Maler Heinrich Dreber (an Heyse 2.7.1878) hat Keller in München verkehrt.

S. 76ff. Wiedergaben von Kellers Bildern aus München bei Schaffner, Keller als Maler. Vgl. auch J. Welti, Wie ich einen «Grünen Heinrich» fand, Sonntagsbl. des Bund, 1894, Nr. 2, u. Berlepsch, G. K. als Maler, S. 80 ff. Grüner Heinrich, Studienausg. d. 1. Fassung, 2, S. 123.

S. 79. Das Albrecht-Dürer-Fest der Münchener Künstler, das Keller im «Grünen

Heinrich» ausführlich beschreibt, hat er nicht selber mitgemacht. Die Darstellung im «Grünen Heinrich» folgt, zum Teil wörtlich, R. Marggraffs «Kaiser Maximilian I. und Albrecht Dürer in Nürnberg», 1840. – Über dem Schreibtische des Dichters hing in späterer Zeit ein Bildchen von Rudolf Leemann, ein hübsches Mädchen mit blonden Locken u. blauem Gewand, die Agnes aus dem «Grünen Heinrich» darstellend. Sie soll nach mündlicher Überlieferung Anna Lettenbauer geheißen haben.

S. 82. Über den Landschaftsmaler Jakob Meyer von Meilen (1787–1858) vgl. Neujahrsbl. d. Zürcher Künstlergesellschaft für 1861, über den Landschafter J. J. Ulrich (1798–1877), Neujahrsbl. d. Künstlergesellschaft für 1878.

S. 87f. G. Chr. Friedr. Oberkogler aus Augsburg, Zeichenlehrer u. Kupferstecher. – Altbürgermeister Heß war Präsident des Kunstvereins.

S. 89. Leonhard Ziegler, Spital- und Stiftspfleger (1782–1854) ist derselbe, der die «Gedanken eines Lebendig-Begrabenen» veranlaßt haben soll. – Karl Wilhelm Hardmeyer (1803–1857), Kunstdilettant, Lehrer für Deutsch und Geschichte an der Industrieschule. – Jakob Wilhelm Huber, Kunst- und Flachmaler.

S. 90. Im Katalog der Schweiz. Kunstausstellung von 1842 ist Kellers Bild unter Nr. 104 als «Landschaftliche Komposition» bezeichnet.

S. 91. Die Wahrheit der Fahnenstangengeschichte bestätigte Keller Baechtold am 13. 7. 1878 auf dem «Muggenbühl», einer Wirtschaft bei Zürich.

S. 91. Matthias Spinner (gest. 1875), später Briefträger.

S. 101. Die Aufzeichnung Rittmeyers bei Berlepsch-Valendàs a.a.O., S. 14ff. Auch Hegi erinnert sich der Phantasie, vgl. oben S. 71.

S. 103f. L. Tieck, Schriften, 23, S. 122.

S. 105. Den Nachweis, daß Kellers Kalenderbeitrag nicht die Skizze «Der Schneidergeselle, welcher den Herrn spielt», ist, sondern «Die mißlungene Vergiftung», habe ich in der Festgabe zur Einweihung der Neubauten der Universität Zürich, 1914, Phil. Fak. I, S. 184ff., gegeben. Den Ausführungen von P. Wüst, der in den Mitteilungen der Literarhistor. Gesellschaft Bonn, 1914, S. 95f., für die erstgenannte Skizze eintritt, kann ich sowenig beistimmen wie dem neuerlichen Versuch C. Helblings in der Krit. Ausgabe, 20, 187ff. Über Fr. Wassali vgl. 26. Jahresbericht der Naturforschenden Gesellschaft Graubündens; Der freie Rhätier, 1882, Nr. 43; Bündner Tagblatt, 1882, Nr. 44. Über die Quelle zur «Mißlungenen Vergiftung», Blumröders Vorlesungen über Eßkunst, vgl. Sonntagsblatt der Basler Nachrichten, 16. 11. 1922. Eine ähnliche Episode erzählt Brentano in dem Märchen von den «Fünf Söhnen des Schulmeisters Klopfstock» (Werke, hg. v. Preitz, 3, S. 168), vgl. Ermatinger, Neue Zürch. Ztg., 4. 12. 1920, Nr. 2002 und Inselschiff, 2, S. 112ff.

S. 108ff. Über Kellers Lyrik handeln u. a. P. Brunner, Studien und Beiträge zu G. K.s Lyrik, 1906. A. Frey, G. K.s Frühlyrik, 1909. G. Müller-Gschwend, G. K. als lyrischer Dichter, 1910. Ph. Witkop, G. K. als Lyriker, 1911.

S. 114ff. Über Follen (Follenius, daher Follén) vgl. Rheinische Blätter für Politik, Handel u. Gewerbe, 1843, Nr. 85–87. C. Vogt, Aus meinem Leben, 1896, S. 13, 181ff. J. Fröbel, Ein Lebenslauf, 1890/91. S. Heuberger, Ein diplomatischer Sieg über den Aargau, 1824. Aargauer Tagblatt, 1912. (Fr. Rödiger), Gartenlaube, 1871, Nr. 15, S. 251ff. G. Fittbogen, Der Prozeß gegen A. L. Follen. Deutsche Revue, 27, 1922, S. 34ff. E. Stauber, Gesch. der Herrschaft u. Gemeinde Altikon a. d. Thur. Neujahrsbl., Winterthur, 1928, vor allem S. 177ff.). Über Follens Zürcher Aufenthalt: F. Hunziker, Neue Zürch. Ztg., 6. 3. 1931 u. 27. 3. 1931.

S. 115. Über den Plan, mit Hilfe Kellers eine Auswahl von Follens Gedichten herauszugeben, spricht Schulz in einem ungedruckten Brief an Gustav Vogt vom 31. 12. 1855 (Sammlung Dr. Hunziker, Stadtbibliothek Winterthur).

S. 116. Über «Malegys und Vivian» vgl. J. J. Hilty, Der schweiz. Almanach «Alpenrosen», 1914, S. 32 ff.

S. 116. J. Fröbel, Ein Lebenslauf, 1890/91. E. Feuz, J. Fröbel, Diss. Bern 1932. W. Näf, Das literarische Comptoir Zürich und Winterthur, 1929.

S. 118 ff. Schulz hat sein Leben selber geschildert in seinem «Briefwechsel eines Staatsgefangenen mit seiner Befreierin», 1846. Dazu J. Proelss, Das junge Deutschland, 1892, S. 284 ff. H. Laube, Das deutsche Parlament, Ges. Werke, hg. v. Houben, 36, S. 63 f. H. Nabholz, Hessische Biographien, 1, 1918, S. 404–414.

S. 119. Keller, der Stieglitz in dem Briefe an Hegi vom 28. 9. 1845 erwähnt, bewahrte seit jenen Tagen ein am 20. 9. 1845 zwischen Zürich u. Aarau von Stieglitz geschriebenes Gedicht «An die Eidgenossen».

S. 120. Vogel, Memorabilia Tigurina von 1840–1850, S. 274. J. C. Bluntschli, Denkwürdigkeiten aus meinem Leben, 1884, S. 342 f.

S. 126 f. Bedeutsam für die Entstehung der «Gedanken eines Lebendig-Begrabenen» dürften Mitteilungen über lebendig Begraben im Boten von Uster, 1844, Nr. 35, sein. Uhlands Gedicht führt den Titel «Klage» (Gedichte, hg. von E. Schmidt u. J. Hartmann, 1898, 1, S. 37). Uhland erhielt Kellers «Gedichte» vom Verleger, Briefwechsel, hg. von J. Hartmann, 3, 1914, S. 327.

S. *128.* Der Brief Follens an Vogt in der Sammlung von Dr. R. Hunziker auf der Stadtbibliothek Winterthur. Über den Empfänger vgl. Fr. Haag, Die Sturm- u. Drangperiode der bernischen Hochschule 1834 bis 1854, 1914, S. 576.

S. 129. Kellers späteres Urteil über die Gedichte von 1846: An Freiligrath, 22. 9. 1850.

S. 129. Eine Würdigung von Kellers Lyrik steht bereits in Joh. Scherrs Büchlein «Die Schweiz u. die Schweizer», 1845, S. 192–199.

S. 129. W. Olbrich, Die Aufnahme G. K.s in Deutschland. Diss. München, 1920 (Maschinenschrift).

S. 147 f. Über die Gesellschaft der «Aufrechten» vgl. R. Rüegg, Züricher Post, 29. 3. 1891, Nr. 74. Über Salomon Bäumler: Der Bote von Uster, 7. 6. 1844, Nr. 23.

S. 148 ff. Literatur über den Atheismusstreit: A. Ruges Briefwechsel u. Tagebücher, hg. von P. Nerrlich, 1, S. 410 (1886); Ruges Sämtliche Werke, 9, S. 283 ff., 292 ff.; 10, S. 97 ff. W. Buchner, F. Freiligrath, 1882, 2, S. 151 ff., 170 ff. H. Dünnebier, G. K. u. L. Feuerbach, S. 38 ff. Schulz, Blätter f. literar. Unterhaltung 1855, Nr. 37. – Über Heinzen: H. Huber, K. Heinzen, Diss. Bern, 1932.

S. 153 f. Dora Rudolf, Konrad Meyer, 1909 (bes. S. 53 f., 154 f.).

S. 154 ff. Über Marie Melos u. Keller vgl. Deutsche Rundschau, Dezember 1914, S. 371 f. – Über Marie Melos: Biedermann, Goethes Gespräche, 2. A., 2, S. 665 f.; 3, S. 513.

S. 158. Über Baumgartner vgl. (C. Widmer), Wilhelm Baumgartner, 1868. L. Groß, W. Baumgartner, Diss. München, 1930. R. Wagners Briefe an Theodor Uhlig, Wilhelm Fischer, Ferdinand Heine, 1888, S. 31. Glasenapp, Das Leben R. Wagners. 3. A., 1896, 2, 1. Abt., S. 343 ff. Über K. u. Baumgartner: A. Nef, G. K. und die Musik, Schweizer. Musikzeitung, 1911, Nr. 36; 1912, Nr. 1–3.

S. 159 ff. Der Aufsatz über Xaver Schnyder von Wartensee findet sich nun in allen neueren Ausgaben von K.s Werken. Vgl. auch Schnyder von Wartensee, Lebenserinnerungen, 1887, S. 301 ff., 346.

S. 163. Keller braucht das Wort nobel z.B. an Hegi, 10. 5. 1846. An Freiligrath, 5. 2. 1847. An Frau Orelli-Breitinger, 21. 10. 1847. Im Tagebuch vom 1. 5. 1848. An Vieweg, 26. 4. 1850 sowie in dem Artikel über den Polizeidichter Reithaar, Bote von Uster, 1845, Nr. 39 (Krit. Ausg., 21, S. 110).

S. 163ff. Über Kellers Erlebnis mit L. Rieter: Deutsche Rundschau, 1911, S. 421. E. Jenny, Sonntagsbl. der Basler Nachrichten, 7. 8. 1938. Ein Gedicht L. Rieters steht in R. Webers Poetischer Nationalliteratur d. deutschen Schweiz, 4 (1876), S. 782.

S. 172. Die Aufsätze zur Kunst u. Literatur, jetzt in der kritischen Ausgabe, Bd. 22. Die «Literarischen Briefe aus der Schweiz» in den Blättern für lit. Unterhaltung, 1847, die Baechtold Keller zugeschrieben hatte, hat W. Schulz verfaßt, wie ich im «Literar. Echo», 16, 1913, Sp. 172f. nachgewiesen habe. – Über Kellers Tätigkeit in der Staatskanzlei vgl. A. Eschers Brief oben S. 214 u. E. Gagliardi, Neue Zürch. Ztg., 1919, Nr. 1076.

S. 178f. Über Keller u. Hettner vgl. J. Moleschott, H. Hettners Morgenrot, 1883. Adolf Stern, H. Hettner, 1885. E. Ermatinger, Neue Zürch. Ztg., 30. 3. 1924, Nr. 467. Die Briefe Hettners an Keller stehen im Euphorion, 28, 1927, S. 416 ff. Hettners Briefe an F. Lewald ebenda, 29, 1928, S. 410 ff. (darin Äußerungen über Keller). – Über Karl Morel: P. Baldegger, K. Morel, 1913. – Über Henle u. Keller: F. Merkel, J. Henle, 1891, S. 273.

S. 179. Die von Merkel in Henles Leben vorgetragene Ansicht, daß Auerbach die Anregung zur «Frau Professorin» aus Henles Ehe mit Elise Egloff geschöpft habe, hat Bettelheim widerlegt, Allgemeine Zeitg., 1891, Nr. 310, vgl. auch 316. Nation, 26. 12. 1891, Nr. 13, u. Auerbachs Werke (Hesse) 1, S. 33 f. Die «Frau Professorin» entstand erst im Sommer 1846.

S. 180. F. Merkel, Henle, S. 386. Dünnebier, Keller u. Feuerbach, S. 170.

S. 180f. Henle, Anthropologische Vorträge, 1, 1876, S. 35. Der grüne Heinrich, Studienausg. d. ersten Fassung, 2, S. 269.

S. 181. Henle, Vom Willen. Anthropol. Vorträge, 2, S. 27 ff., 57. Daß die Ausführungen in den Vorlesungen von 1848/49 sich mit den späteren Darlegungen im wesentlichen decken, hat Dünnebier, S. 194f., wahrscheinlich gemacht.

S. 182. Kellers Besprechung von Ruges Werken in den «Blättern f. Literar. Unterhaltung» vom 30. u. 31. 10. 1848, entstand unmittelbar vor der Abreise von Zürich, an Dösseke1, 8. 2. 1849.

S. 183. Im Tagebuch vom 15. 9. 1847 gesteht Keller, daß er noch weniger Glauben habe als Schulz.

S. 183ff. Feuerbachs Vorlesungen über das Wesen der Religion sind im 8. Bande der Gesamtausgabe seiner Werke gedruckt. Neuausgabe von W. Bolin, 1908. Dazu K. Grün, L. Feuerbach in seinem Briefwechsel u. Nachlaß, 1, S. 124 ff., 377 ff. F. Jodl, L. Feuerbach, 2. A., 1921. H. Dünnebier, Keller u. Feuerbach, 1913, bes. S. 50 ff. E. Ermatinger, Die Religion G. K.s. Die Tatwelt, 16, 1940, S. 67 ff. E. Akkert, G. K.s Weltanschauung, 1942. F. Buri, G. K.s Glaube. Ein Bekenntnis zu seinem Protestantismus, 1944.

S. 185. Feuerbach, Vorlesungen (Bolin), S. 195 ff.

S. 189. Die Bekanntschaft Kellers mit Auerbach in Heidelberg bezeugt A. Bettelheim, B. Auerbach, 1907, S. 204.

S. 190. Über Kapp: G. Weber, Heidelberger Erinnerungen, 1886, S. 222ff. Über Johanna Kapp: Hoffmann von Fallersleben, Mein Leben, Werke, hg. von A. Weldler-Steinberg, 3, S. 289ff., 298.

S. 197. A. Strodtmann in Blumenthals Neuen Monatsheften, 5, 1877, S. 194. Die Mitteilung der Frankfurter Didascalia, 30.6.1885, daß Freiligrath und Keller zu Hasenclevers Bild «Die Weinprobe» Modell gesessen hätten, ist unrichtig, da das Bild aus dem Jahre 1843 stammt. Vgl. auch Keller an Ida Freiligrath, 9.8.1885.

S. 200. Varnhagen von Ense, Tagebücher, 11, S. 14. Varnhagen erwähnt Keller außerdem: Tagebücher 8, S. 476; 9, S. 100; 11, S. 46, 93; 12, S. 96, 116, 121f., 387; 13, S. 78ff. M. Ring, Erinnerungen, 2, S. 107.

S. 202. Die «normännische Feste» sind die Neuen Mühlen, von Persius dem Älteren gebaut, vgl. L. Rellstab, Berlin u. s. nächsten Umgebungen, 1855, S. 253ff. Keller hat das Gedicht, das in R. Prutz' Deutschem Museum, 1852, 1, S. 882, gedruckt wurde, in keine Sammlung aufgenommen.

S. 202. Das Gedicht für Moosherr ist veröffentlicht worden in der Neuen Zürch. Ztg., 19.7.1919, Nr. 1076.

S. 202. J. Rodenberg, Erinnerungen aus der Jugendzeit, 1, 1899, S. 120ff.

S. 203. Über den «Tunnel»: Th. Fontane, Von Zwanzig bis Dreißig, 2. A., 1898, S. 257ff. H. W. Seidel, Erinnerungen an H. Seidel, 1912, S. 22ff. Keller an Heyse, 13.12.1878.

S. 205. Über Bachmayr: J. Minor, Jahrbuch der Grillparzergesellschaft, 10, 1900, S. 129ff. Seine Briefe an Keller ebenda, 18, 1908, S. 129ff., die an Hettner ebenda, 1926, S. 106–169. Vgl. auch C. v. Wurzbach, Biogr. Lexikon des Kaisertums Österreich, 14, S. 386. Hebbel, Werke, Krit. Ausgabe v. R. M. Werner, 10, S. 300. Tagebücher, 3, S. 391. Briefe, 4, S. 302. Kellers Besprechung des «Tranks der Vergessenheit», Krit. Ausg., 22, S. 35.

S. 206. Th. Fontane, Chr. Fr. Scherenberg u. d. literar. Berlin von 1840 bis 1860, 1885. R. Ulich, Chr. Fr. Scherenberg, 1915.

S. 208. March besuchte Keller im Sommer 1857 in Zürich, nachdem er ihn am 10. August angefragt hatte, ob er überhaupt in Zürich sei. «Ich möchte nämlich nicht wie Friedberg und Scherenberg, Hiersemenzel usw. dort gewesen sein, ohne Sie gesehen zu haben.» Über H. von Orelli: Fontane, Scherenberg, S. 115ff.

S. 208. Über Widmann und Saint-Paul: Fontane, Scherenberg, S. 137ff.

S. 209f. Ring, Erinnerungen, 2, S. 136, 106ff.

S. 210. Rodenberg, Bilder aus dem Berliner Leben, 3, S. 123ff. Erinnerungen aus d. Jugendzeit, 1, S. 173ff., 200. – Frau Rodenberg hat Keller später eine von ihm 1855 in Berlin gemalte Waldlandschaft geschenkt, die jetzt im Keller-Nachlaß ist. Auf die Rückseite schrieb er:

«Dies trübe Bildchen ist vor dreiundzwanzig Jahren
Im einstigen Berlin mir durch den Kopf gefahren;
Mit Wasser wurd' es dort auf dem Papier fixieret,
Von Frau Justinen nun dahin zurückgeführet,
Wo es entstand, vom regnerischen Zürichsee
Bis hin zur altberühmt- und wasserreichen Spree.
Auf Wellen fähret so, ein Niederschlag der Welle,
Des Lebens Abbild hin, die blöde Aquarelle.»

S. 211. Rodenberg, Erinnerungen, 1, S. 183 f. M. Ring, Erinnerungen, 2, S. 83 ff. – Über L. Assing: Gutzkow, Ausgew. Werke, hg. v. Houben, 8, S. 209 ff. Hebbel, Tagebücher, hg. v. Werner, 2, Nr. 1962; 3, Nr. 4852; 4937 u. ö.

S. 218. Über A. R. Planta: P. C. Planta, A. R. Planta, 1893.

S. 220 ff. E. Ermatinger, G. K. u. das Dunckersche Haus in Berlin. Deutsche Rundschau, 153, 1912, S. 36 ff.; 212 ff. Über Betty Tendering auch: K. Weerth, Georg Weerth, 1930. – Vehse preist in dem Vorwort zu der Geschichte der kleinen deutschen Höfe, 1856, 1, S. 9 f., unter Anführung einer Stelle aus dem «Grünen Heinrich» (4, S. 97), die vom historischen und politischen Bewußtsein handelt, Keller und empfiehlt den «Grünen Heinrich» seinen Mecklenburgern zur Lektüre.

S. 239. A. Fleiner, Neue Zürch. Ztg., 19. 1. 1893. Zum ganzen Kapitel M. Preitz, G. K.s Dramatische Bestrebungen, 1909.

S. 249. Eine Ausarbeitung des Fragments «Therese» hat J. U. Allenspach 1893 unternommen (Handschrift auf der Zentralbibliothek Zürich).

S. 251. Über Mosenthals. «Je nun, so dann» vgl. Über Jeremias Gotthelf, Krit. Ausg., 22, 116.

S. 256. Die Tagebuchstelle über Balzac: Studienausgabe d. «Grünen Heinrich», erste Fassung, I, S. X. Vgl. auch K. Beckenhaupt, Die Entstehung des «Grünen Heinrich», 1915.

S. 261. J. Proelss, Das junge Deutschland, S. 410.

S. 274. Das Verhältnis des «Grünen Heinrich» zu «Dichtung und Wahrheit» untersucht A. Waldhausen, Euphorion, 16, 109, S. 471 ff.

S. 274. A. Schier, Die Liebe in der Frühromantik mit besonderer Berücksichtigung des Romans, 1913, S. 168. Fr. Margolin, Die Theorie des Romans in der Frühromantik, 1909.

S. 278 ff. Über die Erziehungsprobleme des «Grünen Heinrich» vgl. F. Tögel, Das Problem der Erziehung bei G. K., Beihefte zur Zeitschr. f. Lehrerfortbildung, Nr. 11 1917; O. Graf, G. K. als Erzieher, in: Der Wegweiser, 1, H. 7; 8, S. 193 ff.; Erna Ascher, G. K. als Pädagoge, Diss., 1921, Handschrift auf der Staatsbibliothek in Berlin; M. Zollinger, G. K. als Erzieher, 1935.

S. 281. R. Leppla. Das Vorbild für die Form von G. K.s «Meretlein», Euphorion, 29, S. 133 ff.

S. 282 f. E. Ermatinger, Die Weltanschauung des jungen Wieland, 1907, S. 119. – Rousseau, Confessions. Paris 1798, I, p. 52 ff. Vgl. W. H. Faulkner, Bulletin of the Philosophical Society. University of Virginia Publications. Humanistic Series, I, 2, 1912, p. 51–57.

S. 288 f. Über die Urbilder von Lys und Erikson: Schaffner, Der «Grüne Heinrich» als Künstlerroman, 1919.

S. 291 ff. Die Nachweise über die Benutzung von wirklichem Erleben im «Grünen Heinrich» sind zusammengestellt in den Anmerkungen zur Studienausgabe der ersten Fassung.

S. 292. F. Hunziker, Glattfelden u. G. K.s Grüner Heinrich, S. 49 f.

S. 294 f. O. Fischer, Die Träume des grünen Heinrich. Untersuchungen u. Quellen ... für Joh. von Kelle, 1908, S. 295 ff.

S. 295. B. Seuffert, Beobachtungen über dichter. Komposition, German.-roman. Monatsschrift, 1909, S. 599 ff.

S. 298f. F. Beyel, Zum Stil des «Grünen Heinrich», 1914. P. Beyer, Die Mittel der Charakteristik in G. K.s «Grünem Heinrich», Diss. Leipzig, 1925.

S. 299. O. Luterbacher, Die Landschaft in G. K.s Prosawerken, 1911.

S. 302f. Varnhagens Urteil ist abgedruckt im Album des Literar. Vereins in Bern, 1858, S. 113f.

S. 305. Kuhs Aufsatz in den kritischen u. literarhistor. Aufsätzen, 1910, S. 340.

S. 309f. Über das Wesen der Novelle: Tieck, Schriften, 11, 1829, Vorbericht, S. LXXXIV ff. Hettner, Die romantische Schule, 1850, S. 196f.

S. 312. A. Weimann-Bischoff, G. K. u. die Romantik, 1917.

S. 312. Rabelais, Gargantua. Deutsch von G. Regis, 1832, 1, S. 231 ff. (Keller hat diese Ausgabe besessen). Tieck, Schriften, 17, S. 199f.; 24, S. 17ff.; 90ff. Jean Paul, Werke. Hg. von K. Freye, 6, S. 119 ff.

S. 312. Jean Paul, Werke. Hg. v. Freye, 1, S. 72; 3, S. 167. Clemens Brentano, Ges. Schriften, hg. von Chr. Brentano, 4, S. 215f.

S. 312. Das Motiv des Einschlafens beim Erzählen auch bei Eichendorff, Viel Lärmen um Nichts, Werke, 1864, 3, S. 21.

S. 313. Jean Paul, Flegeljahre. Freye, 4, S. 126, 220f. Tieck, Die Ahnenprobe. Schriften, 22, S. 53 ff.

S. 313. E. T. A. Hoffmann, Werke, hg. v. Ellinger, 6, S. 158 ff. Vgl. A. Waldhausen, Die Technik der Rahmenerzählung bei G. K., 1911, S. 25. Ebenda ist S. 26 u. 106 auf die Geschichte von Dr. Sphex im «Titan» hingewiesen (Freye, 3, S. 143). Brentano, Mehrere Wehmüller. Schriften, 4, S. 228 ff. Vgl. F. Leppmann, Spiegel das Kätzchen u. seine Vorfahren. Deutsche Lit.-Zeitg., 28, Sp. 2848f.

S. 315. Briefe C. F. Meyers, hg. von A. Frey, 2, S. 514. Ph. Simon, G. K.s Gerechte Kammacher. Sonntagsbeilage zur Vossischen Zeitung, 21.4.1912.

S. 324. K. Esselbrügge, Die Struktur des Humors bei G. K., Diss. Halle, 1929.

S. 327f. Zum Sprachgebrauch in den «Leuten von Seldwyla»: O. Loehrke, Die künstler. Bedeutung d. Fremdwortes bei G. K., 1911. J. Suter, Die Mundart bei G. K., 1932.

S. 328f. Gutzkow, Unterhaltungen am häuslichen Herd, 1856, S. 591.

S. 329f. O. Ludwigs Urteil in Westermanns Monatsheften, Februar 1874.

S. 331. Dändliker-Wettstein, Gesch. d. Stadt u. d. Kantons Zürich, 3, S. 362 ff., 447.

S. 335. Am 5. 10. 1862 beteiligte sich Keller an der Einweihung des Heinrich-Simon-Denkmals in Murg am Walensee, vgl. J. Jacoby, H. Simon, 2, S. 231, wo Keller als «Deutsches Parlamentsmitglied» aufgeführt ist!

S. 335. Über Vischer, Keller u. G. von Cotta: Der Greif, 1, 1913, S. 54. Vischers Aufsatz über Keller: Allgemeine Zeitg., 1874, Nr. 203 ff., etwas verändert in: Altes u. Neues, H. 2. Vgl. Keller an Weibert, 30. 7. 1874. Der Aufsatz jetzt in der krit. Ausg., 22, S. 180 ff. A. Ibach, G. K. u. Fr. Th. Vischer, Diss. München, 1928.

S. 337f. Über R. Wagner in Zürich: A. Steiner-Schweizer, Neujahrsblätter d. Allg. Musikgesellschaft in Zürich, 1901–1903.

S. 340. Glasenapp, Das Leben R. Wagners, 6, 1911, S. 180. Wagner, Mein Leben, 1911, 2, S. 628.

S. 341. Über Wille: Hoffmann von Fallersleben, Mein Leben. Werke, hg. v. A. Weldler-Steinberg, 3, S. 199. Frey, C. F. Meyer. 2. A., 1909, S. 201 ff.

S. 342. Über den Besuch Varnhagens in Zürich: Tagebücher, 13, S. 78 ff. – Die Bemerkung Palleskes über Keller steht in einem noch ungedruckten Briefe, den mir alt Schuldirektor Müller-Palleske zugänglich machte.

S. 343. Über Morel: Baldegger, K. Morel, 1913, bes. S. 60.

S. 345. Kellers «Einspruch» gegen den Kuppler (er hieß Wernli) jetzt in der krit. Ausg., 21, S. 158.

S. 346. Kellers Toast: Neue Zürch. Ztg., 12. 11. 1859, Nr. 316. – Der von Keller wiederholt als «Pater Brey» befehdete Ludwig Eckardt veranstaltete in Bern eine zweite Schillerfeier. Gegen ihn richtet sich in Kellers Prolog die Stelle: «Nicht ist's die Schönheit, die voll Eitelkeit und Selbstsucht sich mit Pfauenfedern schmückt.» Über Keller u. Eckardt: Ermatinger, Keller u. das Problem der schweizer. Nationalliteratur. Wissen u. Leben, 16, 1923, S. 457 ff. Der Kellersche Prolog wurde auch in Neuenburg durch Salomon Bleuler, den spätern Redaktor am «Landboten» gesprochen.

S. 348. Für seinen dichterischen Beitrag zum Eidgen. Sängerfest in Zürich 1858 ernannten ihn die «Harmonie» u. der Stadtsängerverein (Männerchor) zum Ehrenmitglied; bei Anlaß des Sängerfestes in Chur wurde er mit Ludwig Uhland Ehrenmitglied des Schweizerischen Sängervereins.

S. 349. An Hettner, 17. 11. 1857.

S. 350. Über Keller u. Cotta: Der Greif, 1, 1913, S. 49 ff.

S. 351 ff. P. Schweizer, Geschichte der schweiz. Neutralität, 1895, S. 884 ff. Fr. Scheuchzer, Sal. Bleuler, 1887, S. 62 ff. A. Locher, Gottl. Ziegler, 1901, S. 33 ff., 44 ff.

S. 359 ff. Über den «Apotheker von Chamounix» gibt es eine Dissertation von E. Reuber (1924) in Maschinenschrift in der Universitätsbibliothek Bonn.

S. 361. In den Fliegenden Blättern, 1846, steht die Todesanzeige eines Herrn Balduin Mathias Mangelbacher, der sich aus Versehen statt gewöhnlicher Baumwolle Schießbaumwolle in die Ohren steckte. Beim Eintritt in sein überheiztes Bureau explodierte sie und riß ihm den Kopf weg wie dem Apotheker Titus.

S. 362. Nord und Süd, 20, März 1882. Die erste Fassung des «Apothekers» veröffentlichte Baechtold im Ergänzungsheft des Euphorion, 2, 1895, S. 138 ff.

S. 366. Über L. Eckardt siehe Anm. zu S. 346. Über die Gesellschaft der Aufrechten oben S. 147 f.

S. 370 f. P. Keller, Die Zürcher Staatsschreiber seit 1831, 1908. H. Kriesi, G. K. als Politiker, 1918.

S. 370 f. In der Bülach-Regensberger Wochenzeitung vom 5. 5. 1866 wird Keller wegen seines Votums zum Gemeindegesetz angegriffen. Seine Tätigkeit zur Unterstützung der Polen schildert A. Lewak, G. K. und der polnische Freiheitskampf vom Jahre 1863/64, 1927.

S. 372 ff. Über die demokratische Bewegung: F. Scheuchzer, Sal. Bleuler, S. 74 f. A. Locher, Gottlieb Ziegler, S. 45. Dändliker-Wettstein, Gesch. d. Stadt u. d. Kantons Zürich, 3, S. 370 ff. S. Zurlinden, Hundert Jahre, 2, 1915, S. 1 ff.

S. 375. Dändliker-Wettstein, 3, S. 352. A. Streuli, J. J. Treichler, 1943/1947.

S. 377. Über Kellers Verhandlungen mit Leuthold: Literar. Echo, 16, 1914/15, Sp. 591 ff.

S. 381. Kellers Mutter wurde am 9. 2. 1864 auf dem Kirchhof der Hohen Promenade bestattet.

S. 381 f. G. Keller war die Erinnerung an seine Verlobung sehr schmerzlich (vgl. an Bettelheim 18.–24. 4. 1888). Baechtold verschwieg daher das Erlebnis; die darauf bezüglichen Briefe wurden von ihm u. Prof. Schneider unmittelbar nach dem Tode des Dichters verbrannt. Über die Verlobung berichteten: A. Frey, Erinnerungen an G. K., Deutsche Rundschau, Nov. 1891, Bd. 69, S. 299 (in der Buchausgabe fehlt die Stelle, vgl. C. F. Meyers Briefe, 1, S. 403). M. Nußberger, «Der Landvogt von Greifensee», 1903, S. 46 ff. Helene Bettelheim-Gabillon, Vossische Zeitg., 1913 (nachgedruckt im Sonntagsblatt des Bund, 1913, Nr. 43, S. 684 f.). Den Tod L. Scheideggers melden die Neue Zürch. Ztg. vom 17. Juli u. der Landbote vom 21. Juli.

S. 382. Nach dem Rücktritt L. Forrers rückte Keller am 1. 7. 1869 zum zweiten Sekretär des Kantonsrates vor.

S. 383. Berichte über die Feier brachten der Schweizer. Republikaner vom 21. 7. 1869, die Neue Zürch. Ztg. vom 19. u. 21. 7.; die Zürcher Freitagszeitung, Nr. 29 u. 30; die Luzerner Zeitung vom 24. 7. In der Illustrierten Schweiz wurde er 1871, S. 35, aufgefordert, wieder zu seiner dichterischen Tätigkeit zurückzukehren.

S. 384. Eine Rede Kellers hatte, wie Baechtold schreibt, in ihrer lapidaren Einfachheit stets etwas Imposantes. So sprach er an dem Bankett zur Jubiläumsfeier des ihm befreundeten Theologen Alexander Schweizer, 1884: «Meine Herren! Es gibt, wenn ich recht sehe, zwei Sorten von Theologen: solche, die *über* dem lieben Gott, und solche, die *unter* ihm stehen. Alexander Schweizer hat immer zu der letzteren Art gehört. Er lebe hoch!»

S. 384. Kinkels Rede erschien in der Zürcher Freitagszeitung, 1869, Nr. 23, und als Sonderdruck.

S. 385. Die Erinnerungen von Bundesrichter Hans Weber jetzt in der Auswahl von Kellers Briefen u. Tagebüchern, Rascher Verlag, 1943, 1, S. 66 ff.

S. 385. Über Keller und Auerbach siehe B. Auerbachs Briefe an seinen Freund Jakob Auerbach, 2, S. 218, 240, 251, 388, 447, u. Rodenberg, Persönliche Erinnerungen an B. Auerbach, Zeitgeist, 11. 2. 1907.

S. 386. Über Adolf Exner: L. Mitteis, Erinnerung an A. Exner, 1894. J. Unger, Neue Freie Presse, 27. 9. 1894, Morgenblatt. G. Jellinek in Bettelheims Biograph. Blättern, 1, S. 222 ff. O. Benndorf, A. Exner, 1896, bes. S. 432. Den Brief Karl Diltheys hat mir Frau Prof. Marie von Frisch zur Verfügung gestellt. Den Briefwechsel zwischen Keller u. Exner hat H. Frisch veröffentlicht in: «Aus G. Kellers glücklicher Zeit», 1927. Über Marie von Frisch: Ermatinger, Erinnerung an M. von Frisch. Krisen u. Probleme, 1928, S. 286 ff. Über Kellers Verhältnis zu Deutschösterreich: A. Bettelheim, Wiener Biographengänge, 1921, S. 287 ff.

S. 387 f. G. Kellers Freßkörbchen. Neue Zürch. Ztg., 20. 7. 1915.

S. 389 ff. Äußerungen des Dichters über das Verhältnis des Deutschschweizers zum Deutschen Reich: Grüner Heinrich, 1. Fassung, 1, S. 48 f.; 2, S. 535.

S. 390. Eine ausführliche Darstellung des Tonhallekrawalls gibt H. Fick, Heinrich Fick, 2, 1908, S. 229 ff., sowie Zurlinden, Hundert Jahre, 2, S. 147 ff.

S. 393 ff. Zürcher Taschenbuch, 1904, S. 21 f. Kuhs Besprechungen Kellerscher Werke in den von Schär herausgegebenen Krit. u. literarhistor. Aufsätzen, S. 340 ff.

S. 396 ff. Aus der Literatur über die «Sieben Legenden»: M. Wallerstein, Die Legende von der heiligen Eugenia. Nord u. Süd, 76, 1896, S. 72 ff. F. Rosenberg, Der schlimmheilige Vitalis, Archiv f. d. Studium d. neueren Sprachen, 112, S. 366 ff., vgl. Deutsche Literatur-Ztg., 1903, 24, S. 3068. M. Hochdorf, Die Legende von der sehnsüchtigen Nonne. Magazin f. Lit., 73, 1904, S. 231. H. Watenphul, Die Legende von Beatrix der Küsterin. Diss. Göttingen, 1904. R. M. Meyer, Vitalis u. Genossen. Gestalten u. Probleme, 1905, S. 246 ff. K. Polheim, Die zyklische Komposition der

«Sieben Legenden», Euphorion, 15, 1908, S. 753 ff. E. Ackerknecht, Moderne Legendenkunst, Eckart, 2, S. 11. L. Hirschberg, Alte Mirakeldichtungen, Liter. Echo, 16, 1914, Sp. 1257 ff. A. Leitzmann, Die Quellen zu G. K.s Sieben Legenden, 1919. C. Beck, G. K.s Sieben Legenden, 1919. M. Thalheim, Gestaltungstypen, Die neueren Sprachen, 32, 1924, S. 227 ff. Die Handschrift der Urfassung ist in Faksimile von der Zürcher Zentralbibliothek 1919 herausgegeben worden. Vgl. N. Schwade, Die Urfassung von G. K.s Sieben Legenden, Diss. Jena, 1927. Fontanes Urteil über die Legenden: Aus dem Nachlaß, hg. von J. Ettlinger, 1908, 2. A., S. 250 ff.

S. 398 f. Ich danke die Kenntnis der Entstehung des Schlusses des «Tanzlegendchens» Herrn Prof. Geiser.

S. 416. Keller erwähnt Rückerts Übersetzung von Nal und Damajanti in der Besprechung von Ruges Ges. Schriften, Blätter f. literar. Unterhaltg., 1848, Nr. 305.

S. 427 f. Über Keller u. Kürnberger: O. E. Deutsch, Frankfurter Ztg., 1907, Nr. 131. Daß Keller selber mit Kürnbergers Auffassung nicht einverstanden war, zeigt seine Bemerkung gegen Widmann, 3. 11. 1884.

S. 436 f. H. Barth, Fr. L. Imhoof-Hotze, Neujahrsbl. d. Stadtbibliothek Winterthur, 1904, S. 6 f. Der Aufenthalt des «Grafen Normann» in Winterthur fällt, nach einer Mitteilung von Dr. F. Imhoof-Blumer, etwa ins Jahr 1855. P. Wüst, Entstehung u. Aufbau von G. K.s Kleider machen Leute, 1914.

S. 441. E. T. A. Hoffmann, Werke, hg. v. Grisebach, 2, S. 230. F. Hahn hat in seiner 1862–64 entstandenen Novelle «Das Haus an der Veronabrücke» das gleiche Motiv behandelt. Vgl. auch Hoffmanns «Doge u. Dogaressa».

S. 442. E. Alker, G. Keller u. A. Stifter, 1923. H. Dünnebier, Zu den Mißbrauchten Liebesbriefen, G. K.s, Literar. Echo, 14, 1911/12, Sp. 1341. (Es ist dagegen zu sagen, daß der Abdruck in der Deutschen Reichszeitg. tatsächlich der erste Entwurf von 1855 ist; die Buchausgabe weist gegenüber dem ersten Abdruck nur wenige, fast nur stilistische Änderungen auf.)

S. 444. Weitere Quellen des «Dietegen» weist Ph. Simon nach, Neue Jahrbücher, 1911, 1, 27. Bd., S. 585 ff.

S. 446. Fr. Locher, Othello, S. 36 ff. (über Frau Hämig).

S. 447 ff. A. E. Biedermann, Heinrich Lang, 1876.

S. 451. A. Isler, Sal. Vögelin, 1892. H. Barth, Briefe J. Burckhardts an S. Vögelin. Basler Jahrbuch, 1914, S. 43 ff.

S. 451. Über Kambli vgl. die Biographie von W. Kambli, 1918. Kambli war religiös weniger radikal als Lang. Über seine Stellung zur bildenden Kunst vgl. seine Studien u. Lesefrüchte, 1870, S. 185: Das Christusbild und seine Geschichte in der Kunst; S. 283: Einige Gedanken über Kunst u. Industrie. Über die Fresken in der Kirche von Horgen: S. Vögelin, Kunsthalle, 1874, Nr. 3. Kambli, Die Freskobilder in der reformierten Kirche Horgen, 1875. Kambli selber hat Kellers «Stellung zu Religion u. Christentum, Kirche, Theologie u. Geistlichkeit» 1891 beleuchtet, vgl. bes. S. 98. Die Äußerung Kellers, er habe mit dem Pfarrer von Schwanau nicht Kambli gemeint, trifft insofern zu, als er nicht auf das Persönliche, sondern das Typische ausging.

S. 452. Über die Aufnahme von E. Dubois-Reymonds «Grenzen des Naturerkennens» in Zürich vgl. F. Tiburtius, Neue Zürch. Ztg., 19. 1. 1923. Auch E. von Hartmanns «Selbstzersetzung des Christentums» dürfte auf das «Verlorene Lachen» von Einfluß gewesen sein.

S. 457. Den altzürcherischen Namen Kabis hatte Keller wohl aus Bluntschlis Memorabilia Tigurina (3. A., 1742), wo er S. 618 vorkommt. Der Name Litumlei stammt aus dem Studentenlied «Der verlorene Sohn» von A. Kußmaul, 33. Strophe (J. Hofmüller, Münch. Neueste Nachr., 8. 12. 1926).

S. 458. Das Motiv, daß einem höchst ideal geformten Brief ein geschäftsmäßiges Postscriptum angehängt wird (im ersten Brief Viggi Störtelers an Gritli), findet sich auch in dem Brief des Vikars in Gotthelfs «Anne Bäbi Jowäger» (Sämtl. Werke, hg. von Hunziker u. Bloesch, 5, S. 56.) u. bei E. T. A. Hoffmann in den «Serapionsbrüdern» (Werke, hg. von Grisebach, 9, S. 196 f.).

S. 464 f. Kuhs kritische u. literarhistor. Aufsätze, S. 361.

S. 465. Ein nachhaltiger Rachekrieg. Krit. Ausg., 22, S. 229.

S. 472. Zu Keller u. J. Stiefel: H. Schollenberger, Die Alpen 1913, März- u. Aprilheft.

S. 472 f. Über Keller u. Baechtold: E. Schmidt, Charakteristiken, 2, 1901, S. 261 ff. E. Ermatinger, Süddeutsche Monatshefte, 1910, S. 290 ff. Ein Lebensbild Baechtolds (von W. von Arx) in dessen Kleinen Schriften, hg. von Th. Vetter, 1899.

S. 473. Keller hat 1876 den poetischen Teil von Thomas Scherrs «Schweizer. Bildungsfreund» neu bearbeitet (L. Appenzeller, Der Bildungsfreund Th. Scherrs u. seine Bearbeitung durch G. Keller, 1918) und auch Baechtold bei der Herausgabe seines Deutschen Lesebuches beraten, vgl. die Briefe vom 9. 4. u. 23. 5. 1880 sowie Baechtolds Vorwort zur obern Stufe.

S. 473 f. Seine Beziehungen zu Keller hat Meyer selber in seinen «Erinnerungen an G. Keller» geschildert, Deutsche Dichtung, 9. 10 1890, jetzt in dem ersten Briefbande der Keller-Ausgabe des Rascherschen Verlages, S. 41 ff. Der Briefwechsel zwischen beiden (nicht vollständig) in den Briefen Meyers, hg. von Frey, 2, S. 512 ff. P. Wüst, G. K. und C. F. Meyer in ihrem persönlichen u. literarischen Verhältnis, 1911.

S. 475 f. Spitteler hat sich über sein Verhältnis zu Keller geäußert in seiner Gedächtnisrede, 1919.

S. 476. A. Frey, Eine Rezension u. ihr Schicksal. Neue Zürcher Ztg., 23./24. 4. 1915.

S. 478. Den Ausflug nach der Tellsplatte schildert Frey in seinem Buch über R. Koller, 1906, S. 127.

S. 480. Über W. Petersen: J. Saß in Bettelheims Biograph. Jahrbuch, 5, 1903, S. 218. L. Petersen, W. Petersen, 1935.

S. 480 f. Über die früheste Bekanntschaft Storms mit Kellers Werken: Briefe an seine Frau, 1915, S. 37, 113. Den Briefwechsel Keller-Storm hat A. Köster herausgegeben, 4. A., 1924.

S. 484. H. Kurz, Werke, hg. von H. Fischer, 4, S. 182 f.

S. 484 f. Briefe C. F. Meyers, 1, S. 138 f.

S. 488 f. Über den Stoff des Hadlaub vgl. K. Bertram, Quellenstudie zu G. K.s Hadlaub, 1906. Neuere Forschung nähert sich in bezug auf die Entstehung der Manessischen Handschrift dem Standpunkt Bodmers und Kellers, vgl. R. Sillib, Zur Gesch. d. großen Heidelberger (Manessischen) Liederhandschrift. Sitzungsber. d. Heidelberger Akad. d. Wiss., Philos.-histor. Kl. 1921. Derselbe: Auf den Spuren J. Hadlaubs, Sitzungsberichte, 1927. Faksimile-Ausgabe der Handschrift im Inselverlag, 1929.

S. 490 f. Über David Heß u. sein Lebensbild Landolts: Baechtold, J. C. Schweizer, 1884, S. LXXXV ff. E. Eschmann, David Heß, 1910, S. 129 ff. Das Verhältnis von Kellers Novelle zu ihren Quellen erörtert M. Nußberger, Der Landvogt von Greifensee u. seine Quellen, 1903. P. Corrodi, Kapitän Gimmel, Neue Zürch. Ztg., 28.2. 1926, Nr. 322. Im Februar 1872 war Keller mit Frank Buchser im Schlosse Wülflingen (J. Coulin, Fr. Buchser, 1912, S. 48).

S. 497f. Philipp Simon, G. K.s Ursula. Eine Quellenuntersuchung, Progr. d. Bismarck-Gymnas., Berlin-Wilmersdorf, 1913. H. Meumann, Entstehung u. Aufbau von G. K.s Ursula, Diss. Bonn, 1916. E. Ermatinger, G. K. u. die Wiedertäufer, Neue Zürch. Ztg., 15. 10. 1918, Nr. 1365.

S. 513. Dünnebier, Keller u. Feuerbach, S. 144, sucht das Urbild von Gilgus in Carl Riedel oder Marr.

S. 516. Über die technischen Folgen der Umschreibung aus der dritten Person in die erste: A. Köster, G. K., 2. A., 1907, S. 78f.; F. Leppmann, G. K.s Grüner Heinrich von 1854/55, 1879/80, 1902. K. Friedemann, Die Rolle d. Erzählers in der Epik, 1910, S. 50. Vgl. auch F. Beyel, Zum Stil d. Grünen Heinrich, 1914. E. Neis, Romantik u. Realismus in G. K.s Prosawerken. German. Studien, 2, 85, 1930.

S. 522. Vergleichende Urteile über die erste u. zweite Fassung: O. Brahm, Krit. Schriften, 2. Köster, Keller, S. 81. R. Huch, G. K., S. 73. O. Stössl, G. K., S. 35ff. H. Bettelheim-Gabillon, Österr. Rundschau, 34, 1913, S. 471ff. H. Stegemann, Der Bund, 1913, Nr. 567–69. J. Petersen, Süddeutsche Monatshefte, Aug. 1914.

S. 530. Nach Baechtolds Bericht soll Keller das Motiv, daß Regine (in der gleichnamigen Novelle) sich hängt, beim Anhören von Mendelssohns Lobgesang: «Nun danket alle Gott» eingefallen sein (19. 12. 1880).

S. 532f. Über Diego Alvarez Correa und Salvador Correa de Sa Benavides vgl. die Nouvelle biographie générale, publiée par Firmin Didot frères, 1855, XI, Sp. 913ff., 919ff., die vielleicht Kellers Quelle gewesen ist. Das Motiv vom lebenden Stuhl hat R. Ischer nachgewiesen im Sonntagsbl. d. Bund, 10. 10. 1915. Weitere Parallelen: Liter. Echo, 24, Sp. 245f., 573ff., 1021f.

S. 535f. Auf Ludmilla Assings Biographie der Sophie La Roche als mögliche Quelle für Lucias Jugendgeschichte hat Dünnebier hingewiesen, Die Schweiz, 1914, S. 160f.

S. 537. Die Selbstbiographie Johann Valentin Andreaes, die in Lucias Bibliothek steht, fand Keller im 2. Band von Seybolds Selbstbiographien berühmter Männer, Winterthur, 1796. Die im «Sinngedicht» angeführten Stellen stehen dort S. 347.

S. 539f. Über Aufbau u. Anordnung der Sinngedicht-Novellen: H. Bracher, Rahmenerzählung u. Verwandtes bei Keller, Meyer, Storm, 1909, S. 31ff., u. A. Waldhausen, Die Technik der Rahmenerzählung bei G. K., 1911, S. 59ff. Vgl. auch G. Leyh, Studien zur Technik der Erzählung in d. Novellen G. K.s, 1903. K. Essl, Über G. K.s Sinngedicht, Prager deutsche Studien, 40, 1926.

S. 553. Ein Verzeichnis der ausgeschiedenen Gedichte gibt P. Brunner, Studien u. Beiträge zu G. K.s Lyrik, S. 395ff.

S. 563. Über den Schnurrenberger-Prozeß: A. Locher, G. Ziegler, 1901, S. 128ff., u. J. M. Zürcher, Prozeß Anton Memminger gegen Alt-Irrenhausverwalter Schnurrenberger, 1881.

S. 564. Über den Ausdruck «Geldaufbruchschein»: E. Huber, System u. Geschichte d. Schweizer. Privatrechts, 3, S. 492.

S. 571. Über die Karolinenburg u. den Wirt Witzmann: H. Fick, Heinrich Fick, 2, S. 112ff.

S. 574. Das Kulm-Hotel auf dem Ütliberg brannte am 4. 11. 1878 ab, Zurlinden, Hundert Jahre, 2, S. 112.

S. 575. C. F. Meyer, Erinnerungen an G. Keller im ersten Band von Kellers Briefen (Rascher), S. 47.

S. 577. Über Kellers Bildnisse: Schaffner in der 2. Ausgabe von Keller als Maler.

S. 577. Das Urteil Diltheys in dem oben S. 386 angeführten Briefe vom Frühjahr 1873.

S. 590f. Über Keller u. Böcklin: M. Cornicelius, Deutsches Wochenblatt, 9, 1896, S. 561 ff., 574 ff. A. Fleiner, Deutsche Heimat, 1901, Nr. 8. Derselbe: Mit A. Böcklin, 1915, S. 50 ff. L. von Przibram, Erinnerungen eines alten Österreichers, 2, S. 277 ff. A. Roeßler, Eine Erinnerung an G. K., Frankfurter Ztg., 1908, Nr. 304. A. Frey, Böcklin, 2. A., 1912, S. 251 ff.

S. 591. Über das Kostümfest der Künstlergesellschaft: Neue Zürch. Ztg., 17. 2. 1886, Nr. 47, u. Frey, Böcklin, S. 262 f.

S. 592. Der Ausflug nach Bassersdorf: Frey, Böcklin, S. 268 ff.

S. 596. Aufzeichnungen über Kellers letzte Zeit, auf Grund der Mitteilungen seiner Krankenpflegerin, gibt Theophil Mann, D. christl. Apologete, Cincinnati, 5. 7. 1922, S. 634, jetzt im ersten Briefband (Rascher), S. 21 ff. Vgl. dazu Ermatinger, G. K.s letztes Jahr in der Zeitschrift Du 1942, S. 45 ff. Kellers Testament bei Frey, Erinnerungen an G. K., 2. A., S. 150 f.

S. 600. Die Bestattung hat Baechtold in der Neuen Zürch. Ztg., 20. 7. 1890, geschildert.

REGISTER

Die Hauptstellen sind durch halbfett gesetzte Ziffern bezeichnet

I. GOTTFRIED KELLERS PERSÖNLICHKEIT UND WERKE

A. PERSÖNLICHKEIT

B. WERKE

(Ausgeführte · Entwürfe · Pläne)

ERZÄHLENDES

DRAMATISCHES

Pläne und Entwürfe

AUFSÄTZE, REZENSIONEN, VERSCHIEDENES

2. ALLGEMEINES NAMENREGISTER

Gottfried Keller
Zürcher Ausgabe

Gesammelte Werke
in der Edition von Gustav Steiner
in 8 Einzelbänden

Der grüne Heinrich
in zwei Bänden. detebe 20521 + 20522

Die Leute von Seldwyla I
detebe 20523

Die Leute von Seldwyla II
Zwei Kalendergeschichten
detebe 20524

Züricher Novellen
Aufsätze
detebe 20525

Das Sinngedicht
Sieben Legenden
detebe 20526

Martin Salander
Ein Bettagsmandat / Therese
Autobiographische Schriften
detebe 20527

Gedichte
Der Apotheker von Chamounix
detebe 20528

Als Ergänzungsband liegt vor:

Über Gottfried Keller
Sein Leben in Selbstzeugnissen und
Zeugnissen von C. F. Meyer bis Theodor Storm
Herausgegeben von Paul Rilla
Mit Chronik und Bibliographie
detebe 20535

Emil Ermatinger
Gottfried Keller
Eine Biographie. Mit Bildtafeln und einem Register
detebe 21813